Design Patterns en Ajax

Michael MAHEMOFF

Design Patterns en Ajax

Traduction de Denis Priou, Michel Beteta et Frédéric Laurent

Éditions O'REILLY
18 rue Séguier
75006 Paris
FRANCE
france@oreilly.com
http://www.oreilly.fr

O'REILLY®

Cambridge • Cologne • Farnham • Paris • Pékin • Sebastopol • Taipei • Tokyo

Conception couverture : Marcia Friedman
Mise en page : Style Informatique
Relecture technique : Emmanuel Benoît

Édition : Samuel Cuneo

Les programmes figurant dans ce livre ont pour but d'illustrer les sujets traités. Il n'est donné aucune garantie quant à leur fonctionnement une fois compilés, assemblés ou interprétés dans le cadre d'une utilisation professionnelle ou commerciale.

ISBN 2-84177-397-3

Table des matières

Préface

Ajax Design Patterns est un ouvrage destiné aux développeurs, aux concepteurs et aux manageurs qui veulent savoir comment est utilisé Ajax dans les applications modernes pour le Web. Le terme Ajax désigne une application internet qui s'exécute dans tout navigateur web standard, sans plugin spécifique, tout en apportant le confort d'utilisation et la richesse d'une application traditionnelle s'exécutant en local. Ajax tire sa popularité d'applications particulièrement réussies, telles que Gmail, Google Maps et Basecamp (37signals), sa réputation gagnant même le domaine des applications d'entreprise.

Les modèles de conception Ajax (Ajax design patterns) sont regroupés dans cet ouvrage selon quatre catégories. Les modèles technologiques fondamentaux (Foundational Technology patterns) couvrent les technologies de base, nécessaires au développement sous Ajax, comme par exemple l'objet `XMLHttpRequest`. Les modèles de programmation (Programming patterns) incluent les techniques découvertes par les développeurs pour garantir la performance et la facilité de maintenance de leurs applications Ajax. Les modèles fonctionnels et ergonomiques (Functionality and Usability patterns) portent plus particulièrement sur les interfaces utilisateur que l'on rencontre dans les applications Ajax, ainsi que sur les nouvelles fonctionnalités implémentables grâce à Ajax. Enfin, les modèles de développement (Development patterns) couvrent les processus à suivre pour développer, déboguer et tester des applications Ajax.

À qui cet ouvrage est-il destiné ?

Cet ouvrage est destiné aux lecteurs qui veulent :

- savoir ce qui est réalisable avec Ajax – et ce qui ne l'est pas –, et connaître la façon dont Ajax est utilisé dans les applications modernes pour le Web ;
- aller rapidement au cœur des technologies Ajax, telles que `XMLHttpRequest`, DOM et JSON ;
- découvrir les modèles (patterns) utilisés par les développeurs pour produire des architectures Ajax de grande qualité, garantir la rapidité et la performance, et améliorer l'ergonomie.

Les patterns constituant de fait des références, l'ouvrage est accessible à des profils de lecteur très variés. Les développeurs qui souhaitent découvrir Ajax pourront s'attaquer au tutoriel constituant le chapitre 2 et aux technologies fondamentales. Les lecteurs ayant une certaine expérience d'Ajax se tourneront plus particulièrement vers les modèles de programmation et de développement. Les lecteurs moins impliqués dans la technique pourront acquérir une vision d'ensemble en explorant plus spécifiquement les modèles fonctionnels et ergonomiques, ainsi que les exemples tirés de la toile, ce qui leur montrera les possibilités offertes par Ajax.

Pour tirer profit des explications techniques et des exemples de code, les programmeurs doivent maîtriser les bases du développement pour le Web – HTML, codage et manipulation de formulaire, programmation du côté serveur, etc. Une connaissance minimale de JavaScript est souhaitable, car cet ouvrage n'a pas pour but d'enseigner ce langage et présuppose du lecteur un minimum de familiarité avec JavaScript.

Ajax est essentiellement orienté vers le navigateur et son fonctionnement : cet ouvrage ne nécessite donc aucune connaissance particulière sur l'environnement du côté serveur. Dans certains cas, il sera nécessaire de faire référence au côté serveur : les exemples concernés seront basés sur le langage PHP et feront toujours l'objet d'explications indépendantes de tout langage particulier.

À qui cet ouvrage n'est-il pas destiné ?

Les lecteurs n'ayant jamais pratiqué le développement pour le Web sont encouragés à lire préalablement un ouvrage présentant les concepts de base, avant d'entrer dans le monde d'Ajax et de ses patterns.

Le développement sous Ajax s'appuie sur un large panel de technologies incluant HTML, XML, CSS, JavaScript et le développement du côté serveur. Grâce au présent ouvrage, le lecteur comprendra les relations entre Ajax et chacune de ces technologies, ainsi que les modalités d'utilisation combinée de celles-ci. Un lecteur plus particulièrement intéressé par l'une d'entre elles ou par les spécificités des navigateurs pourra consulter des références plus spécialisées.

À propos des exemples

Tous les exemples de cet ouvrage – code du tutoriel et exemples de patterns Ajax – peuvent être téléchargés à partir de *http://ajaxify.com/run*. Ceux-ci ont été développés pour être compatibles avec des versions récentes de Firefox et d'Internet Explorer (IE). Ils ont été testés sur Firefox 1.5 et IE 6.0.[1] La plupart du code côté serveur requiert au minimum PHP 5 et les tests ont été réalisés avec PHP 5.0.4. Le code PHP doit s'exécuter sur tout serveur web standard capable d'exécuter des scripts PHP ; La version 1.3.33 a été utilisée pour les tests. La démo Wiki requiert MySQL et a été testée avec la version 4.1.14-max. On consultera l'annexe B pour toute information concernant l'installation des démos.

1. Idéalement, il aurait fallu s'assurer d'une parfaite compatibilité avec tous les navigateurs les plus utilisés (Safari, Opera, etc.), et la chose est indispensable pour toutes les applications destinées à être utilisées par un large public. Cependant, la portabilité a été considérée comme une entrave à la clarté et à l'intérêt pédagogique des démos fournies en exemples de cet ouvrage, chacune d'entre elles étant destinée à illustrer un concept particulier d'Ajax.

Spécificités liées au navigateur

L'un des objectifs centraux d'Ajax est que ses modèles soient implémentables dans tout navigateur standard moderne, et les explications de cet ouvrage se focalisent plus sur les problèmes d'architecture générale, de rapidité et d'ergonomie que sur des spécificités liées à des navigateurs. Cependant, des questions de portabilité surviennent dans certains cas et sont traitées lorsqu'elles sont critiques pour l'implémentation d'un pattern (comme on le verra en divers endroits de la partie II, *Modèles technologiques fondamentaux*). Pour ne pas trop faire diverger les explications, on se concentrera sur l'IE et sur Firefox. La présentation des idiosyncrasies de chaque navigateur et de chaque version dépasse le cadre de cet ouvrage : le lecteur consultera une référence plus spécialisée à cet effet.

Structure de l'ouvrage

Partie I, Introduction

Les premiers chapitres constituent un prélude aux patterns. Le chapitre 1, *Introduction à Ajax*, est un survol du phénomène Ajax et de ses principales tendances du moment. Le chapitre 2, *Un premier contact avec les patterns*, est un tutoriel succint présentant Ajax et les patterns Ajax. Les aspects conceptuels se cachant derrière les patterns Ajax sont présentés dans le chapitre 3, *Conception sous Ajax : principes et patterns*, les patterns eux-mêmes faisant l'objet d'une description plus approfondie.

Partie II, Patterns technologiques fondamentaux

Les patterns technologiques fondamentaux incarnent les « briques élémentaires » constituant le cœur de toute application Ajax. Ajax lui-même est un pattern, le premier de tous, Ajax App (chapitre 4), qui tient lieu de socle fondamental pour tous les patterns Ajax. Les chapitres qui suivent abordent les trois technologies centrales impliquées dans la création d'une Ajax App. Les patterns de manipulation de l'affichage (chapitre 5) permettent de modifier une interface utilisateur, et les patterns d'accès à distance via le Web (chapitre 6) proposent des alternatives pour communiquer avec un serveur. Les patterns comportementaux dynamiques (chapitre 7) s'appuient sur les événements – déclenchés par des actions de l'utilisateur ou sur une base chronométrique. Enfin, les technologies étendues (chapitre 8) permettent d'étendre les capacités d'une Ajax App au moyen de techhnologies non standard.

Partie III, Patterns de programmation

Les patterns de programmation permettent de maîtriser la qualité technique d'un logiciel, en particulier sa facilité de maintenance, sa robustesse et ses performances. Le premier chapitre de cette partie (chapitre 9) propose des stratégies alternatives pour concevoir des services web. Liés à cette thématique, les patterns de dialogue serveur-navigateur (chapitre 10) permettent de travailler sur les flux d'information entre serveur et navigateur, par exemple au moyen des techniques de synchronisation. Les patterns de populations DOM (chapitre 11) couvrent plusieurs stratégies de gestion de populations DOM issues d'une réponse du serveur. Le chapitre 12, *Génération et ré-emploi de code*, contient des patterns généraux de programmation tournés vers la maintenance et la portabilité. Enfin, les patterns d'optimisation de performance (chapitre 13) sont destinés non seulement à améliorer la rapidité des mises à jour et de la communication, mais aussi à optimiser la gêne causée à l'utilisateur par les inévitables temps d'attente.

Partie IV, Patterns fonctionnels et ergonomiques

Les patterns fonctionnels et ergonomiques sont destinés à faciliter l'utilisation et à améliorer l'ergonomie d'une application Ajax. Le chapitre 14 présente un certain nombre de widgets qui sont souvent utilisés dans les interfaces Ajax. Les patterns d'architecture de page (chapitre 15) permettent de construire une vue de haut niveau, idéale pour obtenir une bonne présentation d'ensemble de la page, et une organisation structurée de l'information, fournie éventuellement par le serveur. Grâce à la popularité d'Ajax, le Web s'agrémente d'effets visuels de plus en plus sophistiqués, dont certains surpassent ce que proposent les applications informatiques conventionnelles, fonctionnant en local sur un ordinateur : les effets les plus courants sont présentés dans le chapitre 16 (patterns d'effets visuels). Les patterns du dernier chapitre de cette partie, les patterns fonctionnels (chapitre 17), proposent des fonctionnalités nouvelles, rendues possibles par Ajax.

Partie V, Patterns de développement

Les patterns de développement diffèrent de tous les autres patterns au sens où il s'agit de processus (et non d'objets) destinés à faciliter le développement. Les patterns de diagnostic (chapitre 18) aident le programmeur à traiter les dysfonctionnements d'une application Ajax et à améliorer son intégrité. Les patterns de test (chapitre 19) permettent de tester les différents niveaux d'une application Ajax, de façon évolutive et souple, en suivant les progrès de développement de l'application.

Partie VI, Annexes

Cet ouvrage comporte quatre annexes. L'annexe A, le plus volumineux, est un listing de bibliothèques et de frameworks en lien avec Ajax, dont la plupart sont très utiles à l'implémentation de certains patterns décrits dans cet ouvrage. L'annexe B contient des notes d'installation pour les exemples de code. L'annexe C replace le sujet de cet ouvrage dans le contexte plus général de la théorie des patterns de conception. Enfin, l'annexe D est une bibliographie regroupant les ouvrages cités en référence dans le texte.

Conventions utilisées dans cet ouvrage

Italiques

Utilisé pour les noms des patterns

`The SansMono Condensed`

Utilisé pour les exemples et les fragments de code

`The SansMono Condensed bold`

Utilisé pour les lignes de code importantes ou significatives

Le terme « le navigateur » est un raccourci désignant l'ensemble du système, du côté du navigateur – non seulement l'application informatique constituant le navigateur (par exemple, Firefox), mais aussi l'application web s'exécutant en son sein (par exemple, Google Maps). Pour désigner l'application informatique constituant le navigateur, on parlera du « navigateur web » – cela devrait être assez évident dans le contexte. De la même façon, « le serveur » ou « le côté serveur » désigne tout ce qui se trouve du côté serveur – le système d'exploitation (par exemple, Linux), le serveur web (par exemple, Apache), ainsi que les scripts spécifiques de l'application s'exécutant sur le serveur.

Les termes « ECMAScript » et « JScript » n'apparaissent pas – « JavaScript » est censé englober ces termes.

Le terme « classe » est utilisé pour décrire des fonctions JavaScript qui sont utilisées de façon similaire aux classes des systèmes orientés-objet.

La première figure qui apparaît dans chaque section concernant un pattern est une illustration d'ensemble de ce pattern particulier.

Divers acronymes sont utilisés couramment dans cet ouvrage :

- CSS : Cascading Style Sheets
- DHTML : Dynamic HTML
- DOM : Document Object Model
- HTML : Hypertext Markup Language
- IE : Microsoft Internet Explorer
- XML : eXtensible Markup Language

Conventions dans les exemples de code

Les diagrammes de conception s'appuient sur les notations du langage de modélisation unifié (UML), mais parfois de façon moins formelle qu'UML lui-même.

Dans les exemples de code, le suffixe `.phtml` est utilisé pour les fichiers PHP qui produisent du HTML. Dans tous les autres cas, les fichiers PHP ont pour extension `.php`.

Comme cela est illustré dans le chapitre 2, `$( )` est un alias pour `document.getElementById( )` permettant de clarifier un peu le code (ceci est tiré de la bibliothèque de prototypes proposée sur *http://prototype.conio.net/*).

Certains exemples de code ont été reformatés pour des raisons de clarté.

Commentaires et questions

Nous avons apporté le plus grand soin à l'édition de cet ouvrage. Cependant, si vous rencontrez des erreurs, des inexactitudes ou si certains passages vous semblent confus, n'hésitez pas à nous les signaler à :

france@oreilly.com

Vous contribuerez ainsi à l'amélioration de la prochaine édition.

Une page web est consacrée à ce livre :

http://www.oreilly.com/catalogue/2841773973/

Pour être tenu au courant de nos publications

Site web

Pour de plus amples informations sur nos ouvrages, consultez notre site :

http://www.oreilly.fr/

Liste de diffusion par messagerie électronique

Si vous souhaitez recevoir périodiquement les annonces de nouveaux produits O'Reilly en Français, il vous suffit de souscrire un abonnement à la liste d'annonces *parutions-oreilly*, en envoyant un message électronique à *majordomo@ora.de* contenant (dans le corps du message) :

subscribe parutions-oreilly votre_adresse_email

Exemple :

subscribe parutions-oreilly jean.dupond@ici.fr

Cette liste ne véhicule que des annonces. Son volume ne dépassera pas quatre messages par mois.

Remerciements

J'ai reçu beaucoup d'excellentes remarques tout au long de la rédaction de cet ouvrage, développé en ligne, et je me dois de remercier de nombreuses personnes. Il n'est donc pas exclu que certaines d'entre elles soient oubliées. Si tel est le cas, merci de me le faire savoir : je corrigerai ces éventuels oublis.

Mon éditeur, Simon St.Laurent, a toujours été très prompt à répondre à mes demandes et a admirablement bien géré la rédaction un peu atypique de cet ouvrage. Un grand merci aussi à la relectrice des épreuves, Mary Brady, pour avoir tout vérifié, et à l'illustrateur de cet ouvrage, Rob Romano, pour m'avoir aidé à rendre le contenu des figures très clair et compréhensible au premier coup d'œil. Je souhaite aussi exprimer ma gratitude aux éditions O'Reilly pour leur choix concernant les patterns Ajax, et surtout pour m'avoir autorisé sans restriction à travailler en ligne et à rendre public le contenu de cet ouvrage tout au long de sa rédaction, sur mon blog en particulier.

Cet ouvrage tire son origine d'un blog dédié aux patterns Ajax (*http://softwareas.com/ajax-patterns*), et c'est la compréhension profonde qu'a Thomas Baekdal au sujet des principes d'utilisabilité d'Ajax qui a inspiré la contribution initiale sur les patterns (*http://www.baekdal.com/articles/Usability/XMLHttpRequest-guidelines*). Je souhaite aussi remercier Brent Ashley pour ses intéressantes discussions sur les patterns au lancement du projet, et pour son blog, qui ont apparemment déclenché une première vague d'intérêt sur le Web à propos du projet. Les idées contenues dans cet ouvrage doivent aussi beaucoup à Jesse-James Garrett et à son article, qui a fait école, et sans qui ce texte n'existerait pas.

Tous les relecteurs de la version en ligne de cet ouvrage m'ont fait part de leurs pertinentes remarques tout au long du travail de rédaction. Ils m'ont aussi livré leurs commentaires sur les dernières versions de l'ouvrage lui-même. Qu'ils en soient tous remerciés : Cameron Shorter (ADI Limited, Mapbuilder) et Kevin Vinsen (ADI

Limited), dont l'employeur, ADI Limited, leur a accordé du temps pour coordonner et conduire le travail de relecture ; Jep Castelein (Backbase), Daniel Czarnecki (Zoltak Consulting), Tony Hill (Thomson Corporation) et Alex Kirk (Blummy.com, WizLite.com). Mille mercis aux membres du groupe « Software Architecture Group » (SAG) de l'université de l'Illinois à Urbana-Champaign, pour avoir organisé plusieurs réunions riches d'enseignements sur les patterns et pour en avoir rendu publique la teneur (*http://www.softwareas.com/sag-ajax-patterns-review-1*) – ces commentaires ont encore amélioré l'ouvrage alors qu'il en était déjà dans les étapes ultimes de sa réalisation. C'est Ralph Johnson, qui dirige le groupe, qui a choisi de faire la revue de cet ouvrage, et Brian Foote m'a tenu informé des réflexions du groupe à son sujet. Je souhaite remercier tous ceux qui ont complété les parties publiques du Wiki AjaxPatterns.org et qui m'ont fait part de leurs commentaires sur la version en ligne de cet ouvrage via le mél, le blog ou les discussions Wiki.

Les patterns sont tirés de nombreuses applications existantes : je voudrais remercier ici leurs créateurs, dont les exemples de réalisation figurent dans cet ouvrage. En particulier, certains d'entre eux m'ont expliqué divers aspects de leurs inventions: Kevin Arthur (Stream), Richard Cowin et Bill Scott (OpenRico), Donovan Preston (LivePage), Jeremy Ruston (TiddlyWiki) et Tino « Crisp » Zijdel (DHTML Lemmings). Le développement des patterns repose aussi sur de nombreuses publications écrites, sur des analyses de code, sur des idées, sur des études de concept et sur des suggestions directes. En particulier, un certain nombre de patterns ne doivent leur mention dans cet ouvrage que grâce aux contributions des auteurs et des développeurs suivants (leur rôle capital est rappelé dans le texte) : Julien Couvreur, James Dam, Abe Fettig (Twisted, Jotspot), Chris Justus, Christopher Kruslicky, Alex Russell (Dojo, Jotspot), Richard Schwartz, Mike Stenhouse, Joel Webber et Chris Were. Des services web spécifiques m'ont permis de localiser plus facilement tout ces éléments d'information (ils ont aussi permis à d'autres de trouver AjaxPatterns.org!). Parmi ces ressources, on peut citer en particulier AjaxBlog.com de Niner Niner, AjaxDeveloper.org de Chris Cornutt (Chris est maintenant sur Ajaxian.com), Dion Almaer, Ben Galbraith et Rob Sanheim sur Ajaxian.com (j'ai rejoint depuis l'équipe Ajaxian), AjaxMatters.com de Shane Witbeck, FiftyFourEleven.com de Mike Papageorge, SolutionWatch.com de Brian Benzinger et Techcrunch.com de Mike Arrington.

Dernière chose et non des moindres : je veux exprimer tout ma gratitude à ma famille pour son soutien, tout au long de la rédaction de cet ouvrage.

Partie I

Introduction

Les premiers chapitres constituent un prélude aux patterns. Le chapitre 1 est un survol du phénomène Ajax et de ses principales tendances du moment. Le chapitre 2 est un tutoriel succint présentant Ajax et les patterns Ajax. Les aspects conceptuels se cachant derrière les patterns Ajax sont présentés dans le chapitre 3, les patterns eux-mêmes faisant l'objet d'une description plus approfondie.

1

Introduction à Ajax

Vous avez probablement déjà utilisé Ajax sur des sites tels que Google Maps (*http://maps.google.com*), le moteur de recherche A9 d'Amazon (*http://a9.com*) ou Flickr (*http://flickr.com*). En dépit de leurs vocations très diverses, tous ces sites web font un usage intensif d'Ajax. Cette technologie leur permet de faire un grand pas en avant et de les amener pratiquement au niveau des applications standard s'exécutant en local sur un ordinateur, pour ce qui concerne la rapidité et l'ergonomie, tout en respectant les conventions bien établies du Web.

Ajax : pour un Web réellement utilisable

Grâce à Ajax, il n'est plus nécessaire d'attendre de longues secondes le rechargement d'une page à chaque fois que l'on clique sur quelque chose. Les applications Ajax changent en temps réel. Elles permettent de faire glisser des fenêtres à l'écran au lieu d'obliger l'utilisateur à cliquer sur des flèches ou à faire des saisies clavier. Elles procèdent à des rafraîchissements d'écran sans qu'il ait quoi que ce soit à faire. Elles affichent des animations pertinentes pour éviter des messages textes austères.

Au cœur de tout cela émerge la notion d'utilisabilité du Web, en particulier son ergonomie et sa rapidité de réponse.[1] Vous avez probablement déjà entendu parler de l'ours qui danse – tout le monde est impressionné même si les capacités de l'animal sont insuffisantes pour qu'il intègre une école de danse[2] ; l'ours fait impression parce qu'il *peut* danser et non parce qu'il danse *bien*. À ses débuts, le Web a beaucoup ressemblé à un ours qui danse. Soudain, il était possible d'obtenir des informations provenant de l'autre bout de la planète, de trouver des renseignements sur un jeu obscur et quasi inconnu ou d'acheter un livre rare. Toutes sortes d'activités valorisantes devenaient possibles, même s'il était difficile de les effectuer. À cette époque, l'essentiel était de « pouvoir faire », et pas de pouvoir « bien » faire : l'utilisabilité n'était pas une priorité.

1. On consultera « The Usability Revolution is Over – We Won! » de Thomas Baekdal (*http://www.baekdal.com/articles/Usability/usability-revolution/*).
2. La parabole de l'ours qui danse est utilisée tout au long de l'ouvrage intitulé *The Inmates Are Running the Asylum* (Cooper, 1999), qui dénonce l'obsession des sites « cool » mais pas vraiment utilisables.

La raison en est très simple : le monde a découvert que n'importe qui pouvait réaliser ce type de fonctionnalité de base ; à une époque où les systèmes de ventes aux enchères faisaient l'objet d'un fort battage publicitaire par les sociétés spécialisées dans le B2B, pour des millions de dollars, je me souviens avoir entendu un chef d'entreprise affirmer à qui voulait bien l'entendre que ses stagiaires en faisaient autant pour quelques milliers de dollars. Ainsi, si les entreprises n'étaient pas capables d'être compétitives pour des fonctionnalités de base, dans un marché saturé, dans quel domaine pouvaient-elles l'être ? La réponse semble évidente : elles pouvaient l'être dans tout ce qui a réellement de l'importance pour l'utilisateur. La plupart des entreprises qui ont survécu et prospéré – par exemple, Google, Amazon et Yahoo! – ont évité les fonctionnalités clinquantes, flatteuses et inutiles, et ont développé des interfaces simples mais pertinentes pour l'utilisateur. Ce n'est pas une coïncidence si toutes ces sociétés ont fait l'effort d'incorporer les fonctionnalités Ajax dans leurs produits. Tous ces poids lourds du Web (auxquels on peut aussi ajouter Microsoft) non seulement utilisent Ajax, mais aussi ont été les pionniers d'un certain nombre de concepts présentés dans cet ouvrage.

De plus, une nouvelle génération d'entreprises s'est développée sur la base d'applications simples et intuitives. La société 37signals propose une suite logicielle spécifique utilisée quotidiennement par un groupe de passionnés. Grâce à son interface de partage de photos, Flickr a réussi à regrouper une communauté d'un million d'utilisateurs en 18 mois environ.[3] Une autre produit récent est Odeo, un gestionnaire de podcast qui s'exécute comme une application web très conviviale, à la différence des produits concurrents, qui sont tous des applications standard s'exécutant en local. À l'instar des produits réalisés par les géants de l'informatique, ces nouveaux-venus ont largement contribué au développement d'Ajax et à la définition des concepts cachés derrière les patterns Ajax présentés dans cet ouvrage.

Au-delà de tous ces produits publics, il y a les systèmes développés sur les intranets à accès privé. On trouve dans cette catégorie de nombreux « ours qui dansent ». Les applications web internes à l'entreprise ont été les bienvenues, essentiellement pour des raisons techniques (déploiement, pilotage et accès distant faciles) – et aussi parce que ces outils semblaient très « cool ». L'utilisabilité véritable n'était pas un objectif majeur. Il suffit de demander à quelqu'un la plus-value de ce type d'interface « nouvelle et améliorée ». Je me souviens d'une migration d'outil qui faisait passer le temps de transaction de 20 secondes à 2 minutes ! Une réaction pourrait être de jeter cet outil aux ordures et de revenir à l'application standard, s'exécutant localement. De nombreuses sociétés ont néanmoins persisté à travailler sur le Web, acceptant les idiosyncrasies et utilisant les artifices nécessaires à une utilisation profitable de la plateforme web mais évitant les problèmes usuels. Cet état d'esprit a permis aux fonctionnalités d'Ajax de se développer dans le Web d'entreprise, cette popularité alimentant les innovations. Même si de nombreuses utilisations d'Ajax restent hors du domaine public, l'exemple de la société Sabre (société fournissant des systèmes de gestion pour les transports, aériens notamment) est emblématique : cette société a développé une bibliothèque

3. Cette estimation est basée sur une projection tirée d'un article publié en juin 2005 (*http://www.internetnews.com/ec-news/article.php/3512866*), qui parle d'une communauté utilisatrice de 775000 personnes, en croissance de 30% par mois, d'où un chiffre de l'ordre d'un million d'utilisateurs en juin ou en juillet. L'entreprise, née en février 2004 (*http://www.adaptivepath.com/publications/essays/archives/000519.php*), a rapidement été rachetée par Yahoo!.

open source nommée OpenRico (*http://looksgoodworkswell.blogspot.com/2005/06/death-to-paging-rico-livegrid-released.html*).

> ***Enfin, les applications pour le Web ont une valeur ajoutée***
>
> Ces dernières années, on a constaté un phénomène trop courant : celui consistant à prendre une bonne application standard et à dépenser beaucoup de temps et beaucoup d'argent pour la « mettre à jour » et en faire une application pour le Web désespérément inutilisable. Dans son podcast, le consultant en informatique Craig Shoemaker rapporte une expérience de ce type (*http://polymorphicpodcast.com/shows/architectajax/*) :
>
> - La finalité d'Ajax est de rendre à l'utilisateur ce qui lui a été pris lorsque son application standard a fait l'objet d'une migration vers le Web. J'ai travaillé pour une société qui employait une vieille application de type PowerBuilder, qui fournissait de nombreux services à ses utilisateurs, comme par exemple des listes déroulantes multi-colonnes et toutes sortes d'éléments d'interface graphique utilisateur.
> - Qu'a fait cette société ? Elle a créé une application pour le Web que ses utilisateurs n'ont pas aimé du tout. La plupart des services et des éléments d'interface avaient dû être supprimés pour des raisons d'instabilité du code web et parce que l'architecture de cette application web avait été mal pensée. Ajax permet de rétablir une partie des fonctionnalités perdues.

En résumé, Ajax a pour but de contribuer à la réalisation d'applications tirant pleinement partie du Web mais pas au sacrifice de l'utilisabilité, de l'ergonomie et de la rapidité d'exécution. La plupart des utilisateurs travaillent dans de bonnes conditions avec leur navigateur – c'est-à-dire que pour certaines applications, les utilisateurs ont le beurre et l'argent du beurre : une meilleure utilisabilité *et* une meilleure infrastructure.

L'émergence d'Ajax

Le 18 février 2005, Jesse-James Garrett a publié un article en ligne intitulé « Ajax: A New Approach to Web Applications » (*http://www.adaptivepath.com/publications/essays/archives/000385.php*). Le Web allait devenir plus « riche » dans sa présentation et plus rapide dans son exécution, comblant ainsi le fossé qui le séparait jusqu'à présent des applications standard, s'exécutant en local. Garrett a introduit le terme Ajax pour désigner l'architecture sur laquelle repose une nouvelle génération d'applications web « riches » telles que Google Maps et Google Suggest. Ajax n'est ni un plugin, ni une technologie propriétaire. C'est un style d'architecture – un modèle de conception de haut niveau – s'appuyant sur de nombreuses technologies et de nombreux concepts liés entre eux.

Les technologies et les applications Ajax étaient dans l'air du temps bien avant que Garrett ne leur donnent un nom, mais l'article a permis de cristalliser ces concepts. De la même façon que lorsque les termes « orienté-objet », « développement agile » et « postmodernisme » ont commencé à être utilisés, la création du vocable Ajax a suscité l'émergence de toute une communauté qui a pu se former autour d'un simple mot : « Ajax » a permis d'identifier les systèmes combinant plusieurs technologies puissantes.

Grâce à ce nouveau « label », la communauté des développeurs a commencé à échanger des idées sur les meilleures façons de combiner ces technologies, à débattre dans des blogs sur différentes approches de conception, à construire des bibliothèques supportant ces types de systèmes et à faire l'inventaire des modèles (ou patterns) les plus courants.

Pour être plus précis, Ajax est un acronyme – « AJAX » = « Asynchronous JavaScript + XML » – , même si Garrett a bien observé que d'autres technologies, telles que CSS et DOM, sont tout aussi importantes dans l'équation définissant Ajax. Le terme « Ajax » étant plus facile à prononcer que « Asynchronous JavaScript+CSS+DOM+XMLHttp Request. », il a été conservé. On écrira bien « Ajax » et non « AJAX ». Il ne s'agit pas d'un simple détail cosmétique, mais d'une façon de rappeler qu'Ajax n'est pas un ensemble précis de technologies mais plutôt un style de conception et une attitude ; les technologies ne sont que des outils permettant de concevoir et réaliser des applications. Tout au long de cet ouvrage, Ajax sera pensé comme un moyen d'offrir des services nouveaux à l'utilisateur et aux organisations. Cette approche conditionne l'ensemble de la pensée Ajax :

- Une application Ajax s'appuie sur des technologies web standard pour proposer à ses utilisateurs une interface riche et réactive.

Il suffit d'examiner des applications Ajax telles que Google Maps et Gmail pour constater qu'elles satisfont manifestement cette définition. Elles reposent sur un navigateur web standard, rien de plus, qu'il s'agisse d'Internet Explorer (IE), de Firefox, de Safari, d'Opera ou d'autres. Les interfaces sont riches au sens où elles incluent des éléments d'interface (de contrôle ou de saisie) et des effets visuels qui dépassent largement le paradigme de la soumission de formulaire. Elles sont très réactives car toutes les modifications de contenu se produisent rapidement et de façon incrémentale. La définition ci-dessus doit être appliquée d'une manière pragmatique – il n'est nul besoin de produire des arguments éthérés pour déterminer si une application est de type Ajax ou non. Plus loin dans cet ouvrage, on passera en revue des caractéristiques typiques d'applications Ajax. On va se contenter ici d'examiner en quoi Ajax transforme le Web.

Comment Ajax a transformé le Web : une histoire de portails

Si l'on recherche sur Google « l'année des portails », on pourra constater que depuis 1996, chaque année a été *l'année* des portails. L'idée est pleine de promesses : au lancement du navigateur, l'utilisateur voit tout d'abord une page d'accueil personnelle contenant des rubriques telles que « Mes nouvelles », « Ma messagerie » ainsi que de nombreuses rubriques créées par « Moi » pour « Moi ». Pourquoi se fait-il donc que ces portails n'ont jamais réellement marché ? Essentiellement parce que la plupart des interfaces de ces portails sont tout simplement inutilisables.[4]

4. Plusieurs problèmes se posent avec les portails, qu'Ajax ne peut résoudre à lui tout seul. De façon plus importante, le fait que les serveurs des portails ne savent pas ce que fait l'utilisateur avec son navigateur, durant la majeure partie de la session de consultation, suggère la nécessité d'un plugin pour le navigateur. Néanmoins, Ajax reste la façon la plus évidente de créer une interface web pour un tel système.

Examinons les problèmes rencontrés avec un portail d'ancienne génération, Excite.com par exemple – de nombreux autres portails conventionnels fonctionnent de manière similaire (*figure 1-1*).[5]

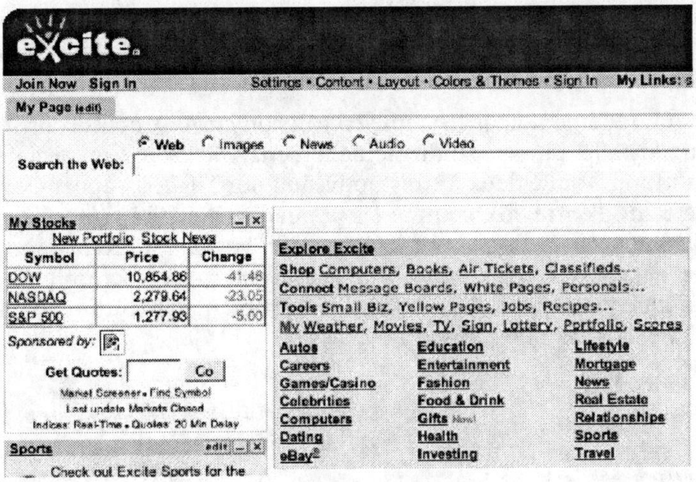

Figure 1-1. Excite

1. La personnalisation de la page est la tâche la plus critique, mais il faut au préalable s'enregistrer ; chacun des contrôles personnalisés de la page d'accueil provoquera la fermeture du portail et ramènera l'utilisateur vers une page d'enregistrement totalement distincte.
2. L'ajout de nouveaux « portlets » – des blocs de contenu – est assez pénible. Il faut cliquer sur Ajouter/Effacer un contenu (Add/Delete Content), ce qui affiche une interface de configuration basée sur un tableau. Dans celui-ci, l'utilisateur doit ajouter et effacer des portlets en mettant à jour la liste des portlets courants.
3. La personnalisation d'un portlet individuel – par exemple, la détermination des actions cotées en bourse que l'utilisateur veut afficher – provoque la fermeture du portail et renvoie l'utilisateur vers une page de configuration. Le contexte d'affichage disparaît aux yeux de l'utilisateur.
4. Le changement de la présentation n'apparaît pas directement dans la page, mais dans la zone de configuration. L'affichage est géré via un modèle miniature du portail réel, ne mentionnant que les titres. Certains portails requièrent des clics répétés sur des boutons comportant des flèches, mais fort heureusement Excite autorise le glisser-déposer dans le modèle.
5. La page affiche un certain nombre d'informations volatiles, telles que les nouvelles du jour ou les dernières informations sur les marchés financiers, mais leur rafraîchissement n'est pas très fréquent, la durée la plus courte entre deux mises à jour

5. Il ne s'agit pas ici de s'acharner sur Excite, qui a eu beaucoup d'intérêt et a proposé de bonnes choses en utilisant la technologie disponible à l'époque ; ce site est évoqué ici car il représente le meilleur de ce qui était réalisable pour les premières générations de portails.

étant de cinq minutes. Ce rafraîchissement provoque le rechargement intégral de toute la page, ce qui non seulement est une source de dérangement, mais aussi ne rend pas évidents les changements récents aux yeux de l'utilisateur.

6. Il est impossible d'interagir avec les portlets – par exemple, pour effectuer une recherche. À chaque fois que l'utilisateur agit sur un portlet, pour soumettre un formulaire à partir de celui-ci par exemple, toute la page est remise à jour et l'utilisateur est réorienté vers un nouvel emplacement.

Les portails sont tellement adaptés à une conversion en Ajax qu'ils constituent le type d'application Ajax le plus répandu actuellement ; fin 2005, un examen du blog Ajaxian.com montrait que deux à trois nouveaux portails Ajax apparaissaient chaque semaine ! Certains d'entre eux, comme les populaires NetVibes (*http://netvibes.com*) et Protopage (*http://protopage.com*), sont des startups. Parmi les producteurs de portails plus matures, on trouve Google (*http://www.google.com/ig/*) et Microsoft (*http://live.com*). On peut expliquer comment Ajax corrige les problèmes mentionnés plus haut en examinant le portail NetVibes (*figure 1-2*).

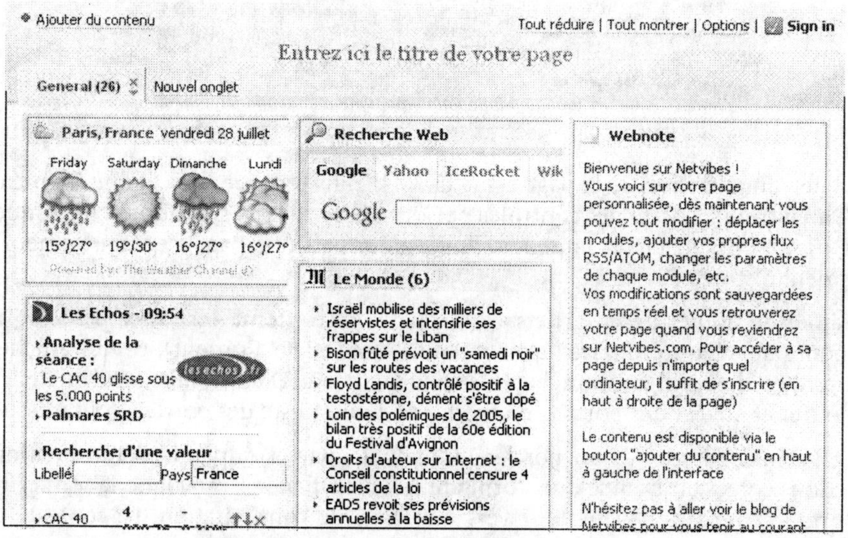

Figure 1-2. NetVibes

1. Lorsqu'un nouvel utilisateur visite NetVibes, il est libre d'ajouter et de manipuler son contenu, les modifications effectuées étant conservées lorsqu'il se reconnecte à NetVibes à partir du même navigateur (via des cookies). Comme cela est expliqué dans la section décrivant le pattern *Lazy Registration* (chapitre 17), cette possibilité a toujours existé, mais Ajax enrichit les possibilités de personnalisation et propose divers degrés d'enregistrement.

2. Cliquer sur Ajouter contenu (Add Content) dans NetVibes ne provoque pas l'apparition intempestive d'une page n'ayant rien à voir avec ce qui est affiché : un simple colonne apparaît (un emploi du pattern *Microlink*). L'utilisateur peut y choisir de nouveaux types de portlets et provoquer leur apparition immédiate dans le portail. Grâce aux technologies de manipulation d'affichage et de transaction à distance

fournies par Ajax, une application navigateur peut communiquer avec un serveur et mettre à jour des éléments, sans provoquer un rafraîchissement intégral de la page.

3. Les portlets sont personnalisés dans la page sans bouleverser le reste de son contenu. Cliquer sur un lien Edit provoquera l'apparition d'un petit formulaire de personnalisation incrusté dans le portlet (un exemple de contenu malléable – pattern *Malleable Content* –). Il n'y a ici aucun rafraîchissement de la page, et les effets de l'édition sont visibles immédiatement.
4. Le changement de la présentation est aussi facile – et amusant – que le déplacement de portlet dans la page, discuté dans la section décrivant le pattern *Drag-And-Drop* (chapitre 15).
5. Le contenu d'un portlet est mis à jour directement et sans rafraîchissement de la page. De plus, le rafraîchissement d'un portlet est planifié suivant des modalités qui lui sont propres. En théorie, le portlet « météo » (weather) pourrait être actualisé une fois par jour, le portlet « actualités » (news) toutes les cinq minutes, et le portlet « marchés financiers » (stock) toutes les secondes, comme cela est expliqué dans les sections décrivant les patterns *Periodic Refresh* (chapitre 10) et *Portlet* (chapitre 15). Lorsqu'un portlet est mis à jour, un effet visuel tel que ceux décrits dans la section décrivant le pattern *One-Second Spotlight* (chapitre 16) peut être déclenché pour en informer l'utilisateur.
6. L'utilisateur peut interagir spécifiquement avec un portlet, en cliquant sur des contrôles afin de déclencher sa mise à jour. Le portlet se comporte comme une mini-page : le reste de la page n'est pas affecté, ni aucun autre contenu.

L'histoire de portails ci-dessus démontre comment Ajax peut améliorer radicalement l'ergonomie et la rapidité (bref, l'utilisabilité) d'un produit emblématique du Web. En vérité, Ajax insuffle une nouvelle jeunesse à de nombreux types d'applications pour le Web qui stagnaient jusqu'alors. Flickr est une mise à jour Ajax d'une vieille application web de partage de photos. Gmail (*http://gmail.com*) a réinventé la messagerie web, Google Maps (*http://www.googlemaps.com*) a réinventé la cartographie, et Google Suggest (*http://www.google.com/webhp?complete=1&hl=en*) a ouvert de nouvelles possibilités pour la recherche et la manipulation de données. De nouveaux types d'applications, tels que les interpréteurs RSS, les Wikis, ou les sites autorisant leurs utilisateurs à attribuer des mots-clés à un contenu (texte, image, son, vidéo...) (social bookmarking and tagging) bénéficient aussi d'Ajax.

Comment introduire le Web dans les applications s'exécutant en local ? (l'exemple des applications bureautiques)

Tenter d'introduire le Web dans les applications bureautiques est un défi aussi vieux que le Web lui-même. La remarque de Marc Andreesen (Netscape), qui déclarait au milieu des années 90 que MS-Windows se réduirait bientôt à « un ensemble de pilotes mal débogués s'exécutant sous Netscape Navigator » fait partie du folklore de l'informatique. Marc se faisait ainsi le chantre d'un nouveau type d'applications de type traditionnel (s'exécutant usuellement en local) fonctionnant dans un navigateur. Les avantages du Web sur un fonctionnement en local sont clairs et nombreux – par exemple, possibilité d'accéder à des données à partir de tout navigateur, mise à jour facile, pas d'intrusion dans des machines locales et meilleure collaboration. Il faut néanmoins admettre qu'il y a aussi quelques inconvénients, le plus sévère concenant l'interface. Dans le passé, il était tout simplement impossible de produire une interface portable justifiant l'abandon d'un fonctionnement en local.

Tout cela change rapidement, grâce à Ajax.[6] Une nouvelle génération d'applications bureautiques Ajax (*http://innerphaze.homelinux.com/blog/?p=28*) émerge comme susbsituts potentiels sérieux à MS-Word, Excel et aux autres applications bureautiques.

Writely est l'une de ces applications, acquise par Google et présentée comme un « traitement de texte web » (*figure 1-3*). Writely évite le piège d'un clonage aveugle des traitements de texte traditionnels. Il vise au contraire à proposer des fonctionnalités et une interface qui marchent bien sur le Web. Le résultat est plus proche d'un Wiki survitaminé que d'un traitement de texte web. La liste ci-dessous décrit certaines de ses caractéristiques.

Figure 1-3. Writely

- Writely propose une interface de type WYSIWYG (What-You-See-Is-What-You-Get) : l'utilisateur voit donc la forme réelle du document qu'il édite – couleur, polices, mise en page, etc. Ce sujet est développé dans la section décrivant le pattern *Rich Text Editor* (chapitre 14).
- Writely permet à plusieurs personnes de travailler simultanément sur le même document. En s'appuyant sur une technologie décrite dans le pattern *Periodic Refresh* (chapitre 10), Writely est capable de procéder à une mise à jour en continu du document et de conserver le travail des auteurs.
- Les documents sont faciles à gérer – un élément peut être marqué au moyen d'une balise – un tag – , pour ajouter un mot-clé, ou d'une étoile, pour attirer l'attention, l'effet étant immédiat. Ceci constitue un nouvel exemple d'adaptation aux conventions du Web. Les patterns d'accès à distance via le Web (chapitre 6) permettent d'effectuer des changements persistants sans forcer le rafraîchissement de la page.

---

6. De même que pour les portails, Ajax à lui tout seul ne permet pas de créer des applications bureautiques basées sur le Web – d'autres aspects sont en jeu, comme l'interopérabilité et la sécurité du contenu hébergé. Ceci étant dit, Ajax lève un obstacle majeur car de telles applications deviennent réellement utilisables.

Cet exemple d'application bureautique convertie au Web montre bien qu'il y a matière à faire migrer vers le Web, grâce à Ajax, de nombreuses applications destinées jusqu'à présent à ne s'exécuter qu'en local. En complément de Writely, les tableaux sont supportés par des produits tels que NumSum (*http://numsum.com*) et les gestionnaires de présentation par des applications telles que S5 ((*http://www.meyerweb.com/eric/tools/s5/*). Au-delà du domaine bureautique, on trouve des versions Ajax de clients de messagerie instantanée (voir Meebo sur *http://meebo.com*), d'émulateurs de terminal (voir Anyterm sur *http://anyterm.org/*) et même des environnements de programmation (voir Try Ruby de Why the Lucky Stiff sur *http://tryruby.hobix.com/*). Les applications web seront toujours plus limitées que leurs contreparties s'exécutant en local, mais Ajax comble partiellement le fossé qui les sépare au point de rendre les premières « suffisamment bonnes » pour être utilisées : de nombreux utilisateurs emploieront avec profit ces applications web, conjointement avec leur navigateur et toutes les possibilités qu'il offre.

Caractéristiques des applications Ajax

Ajax a tout d'abord été défini comme une « technologie qui s'appuie sur des technologies web standard pour proposer à ses utilisateurs une interface riche et réactive ». Il est préférable de considérer qu'Ajax propose un spectre continu – une application qui inclut un widget Flash ou qui n'utilise pas les technologies d'accès à distance peut néanmoins être considérée comme « partiellement » Ajax ; il peut être utile d'agir ainsi si l'on conçoit un système pouvant influencer d'autres développeurs Ajax, les patterns Ajax étant aussi faits pour cela. Lorsqu'on découvre les patterns Ajax, il est très profitable d'étudier des applications qui ne sont pas « purement Ajax ». À ce titre, les caractéristiques énoncées ci-dessous ne constituent pas des critères rigoureux permettant d'établir si une application est Ajax ou non, mais plutôt un ensemble d'indications générales permettant de cerner la nature d'une application Ajax.

De vraies applications, et pas de simples sites web

De nos jours, on entend beaucoup plus parler « d'applications web » – ou encore de « webapps » – que de « sites web ». Dans la plupart des projets web modernes, la navigateur est considéré comme une plateforme et le Web comme un système d'exploitation. L'utilisateur d'une plateforme de navigation ne se contente pas d'acheter un ouvrage ou de naviguer dans un document. Il l'utilise pour son travail quotidien ou ses activités sociales, et plus généralement pour réaliser des tâches plus critiques et plus complexes que par le passé. Bien qu'Ajax puisse être réellement appliqué à tout ce qui s'exécute dans un navigateur, cette technologie s'impose d'elle-même avec ces types de systèmes car il permet à l'utilisateur d'être encore plus motivé et plus productif.

Interactivité en continu et sans à-coups

Dans les sites web traditionnels, l'utilisateur est souvent amené à soumettre un formulaire, puis à attendre quelques secondes, et enfin à voir la page se redessiner, avant de recommencer ce cycle d'interaction. Tout cela est dû au fait que la moindre interaction avec le serveur, et même la moindre modification dans l'affichage, requiert un appel au serveur et un rafraîchissement complet de la page. La lenteur et le caractère erratique du processus sont particulièrement frustrants. Ajax change la donne de plusieurs manières. Premièrement, JavaScript, qui s'exécute dans le navigateur, peut manipuler directement l'affichage – il est donc inutile que le serveur envoie toute une page pour cacher un élément ou pour réarranger celle-ci. Deuxièmement, les interactions avec le serveur peuvent être prises en charge via JavaScript, ce qui permet d'envoyer des commandes utilisateur et de recevoir des données nouvelles sans qu'il y ait de rafraîchissement de la page. Troisièmement, les actions de l'utilisateur, telles que les clics de souris et la saisie au clavier, peuvent aussi être traitées par JavaScript : les possibilités d'interaction avec l'utilisateur sont beaucoup plus étendues et beaucoup plus riches que le simple remplissage d'un formulaire et que le clic sur le bouton d'envoi de la requête. Toutes ces améliorations rendent les interactions sous Ajax plus rapides et leur donnent un caractère continu.

Un contenu vivant, en prise directe sur l'actualité

Grâce à Ajax, une application peut solliciter de façon autonome et continue le serveur afin qu'il lui fournisse des informations nouvelles. Ainsi, une application Ajax peut être programmée pour afficher en permanence les informations les plus récentes (par exemple, les cours de la bourse en direct), les personnes actuellement connectées ou pour envoyer des messages à l'utilisateur. Le contenu est alors bien « vivant » et en prise directe avec l'actualité.

Une capacité d'assistance

Les applications Ajax peuvent assurer un suivi des actions de l'utilisateur et même prendre l'initiative lorsqu'il effectue une tâche. Une action aussi limitée que la frappe d'une touche peut déclencher un appel au serveur, dont les données et les capacités de traitement peuvent être sollicitées pour produire un contenu pertinent en une fraction de seconde. Par exemple, un formulaire peut changer en fonction de la saisie de l'utilisateur, ou un message d'erreur peut être affiché dès qu'une valeur incorrecte est tapée.

Des effets visuels

Les applications Ajax ont la même apparence que les applications web conventionnelles, mais elles ont tendance à introduire un peu plus d'animations. Il ne s'agit pas là d'animations flashy et inutiles, mais de véritables vecteurs d'information précisant ce qui est en train de se produire ou ce que l'utilisateur pourra faire ensuite. Par exemple, une icône effacée peut lentement s'estomper avant de disparaître complètement.

> *Des applications web, pour quoi faire ?*
>
> Pourquoi les applications web sont-elles aussi attractives ? Puisque les applications standard, s'exécutant en local, fonctionnent bien, on peut se demander pourquoi de nombreux développeurs se tournent vers la conception d'applications web s'appuyant sur un navigateur. Voici quelques-unes des raisons qui expliquent cette tendance.
>
> - Les utilisateurs emploient différents ordinateurs, à la maison, au bureau, à l'école, dans les cafés et avec leur téléphone. Héberger leurs données et leurs préférences en ligne est la meilleure façon pour eux de les avoir toujours à leur disposition.

- De façon plus critique, avoir trop d'ordinateurs revient à ne plus en avoir du tout. De nombreuses personnes ne disposent plus d'ordinateur sur lequel ils pourraient installer des applications et stocker leurs données. Pour elles, une application web est le seul moyen pratique d'utiliser une application particulière et de sauvegarder leurs données en toute sécurité.
- Les applications s'exécutant en local mettent parfois l'utilisateur devant une situation sans issue : un utilisateur ne se donnera le mal d'installer un logiciel que s'il est convaincu de son utilité, chose impossible à déterminer tant que le logiciel n'a pas été installé. En revanche, l'utilisateur peut manipuler immédiatement une application web, sans avoir à l'installer.
- La plupart des domiciles privés et des entreprises sont équipés du haut débit, et la puissance des serveurs n'a jamais été aussi élevée. Ces infrastructures permettent désormais d'exécuter des applications riches et interactives, chose impraticable dans les années 1990. De plus, les capacités de stockage proposées par les serveurs sont énormes et peu coûteuses – l'offre commerciale initiale de Gmail pour un volume de 1 Go a surpris tout le marché, et l'on trouve maintenant des startups qui hébergent des collections entières de musique en ligne (par exemple, mp3tunes.com).
- Les technologies qui se cachent derrière Ajax – JavaScript, DOM, et l'accès à distance via le Web – sont matures et sont même devenues des standard. Les applications web sont donc plus facilement portables et plus facilement utilisables. De plus, les applications web modernes apportent un bienfait caché : la performance. Bien loin du bon vieux temps du rafraîchissement intégral de page, les développeurs futés peuvent minimiser les transferts de données au moyen d'un ensemble de techniques d'optimisation de performance. Les performances sont donc améliorées non seulement grâce au haut débit, mais aussi grâce à une nouvelle architecture des applications web.
- Pour un développeur, une application web est souvent plus productive qu'une interface graphique utilisateur conventionnelle, en particulier s'il prévoit des mises à jour fréquentes et un produit multi-plateforme. Un code unique suffit pour développer une application web multi-plateforme. Les mises à jour peuvent être diffusées de façon incrémentale, et non plus par « grand saut ». Le programmeur peut enfin utiliser le langage et les bibliothèques de son choix pour programmer le côté serveur, qui est celui où les traitements lourds sont réalisés.
- Le développement d'applications riches pour le Web a été considéré dans le passé comme une science abstruse. À présent, il est bien plus facile de concevoir des applications pour le Web – la chose est même significativement plus facile que pour développer bon nombre d'environnements basés sur des interfaces graphiques utilisateur. Plusieurs facteurs ont amélioré la situation : (a) les développeurs sont plus à l'aise avec l'architecture du Web et avec les diverses bibliothèques et les frameworks disponibles ; (b) celles-ci se sont fortement améliorées, en particulier avec l'émergence d'Ajax ; (c) les navigateurs sont plus homogènes dans leurs capacités et plus standardisés, et ils supportent mieux les outils de développement et de débogage.

- Les problématiques de sécurité étant devenues majeures, les entreprises sont très promptes à verrouiller les ordinateurs et à interdire l'installation de plugins pour le navigateur. Les applications web hébergées sur l'intranet d'entreprise sont souvent considérées comme plus sûres, et elles supportent un pilotage et un contrôle d'accès plus stricts.
- Les développeurs d'applications souhaitent supporter une communauté d'utilisateurs la plus large possible. Ceux qui ne visent que MS-Windows vont non seulement se couper de tous les utilisateurs d'Apple et de Linux, mais aussi des plateformes moins conventionnelles telles que les smartphones, les systèmes de divertissement familiaux et les consoles de jeu. Une application web est souvent un moyen plus souple de viser ces nouvelles plateformes.
- L'une des grandes forces d'Internet est cette capacité à communiquer et à collaborer avec des utilisateurs à distance. Tout cela repose cependant sur des logiciels communs et interopérables. Comme les navigateurs web ont virtuellement le don d'ubiquité sur des ordinateurs connectés sur Internet, les applications web sont une option très attractive pour communiquer et faire des tâches collaboratives.

De nouveaux widgets

Les widgets Ajax vont largement au-delà des contrôles HTML standard – zones de texte éditable, sélecteurs, boutons, etc. Les widgets tels que les glissières et les indicateurs de progression, construits à partir d'éléments HTML standard, sont de plus en plus populaires. Des widgets conventionnels sont par ailleurs améliorés. L'utilisateur se voit ainsi proposer non plus ces bonnes vieilles tables ennuyeuses, mais des grilles de données éditables et interrogeables ; non plus des zones de texte simples, mais des éditeurs de texte riches de type WYSIWYG, identiques à la plupart des traitements de texte.

De nouveaux styles d'interaction

Ce sont non seulement les widgets qui sont améliorés, mais aussi les styles d'interaction. Ici aussi, les développeurs Ajax se sont largement inspirés des concepts employés dans les applications conventionnelles s'exécutant en local. Le glisser-déposer, par exemple, est une fonctionnalité utilisée depuis vingt ans dans les applications locales, mais elle est relativement récente dans le monde des applications web. Elle est tout à fait adaptée au contexte du Web, comme on a pu l'observer dans l'exemple de portail mentionné plus haut. D'autres styles d'interaction deviennent populaires : les raccourcis clavier, l'usage (parfois aventureux) des boutons de la souris (double-clic, usage du bouton droit et du bouton central). Du chemin reste encore à parcourir pour atteindre le degré d'interactivité avec la souris que l'on observe sur Opera et d'autres programmes, mais tout est possible.

Des fonctionnalités basées sur des standard

Les applications Ajax ne requièrent rien de plus qu'un navigateur web standard récent, tel qu'Internet Explorer 6 ou Firefox 1.0. Bien que le choix d'un navigateur dépende essentiellement des objectifs de l'utilisateur, il faut savoir qu'Ajax tire le meilleur parti des fonctionnalités standard des navigateurs en évitant toute spécificité et tout plugin spécifique d'un navigateur, à chaque fois que cela est possible. Pour cela, Ajax non seulement s'appuie sur des technologies *standard* mais aussi respecte les conventions d'interface utilisateur *standard* du Web.

Les technologies Ajax

Voici un rapide survol des technologies impliquées dans Ajax. Il y a tout d'abord des technologies qui ont toujours été populaires dans l'univers du Web, et qui sont relativement bien comprises dans la communauté des développeurs. Ces technologies sont encore utilisées dans les applications Ajax, mais parfois d'une façon un peu différente des usages séculaires.

HTML/XHTML

Comme toujours, HTML donne sa structure à une page web. Une application Ajax utilise un document HTML pour afficher la page initiale, ce document étant manipulé en permanence pour modifier l'affichage et gérer de nouveaux événements. Lorsque cela est possible, la variante d'HTML conforme à XML, XHTML, doit être employée pour rendre les manipulations plus robustes.

CSS

La technologie CSS enrichit l'affichage et, grâce aux feuilles de style, permet de séparer la structure du document et les détails de style. Fort heureusement, les navigateurs supportent CCS2 de façon relativement homogène, si bien que de nombreux sites ont migré d'un affichage artisanal, basé sur des tables, à un affichage plus propre et plus souple, basé sur CSS. L'énorme intérêt de CSS est qu'il peut être facilement manipulé par JavaScript. Une ligne de code permet de faire disparaître un objet, de le déplacer partout dans la page ou de modifier son apparence.

HTTP, CGI, soumission de formulaire

Comme les applications web conventionnelles, Ajax communique via HTTP. Cependant, au lieu de renvoyer des pages entières, le serveur renvoie des résultats concis qui sont ensuite traités au niveau du navigateur. La soumission de formulaire – souvent vers des URL de style CGI – est aussi employée, mais sur sollicitation par programme, ce qui évite tout rafraîchissement de page.

Codage côté serveur

Le serveur est encore sollicité pour assurer des tâches telles que la persistence de données ou la validation d'une saisie. Dans les architectures Ajax, cependant, le serveur est déchargé de toute tâche d'affichage et de toute activité directement liée à l'application, qui sont exécutées au niveau du navigateur.

Ajax introduit aussi une certain nombre de technologies plus nouvelles. L'expression « plus nouvelles » est employée avec beaucoup de réserve, car chacune d'entre elles existe depuis déjà plusieurs années : en fait, leur compréhension profonde est notoirement très récente, de même que leur déploiement standardisé sur les principaux navigateurs et leur combinaison pour produire un nouveau style d'application.

JavaScript

L'une des grandes caractéristiques d'Ajax est que les traitements sont exécutés au niveau du navigateur. JavaScript est le langage utilisé pour gérer le côté client : il coordonne toute l'activité du navigateur. Antérieurement à Ajax, les développeurs web pouvaient distiller du code JavaScript dans leurs pages, mais peu d'entre eux pouvaient prétendre avoir une compréhension d'ensemble de ce langage. Tout cela est en train de changer, car de nombreux développeurs s'investissent pour maîtriser JavaScript comme ils l'ont fait pour tout langage de programmation du côté serveur.

XML et le modèle DOM (Document Object Model)

Un objet DOM est une structure de données hiérarchique représentant un document XML. JavaScript est capable de lire et de manipuler des structures DOM. La page web courante constitue un document XML particulièrement important, car HTML est une « forme » de dialecte XML (en fait, les navigateurs le traitent comme tel, bien que ce soit en réalité seulement lorsqu'on code en XHTML – une forme de HTML compatible avec XML – que l'on utilise XML). Etant une sorte de document XML, la page web courante peut être considérée par le navigateur comme un objet DOM manipulable, ce qui permet de modifier le contenu de la page (voir les patterns *Display Morphing* et *Page Rearrangement* [chapitre 5]). De plus, d'autres objets DOM peuvent apparaître si le programmeur décide de communiquer avec le serveur au moyen de *messages XML*.

Modèle événementiel (« DHTML »)

Le modèle événementiel (event model) permet à JavaScript de traiter des événements tels que des clics de souris. Ce modèle constitue la clé de l'interactivité au sein du navigateur – un dialogue entre l'utilisateur et le site web (voir les patterns *User Action* et *Scheduling* [chapitre 7]).

Accès à distance via le Web

L'accès à distance via le Web est la capacité pour JavaScript de dialoguer directement avec le serveur – sans rafraîchissement de la page. `XMLHttpRequest` est l'outil principal de ce dialogue, mais il existe en vérité d'autres technologies d'accès à distance viables (voir les patterns *XMLHttpRequest Call*, *IFrame Call*, *HTTP Streaming* et *On-Demand JavaScript* [chapitre 6]).

Anatomie d'un appel serveur

Concrètement, que se cache-t-il derrière une interaction Ajax ? Une interaction est essentiellement une séquence d'événements. Etudions par exemple la séquence de démarrage d'une application (*figure 1-4*) :

1. L'utilisateur lance l'application Ajax sous le navigateur. Il commence par interagir avec elle en la visitant, par exemple en cliquant sur un lien ou en sélectionnant un signet.
2. Le navigateur charge le contenu initial, alimenté par l'application Ajax (page HTML initiale à afficher, données CSS, code JavaScript destiné à gérer les interactions à venir). Le code HTML est parfois réduit à une structure générale de page, auquel cas le contenu initial sera ultérieurement chargé lors d'un second appel. Le

code va en général initialiser le gestionnaire d'événements afin que le système sache réagir correctement aux actions de l'utilisateur.

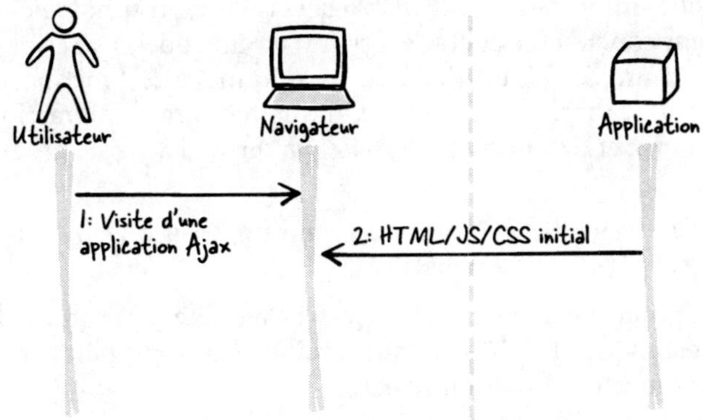

Figure 1-4. Une séquence de démarrage typique

Une fois l'application chargée, toute l'activité ultérieure va être pilotée par événements. Voici une séquence typique pour chaque événement (*figure 1-5*) :

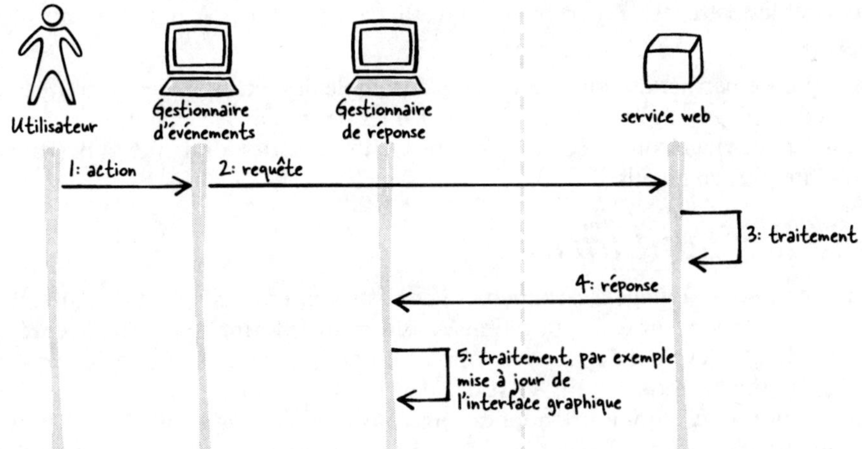

Figure 1-5. Une séquence typique de gestion d'événement

1. L'utilisateur effectue une action (un clic de souris par exemple). La plupart des événements sont engendrés par une action de l'utilisateur. Comme on l'explique dans le chapitre présentant les patterns comportementaux dynamiques, les fonctions JavaScript peuvent être associées à des événements particuliers ayant lieu dans des éléments de page particuliers ; par exemple, le programmeur peut faire en sorte que la fonction `purchase( )` soit appelée à chaque fois qu'un article (un élément de page particulier) est double-cliqué (type d'événement particulier). Ainsi, l'action de l'utilisateur va typiquement déclencher l'invocation du gestionnaire d'événements.

2. Le gestionnaire d'événements envoie une requête au serveur. Certains événements requièrent une interaction avec le serveur – par exemple, si l'utilisateur vient de taper une information qui doit être validée par le serveur, ou s'il a fait la requête d'une nouvelle information. `XMLHttpRequest` – une technologie clé d'Ajax – est spécifiquement conçu à cet effet. Ceci permet à un code JavaScript d'appeler directement le serveur. Ce faisant, le code mentionne une fonction de callback qui recevra une notification lorsque parviendra la réponse. L'interaction entre le navigateur et le serveur est décrite dans les patterns d'accès à distance via le Web (chapitre 6).
3. Le serveur traite la requête. Dans le serveur, un service web (voir le pattern *Web Service* [chapitre 6]) reçoit la requête.
4. Le serveur répond. Le service web reçoit la requête et produit une réponse au moyen des techniques HTTP standard familières à toute personne ayant travaillé sur des applications web traditionnelles.
5. La fonction de callback du navigateur reçoit la réponse. Revenons au navigateur : la fonction de callback reçoit la notification l'informant que le traitement de la requête est achevé et qu'elle peut lire la réponse du serveur. Le callback est libre d'utiliser cette réponse comme bon lui semble, mais tout cela débouche en général sur une modification de l'affichage. Il faut pour cela manipuler le DOM, une représentation de la page web qui peut être modifiée avec JavaScript. Vous consulterez à cet effet les patterns de manipulation d'affichage (chapitre 5), pour obtenir plus de détails.

Cette séquence permet d'avoir une vision d'ensemble des technologies employées. Une introduction pragmatique à chacune d'entre elles figure dans le chapitre suivant, et la partie de cet ouvrage consacrée aux patterns technologiques fondamentaux (Partie II) les présente plus en détails.

Ajax : les tendances

Rédiger le présent ouvrage a certainement consisté à viser une cible mouvante. Il existait déjà un certain nombre d'applications Ajax lorsque le terme Ajax a été inventé, mais le monde d'Ajax a explosé depuis, développé par une activité débordante de ce qui a été désigné comme le mouvement « Web 2.0 ». Chaque jour apporte son lot d'idées nouvelles, alors que le nombre d'applications Ajax réalisées augmente. Il est impossible de savoir jusqu'où tout cela va aller, mais cette section identifie quelques tendances futures et quelques questions ouvertes.

Standard et fragmentation

Une meilleure compatibilité entre les navigateurs a facilité le développement d'applications web riches. Cependant, le monde d'Ajax est actuellement à la croisée des chemins, car le boom économique qui a déclenché le développement d'applications Ajax a aussi suscité des innovations pour les navigateurs eux-mêmes, qui peuvent déboucher sur un risque sérieux de technologies divergentes.

Un groupe très moteur à cet égard est le groupe de travail WHAT-WG (Web Hypertext Application Technology Working Group). Le terme « applications » en est le mot-clé central, car ce groupe promeut l'idée d'un Web qui devienne réellement une plateforme d'applications, une idée qui est en résonance forte avec les objectifs d'Ajax. Les principales propositions portent sur les contrôles riches et les techniques d'interaction telles que le glisser-déposer, dont le groupe veut qu'ils soient supportés en mode natif par le navigateur. Tout cela est bon pour Ajax, mais sera probablement réalisé au prix de la compatibilité. On ne sait pas exactement quels navigateurs supporteront quels standard, et il est probable que des différences majeures apparaissent dans les projets d'implémentation. De plus, Microsoft brille par son absence du groupe WHAT-WG, et il n'est pas exclu que l'IE propose à terme une API très différente pour toutes ces fonctionnalités. À côté des standard cautionnés par WHAT-WG et le W3C, il y aura inévitablement des fonctionnalités spécifiques de certains navigateurs. Microsoft continuera à faire évoluer son framework Atlas, et il est très probable que l'IE donnera à Atlas des fonctionnalités – telles que le stockage local de données – non disponibles dans les autres navigateurs.

Si les navigateurs subissent le même destin divergent que les API au milieu des années 1990, les développeurs devront décider de la stratégie appropriée. Diverses options sont possibles : viser des navigateurs spécifiques (un choix regrettable mais foncièrement pragmatique), ignorer les spécificités des navigateurs, ou bien compter sur des plugins compatibles pour des comportements non supportés directement par un navigateur particulier.

Adoption du navigateur

De très nombreuses améliorations s'annoncent pour les navigateurs, mais les utilisateurs voudront-ils tirer parti de ces progrès technologiques ? La plupart des utilisateurs du Web n'ont jamais entendu parler d'Ajax et n'y accorderont pas beaucoup d'importance si on leur en parle. Beaucoup d'efforts de conviction seront nécessaires pour les convaincre de mettre à jour leur navigateur et encore plus de persuasion pour changer pour un navigateur concurrent. D'un autre côté, une partie de plus en plus importante de la population a grandi avec l'Internet et n'est pas rebutée par des mises à jour fréquentes et des changements de navigateur. De plus, les navigateurs – comme beaucoup d'applications en local – sont devenus suffisament « intelligents » pour se mettre à jour eux-mêmes, et les utilisateurs qui ont installé des versions récentes de leur navigateur disposeront sans rien faire des dernières fonctionnalités disponibles grâce à ce mécanisme de mise à jour automatique.

Acceptation de l'utilisateur

Des informations préliminaires montrent que les utilisateurs apprécient beaucoup les caractéristiques d'Ajax, mais il n'est pas sûr que la majorité des utilisateurs manipule des fonctionnalités telles que le glisser-déposer ou des applications sophistiquées telles que des traitements de texte s'exécutant dans le navigateur. Une autre interrogation porte sur la gestion des URL et sur le bouton « Back » (précédent). Le problème n'est pas aussi grave que veulent bien le prétendre certains critiques, comme on l'explique dans le pattern *Unique URLs* (chapitre 17), mais il est un fait que des fonctionnalités telles que le rafraîchissement de page et le bouton « Back » ne se comportent pas exactement de la même façon que dans les applications web conventionnelles. Comment les utilisateurs prendront-ils ces changements, et quels astuces les développeurs trouveront-ils pour contribuer à résoudre la situation ?

Le fonctionnement en local

Étant considéré comme un substitut du fonctionnement en mode local, Ajax verra son avenir changer en fonction des évolutions du logiciel destiné à s'exécuter en local. Certains ont prédit la mort de logiciels s'exécutant en local tels que les traitements de texte et les gestionnaires personnels d'information. Il est bien clair qu'Ajax a comblé partiellement le fossé avec le mode local, mais personne ne sait s'il va continuer à se réduire ou au contraire s'élargir à nouveau, suite à des innovations concernant le mode local. La stratégie Live de Microsoft, ainsi que la rumeur d'une version Ajax du produit Star Office par Sun et Google, seront des sources d'observation et de réflexion particulièrement intéressantes, car toutes deux s'appuient sur une approche hybride : une application en mode local pour les activités de fond et de long-terme, et un client Ajax allégé apportant tous les bénéfices d'une interface web décrits plus haut.

Flash

Flash jour un rôle intéressant dans l'univers d'Ajax. Du point de vue des standard, Ajax est meilleur – il est possible de prendre un formulaire régulier et d'y instiller de l'Ajax au moyen d'effets de validation dynamiques. De plus, le formulaire peut être conçu de façon à fonctionner avec ou sans les technologies Ajax. Flash, cependant, permet de faire des choses irréalisables avec Ajax, comme par exemple l'accès à des dispositifs matériels, le graphisme riche et le stockage local de fichiers. Les deux technologies évoluent en permanence. Adobe va-t-il faire de Flash une alternative à Ajax ou bien une technologie complémentaire ? Ou bien des innovations portant sur les navigateurs vont-elles faire mieux que les possibilités emblématiques de Flash ?

Un graphisme riche

Le graphisme vectoriel dynamique est désormais possible ; L'IE supporte VML (Vector Markup Language), et Firefox ainsi que Safari supportent SVG (Scalable Vector Graphics). Les API sophistiquées vont probablement évoluer pour supporter le graphisme 3D, ouvrant ainsi des possibilités supplémentaires. Questions de compatibilité à part, de nombreux problèmes de conception se posent. En théorie, il est possible de générer n'importe quel affichage, si bien que l'on peut ignorer les standard HTML et construire un ensemble de contrôles à partir de zéro. Cette possibilité est extrême, mais les développeurs seront confrontés quotidiennement à des choix : faudra-t-il coller aux standard ou opter pour des contrôles spécifiques, plus riches ? Des bibliothèques émergeront probablement pour proposer de tels contrôles.

Un Web à double sens

Sur le Web, c'est toujours le navigateur qui initie la connexion. Le serveur n'a aucun moyen pour solliciter le navigateur et dire à l'utilisateur : « Bonjour, votre fils vient de se connecter ! » Même s'il ne s'agit pas d'une façon d'agir très orthodoxe, de nombreuses personnes ont imaginé toutes sortes de hacks pour donner au serveur la possibilité d'initier la connexion. On a d'ailleurs donné plusieurs noms à cette capacité : « server push », « streaming », Web à double sens – « the two-way web » – ou, plus récemment, « Comet » (*http://alex.dojotoolkit.org/?p=545*). Ces idées ne sont pas propre à Ajax, mais elles font l'objet d'un intérêt croissant et des synergies avec le cœur des technologies Ajax sont évidentes. Dans cet ouvrage, quelques patterns s'intéressent à cette idée (*HTTP Streaming, Periodic Refresh* et *Distributed Events*), Mais les résultats ne sont pas très probants, les problèmes de compatibilité étant nombreux : il s'agit là d'un vrai défi. Des solutions émergent – des serveurs tels que Twisted (*http://twistedmatrix.com/*) supportent des connexions de longue durée, et des astuces portant sur le navigateur rendent les hacks moins indiscrets.

Stockage en local

Ajax étant devenu très populaire, une demande forte a émergé pour pouvoir stocker des données en local. Actuellement, seuls les cookies permettent de le faire, dans le navigateur. Les utilisateurs veulent cependant stocker des volumes de données beaucoup plus importants – des méga-octets – et aussi empêcher que certaines données soient transmises au serveur. De plus, un stockage local des données permet à l'utilisateur de continuer à travailler hors connexion, ce qui lèverait une critique majeure contre les applications web riches. Certaines bibliothèques Ajax, telles que Dojo, supportent les capacités de stockage local de Flash, à présent. De plus, il est planifié que Firefox, tôt ou tard, supporte ces capacités, et il a été indiqué que le framework Atlas de Microsoft les supporterait aussi (on ne sait pas à l'heure actuelle si ce support sera spécifique à l'IE). Le stockage local est-il réellement utile alors qu'Ajax rend la synchronisation avec le serveur si facile ? Les utilisateurs comprendront-ils ce qui est local et ce qui ne l'est pas, et seront-ils capables de gérer leurs données ? Des problèmes de conception vont aussi se poser, portant par exemple sur la façon de gérer la synchronisation après une session hors connexion.

Les formulaires XForms

XForms est un nouveau standard, défini par le W3C, qui consitue une mise à jour majeure concernant les formulaires web standard. Les formulaires XForms séparent les données de l'interface visuelle (la vue), et offrent des widgets riches pour la manipulation de données : ceci permet à un champ de réagir à des modifications effectuées dans d'autres champs. Cela est déjà possible grâce à Ajax, mais les formulaires XForms reposent sur une approche beaucoup plus standardisée. La question est de savoir si XForms va réellement se développer alors qu'Ajax est déjà si populaire, et si c'est le cas, comment XForms va-t-il coexister avec des technologies Ajax telles que l'accès à distance via la Web ?

JavaScript

Les développeurs ont commencé à prendre au sérieux JavaScript grâce à l'émergence d'Ajax, et ce langage va continuer à évoluer. À l'avenir, on peut s'attendre à un support amélioré du multithreading, et de la séparation classique entre interface et implémentation, et à des améliorations concernant la syntaxe (voir *http://weblogs.mozillazine.org/roadmap/archives/008325.html*). De plus, le côté serveur de JavaScript peut gagner en popularité car il pourrait être utile aux applications Ajax, qui nécessitent souvent le même code et les mêmes structures de données côté serveur et côté client. Par exemple, un code de validation doit souvent s'exécuter côté navigateur pour une meilleure performance, mais une double validation doit aussi être effectuée côté serveur, pour des raisons de sécurité. En marge de l'évolution du langage, les patterns de conception continueront aussi à évoluer car les programmeurs vont pousser JavaScript à ses limites et créer des scripts plus complexes.

Supports de développement

Une pléthore de bibliothèques et de frameworks liés à Ajax sont déjà disponibles (voir l'annexe A), mais on en verra encore bien plus apparaître avec le développement d'Ajax et l'évolution des technologies sous-jacentes. Les environnements de développement intégrés vont aussi évoluer – on peut espérer disposer d'un environnement dédié à JavaScript, homologue d'Eclipse ou d'IntelIJ Idea pour Java. Ces environnements devront inclure en particulier la refonte de code, la vérification des erreurs durant la frappe du code, ainsi que des suggestions de solutions. Des besoins particuliers, plus spécifiques du Web, existent, comme la visualisation du trafic et le test automatisé du Web. Bien que ces idées soient dans l'air depuis un moment, il faudra des outils bien plus sophistiqués que les outils actuels pour supporter des applications Ajax complexes.

Améliorations du débit et du matériel

Ajax a apporté bien des surprises, comme par exemple Google Suggest (*http://www.google.com/webhp?complete=1&hl=en*) qui montre qu'il est possible de faire un aller-retour serveur pratiquement à chaque fois qu'une touche est pressée. Avec l'amélioration de la composante matérielle et du débit réseau (bande passante), il deviendra possible d'effectuer des tâches irréalisables à présent. Plus que le débit réseau, la latence est un facteur critique. Ajax sera-t-il utilisable pour des collaborations multimedia en temps réel, pour des jeux en réseau, ou pour la visualisation interactive de données ? La réponse dépend des progrès de la composante matérielle et du débit réseau, aussi bien que de la capacité du logiciel (côté navigateur et côté serveur) à les exploiter.

Conclusion

Ce chapitre a présenté succintement les technologies de base d'Ajax, ainsi qu'un certain nombre d'exemples caractéristiques. Il a donné quelques indications sur les tendances et les évolutions pressenties, même si de nombreuses surprises doivent être attendues. Malgré la nouveauté du terme « Ajax », celui-ci s'est développé partout sur la toile. Le reste de cet ouvrage explique tout ce que l'on a appris en utilisant Ajax. Dans le chapitre suivant, on va plonger la tête la première dans Ajax, grâce à un tutoriel constituant un premier contact avec les patterns, une introduction concrète aux technologies de base d'Ajax et aux patterns Ajax qui guident leur usage.

2

Un premier contact avec les patterns

Ce chapitre est une introduction à Ajax et aux patterns Ajax. Il se présente sous la forme d'un tutoriel en trois parties. La première section est un tour d'ensemble des technologies clés, particulièrement recommandé à ceux qui n'ont jamais travaillé avec Ajax. La deuxième section illustre la façon dont les patterns de plus haut niveau réhaussent un système ; si vous avez un peu pratiqué Ajax, vous pouvez vous attaquer directement à cette section. La troisième et dernière section propose quelques exercices d'application.

Ce tutoriel est accessible en ligne sur *http://ajaxify.com/tutorial/*, où vous pourrez exécuter les démos des exemples figurant dans ce chapitre. Pour travailler en mode local, vous devez disposer d'une installation PHP standard (version 5 ou ultérieure) et d'Apache ou d'un serveur web équivalent (aucune base de données n'est requise). Vous pouvez télécharger le code des exemples à partir de l'URL ci-dessus – consulter l'annexe B pour plus de détails sur les modalités d'installation. Chaque section du tutoriel débute par un résumé des démos en ligne correspondantes, précisant le répertoire dans lequel vous pourrez trouver le code associé.

Un survol des technologies Ajax

Cette section présente un certain nombre d'exemples permettant d'aller à l'essentiel des technologies Ajax. Chaque section est indépendante des autres, chacune correspondant à un groupe donné au sein des patterns technologiques fondamentaux (Partie II), qui constituent les patterns englobant les technologies de base sur lesquelles sont basées toutes les applications Ajax.

Préparation des démos

Chaque démo doit être installée dans son propre répertoire. Il faut donc créer un répertoire pour le tutoriel (appelons-le tutorial) sous la racine document du serveur, et créer, à l'intérieur de tutorial, trois répertoires dont chacun va accueillir un exemple :

```
cd /apache/docroot (à remplacer par le nom de votre propre racine de document)
mkdir tutorial
cd tutorial
kdir display remoting dynamic
```

Si vous travaillez sous Unix, vous devez vous assurer que les permissions appropriées sont données au serveur web (par exemple, pour faire en sorte que les répertoires soient globalement accessibles en lecture et en exécution). Chaque répertoire contiendra le même fichier HTML de base, *index.html*. Vous êtes invité à ouvrir votre éditeur de texte préféré et à sauvegarder le code ci-dessous dans *display/index.html*, *remoting/index.html*, et *dynamic/index.html* :

```
<html>

<head>
  <title>AjaxPatterns.org - Tutoriel</title>
  <script type="text/javascript" src="tutorial.js"></script>
</head>

<body>
  <h1>Tutoriel : patterns Ajax</h1>

  <div id="sandbox">
  </div>

</body>
```

Il conviendra d'adapter les permissions du fichier aux besoins du serveur web. Vous pouvez maintenant charger l'un de ces nouveaux fichiers dans un navigateur et vérifier que vous observez bien le contenu ci-dessus. L'URL doit être *http://localhost/tutorial/display/* ou encore, en cas d'échec, *http://localhost/tutorial/display/index.html*.

Le fichier HTML charge le fichier JavaScript *tutorial.js*, qui n'est pas encore installé. Les trois démos qui suivent laissent le fichier HTML intact et illustrent les concepts Ajax via leurs fichiers *tutorial.js* respectifs.

Survol de la manipulation de données et du DOM

Bonjour chez vous !

Pour commencer, allons dans le répertoire de travail (tutorial/display/). Vous noterez qu'il existe une version en ligne de la démo que nous allons construire, à l'adresse *http://ajaxify.com/tutorial/display*.

La première chose que l'on veut faire avec Ajax consiste à mettre à jour l'affichage – modifier les contrôles, exécuter des animations, etc. Pour ce faire, on va manipuler le DOM : cet exemple va modifier le DOM dès que la page va se charger. Tout le travail sera effectué dans le répertoire de travail, *tutorial/display*. Une fois dans ce répertoire, il faut sauvegarder le code suivant dans le fichier *tutorial.js* :

```
window.onload = function( ) {
  var greeting = document.createElement("span");
  greeting.style.backgroundColor = "yellow";
  greeting.innerHTML = "Bonjour chez vous !";
  document.getElementById("sandbox").appendChild(greeting);
}
```

Il suffit maintenant de charger la démo *display* dans le navigateur (*http://localhost/tutorial/display/index.html*) pour faire apparaître un message « Bonjour chez vous ! » sur fond jaune. Comme on l'expliquera dans la section décrivant le pattern *Display Morphing* (chapitre 5), le DOM est une structure arborescente matérialisant la structure de la page courante, et le navigateur synchronise toujours l'affichage avec le DOM, même lorsqu'il est modifié par programme. Pour le vérifier, on peut visualiser le DOM après avoir exécuté le script ci-dessus. De nombreux outils de visualisation sont décrits dans la section décrivant le pattern *DOM Inspection* (chapitre 18).

Dans le code ci-dessus, `greeting` est un nouveau nœud DOM qui est ajouté au nœud `sandbox` déjà existant. Après avoir créé `greeting`, on lui donne une couleur de fond au moyen d'une propriété de style CSS, et l'on emploie `innerHTML` pour initialiser son contenu. Le DOM résultant est le même que si la page avait été chargée sur la base du code HTML suivant :

```
<div id="sandbox">
  <span style="background-color:yellow;">Bonjour chez vous !</span>
</div>
```

Une fonction de commodité : $( )

Effectuons maintenant un travail de refonte rapide. Comme on a souvent besoin de la fonction `document.getElementById( )`, nous allons créer un alias qui va s'avérer très commode, et qui sera utilisé dans tous les exemples. Ajoutons donc la fonction suivante :

```
function $(id) { return document.getElementById(id); }
```

Il est alors possible de rendre la dernière ligne du code ci-dessus plus concise :

```
$("sandbox").appendChild(greeting);
```

Il convient de vérifier que la page fonctionne comme avant. La notation `$( )`[1] est utilisée tout au long de cet ouvrage. En réalité, elle est parfois utilisée pour se référer de façon répétitive au même élément DOM, au léger détriment des performances, car cela induit une consultation supplémentaire dans le DOM. Dans les systèmes destinés à être largement diffusés, il convient d'utiliser `$( )` une seule fois pour assigner un élément DOM à une variable temporaire, et de faire ensuite appel systématiquement à la variable temporaire. Les performances seront meilleures, même si le code est un peu moins lisible.

Ajout d'un lien

On va terminer cette section en créant dynamiquement un lien. Il suffit pour cela d'ajouter du code dans `onload( )` :

```
window.onload = function( ) {
  var greeting = document.createElement("span");
  greeting.style.backgroundColor = "yellow";
  greeting.innerHTML = "Bonjour chez vous !";
```

1. L'alias `$( )` pour `document.getElementById( )` est basé sur la bibliothèque de prototypes (*http://prototype.conio.net/*). Comme de nombreuses bibliothèques Ajax populaires sont basées sur ces prototypes, cela a tendance à devenir un idiome standard dans les scripts Ajax.

```
    $("sandbox").appendChild(greeting);

    $("sandbox").appendChild(document.createElement("hr"));
    var link = document.createElement("a");
    link.href = "http://ajaxpatterns.org";
    link.appendChild(document.createTextNode("Plus d'infos sur Ajax ..."));
    $("sandbox").appendChild(link);
  }

  function $(id) { return document.getElementById(id); }
```

Le rechargement de la page permet d'obtenir le résultat de la *figure 2-1*.

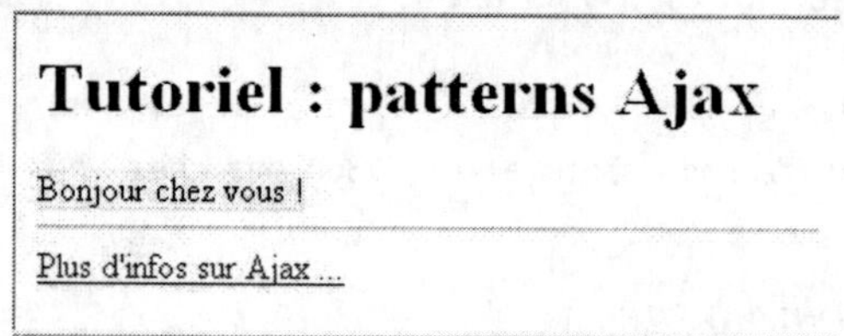

Figure 2-1. Tutoriel : l'exemple de display

Il a suffit d'ajouter deux nœuds enfants à sandbox. Le premier est un élément hr d'ordre cosmétique. Vient ensuite le lien, une balise possédant la propriété href adaptée (exactement comme une déclaration HTML <a href="...">). Pour initialiser le texte du lien, on ajoute un nouveau nœud texte enfant. Vous pourrez comparer cela avec l'exemple précédent, où l'on a utilisé innerHTML pour initialiser le contenu d'un élément. Grâce à innerHTML, le navigateur va analyser le contenu HTML et tenter de mettre à jour le contenu du DOM sur cette base. Cette manipulation est pratique, mais plus sujette à erreur que la manipulation directe du DOM effectuée avec le texte du lien.

Un survol de l'accès à distance via le Web

Plaçons-nous tout d'abord dans le répertoire de travail (tutorial/remoting/). Vous noterez que la démo de l'application qui va être décrite ici est disponible sur *http://ajaxify.com/tutorial/remoting/*.

On va utiliser ici l'accès à distance via le Web pour effectuer une tâche élémentaire : on va injecter dynamiquement un segment HTML côté serveur dans la page. Pour cela, créons tout d'abord la page HTML qui va faire l'objet de cette insertion, *message.html* :

```
<h2>Voici message.html</h2>

  Voici <strong>une balise</strong> ici<br/>
  Voici <a href="http://ajaxpatterns.org"> un lien vers AjaxPatterns </a>.
```

Il faut maintenant coder *tutorial.js* pour récupérer le message et l'envoyer dans le conteneur "sandbox". Cette action à distance au moyen de XMLHttpRequest est détaillée dans le pattern *XMLHttpRequest Call* (chapitre 6). Comme sa création est spécifique du navigateur, on fait débuter *tutorial.js* par une fonction de factory, createXMLHttpRequest( ) :

```
function createXMLHttpRequest( ) {
  try { return new ActiveXObject("Msxml2.XMLHTTP"); } catch (e) {}
```

```
    try { return new ActiveXObject("Microsoft.XMLHTTP"); } catch (e) {}
    try { return new XMLHttpRequest( ); } catch(e) {}
    alert("XMLHttpRequest non supporté");
    return null;
  }
```

Comme pour la démo précédente, il faut créer la fonction de commodité `$( )` :

```
function $(id) { return document.getElementById(id); }
```

Ces fonctions étant en place, il ne reste qu'à récupérer le contenu au moyen de `XMLHttpRequest` et qu'à l'afficher, une fois qu'il est chargé :

```
window.onload = function( ) {
  var xhr = createXMLHttpRequest( );
  xhr.onreadystatechange = function( ) {
    if (xhr.readyState==4) { // Requête terminée
      if (xhr.status==200) {
        $("sandbox").innerHTML = "Donnée chargée du serveur ...<hr/>";
        $("sandbox").innerHTML += xhr.responseText;
      } else {
        alert("Message renvoyé, mais avec une erreur.");
      }
    }
  }
  xhr.open("GET", "message.html", true);
  xhr.send(null);
}
```

On doit alors voir le contenu de *message.html* s'afficher dans l'élément sandbox, comme on le voit dans la *figure 2-2*.

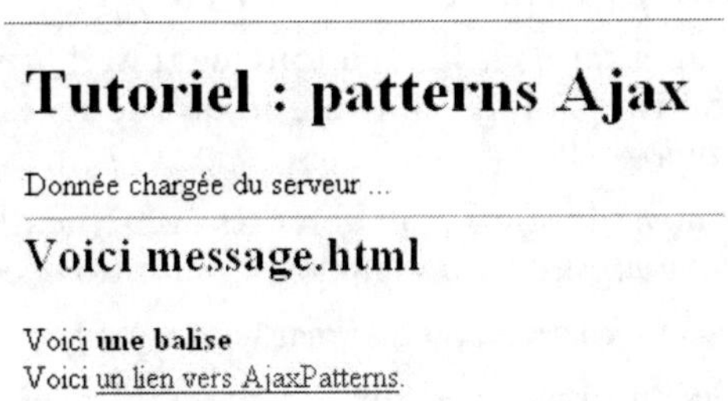

Figure 2-2. Un message dans l'élément sandbox

Le code est une illustration en concentré de l'emploi de `XMLHttpRequest`. Trois choses se produisent :

1. `XMLHttpRequest.onreadystatechange` est défini. Il s'agit d'une méthode de callback qui fait l'objet de plusieurs notifications tout au long du cycle d'appel, en particulier lorsque l'appel est terminé. Par commodité, on a assigné la propriété à une clôture (en anglais, closure) – une méthode anonyme située à l'intérieur de `function( ) {...}` – pour conserver un certain cloisonnement entre les méthodes. Le contenu de la clôture est expliqué ci-dessous.

2. Ensuite, `XMLHttpRequest.open( )` va ouvrir une nouvelle connexion. Les paramètres indiquent qu'une requête GET doit être envoyée, l'URL étant *message.html*. [voir *XMLHttpRequest Call* (chapitre 6) pour plus de détails sur le troisième argument].
3. `XMLHttpRequest.send( )` va terminer la requête. L'argument est `null` car la requête n'a que des entêtes et pas de corps de requête.

Comment le mécanisme de callback `XMLHttpRequest` est-il utilisé ici ? Durant un appel, `XMLHttpRequest` franchit plusieurs étapes, de 0, avant l'ouverture de la connexion, à 4, lorsque la réponse est arrivée. On ne s'intéresse ici qu'à l'état final, si bien que `onreadystatechange` ignore tous les états précédents. À cette étape, une réponse complète a été obtenue, mais est-elle valide ? Il faut s'assurer que l'entête mentionne un code de réponse indiquant le succès (ce code a pour valeur 200). Si tout s'est bien passé, `XMLHttpRequest.responseText` va contenir le texte qui a été chargé à partir du serveur.

Ainsi, après le traitement, la réponse (`responseText`) est une chaîne de caractères reflétant précisément le contenu de *message.html*: « <h2>Voici message.html</h2>...<a href="http://ajaxpatterns.org"> un lien vers AjaxPatterns</a>. » Il peut être affiché en l'ajoutant au `innerHTML` de sandbox.

Il n'est pas nécessaire que la réponse soit sous forme HTML. Il aurait pu s'agir de tout autre texte, comme « 5, » « OK, » ou « 1,1,2,3,5. » Le gestionnaire de réponses peut l'utiliser comme bon lui semble. Il peut très bien ne pas envoyer la réponse directement dans la page, et n'a pas obligation de modifier l'affichage en quoi que ce soit – le gestionnaire pourrait se contenter de stocker l'information pour un usage ultérieur. De plus, l'URL cible peut être n'importe quel emplacement dans le serveur. Parfois, il s'agit d'un script dynamique plutôt que d'un ficher HTML statique (tel que celui qui a été utilisé dans l'exemple). L'URL contient souvent des variables de style CGI comme entrées pour le script du côté serveur.

Un survol du comportement dynamique

Plaçons-nous pour commencer dans le répertoire de travail (/tutorial/dynamic/). Vous noterez que la démo de l'application qui va être décrite ici est disponible sur *http://ajaxify.com/tutorial/dynamic/*.

Cette démo illustre la façon dont on peut gérer les événements en JavaScript. Créons tout d'abord le fichier *tutorial.js* en n'oubliant pas la définition désormais usuelle de `$()`:

```
function $(id) { return document.getElementById(id); }
```

Une fois la page chargée, l'utilisateur est invité à cliquer sur l'élément HTML sandbox:

```
window.onload = function( ) {
    $("sandbox").innerHTML = "Cliquez ici !<br/>";
  };
}
```

On veut ici intercepter l'événement déclenché par un clic de l'utilisateur sur l'élément HTML sandbox. Lorsque cela se produit, on veut qu'un message apparaîsse dans celui-ci:

```
window.onload = function( ) {
  $("sandbox").innerHTML = "Cliquez ici !<br/>";
```

```
$("sandbox").onclick = function(ev) {

  ev = ev || window.event;
  $("sandbox").innerHTML =
  Date du clic : " + new Date() + ". Evénement : " + ev + ";

  for (property in ev) {
    var message = "Propriété " + property + ": " + ev[property] + ";
    $("sandbox").innerHTML += message;
    }

};
```

Un clic sur l'élément HTML sandbox déclenche l'action du gestionnaire d'événements, qui produit une description de l'événement, mentionnée dans la *figure 2-3*.

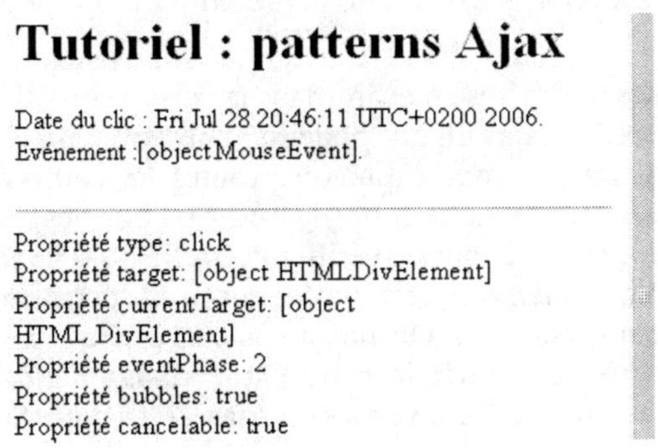

Figure 2-3. Contenu d'un événement

On a assigné `$("sandbox").onclick` à une fonction anonyme qui va gérer l'événement. Il s'agit là d'une façon courante d'enregistrer un gestionnaire d'événements. On pourrait tout aussi facilement enregistrer `$("sandbox").onmouseover` si l'on voulait capturer les mouvements de la souris au lieu des clics. En général, les navigateurs génèrent des objets événements contenant des informations sur les circonstances de ce clic (date et heure du clic, position de la souris, etc.). Cette information est en général passée au callback ou stockée dans la donnée globale `window.event`, en fonction du navigateur. La première ligne du callback garantit qu'ev est correctement initialisée, quel que soit le navigateur, si bien que l'on peut supposer sans risque qu'après cela, ev contient une représentation correcte de l'événement qui a eu lieu. Le gestionnaire affiche ensuite un rapport détaillé sur l'événement en effectuant une boucle sur chaque propriété.

Conversion d'une application web en Ajax : un pattern à la fois

Les patterns ne sont pas uniquement dédiés à des travaux de conception lourds. Le plus souvent, ils sont utilisés dans le cadre de la refonte de code et de l'amélioration de systèmes existants. Les technologies fondamentales de la section précédente peuvent être considérées comme des techniques permettant de convertir en Ajax des applications web conventionnelles, en complément de leur emploi pour réaliser de nouvelles applications. De la même façon, beaucoup des patterns qui vont suivre peuvent être considérés comme des techniques améliorant les applications web existantes.

On va examiner ici la façon dont quelques patterns peuvent être progressivement employés pour améliorer une application web. Cette application conventionnelle est tout d'abord décrite en guise de point de comparaison, mais le travail réel commence à l'étape 1, dans laquelle on va produire une application Ajax de base. Il y a en tout quatre étapes. Le code est présenté pour chaque étape. Si vous êtes un peu perdu au milieu de l'étape 2, passez directement à l'étape 3. On notera que tous les fichiers de l'application se trouvent dans un seul et même répertoire.

Préliminaires : Ajaxagram à l'ancienne

Aucun répertoire de travail n'est requis ici (aucun codage ne sera effectué). Vous pourrez consulter le code de cette étape préliminaire dans le package d'installation à l'adresse /tutorial/ajaxagram/. Il existe une démo en ligne sur *http://ajaxify.com/tutorial/ajaxagram/*.

Débutons sur des bases familières en examinant la version initiale, qui est une application web conventionnelle – Ajax en est totalement absent. Cette version prend un mot et produit toutes ses anagrammes, c'est-à-dire toutes les combinaisons de caractères possibles en utilisant les lettres de ce mot (*figure 2-4*). Pour des raisons de simplicité, il n'y a aucun dictionnaire permettant de vérifier que telle ou telle combinaison de caractères correspond à un mot bien réel, et pour des raisons de performance, la taille du mot initial est limitée à cinq caractères. On ne va pas construire cette version conventionnelle, mais vous pouvez parcourir le code (situé dans *tutorial/ajaxagram/*) pour le comparer aux versions suivantes, converties en Ajax. Il y a deux fichiers sources :

anagram.php

Il s'agit du code, côté serveur, destiné à produire les anagrammes. Ce code est décrit dans la section « Code de traitement : le service web d'anagramme. »

index.phtml

Ce code fournit l'interface (la vue), un formulaire de requête et la liste des anagrammes. La page exploite la requête elle-même ; la zone de résultat affiche toujours toutes les anagrammes produites à la suite de la soumission du formulaire (s'il y en a un).

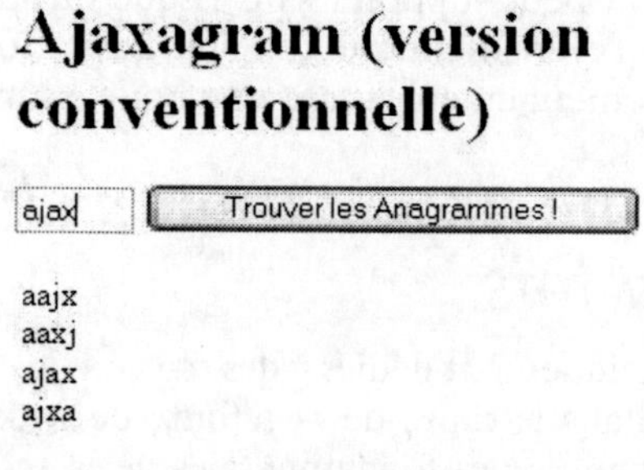

Figure 2-4. Version conventionnelle d'Ajaxagram

Étape 1 : Ajaxagram, version Ajax

Assurons-nous tout d'abord que nous sommes dans le répertoire de travail de cette démo (/tutorial/ajaxagram/ ; ce sera le même répertoire de travail pour toute la démo). On notera que le code de cette étape, à l'intérieur du package d'installation, se trouve dans le répertoire /tutorial/ajaxagram/ajaxified/, et qu'une démo en ligne se trouve à l'adresse *http://ajaxify.com/tutorial/ajaxagram//ajaxified.*

La version Ajax initiale a le même « look and feel » que la version conventionnelle. Cependant, il n'y a pas de rafraîchissement de page lorsque le mot initial est envoyé au service web d'anagramme [voir les pattern d'accès à distance via le Web (chapitre 6)], et la mise à jour au moyen de la manipulation de l'affichage est réalisée de façon différente [voir les patterns de manipulation d'affichage (chapitre 5)]. Ici encore, on va créer quatre fichiers dans un seul et même répertoire :

anagram.php

Le code (côté serveur) permettant de produire les anagrammes, qui est décrit dans la section suivante.

anagram.phtml

Un service web, côté serveur, qui prend un mot et génère une liste d'anagrammes, séparées par des virgules.

index.html

Le code de la vue de l'application, côté navigateur, qui est contenu dans un fichier HTML standard contenant le formulaire et la liste des anagrammes.

ajaxagram.js

Le code de l'application, côté navigateur, qui attend la soumission du formulaire, passe la requête (mot initial) à `anagram.phtml`, et modifie l'affichage en conséquence.

Commençons par créer un nouveau répertoire, par exemple *tutorial/ajaxagram/* (il conviendra de ne créer préalablement le répertoire *tutorial/* que si cela n'a pas déjà été fait).

```
mkdir tutorial
cd tutorial
mkdir ajaxagram
```

Si vous travaillez sous Unix, vous devez vous assurer que le serveur web dispose bien des permissions appropriées (par exemple, que les répertoires sont affectés des permissions en écriture et en exécution adaptées). Tous les fichiers décrits dans les quatre étapes ci-dessous doivent être sauvegardés dans ce répertoire.

Code de traitement : le service web d'anagramme

On va mettre en place le service web en commençant par le module chargé de la production pure des anagrammes, indépendamment du volet HTML. Comme il s'agit d'un pur code de traitement, on va se contenter de lister l'ensemble du fichier sans entrer dans les détails (voir les commentaires à l'intérieur du code). Le code ci-dessous doit être sauvegardé dans le fichier `anagram.php` (ou copié à partir du package d'installation) :

```
<?

  /* On nettoie le mot initial et on entre dans findAnagramsRecursive */
  function findAnagrams($word) {
    $sorted = str_split(filterInput($word));
    sort($sorted);
    return findAnagramsRecursive(implode($sorted));
  }

  /* On convertit en minuscules et on ne garde
     que les seuls caractères alphabétiques de base */
  function filterInput($word) {
    $word = strtolower($word);
    $word = ereg_replace("[^a-z]","", $word);
    return $word;
  }

  /* On suppose que $word est trié */
  function findAnagramsRecursive($word) {

    if (strlen($word)==0) { return array( ); }
    if (strlen($word)==1) { return array($word); }

    // on extrait chaque caractère du mot
    // et l'on cherche tous les anagrammes
    // dont il constitue le premier caractère.
    $anagrams = array( );
    for ($pos=0; $pos<strlen($word); $pos++) {

      $extractedChar = substr($word,$pos,1);
      // Si c'est le même que précédemment,
      // on arrête le traitement car il ne produirait que des duplications
      // (il s'agit de la seule vérification évitant les duplications,
      // car $word est supposé trié).
      $sameAsPreviousChar =
        ($pos > 0 && $extractedChar==substr($word,$pos-1,1));

      if (!$sameAsPreviousChar) {
        $remaining = removeCharAt($word, $pos);
        $anagramsOfRemaining = findAnagramsRecursive($remaining);
        foreach ($anagramsOfRemaining as $anagramOfRemaining) {
          array_push($anagrams, $extractedChar . $anagramOfRemaining);
        }
      }
    }

    return $anagrams;

  }
```

```
    /* Renvoie $word sans le caractère situé en position $pos */
    function removeCharAt($word, $pos) {
      return substr($word, 0, $pos) . substr($word, $pos+1);
    }

?>
```

Il existe aussi un code de test, `AnagramTest.php`; il est très profitable de pratiquer des tests module par module, en isolation des uns par rapport aux autres. Pour pratiquer ce test, il faut installer PHPUnit2 (*http://www.phpunit.de/pocket_guide/3.0/en/index.html*) puis consulter sa documentation pour connaître les modalités de test.

Attaquons-nous maintenant au code de traitement, côté serveur. Un peu de travail est nécessaire pour en faire un *service web* propre. Ce code va être sauvegardé dans un fichier séparé afin de scinder le code de traitement de celui qui va l'invoquer à partir du navigateur (agir ainsi est une pratique conseillée). Créons donc le service web `anagrams.phtml` comme suit :

```
<?
  require_once("anagram.php");

  $word = array_key_exists('word', $_GET) ? $_GET['word'] : "";
  $anagramsArray = findAnagrams($word);
  print implode(",", $anagramsArray);
?>
```

Pour tester le service web, il suffit de charger *http://localhost/tutorial/ajaxagram/anagrams.phtml?word=ajax* dans le navigateur, ce qui permet de voir une liste d'anagrammes d'« ajax », séparés par des virgules. On notera qu'il s'agit d'une réponse « brute de fonderie », adapté à un traitement par script, et non du genre de chose à montrer à l'utilisateur final. Un script est nécessaire pour lui donner une forme présentable aux yeux de l'utilisateur.

Présentation : le HTML initial

Le fichier HTML initial contient les détails essentiels de l'affichage – un formulaire et une liste d'anagrammes – et rapatrie le code JavaScript requis. Le code suivant doit être sauvegardé dans *index.html* :

```
    <html>

    <head>
      <title>AjaxPatterns.org - Ajaxagram (version Ajax elementaire)</title>
      <script type="text/javascript" src="ajaxagram.js">

</script>
    </head>

    <body>

      <h1>Ajaxagram (version Ajax elementaire)</h1>
        <div>
          <input type="text" id="word" size="5" maxlength="5" />
```

```
        <button id="findAnagrams">Trouver les anagrammes !</button>
      </div>

      <div id="results">
      </div>
  </body>
```

En chargeant ce fichier dans le navigateur, on peut voir le titre de la page et le formulaire, mais probablement pas la zone d'affichage des résultats, initialement vide.

Un certain nombre de différences doivent être relevées, concernant le code HTML, que l'on peut mettre en relief par rapport au fichier `index.phtml` fourni avec le version conventionnelle. Tout d'abord, « form » n'est pas un élément `<form>` HTML vrai car le navigateur n'a pas besoin de le soumettre au serveur, notre script assurant cette tâche manuellement. Deuxièmement, comme il n'y a pas de formulaire HTML ici, un élément `button` est utilisé au lieu du contrôle `submit`. Troisièmement, l'élément `results` (`div`) est vide. Il sera rempli à chaque fois que notre script recevra une liste d'anagrammes en provenance du serveur. Enfin, on notera l'absence de tout code JavaScript ici : toute l'algorithmique de l'application se trouve dans un fichier séparé, *ajaxagram.js*.

Le code JavaScript de l'application

La tâche finale consiste à coder l'algorithmique principale de l'application qui fait office de liant entre les services, côté serveur, et la page web du côté navigateur. Créons pour cela le fichier *ajaxagram.js*, qui va contenir les méthodes génériques décrites dans les sections intitulées « Survol... ». Il convient de stocker le code ci-dessous à la fin du fichier :

```
// -- Fonctions génériques ---------------------------------------------------

function createXMLHttpRequest( ) {
      try { return new ActiveXObject("Msxml2.XMLHTTP"); } catch (e) {}
      try { return new ActiveXObject("Microsoft.XMLHTTP"); } catch (e) {}
      try { return new XMLHttpRequest( ); } catch(e) {}
      alert("XMLHttpRequest non supporté");
      return null;
}

function $(id) {
  return document.getElementById(id);
}
```

Le code JavaScript doit gérer le cycle de traitement d'une requête, qui comporte trois étapes :

1. L'utilisateur clique le bouton `findAnagrams`.
2. `XMLHttpRequest` soumet `word` comme donnée d'entrée au service web `anagrams.phtml`.
3. Lorsque la liste d'anagrammes arrive du serveur, le bloc `anagrams` fait l'objet d'une mise à jour.

On va maintenant créer trois fonctions JavaScript, correspondant chacune en gros à chaque étape ci-dessus. La première s'assure que le bouton `findAnagrams` va déclencher la requête :

```
window.onload = function( ) {
  $("findAnagrams").onclick = function( ) {
    submitWord( );
  }
}
```

Dès cette étape, il est possible de tester l'application. Si l'on soumet la requête, on doit voir apparaître un message d'erreur car `submitWord( )` est absente. Créons maintenant `submitWord( )`, en utilisant le même code que celui évoqué dans le tutoriel « Survol de l'accès à distance via le Web ».

```
function submitWord( ) {
  var xhr = createXMLHttpRequest( );
  xhr.onreadystatechange = function( ) {
    if (xhr.readyState==4) { // La requête est terminée
      if (xhr.status==200) {
        var anagramsCSV = xhr.responseText;
        updateAnagramsDisplay(anagramsCSV);
      } else {
        alert("Erreur !!!");
      }
    }
  }
  var word = $("word").value;
  xhr.open("GET", "anagrams.phtml?word="+word, true);
  xhr.send(null);
}
```

Une fois faite l'insertion de `submitWord( )`, le navigateur soumet le mot constituant la requête à `anagrams.phtml`. On peut le vérifier en cliquant sur le bouton « Trouver les anagrammes ! » et en vérifiant que le serveur web déclenche la connexion à `anagrams.phtml`. On peut aussi surveiller le trafic entre la navigateur et le serveur au moyen d'un outil mentionné dans le pattern *Traffic Sniffing* (chapitre 18). Une fois que l'exécution du script s'est terminée avec succès, `updateAnagramsDisplay( )` est appelé.

`updateAnagramsDisplay( )` reçoit la liste des anagrammes, séparés par des virgules, puis il la décompose pour la stocker dans un tableau. Enfin, il renvoie chaque anagramme sur une ligne séparée :

```
function updateAnagramsDisplay(anagramsCSV) {
  $("results").innerHTML = "";
  var anagrams = anagramsCSV.split(",");
  for (var i=0; i<anagrams.length; i++) {
    $("results").innerHTML += anagrams[i] + "<br/>";
  }
}
```

Ajaxagram doit maintenant fonctionner comme annoncé. Félicitations ! Vous venez de construire votre première application Ajax ! Celle-ci a été construire à partir d'un certain nombre de patterns décrits dans la première partie de cet ouvrage – les patterns des technologies fondamentales. Ces patterns suffisent pour construire une application, mais ceux des sections suivantes permettent d'aborder des questions soulevées lorsqu'on développe des applications destinées à être diffusées publiquement, comme par exemple le problème de l'utilisabilité (ergonomie et rapidité) ou celui de la maintenance. Ces problèmes font l'objet d'illustrations dans les prochaines sections.

On pourra noter au passage un petit bogue. Si l'on cherche trop rapidement, on pourra voir se mélanger les résultats de plusieurs recherches. Il s'agit là d'une conséquence de la nature asynchrone d'Ajax, les résultats étant traités simultanément dans le navigateur. Ce problème sera résolu dans l'étape 3, au cours de laquelle on introduira plusieurs techniques permettant de prévenir des problèmes tels que celui-ci.

Étape 2 : enrichissement des fonctionnalités et de l'ergonomie

Assurons-nous d'être dans le répertoire de travail de cette démo (/tutorial/ajaxagram/) qui est le même pour toutes les étapes de cet exemple. Le code complet de cette étape est disponible dans le package d'installation, dans le répertoire /tutorial/ajaxagram/ajaxified/richer, et la démo est disponible en ligne à l'adresse *http://ajaxify.com/tutorial/ajaxagram/ajaxified/richer/*.

Jusqu'à présent, Ajaxagram impressionne dans le sens où vous pouvez affirmer légitimement que vous avez codé une application Ajax. Il faut néanmoins aller plus loin dans le codage pour espérer impressionner un commanditaire ou un patron : on va pour cela améliorer l'interface utilisateur, pour vraiment faire sensation et, si possible, améliorer l'ergonomie de l'application. On va effectuer un travail de refonte en utilisant les patterns fonctionnels et ergonomiques (Partie IV). On notera que ce travail de refonte par patterns est effectué pour des seules raisons pédagogiques ; dans la réalité, il est bien plus sage de laisser les besoins conduire les changements à réaliser : on peut alors s'appuyer sur les patterns adaptés.

On notera que le package de code du tutoriel contient l'ensemble des fichiers de chaque étape. Si vous rencontrez des difficultés avec la version initiale, vous pouvez reprendre la lecture ici en utilisant les fichiers situés dans */tutorial/ajaxagram/ajaxified/*.

Recherche en temps réel

On va entamer le lifting de l'interface utilisateur en transformant le mécanisme de saisie en un mécanisme de recherche en temps réel (pattern *Live Search*, chapitre 14). Il ne sera plus nécessaire de cliquer sur le bouton « Trouver les anagrammes » car les résultats seront mis à jour à chaque frappe d'un caractère. Dans la réalité, Live Search doit néanmoins être employé avec précaution, car cette technologie peut constituer une gêne plus qu'une aide.

Auparavant, les requêtes étaient soumises lors de chaque clic sur le bouton ; maintenant, une requête sera soumise à chaque frappe du clavier :

```
window.onload = function( ) {
  $("word").onkeyup = function( ) {
    submitWord( );
  }
}
```

Et voila ! Rechargeons la page pour voir *Live Search* à l'œuvre. Il faut encore beaucoup de travail pour réaliser une application diffusable, mais il est plutôt satisfaisant pour l'esprit d'avoir modifié aussi facilement notre code Ajax de base. Le bouton « Trouver les anagrammes » est devenu inutile : sa suppression permet d'aboutir au code de la zone de saisie suivant :

```
<div>
  <input type="text" id="word" size="5" maxlength="5" />
</div>
```

Indicateur de progression

La zone de saisie du mot est limitée à cinq caractères car les requêtes complexes peuvent nécessiter beaucoup de temps. Cependant, même avec cinq caractères, le temps de réponse est perceptible, en particulier dans des situations réelles typiques d'utilisation : il est donc pertinent d'ajouter un *indicateur de progression* (chapitre 14). Il s'agit d'une animation GIF, toujours présente dans la page, son apparence dépendant de l'état du système (attente d'une réponse en particulier).

```
<div>
  <input type="text" id="word" size="5" maxlength="5" />
</div>

<img id="progress"
  src="http://ajaxify.com/tutorial/resources/progress.gif" class="notWaiting"/>
```

Vous pouvez laisser l'URL image pointer sur mon serveur ajaxify.com – vous êtes le bienvenu et l'application marchera bien – ou, de façon alternative, télécharger l'image (ou la copier à partir du package de code *tutorial/resources/*) dans le répertoire courant et y faire référence localement (au moyen de `src="progress.gif"`).

On va ensuite introduire un fichier CSS contenant des styles pour les modes `waiting` (attente) et `notWaiting` (pas en attente). De même que l'on a séparé le code JavaScript du code HTML, on va aussi séparer le code CSS. À cette fin, on va ajouter la ligne suivante dans la première partie de `index.html` :

```
<head>
  <title>AjaxPatterns.org - Ajaxagram (version Ajax elementaire)</title>
  <script type="text/javascript" src="ajaxagram.js"></script>
  <link rel="stylesheet" type="text/css" href="ajaxagram.css"/>
</head>
```

Créons maintenant le nouveau fichier CSS, *ajaxagram.css*, dans le même répertoire.

```
.waiting {
  visibility: visible;
}

.notWaiting {
  visibility: hidden;
}
```

Il suffira de faire basculer la classe CSS de l'image entre `waiting` et `notWaiting`, en fonction de l'état de la requête. L'image entre dans le mode `waiting` lorsqu'une requête est soumise, dans la méthode `submitWord( )`, et elle entre dans le mode `notWaiting` lorsque la requête fait l'objet d'un retour.

```
function submitWord( ) {
  // montre l'indicateur de progression
  // et efface les résultats existants
  $("progress").className = "waiting";
  $("results").innerHTML = "";
  ...
}

function updateAnagramsDisplay(anagramsCSV) {
  $("progress").className = "notWaiting";
  var anagrams = anagramsCSV.split(",");
  ...
}
```

À cette étape, on doit voir l'*indicateur de progression* lorsqu'on est dans l'état waiting (*figure 2-5*). Si cet état est trop fugitif pour être observé à l'écran, vous pouvez soit acheter un PC plus lent, soit mettre en place une temporisation dans `anagrams.phtml`, en insérant par exemple une ligne de code telle que `sleep(1);`. Voila une illustration élémentaire du pattern « Progress Indicator » (indicateur de progression). Vous pouvez tenter de compliquer le problème en autorisant des mots de plus de cinq caractères et en modifiant l'indicateur de progression pour afficher le pourcentage de traitement effectué (indication : utiliser un pattern *Guesstimate* [chapitre 13] ou créer un canal de monitoring).

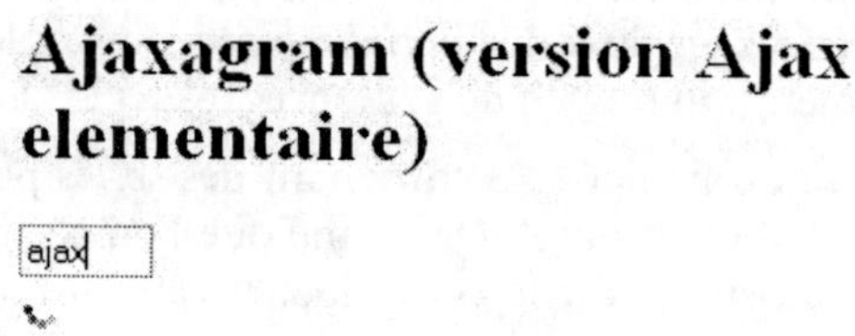

Figure 2-5. Ajaxagram muni d'un indicateur de progression

Technique du fondu jaune (Yellow Fade Technique) et pattern One-Second Spotlight

En complément des *indicateurs de progression*, Ajax propose d'autres outil visuels, en particulier la *technique du fondu jaune* (Yellow Fade Technique), ainsi que le pattern plus général nommé *One-Second Spotlight* (chapitre 16). Ici, les résultats vont s'estomper à chaque mise à jour. Le div va soudainement devenir jaune et graduellement redevenir blanc, sur une durée totale d'une seconde. Son apparition est un peu trop fréquente dans cet exemple, mais cet abus de la technique n'est réalisé que pour des motifs pédagogiques, et en plus c'est joli.

L'animation pour l'estompage est extrêmement simpliste. En dix étapes de 100 millisecondes, l'animation fait passer la valeur RGB de (100%, 100%, 0%) à (100%, 100%, 100%), c'est-à-dire du jaune au blanc. Ainsi, les composantes rouge et verte de la couleur de div sont fixées à 100%, alors que le bleu augmente de 10% à chaque itération :

```
// Appel simplifié de la fonction d'estompage
function fade( ) {
  fadeLoop(0);
}

function fadeLoop(nextBluePercent) {
  $("results").style.backgroundColor = "rgb(100%, 100%, "+nextBluePercent+"%)";
  nextBluePercent += 10;
  if (nextBluePercent<=100) {
    setTimeout("fadeLoop("+nextBluePercent+")", 100);
  }
}
```

Il faut invoquer `fade( )` juste avant de produire la nouvelle liste d'anagrammes :

```
function updateAnagramsDisplay(anagramsCSV) {
  $("progress").className = "notWaiting";
  fade(0);
  ...
}
```

On peut alors cliquer sur le bouton « Trouver les anagrammes » pour apprécier l'effet visuel de l'estompage (*figure 2-6*).

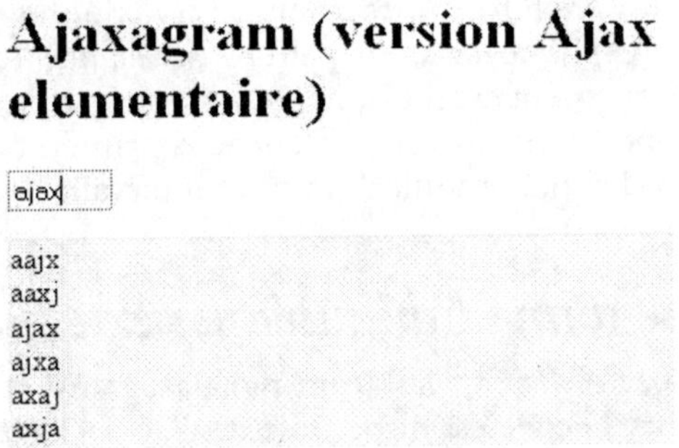

Figure 2-6. L'effet du fondu jaune (Yellow Fade Effect) et le pattern One-Second Spotlight dans Ajaxagram

Étape 3 : un peu de refonte pour améliorer les performances

Assurons-nous que nous sommes bien dans le répertoire de travail de cette démo (/tutorial/ajaxagram/; il est le même pour toutes les étapes). Vous pouvez trouver le code de cette étape dans le package d'installation, dans le répertoire /tutorial/ajaxagram/ajaxified/richer/performant/, et la démo est disponible en ligne à l'adresse *http://ajaxify.com/tutorial/ajaxagram/ajaxified/richer/performant/*.

La section précédente montre comment les patterns Ajax dépassent les technologies fondamentales pour s'intéresser à des problèmes d'ergonomie et de fonctionnalités. Ces améliorations sont très utiles, mais il convient de s'intéresser aussi à des aspects non-fonctionnels d'une application web riche, tels que les performances, l'intégrité des données, la testabilité et la productivité du programmeur. C'est le domaine d'action des patterns de programmation (Partie III) et des patterns de développement (Partie V). On va ici utiliser le pattern de programmation appelé *Submission Throttling* (limiteur de soumission).

Le problème est le suivant : comment faire en sorte que l'usage du pattern *Live Search* (recherche en direct) ne rende pas l'application insupportablement lente. Répondre à chaque frappe d'une touche du clavier est très bien, mais la chose est impraticable dans la plupart des configurations d'exécution courantes. On cherche ici un moyen de limiter – throttle – les soumissions. La solution est très simple : il faut déclencher la soumission seulement si une seconde s'écoule sans qu'aucune autre touche ne soit pressée. Pour cela, on modifie le code de *ajaxagram.js* comme suit :

```
var submitTimer;

window.onload = function( ) {
  $("word").onkeyup = function( ) {
    clearTimeout(submitTimer); // supprime toute soumssion précédement planifiée
  }
}
```

Lorsqu'on recharge l'application, on doit observer une légère temporisation entre le moment où l'utilisateur tape le mot et celui où le résultat apparaît. On a limité le nombre d'appels du navigateur vers le serveur à un par seconde, qui constitue un style proposé par *Submission Throttling*. Ce mécanisme fonctionne sur le base d'horloges (timers). Comme on l'explique dans le pattern *Scheduling* (chapitre 7), JavaScript permet de définir un événement exceptionnel et aussi de le supprimer. Le code ci-dessus garantit que chaque frappe d'une touche déclenche la planification d'un appel pendant une seconde, tout nouvel appel produit durant cet intervalle de temps venant prendre sa place.

Étape 4 : refonte d'une bibliothèque externe

Retournons dans le répertoire de travail (/tutorial/ajaxagram/, le même pour toutes les étapes). Une fois de plus, le code est disponible dans le package d'installation, dans le répertoire /tutorial/ajaxagram/ajaxified/richer/performant/library/, et une démo de cette étape est disponible sur *http://ajaxify.com/tutorial/ajaxagram/ajaxified/richer/performant/library/*.

Le travail final de refonte n'est pas lié à un pattern particulier : son but est de rappeler l'importance des bibliothèques et des frameworks dans le contexte des patterns. Bien que la plupart des patterns couvrent des concepts JavaScript de bas niveau qu'il convient de connaître, cela ne signifie pas que le programmeur doive programmer tout à la main. Il peut en effet trouver un nombre sans cesse croissant de composants informatiques prêts à l'emploi, qui sont listés dans l'annexe A. La présente démo montre comment on peut implémenter la même fonctionnalité en utilisant une bibliothèque.

Intéressons-nous à l'accès à distance réalisé par Ajaxagram. Actuellement, il y a bien peu de raisons qui justifient l'emploi direct de `XMLHttpRequest`, ce qui va nous amener à faire du refonte d'une bibliothèque : celle-ci permettra d'encapsuler `XMLHttpRequest` dans une API propre. On va utiliser ajaxCaller (*http://www.ajaxify.com/run/testAjaxCaller/*), un petit composant développé spécifiquement pour les démos de cet ouvrage.

Ajoutons la nouvelle balise <script> dans *index.html* pour inclure la bibliothèque :

```
<head>
  <title>AjaxPatterns.org - Ajaxagram ()</title>
  <script type="text/javascript" src="ajaxagram.js"></script>
  <script type="text/javascript" src="http://ajaxify.com/tutorial/resources/
     ajaxCaller.js"></script>
  <link rel="stylesheet" type="text/css" href="ajaxagram.css" />
</head>
```

La ligne ci-dessus va récupérer le script à partir de mon serveur ajaxify.com. Comme pour l'indicateur de progression vu précédemment, vous pouvez omettre la suite de cette section.[2] De façon alternative, vous pouvez télécharger le script (ou le copier à partir du package *tutorial/resources*) pour l'installer dans le répertoire courant et charger l'URL ad hoc (utiliser `src="ajaxCaller.js"`).

`submitWord( )` devient alors presque trivial :

```
function submitWord( ) {

  // affiche l'indicateur de progression et efface les résultats existants
  $("progress").className = "waiting";
  $("results").innerHTML = "";

  var word = $("word").value;
  ajaxCaller.getPlainText("anagrams.phtml?word="+word,updateAnagramsDisplay);
}
```

De plus, il est possible de supprimer la fonction générique `createXMLHttpRequest( )`. Cela fait beaucoup de code en moins, grâce à l'emploi de la bibliothèque externe.

Exercices de refonte

La version finale d'Ajaxagram constitue une plateforme de base que l'on peut s'amuser à étendre au moyen de divers patterns. Voici quelques exercices soumis à votre sagacité. N'hésitez pas à me contacter à *michael@mahemoff.com*.

Patterns technologiques fondamentaux

On-Demand Javascript (chapitre 6)

Au lieu de télécharger l'ensemble de *ajaxagram.js* dès le départ, ne garder que le code d'amorçage et aller récupérer le reste du script sur demande.

Patterns de programmation

patterns de service web (chapitre 9)

Manipuler la réponse produite par le service web `anagrams.phtml`. Tenter de retourner un *message HTML* (chapitre 9) ou un *message XML* (chapitre 9) venant se substituer à elle.

2. Comme on l'a expliqué pour le pattern *On-Demand JavaScript* (chapitre 6), on peut parfaitement référencer un fichier JavaScript externe. Cependant, souvenez-vous qu'il y a toujours un risque à exécuter un code provenant d'un serveur sur lequel il n'a aucun contrôle.

Call Tracking (chapitre 10)

Comme on l'a mentionné durant la première étape, les listes d'anagrammes contiennent parfois les résultats de plusieurs requêtes. Le travail de refonte avec le pattern *Submission Throttling* (chapitre 10) permet de résoudre partiellement cela en forçant une temporisation entre deux soumissions. Cependant, on ne veut pas toujours utiliser ce pattern ; Call Tracking constitue une solution alternative.

Submission Throttling (chapitre 10)

On a utilisé un type de Submission Throttling, mais on peut employer une autre type, discuté dans l'exemple de code figurant dans le chapitre 10.

Cross-Domain Proxy (chapitre 10)

Au lieu d'appeler son propre serveur pour trouver les anagrammes, vous pouvez tenter d'appeler mon serveur à l'adresse *ajaxify.com/tutorial/ajaxagram/ajaxified/anagrams.phtml*.

Browser-Side XSLT (chapitre 11)

Tenter de transmettre les anagrammes au format XML et de les convertir au format XSLT pour l'affichage.

Browser-Side Templating (chapitre 11)

Afficher les résultats en utilisant un framework de type template.

Browser-Side Cache (chapitre 13)

Stocker les précédentes listes d'anagrammes dans un cache.

Predictive Fetch (chapitre 13)

Partant de la version de base, qui fait appel à un bouton pour soumettre les requêtes, faire un appel préemptif anticipant l'action utilisateur sur le bouton.

Fat Client (chapitre 13)

Oublier complètement le serveur et trouver les anagrammes dans le navigateur.

Patterns fonctionnels et ergonomiques

Data Grid (chapitre 14)

Afficher la liste des anagrammes dans un Data Grid, permettant ainsi les recherches, le filtrage, etc.

Suggestion (chapitre 14)

Suggérer des mots tirés d'un dictionnaire lorsque l'utilisateur tape au clavier.

On-Demand JavaScript (chapitre 6)

Au lieu de charger tout le fichier *ajaxagram.js* au lancement, charger seulement le code d'amorçage et ne charger le reste du script qu'à la demande.

Popup (chapitre 15)

Afficher les résultats dans un Popup.

Portlet (chapitre 15)

Encapsuler la recherche sous la forme d'un Portlet intégrable dans un site web administré par vous-même.

Virtual Workspace (chapitre 15)

Pour des requêtes longues, la démo produit de très nombreux résultats : c'est pour cela que le champ de saisie est limité à cinq caractères. Autoriser un nombre plus élevé de caractères et afficher les résultats sous la forme d'un Virtual Workspace. Rendre l'algorithme lui-même plus souple.

Unique URL (chapitre 17)

Garantir que chaque requête correspond bien à une URL unique.

Patterns de développement

Patterns de diagnostic (chapitre 18)

Appliquer les divers outils mentionnés dans ce chapitre.

Service Test (chapitre 19)

Créer un client HTTP autonome pour tester *anagrams.phtml*. On notera que `AnagramTest` teste déjà le code de traitement interne : l'objectif consiste ici à tester le bon fonctionnement de l'interface.

System Test (chapitre 19)

Appliquer les divers outils mentionnés dans le pattern System Test.

Projets et Katas

Voici maintenant quelques suggestions de projets à votre attention. Vous pouvez les considérer comme des « Katas » (*http://blogs.pragprog.com/cgi-bin/pragdave.cgi/Practices/Kata/*), c'est-à-dire des exercices courts sur lesquels on revient régulièrement. On peut aussi y ajouter toutes sortes de compléments (à votre initiative) pour en faire des projets beaucoup plus consistants. Vous pouvez consulter la mise à jour la plus récente de cette liste à l'adresse *http://ajaxpatterns.org/Katas* ; vous pouvez même y ajouter des liens sur votre propre travail (si vous l'avez mis en ligne).

Chat pour deux personnes

Permettre à deux personnes de chatter en temps réel via le navigateur.

Explorateur du système de fichiers

Réaliser un explorateur du système de fichiers. Si possible, afficher le contenu des fichiers.

Portlet d'accès

Concevoir un portlet permettant d'accéder à un service web favori, au moyen du pattern *Cross-Domain Proxy* (chapitre 10) ou du pattern *On-Demand JavaScript* (chapitre 6) si le service web offre un service compatible (par exemple, une API JSON de Yahoo!). Les résultats doivent être affichés dans le portlet, sans rafraîchissement de page.

Caddie supportant le glisser-déposer

Réaliser un caddie supportant le glisser-déposer pour ajouter ou enlever un article et envoyant les informations au serveur. On notera que plusieurs bibliothèques supportent le glisser-déposer.

Etre ou ne pas être Ajax

Créer un clone de AmIHotOrNot.com. Afficher deux images au hasard (à défaut, deux nombres aléatoires), demander à l'utilisateur de cliquer sur sa préférée, et vérifier que le serveur enregistre bien ce choix. Si possible, afficher les statistiques de choix dans le navigateur : afficher une fenêtre popup montrant le nombre de « voix » obtenues pour les deux items affichés.

Jeu de l'éradicateur de moustiques

Des « moustiques » apparaissent aléatoirement dans la page et le joueur doit cliquer dessus le plus vite possible pour les éradiquer. Installer un chronomètre et afficher le score du joueur.

Portfolio d'images

Présenter une séquence d'images en basant la navigation sur Ajax. Inclure éventuellement des effets visuels.

Bookmarklet de personnalisation de site web

Réaliser un bookmarklet qui permet à l'utilisateur de personnaliser le style d'une page. Utiliser une boîte de dialogue permettant de modifier des paramètres tels que la couleur de fond et la taille des caractères. Les bookmarklets (*http://en.wikipedia.org/wiki/Bookmarklet*) ne sont pas des applications régulières, mais elles sont d'une grande utilité pour jouer avec les technologies Ajax.

Conclusions

La première partie de ce chapitre a montré comment créer une application Ajax élémentaire. Vous devez maintenant être à l'aise avec les bases de manipulation de l'affichage (chapitre 5), l'accès à distance via le Web (chapitre 6) et le comportement dynamique (chapitre 7). La seconde partie de ce chapitre a introduit un certain nombre de patterns Ajax, l'objectif n'étant pas ici de les comprendre en détail, mais d'avoir une première approche de ce que peuvent faire les patterns : l'essentiel est de voir comment ils permettent d'améliorer les technologies de base, en termes d'ergonomie, de facilité de maintenance, etc. La fin de ce chapitre propose divers exercices ; vous êtes invité à en essayer au moins un ou deux.

Il est maintenant clair que bien qu'Ajax constitue un grand pas en avant pour le Web, il ne peut pas faire de miracle. Les développeurs doivent tout faire pour s'assurer que leurs applications Ajax sont faciles à maintenir et à utiliser. Le chapitre suivant résume les principes clés de la conception de systèmes Ajax et introduit les patterns Ajax. Il donne aussi des conseils pratiques pour appliquer avec pertinence ces principes de conception.

3

Conception sous Ajax : principes et patterns

Ajax contribue fortement à une meilleure ergonomie du Web et a déjà suscité un certain nombre d'applications très remarquables. Ajax est clairement un thème actuellement très à la mode. Cependant, il ne peut pas faire de miracles. Une conception soigneuse est toujours nécessaire. Elle doit être menée en respectant précisément la technologie. L'étude des applications Ajax permet d'identifier en permanence les bonnes et les mauvaises réalisations, ainsi que les conceptions porteuses de réussite. Ce chapitre a pour but de présenter les enseignements qui ont été tirés à un haut niveau et d'introduire les patterns, qui font l'objet d'une description en profondeur.

Caractéristiques souhaitables pour les applications Ajax

L'objectif d'Ajax est d'améliorer l'efficacité des utilisateurs individuels et des organisations qui utilisent des applications web. La présente section a pour but de cerner les attributs clés de l'application Ajax idéale. La perfection n'étant pas de ce monde, le programmeur devra faire des compromis et des choix, en fonction du degré d'importance qu'il accorde à ces différents attributs. Les patterns Ajax sont là pour faciliter la mise en pratique de ces compromis et de ces choix.

Ergonomie

Les applications Ajax doivent être aussi intuitives, productives et conviviales à utiliser que possible.

Productivité du développeur

La productivité du développeur doit être la plus élevée possible, le code devant être aussi propre et maintenable que possible.

Efficience

Les applications Ajax doivent consommer le moins de ressources et de bande passante possibles.

Fiabilité

Les applications Ajax doivent fournir des données exactes et préserver l'intégrité des données.

Vie privée

Les données générées par l'utilisateur peuvent et doivent être employées pour améliorer l'efficacité de l'utilisateur et faciliter son travail, mais sa vie privée doit néanmoins être respectée. L'utilisateur doit être informé de la façon dont ses données personnelles sont utilisées.

Accessibilité

Les applications Ajax doivent pouvoir être utilisées par les personnes handicapées et par des personnes dont la connaissance de l'outil informatique est très variable.

Compatibilité

Les applications Ajax doivent fonctionner dans les contextes logiciels (navigateurs, systèmes d'exploitation) et matériels les plus divers possibles. Il s'agit là d'une forme d'extension de la notion d'accessibilité.

Concevoir des applications Ajax

L'étude d'applications Ajax existantes et de versions antérieures non-Ajax permet de mettre en évidence un certain nombre de principes de conception pour les applications Ajax. Ces principes sont passés en revue dans ce chapitre. Les réflexions sous-jacentes ont eu une importance capitale dans le processus de découverte des patterns. Leur connaissance facilitera la compréhension et la mise en œuvre des patterns.

Les premiers principes examinés ici relèvent d'une conception centrée sur l'utilisateur ; on verra ensuite les principes orientés vers la conception informatique. Bien entendu, ces deux aspects ne peuvent jamais être dissociés, et ils sont parfois même en conflit l'un avec l'autre. La résolution de ces confilts est un enjeu clé pour les patterns. Il est même bon de consulter une ressource en ligne adoptant une perspective opposée : Ajax Mistakes (*http://swik.net/Ajax/Ajax+Mistakes*) est une longue liste d'erreurs, de pièges Ajax et d'anti-patterns conçus à l'origine par Alex Bosworth et maintenus actuellement dans un Wiki.

Principes d'ergonomie

Suivi des standard du Web

Il est très facile de réaliser des applications Ajax peu ergonomiques et peu conviviales, surtout si l'on surcharge l'interface d'effets graphiques, qui sont monnaie courante à présent. Plutôt que de réinventer le Web tel que nous le connaissons, il convient d'employer Ajax pour bâtir un « Web meilleur », une couche logicielle venant recouvrir et étendre le Web existant, tout en respectant les conventions familières chez les utilisateur.

Le navigateur n'est pas une application traditionnelle

Poursuivant la logique du principe précédent, Ajax est une extension riche des sites web existants, et non une extension web des applications traditionnelles s'exécutant en local. De nombreux widgets d'applications traditionelles (tels que les glissières) font l'objet de migration vers Ajax, mais seulement lorsque cela a un sens dans le contexte du Web, quitte à adapter ces widgets. Certaines catégories d'applications traditionnelles (telles que les traitements de texte) migrent aussi sur la toile, mais il est clair que les meilleurs produits sont ceux qui sont adaptés aux spécificités du Web, et non ceux qui sont portés aveuglément.

Une application « différente » doit être réellement différente

Les différences subtiles peuvent semer la confusion dans l'esprit des utilisateurs. Si un programmeur décide de s'écarter des règles et des standard, il doit le faire franchement pour éviter les confusions.

Proposez des possibilités d'interfaçage (affordances)

Les possibilités d'interfaçage (affordances; voir *http://en.wikipedia.org/wiki/Affordance*) sont importantes, sous Ajax comme ailleurs. Il s'agit de proposer à l'utilisateur des possibilités d'interaction avec l'application, que l'utilisateur pourra identifier et adopter sans difficulté. Un programmeur peut proposer une technique de glisser-déposer totalement nouvelle et très sophistiquée pour mettre à jour un formulaire, mais l'utilisateur réalisera-t-il que cela est possible ? Une conception visuelle, des icônes dynamiques et des zones d'état sont toutes très utiles.

Des interactions progressives et continues

Il faut éviter le rythme saccadé des applications web conventionnelles. Les rafraîchissements complets de page distraient l'attention de l'utilisateur et constituent une perte de temps. S'ils sont nécessaires, il faut y recourir pour des activités peu fréquentes et lourdes, telles que la navigation sur une page totalement nouvelle sur le plan conceptuel, ou la soumission d'un gros formulaire.

Personnalisation

Les préférences n'ont jamais été une priorité pour les applications web. Pourquoi se soucier des couleurs de fond d'un site d'achat en ligne utilisé une fois par mois, en particulier si cela se traduit par une séquence fastidieuse de soumission de formulaire ? Cependant, certains utilisateurs peuvent travailler huit heures par jour sur certaines applications web. La personnalisation s'avère alors totalement pertinente. Un processus de personnalisation sous Ajax est aussi beaucoup plus facile à réaliser.

Ajax, c'est fun !

Ajax rend le Web beaucoup plus amusant qu'il ne l'était jusqu'à présent. Des techniques telles que les effets visuels, le glisser-déposer et les mises à jour périodiques sont parfois qualifiées de « gimmicks » (gadgets) ou d'« eye candy » (agréable à l'œil), comme si, en réalité, les utilisteurs n'appréciaient pas ces techniques. Appliquées soigneusement et judicieusement, et testées auprès des utilisateurs, elles sont porteuses de valeur ajoutée, même dans des applications dites sérieuses.

Principes de conception logicielle

Adoptez JavaScript

Essentiellement grâce à l'intérêt suscité par Ajax, JavaScript (*http://www.crockford.com/javascript/javascript.html*) n'est plus considéré comme un langage à éviter à tout prix. En réalité, ce langage peut être d'une efficacité surprenante (quoi qu'on puisse en penser), à condition que le programmeur en étudie de bonne grâce les idiomes, les patterns et les idiosyncrasies.

Acceptez de contourner un problème lorsque cela est nécessaire

Ajax étant fondamentalement basé sur les outils de navigation standard, il n'est tout simplement pas possible de contourner les nombreuses contraintes imposées par les navigateurs modernes. Celui qui vise les avantages d'applications riches pour le Web, s'exécutant immédiatement sur tout navigateur moderne, ainsi qu'une ergonomie maximale, peut se contenter d'utiliser les hacks usuels. On peut cependant se lamenter en considérant que le développement sous Ajax est intrinsèquement pénible, et rechercher une façon plus propre de réaliser des applications (c'est mon cas). Le problème est qu'il est difficile de savoir ce qui est utilisé dans la majorité des applications, et ce qui le sera dans les prochaines années. Le développement pour le Web reposera *certainement* tôt ou tard sur des méthodes propres, mais dans l'état actuel des choses, il semble préférable de bricoler avec la technologie, de contourner les difficultés et d'exploiter tous les hacks disponibles s'ils permettent de mettre au point des fonctionnalités utiles, qui sinon seraient irréalisables.

Maîtrisez le fonctionnement asynchrone

Dans une application Ajax, la communication entre le serveur et le navigateur est asynchrone par nature, facteur de risques : l'utilisateur peut ne pas être informé de l'échec ou du hors-délai d'un appel ; des appels peuvent ne pas être traités de façon atomique ; le navigateur peut aussi avoir oublié la raison d'un appel, lorsque la réponse lui parvient. Comme cela sera expliqué pour plusieurs patterns, des techniques de monitoring et de contrôle des appels existent, ce qui permet de prévenir de telles situations.

Développez la compatibilité

La programmation sous JavaScript est encore entravée par des problèmes de portabilité. En termes de syntaxe, JavaScript est relativement cohérent quel que soit le navigateur, car le processus de standardisation ECMA (un effort pour définir des standard JavaScript ; voir *http://en.wikipedia.org/wiki/ECMAScript*) a été respecté par la majorité des producteurs de navigateurs. Cependant, la situation est mouvante, certains navigateurs anciens de tout type ne supportant tout simplement pas certaines caractéristiques de JavaScript. De plus, la technologie DOM est toujours entachée des sérieux problèmes de portabilité. En dépit d'améliorations constantes, année après année, certaines différences subtiles persistent, qui pourraient déboucher sur des divergences à l'avenir. Développer la compatibilité consiste à dire explicitement quelles sont les versions-cibles, à utiliser des bibliothèques portables lorsqu'elles sont disponibles, et à concevoir des architectures d'application permettant d'isoler facilement l'algorithmique et les traitements de fond des problèmes de portabilité.

Réduisez la bande passante

Pour des applications reposant sur une activité réseau soutenue et fréquente, il convient d'apporter un soin tout particulier à la taille des messages qui sont échangés sur le réseau.

Gérez la latence

Lorsque les utilisateurs parlent de la « rapidité » de leur connexion, ils évoquent en général le débit de celle-ci (par exemple, une connexion de 4 mégabits). Cette caractéristique est pertinente lorsqu'il s'agit de télécharger un gros volume de données, mais qu'en est-il de l'interactivité ? La latence – typiquement, le temps de transit d'un bit entre le navigatreur et le serveur – est souvent une caractéristique plus importante que le débit pur (*http://richui.blogspot.com/2005/09/ajax-reducing-latency-with-cdn.html*). Dans les applications web pour lesquelles le navigateur passe 50% de son temps à communiquer avec le reste du monde, on ne peut pas raisonnablement réagir à chaque frappe de touche ou à chaque mouvement de la souris, à cause du surcroît de latence. Le défi consiste à rendre l'application réactive tout en réduisant la fréquence des interactions. Des techniques abordées dans les patterns *Submission Throttling* et *Predictive Fetch* sont très utiles, car elles réduisent la fréquence des transactions, même si le volume de données échangées est plus important pour chaque transaction.

Partition en niveaux multiples

Comme dans toute architecture web, les applications Ajax doivent être structurées en niveaux multiples pour mieux séparer les problèmes. Ce conseil est souvent interprété à tort sous la forme « la présentation doit rester simple », erreur qui débouche malheureusement sur des interfaces utilisateur pathétiquement stériles. Il ne faut pas craindre de créer des interfaces utilisateur riches et intelligentes avec JavaScript, à condition de développer un code facilitant la portabilité, et de séparer l'algorithmique et les traitements de fond du code de l'interface elle-même. En complément, il convient de pratiquer un JavaScript et un CSS « non envahissants ». En d'autres termes, il est hautement souhaitable que le code d'une page HTML soit propre et qu'il fasse référence à des fichiers JavaScript et CSS externes, et de ne surtout pas inclure du code JavaScript ou CSS dans celle-ci. À chaque fois que possible, le script doit modifier l'affichage d'un élément en changeant sa classe CSS, et non en triturant directement les données relatives au style.

Allez-y doucement avec le navigateur

Malheureusement, le destin d'une application Ajax est de n'être que l'un des nombreux jobs s'exécutant sur la machine client. Cette situation est exacerbée par la lenteur de JavaScript. Il faut donc appliquer certaines restrictions concernant ce qui se passe dans le navigateur.

Pratiquez la dégradation élégante

Lorsqu'un navigateur ne supporte pas des fonctionnalités avancées, une application Ajax doit savoir se replier intelligemment sur une fonctionnalité *disponible*. Dans un monde idéal, une fonctionnalité donnée devrait toujours être disponible, avec plus ou moins de sophistication. S'il faut en faire le sacrifice – et c'est souvent le cas – il faut le faire de façon élégante (par exemple, en recourant à des messages d'erreur polis et non à des invectives abstruses).

Les grandes familles de patterns Ajax

Les patterns Ajax décrivent les principes de conception d'applications Ajax réellement développées pour le grand public ou les entreprises. Le nombre important de patterns Ajax peut prêter à sourire, alors que cette technologie est encore récente. Les idées ne sont cependant pas nouvelles ; on trouvait sur le Web de nombreuses caractéristiques spécifiques d'Ajax, bien avant que le terme ne soit consacré. La prospérité du Net y a été pour beaucoup, des centaines de nouveaux sites utilisant maintenant Ajax ; ceux-ci sont d'ailleurs facilement repérables, dès leur mise en ligne, grâce à leurs outils puissants (RSS, Technorati, Google, et les Wikis).

Avec plus de 60 patterns, il est utile de classer ceux-ci de façon hiérarchique. Le présent ouvrage est divisé en quatre grandes parties, correspondant chacune à différents centres d'intérêt – technologies fondamentales, programmation, modèles fonctionnels et ergonomiques, modèles de développement. Chaque partie comporte plusieurs chapitres, dont chacun développe des patterns en lien avec un thème donné. Par exemple, les modèles technologiques fondamentaux (Partie II) incluent l'accès à distance via le Web (chapitre 6), dans le cadre duquel plusieurs patterns pertinents pour ce thème sont présentés. Voici un résumé de chaque partie :

Modèles technologiques fondamentaux (11 patterns)

Les technologies fondamentales sont les briques de base qui différencient Ajax des approches conventionnelles ; cette section en présente les utilisations typiques.

Modèles de programmation (23 patterns)

Ces modèles décrivent des spécificités architecturales et de codage des applications Ajax : ces spécificités viennent au service des principes de conception énoncés plus haut. Elles incluent, entre autres choses, la conception de services web, le management des flux d'informations entre le navigateur et le serveur, l'alimentation d'un modèle DOM lorsqu'une réponse arrive et l'optimisation des performances.

Modèles fonctionnels et ergonomiques (28 patterns)

Ces modèles décrivent les modalités de mise en place et de gestion d'interfaces utilisateur, en particulier les widgets et les techniques d'interaction, ainsi que la structuration et la maintenance de l'affichage d'une page, les effets visuels et les fonctionnalités qu'Ajax permet de réaliser.

Modèles de développement (8 patterns)

Il s'agit là de modèles de processus indiquant quelles sont les meilleures pratiques de développement, par opposition aux patterns précédents, qui sont typiquement des objets vivant au sein d'une application Ajax. Ces modèles incluent aussi le diagnostic de problèmes et la réalisation des tests.

La *figure 3-1* illustre le positionnement de chacune de ces parties dans le contexte d'une application Ajax. La plupart des patterns – des trois premières parties – sont centrées sur le *produit*, alors que ceux de la quatrième partie concernent le *processus* de développement. Parmi les patterns orientés vers le produit, les patterns technologiques fondamentaux expliquent comment utiliser les technologies web rudimentaires telles que `XMLHttpRequest` et le DOM. À un niveau intermédiaire, on trouve les patterns de programmation, qui sont des guides proposant des stratégies d'utilisation de ces technologies. Les patterns fonctionnels et ergonomiques se placent à un haut niveau. En résumé, les patterns technologiques fondamentaux constituent le cœur du langage des patterns Ajax, sur lesquels sont construits les patterns des trois parties suivantes, chacune d'entre elles étant relativement indépendante des deux autres.

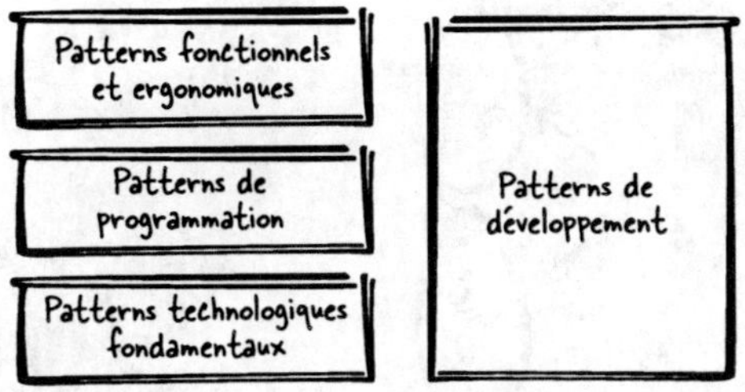

Figure 3-1. Les patterns Ajax : quatre parties

Vous pourrez découvrir en deuxième et troisième de couverture la liste de tous les patterns présentés dans cet ouvrage, dans l'ordre alphabétique, ainsi qu'un résumé très succint et un renvoi aux pages concernées. L'introduction de chaque partie de l'ouvrage (et de chaque chapitre) contient aussi un bref résumé

En complément, les pages suivantes indiquent les liens entre patterns pour chacune des quatre parties – technologies fondamentales, patterns de programmation, patterns fonctionnels et ergonomiques, patterns de développement. Les diagrammes des *figures 3-2* à *3-5* suivent ces conventions.

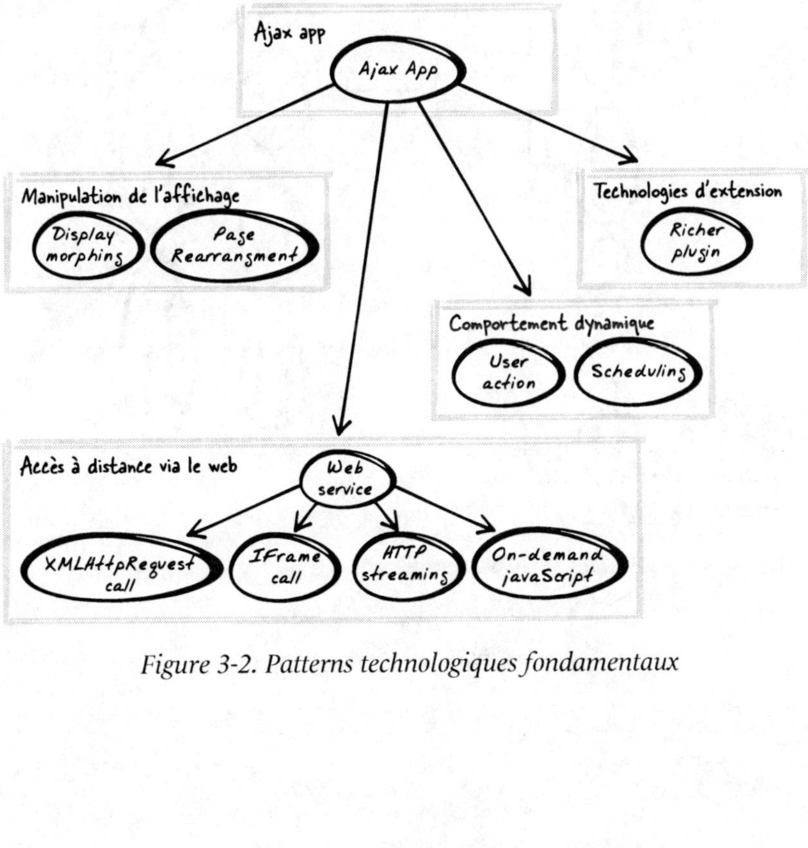

Figure 3-2. Patterns technologiques fondamentaux

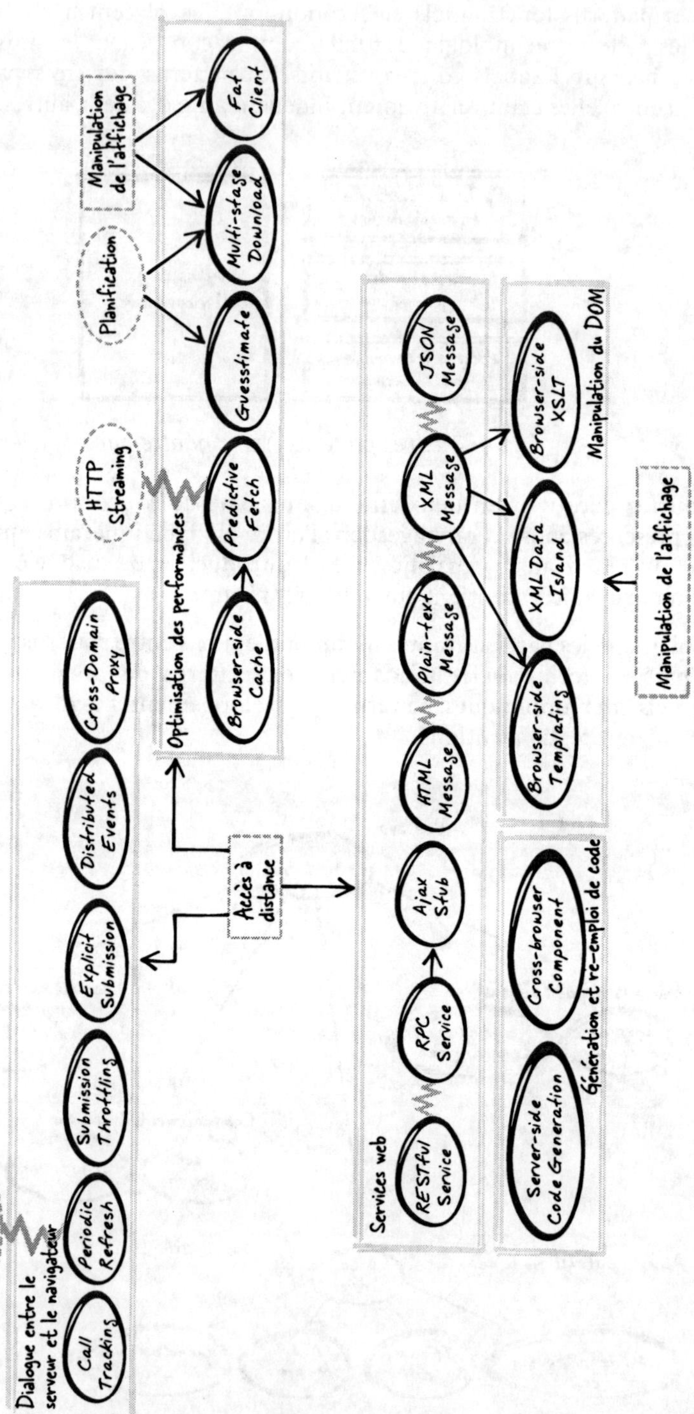

Figure 3-3. Patterns de programmation

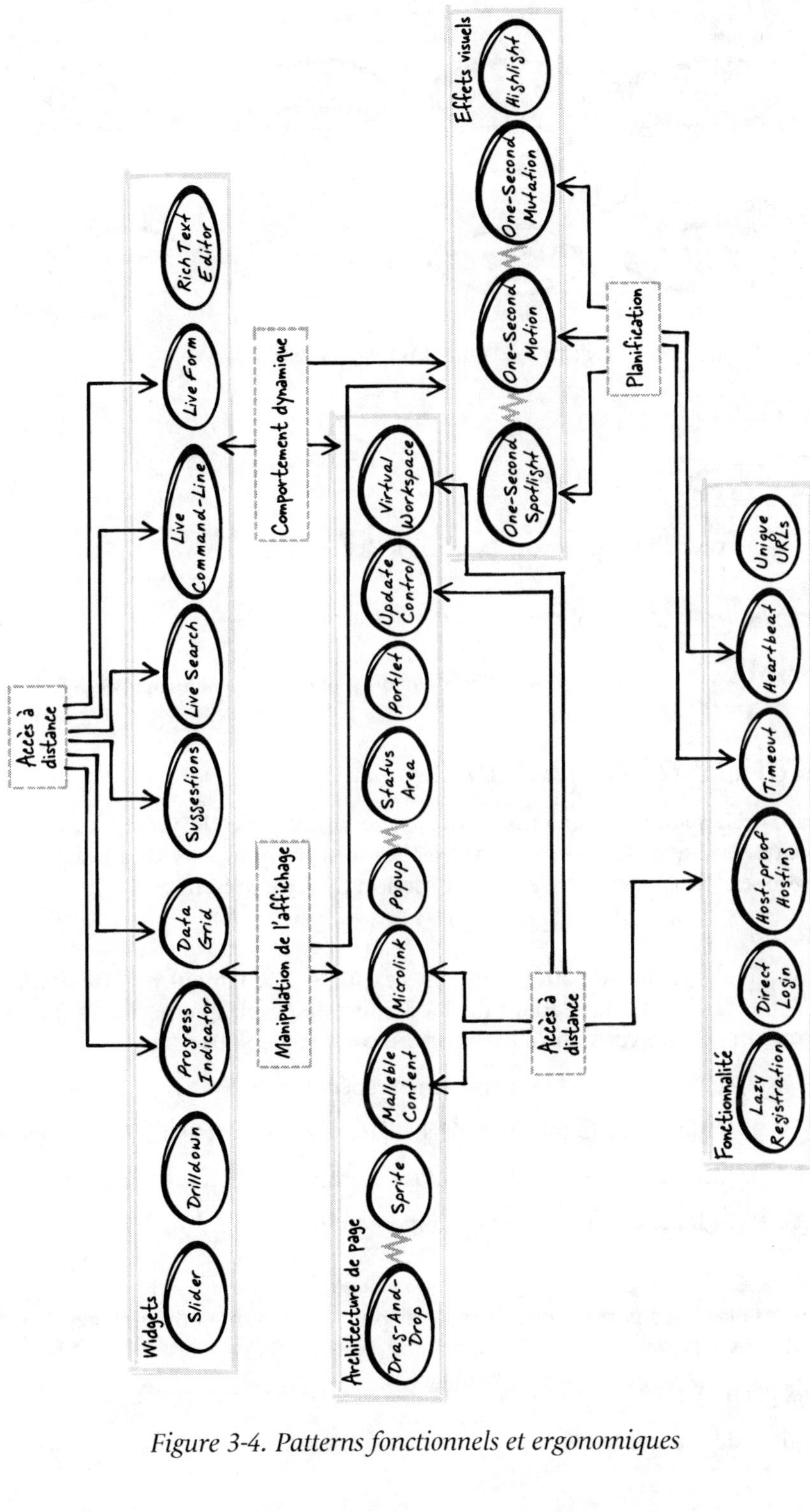

Figure 3-4. Patterns fonctionnels et ergonomiques

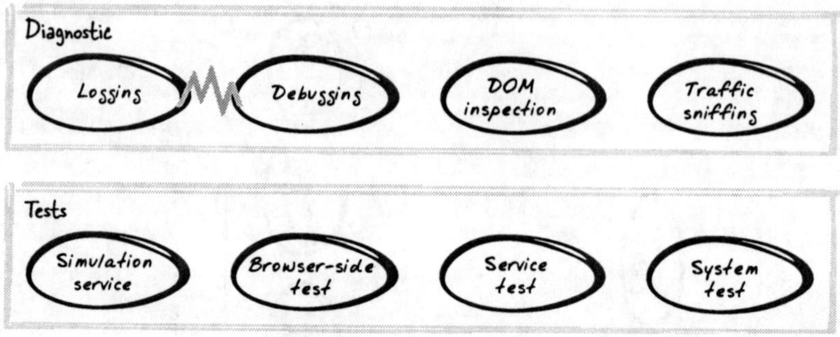

Figure 3-5. Patterns de développement

Pattern

Groupe de patterns

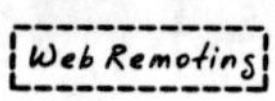

Groupe des patterns technologiques fondamentaux

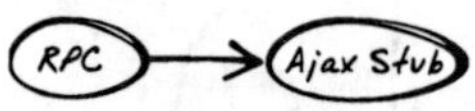

Le pattern A « mène » au pattern B

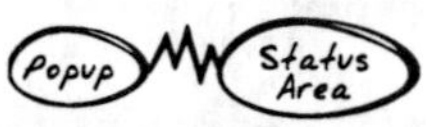

Les patterns A et B résolvent des problèmes similaires mais de différentes façons

Anatomie d'un pattern

Tous les patterns sont décrits en suivant le même scénario de présentation, même si certaines de ses étapes sont omises lorsqu'elles sont inappropriées. La présente section explique le sens et la vocation de chaque section de cette présentation.

Preuve d'existence

Dans quelle mesure le pattern présenté existe-t-il réellement ? Cette appréciation fait l'objet d'un notation, allant de 0 à 3, illustrée graphiquement. Il s'agit là d'une estimation subjective, matérialisée par les icônes ci-dessous :

 Indique que l'idée est purement spéculative

 Indique que le concept a déjà été testé ou qu'il a été utilisé antérieurement

 Indique l'existence de quelques exemples clairement identifiés

 Indique que le pattern est largement utilisé

Mots-clés

Les mots-clés vous permettent de trouver plus facilement un pattern et d'avoir une idée de sa vocation.

En un clin d'œil

Il s'agit là de planter le décor pour un pattern donné.

Anecdote

Une anecdote est un scenario typique permettant d'expliquer la façon dont on utilise un pattern, ainsi que les bénéfices qu'il apporte à l'utilisateur final. Chaque anecdote met en scène un personnage fictif (*http://www.evolt.org/article/Practical_Persona_Creation/4090/56111/*) pour rendre la situation plus réaliste. Cette méthode narrative a aussi un côté plus humain qui sied bien à l'approche proposée par Ajax.

Le casting des personnages apparaissant dans cet ouvrage comporte dix personnes, dont les noms reflètent les rôles respectifs. J'espère que vous vous y retrouverez plus facilement ainsi.

Les anecdotes concernant les patterns technologiques fondamentaux (Partie II) ainsi que les patterns fonctionnels et ergonomiques (Partie IV) illustrent la façon dont les utilisateurs interagissent avec un système, une fois le pattern implémenté. Voici les huit personnages apparaissant tout au long des anecdotes :

Bill

Un citoyen ordinaire : il paie ses impôts et a une femme, 2,4 enfants et un chien qui porte le nom d'un personnage de sitcom contemporain.

Doc

Un docteur un peu débile sur les bords.

Frank

Un chef d'atelier, souvent stressé et obsédé par la sécurité machine et la productivité du travailleur.

Pam

Une chef de projet en charge d'un projet informatique, perpétuellement en retard.

Reta

Un vendeur de vêtements de luxe.

Sasha

Une personne mondaine qui passe beaucoup de temps à faire du « social bookmarking », du « social blogging » et du « social tagging ».

Stuart

Un étudiant qui consacre beaucoup de temps à la musique et à d'autres hobbies qui n'ont rien à voir avec ses études.

Tracy

Une trader speedée, accro aux marchés financiers, et qui traite toutes sortes d'actifs dès qu'il y a de l'argent à faire.

On trouve ensuite les anecdotes se rapportant aux patterns de développement (Partie V). Celles-ci montrent la façon sont un développeur utilise un pattern particulier. On les trouve aussi bien dans les patterns de programmation que dans ceux de développement. Deux personnages apparaissent tout au long de ces anecdotes :

Dave

Un développeur expérimenté, qui connaît bien les différentes technologies impliquées dans Ajax.

Devi

Un autre développeur expérimenté, qui connaît lui aussi bien les différentes technologies impliquées dans Ajax.

Problème

Le problème posé.

Contraintes

Les contraintes qui émergent lorsque le problème est posé.

Solution

Une présentation succinte de la solution (la première phrase de la section), suivie par un exposé de l'élaboration technique.

Décisions

Chaque décision est posée sous la forme d'une question. Les décisions ne constituent *pas* une section de type FAQ destinée à clarifier la solution – un tel matériau ferait partie de la solution elle-même. Elles constituent plutôt des « décisions réutilisables » – c'est-à-dire, des solutions qui émergeront souvent lorsqu'un développeur décidera d'incorporer le pattern en question. Aucune solution précise n'est proposée, car chaque décision doit être prise de façon pragmatique. La description ne peut que vous guider dans votre prise de décision, ne serait-ce que pour signaler qu'une décision doit être prise à cette étape du travail, et pour vous alerter sur les paramètres qui interviennent et sur les conséquences de tel ou tel choix.

Cas concrets

Les cas concrets montrent l'emploi d'un pattern dans le contexte d'une application réellement développée, qu'il s'agisse d'une application destinée au grand public ou à des sociétés. Certains exemples ne sont pas des applications Ajax au sens strict du terme : ils sont néanmoins cités car ils illustrent un point particulier important.

Exemple de code : illustration sous forme de refonte

Un exemple de code revisité et commenté.

Lorsque le système présenté est plus une démo de patterns Ajax qu'une application externe, on la classe habituellement dans la rubrique « illustration sous forme de refonte » car une version précédente a fait l'objet d'une refonte s'appuyant sur le pattern considéré. Ceci est expliqué plus loin, en fin de chapitre. On notera que Martin Fowler a défini initialement la « refonte » comme une modification de code sans conséquence apparente pour l'utilisateur, en termes de comportement de l'application ou à propos de la fonctionnalité concernée. J'adopte ici une définition plus large, plus courante dans le milieu de l'industrie de l'informatique, en le définissant comme de petites améliorations incrémentales, qui peuvent éventuellement être visibles par un utilisateur.

Alternatives

Il s'agit d'autres patterns permettant de résoudre le même problème mais d'une façon différente. Ces patterns sont souvent (mais pas toujours) présentés dans cet ouvrage.

Patterns associés

Il s'agit d'autres patterns liés d'une façon ou d'une autre au pattern étudié, mais pas d'alternatives (qui sont listées dans la section précédente). Habituellement, ces patterns liés sont des suites possibles. Il peut aussi s'agir de patterns plus ou moins similaires (par exemple, relevant de la même technologie).

Métaphore

Il s'agit d'une métaphore permettant de mémoriser plus facilement le pattern. Certains lecteurs trouveront cela ennuyeux (ils pourront passer à la section suivante), alors que d'autres considèreront cela comme un moyen utile de conforter leur compréhension du pattern et de les aider à s'en souvenir.

Pour aller plus loin

Il s'agit de liens vers des références originales ou vers d'autres informations utiles.

Remerciements

La plupart des patterns recensés dans cet ouvrage ne sont pas de simples spéculations. Ils ont été tirés des travaux réellement menés par des spécialistes du domaine. Cette section (ainsi que les exemples ci-dessus et la section de remerciement en début d'ouvrage) est le lieu privilégié pour remercier ceux qui ont découvert ces patterns et contribué à leur diffusion.

Démos de patterns Ajax

Les démos de patterns Ajax apparaissent dans de nombreux patterns, plus particulièrement dans les sections « illustration sous forme de refonte » et « solution ». Ces démos sont disponibles en ligne à l'adresse *http://ajaxify.com/run/*, et vous êtes invité à les essayer. De plus, l'intégralité du code peut être téléchargée à cette même adresse ; son installation est discutée dans l'annexe B. Elle inclut les démos ainsi que la totalité du code présenté dans le chapitre 2. On notera que les démos ont été testées sur Firefox 1.5 et l'IE6, bien que la plupart d'entre elles fonctionnent aussi sur des navigateurs comparables.

Le code côté serveur est intégralement en PHP : il s'agit de codes triviaux, facilement compréhensibles. Le PHP a été choisi car il est facile à mettre en œuvre, quelle que soit la plateforme. De plus, le langage en lui même est assez « générique » pour toute personne familière du développement pour le Web. Elle n'aura donc aucune difficulté à suivre le code.

Les démos sont organisées autour du thème de la refonte. Pour la plupart des exemples, il y a une application Ajax embryonnaire initiale. Vous trouvez ensuite des refontes parallèles de cette même démo, dans des répertoires séparés. Chaque version résultant d'une refonte peut elle-même en faire l'objet, le résultat se trouvant dans un sous-répertoire. Une structure arborescente émerge ainsi (on la retrouve sur le site), qui met en évidence les différentes évolutions possibles d'un même code.

Si l'on inspecte par exemple les évolutions de la démo intitulée « Finite Cache Sum Demo » (*http://www.ajaxify.com/run/sum/xml/cached/expiry/*), dont le chemin d'accès est */sum/xml/cached/expiry/*, on découvre l'arborescence suivante :

/sum/

La démo de base, située dans */sum/*. On tape des nombres et le serveur répond en envoyant leur somme. En tant qu'application Ajax de base – sans soumission de formulaire –, on peut y découvrir des technologies fondamentales.

/sum/xml/

Le premier travail de refonte consiste à recevoir les résultats dans des formulaires XML, comme on le fait dans la démo du pattern *XML Message*. Le préfixe « xml » de l'URL indique bien sa filiation.

/sum/xml/cache

Le nouveau formulaire XML est parfaitement adapté à l'emploi d'un cache, qui constitue l'évolution suivante. Ce travail de refonte illustre l'emploi du pattern *Browser-Side Cache*.

/sum/xml/cache/expiry

Enfin, le cache fait l'objet d'une ultime amélioration. Cette fois, on fait une concession aux lois de la physique, et le cache a maintenant une taille finie. Les éléments inutilisés disparaissent. Il s'agit là d'une illustration supplémentaire du pattern *Browser-Side Cache*.

Conclusions

Ce chapitre a présenté la façon dont sont conçues des applications Ajax, ainsi que les patterns Ajax eux-mêmes. Les patterns Ajax (de même qu'Ajax) ne constituent pas la panacée, mais un ensemble d'outils facilitant la maîtrise du développement pour le Web sous Ajax. Vous pouvez les utiliser comme des références permettant de résoudre rapidement des problèmes, même s'il est clair que vous en tirerez plus de profit en les considérant comme des ressources éducatives vous permettant d'en savoir plus sur des problèmes récurrents et des solutions Ajax. Le reste de cet ouvrage présente en détail les patterns eux-mêmes, en quatre parties liées à des quatre problématiques précises – technologies fondamentales, programmation, fonctionnalité et ergonomie, ainsi que développement.

Partie II

Patterns technologiques fondamentaux

Les patterns technologiques fondamentaux sont les briques élémentaires constituant le cœur de *toute* application Ajax. Ils doivent être considérés comme les atomes du langage des patterns, au sens où tous les autres patterns sont construits sur ces techniques de base. Afin de faire en sorte que cet ouvrage conserve un volume raisonnable, seuls seront abordés les patterns qui apportent une valeur ajoutée au développement conventionnel pour le Web (par exemple, il n'y a pas de pattern de type « soumission de formulaire »).

Ajax lui-même est un pattern, le premier de tous (Ajax App, chapitre 4), qui représente la racine fondatrice de tous les patterns Ajax. Les chapitres qui suivent abordent les trois technologies impliquées dans la réalisation d'une Ajax App. Les patterns de manipulation de l'affichage (chapitre 5) concernent tout ce qui se rapporte au tracé d'une interface utilisateur. Les patterns d'accès à distance via le Web (chapitre 6) présentent diverses alternatives pour communiquer avec le serveur. Les patterns de comportement dynamique (chapitre 7) permettent de gérer les événements – ceux engendrés par l'utilisateur et ceux déclenchés sur la base d'une horloge. Enfin, les technologies d'extension (chapitre 8) expliquent comment on peut étendre une Ajax App au moyen de technologies non standard.

Tous les objets abordés dans cette partie ne sont pas des patterns au sens strict du terme : on pourrait considérer qu'un pattern tel que *XMLHttpRequest Call* n'est qu'un exposé d'ensemble d'une technologie. Je pense néanmoins qu'il s'agit bien d'un pattern, dans la mesure où il y a là un ensemble de bonnes pratiques destinées à résoudre des problèmes récurrents – les problèmes surviennent simplement dans des contextes différents et peuvent être traités par différentes personnes (comme un concepteur bâtissant les premières esquisses d'un projet potentiel ou son architecture globale). Ainsi, les patterns ont des natures très différentes, le format des patterns permettant aussi de documenter un certain nombre de techniques. Il est donc légitime d'inclure les technologies fondamentales – qu'elles soient considérées ou non comme des patterns –, qui se prêtent parfaitement à une description dans le langage des patterns.

Chapitre 4 – *Le pattern Ajax App : les applications Ajax*

Chapitre 5 – *Manipulation de l'affichage*

Chapitre 6 – *Accès à distance via le Web*

Chapitre 7 – *Comportement dynamique*

Chapitre 8 – *Technologies d'extension*

4

Le pattern Ajax App : les applications Ajax

Ce chapitre se concentre sur un seul pattern, qui constitue la racine fondatrice de l'ensemble du langage des patterns : Ajax App.

Ajax App

◉◉◉

Ajax, Client/SOA, DHTML, Rapidité, Interactivité, Cohérence, Plateforme, Application Internet Riche (Rich Internet Application, RIA), Richesse, Lourdeur, Web2.0 et WebApp

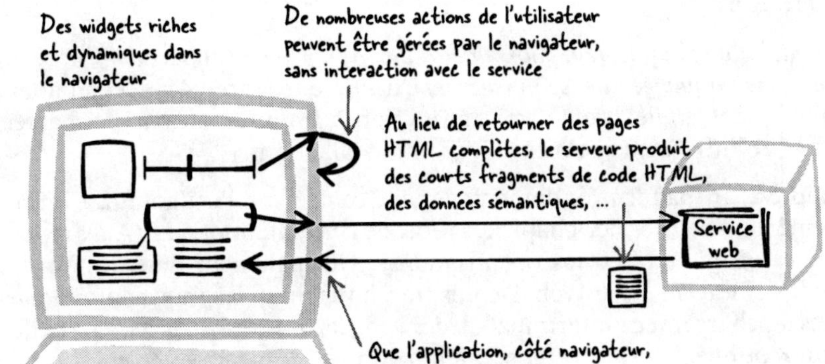

Figure 4-1. Ajax App

Anecdote

Pam fait désormais partie de ceux qui vantent les mérites d'une nouvelle application Ajax, une « Ajax App ». Elle constate avec plaisir que la saisie de données est beaucoup plus rapide : les champs sont validés dès qu'ils sont remplis, les recherches sont intégrées dans des formulaires plutôt que dans des fenêtres popup ennuyeuses, et les champs non encore remplis changent en fonction de ceux qui le sont déjà, pour accélérer et faciliter la saisie.

Le problème

Comment créer une application riche ?

Les contraintes

Vous vous référerez au chapitre 1 pour avoir plus de détails sur les contraintes qui inspirent Ajax, et qui sont résumées ci-dessous.

- Les utilisateurs aiment travailler et jouer avec leur navigateur, et ils veulent pouvoir stocker leurs données et accéder à celles-ci en ligne ; ils sont néanmoins frustrés par les interfaces web conventionnelles, pas vraiment interactives et de type « je clique et j'attends ».
- Les entreprises aiment les applications web s'exécutant sur leur intranet, car cela facilite leur déploiement, mais leur activité est entravée par des applications web inutilisables, qui sont loin d'apporter la valeur ajoutée des applications s'exécutant en local.
- Les développeurs commencent à bien connaître les structures de base de l'architecture du Web et sont prêts à relever de nouveaux défis.
- La technologie a suscité de nouvelles opportunités pour le Web : le haut débit se généralise, les serveurs peuvent traiter d'énormes quantités de requêtes par seconde, et les capacités de stockage augmentent au point que n'importe qui peut stocker ses données personnelles et accéder à celles-ci en ligne.

La solution

Il faut produire une application Ajax, une « Ajax App » – une application riche, capable de s'exécuter dans un navigateur web moderne. L'utilisateur lance l'Ajax App en tapant une URL, en cliquant un lien ou en activant un signet. L'Ajax App est alors chargée dans le navigateur, et l'utilisateur peut travailler immédiatement.

Ajax App est un pattern fondamentalement centré sur l'utilisateur. Comme on l'a mentionné dans le premier chapitre, la force principale motivant Ajax repose sur les besoins des utilisateurs et des organisations, principalement dans le but d'exploiter encore plus efficacement le Web. Depuis trop longtemps, les internautes doivent subir des pages au chargement interminable, des widgets qui n'ont pas de sens et des formulaires qui « oublient » sans vergogne leurs données lorsque leur saisie prend trop de temps. L'emploi d'un navigateur se justifiera encore pendant longtemps, comme on l'a noté dans le chapitre 1, mais les propriétaires et les exploitants de sites web ont tout intérêt à construire des sites améliorés, plus interactifs et plus plaisants à utiliser.

Ajax a pour but de permettre à l'utilisateur d'exploiter plus efficacement le Web, tout en respectant les contraintes imposées par les standard du Web. Une conception basée sur les standard apporte les bénéfices de la portabilité et d'une plus grande ergonomie : l'utilisateur interagit avec des centaines de sites web, et il apprécie la cohérence des interfaces, une qualité qui s'érode rapidement lorsqu'une application s'appuie sur des plugins, sur des caractéristiques spécifiques d'un navigateur ou sur des idées de conception « créatives ». Inclure un widget novateur ou une présentation excentrique est certainement très bien, mais le mieux est encore ce qui respecte le standard.

Les technologies non-standard brisent aussi la cohérence ; l'une des raisons pour lesquelles Flickr (*http://flickr.com*) a commencé à migrer de Flash vers Ajax est que les utilisateurs veulent pouvoir enregistrer des images en cliquant sur le bouton droit de la souris, un standard non respecté par Flash (*http://www.ajaxian.com/archives/2005/05/ajax_summit_eri.htm*). Une fois de plus, il ne faut pas avoir peur d'employer une technologie telle que Flash pour réaliser une fonctionnalité que les navigateurs standard ne peuvent assurer – c'est bien l'idée centrale du pattern *Richer Plugin* (chapitre 8). Certains affirment qu'une application qui recourt à Flash n'est pas une Ajax App, définition acceptable si l'on retient tout de même les applications très majoritairement Ajax, mais qui délèguent à Flash (ou à d'autres plugins) quelques tâches spécialisées. En tout état de cause, discuter sans fin à propos d'une définition d'Ajax est sans intérêt (après tout, chacun peut avoir sa propre définition d'Ajax) : le principal enjeu est de fournir des produits qui aident les utilisateurs – parfois, il est préférable d'incorporer du Flash ou du Java, ou encore de réaliser une application conventionnelle, s'exécutant en local.

Les technologies standard sont discutées dans le chapitre 1. Elles incluent plusieurs technologies bien établies : HTML, CSS, HTTP, CGI, la soumission de formulaire et la réalisation de scripts côté serveur. De plus, des technologies complémentaires sont de plus en plus populaires et sont standardisées, côté navigateur : JavaScript, le modèle DOM (Document Object Model), le modèle événementiel (Event Model, DHTML), et l'accès à distance via le Web.

Décisions

Faut-il réaliser une application « Ajax Deluxe » ou « Ajax Lite » ?

Il existe deux archétypes d'architecture pour une application Ajax, l'ensemble des applications Ajax se trouvant entre ces deux extrêmes.[1]

Ajax Deluxe

Une application Ajax Deluxe utilise Ajax au maximum : elle paraît similaire à une application s'exécutant en local, au sens où c'est le navigateur qui pilote les interactions – il est le médiateur entre l'utilisateur et le serveur, si bien qu'il n'y a pas (ou peu) de rafraîchissement direct de page. De la même façon, le serveur n'a pas besoin de faire un suivi de la session, car en l'absence de rafraîchissement de page, tout état ad hoc peut être sauvegardé dans le navigateur. Le serveur n'est pas concerné non plus par le code HTML ; il se contente d'offrir des *services web* génériques. Un exemple d'application Ajax Deluxe est l'agenda Ajax, Kiko (*http://kiko.com*).

Ajax Lite

Une application Ajax Lite ressemble plus à une application web conventionnelle, qui aurait fait l'objet d'un saupoudrage d'Ajax ici et là. Par exemple, Ajax peut être utilisé pour valider un formulaire avant sa soumission au moyen des méthodes standard, ou encore pour afficher des instructions sur la page lorsque l'utilisateur requiert de l'aide. Un exemple d'application Ajax Lite est Delicious (*http://*

1. Harry Fuecks exprime essentiellement la même distinction entre « Client/SOA » et « HTTP++ » (*http://www.sitepoint.com/blogs/2006/02/15/two-kinds-of-ajax-html-vs-client-soa/*). De la même façon, Craig Shoemaker distingue les « applications Ajax » et les « sites web Ajax ».

del.icio.us), qui fonctionne bien sur les navigateurs anciens, tout en offrant le pattern Ajax *Suggestions* (chapitre 14) pour la plupart des navigateurs qui le supportent.

Quel type d'application Ajax faut-il réaliser ? L'approche Deluxe est adaptée aux équipes de développement qui ont une connaissance approfondie de la programmation pour le Web, qui ont accès aux outils adaptés et aux bibliothèques multi-plateforme (côté navigateur). Le résultat est une interface en général plus esthétique et plus efficace. Cette approche facilite aussi une architecture bien structurée, car le code de traitement peut être complètement isolé du côté serveur, et le code de présentation du côté du navigateur. Cependant, il arrive qu'une application Deluxe pèse sur le navigateur et sur les capacités du réseau ; elle peut même ne pas fonctionner sur des navigateurs anciens. Ajax Lite est une meilleure approche si l'on vise ces navigateurs obsolètes, car les caractéristiques d'Ajax peuvent en général être « débranchées » au moyen d'une dégradation élégante.

Quels prérequis un navigateur doit-il satisfaire pour pouvoir exécuter une Ajax App ?

L'une des raisons de l'envol d'Ajax (par opposition à des tentatives antérieures dans le même registre) est que les navigateurs ont à présent des caractéristiques plus homogènes. Lorsqu'on développe une Ajax App, il faut tout d'abord cibler les navigateurs visés par celle-ci et ceux sur lesquels on va faire l'impasse. `XMLHttpRequest` est la principale contrainte, car cette caractéristique passe en général après d'autres technologies fondamentales, dans la liste de capacités offertes par les navigateurs. Dans cet ouvrage, on s'intéresse aux navigateurs conçus après 2001. Il s'agit typiquement de l'Internet Explorer 5+ pour Windows, de Firefox 1+, de Mozilla 1+, de Safari 1.2+ ou d'Opera 7.6+ (*http://en.wikipedia.org/wiki/Ajax_%28programming%2*). D'autres navigateurs tels que Netscape et Konqueror seront aussi abordés. Supporter tous ces navigateurs ou seulement un sous-ensemble dépend de la priorité accordée à la diversité des plateformes de navigation, de l'expérience du programmeur et des bibliothèques dont il dispose, et du temps qu'il désire consacrer aux tests.

Comment traiter les navigateurs supportant des technologies insuffisantes pour Ajax ?

Que se passe-t-il lorsqu'une application Ajax requiert une fonctionnalité non fournie par le navigateur utilisé ? Comme on l'explique dans le chapitre intitulé *composant multi-plateforme* (Cross-Browser Component, chapitre 12), le programmeur peut vérifier ou bien la disponibilité d'une fonctionnalité particulière, ou bien la version du navigateur. La première solution permet de mettre en place une dégradation élégante – c'est-à-dire, une alternative plus simple. Cela nécessite plus de travail, mais l'application supporte plus de navigateurs. Une solution encore plus simple consiste à ne rien faire et à suggérer à l'utilisateur de mettre à jour son navigateur (c'est parfois la seule solution raisonnable).

Quelle puissance de traitement faut-il exiger du navigateur ?

Quelques Ajax Apps parmi les premières ont connu des difficultés parce qu'elles présumaient trop des capacités de l'environnement, côté client. Malheureusement, Java-

Script n'est pas très rapide, en particulier lorsque l'utilisateur laisse de nombreuses fenêtres ouvertes dans le navigateur, auxquelles viennent parfois s'ajouter un logiciel de musique, un client de messagerie ainsi que l'ensemble traditionnel d'applications résidentes s'exécutant en tâche de fond. Il n'y a pas de ligne directrice bien établie en la matière : la seule règle consiste à simuler les environnements sous lesquels fonctionnera l'Ajax App, et à pratiquer de très nombreux tests.

Quelles capacités faut-il exiger du réseau ?

Deux facteurs essentiels doivent être considérés à propos du réseau, dans le cadre du développement d'une Ajax App :

Débit (bande passante)

Quel est le volume de données transférable par seconde (débit) ?

Latence

Combien de temps faut-il à un paquet de données envoyé par le navigateur pour arriver au serveur (et vice versa) ?

Dans certains cas, Ajax réduit les besoins en termes de débit, en évitant le rafraîchissement intégral de la page. Cependant, ce problème peut subsister car certains patterns tels que *Periodic Refresh* peuvent peser sur les performances (chapitre 10), du fait qu'ils déclenchent en permanence des transferts de nouvelles données. Certaines fonctionnalités Ajax (par exemple, *Live Search* [chapitre 14]) nécessitent des allers-retours avec le serveur, à chaque frappe de touche : les problèmes de latence ont une importance de plus en plus grande dans la conception de produits pour le Web. Pour des petits paquets de données, situation la plus courante dans les Ajax Apps, la latence est une source en réalité bien plus importante de délais que le débit du réseau, en particulier pour des communications à longue distance (*http://richui.blogspot.com/2005/09/ajax-reducing-latency-with-cdn.html*). Là aussi, il convient de faire des tests comparatifs de performance (parangonage), afin de déterminer la faisabilité d'un traitement. Si un aller-retour nécessite quelques centaines de millisecondes, une réactivité à chaque touche pressée devient plus une entrave qu'un plaisir.

Cas concrets

On se réfèrera aux exemples mentionnés dans le chapitre 1.

Exemple de code

On se réfèrera aux exemples de code listés dans le chapitre 2.

Alternatives

Applications web conventionnelles

Ajax représente une évolution par rapport aux applications web conventionnelles, pour lesquelles les modalités d'interaction étaient limitées à des formulaires agrémentés d'un peu de JavaScript pour la validation côté client, par exemple. Les avantages d'Ajax sur les applications web conventionnelles sont les suivants :

- Moins de temps d'attente, d'où plus de productivité et moins de frustration pour les utilisateurs.
- La capacité du navigateur à afficher des pages en permanence à jour, sans action de l'utilisateur.
- Des widgets plus performants qui rendent les saisies plus expressives.
- Les effets visuels et une activité dynamique du navigateur, qui rendent l'application plus vivante et donnent à l'utilisateur un sentiment de meilleur contrôle.

Les applications web conventionnelles ont parfois des avantages :

- Les applications web conventionnelles sont plus familières pour les utilisateurs.
- Les développeurs n'ont pas besoin d'apprendre des techniques nouvelles.
- Les applications web conventionnelles sont compatibles avec les navigateurs anciens et non-standard.

Les applications Flash

Comme on l'a souligné plus haut dans la « Solution » une application web standard faisant épisodiquement appel à Flash peut néanmoins être considérée comme une Ajax App. Dans cette section, on s'intéresse aux applications recourant massivement à Flash, et qui ne fonctionneront pas si Flash n'est pas disponible.

Flash et Ajax se tiennent en réalité dans un mouchoir de poche. Google Maps (*http://maps.google.com*) a causé la surprise lors de sa mise en ligne, car nombreux étaient ceux qui pensaient que seul Flash permettait de produire une interface aussi riche dans un navigateur. Yahoo! a ensuite remis les pendules à l'heure en réalisant un produit similaire, Yahoo! Maps (*http://maps.yahoo.com/*), en Flash. En dépit de certaines similarités, des différences nettes subsistent. En comparaison de Flash, Ajax a les avantages suivants :

- Ajax est plus portable car il s'exécute sur tout navigateur standard, même si Flash est très largement supporté.
- Les Ajax Apps sont souvent plus homogènes, car elles suivent les conventions standard du Web, familières de la plupart des utilisateurs. Flash propose moins de conventions établies, si bien qu'une application Flash a toujours un côté moins prévisible.
- Ajax fonctionne mieux sur des clients qui ne sont pas des navigateurs, tels que les moteurs de recherche robotisés.
- Ajax gère mieux les éléments de configuration du navigateur, tels que les préférences de couleur, et aussi les spécificités des navigateurs (par exemple, les textures, l'auto-complétion, et les extensions de style Greasemonkey).
- Ajax est plus sûr à long terme, au sens où il est indépendant de tout plugin propriétaire.
- En vertu de sa nature ouverte, la communauté des développeurs Ajax croît rapidement, d'où une évolution rapide des bibliothèques, des techniques et des patterns.

Flash a cependant certains avantages par rapport à Ajax. Leur degré d'importance dans le cadre d'un développement dépend des circonstances. Il faut garder en tête que la solution la plus appropriée est souvent une combinaison de Flash et d'Ajax, lorsqu'il n'est pas possible de rester dans le domaine de l'Ajax pur.

- Flash offre un graphisme et des capacités vidéo plus riches.
- Flash permet de mettre en place des effets sonores, des fonds sonores par fichier, ainsi que des saisies audio.
- La programmation graphique riche peut être plus simple sous Flash car, à la différence d'Ajax, Flash a été conçu pour ce type d'application.
- Flash permet le stockage local de données.

Les applets Java

Pour certains développeurs Java, Ajax relève du « déjà vu ». Durant la seconde moitié des années 1990, les applets Java ont été conçues pour prendre le contrôle du navigateur et transformer l'ordinateur en simple terminal graphique. Cela ne s'est pas concrétisé pour diverses raisons, et à présent, les applets Java sont rares sur le Web. Cependant, les applets Java persistent dans l'entreprise, et comme pour Flash, il est possible de combiner les technologies. Certains ont spéculé que l'intérêt pour Ajax pourrait redonner une seconde jeunesse au monde des applets. Il semble que cela ne soit pas le cas, mais il est encore trop tôt pour conclure.

Ajax a plusieurs avantages sur les applets Java :

- Les Ajax Apps se chargent en quelques secondes, alors que le chargement d'applets Java peut nécessiter plus de temps car elles utilisent des bibliothèques plus volumineuses qu'elles chargent intégralement avant de démarrer.
- Les Ajax Apps ont le « look and feel » des applications web standard, alors que les applets Java ressemblent plus à des applications s'exécutant en local, ce qui peut surprendre dans le contexte d'un navigateur.
- Les fonctionnalités Ajax peuvent être développées organiquement à partir d'une application web standard, alors que Java emploie un style de programmation complètement différent, qui impose une ré-écriture intégrale du code.
- Les versions de Java ont changé avec le temps, et il existe des incompatibilités fréquentes entre une applet et l'environnement Java utilisé par le navigateur. De plus, il est généralement nécessaire d'être en retard de plusieurs années sur la version la plus récente de Java.

Les applets Java ont quelques avantages sur Ajax :

- Java est souvent utilisé du côté du serveur, ce qui permet de mettre en place une synergie à 100% avec une solution Java, comme par exemple un code partagé, les programmeurs pouvant facilement transcender ces deux niveaux.
- De nombreuses personnes connaissent déjà Java, et l'architecture d'une applet Java fait qu'elles n'ont virtuellement rien à connaître des technologies du Web.
- Les interfaces utilisateur de type local sont bien supportées, si cela est la solution retenue.

Sun a introduit récemment Java Web Start en guise de passerelle entre l'ordinateur (le monde local) et le navigateur. Les applications de type Web Start s'exécutent hors de l'ordinateur, mais peuvent être lancées en activant une URL dans le navigateur. Les longs temps d'attente des applets sont évités car les bibliothèques peuvent être stockées en local et partagées entre les applications. Il s'agit là d'une alternative utile aux applets, plus adaptée au monde de l'entreprise, bien que le succès ne soit pas encore au rendez-vous.

Les applications s'exécutant en local

Il est toujours nécessaire de faire un choix de conception lorsqu'on développe une application : sera-ce une application pour le Web ou s'exécutera-t-elle en local ? Ajax promeut la cause du Web, même pour des applications s'exécutant traditionnellement en local, comme les traitements de texte ou les tableurs, qui deviennent courants sur le Web. La stratégie « Live » de Microsoft, qui inclut des versions Ajax de ses applications Office, en est un exemple emblématique. Cependant d'autres applications telles que les jeux et les outils multimedia ne s'implanteront pas sur le Web avant longtemps.

Ajax offre les avantages suivants par rapport aux applications locales :

- Une Ajax App n'a pas besoin d'être installée : elle est disponible sur tout ordinateur, par navigateur interposé. Cela est très utile à ceux qui utilisent plusieurs ordinateurs et à ceux qui utilisent un ordinateur qu'ils ne peuvent contrôler.
- Les données Ajax sont hébergées sur le réseau : elles sont donc accessibles de partout et peuvent être sauvegardées automatiquement. Bien que cela soit possible aussi pour des applications locales, il n'en est rien en réalité pour diverses raisons : par exemple, la migration de données peut poser problème car il existe trop de versions différentes d'un même logiciel, s'exécutant en même temps.
- La plupart des utilisateurs du Web sont à l'aise avec les mécanismes d'interaction du Web, et des Ajax Apps bien conçues peuvent exploiter cette familiarité.
- Ajax fonctionne bien avec le Web. Les utilisateurs peuvent créer un favori dans une Ajax App, créer un lien, etc.
- Les Ajax Apps sont mises à jour sans intervention de l'utilisateur.
- Les développeurs peuvent choisir les environnements de programmation et d'exécution au gré de leurs propres besoins, alors que les applications locales imposent de nombreuses contraintes.

Ajax a comblé le fossé qui sépare les applications web des applications locales, mais les secondes peuvent encore réaliser de nombreuses choses qui restent hors de portée de premières (voir aussi *Richer Plugin* [chapitre 8]) :

- Elles permettent d'accéder au système local de fichiers.
- Elles utilisent le son, tirant pleinement parti des cartes son modernes.
- Elles utilisent des graphismes riches, tirant pleinement parti des cartes graphiques modernes.
- Elles utilisent les raccourcis clavier, plus ou moins supportés par les navigateurs.
- Elles fournissent un accès au matériel.
- Elles permettent la communication vers des machines autres que le serveur d'origine, selon des protocoles autres que HTTP.

- Elles proposent des interactions spécifiques d'un système d'exploitation, comme les messages d'alerte surgissants.
- Elles offrent une rapidité de traitement supérieure, car JavaScript est beaucoup plus lent, lorsqu'il s'exécute dans un navigateur, qu'un code exécutable natif fonctionnant localement.

Les applications nomades

Les applications nomades se développent parallèlement à Ajax: s'agirait-il là d'une alternative, même si elle est moins directe ? Il se trouve qu'Ajax constitue une bonne plateforme pour elles, Opera supportant Ajax sur sa plateforme nomade (*http://www.opera.com/products/mobile/platform/*).

Patterns associés

Tous les patterns du « langage » Ajax sont liés, d'une façon ou d'une autre, à Ajax App. En particulier, la « solution » ci-dessus pointe clairement du doigt les patterns technologiques fondamentaux qui définissent réellement la nature profonde d'Ajax.

5

Manipulation de l'affichage

Pour l'utilisateur final, la caractéristique la plus évidente des applications Ajax est leur apparence visuelle (qui a tendance à être plus riche) et leur interface, dont le rafraîchissement progressif rappelle plus une application locale qu'une application web conventionnelle. Ce chapitre décrit les deux technologies principales de mise à jour d'une interface utilisateur. Le pattern *Display Morphing* (transformation de l'affichage) se concentre sur les modifications d'un seul élément d'interface, alors que le pattern *Page Rearrangement* (réarrangement de page) s'intéresse aux modifications de structure de la page. Le modèle DOM (Document Object Model) sera abordé au passage, car sa manipulation est un élément-clé pour de nombreux patterns Ajax.

Le pattern Display Morphing

◉◉◉

Affichage, DOM, Graphisme, interface graphique utilisateur (GUI), Transformation, Page, Tracé, Référence, Richesse

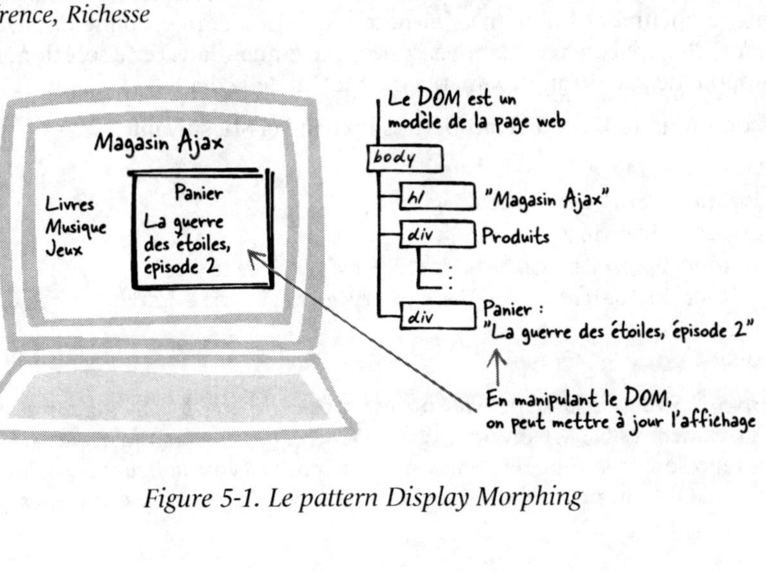

Figure 5-1. Le pattern Display Morphing

Anecdote

Stuart est en train de répondre à un questionnaire en ligne ; la page de saisie comporte un compte à rebours lui indiquant le temps qui lui reste pour répondre. L'affichage du temps restant est mis à jour toutes les secondes, et la couleur bascule progressivement du vert au rouge avec le temps.

Problème

Comment peut-on mettre à jour dynamiquement des éléments d'interface graphique ?

Contraintes

- En fonction de la tâche réalisée par l'utilisateur ou du contexte, les applications doivent afficher différents types d'informations.
- Lorsque l'information manipulée par l'utilisateur change, les données affichées deviennent périmées.
- L'information périmée est un vrai problème pour les applications web conventionnelles. Comme elle ne peut changer que lorsqu'elle est obsolète, on voit parfois apparaître des messages d'avertissement tels que « cette information peut être obsolète » ou « cliquez pour mettre à jour ».
- Soumettre et retracer toute une page brise le rythme de travail de l'utilisateur.

Solution

Il faut transformer les éléments de page en modifiant les styles et les valeurs dans le DOM (Document Object Model), comme le texte et les propriétés graphiques. Le DOM représente l'état d'une page web à un instant donné. Lorsque JavaScript manipule le DOM, le navigateur prend en compte immédiatement cette modification et la répercute dans l'interface graphique utilisateur. Pour transformer l'affichage d'un élément de page, il suffit de récupérer une référence sur celui-ci et de modifier ses propriétés. Ceci permet de modifier l'affichage de tout élément dans la page – les titres, les élément div, les images, et même le document lui-même. On notera qu'une démo en ligne (*http://ajaxify.com/run/display*) illustre concrètement les concepts évoqués dans cette solution, même si le code proposé ne suit qu'approximativement celui de la démo.

Intéressons-nous au DOM et considérons le code HTML suivant :

```
<div id="display">
  <img id="photo" src="photo.jpg"/>
  <div id="dimensions">
    <input id="width" name="width" type="text" size="20"/>
    <input id="height" name="height" type="text" size="20"/>
  </div>
</div>
```

La *figure 5-2* présente la structure qui est créée lorsque le navigateur transforme la chaîne de caractères HTML en un modèle DOM. Comme chaque nœud a des attributs, on peut représenter le modèle de façon très détaillée (voir la *figure 5-3*). Pour en savoir plus sur le DOM, on peut faire des expériences avec les outils mentionnés dans *Inspec-*

tion du DOM (chapitre 18). On peut les utiliser sur une page web pour visualiser le modèle DOM correspondant.

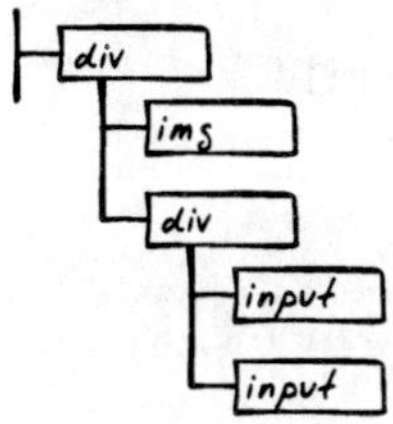

Figure 5-2. Structure DOM

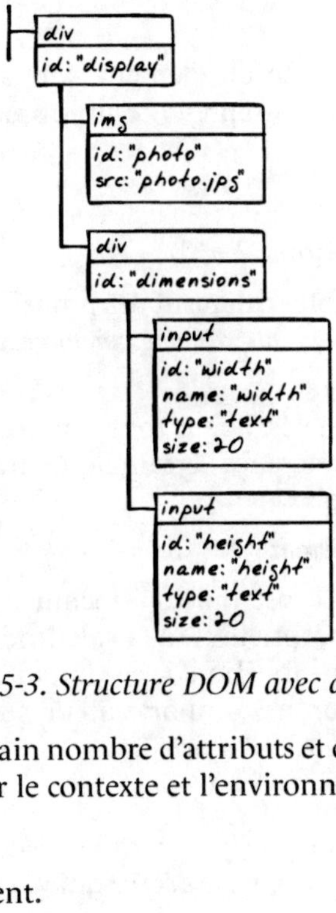

Figure 5-3. Structure DOM avec attributs

Chaque nœud possède un certain nombre d'attributs et d'opérations standard. Ceux qui suivent permettent d'inspecter le contexte et l'environnement du DOM :

`parentNode`
: Le nœud parent de l'élément.

`childNodes[]`
: Un tableau contenant tous les nœuds enfants (i.e. descendants immédiats).

`getElementsByTagName("tagName")`
: Un tableau contenant tous les nœuds enfants de type `tagName` (par exemple, `h1` pour tous les titres de niveau 1).

La structure peut être non seulement inspectée mais aussi manipulée. Voici les méthodes de manipulation clés, disponibles pour tous les nœuds (une discussion plus approfondie suit dans *réarrangement de page*) :

`appendChild(newChild)`
: Ajoute `newChild` en fin de liste des descendants.

`insertBefore(newChild, oldChild)`
: Insère `newChild` juste avant `oldChild`.

`removeChild(oldChild)`
: Supprime `oldChild`.

On peut aussi inspecter le nœud lui-même, dont les propriétés utiles incluent en particulier :

`id`
: L'ID du nœud.

`nodeType`
: En général, la valeur 1 désigne un élément standard. La valeur 2 représente un attribut de balise et la valeur 3 représente un nœud de texte (voir plus loin dans cette section).

`tagName`
: Le nom de la balise (par exemple, "h1").

On pourra accéder à un listage plus exhaustif des propriétés et des opérations en consultant le site HowToCreate.co.uk (*http://www.howtocreate.co.uk/tutorials/index.php?tut=0&part=28*).

Pour pouvoir utiliser ces propriétés, il faut tout d'abord accéder à un nœud du DOM. Voici comment récupérer une référence vers un nœud image, perdu dans l'arborescence DOM, mais dont l'ID est « logo » :

```
var logo = document.getElementById("logo");
```

`getElementById( )` va explorer l'ensemble du document de façon récursive, jusqu'à ce qu'il trouve l'élément dont la propriété ID a la valeur recherchée. Les appels de ce type étant extrêmement courants, une fonction de commodité est employée tout au long des démos. Le nom de cette fonction ne comporte qu'un seul caractère, $, ce qui donne la syntaxe plus légère suivante (voir le chapitre 2) :

```
var logo = $("logo");
```

Maintenant que l'on dispose d'une référence sur le nœud image, on peut manipuler ses propriétés. Commençons par la propriété `src`, ce qui va provoquer le chargement d'une nouvelle image :

```
logo.src = "Images/web.png";
```

On peut aussi réinitialiser le texte `alt` de l'image, qui va apparaître dans le navigateur, éventuellement sous la forme d'une aide contextuelle :

```
logo.alt = "Le World Wide Web"
```

On vient de modifier deux propriétés spécifiques des images. Chaque élément HTML possède en réalité un ensemble de propriétés qui peuvent faire l'objet de manipulation DOM. Des sites tels que w3schools (*http://www.w3schools.com/htmldom/dom_reference.asp*) proposent des listes de propriétés pour chaque élément.

Une autre tâche courante est la manipulation de texte, celui-ci étant représenté, dans le DOM, sous la forme de nœuds texte spéciaux. Le fait qu'il n'existe pas de balise HTML correspondante peut semer la confusion. Examinons le texte suivant, qui semble contenir un texte libre dans une balise `<p>` :

```
<p>Oh non ! C'est <strong>Mr. T</strong>!</p>
```

Le texte est subtilement intégré à l'intérieur de cette balise. L'absence de balise HTML correspondante peut surprendre, car les nœuds texte sont implicites. Dans l'exemple ci-dessus, le DOM contient en réalité un nœud paragraphe `<p>` qui possède trois descendants : un nœud texte, un nœud « strong » contenant le nœud texte, et un autre nœud texte. Tout cela est représenté dans le DOM de la façon suivante :

```
<p>
  <textnode>Oh non ! C'est </textnode>
  <strong><textnode>Mr. T</textnode></strong>
  <textnode>!</textnode>
</p>
```

Bien que le code HTML initial soit trivial, la construction d'un message comme celui-ci au moyen du DOM est un peu complexe :

```
message.appendChild(document.createTextNode("Oh non ! C'est "));

var strong = document.createElement("strong");
strong.appendChild(document.createTextNode("Mr. T"));
message.appendChild(strong);

message.appendChild(document.createTextNode("!"));
```

Même lorsque des nœuds texte ne sont pas impliqués, la manipulation directe du DOM peut rapidement devenir tortueuse. Une alternative populaire consiste à utiliser `innerHTML`, qui permet de spécifier un fragment de code HTML. On peut ainsi réécrire le code ci-dessus en modifiant la valeur de la propriété `innerHTML` :

```
message.innerHTML = "Oh non ! C'est <strong>Mr. T</strong>!";
```

En utilisant la propriété `innerHTML` de l'élément, on a en fait délégué la manipulation du DOM au navigateur web. Cela est bien plus simple et plus facile qu'une manipulation directe du DOM, et cette possibilité est supportée par tous les navigateurs modernes. Il convient cependant de l'employer avec précaution, car si l'on fournit une chaîne HTML invalide, il peut s'ensuivre un bogue subtil lié à un état inattendu du DOM. Il existe aussi un certain nombre de problèmes de portabilité, ce qui signifie qu'un segment de code HTML particulier ne produira pas toujours exactement le même modèle DOM. Par exemple, certains types de caractères d'espacement seront identifiés comme des nœuds texte par Firefox, alors qu'ils seront ignorés par l'IE (*http://www.agavegroup.com/?p=32*). L'emploi de `innerHTML` nécessite d'être très soigneux dans les manipulations ultérieures du contenu ou des données proches dans l'arborescence.

Dans l'ensemble, la manipulation directe du DOM est souvent plus appropriée pour des opérations complexes. L'IE offre aussi la fonctionnalité `outerHTML`, d'usage plus rare, qui permet non seulement de modifier le contenu d'un élément, mais aussi d'écraser l'élément lui-même. Avec `outerHTML`, tout se passe comme si l'élément était remplacé par le contenu de sa propriété `outerHTML`.

Lorsqu'on souhaite modifier l'affichage, il faut nécessairement passer par l'utilisation de styles CSS. Les styles et les classes CSS sont simplement des propriétés régulières qui peuvent être manipulées comme les autres. Supposons qu'une feuille de style définisse une classe CSS nommée `inYourFace`. Lorsqu'on modifie la propriété `className` du message en lui donnant pour valeur `inYourFace`, son affichage sera mis à jour automatiquement pour tenir compte de la définition de `inYourFace`.

```
[CSS]
.inYourFace {
  padding: 10px;
  background-color: #ff4444;
  font-size: 250%;
}

[Javascript]
message.className = "inYourFace";
```

Comme on l'explique dans la section suivante, modifier l'apparence d'un élément en jonglant avec les classes est une bonne pratique, mais il est parfois nécessaire de manipuler le style directement sous JavaScript, via la propriété `style`, disponible pour tous les éléments. Cette propriété possède elle-même un certain nombre de propriétés, comme on pourrait l'observer dans une feuille de style, mais avec du code JavaScript typique (`backgroundColor`), comme indiqué ci-dessous, par opposition au style « trait d'union » de CSS (`background-color`) :

```
message.style.padding= "10px";
message.style.backgroundColor = "#ff4444";
message.style.fontSize = "250%";
```

Décisions

Faut-il modifier l'affichage via le nom de classe ou via le style ?

Pour les transformations liées aux propriétés CSS, il faut choisir entre une manipulation via le `style` ou via `className`. En première approximation, il est préférable d'utiliser `className` lorsque cela est possible, et de réserver les manipulations de `style` aux situations particulières. L'emploi de `className` est conforme au principe d'un « JavaScript non envahissant », car cela permet d'enlever du code toute mention de police de caractère, de couleur ou d'affichage. La logique du code est donc plus claire et les détails de présentation sont mieux encapsulés dans la feuille de style.

Il convient de préciser les « situations particulières » pour lesquelles des modifications de `style` *doivent* être réalisées. Voici quelques situations typiques :

Le style dépend d'une variable

Par exemple, un histogramme HTML, pour lequel la hauteur de chaque élément est calculée en fonction de la valeur qu'il représente.

Animation

Les animations constituent un cas particulier du point précédent, car les styles dépendent en général du temps écoulé.

Variables multiples

Parfois, chaque propriété de style est liée à une variable particulière ; par exemple, la police de caractère reflète l'âge, la couleur reflète le focus clavier, etc. Il y a trop de combinaisons pour gérer chacune d'entre elles sous la forme d'un style séparé. On peut néanmoins le faire en utilisant des classes séparées, car un élément peut avoir plus d'une classe (sa propriété `class` peut être une liste de noms de classes, séparés par un caractère d'espacement).

Prototypage

En mode de codage créatif, la manipulation directe du style est parfois plus facile que la gestion un peu pénible de feuilles de style séparées. Cependant, on n'échappe pas à une phase ultérieure de refonte !

Quels types de propriétés faut-il utiliser ?

Dans les navigateurs modernes, le DOM est très puissant car on peut grâce à lui modifier tout ce qui apparaît à l'écran. Voici quelques-unes des propriétés qui peuvent être typiquement modifiées. On notera que de nombreux styles CSS peuvent être indirectement modifiés via `className`.

Couleur – style.backgroundColor, style.fontColor

- Changement pour une nouvelle couleur remarquable afin de mettre en évidence une image entière ou un contrôle – par exemple, pour attirer l'attention de l'utilisateur ou indiquer qu'un item a été sélectionné.
- Changement pour une nouvelle couleur remarquable afin de mettre en évidence un texte. Ceci peut être combiné avec une modification de la couleur de la police pour indiquer que le texte a été sélectionné.
- Changement pour une couleur symbolique afin d'indiquer un modification de l'état ou de la configuration ; par exemple, « rouge » pour stoppé, « vert » pour en cours d'exécution.
- Mise en place d'un effet d'animation (disparition ou mise en surbrillance d'un contrôle). Ceci permet d'attirer l'attention plus efficacement qu'un changement soudain dans le contrôle lui-même.
- Changement de couleur en fonction d'une variable ; par exemple, la brillance de l'entête d'un courrier de blog peut varier en fonction du nombre de fois où il a été visualisé.

Image d'arrière-plan – style.backgroundImage

- Changement de l'image pour indiquer l'état d'un élément ; par exemple, un contrôle peut être stoppé ou relancé, un code source peut être OK, être assorti d'avertissements ou contenir des erreurs.

Style des bordures – style.borderWidth, style.borderColor, style.borderColor

- Mise en évidence ou sélection d'un élément pour attirer l'attention sur lui.
- Indication du caractère éditable ou en lecture seule d'un texte.

Style de la police – stylefontSize, style.fontWeight, style.fontStyle

- Changement de la taille, de l'épaisseur de trait, ou mise en italiques d'une police pour mettre en évidence un texte.

HTML interne/externe – style.innerHTML, style.outerHTML

- Changement du contenu d'un texte.
- Changement arbitraire du code HTML, éventuellement du code HTML stocké dans un élément.

Source d'image – src

- Changement d'un objet image par modification de `src`, pour pointer vers une autre URL d'image.

Cas concrets

Ajax-S

Le logiciel Ajax-S de Robert Nyman (*http://www.robertnyman.com/ajax-s/*) est un gestionnaire de présentations de type « Powerpoint Lite » – qui transforme le contenu des slides lorsqu'on passe de l'un à l'autre (*figure 5-4*).

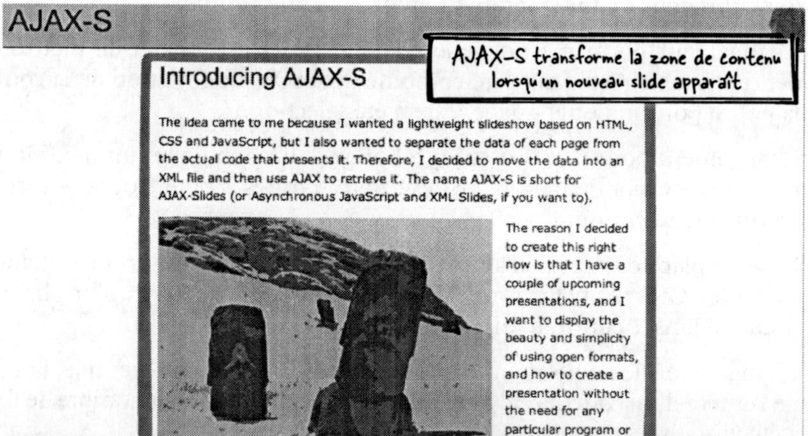

Figure 5-4. Ajax-S

Digg Spy

Digg Spy (*http://digg.com/spy*) propose des articles sur divers événements et des actualités, suivant un paramétrage de l'utilisateur (*figure 5-5*). L'intérêt, du point de vue du pattern Display Morphing, est l'effet de disparition progressive employé pour mettre en évidence chaque item lorsqu'il apparaît.

Figure 5-5. Digg Spy

Vérificateur orthographique Ajax

Le vérificateur orthographique Ajax (*http://www.broken-notebook.com/spell_checker/index.php*) détecte les coquilles et autres fautes de frappe. Il signale les mots incorrectement orthographiés en les soulignant en rouge de façon similaire à MS-Word. Un service semblable est aussi proposé par une autre Ajax App, Gmail (*http://gmail.com*).

Exemple de code : Démo de compte à rebours AjaxPatterns

L'exemple de code est un simple compte à rebours (*http://www.ajaxify.com/run/countdown/*). Le déroulement du compte à rebours est réhaussé par un effet visuel : la couleur de fond change en fonction du temps restant,– verte au début, elle passe progressivement au rouge.

Le `div` qui modifie la couleur est nommé `timeout`. Sa déclaration initiale spécifie simplement son ID et sa classe :

```
<div id="timeout" class="status"></div>
```

Utilisant les techniques décrites dans le pattern *Scheduling* (chapitre 7), la séquence de démarrage planifie un appel à `onTick( )` toutes les 100 millisecondes. À chaque tic d'horloge, `timeout` est modifié. Le texte est modifié via `innerHTML` et la couleur est modifiée via `style.backgroundColor` :

```
$("timeout").innerHTML = Math.round(secsRemaining);
$("timeout").style.backgroundColor = calculatePresentColor( );
```

La couleur d'arrière-plan est déterminée par une fonction qui gère la transition entre le vert et le rouge, et pilotée par `secsRemaining`. Les couleurs sont généralement représentées par des valeurs RVB hexadécimales – par exemple, on peut donner la valeur `#00ff00` à la propriété `style.backgroundColor` de la chaîne de caractères, pour obtenir un fond vert. Il existe cependant une notation plus pratique, basée sur les pourcentages, une représentation équivalente étant `rgb(0%,100%,0%)`. L'algorithme augmente graduellement la composante rouge de 0 à 100 pourcent, tout en réduisant la composante verte de 100 à 0 pourcent. Le bleu est fixé à 0 pourcent. À chaque instant, la composante rouge reçoit pour valeur le pourcentage de temps restant et la composante verte le pourcentage de temps écoulé.

```
function calculatePresentColor( ) {
  var secsSoFar = TOTAL_SECS - secsRemaining;
  var percentSoFar = Math.round((secsSoFar / TOTAL_SECS) * 100);
  var percentRemaining = Math.round((secsRemaining / TOTAL_SECS) * 100);
  return "rgb(" + percentSoFar + "%, " + percentRemaining + "%, 0%)";
}
```

Patterns associés

Page Rearrangement (réarrangement de page)

Le pattern *Page Rearrangement* (réarrangement de page) a pour but de manipuler la structure d'ensemble de la page, alors que le présent pattern a pour objet de manipuler l'apparence d'éléments individuels. Ces deux patterns permettent de couvrir l'ensemble des manipulations possibles sur l'affichage.

Métaphore

Le pattern Display Morphing est une sorte de pinceau magique modifiant l'apparence de n'importe quelle partie d'une page.

Pour aller plus loin

- Discussion comparative sur InnerHTML et le DOM, par Alex Russell et Tim Scarfe (*http://www.developer-x.com/content/innerhtml/default.html*)

Le pattern Page Rearrangement

◉◉◉

Ajouter, Ajuster, Changer, Effacer, DOM, Déplacer, Faire passer en avant-plan ou en arrière-plan (overlay), Réarranger, Restructurer, Enlever

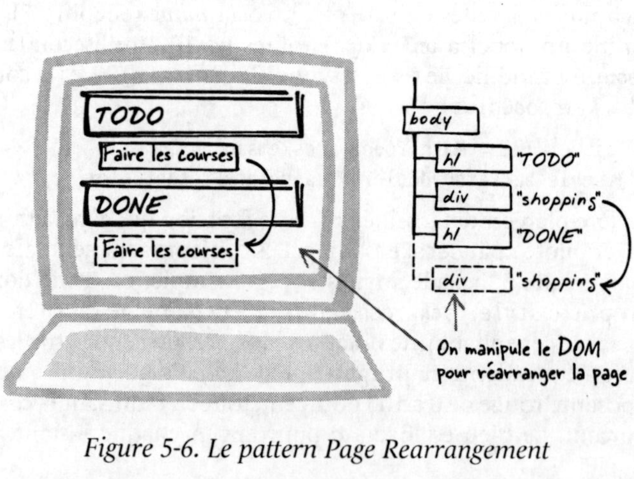

Figure 5-6. Le pattern Page Rearrangement

Anecdote

Doc examine une radiographie sur un système de diagnostic en ligne. Lorsque la souris se déplace sur la zone radiographiée, une aide contextuelle apparaît en bas de la page. Cette aide fournit des statistiques facilitant l'interprétation de l'image. Si cette aide apparaît, Doc peut la déplacer n'importe où dans la page.

Problème

Comment peut-on restructurer dynamiquement une page ?

Contraintes

- Lors d'un changement de tâche utilisateur ou de contexte, une application Ajax doit présenter des informations différentes.
- Les modifications de structure dans une page doivent être aussi progressives que possible.
- Un rafraîchissement de page brise la continuité du travail et efface l'état JavaScript.
- Un rafraîchissement de page n'est possible que sous la forme d'une transition brutale – il n'est pas possible de procéder à des transitions progressives ou à des déplacements d'item.

Solution

Il faut ajouter, enlever, déplacer ou encore mettre en avant-plan ou en arrière-plan des éléments en manipulant le DOM. Le DOM est une structure hiérarchique qui définit les liens entre les éléments d'une page. En modifiant la structure du DOM, on peut changer le positionnement des éléments sur la page. Des modifications structurelles de la page sont aussi réalisables grâce à des styles CSS critiques – que l'on peut modifier en manipulant l'attribut `style` des éléments du DOM. On notera qu'une démo en ligne (*http://ajaxify.com/run/page*) illustre les concepts employés dans le code ci-dessous (voir la section « solution »), qui est à peu près identique à la démo.

L'ajout d'un élément est normalement réalisé en créant un descendant d'un élément *container* existant, tel que `body` ou `div`. Par exemple, on peut créer un nouvel élément `div` et l'ajouter dans le DOM en tant que descendant d'un autre élément `div` :

```
var message = document.createElement("span");
$("container").appendChild(message);
```

Une autre méthode d'insertion consiste à compléter la propriété `innerHTML` de l'élément container :

```
$("container").innerHTML += "<span></span>";
```

L'action inverse consiste à *enlever* un élément du DOM. Ce faisant, ledit élément disparaît de l'affichage :

```
$("container").removeChild($("message"));
```

Une alternative à l'ajout et à la suppression d'un élément consiste à conserver celui-ci mais à modifier sa visibilité via CSS. Deux possibilités s'offrent au programmeur, qui peut utiliser les styles `visibility` et `display`. Le premier préservera toujours la présentation générale, alors que le second intègre ou enlève brutalement l'élément de la page lorsqu'il est rendu visible ou invisible. Avec le style `visibility` (dans son état non visible), tout se passe comme si l'élément est présent mais non visible. Tous les éléments de la page restent donc en place, mais les éléments invisibles sont remplacés par des zones vides dans la page, ce qui n'est pas très esthétique. Avec le style `display`, on est beaucoup plus proche d'une véritable disparition, la position et la dimension des autres éléments étant réajustés pour remplir l'espace laissé vacant. La gestion de la mise en page est donc plus complexe mais visuellement meilleure. La propriété `visibility` a pour valeurs possibles `visible` et `hidden` (caché) :

```
$("message").style.visibility = "visible"; // l'élément est visible
$("message").style.visibility = "hidden"; // l'élément n'est plus visible
```

En fait, la propriété `display` n'est pas simplement utilisée pour cacher ou rendre visible un élément – il définit aussi l'apparence de l'élément lorsqu'il *est* visible. Parmi les options, on citera `block` (option par défaut pour les éléments `div`), `inline` (option par défaut pour les éléments `span`), et `none` (lorsqu'il n'est pas visible).

```
$("message").style.display = "block"; // élément visible (option : block)
$("message").style.display = "inline"; // élément visible (option : inline)
$("message").style.display = "none"; // élément invisible
```

On peut *déplacer* un élément de plusieurs façons. On peut tout d'abord le déplacer d'un emplacement vers un autre dans le DOM :

```
container.removeChild(message);
extraContainer.appendChild(message);
```

On peut aussi modifier ses propriétés CSS. Les styles les plus directs d'emploi sont `left`, `right`, `top` et `bottom`, qui définissent les coordonnées de l'élément en question :

```
message.style.top = "150px";
message.style.left = "50px";
```

Il faut cependant connaître l'origine du système de coordonnées ainsi employé : où se trouve le point de coordonnées (0,0) ? La signification précise de ces coordonnées dépend de l'élément `positioning`.

- Si celui-ci vaut `static`, les coordonnées n'ont pas d'effet – l'élément est positionné en fonction des règles de placement standard de CSS.
- Si celui-ci vaut `relative`, les coordonnées sont relatives à la position de l'élément qui serait la sienne s'il était positionné en vertu des règles de placement standard de CSS – elles indiquent un déplacement par rapport à cette position standard.
- Si celui-ci vaut `absolute`, les coordonnées sont relatives au coin supérieur gauche de l'ensemble du document.
- Si celui-ci vaut `fixed`, les coordonnées sont relatives au coin supérieur gauche du viewport du navigateur (portion de la fenêtre du navigateur à l'intérieur de laquelle est visualisée la page). Même si l'on fait défiler le document, l'élément reste au même endroit sur l'écran.

Le positionnement est effectué au moyen des styles CSS standard :

```
message.style.left = "150px";
```

Enfin, on peut aussi faire passer les éléments en arrière-plan ou en avant-plan (mécanisme d'*overlay*). On considère qu'un document HTML possède « 2.5 » dimensions, une façon de dire qu'il existe une notion limitée de profondeur de champ, qui permet de faire se superposer les éléments (premier plan, deuxième plan, etc., arrière-plan). Le style CSS à utiliser ici est `zIndex`, qui gère cette « pseudo troisième dimension » (la profondeur). Lorsque deux éléments occupent (même partiellement) la même zone de la page, l'élément de `zIndex` le plus élevé sera affiché en premier plan par rapport à l'autre. Le style `zIndex` n'est pas une profondeur au vrai sens du terme, car seul compte l'ordre *relatif* des valeurs de `zIndex`. Comparées à une valeur nulle de `zIndex`, les valeurs 1, 10 ou 100 ont le même effet. La valeur par défaut est 0, et un `zIndex` peut être positif ou négatif.

```
message.style.zIndex = -100; // derrière tous les éléments de zindex nul
message.style.zIndex = 100; // devant tous les éléments de zindex nul
```

Décisions

Quel style de positionnement faut-il utiliser ?

Un même application peut combiner plusieurs types de positionnements. Dans la plupart des cas, le positionnement par défaut, `static`, suffit. Un positionnement non statique est couramment utilisé pour les éléments flottants, tels que les *Sprites* (chapitre 15) ou les éléments adaptés au glisser-déposer (*Drag-And-Drop*, chapitre 15). Lorsque le positionnement est non statique, le mode `relative` a tendance à être le plus utile, car il permet de déplacer un élément à l'intérieur d'un conteneur bien défini.

Comment se protéger contre les fuites de mémoire ?

L'ajout et la suppression continuels d'éléments peut déclencher des fuites de mémoires. JavaScript est censé assumer le rôle de ramasse-miettes (garbage collector), afin de détruire automatiquement les variables qui ne sont plus référencées. Cependant, le ramasse-miettes n'est pas infaillible (notoirement avec l'IE), et il vaut mieux s'assurer soi-même que les éléments sont réellement déréférencés lorsqu'ils ne sont plus utilisés. Voici quelques conseils en la matière :

Evitez les variables globales à chaque fois que cela est possible

Les variables locales ont une durée de vie limitée. Si une variable locale pointe sur un élément effacé, l'élément va disparaître. En revanche, si une variable globale pointe sur un tel élément, celui-ci va subsister en mémoire.

Nullifiez explicitement les références

Si l'on est sûr qu'une variable ne va plus utiliser la référence qu'elle contient, alors il faut donner à cette variable la valeur null.

Evitez ou détruisez les références circulaires

On peut parfois se retrouver avec une structure cyclique qui n'est plus utilisée, mais qui subsiste en mémoire parce que le ramasse-miettes n'est pas assez habile pour le détecter, et donc l'effacer (il conclut que chaque élément de la structure est utile puisqu'il est référencé par un autre élément de celle-ci). Cela peut par exemple se produire lorsque le gestionnaire d'événements d'un objet s'auto-référence (voir « Javascript Closures » [*http://jibbering.com/faq/faq_notes/closures.html#clMem*] pour plus de renseignements).

Testez, testez, testez encore.

Cela n'est jamais très amusant, mais il faut soumettre l'application à des tests sévères, dans des environnements (i.e. navigateurs) différents, tout en espionnant la gestion mémoire, pour s'assurer que celle-ci est bien stable (voir *System Test* [chapitre 19]).

Cas concrets

TadaList

TadaList (*http://tadalist.com* est un gestionnaire de tâches personnel disponible à l'adresse *http://www.tadalist.com/theater*) ; il permet de gérer des items TODO (« à faire », *figure 5-7*). Chaque item TODO est une phrase courte, comme « faire les courses » ; l'utilisateur peut ajouter, supprimer ou réordonner les items.

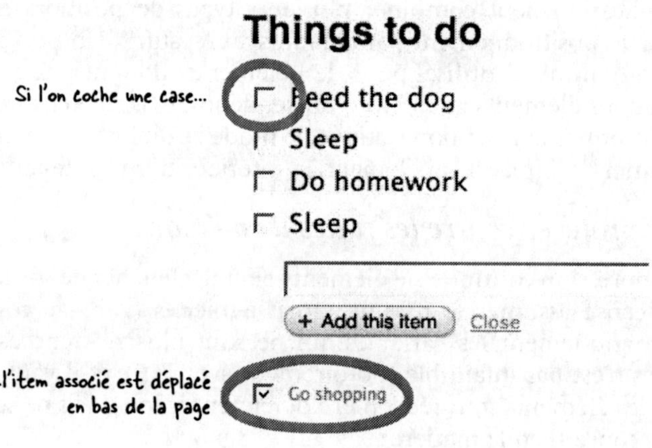

Figure 5-7. TadaList

Super Maryo World

Super Maryo World (*http://www.janis.or.jp/users/segabito/JavaScriptMaryo.html*) est un jeu vidéo catégoriquement Ajax, un clône du jeu désormais classique Super Mario Bros implémenté grâce aux technologies Ajax standard (*figure 5-8*). La manipulation des personnages et des décors du jeu illustre comment les éléments peuvent être rapidement ajoutés, supprimés ou déplacés en temps réel, tout cela grâce à Page Rearrangement.

Kiko

Kiko (*http://kiko.com*) est un agenda Ajax à manipulation directe . On peut ajouter ou supprimer des rendez-vous, les déplacer pour en changer la date et l'heure, ou les « étirer » pour en augmenter la durée.

Figure 5-8. Super Maryo World

Exemple de code : AjaxPatterns Basic Wiki

La démo Basic Wiki Demo (*http://ajaxify.com/run*) rapatrie périodiquement une liste de messages nouveaux à afficher. À chaque fois, tous les messages existants sont supprimés et remplacés par cette nouvelle liste. L'élément conteneur est appelé `messages` : la suppression de tous les messages est réalisée en exécutant une boucle sur tous ses descendants :

```
while ($("messages").hasChildNodes( )) {
  $("messages").removeChild($("messages").firstChild);
}
```

Chaque message est utilisé pour créer un nouvel élément `textarea` (entre autres choses), qui est alors ajouté à un nouveau div, lequel est ajouté à son tour dans le conteneur `messages` :

```
for (var i=0; i<wikiMessages.length; i++) {
  var messageArea = document.createElement("textarea");
  ...
  messageDiv = document.createElement("div");
  ...
  messageDiv.appendChild(messageArea);
  ...
  $("messages").appendChild(messageDiv); ...
}
```

Patterns associés

Display Morphing

Le pattern *Display Morphing* (voir plus haut dans ce chapitre) se concentre sur l'apparence des éléments ; ce pattern s'intéresse à la localisation, à la visibilité et à la « profondeur » (`zIndex`) des éléments. Ces deux patterns couvrent l'ensemble des aspects liés à la manipulation de l'affichage.

Métaphore

Le pattern Page Rearrangement permet de réaliser des tâches similaires à l'ajout, à la suppression et au réarrangement de post-its sur un tableau.

6

Accès à distance via le Web

Maintenant que l'on sait comment les applications Ajax peuvent manipuler l'affichage d'une page, il faut comprendre comment elles peuvent utiliser ces capacités pour afficher des données parvenant du serveur. Il faut aussi comprendre comment les applications Ajax procèdent à des saisies et comment elles envoient des données au serveur. Les patterns d'accès à distance via le Web (web remoting) permettent à JavaScript de traiter les appels au serveur. Le problème essentiel est de permettre au navigateur de formuler une requête et d'envoyer des données sans que cela déclenche un rafraîchissement de page.

Le premier pattern, *Web Service*, explique comment le serveur offre la possibilité au navigateur d'accéder à certaines de ses fonctionnalités.

Les autres patterns revisitent les mécanismes les plus utiles et les plus courants d'accès à distance via le Web.[1] Le pattern *XMLHttpRequest Call* (appel via XMLHttpRequest) est une méthode très fiable permettant à un script (côté navigateur) d'invoquer le serveur et de récupérer des réponses. Le pattern *IFrame Call* (appel via IFrame) fournit un service semblable en exploitant la fonctionnalité IFrame. Le pattern *HTTP Streaming* (flux HTTP), encore appelé « Push » (ou « Comet »), permet au serveur d'envoyer en continu des flux de données nouvelles au navigateur, sans qu'il lui soit nécessaire de formuler de nouvelle requête. Le pattern *On-Demand JavaScript* (JavaScript à la demande) a une vocation assez large. Il est inclus dans ce chapitre car un style nommé `Script Tag Generation` propose une technologie nouvelle de plus en plus populaire pour accéder directement aux domaines extérieurs.

Des quatre techniques évoquées ci-dessus, *XMLHttpRequest Call* est la plus propre, car `XMLHttpRequest` a été spécifiquement conçu pour l'accès à distance via le Web. Néanmoins, toutes les techniques de ce chapitre sont efficaces, chacune d'entre elles étant plus particulièrement adaptée à certaines circonstances qui seront développées plus loin. On consultera la section « Alternatives » du pattern *XMLHttpRequest Call* pour en savoir plus sur les domaines de prédilection de ces techniques.

1. Bien entendu, d'autres techniques existent, qui sont mentionnées dans la section « Alternatives » du pattern *XMLHttpRequest Call*, plus loin dans ce chapitre.

Le pattern Web Service

●●●

Interface de programmation d'application (API), HTTP, Microcontenu, REST, RPC, Partage de données, SOAP, Plateforme

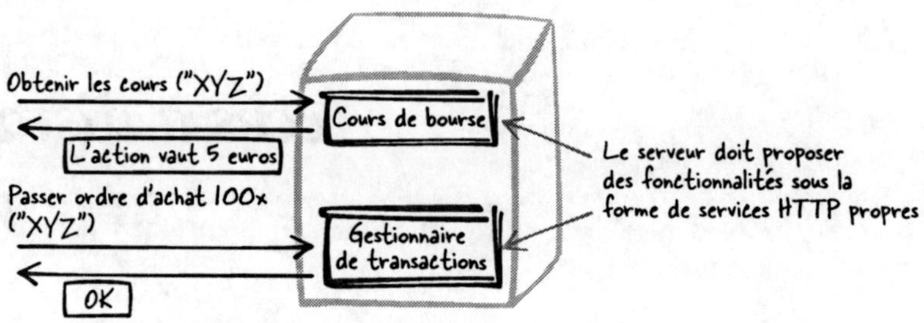

Figure 6-1. Le pattern Web Service

Anecdote

Tracy utilise un logiciel de prévision financière : elle exécute un algorithme de prévision des quatre prochains taux d'intérêts. Le script du navigateur envoie les paramètres de calcul à un service web de « prévision des taux d'intérêts », qui retourne finalement une liste concise de taux futurs, sans aucune balise HTML : `4.5, 3.4, 4.0, 4.1`.

Problème

Comment les applications Ajax doivent-elles envoyer des appels au serveur ?

Contraintes

- Les Ajax Apps accèdent au serveur directement ; elles requièrent des services bien ciblés, contrairement aux scripts de style conventionnel qui retournent des pages HTML entières.
- De nombreuses organisations apprécient de rendre accessibles leurs services et leurs données à des tierces parties. L'interface utilisateur doit être propre et facile à utiliser.

Solution

Il faut rendre accessibles les fonctionnalités du serveur sous la forme de services web finement construits et faciles à utiliser. Le terme « service web » étant largement galvaudé, les patterns Ajax définissent un service web de façon assez large :

- Un service web est un service HTTP standard.
- Un service web possède une interface cohérence et bien construite – les présupposés concernant les données d'entrée et de sortie, le format des messages et la gestion des exceptions sont clairement identifiés et compris par ses développeurs, qui les ont documentés d'une façon ou d'une autre.
- Un service web accepte des paramètres d'entrée bien spécifiés et fournit des données de sortie bien définies (dans leur fond et dans leur forme), comme des documents XML, de simples chaînes de caractères ou des fragments de code HTML. Si la donnée de sortie est un document HTML tout entier, c'est qu'il ne s'agit probablement pas d'un service web.

Si l'on accepte cette définition, on voit que la création d'un service web fait la part belle à une grande flexibilité :

- Un service web peut être librement accessible au grand public, ou au contraire protégé par des mécanismes d'accès sécurisés et d'authentification. Il peut encore être caché à l'aide d'un pare-feu.
- Un service web peut être construit par un outil informatique ou programmé à la main.
- Un service web peut employer des messages se conformant à tout type de protocole (tel que SOAP) ou des messages spécifiques.

Prendre des décisions à propos de tous ces aspects constitue la tâche principale dans le processus de création d'un service web.

Les services web sont l'émanation la plus récente du domaine de l'informatique distribuée. Ce domaine est empreint d'une longue tradition, illustrée par des technologies telles que SunRPC, CORBA et EJB. Celles-ci ont émergé indépendamment d'Ajax et ont permis de réaliser des services accessibles à des clients de tout type. Ces clients sont en général des processus autonomes sans interface utilisateur, des applications traditionnelles et des scripts de serveur web. Jusqu'à un passé récent, ces services étaient hors du champ des navigateurs web, qui ne pouvaient communiquer qu'avec des services capables de produire toute une page HTML en guise de réponse. Grâce aux technologies d'accès à distance, JavaScript peut à présent exploiter ces services. Un service web propre est en réalité la meilleure cible pour les technologies d'accès à distance et leurs méthodes d'appel – l'appel est bien plus facile à réaliser et une réponse bien ciblée est la meilleure chose qui puisse parvenir à un gestionnaire de réponse. Il y a donc une forte synergie entre Ajax et les services web.

Voici le code PHP d'un service web d'une ligne calculant la somme d'une suite de nombres fournis en entrée :

```
<?
  echo $_GET["figure1"] + $_GET["figure2"];
?>
```

Il est possible d'appeler ce service en tapant *http://ajaxify.com/run/xmlHttpRequestCall/sumGet.phtml?figure1=5&figure2=10* dans la barre de navigation de tout navigateur. La réponse se limitera en tout et pour tout à la chaîne de caractères « 15 ». Comme le montre l'exemple, la réponse d'un service web peut être extrêmement succinte (il peut s'agir, comme ici, d'une simple valeur). La réponse peut aussi revêtir la forme d'un code HTML, mais même dans ce cas, il s'agira d'un fragment de code et non de toute une page. Par exemple, le service ci-dessus peut faire l'objet d'une refonte permettant de visualiser la somme dans un titre :

```
<?
  echo "<h1>" . ($_GET["figure1"] + $_GET["figure2"]) . "</h1>";
?>
```

Une collection de tels services, dédiés à une problématique commune, forme une interface de programmation d'application (une API) basée sur HTTP, qui permet à un serveur de rendre accessible un ensemble de fonctionnalités. La plupart des Ajax Apps accèderont à cette API via un appel de type *XMLHttpRequest* ou grâce à un ensemble de technologies alternatives d'accès à distance. En complément, des tierces parties peuvent accéder à ces services web et les employer dans leurs propres applications (web ou non).

Cette section présente le seul concept de service web. Lors de la conception d'un service web, il est nécessaire de prendre un certain nombre de décisions. Le service va-t-il produire du code XML qui sera traité par le navigateur, du code HTML qui sera affiché directement, ou un autre format ? À quoi ressemblera l'URL ? Quelles sortes de données d'entrée prendra-t-elle ? Toutes ces questions sont discutées dans le chapitre 9.

Décisions

Comment le service web sera-t-il utilisé ?

Savoir comment un service web sera utilisé constitue *la* question essentielle (cela est d'ailleurs le cas pour toute API). En particulier, ce service sera-t-il accessible à toutes sortes d'outils et de tierces parties sous la forme d'une interface générique, ou bien est-il développé pour faire l'objet d'accès directs par une application Ajax ? Dans ce dernier cas, il est préférable de recourir à un développement piloté par fonctionnalité, et de laisser l'application Ajax piloter la conception du service web – voir *Simulation Service* (chapitre 19).

Si des tierces parties *sont* impliquées, il faut faire des compromis entre leurs besoins et ceux de l'application Ajax qui s'exécutera dans le navigateur. Comme celles-ci accèderont au serveur hébergeant le service web au moyen d'outils bien plus puissants que le navigateur web moyen, il pourra s'avérer nécessaire de concevoir des services redondants pour supporter chaque type de client. Une API destinée à être appelée par des tierces parties doit être plus générale, alors qu'un navigateur a parfois besoin d'une API qui intègre les caractéristiques de l'application client. À l'extrême, l'API peut devoir surveiller l'état courant de l'application et produire le code HTML qui permettra de réellement afficher l'information aux yeux de l'utilisateur.

Comment peut-on empêcher une utilisation par des tierces parties ?

Les services web sont conçus pour être en synergie avec Ajax, car les Ajax Apps peuvent communiquer avec l'interface déjà développée pour les clients tiers. Cependant, le développeur veut parfois que son service web soit inaccessible à ces clients tiers. Cela sera de plus en plus difficile sur le Web public, car pratiquement tout ce qui est accessible à un navigateur l'est aussi à des clients tiers. Ainsi, il peut arriver qu'un service web superbe, efficace, facilement maintenable et qui a coûté des années de développement, fasse l'objet d'un véritable pillage technologique. Voici quelques idées pour éviter cela, même s'il n'existe pas de recette miracle :

- Exigez de l'utilisateur qu'il se connecte au moyen d'un login et qu'il fournisse une adresse électronique authentifiée, comme préalable à l'utilisation du service web. Vous pouvez alors employer des cookies ou envoyer un ID de session unique pour authentifier l'utilisateur.

- Envisagez d'employer un système tel que Captcha (*http://www.captcha.net/*), qui force l'utilisateur à réaliser une tâche impossible à effectuer par un script automatisé. Cette tâche peut être proposée à l'utilisateur périodiquement, toutes les heures par exemple.

- Utilisez les techniques de filtrage standard ; par exemple, bloquez certaines adresses IP ou refusez les requêtes si elles arrivent trop fréquemment.
- Employez la dissimulation et le cryptage. Cette idée est inspirée d'un plugin anti-spam astucieux pour Wordpress, *HashCash* (*http://wp-plugins.net/plugin/wp-hashcash/*). En produisant un fragment de code JavaScript dissimulé et customisé, qui sert à décrypter le contenu du service web, vous forcez tout programmeur de client à plonger dans le moteur JavaScript pour exécuter le code et à consommer des ressources financières et humaines pour réaliser le décryptage. Ces deux tâches ne sont pas insurmontables pour une personne motivée, mais cela lui complique fortement la vie. Malheureusement, cela brise aussi la nature profonde des services web, même si vous pouvez regrouper les détails sordides de ces codes défensifs dans une API JavaScript.

Cas concrets

Pratiquement toutes les Ajax Apps possèdent une forme de service web. Dans les exemples ci-dessous, on va examiner une API publique conçue pour être appelée par des clients tiers, puis deux services accessibles seulement via le script Ajax correspondant, côté navigateur.

L'API Technorati

Technorati (*http://technorati.com*) propose ses capacités de recherche à des clients tiers. Pour effectuer une requête, il faut exécuter un GET HTTP sur l'URL suivante : *http://api.technorati.com/search?key=1234&query=serendipity*, où « 1234 » est votre clé technorati et « serendipity » est l'objet de la requête. On obtient un document XML contenant la liste les résultats.

NetVibes

NetVibes (*http://netvibes.com*) est un portail Ajax dont le contenu provient de plusieurs services web. Pour obtenir les prévisions météorologiques, la navigateur invoque un service tel que le suivant :

```
http://netvibes.com/xmlProxy.php?url=http%3A//xoap.weather.com/weather/local
      / USNY0996%3Fcc%3D*%26unit%3Dd%26dayf%3D4
```

Le service est en réalité un proxy, car il passe par un véritable service de météorologie (weather.com). Comme le montre l'URL, on peut spécifier des paramètres tels que la localisation (USDNYC0996), les unités employées (« d » en jours), et la date pour la prévision demandée (dans « 4 » jours). Les résultats sont fournis dans un document XML ne contenant aucune balise HTML :

```
<weather ver="2.0">
  <head>
    <locale>en_US</locale>
    <form>MEDIUM</form>
    ...
  </head>
  <dayf>
    ...
    <hi>N/A</hi>
```

```
        <low>46</low>
        <sunr>7:18 AM</sunr>
        <suns>4:34 PM</suns>
        ...
      </dayf>
      ...
    </weather>
```

Wish-O-Matic

Wish-O-Matic (*http://wish-o-matic.com*), d'Alexander Kirk, propose les recommandations d'Amazon. Le navigateur envoie l'information ci-dessous à un service à l'adresse *http://alexander.kirk.at/wish-o-matic/search=grand&catalog=Books&page=1&locale=US&_=*. Le service fournit en réponse une liste d'ouvrages. À la différence des services précédents, les résultats sont des données HTML pures, prêtes pour un affichage immédiat dans le navigateur.

```
    search=grand&catalog=Books&page=1&locale=US&_=

    <table><tr><td style="width: 500px">
      <b>Author:</b> Kevin Roderick<br/><b>Title:</b>
 Wilshire Boulevard:

      The Grand Concourse of Los Angeles<br/><b>ISBN:</b>
        1883318556<br/><a
      href="javascript:void(add_item('1883318556', 'Wilshire Boulevard: The Grand
            Concourse of Los Angeles',
      'http://images.amazon.com/images/P/1883318556.01._SCTHUMBZZZ_.jpg'))">My
      friend likes this item!</a></td>
      ...
      </td></tr>
      </table> <br/>
      <a href="javascript:void(prev_page( ))">&lt; prev</a> |
      <a href="javascript:void(next_page( ))">next &gt;</a>
```

Exemple de code : AjaxPatterns testAjaxCaller

AjaxCaller est un client HTTP JavaScript utilisé dans les exemples de cet ouvrage (on trouvera sa présentation plus loin dans ce chapitre, dans la section « Exemple de code : AjaxPatterns TestAjaxCaller » du pattern *XMLHttpRequest Call*). On va examiner ici le service web utilisé dans l'application `testAjaxCaller` (*http://ajaxlocal/run/testAjaxCaller/*), un service très simple qui renvoie en écho les données qu'il reçoit.

`httpLogger` commence par émettre une méthode de requête (par exemple, « GET » ou « POST »), sa propre URL de requête, ainsi que les variables CGI présentes dans l'URL et le corps de requête :

```
    echo "<p>Request Method: $requestMethod</p>";
    echo "<p>Request URL: ".$_SERVER['REQUEST_URI']."</p>";
    echo "<p>Vars in URL: ".print_r($_GET, TRUE)."</p>";
    echo "<p>Vars in Body: ".print_r($_POST, TRUE)."</p>";
```

Une fonction séparée est utilisée pour lire le corps, qui peut aussi être envoyé avec une expression régulière `print` ou `echo` :

```
function readBody( ) {
  $body="";
  $putdata = fopen("php://input", "r");
  while ($block = fread($putdata, 1024)) {
    $body = $body.$block;
  }
  fclose($putdata);
  return $body;
}
```

Patterns associés

Patterns de services web

Tous les patterns de service web (chapitre 9) décrivent diverses stratégies pour concevoir des services web aux interfaces propres et facilement maintenables.

Patterns d'accès à distance via le Web

Les autres patterns d'accès à distance via le Web expliquent comment le navigateur invoque un service web côté serveur.

Proxy Cross-Domain

L'objet principal de ce pattern est de guider le programmeur dans la conception de son propre pattern Web Service. Cependant, il est parfois nécessaire que le script du serveur appelle un service web externe, comme on l'explique dans *Proxy Cross-Domain* (chapitre 10).

Service de simulation

Une simulation de service (pattern *Simulation Service*, chapitre 19) est un service inactif qui produit des réponses prédéfinies. Ce service est très utile lorsqu'on développe le côté navigateur d'une Ajax App.

Test de service

Le bon côté des services web, par rapport à la plupart des aspects du développement pour le Web, est qu'il est facile d'écrire des tests automatisés, comme on le décrit dans le pattern *Service Test* (chapitre 19).

Le pattern XMLHttpRequest Call (appel via XMLHttpRequest)

◉◉◉

Appel, Callback, Téléchargement, Récupération de données, Temps réel, Requête, Accès à distance, Script d'accès à distance, Synchronisation, Envoi au serveur, XMLHttpRequest

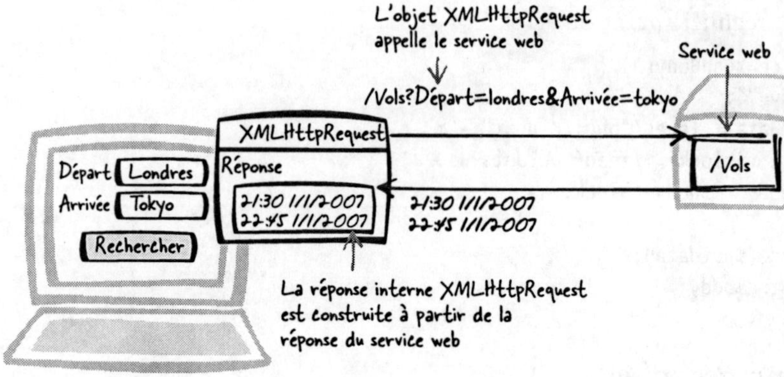

Figure 6-2. Le pattern XMLHttpRequest Call

Anecdote

Reta achète différents articles sur un site d'achat en ligne. À chaque fois qu'elle ajoute un article à son panier, le site web génère une `XMLHttpRequest` pour sauvegarder le contenu de son panier. Il n'y a aucune soumission de formulaire, si bien que l'article est ajouté instantanément. Cela fait gagner du temps à Reta et cela l'aide aussi à mieux comprendre ce qui se passe.

Problème

Comment le navigateur peut-il communiquer avec le serveur ?

Contraintes

- Les Ajax Apps ont besoin que le serveur et le navigateur communiquent. L'information produite par l'utilisateur doit être envoyée au serveur. L'information générée par le serveur doit être téléchargée par le navigateur.
- Comme l'interface des Ajax Apps doit avoir un comportement continu et progressif, la communication entre le serveur et le navigateur ne doit pas être trop lourde.
- Les Ajax Apps doivent être très réactives : les appels doivent donc impliquer un transfert de données minimal.
- Comme le réseau est souvent non fiable et très inégal dans ses performances, les appels doivent être asynchrones, ce qui permet à l'utilisateur de continuer à travailler pendant que les appels au réseau sont traités.

Solution

Il faut utiliser les objets XMLHttpRequest pour mettre en place une communication entre le serveur et le navigateur. JavaScript manque d'un mécanisme portable pour les activités liées à la communication réseau : cette restriction, qui va probablement subsister longtemps, a été imposée pour des raisons de sécurité. Grâce à l'objet `XMLHttpRequest`, maintenant disponible sur les navigateurs les plus connus, un code JavaScript *peut* procéder à des appels HTTP au serveur et recevoir les résultats de ces appels. Agir de la sorte permet au programmeur de procéder à des appels très ciblés au serveur et à traiter les réponses comme il l'entend, à la différence d'une soumission de formulaire conventionnelle, qui provoque un rafraîchissement de page complet. On notera qu'une démo en ligne (*http://ajaxify.com/run/xmlHttpRequestCall*) illustre les concepts de programmation évoqués dans cette section, même s'il existe quelques écarts entre le code de la démo et celui qui est présenté ici.

Ce pattern utilise le service web de calcul d'une somme, décrit précédemment dans le pattern *Web Service*, au moyen d'une URL telle que *http://ajaxify.com/run/xmlHttpRequestCall/sumGet.phtml?figure1=5&figure2=10*. Le résultat retourné se limite à la somme pure et simple, « 15 » dans le cas présent. On peut tester cela en tapant l'URL complète dans le navigateur, mais on veut ici effectuer l'appel à partir de JavaScript et récupérer le résultat. Voici un exemple élémentaire de code :

```
var xhReq = new XMLHttpRequest( );
xhReq.open("GET", "sumGet.phtml?figure1=5&figure2=10", false);
xhReq.send(null);
var serverResponse = xhReq.responseText;
alert(serverResponse); // Affiche "15"
```

Le code débute par la création d'une instance de `XMLHttpRequest`. La fonction `xhReq.open( )` prépare ensuite un appel au service de test, `sumGet.phtml` (le code s'exécute à partir du même point, si bien qu'il est inutile de qualifier le domaine et le chemin d'accès). Le GET identifie la méthode de requête à utiliser. L'argument `false` indique que l'appel est synchrone, ce qui signifie que l'exécution du code s'interrompt dans l'attente de l'arrivée d'une réponse. La commande `send` achève le lancement de la requête. Comme l'appel est synchrone, le résultat est disponible dès que la ligne suivante est exécutée. L'objet `XMLHttpRequest` a sauvegardé la réponse du serveur, qui est accessible via la donnée membre `responseText`.

L'exemple ci-dessus montre que la technologie fondamentale est très simple. Cependant, il faut bien comprendre qu'il s'agit là d'une mise en œuvre particulièrement simpliste, totalement insuffisante pour une application diffusée publiquement ou destinée à un client privé. Des questions fondamentales subsistent, qui font l'objet de réponses tout au long de la section « solution » :

- Comment peut-on disposer d'une instance de `XMLHttpRequest`?
- Comment les appels *asynchrones* fonctionnent-ils ?
- Comment faut-il gérer les erreurs ?
- Que se passe-t-il si le service requiert une requête POST ou PUT et non un GET ?
- Quelles sont les contraintes qui s'appliquent sur les domaines externes ?
- Comment peut-on traiter les réponses XML ?
- Quelle est l'interface de programmation d'application (l'API) ?

Vous devez savoir qu'il existe de très nombreuses bibliothèques destinées à gérer l'accès à distance (voir l'annexe A). *La plupart des développeurs ne doivent pas manipuler* `XMLHttpRequest` *directement*. Cela étant dit, il est bon de connaître les capacités et les limitations des appels via XMLHttpRequest, ainsi que les techniques alternatives d'accès à distance via le Web. Ces éléments d'information aideront le programeur à sélectionner la bibliothèque la plus appropriée et à résoudre les bogues qu'il pourra rencontrer.

Création d'objets XMLHttpRequest

Dans la plupart des navigateurs, XMLHttpRequest est une classe JavaScript standard : il suffit donc de créer une instance de XMLHttpRequest. Il n'empêche qu'avant la version 7, IE n'offrait qu'un objet ActiveX, alors que Microsoft est l'inventeur de XMLHttpRequest. Pour compliquer un peu plus la situation, il existe différentes versions de cet objet. Le code suivant propose une fonction utilitaire qui marche sur tous les navigateurs supportant XMLHttpRequest :

```
function createXMLHttpRequest( ) {
    try { return new ActiveXObject("Msxml2.XMLHTTP"); } catch (e) {}
    try { return new ActiveXObject("Microsoft.XMLHTTP"); } catch (e) {}
    try { return new XMLHttpRequest( ); } catch(e) {}
    alert("XMLHttpRequest n'est pas supporté");
    return null;
}
...
var xhReq = createXMLHttpRequest( );
```

Il est réellement nécessaire d'utiliser une telle fonction pour assurer un maximum de portabilité. Une fois que l'instance est créée, on peut compter sur des fonctionnalités de base et sur une API à peu près cohérente pour tous les navigateurs, mais il faut néanmoins procéder à des tests soigneux car il existe quelques différences d'implémentation subtiles dans certains navigateurs. Le lecteur curieux pourra se reporter à la section « solution » du pattern *HTTP Streaming* (plus loin dans ce chapitre), qui met en évidence de telles incohérences.

On peut aussi réemployer une XMLHttpRequest. Cela peut être judicieux pour prévenir des fuites de mémoire. La prudence recommande de n'effectuer de nouvel appel que lorsqu'aucun autre n'est en cours. Comme on l'explique plus loin, il est possible d'inspecter l'état d'un appel ; il est vivement conseillé de ne lancer un nouvel appel que si cet état vaut 0 ou 4. Pour toute autre valeur, il est préférable d'appeler au préalable la méthode abort( ) pour réinitialiser l'état.

Appels asynchrones

Comme on l'a souligné plus haut dans « solution », le mode synchrone bloque l'exécution du code tant qu'une réponse ne parvient pas du serveur. Certains lecteurs expérimentés frémissent probablement à cette pensée. Nous savons tous que certaines requêtes nécessitent du temps et que certaines ne donnent lieu à aucune réponse. L'utilisateur peut donc être confronté à une situation de blocage fatale.

En pratique, les appels via XMLHttpRequest doivent être pratiquement toujours asynchrones. Cela signifie que le navigateur et le serveur peuvent poursuivre leurs traitements, dans l'attente qu'une réponse transite entre l'un et l'autre. Comment savoir si la réponse est prête ? La donnée membre readyState de XMLHttpRequest reflète toujours l'état courant de l'appel, tout au long de son cycle de vie. Lorsque l'objet est créé, la valeur de cette donnée vaut 0. Après l'appel de open( ), elle vaut 1. Celle-ci croît tout au long du cycle de vie de l'appel, jusqu'à ce qu'une réponse soit retournée, auquel cas la valeur vaut 4.

Ainsi, pour récupérer une réponse, il suffit de guetter le passage de readyState à 4. La chose est facile, car XMLHttpRequest génère des événements readystatechange. Il suffit alors de déclarer une fonction de callback en s'appuyant sur la donnée membre onreadystatechange. Le callback recevra donc tous les changements d'état. Les états antérieurs à la valeur 4 ne sont pas particulièrement utiles et peuvent être incohérents pour certains types de navigateurs (*http://www.quirksmode.org/blog/archives/2005/09/xmlhttp_notes_r_2.html*). Ainsi, la plupart du temps, la seule question pertinente est : « A-t-on atteint l'état de valeur 4 (terminé) ou non ? »

Sur ces bases, voici la version asynchrone du code présenté plus haut :

```
var xhReq = createXMLHttpRequest( );
xhReq.open("GET", "sumGet.phtml?figure1=5&figure2=10", true);
xhReq.onreadystatechange = onSumResponse;
xhReq.send(null);
...
function onSumResponse( ) {
  if (xhReq.readyState != 4) { return; }
  var serverResponse = xhReq.responseText;
  ...
}
```

On déclare la fonction de callback dans la propriété onreadystatechange de XMLHttpRequest. De plus, le troisième argument de open( ) vaut maintenant true. Cet argument est appelé le « drapeau asynchrone » (asynchronous flag), ce qui explique pourquoi on l'initialise ici à true. La fonction de callback, onSumResponse, est enregistrée au moyen de onreadystatechange ; elle contient une clause de garde pour assurer que readyState vaut bien 4 lorsqu'un traitement est lancé. Arrivé à ce point du code, l'intégralité de la réponse se trouve dans responseText.

JavaScript supporte aussi les « closures », une forme de fonction anonyme, qui permettent d'écrire un code plus concis, adapté aux appels asynchrones :

```
var xhReq = createXMLHttpRequest( );
xhReq.open("get", "sumget.phtml?figure1=10&figure2=20", true);
xhReq.onreadystatechange = function( ) {
  if (xhReq.readyState != 4) { return; }
    var serverResponse = xhReq.responseText;
    ...
};
xhReq.send(null);
```

L'usage parcimonieux des closures est de rigueur, car on définit ainsi une nouvelle fonction à chaque fois. Cela débouche sur un code plus lent qu'un appel à une fonction existante et sur des fuites de mémoire potentielles.

Les appels asynchrones sont essentiels, mais ils sont plus sujets à erreurs. Si l'on examine le mécanisme de callback, on peut noter un risque de bogue subtil mais sérieux. Le problème se produit lorsque la même instance de XMLHttpRequest est utilisée simultanément pour différents appels. Si l'appel 2 est lancé alors que l'objet attend encore la réponse de l'appel 1, que va recevoir la fonction de callback ? Il se peut même que la fonction de callback change avant que la réponse au premier appel revienne. Il existe des moyens pour gérer ce problème : ils sont abordés dans la pattern *Call Tracking* (chapitre 10).

Détection des erreurs

Il arrive qu'une requête revienne sous une forme inattendue ; il arrive aussi qu'elle ne revienne pas du tout. Cela est parfois dû à une erreur de script, à un bogue sur le serveur ou encore à un problème d'une partie de l'infrastructure. Penser de façon asynchrone est la première étape dans la résolution de tels problèmes, car au moins l'application client n'est pas bloquée.

Pour détecter une erreur du serveur, on peut vérifier l'état de la réponse en examinant le drapeau `status` de `XMLHttpRequest`. Il s'agit d'un code HTTP standard. Par exemple, si la ressource est manquante, `XMLHttpRequest.status` prendra la célèbre valeur « 404 ». Dans la plupart des cas, on peut considérer que toute valeur différente de 200 révèle une situation d'erreur. Cela suggère l'insertion d'une nouvelle vérification dans la fonction de callback présentée dans la section précédente :

```
xhReq.onreadystatechange = function( ) {
  if (xhReq.readyState != 4) { return; }
  if (xhReq.status != 200) {
  var serverResponse = xhReq.responseText;
  ...
};
```

Tout cela fonctionne bien à condition que le navigateur soit informé d'un problème : parfois, la requête s'est tout simplement perdue, ce que le navigateur ne peut deviner. Il est donc préférable d'instaurer un délai maximum de réponse, au-delà duquel le navigateur considère que la requête est perdue (*http://ajaxblog.com/archives/2005/06/01/async-requests-over-an-unreliable-network*). Pour cela, il faut créer un minuteur de planification (*Scheduling* timer) pour faire du suivi de session. Si la requête prend trop de temps, le minuteur se manifestera et un mécanisme de gestion d'erreur devra être lancé. `XMLHttpRequest` possède une fonction `abort( )` qui peut être invoquée si une requête est « hors délai ». Voici un exemple d'application :

```
var xhReq = createXMLHttpRequest( );
xhReq.open("get", "infiniteLoop.phtml", true); // Serveur piégé dans une boucle.
var requestTimer = setTimeout(function( ) {
xhReq.onreadystatechange = function( ) {
  if (xhReq.readyState != 4) { return; }
  clearTimeout(requestTimeout);
  if (xhReq.status != 200) {
    // Gérer l'erreur, par exemple en affichant un message
    return;
  }
  var serverResponse = xhReq.responseText;
  ...
};
```

Par rapport à l'exemple précédent, un minuteur a été introduit. La fonction de callback `onreadystatechange( )` neutralise le minuteur si une réponse complète arrive (même si celle-ci est erronée). Si cette neutralisation n'est pas réalisée, le minuteur va se manifester et dans ce cas, la séquence `setTimeout` stipule que la fonction `abort( )` doit être appelée et qu'une action de récupération doit être lancée.

Gestion des requêtes de type POST ou autres

Jusqu'à maintenant, les requêtes ont invoqué de simples requêtes de type GET (passage d'une URL et récupération de la réponse). Comme on le discutera dans le pattern *RESTful Service* (chapitre 9), les vrais projets de développement web doivent aussi être capables de traiter d'autres types de requêtes. POST, par exemple, est adapté aux appels qui affectent l'état du serveur ou qui sont assortis d'un envoi d'une quantité substantielle de données. Créons, à titre d'illustration, un nouveau service, `sumPostGeneric.phtml`, qui réalise la même tâche que `postGet.phtml` mais au moyen d'un message POST. On parle de service générique, au sens où il lit l'intégralité du texte du corps de message, par opposition à la soumission de formulaire de type CGI. Dans ce cas, le service attend un corps de message tel que « Calcul de la somme suivante : 5+6 » et retourne la valeur de la somme :

```
<?
  $body = readBody( );
  ereg("Calcul de la somme suivante : ([0-9]+)\+([0-9]+)", $body, $groups);
  echo $groups[1] + $groups[2];

  // une méthode PHP qui lit un contenu arbitraire de corps de message POST.
  function readBody( ) {
    $body="";
    $putData = fopen("php://input", "r");
    while ($block = fread($putData, 1024)) {
      $body = $body.$block;
    }
    fclose($putData);
    return $body;
  }
?>
```

Pour « POSTer » un corps arbitraire, on donne à `XMLHttpRequest` le type de requête POST dont on passe le corps en argument à `send( )` (on notera qu'avec les requêtes GET, l'argument donné à `send( )` vaut null car il n'y a pas de contenu dans le corps).

```
var xhreq = createxmlhttprequest( );
xhreq.open("post", "sumPostGeneric.phtml", true);
xhreq.onreadystatechange = function( ) {
  if (xhreq.readystate != 4) { return; }
  var serverResponse = xhreq.responsetext;
  ...
};
xhreq.send("Calcul de la somme suivante : 5+6");
```

Très souvent, cependant, il est nécessaire d'envoyer des paires « clé-valeur », le message envoyé devant donc passer pour une soumission basée sur POST. Il faut agir ainsi car cette méthode est plus standard et car les bibliothèques (côté serveur) permettent d'écrire facilement des services web qui acceptent des données au format standard. Le service proposé dans le code situé juste après l'exemple ci-dessous, `sumPostForm.php`, montre comment PHP allège le travail pour de telles soumissions, la chose étant vraie dans la plupart des langages :

```
<?
```

```
    echo $_POST["figure1"] + $_POST["figure2"];
?>
```

Pour que le script du navigateur puisse envoyer des données de style CGI, deux étapes supplémentaires sont requises. Premièrement, il faut déclarer le style dans un entête « Content-Type ». Comme le montre l'exemple ci-dessous, `XMLHttpRequest` permet de créer directement les entêtes de requête. La seconde étape consiste à bâtir le corps sous la forme d'un ensemble de paires « nom-valeur » :

```
var xhreq = createxmlhttprequest( );
xhreq.open("post", "sumPostForm.phtml", true);
xhReq.setRequestHeader('Content-Type', 'application/x-www-form-urlencoded');
xhreq.onreadystatechange = function( ) {
  if (xhreq.readystate != 4) { return; }
  var serverresponse = xhreq.responsetext;
  ...
};
xhreq.send("Calcul de la somme suivante : 5+6");
```

GET et POST sont virtuellement omniprésentes, mais *RESTful Service* montre que d'autres méthodes de requête existent, comme par exemple PUT et DELETE. Pour ces requêtes, aucune action particulière n'est requise. Il suffit de spécifier le bon type de requête dans l'appel de `open( )` et d'envoyer via `send( )` un corps de message approprié (l'item inséré dans le cas d'un PUT ou l'argument null dans le cas d'un DELETE).

Contraintes sur les domaines externes

Lorsqu'on découvre `XMLHttpRequest`, une réaction courante consiste à imaginer une interface qui accède au contenu des sites web les plus populaires et qui brasse l'ensemble pour en faire un grand soufflé web 2.0. Malheureusement, cela n'est pas si simple à cause d'une sécurité majeure imposée à tous les principaux navigateurs : `XMLHttpRequest` ne peut accéder qu'au contenu du serveur d'origine. Si une application se trouve dans *http://ajax.shop/admin*, alors les objets `XMLHttpRequest` peuvent heureusement accéder à *http://ajax.shop/admin/products.html* et à *http://ajax.shop/products/contents.html*, mais en aucun cas à *http://books.ajax.shop/contents.html* et encore moins à *http://google.com*.

Cette « politique de l'origine commune » (ou « politique du même domaine », *http://www.mozilla.org/projects/security/components/same-origin.html*) est familière des développeurs d'applets Java et des développeurs Flash, pour lesquels cette politique a toujours été en vigueur. Son objectif est d'empêcher tout type d'abus, tel que des scripts dérobant des informations confidentielles dans un serveur et l'envoyant vers un autre serveur de son propre chef. Certains ont suggéré que cette politique est exagérée et que la plupart des abus qu'elle tente de prévenir sont tout à fait réalisables par d'autres moyens (*http://spaces.msn.com/members/siteexperts/Blog/cns!1pNcL8JwTfkkjv4gg6LkVCpw!2085.entry*). Cependant, des restrictions de ce type ne seront pas levées à la légère, elles subsisteront encore longtemps et il est préférable d'apprendre à composer avec elles.

Tenant compte de cette politique de l'origine commune, comment tous ces sites Ajax de compilation fonctionnent-ils (*http://housingmaps.com*) ? La réponse est que les transferts entre domaines passent en général par le serveur d'origine qui joue plus ou moins le rôle d'un proxy – ou d'un tunnel – qui permet aux `XMLHttpRequest` de communiquer avec des domaines externes. Le pattern *Cross-Domain Proxy* (chapitre 10) donne la marche à suivre et sa section « alternatives » liste quelques méthodes astucieuses permettant de contourner le serveur d'origine.

Réponses XML

L'exposé ci-dessus a consciencieusement omis d'évoquer un élément incontournable : XML. Comme son nom le suggère, `XMLHttpRequest` a été initialement conçu pour XML. Comme on l'a déjà vu, tout type de réponse est accepté : qu'y a-t-il donc de spécial avec XML ? Avec `XMLHttpRequest`, toutes les réponses peuvent être lues via la donnée membre `responseText`, mais il existe un autre moyen d'y accéder : `responseXML`. Si l'entête de la réponse indique que le contenu est du XML et si le texte de la réponse est une chaîne de caractères XML valide, alors `responseXML` sera l'objet DOM qui résulte du traitement de ce code XML.

Les patterns de manipulation de l'affichage (chapitre 5) ont déjà illustré comment JavaScript supporte la manipulation d'objets DOM. Dans ces patterns, on ne s'intéressait qu'à un objet DOM particulier, à savoir le document HTML (ou XHTML) représentant la page web courante. Il est bien clair que la manipulation de tout autre objet DOM est tout aussi facile. Il est donc parfois pratique qu'un service web retourne un document XML dont on pourra manipuler l'objet DOM correspondant.

Le seul prérequis est que le *service web* produise un document XML valide (voir plus haut dans ce chapitre). De nombreuses bibliothèques et de nombreux frameworks existent, qui permettent de générer automatiquement du XML à partir de bases de données, d'objets divers, de fichiers, etc. Il n'est cependant pas nécessaire d'apprendre à manipuler des bibliothèques XML ésotériques pour réaliser un service web XML, car il est très facile de coder cela soi-même, au moins lorsqu'il s'agit ce manipuler des données simples. Le service doit simplement produire un entête dont la section Content-type précise que la suite est du XMLmais et faire suivre cet entête du document XML lui-même. Voici la version XML du service proposé plus haut – ce service produit un document XML contenant les valeurs numériques d'entrée ainsi que le résultat :

```
<?
  header("Content-Type: text/xml");
  $sum = $_GET["figure1"] + $_GET["figure2"];
  echo <<< END_OF_FILE
<sum>
  <inputs>
    <figure id="1">{$_GET["figure1"]}</figure>
    <figure id="2">{$_GET["figure2"]}</figure>
  </inputs>
  <outputs>$sum</outputs>
</sum>
END_OF_FILE
?>
```

La séquence d'appel est la même que précédemment, à ceci près que la fonction de callback extrait le résultat au moyen de `responseXML`. Elle dispose donc d'un objet DOM qu'elle peut interroger au moyen de l'API DOM standard :

```
var xhReq = createXMLHttpRequest( );
xhReq.open("GET", "sumXML.phtml?figure1=10&figure2=20", true);
```

```
  xhReq.onreadystatechange = function( ) {
    if (xhReq.readyState != 4) { return; }
    xml = xhReq.responseXML;
    var figure1 = xml.getElementsByTagName("figure")[0].firstChild.nodeValue;
    var figure2 = xml.getElementsByTagName("figure")[1].firstChild.nodeValue;
    var sum = xml.getElementsByTagName("outputs")[0].firstChild.nodeValue;
    ...
  };
  xhReq.send(null);
});
```

Le nom « XMLHttpRequest » fait référence aux deux fonctions primaires de cet objet: gérer les requêtes HTTP et convertir les réponses XML. La première fonction est centrale, la seconde est un bienfait complémentaire. Il existe certainement de bonnes applications pour des réponses XML – voir *XML Message* (chapitre 9), ainsi que *XML Data Island* et *Browser-Side XSLT* (chapitre 11) – mais, il faut bien retenir que XML n'est pas une obligation pour les systèmes Ajax.

On peut aussi envoyer du XML vers le serveur, à partir du navigateur. Dans ce cas, `XMLHttpRequest` n'offre aucune fonctionnalité XML spéciale ; il suffit d'envoyer le message XML comme on le ferait pour tout autre message, avec le type de requête approprié (par exemple, POST ou PUT). Pour supporter le service web destinataire, le code JavaScript doit généralement déclarer le type de contenu XML dans un entête de requête:

```
xhReq.setRequestHeader('Content-Type', "text/xml");
```

L'API XMLHttpRequest: résumé

On a vu comment réaliser des tâches typiques au moyen de `XMLHttpRequest`. Voici un résumé de ses propriétés et de ses méthodes. Ce résumé s'inspire d'un article de l' Apple Developer Connection (*http://developer.apple.com/internet/webcontent/xmlhttpreq.html*). Cette API est supportée par l'IE5, par la famille Mozilla (y compris toutes les versions de Firefox) et par Safari 1.2+.

`XMLHttpRequest` a les propriétés suivantes:

`onreadystatechange`

La fonction de callback qui reçoit les notifications de changement d'état: 0=UNINITIALIZED, 1=LOADING, 2=LOADED, 3=INTERACTIVE, et 4=COMPLETE. Comme on l'a expliqué dans la section « Appels asynchrones, » les états 1, 2 et 3 sont ambigus et peuvent faire l'objet d'interprétations différentes selon les navigateurs.

`readyState`

L'état courant dans le cycle de requête.

`responseText`

La réponse parvenant du serveur, sous la forme d'une chaîne de caractères.

`responseXML`

La réponse parvenant du serveur, sous la forme d'un modèle DOM (Document Object Model), à condition que l'entête « Content-Type » de la réponse ait pour valeur « text/html » et que `responseText` contienne une chaîne de caractères XML valide.

`status`

Le code de réponse HTTP (*http://www.w3.org/Protocols/rfc2616/rfc2616-sec10.html*) reçu du serveur. Sa valeur est normalement égale à 200. La plupart des autres valeurs indiquent une erreur.

`statusText`

La description du code de réponse HTTP reçu du seveur, par exemple « Not Found » (non trouvé).

Voici maintenant les méthodes proposées par `XMLHttpRequest` :

`abort( )`

Interrompt la requête et réinitialise son `readyState` à zéro (voir la section « Détection des erreurs, » plus haut dans ce chapitre).

`getAllResponseHeaders( )`

Retourne une chaîne de caractères contenant tous les entêtes de réponse, séparés par un caractère « newline » comme dans le message d'origine.

`getResponseHeader(headerField)`

Retourne la valeur d'un champ d'entête particulier.

`open(requestMethod, url, asynchronousFlag, username, password)`

Prépare une `XMLHttpRequest` (voir la section « Solution » plus haut). Seuls les deux premiers paramètres sont optionnels.`username` et `password` peuvent être utilisés pour l'authentification.

`send(bodyContent)`

Envoie le message avec pour corps le contenu spécifié (null s'il n'y a pas de contenu, par exemple pour des requêtes GET). Voir plus haut la section « Solution ».

`setRequestHeader(headerField, headerValue)`

Initialise un entête de requête (voir la section « Gestion de requêtes de type POST ou autres » plus haut).

Décisions

Quel type de contenu les services web doivent-ils fournir ?

Comme on l'a mentionné dans la solution, `XMLHttpRequest` peut gérer d'autres types de contenu que XML. À partir du moment où il est possible d'analyser le message via JavaScript, de nombreux types de réponses sont possibles. Les patterns liés aux services web permettent de traiter de nombreux types de réponse, comme HTML, XML, JSON ou du texte simple.

Comment contrôler le cache ?

Une réponse XMLHttpRequest peut éventuellement être stockée dans un cache par le navigateur. Pour le programmeur, la chose est parfois souhaitable et parfois non : il est donc nécessaire d'exercer un certain contrôle sur le cache.

Lorsqu'on s'intéresse au contrôle du cache, on parle des requêtes basées sur GET. Il faut utiliser GET pour les requêtes de type « lecture seule », les autres types de requêtes devant être utilisés pour des requêtes qui modifient l'état du serveur. Si POST est employé pour récupérer de l'information, celle-ci n'ira pas en général dans le cache. De la même façon, si GET est employé pour *modifier* l'état, il est possible que l'appel n'atteigne jamais le serveur, car le navigateur stockera l'appel localement dans le cache. Il existe d'autres raisons incitant à suivre ces conseils ; voir le pattern *RESTful Service* (chapitre 9).

Souvent, on veut supprimer le cache afin d'obtenir l'information la plus récente du serveur ; il existe différentes techniques très utiles pour cela. Comme les serveurs et les navigateurs sont très différents, le conseil de base est de prendre en compte la diversité du net en combinant plusieurs techniques parmi les suivantes :

- On peut rendre l'URL unique en lui associant un « tampon dateur » (*http://www.howtoadvice.com/StopCaching*) (une chaîne de caractères aléatoire ou résultant d'une séquence d'incrémentation est parfois utilisée). Il s'agit d'un truc simple, mais étonnemment robuste et portable :

```
var url = "sum.phtml?figure1=5&figure2=1&timestamp=" + new Date().getTime( );
```

- On peut ajouter un entête à la requête :

```
xhReq.setRequestHeader("If-Modified-Since", "Sat, 1 Jan 2005 00:00:00 GMT");
```

- Dans le *service web*, on peut indiquer dans les entêtes de réponse qu'il faut supprimer le cache (*http://www.stridebird.com/articles/?showarticle=1&id=33*). En PHP, cela donne par exemple :

```
header("Expires: Sat, 1 Jan 2005 00:00:00 GMT");
header("Last-Modified: ".gmdate( "D, d M Y H:i:s")."GMT");
header("Cache-Control: no-cache, must-revalidate");
header("Pragma: no-cache");
```

- On peut utiliser POST au lieu de GET. Les requêtes de type POST provoqueront parfois la suppression du cache. Cependant, cette technique particulière est peu recommandée car, comme on l'explique dans *RESTful Service*, GET et POST ont des connotations particulières et ne doivent par être traitées de façon interchangeable. Cela ne marche d'ailleurs pas toujours, car certaines ressources peuvent parfois faire office de cache pour des réponses POST.

D'autre part, le cache est une bonne chose lorsque le service est chronophage et peu susceptible d'avoir changé récemment. Pour encourager l'utilisation du cache, on peut appliquer la recommandation inverse. Par exemple, on peut initialiser les entêtes Expires à une durée raisonnable. De plus, une bonne approche pour des petits volumes de données consiste à créer un cache dans le programme lui-même, au moyen d'une structure de données JavaScript. Le pattern *Browser-Side Cache* (chapitre 13) donne la marche à suivre.

Comment gérer les erreurs ?

La section concernant la détection des erreurs n'a pas répondu à la question suivante : que faire en cas de réponse hors délai du serveur ou de code d'erreur non standard. Trois actions sont possibles :

Essayez à nouveau

Relancez plusieurs fois la requête avant de renoncer.

Informez l'utilisateur

On peut informer l'utilisateur de l'anomalie et de ses conséquences. Par exemple, on peut lui annoncer que ses données n'ont pas été soumises au serveur et lui conseiller de retenter sa chance dans quelques minutes.

Ne faites rien

Parfois, on peut se payer le luxe d'ignorer l'absence de réponse, par exemple lorsqu'on a émis un message d'importance faible, de type « fire and forget » (*http://www.ajaxian.com/archives/2005/09/ajaxian_fire_an.html*), visant à envoyer des données sans attendre une quelconque réponse.

Cas concrets

Lace Chat

Lace Chat, de Brett Stimmerman (*http://www.socket7.net/lace/*), est une application Ajax de chat qui emploie XMLHttpRequest de deux façons différentes : pour envoyer des messages tapés par l'utilisateur et pour télécharger le message le plus récent du serveur (*figure 6-3*).

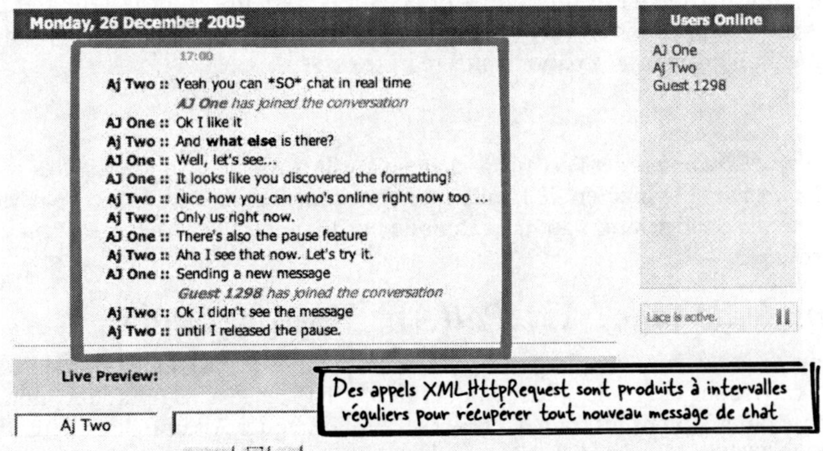

Figure 6-3. Lace Chat

Backbase

Le logiciel « Demo RSS Reader » de Backbase (*http://www.backbase.com/demos/RSS*) utilise `XMLHttpRequest` pour récupérer les titres des articles les plus récents (*figure 6-4*). Lorsqu'on clique sur l'un de ces titres, une nouvelle requête `XMLHttpRequest` permet de récupérer l'ensemble de l'article.

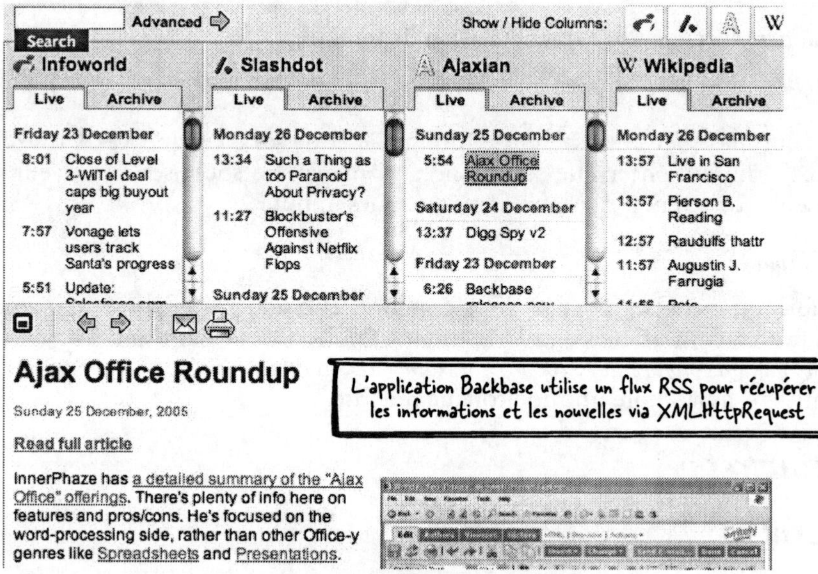

Figure 6-4. Backbase RSS Reader

Anyterm

Anyterm, de Phil Endecott (*http://anyterm.org/demos.html*) est un émulateur Ajax de terminal qui permet d'exécuter telnet ou SSH à l'intérieur du navigateur. Cet émulateur utilise les appels via XMLHttpRequest pour transmettre les touches dernièrement actionnées ou charger la version la plus récente de l'écran.

Mint

Mint (*http://haveamint.com/*) est un package d'outils statistiques pour les sites web. Les propriétaires de sites incluent le JavaScript Mint dans chaque page, lequel inspecte tranquillement la configuration du navigateur de l'utilisateur et l'envoie au serveur via une `XMLHttpRequest`.

Exemple de code : AjaxPatterns TestAjaxCaller

L'exemple (*http://ajaxpatterns.org/xmlHttpRequestCall/*), référencé dans la « Solution » ci-dessus, couvre les usages les plus typiques de `XMLHttpRequest`. En pratique, nombreux sont ceux qui adoptent les frameworks et les bibliothèques Ajax au détriment d'appels directs de `XMLHttpRequest`. C'est l'approche retenue pour toutes les démos de patterns Ajax, qui utilisent la bibliothèque nommée *ajaxCaller.js*, développée en parallèle avec les démos elles-mêmes. Il s'agit d'une bibliothèque assez élémentaire, qui offre néanmoins une interface simple pour les fonctionnalités typiquement requises de XMLHttp-Request. Cette bibliothèque est utilisée dans cette section, au sein de l'application « AjaxCaller Test Demo » (*http://ajaxify.com/run/testAjaxCaller*).

L'appel le plus élémentaire prend du texte simple : il suffit de spécifier l'URL et la fonction de callback.

```
ajaxCaller.getPlainText(url, onResponse);
```

Pour tous les appels, la fonction de callback prend toujours trois arguments. Le premier est le résultat (une chaîne de caractères ou un objet DOM). Le second est un tableau d'association reliant des champs d'entête à des valeurs d'entête. Le troisième est un contexte d'appel (« calling context »). Ce dernier est une valeur optionnelle qui suit la requête ainsi que la réponse correspondante qui est retournée à la fonction de callback. Ce contexte d'appel est ainsi restitué à l'identique. En général, il contient des informations sur l'appel ; par exemple, si l'appel a été réalisé pour envoyer un ordre d'achat, le contexte d'appel peut contenir l'article commandé. Ensuite, ajaxCaller passe le contexte d'appel à la fonction de callack, qui peut marquer l'article pour signaler qu'il a été commandé avec succès. En réalité, le contexte d'appel n'est pas réellement envoyé vers le serveur puis rapatrié vers le navigateur : ajaxCaller le stocke localement et piste chaque requête en cours. Si cela paraît un peu compliqué, vous pourrez vous reporter au pattern *Call Tracking* (chapitre 10).

La fonction de callback a l'allure suivante :

```
function onResponse(text, headers, callingContext) {
  // utiliser les arguments text (une chaîne de caractères),
  // headers et callingContext
}
```

En général, seul l'argument text est utilisé. La fonction peut alors être déclarée sous une forme plus simple.[2]

```
function onResponse(text) {
  // utiliser l'argument text (une chaîne de caractères)
}
```

getPlainText( ) est l'une des quatre méthodes utilisées couramment. Les autres sont getXML( ), postForPlainText( ) et postForXML( ). Ces quatre fonctions couvrent les deux types courants de requête (GET et POST) et de réponse (texte simple et XML).

```
ajaxCaller.getXML(url, callbackFunction);
ajaxCaller.postForXML(url, vars, callbackFunction);
ajaxCaller.getPlainText(url, callbackFunction, callbackContext);
ajaxCaller.postForPlainText(url, callbackFunction, callbackContext);
```

Il existe aussi un certain nombre de fonctions plus générales – par exemple, get( ) fournit des requêtes GET plus flexibles. En supplément d'une URL et d'une fonction de callback, get( ) permet de spécifier des variables concaténables à l'URL, un drapeau pour indiquer si la réponse est du XML, ainsi que le contexte d'appel callingContext discuté plus haut.

---

2. La gestion des appels de fonctions par JavaScript fait que la bibliothèque retrouvera la fonction, quel que soit le nombre d'arguments (1 ou 3).

```
var vars = {
  flavour: "chocolate",
  topping: "nuts"
};
ajaxCaller.get("httpLogger.php", vars, onResponse, false, "iceCreamRequest");
```

Il existe aussi d'autres opérations générales pour d'autres types de requête. `postVars( )` crée un message POST de style CGI et `postBody( )` crée un message POST dont le corps est arbitraire. Il y a aussi des méthodes similaires pour d'autres types de requête, par exemple PUT, TRACE, OPTIONS, DELETE et HEAD.

Alternatives

Cette section dresse la liste de toutes les alternativesque je connais (certaines ont des capacités plus limitées que d'autres). Les techniques les plus obscures sont incluses ici au nom de l'exhaustivité et aussi dans l'espoir qu'elles suscitent des idées nouvelles.

Rafraîchissement de page

Pour le navigateur, la façon conventionnelle de communiquer avec le serveur consiste à faire la requête d'une nouvelle page entière, chose un peu extrême à la réflexion. Cela peut se justifier si l'utilisateur navigue dans une partie complètement différente d'un site web, mais pas s'il s'agit de mettre à jour le score d'un match de football en cours, en bas de la page web, ou d'envoyer une donnée saisie par l'utilisateur. Le type le plus familier de rafraîchissement de page est l'hyperlien, qui provoque la création d'une requête GET par le navigateur, l'effacement de la page courante et la production de la réponse. Un autre type familier est la soumisson de formulaire, qui amène le navigateur à envoyer des paramètres avec la requête – via un GET, un POST ou une autre méthode – et, comme avec l'hyperlien, à remplacer l'ancienne page par la réponse à cette requête. Avec l'accès à distance, toute modification de l'interface utilisateur est réalisée à la discrétion du script qui s'exécute dans la page. Ces techniques conventionnelles sont encore disponibles, mais la plupart des transactions avec le serveur utilisent un appel XMLHttpRequest et des technologies associées.

Le pattern IFrame Call

L'*IFrame Call* (voir plus loin dans ce chapitre) est la principale alternative à `XMLHttpRequest`. Comme `XMLHttpRequest`, il permet des appels à distance utilisant GET, POST et d'autres types de requête. Cependant, alors que `XMLHttpRequest` est conçu spécifiquement pour l'accès au Web à distance, l'appel via IFrame exploite IFrame pour réaliser une tâche qu'il n'est pas censé réaliser, et le code le montre. Voici un résumé des avantages de `XMLHttpRequest` sur les appels via IFrame :

- Conçue spécifiquement pour l'accès au Web à distance, l'API `XMLHttpRequest` est plus facile à utiliser, en particulier lorsqu'il s'agit de types de requêtes autres que GET. Cependant, il ne s'agit pas là d'un avantage considérable. Il est aussi recommandé d'utiliser une bibliothèque encapsulant les API, ce qui évite d'avoir à les appeler directement (l'API de `XMLHttpRequest` est probablement la meilleure, mais elle n'est pas un monument de l'informatique).

- `XMLHttpRequest` offre des fonctionnalités indisponibles avec *IFrame*, comme la capacité à mettre fin à un appel et à pister l'état d'un appel. Ceci peut avoir des conséquences non négligeables en termes de performance (*http://www.ajaxian.com/archives/2005/09/ajaxian_fire_an.html*).

- `XMLHttpRequest` est typiquement plus rapide, en particulier pour les réponses les plus courtes (*http://me.eae.net/archive/2005/04/02/xml-http-performance-and-caching/*).
- `XMLHttpRequest` procède à l'analyse syntaxique du XML de façon simple et portable ; IFrame est sans lien avec XML.
- Sur les navigateurs qui supportent `XMLHttpRequest`, l'API est plus cohérente que celle d'IFrame.
- L'API `XMLHttpRequest` est de plus en plus réputée et connue. Cela aide non seulement les développeurs à comprendre les codes de leurs confrères, mais aussi permet de disposer d'outils de monitoring du traffic `XMLHttpRequest` (voir *Traffic Sniffing* [chapitre 18]).

Pour toutes ces raisons, `XMLHttpRequest` doit constituer le choix par défaut. Il y a cependant des situations particulières pour lesquelles un *appel via IFrame* est préférable :

- IFrame fonctionne sur de nombreux navigateurs anciens qui ne supportent pas `XMLHttpRequest`.
- IFrame possède certaines propriétés spécialisées pour gérer l'historique et les signets dans le navigateur, au moins pour l'IE, comme on le discute dans *Unique URLs* (chapitre 17).
- Avec l'IE, `XMLHttpRequest` ne fonctionne pas si ActiveX est désactivé pour des raisons de sécurité, une politique parfois imposée dans les entreprises (*http://verens.com/archives/2005/08/12/ajax-in-ie-without-activex/*).
- IFrame pourrait offrir une solution portable pour le pattern *HTTP Streaming*.

Le pattern HTTP Streaming

Le pattern *HTTP Streaming* (voir plus loin dans ce chapitre) permet aussi de réaliser un accès à distance via le Web mais, à la différence de `XMLHttpRequest`, la connexion reste ouverte. Fonctionnellement, l'avantage clé sur `XMLHttpRequest` est que le serveur peut continuellement envoyer des données nouvelles au navigateur. Du point de vue de la ressource, les flux sont les bienvenus car il y a moins d'ouverture et de fermeture de connexion, mais il existe de sérieux problèmes d'échelle car il est rarement possible de garder ouvertes simultanément un nombre élevé de connexions et de maintenir de nombreux scripts côté serveur.

Le pattern Richer Plugin

Le pattern *Richer Plugin* (chapitre 8) repose sur Java, sur Flash, ainsi que sur divers plugin ou extensions. Ces composants sont souvent autorisés à appeler le serveur par programme, et dans certains cas, ils peuvent être utilisés comme des proxys accessibles par du code JavaScript.

Le pattern On-Demand JavaScript

Le pattern *On-Demand JavaScript* (voir plus loin dans ce chapitre) décrit deux manières de télécharger du JavaScript à la volée. La première fait appel à `XMLHttpRequest` (et ne fait donc pas partie, elle-même, des technologies fondamentales), mais la seconde est une alternative au mécanisme de transport, une technique différente de l'accès au Web à distance. Elle fonctionne par ajout d'un élement `script` dans le corps du document, ce qui a pour effet de charger automatiquement un fichier JavaScript de nom donné.

Appel par Image et Cookie

La bibliothèque RSLite de Brent Ashley (*http://www.ashleyit.com/rs/rslite/*) est une alternative plus rare basée sur les images et les cookies. Une propriété de l'image source est initialisée à la valeur de l'URL fournissant le service, ce qui est simplement un moyen d'invoquer le service. Le service écrit sa réponse dans un ou plusieurs cookies qui deviennent accessibles à partir de JavaScript lorsque l'appel est terminé.

Appel par feuille de style

Une autre méthode permettant d'accéder à l'état du serveur consiste à modifier dynamiquement une feuille de style CSS. De la même façon que l'on peut définir une nouvelle image source ou un nouveau code JavaScript, on peut changer la valeur de la propriété `href` d'une feuille de style pour identifier un service web. Dans la démo de Julien Lamarre illustrant sa technique personnelle (*http://zingzoom.com/ajax/ajax_with_stylesheet.php*), le service web produit en réalité une feuille de style et la réponse est intégrée dans l'URL d'une propriété `background-image` !

Réponse 204

Une astuce ancienne (et franchement obsolète) consiste pour le serveur à répondre en fournissant un code 204 (« No content », pas de contenu). Le navigateur ne procède pas au rafraîchissement de page lorsqu'il reçoit ce code : c'est donc un moyen pour un script de soumettre un formulaire à un tel service sans impact sur la page. Cependant, on ne peut utiliser cette astuce du code 204 que pour les appels de type « *fire-and-forget* », car si la réponse contient une information cachée dans les entêtes, le script du navigateur ne peut pas y accéder.

Importation de document XML

Une technique spécifique permet récupérer des documents XML au moyen d'une technologie similaire à `XMLHttpRequest`. Peter-Paul Koch, qui a décrit celle-ci dès 2000 (*http://www.quirksmode.org/dom/importxml.html*), a récemment suggéré qu'elle peut maintenant être abandonnée définitivement (*http://www.quirksmode.org/blog/archives/2005/01/with_httpmapsea.html*).

Métaphore

Un appel via XMLHttpRequest est un moyen pour le navigateur d'entretenir une conversation parallèle avec le serveur tout en poursuivant sa conversation principale avec l'utilisateur.

Le pattern IFrame Call (appel via IFrame)

●○○

Appel, Callback, Téléchargement, Frame, IFrame, Temps réel, Requête, Accès à distance, Script d'accès à distance, Envoi au serveur

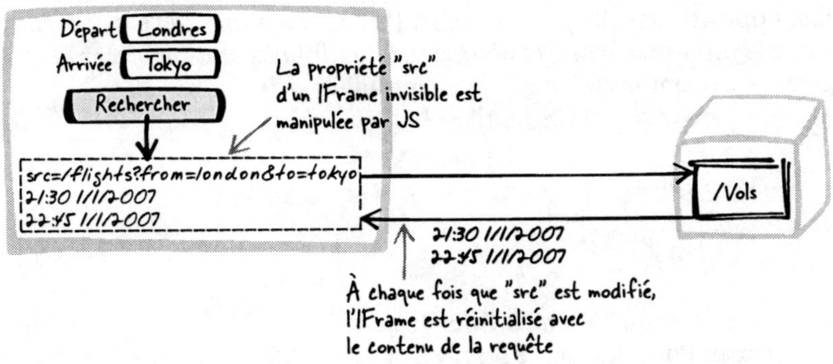

Figure 6-5. Le pattern IFrame Call

Anecdote

Bill veut commander une automobile sur Internet et le prix est toujours en adéquation avec son choix. Cela est possible grâce à un IFrame caché. À chaque fois que Bill modifie quelque chose, le navigateur remplit un formulaire dans l'IFrame et il le soumet. L'IFrame reçoit rapidement le nouveau prix résultant du nouveau choix : ce prix est affiché à l'écran par le navigateur. `XMLHttpRequest` pourrait aussi accomplir cela, mais il n'est pas supporté par le navigateur un peu ancien de Bill.

Problème

Comment le navigateur peut-il communiquer avec le serveur ?

Contraintes

Vous vous réfèrerez à la section « Contraintes » dans *XMLHttpRequest Call.*

Solution

On peut utiliser les IFrames pour réaliser une communication entre le navigateur et le serveur. Très souvent, on emploie sous Ajax l'objet `XMLHttpRequest` à cette fin, mais certaines techniques sont parfois plus appropriées : l'appel via IFrame est l'une d'entre elles (voir la section « Alternatives » dans *XMLHttpRequest Call*, plus haut dans ce chapitre, pour comparaison). Les objets IFrame sont des éléments similaires à des pages et qui peuvent être intégrés dans d'autres pages. Ils ont leur propre URL source, distincte de leur page parent, et cette URL source peut changer dynamiquement. Les appels via IFrame fonctionnent en faisant pointer IFrame vers une URL cible et en lisant ensuite le contenu de l'IFrame, une fois le nouveau contenu téléchargé. On notera qu'une démo en ligne (*http://ajaxify.com/run/iframe*) illustre la plupart des concepts sur lesquels s'appuie le code, dans la section « Solution », même si celui-ci ne suit qu'approximativement celui de la démo.

Pour commencer, il faut une IFrame dans le code HTML initial et un gestionnaire d'événements enregistré pour recevoir les événements `onload` (il serait moins lourd d'enregistrer le gestionnaire avec JavaScript, mais à cause de certaines « caractéristiques » des navigateurs, cela ne marche pas toujours).

```
<iframe id='iFrame' onload='onIFrameLoad( );'></iframe>
```

IFrame est utilisé comme dépositaire de données et non comme une interface utilisateur : il faut donc utiliser CSS pour le cacher (le choix plus naturel serait `display: none`, mais comme le montre la démo expérimentale [*http://ajaxlocal/run/iframe/displayNone/*], les navigateurs rendent la chose étrangement infaisable).

```
#iFrame {
  visibility: hidden;
  height: 1px;
}
```

Côté serveur, on va initialement utiliser le service web discuté dans *XMLHttpRequest Call*: `sumGet.phtml`. Pour appeler le service, on va modifier la source de l'IFrame :

```
$("iFrame").src = "sumGet.phtml?figure1=5&figure2=1";
```

On a déjà enregistré un gestionnaire `onload` dans le code HTML initial. Le gestionnaire sera appelé lorsque le nouveau contenu sera chargé. À cette étape, alors le corps de l'IFrame contiendra le contenu recherché. Le code suivant appelle une fonction, `extractIFrameBody( )`, qui extrait le corps de façon portable (technique inspirée de *http://developer.apple.com/internet/webcontent/iframe.html*).

```
function onIFrameLoad( ) {
  var serverResponse = extractIFrameBody($("iFrame")).innerHTML;
  $("response").innerHTML = serverResponse;
}
```

Voila pour ce qui concerne GET. Pour illustrer POST, on va invoquer le service `sumPost.phtml`, discuté par ailleurs dans *XMLHttpRequest Call*. Les appels de type POST sont un peu plus complexes car il ne suffit pas d'effectuer une modification du source. Il faut injecter dynamiquement un formulaire dans l'IFrame et le soumettre. Dans l'exemple suivant, les arguments (`'5'` et `'2'`) sont codés en dur, mais ils pourraient facilement être injectés par programme en manipulant les éléments `input`.

```
var iFrameBody = extractIFrameBody($("iFrame"));
iFrameBody.innerHTML =
  "<form action='sumPostForm.phtml' method='POST'>" +
    "<input type='text' name='figure1' value='5'>" +
    "<input type='text' name='figure2' value='2'>" +
  "</form>";
var form = iFrameBody.firstChild;
form.submit( );
```

Comme pour une soumission habituelle de formulaire, l'IFrame fera l'objet d'une mise à jour tenant compte des résultats fournis en réponse à ce dernier. Ainsi, le précédent gestionnaire `onLoad` fonctionnera bien. La *figure 6-6* illustre le processus d'ensemble.

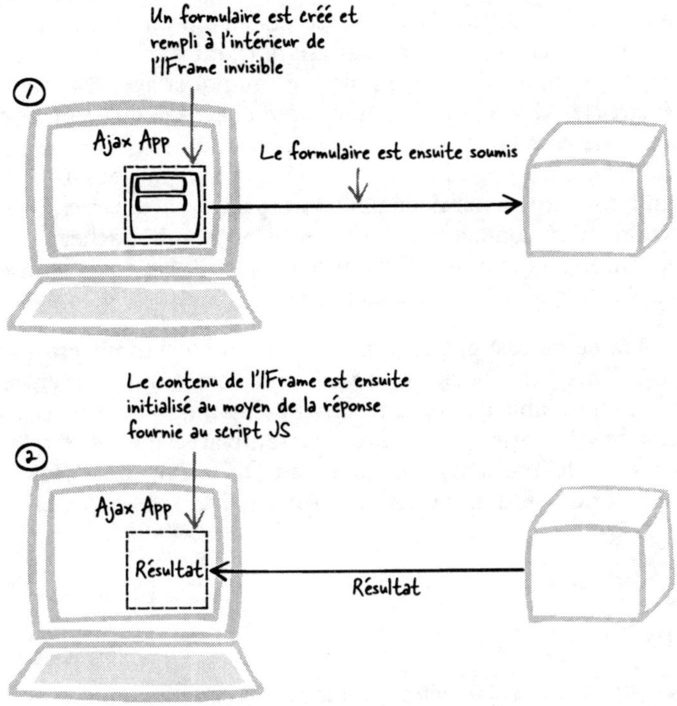

Figure 6-6. Envoi d'un formulaire via un appel de type IFrame

Les IFrames permettent aussi d'obtenir du serveur un code JavaScript qui modifie le parent ou appelle une fonction définie dans le parent. Le code sera appelé automatiquement au chargement de la page. Un gestionnaire `onload` n'est donc pas nécessaire. Malheureusement, cette approche induit un couplage substanciel entre le serveur et le navigateur. Par comparaison, on notera comment les exemples précédents utilisent des services web complètement génériques – les services savent seulement additionner des nombres, sans rien connaître du contexte d'appel. Cela est possible car tout le comportement a été encapsulé dans la fonction `onload( )`.

Comme on le discute dans le pattern *Call Tracking* (chapitre 10), il y a des problèmes – et des solutions ad hoc – lorsque plusieurs *appels via XMLHttpRequest* sont en cours et cela reste encore vrai pour les IFrames. Il faut tout d'abord créer une IFrame séparé pour chaque appel effectué en parallèle des autres – il ne faut pas modifier le source d'une IFrame alors qu'il attend une réponse. Il faut ensuite identifier et tester les limites, car l'application peut s'enliser si trop d'appels sont en cours.

Il y a un dernier problème concernant un appel via IFrame : les interfaces utilisateur des navigateurs ne sont pas vraiment conçues avec cette application en tête, ce qui peut avoir des effets surprenants pour l'utilisateur. En particulier, Alex Russel a identifié deux problèmes survenant avec IE lors d'appels via IFrame : le « clic fantôme » et le « vibreur maudit » (*http://alex.dojotoolkit.org/?p=538*) – le vibreur (throbber) est une petite icône, située en général dans le coin supérieur droit d'une interface graphique et qui s'anime lorsqu'un traitement est en cours. Le premier problème se manifeste par un bruit de clic à chaque requête via une IFrame. Le second est que l'icône du throbber s'anime lors du chargement de l'IFrame. C'est très bien pour un rafraîchissement intégral de page, suite à un clic sur un lien par exemple, mais cela sème la confusion chez l'utilisateur si le script tente simplement de communiquer avec le serveur, en tâche de fond. Dans son article, Alex Russel explique comment il a déniché un hack fantastique dans l'application de chat Gmail's (*http://gmail.com*). Ce hack supprime ces comportements indésirables en intégrant l'IFrame dans un obscur composant ActiveX nommé « htmlfile », qui constitue essentiellement une page web séparée. Comme l'IFrame n'est pas directement en contact avec la « vraie » page web affichée à l'écran, les clics fantômes et les throbbers maudits disparaissent sous IE. On consultera le blog d'Alex pour en savoir plus (*http://alex.dojotoolkit.org/?p=538*).

Les appels via IFrame ne tolèrent aucune erreur : cette technique est un pur hack, car les IFrames n'ont jamais été conçus pour faciliter la communication entre le serveur et le navigateur. Il est probable que cette technique disparaîtra petit à petit, avec les navigateurs d'ancienne génération, et qu'elle sera remplacée par `XMLHttpRequest`. Néanmoins, celle-ci possède plusieurs avantages sur un *appel via XMLHttpRequest* : ces avantages sont mentionnés dans la section « Alternatives » de ce pattern.

Cas concrets

Google Maps

Google Maps (*http://maps.google.com*), qui est probablement l'application Ajax la plus célèbre, permet de naviguer sur une carte du monde entier (*figure 6-7*). Des lieux particuliers et des méta-données sont demandés au serveur ; ceux-ci sont transmis au navigateur au moyen d'IFrames. Google utilise aussi `XMLHttpRequest` pour télécharger des feuilles de style XSLT (une technique décrite dans le pattern *Browser-Side XSLT* [chapitre 11]).

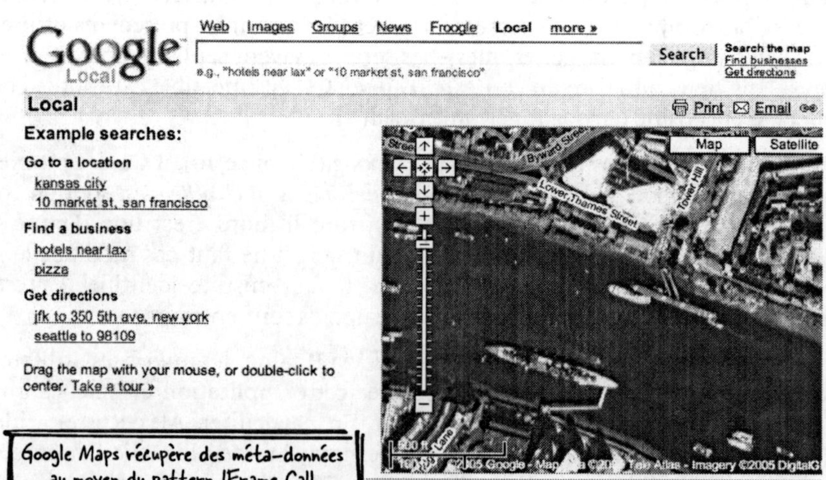

Figure 6-7. Google Maps

Le framework Scoop, Kuro5hin

Scoop (*http://scoop.kuro5hin.org*) est un système (open source) de management de contenu qui emploie des IFrames pour les zones de discussion (*figure 6-8*). En utilisant le module « dynamic comments » (commentaires dynamiques), l'utilisateur peut intégrer un thread de discussion sans recharger l'ensemble de la page. Scoop est le moteur du site web populaire Kuro5hin (*http://kuro5hin.org*), entre autres.

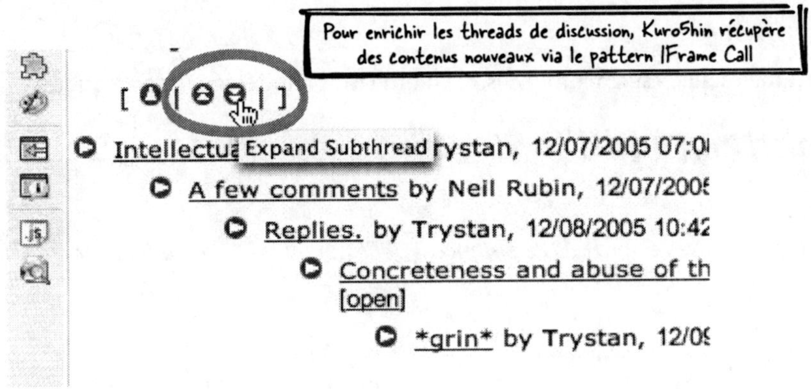

Figure 6-8. Kuro5hin

Démo PXL8

Michele Tranquilli propose un excellent tutoriel sur les IFrames, incluant des exemples (*http://www.pxl8.com/iframes.html*).

Bibliothèque HTMLHttpRequest

La bibliothèque HTMLHttpRequest (*http://www.twinhelix.com/javascript/htmlhttprequest/*), de Angus Turnbull, est une bibliothèque portable d'accès à distance via le Web qui tente d'abord d'employer `XMLHttpRequest` et, en cas d'échec, passe à IFrame. L'outil est documenté dans la section d'exemples de code du pattern *Cross-Browser Component* (chapitre 12).

Refonte de code : démo de calcul de somme AjaxPatterns

La démo élémentaire de calcul de somme (*http://ajaxify.com/run/sum*) utilise `XMLHttpRequest`, mais il en existe une version utilisant IFrame (*http://ajaxify.com/run/sum/iframe*). Cette refonte n'est pas détaillé, car il est très similaire à ce qui a été fait pour le composant GET d'une démo précédente (voir la « Solution »).

Alternatives

Appel via XMLHttpRequest

Les *appels via XMLHttpRequest* (voir plus haut dans ce chapitre) constituent une alternative naturelle aux appels via IFrame. La section « Alternatives » de ce pattern (voir plus haut dans ce chapitre) compare les deux approches.

Appel via des frames

Avant les IFrames existaient les frames simples. Sur le plan conceptuel, ces composants d'interface graphique ont connu des problèmes de relations publiques avec les années, mais ils fournissent au moins un moyen d'effectuer des opérations (via des scripts) similaires aux appels via les IFrames (même si cela est un peu accidentel). Comme le support des frames n'est pas largement répandu, leur utilisation – pour quelque motif que ce soit – est très improbable.

Métaphore

Une IFrame cachée est un ami invisible à qui l'on peut déléguer des requêtes.

Le pattern HTTP Streaming

◉○○

Connexion, Duplex, Temps réel, Persistance, Publication, Push, Mise à jour, Accès à distance, Script à distance, Gestion d'état, Flux, Double sens

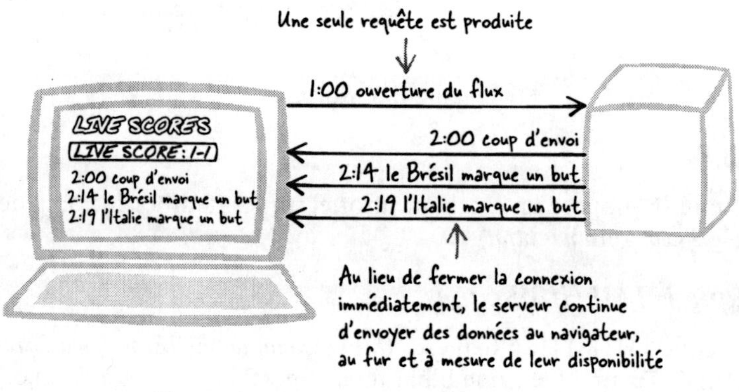

Figure 6-9. Le pattern HTTP Streaming

Anecdote

L'application de trading de Tracy contient une zone dans laquelle sont affichées les toutes dernières informations. Celles-ci sont constamment à jour car les informations sont envoyées en flux continu par le serveur. Soudain, une information importante apparaît, qui incite Tracy à effectuer une nouvelle transaction. Cette opération est gérée via un nouveau `XMLHttpRequest`, si bien que le flux d'information continue à alimenter l'application de Tracy sans être affecté par la transaction.

Problème

Comment le serveur peut-il initier une communication avec le navigateur ?

Contraintes

- L'état de nombreuses Ajax Apps est intrinsèquement volatile. Des modifications peuvent être provoquées par l'utilisateur, par des informations nouvelles en provenance de l'extérieur, ou par l'achèvement de calculs complexes. Elles peuvent tenir compte de la date et de l'heure courantes.

- Les connexions HTTP ne peuvent être créées qu'au niveau du navigateur. Lorsqu'un changement d'état a lieu, le serveur n'a aucun moyen de créer une connexion physique pour la notifier au(x) client(s) concerné(s).

Solution

Il faut envoyer les données du serveur dans des flux venant en réponse à une connexion HTTP de longue durée. La plupart des services web effectuent un traitement, retournent une réponse au client et mettent fin à la communication. Dans le cadre de ce pattern, ils conservent ouverte la connexion en exécutant une boucle permanente. Le script du serveur utilise l'enregistrement d'événement ou toute autre technique pour détecter un changement d'état. Dès qu'il a lieu, le serveur envoie les nouvelles données dans le flux sortant mais sans le fermer après coup. À l'autre extrêmité, le navigateur doit garantir que ces nouvelles informations apparaissent bien dans l'interface utilisateur. Le pattern HTTP Streaming présente deux techniques permettant d'utiliser les flux HTTP : le « page streaming » (flux de pages) et le « service streaming » (flux de services).

> ***Est-ce une solution réellement praticable ?***
>
> On notera que bien qu'il soit utilisé dans des systèmes destinés au public et à des entreprises, ce pattern reste quelque peu expérimental, en particulier dans sa variante *service-streaming*. Il existe des problèmes de faisabilité, d'échelle et de portabilité. Une difficulté particulière concerne l'effet des proxies. Un proxy situé entre le serveur et le navigateur peut parfois bufferiser les réponses, une optimisation malheureuse qui empêche un transfert des données en temps réel et en flux continuel vers le navigateur. Pire même, certains proxies peuvent décider d'eux-mêmes (et en pensant bien faire) de fermer la connexion après un certain temps d'inactivité. Un autre problème est celui de la performance du serveur, lorsque le nombre de connexions persistentes à gérer est élevé.
>
> Le pattern *HTTP Streaming* fonctionne le mieux lorsqu'on peut contrôler des facteurs tels que le serveur web, le réseau et même le navigateur si c'est possible. Les problèmes d'échelle sont souvent exagérés, si bien que la technique de streaming peut être employée dans plus de circonstances qu'on peut le croire. De plus, certains serveurs modernes (par exemple, Twisted, à l'adresse *http://twistedmatrix.com/*) sont développés sur une architecture de type streaming, et sont capables d'entretenir des connexions de longue durée.

La technique du « page streaming » utilise la page constituant la réponse initiale (*figure 6-10*). Ici, le serveur produit immédiatement une page initiale et l'envoie dans le flux, mais il garde le flux ouvert. Il procède ensuite à des modifications successives de la page en envoyant des scripts qui manipulent le DOM. Officiellement, le navigateur écrit dans la page initiale, si bien que lorsqu'il rencontre une balise `<script>` complète, il exécute le script immédiatement. Une démo très simple est disponible à l'adresse *http://ajaxify.com/run/streaming/*.

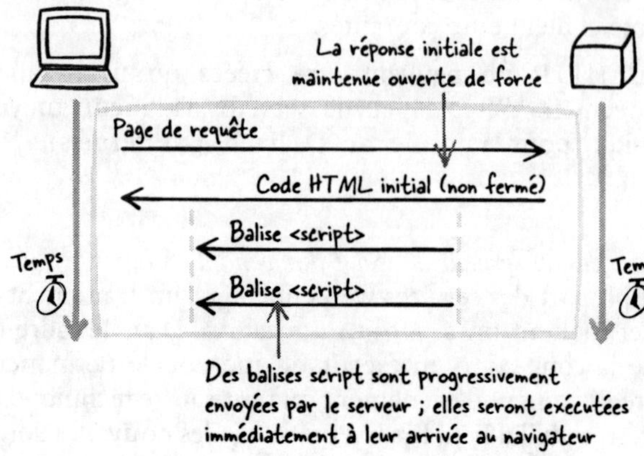

Figure 6-10. Le « page streaming »

Par exemple, le serveur peut initialement produire un `div` qui contiendra en permanence les informations les plus récentes :

```
print ("<div id='news'></div>");
```

Cependant, au lieu de mettre fin à la communication, il lance une boucle dont le but est de mettre à jour cet élément toutes les 10 secondes (il faudrait bien évidemment créer un mécanisme d'interruption automatique et non manuel) :

```
<?
  while (true) {
?>
    <script type="text/javascript">
      $('news').innerHTML = '<?= getLatestNews( ) ?>';
    </script>
<?
    flush( ); // garantit que la balise Javascript est écrite immédiatement
    sleep(10);
  }
?>
```

> ***N'oubliez pas d'utiliser flush() : un truc PHP***
>
> Chaque langage et chaque environnement a ses particularités, lorsqu'il s'agit d'implémenter ce pattern. Pour ce qui concerne PHP, de nombreux conseils sont prodigués dans l'aide en ligne sur `flush( )` : (*http://php.net/flush*). Il s'avère nécessaire d'exécuter `ob_end_flush( );` avant l'appel de `flush( )`. Il peut aussi être utile d'augmenter la valeur du paramètre `max_execution_time`. Les navigateurs web possèdent ainsi des paramètres liés au hors-délai, qu'il est parfois nécessaire de manipuler.

Cela illustre la technique de base, dont certains raffinements sont discutés plus loin dans la section « Décisions », plus loin dans ce chapitre. On peut se demander comment le navigateur initie la communication, puisque la connexion est dans un état perpétuel de réponse. Il faut pour cela utiliser un « back channel », c'est-à-dire une connexion HTTP parallèle. Celle-ci peut être facilement mise en place grâce à un *appel via XMLHttpRequest* ou à un *appel via IFrame*. Le service concerné par le flux pourra modifier l'interface utilisateur, aussi longtemps qu'il dispose d'un moyen pour détecter l'appel – par exemple, un objet session, un objet application global (tel qu'un objet `applicationContext` dans un servlet Java conteneur), ou la base de données.

Le page streaming implique que le navigateur découvre les modifications du serveur quasi immédiatement. Cela ouvre la possibilité de mises à jour en temps réel dans le navigateur et permet des flux d'informations bi-directionnels. Cependant, il s'agit d'une forme certaine de déviance par rapport à l'usage standard de HTTP, ce qui peut engendrer divers problèmes. En premier lieu, il y a des conséquences malheureuses en termes de gestion mémoire, car JavaScript accumule tout et le navigateur doit retenir toutes ces informations dans son modèle de page. Dans une application riche assortie de nombreuses mises à jour, le modèle peut grossir rapidement, ce qui nécessite tôt ou tard un rafraîchissement de la page, afin d'éviter une pagination sur le disque dur (ou pire). En deuxième lieu, les connexions de longue durée finissent toujours par s'interrompre accidentellement. Il faut donc toujours prévoir un mécanisme de gestion de ce type d'incident. En troisième lieu, la plupart des serveurs ne peuvent pas gérer de nombreuses connexions simultanées. L'exécution de scripts multiples provoque généralement des problèmes lorsque chaque script s'exécute dans son propre processus ; même dans les environnements multi-tâches sophistiqués, les ressources sont limitées.

Un autre problème est l'obligation d'utiliser JavaScript, car c'est le seul moyen de modifier les éléments de page qui ont déjà été envoyés. Sans JavaScript, le serveur ne pourrait rien faire d'autre que d'envoyer une page supplémentaire. Ainsi, le serveur et le navigateur sont étroitement couplés, ce qui rend difficile le développement d'applications navigateur en Ajax.

La technique du « service streaming » permet de résoudre partiellement ces problèmes (*figure 6-11*). Elle repose sur les *appels via XMLHttpRequest* (ou sur une technologie similaire telle que les *appels via IFrame*). Cette fois, la connexion via `XMLHttpRequest` est de longue durée et ne se limite plus à l'envoi de la page initiale. De plus, il y a une plus grande flexibilité concernant la durée et la fréquence des connexions. On peut ainsi charger la page normalement, puis déclencher le streaming pendant 30 secondes lorsque l'utilisateur clique un bouton. On peut aussi déclencher le streaming une fois la page chargée et réinitialiser la connexion toutes les 30 secondes. La flexibilité est d'une grande valeur ajoutée, étant donné que le pattern HTTP Streaming est contraint par les capacités du serveur, des navigateurs et du réseau.

En ce qui concerne la technique du « service streaming », le serveur utilise la même astuce de la boucle infinie pour garder la connexion ouverte et il envoie périodiquement des données dans le flux. Les données produites ne peuvent plus être des balises `script` HTML, car le navigateur web ne les exécuterait pas automatiquement : comment le navigateur fait-il donc pour exploiter le flux de données ? En fait, le navigateur récupère la réponse la plus récente et il l'emploie en conséquence.

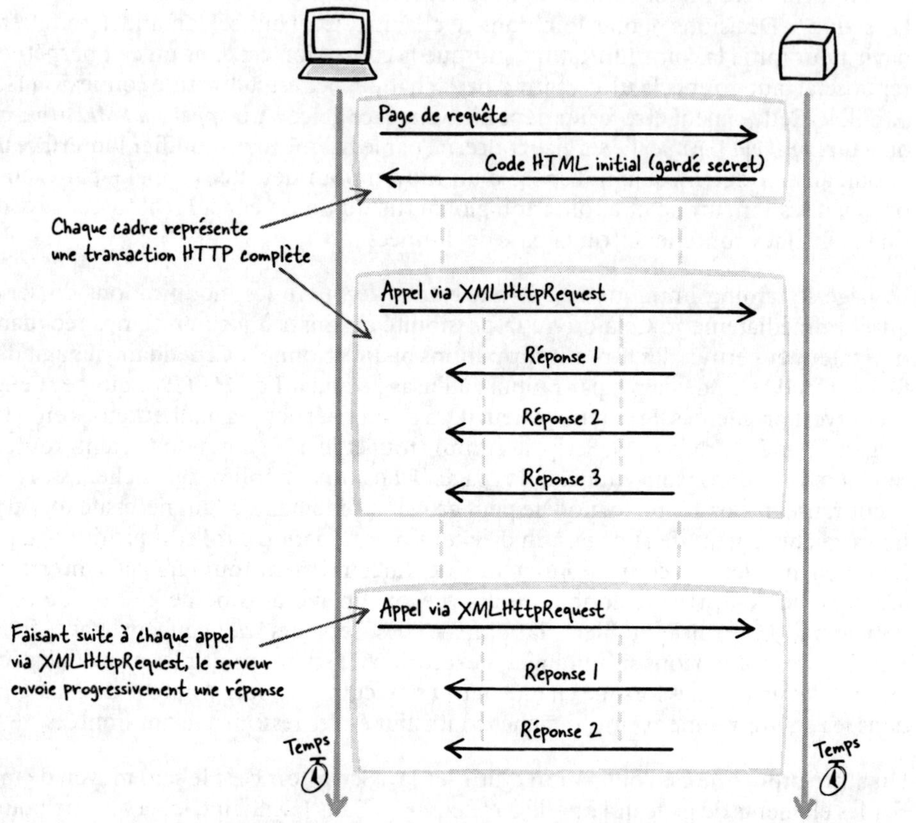

Figure 6-11. Le « service streaming »

La propriété `responseText` de `XMLHttpRequest` contient toujours le contenu qui a été envoyé par le serveur, même lorsque la connexion est encore ouverte. Ainsi, le navigateur peut effectuer une vérification périodique, il peut tester par exemple si la longueur du contenu a changé. Il y a cependant un problème : lorsque les données ont été envoyées par le serveur, celui-ci ne les maîtrise plus (en particulier, il ne peut pas les modifier). Par exemple, la chaîne de caractères `responseText` produite par un service d'horloge peut ressembler à « 12:01:00 12:01:05 12:01:10 », alors que la réponse devrait être, idéalement, « 12:01:00 », puis « 12:01:05 », puis « 12:01:10 ». La solution consiste à effectuer l'analyse syntaxique de la chaîne de caractères et à ne considérer que la dernière valeur – pour être plus précis, la dernière valeur *complète*, puisque le texte ne peut se terminer par un résultat partiel. Un exemple de cette technique (*http://www.ajaxify.com/run/streaming/xmlHttpRequest/countdown/*) fonctionne de cette façon. Pour faciliter l'analyse de la chaîne de caractères, le service délimite chaque message au moyen d'un mot-clé spécial, `@END@` (une balise XML serait une alternative tout aussi valable). L'expression régulière peut alors être exécutée pour récupérer le message le plus récent, qui doit être suivi par ce mot-clé pour garantir qu'il est complet.

```
function periodicXHReqCheck( ) {
  var fullResponse = util.trim(xhReq.responseText);
```

```
    var responsePatt = /^(.*@END@)*(.*)@END@.*$/;
    if (fullResponse.match(responsePatt)) {
                        // Au moins une réponse complète jusqu'à présent
      var mostRecentDigit = fullResponse.replace(responsePatt, "$2");
      $("response").innerHTML = mostRecentDigit;
    }
  }
```

Tout cela est parfait si l'on ne s'intéresse qu'au message le plus récent, mais que faire si le navigateur a besoin d'utiliser tous les messages qui lui ont été envoyés ? Avec une fréquence de récupération de 10 secondes, le code précédent manquerait un certain nombre de valeurs, et le navigateur passerait directement de 12:01 à 12:01:10, en ignorant la deuxième valeur. Si l'on veut intercepter *tous* les messages, il faut garder la trace de l'endroit exact qui a été consulté dans le message. Ceci permet de détecter précisément l'arrivée éventuelle de nouvelles données depuis la dernière récupération, une technique utilisée dans « Refonte de code : AjaxPatterns Streaming Wiki » (voir plus loin dans ce chapitre).

En résumé, le « service streaming » permet d'utiliser les flux de données de façon plus flexible. Il est en effet possible d'envoyer des contenus arbitraires et non des seules commandes JavaScript et on peut aussi contrôler le cycle de vie d'une connexion. Cependant, cette technique combine deux concepts qui ne sont pas déployés de façon cohérente parmi tous les navigateurs – `XMLHttpRequest` et le HTTP Streaming – et qui posent des problèmes de portabilité. L'expérience montre que la technique du *page streaming* fonctionne pour IE et Firefox (*http://ajaxify.com/run/streaming/*), alors que le « service streaming » ne marche correctement que sur Firefox, que `XMLHTTPRequest` (*http://ajaxify.com/run/streaming/xmlHttpRequest/*) ou que l'IFrame (*http://ajaxify.com/run/streaming/xmlHttpRequest/iframe/*) soient utilisés. Dans les deux cas, IE supprime la réponse tant qu'elle n'est pas complète. On peut affirmer qu'il s'agit là d'un bogue ou au contraire d'une spécificité, mais quoi qu'il en soit, cela travaille contre le HTTP Streaming. Pour mettre en place des mises à jour de page portables, plusieurs options sont possibles. On peut :

- utiliser une solution hybride (*http://ajaxlocal/run/streaming/xmlHttpRequest/iframe/scriptTags/*) reposant sur du « page streaming » et sur du « service streaming » basé sur IFrame. La réponse IFrame produit des balises `script`, qui incluent le code permettant de communiquer avec le document parent (par exemple, `window.parent.onNewData(data);`). En ce qui concerne le « page streaming » standard, les scripts seront exécutés immédiatement. Cette solution n'est pas élégante, puisqu'elle couple le service à distance à la structure du script côté navigateur, mais elle constitue une façon portable et fiable d'implémenter le pattern HTTP Streaming.
- utiliser une forme limitée de « service streaming », pour laquelle le serveur se bloque jusqu'à ce qu'un changement d'état ait lieu. Lorsque cela se produit, le serveur envoie un message et termine la connexion. Cette solution n'est pas idéale, mais elle est facilement réalisable (voir « Cas concrets » plus loin dans ce chapitre).
- utiliser le « page streaming ».
- utiliser *Periodic Refresh* (chapitre 10) au lieu du pattern HTTP Streaming.

Décisions

Combien de temps faut-il garder une connexion ouverte ?

Il est évidemment impossible de laisser une connexion ouverte sans limite de durée. Il faut donc décider d'une durée raisonnable durant laquelle la connexion restera ouverte. Cette durée dépend :

- des ressources impliquées : serveur, réseau, navigateurs, logiciels intervenant dans la connexion.
- du nombre de clients qui vont se connecter simultanément, non pas en moyenne, mais en période de pointe.
- de la façon dont le système sera utilisé (volumes de données transférés, évolution de l'activité avec le temps).
- des conséquences d'un trop grand nombre de connexions simultanées. Par exemple, les utilisateurs vont-ils rater des informations critiques ? Il est difficile de répondre précisément à cette question, mais il semble raisonnable de supposer qu'une petite application intranet pourrait tolérer une connexion de quelques minutes ou de quelques heures, alors qu'un gros site public de type « .com » pourrait n'offrir ce service que pour des cas rapides et spécialisés, éventuellement.

Quand faut-il décider de fermer la connexion ?

Un service web peut décider de fermer une connexion pour plusieurs raisons :

- Une durée limite a été atteinte.
- Le premier message a été émis.
- Un événement particulier se produit. Par exemple, le flux peut indiquer l'état d'avancement d'un traitement complexe (voir le pattern *Progress Indicator* [chapitre 14]) et se fermer lorsque le traitement est terminé.
- Jamais. C'est au client de mettre fin à la connexion.

Comment le navigateur fait-il la distinction entre tous les messages ?

Comme on l'indique dans la « Solution », le service ne peut effacer ce qu'il a déjà envoyé, si bien qu'il lui faut envoyer une succession de messages distincts. Un protocole est nécessaire pour décrire en détail les messages : par exemple, les messages peuvent respecter un format bien défini, être séparés par une chaîne de caractères spécifique ou encore être complétés par des méta-données (un entête indiquant la taille du message).

Cas concrets

LivePage

LivePage (*http://twisted.sourceforge.net/TwistedDocs-1.2.0/howto/livepage.html*) fait partie du framework Nevow de Donovan Preston (*http://nevow.com*), basé sur Python et construit sur le framework Twisted (*http://twistedmatrix.com/*). Les événements sont produits par le serveur au moyen d'un « service streaming » reposant sur `XMLHttpRequest`. Pour des raisons de compatibilité, Nevow utilise la technique mentionnée dans la

« Solution » et pour laquelle la connexion est fermée juste après l'envoi de la première réponse. Donovan m'a expliqué ainsi sa technique :

- Lorsque la page principale se charge, une XHR (XMLHttpRequest) crée une requête jouant le rôle de conduit de sortie. Si le serveur a accumulé des événements entre l'affichage de la page principale et celui de la requête « conduit de sortie », il les envoie immédiatement. Si ce n'est pas le cas, il attend jusqu'à l'arrivée d'un message, qu'il envoie dans le conduit de sortie. Tout événement en provenance du serveur (et à destination du client) provoque la fermeture de la requête « conduit de sortie ». À chaque fois que le serveur ferme la requête « conduit de sortie », le client en rouvre une nouvelle immédiatement. Si le serveur n'a pas reçu d'événement du client dans les trente secondes, il envoie un noop (la version JavaScript de « null ») et ferme la requête.

Jotspot Live

Jotspot Live (*http://jotlive.com/*) est un environnement Wiki multi-utilisateurs en temps réel, qui utilise HTTP Streaming pour la mise à jour de contenu de message (*figure 6-12*). Dans une interview pour Ajaxian.com (*http://www.ajaxian.com/archives/2005/09/jotspot_live_li.html*), le développeur Abe Fettig a expliqué que sa conception est basée sur LivePage (voir l'exemple précédent).

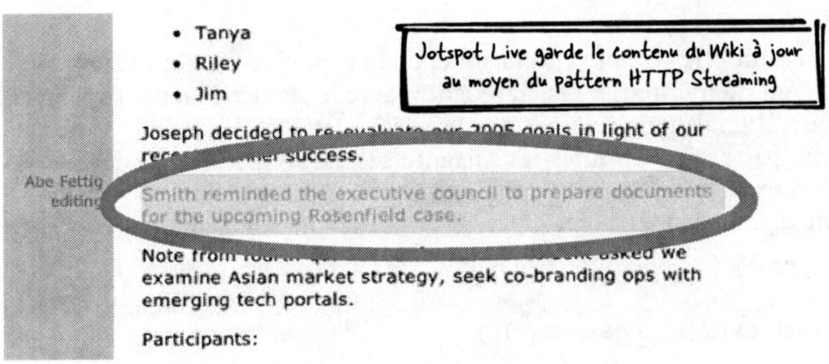

Figure 6-12. JotSpot Live

Realtime on Rails

Realtime on Rails, de Martin Scheffler (*http://www.uni-weimar.de/~scheff12/wordpress/?p=19*), est une application de chat en temps réel qui utilise le « service streaming » pour Firefox et, du fait des restrictions décrites plus haut dans ce chapitre (« Solution »), *Periodic Refresh* pour les autres navigateurs.

Lightstreamer engine

Lightstreamer (*http://www.lightstreamer.com/*) est un « push engine » commercial utilisé dans divers secteurs économiques, dont celui de la finance, pour mettre en place du HTTP Streaming à grande échelle. Comme le fonctionnement de cet outil est celui d'un serveur autonome, de nombreuses optimisations sont possibles. La société qui développe Lightstreamer annonce que 10000 utilisateurs simultanés peuvent être supportés sur un Pentium 4 standard cadencé à 2.4GHz (*http://www.softwareas.com/http-streaming-an-alternative-to-polling-the-server#comment-3078*).

Framework Pushlets

Le framework Pushlets, de Just van den Broecke (*http://www.pushlets.com/doc/white-paper-s4.html*), est une bibliothèque de servlets Java basée sur HTTP Streaming et qui supporte les deux mécanismes de « page streaming » et de « service streaming ».

Refonte de code : Streaming Wiki d'AjaxPatterns

La démo « Basic Wiki » (*http://ajaxify.com/run/wiki*) met à jour les messages au moyen de *Periodic Refresh*, interrogeant le serveur toutes les cinq secondes. La présente démo (*http://ajaxify.com/run/wiki/streaming*) remplace ce mécanisme par celui du « service streaming ». La bibliothèque AjaxCaller est toujours employée pour envoyer de nouveaux messages, ce qui matérialise le back-channel.

Le *service web* reste générique et indépendant du type de client qui se connecte à lui. Il se contente de produire un message à chaque fois qu'il détecte un changement. Il émet donc un flux tel que celui-ci :

```
<message>contenu au temps t=0 </message>
<message>complément de contenu quelques secondes plus tard </message>
<message>autre complément de contenu encore un peu plus tard </message>
... etc. ...
```

Le serveur peut être complètement indépendant de l'application client. Par exemple, c'est au client de mettre fin à la transaction avec le service (dans un système destiné à être diffusé, il serait plus propre que le service mette fin lui-même normalement à la connexion, par exemple toutes les soixante secondes). Le serveur détecte les changements en comparant les derniers messages avec les plus anciens (il pourrait aussi utiliser un timbre dateur si la table des messages contenait un tel champ) :

```
while (true) {
  ...
  foreach ($allIds as $messageId) {
    ...
    if ($isNew || $isChanged) {
      print getMessageXML($newMessage); // affiche "<message>...</message>"
      flush( );
    }
  }
  sleep(1);
}
```

Le navigateur initie la requête au moyen des méthodes standard `open( )` et `send( )`. Curieusement, il n'y a pas de gestionnaire `onreadystatechange` puisqu'on va récupérer le texte au moyen d'un timer (un gestionnaire serait justifié sous Firefox, car `onreadystatechange` semble être appelé à chaque fois que la réponse est modifiée).

```
xhReq.open("GET", "content.phtml", true);
xhReq.send(null);
// Ne pas s'inquiéter de onreadystatechange
// et de toute façon responsetext est récupéré
```

```
...
pollTimer = setInterval(pollLatestResponse, 2000);
```

pollLatestResponse( ) lit continuellement le texte produit. Il garde la trace du dernier message complet qu'il a détecté en utilisant nextReadPos. Par exemple, s'il a traité deux messages de 500 caractères jusqu'à présent, nextReadPos vaudra 1001. C'est là que la recherche d'un nouveau message va commencer. Chaque message complet situé au-delà de cette position, dans la réponse, sera traité séquentiellement. La réponse est utilisée à la manière d'une queue. On notera que l'algorithme ne suppose pas que la réponse se termine par </message> ; si un message n'est qu'à moitié complet, il sera simplement ignoré.

```
function pollLatestResponse( ) {
  var allMessages = xhReq.responseText;
  ...
  do {
    var unprocessed = allMessages.substring(nextReadPos);
    var messageXMLEndIndex = unprocessed.indexOf("</message>");
    if (messageXMLEndIndex!=-1) {
      var endOfFirstMessageIndex = messageXMLEndIndex + "</message>".length;
      var anUpdate = unprocessed.substring(0, endOfFirstMessageIndex);
      renderMessage(anUpdate);
      nextReadPos += endOfFirstMessageIndex;
    }
  } while (messageXMLEndIndex != -1);
```

Après un certain temps, le navigateur va appeler xhReq.abort( ). Dans ce cas, c'est le navigateur qui met fin à la connexion, mais comme on l'a mentionné plus haut, cette fermeture pourrait tout aussi bien être réalisée par le serveur.

Enfin, on notera que l'envoi de données fait encore appel à la bibliothèque AjaxCaller. Ainsi, si l'utilisateur émet un nouveau message, il sera extrait du flux par le serveur, ce que le navigateur récupèrera et affichera.

Alternatives

Periodic Refresh

Le pattern *Periodic Refresh* (chapitre 10) est l'alternative évidente de HTTP Streaming. Il simule une connexion de longue durée en interrogeant fréquemment le serveur. En général, Periodic Refresh est plus modulable et plus facile à implémenter de façon robuste et portable. Cependant, il est préférable de se tourner vers HTTP Streaming pour des systèmes, tels que des intranets, pour lesquels il y a moins d'utilisateurs simultanés, pour ceux sur lesquels le développeur a un certain contrôle sur l'infrastructure et pour lesquels chaque connexion implique des volumes de données respectables.

Connexion TCP

Grâce à un *Richer Plugin* tel que Flash ou Java, le navigateur peut initier une connexion TCP. L'avantage majeur de ce protocole est la flexibilité – on peut utiliser un protocole adapté aux connexions de longue durée, à la différence d'HTTP, dont la nature sans état implique que les serveurs ne gèrent pas très bien les connexions de longue durée. Une bibliothèque facilitant l'implémentation de ce pattern est Stream (*http://www.stormtide.ca/Stream/*), qui consiste en un composant Flash invisible et un serveur, complétés par une API JavaScript permettant de les utiliser.

Patterns associés

Distributed Events

On peut utiliser le pattern *Distributed Events* (événements distribués, voir chapitre 10) pour coordonner l'activité du navigateur engendrée par une réponse.

Métaphore

Le pattern HTTP Streaming est comme un bloggeur qui rapporte en direct, instant après instant, le déroulement d'une conférence.

Pour aller plus loin

- Consulter la page de Donovan Preston décrivant la réalisation de LivePage (*http://ulaluma.com/pyx/archives/2005/05/multiuser_progr.html*)
- Consulter la page d'Alex Russell portant sur Comet (*http://alex.dojotoolkit.org/?p=545*)

Remerciements

Donovan Preston et Kevin Arthur ont contribué à la clarification de ce pattern et ont montré comment ils l'ont utilisé dans leurs projets respectifs, LivePage et Stream. Qu'ils en soient vivement remerciés.

Le pattern On-Demand JavaScript (JavaScript à la demande)

●●○

Comportement, Bootstrap, Inter-domaine, Dynamique, JavaScript, Chargement différé, À la demande, Balise de script

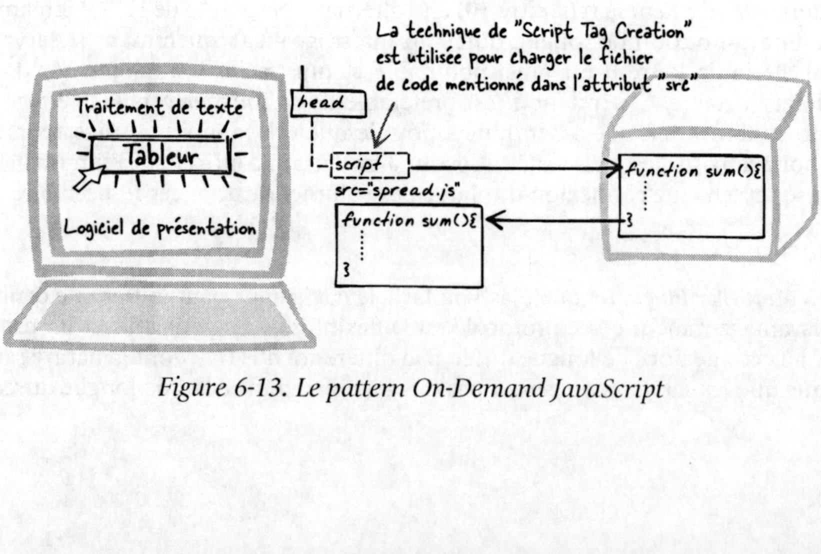

Figure 6-13. Le pattern On-Demand JavaScript

Anecdote

Bill se connecte sur le site web de sa banque. Le formulaire de login apparaît rapidement, et pendant que Bill tape son nom d'utilisateur et son mot de passe, le navigateur télécharge tranquillement le code JavaScript nécessaire au reste de l'application.

Problème

Comment peut-on déployer des volumes importants de code JavaScript ?

Contraintes

- Les Ajax Apps utilisent JavaScript de façon intensive. Pour qu'un navigateur ait un comportement riche, il faut télécharger beaucoup de code JavaScript.
- Le téléchargement de code JavaScript a des conséquences en termes de performance. Les interactions ne peuvent véritablement commencer que lorsque tout le code JavaScript initial a été chargé.
- La bande passante peut aussi constituer un problème lorsqu'il faut transférer beaucoup de code JavaScript. Souvent, seule une partie du code JavaScript chargé est réellement utilisée, d'où une consommation partiellement inutile et un gaspillage des capacités du réseau.

Solution

Il faut télécharger et exécuter des fragments de code JavaScript. Le chargement de page initial inclut du code JavaScript qui, entre autres choses, contient le code d'amorçage nécessaire à un chargement complémentaire de code JavaScript. Deux techniques sont possibles : la création de balises script (*Script Tag Creation*) et l'évaluation de service (*Service Eval*). On va présenter chacune d'entre elles, puis illustrer le pattern au moyen de trois exemples d'applications.

La technique appelée *Script Tag Creation* repose sur une manipulation du DOM destinée à injecter un nouvel élément `script` dans la page. De façon peut-être un peu surprenante, le résultat est exactement le même que si la balise `<script>` avait été présente lors du lancement : le JavaScript référencé sera téléchargé et exécuté automatiquement. La balise peut être rattachée à l'entête ou au corps, la première solution étant plus courante car c'est plutôt là que l'on trouve des balises `script` :

```
var head = document.getElementsByTagName("head")[0];
script = document.createElement('script');
script.id = 'importedScriptId';
script.type = 'text/javascript';
script.src = "http://path.to.javascript/file.js";
head.appendChild(script);
```

Comment peut-on savoir que le script a été chargé ? Le comportement des navigateurs est assez variable, certains d'entre eux chargent le script de façon asynchrone et d'autres non. Sous IE, une notification est faite selon un mécanisme similaire à celui de `XMLHttp-request` (*http://www.xml.com/lpt/a/2005/11/09/fixing-ajax-xmlhttprequest-consideredharmful.htmlonreadystatechange*). Avec les autres navigateurs, il peut s'avérer nécessaire de solliciter sans arrêt une indication de ce chargement (cette indication dépend de ce que le script est censé faire). Si le programmeur contrôle le script du serveur, il peut implémenter un mécanisme de notification, c'est-à-dire terminer le script en appelant un callback récepteur, s'il y en a un. Il existe un outil prometteur, JSONP (*http://bob.pythonmac.org/archives/2005/12/05/remote-json-jsonp/*), qui a pour but de proposer un mécanisme simple et flexible de ce type, standardisé dans l'ensemble de ce secteur économique.

La technique de *Script Tag Creation* ne permet pas de récupérer du texte simple : il doit s'agir de code JavaScript valide. De plus, le script du navigateur ne pourra pas le lire directement car le navigateur ne l'utilisera que pour de l'évaluation. Comment donc peut-on récupérer des données à partir d'un serveur externe ? La solution la plus courante consiste, pour le code JavaScript distant, à assigner une variable à la donnée requise :

```
var characters = new Array("Mario", "Sonic", "Lara");
```

Le contenu est en général une structure de données, du même type qu'un *Message JSON* standard, mais qui requiert aussi une affectation, afin d'être référencée dans le code. Il pourrait aussi s'agir d'une fonction qui retourne la valeur souhaitée. Quelle que soit la solution retenue, le code du navigateur doit exploiter le nom mentionné dans le script, ce qui n'est pas l'idéal. Il est préférable de considérer un mécanisme de script flexible, car cela permet de laisser le choix du nom de la variable.

Service Eval est l'autre technique d'implémentation du pattern On-Demand JavaScript, bien qu'elle ne soit pas aussi importante que *Script Tag Creation* pour des raisons qui seront discutées plus loin. Avec *Service Eval*, un *service web*est appelé au moyen d'un *appel via XMLHttpRequest* standard ; il produit une réponse sous la forme d'un contenu JavaScript, lequel est exécuté grâce à un appel à `eval( )`. La propriété `responseText` de l'*appel via XMLHttpRequest* est simplement inspectée ; elle peut être manipulée avant son évaluation, si bien que le corps n'a pas besoin d'être un fragment JavaScript complet et valide (à la différence de ce qui est réalisé avec *Script Tag Creation*).

Tout code qui n'est pas à l'intérieur d'une fonction sera exécuté immédiatement. Pour ajouter ultérieurement une nouvelle fonctionnalité, le code JavaScript procédera à des insertions directement dans la fenêtre courante ou dans un objet déjà existant. Par exemple, le code suivant peut être envoyé :

```
self.changePassword = function(oldPassword, newpassword) {
  ...
}
```

La fonction de callback de `XMLHttpRequest` a juste besoin de traiter la réponse comme du texte simple et de la passer à `eval( )`. Attention : là aussi, le caractère asynchrone du processus peut avoir des effets dévastateurs. On ne peut pas supposer que le nouveau code est disponible juste après en avoir fait la requête, il ne faut donc pas faire ce qui suit :

```
if (!self.changePassword) {
  requestPasswordModuleFromServer( );
}
changePassword(old, new)      // Ne marchera pas la première fois car
                              // changePassword n'est pas encore chargé.
```

Au lieu de cela, il faut soit procéder à un appel asynchrone au serveur et utiliser une boucle pour tester la disponibilité de la nouvelle fonction, soit faire explicitement l'appel dans le gestionnaire de réponse.

Le pattern On-Demand JavaScript a trois applications distinctes :

Chargement différé (lazy loading)
: on peut différer le chargement de codes JavaScript volumineux. Cela marche avec les deux techniques de ce pattern (*Service Eval* ou *Script Tag Creation*).

Message comportemental
: On peut faire répondre le serveur sous la forme d'un « message comportemental », qui dicte au navigateur sa prochaine action. Cela marche avec les deux techniques de ce pattern (*Service Eval* ou *Script Tag Creation*).

Script inter-domaine (Cross-Domain Scripting)
: Grâce à la technique de *Script Tag Creation*, on peut outrepasser la politique standard de l'origine commune qui nécessite normalement un *proxy inter-domaine* (Cross-Domain Proxy). Cela ne marche qu'avec la technique de *Script Tag Creation*.

Examinons tout d'abord le chargement différé.Conventionnellement, la meilleure pratique consiste à procéder à des inclusions morcelées; en incluant le JavaScript dans une ou plusieurs balises `script` :

```
<html>
  <head>
    <script type="text/javascript" src="search.js"></script>
    <script type="text/javascript" src="validation.js"></script>
    <script type="text/javascript" src="visuals"></script>
  </head>
  ...
</html>
```

Le *chargement différé* s'appuie sur cette approche, sous la forme suggérée d'un simple module d'initialisation dans le code HTML initial :

```
<html>
  <head>
    <script type="text/javascript" src="init.js"></script>
  </head>
  ...
</html>
```

Le module d'initialisation déclare toutes les actions nécessaires au démarrage de la page, ainsi que toutes celles qui permettent de gérer un fonctionnement typique. De plus, il doit assurer une fonction d'amorçage, permettant de charger du code JavaScript nouveau à la demande.

La seconde application (message comportemental) est une variante du pattern *HTML Message*. Alors que le chargement différé prépare un code de bibliothèque pour un usage courant, les messages comportementaux récupèrent un code temporaire et exécutent immédiatement la fonction `eval( )` sur celui-ci – le script n'est pas logé à l'intérieur d'une fonction (bien qu'il puisse définir des fonctions appelées par lui). Concrètement, le navigateur demande au serveur ce qu'il doit faire après la tâche en cours.

La troisième application de ce pattern est celle des *scripts inter-domaine*. Les balises `script` ont toujours pu inclure du source JavaScript provenant de domaines externes. La règle s'applique non seulement aux balises statiques `<script>`, mais aussi aux balises `script` créées dynamiquement (comme dans la technique de *Script Tag Creation*). Ainsi, à la différence de `XMLHttpRequest` et de IFrame, un script peut accéder directement de cette façon à un contenu externe. Du fait que la propriété `src` peut être n'importe quelle URL, on peut passer des arguments comme des variables CGI. L'idée devient assez populaire, des sociétés telles que Yahoo! proposant des API JavaScript conçues spécifiquement pour cette approche (voir « Cas concrets », plus loin dans cette section).

Exécuter un script d'un autre domaine peut être utile lorsqu'il est considéré comme fiable et lorsqu'il peut être contrôlé. Parfois, en revanche, cela peut être risqué, en termes de sécurité. Douglas Crockford, le créateur de JSON, met en garde contre les ravages que peut causer un script externe (*http://www.mindsack.com/uxe/dynodes/*) :

Le script peut fournir des données, mais il s'exécute avec les mêmes privilèges que les scripts de la page de base : il peut donc voler des cookies ou employer de façon dévoyée les autorisations de l'utilisateur vis-à-vis du serveur. Un script malfaisant peut avoir des effets destructeurs pour l'utilisateur et le serveur... *Le hack de la balise script non restreinte est la dernière grosse faille des navigateurs.* Elle ne peut pas être colmatée facilement car l'ensemble de l'infrastructure publicitaire dépend d'elle. Il convient donc d'être très prudent.

Décisions

Faut-il utiliser Service Eval ou Script Tag Creation ?

Le choix entre *Service Eval* et *Script Tag Creation* dépend de plusieurs facteurs. *Service Eval* a plusieurs avantages sur la technique de *Script Tag Creation* :

- Étant basé sur `XMLHttpRequest`*Service Eval*, dispose d'un mécanisme standard de notification lorsque le script est prêt, il n'y a donc aucun risque d'appeler une fonction qui n'est pas encore disponible.
- On peut accéder au code du script.
- Il y a plus de flexibilité quant au format du message : par exemple, on peut envoyer plusieurs fragments de code JavaScript à l'intérieur de différents nœuds XML et les faire extraire par le script du navigateur.

En revanche, *Script Tag Creation* possède quelques avantages sur *Service Eval* :

- Il est possible de charger du code JavaScript à partir de domaines externes. Il s'agit là de la seule différence fonctionnelle significative entre les deux styles.
- Le code JavaScript sera automatiquement évalué, pratiquement de la même façon que du JavaScript lié à un code statique HTML est évalué dès que la balise `<script>` est rencontrée. Il n'est donc pas nécessaire d'ajouter explicitement des variables et des fonctions au document pour un usage ultérieur : il suffit de les déclarer normalement.

Lorsqu'on utilise le chargement différé, comment découper le code en modules ?

Il faut déterminer la façon dont le code JavaScript peut être décomposé en modules. Les principes standard du développement informatique s'appliquent : un module doit regrouper du code ayant une thématique commune et les dépendances entre modules doivent être évitées autant que possible. Il existe en outre des contraintes spécifiques du Web :

- Dans l'idéal, un module donné doit être soit utilisé entièrement soit pas utilisé du tout. Il faut éviter de charger un module de 5000 lignes pour ne récupérer en réalité qu'une fonction de 3 lignes. Il s'agit là d'un gâchis de bande passante et d'une négation totale du principe de chargement à la demande.
- Un ou plusieurs modules sont nécessaires au lancement. Ils permettront le chargement ultérieur d'autres modules (en fonction des besoins).
- Il ne faut pas oublier que le code sera probablement stocké localement dans le cache. Alexander Kirk a procédé à quelques expériences de chargement à la demande avec le cache (*http://alexander.kirk.at/2005/10/11/caching-of-downloaded-code-testing-results/*) et il s'avère que tous les principaux navigateurs vont stocker dans le cache tout code créé par la technique de *Script Tag Generation*. On peut en général garantir que les réponses à des `XMLHttpRequest` vont aussi dans le cache.

Lorsqu'on utilise le chargement différé, à quelle étape le script doit-il charger le code JavaScript ?

Il est souvent plus facile de charger le code JavaScript lorsqu'il est nécessaire, au dernier moment, mais ce n'est pas toujours la meilleure approche. Le chargement est toujours réalisé avec un certain retard, si bien que l'utilisateur doit patienter, le temps que ce code soit ainsi chargé. Lorsque les actions de l'utilisateur ou l'état du système laissent à penser qu'un code JavaScript sera bientôt nécessaire, il faut le charger immédiatement.

Prédire la nécessité d'un code JavaScript est un exemple de *récupération prédictive* (Predictive Fetch, chapitre 13). On présume en effet que la donnée récupérée sera bientôt nécessaire. Il faut savoir mettre en balance la probabilité d'une utilisation réelle de ce code et la surcharge de traitement induite par ce chargement anticipé. Imaginons par exemple un code destiné à valider un formulaire qui vient d'être rempli. Si l'on attend le dernier moment, il n'y aura pas de gâchis en termes de bande passante mais ce sera au détriment de la satisfaction de l'utilisateur. On peut aussi charger ce code lorsqu'il ne reste plus qu'un ou deux champs à remplir ou encore lorsque l'utilisateur remplit le premier champ. Chacune de ces options augmente le risque d'un chargement inutile, mais aussi la probabilité d'une procédure de validation plus rapide.

Cas concrets

MapBuilder

MapBuilder (*http://mapbuilder.sourceforge.net*) est un framework pour les sites web de cartographie (*figure 6-14*). Il utilise le pattern On-Demand JavaScript pour réduire la quantité de code à télécharger. L'application est basée sur le paradigme Modèle-Vue-Contrôleur. L'information du modèle est déclarée dans un fichier XML, avec le code

JavaScript requis pour charger les widgets correspondants. Lorsque la page s'ouvre, seul le code JavaScript est chargé (et non l'intégralité du code). Il s'agit donc là d'une implémentation partielle de ce pattern; elle garantit que le sous-ensemble minimal nécessaire est utilisé, mais elle ne charge pas les fragments de code de façon différée, à la demande.

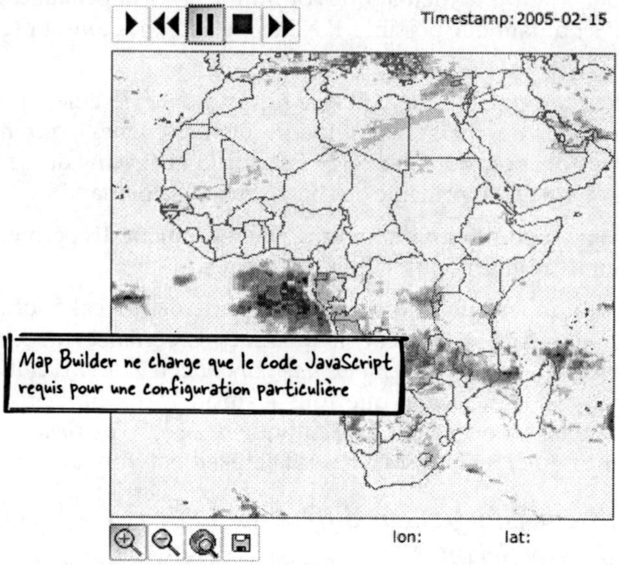

Figure 6-14. MapBuilder

Les API Delicious/Yahoo!

Le site web Delicious de social bookmarking (*http://del.icio.us*) et son propriétaire, Yahoo!, offrent tous deux des API basées sur JSON, ainsi que les points d'entrée appropriés à partir du navigateur via la technique de *Script Tag Creation*. L'API de Delicious (*http://del.icio.us/help/json*) va créer un nouvel objet contenant le résultat (ou le remplir s'il existe déjà). L'API de Yahoo! (*http://developer.yahoo.net/common/json.html*) permet de spécifier une fonction de callback (dans le script) qui recevra le JSON.

Le framework Dojo

Dojo (*http://dojotoolkit.org/download*) est un framework complet dont la vocation est de simplifier le développement en JavaScript. Il fournit un certain nombre de scripts, parmi lesquels le programmeur peut extraire un sous-ensemble qu'il pourra intégrer dans son projet informatique. La gestion des scripts repose sur un système de packages de type Java, ce qui permet d'inclure du code JavaScript de façon adaptée (*http://dojo.jot.com/WikiHome/Documents/DojoPackageSystem*). Il suffit pour cela d'inclure directement un simple fichier JavaScript :

```
<script type="text/javascript" src="/dojo/dojo.js"></script>
```

On peut alors charger les packages à la demande, grâce à l'API Dojo :

```
dojo.hostenv.moduleLoaded("dojo.aDojoPackage.*");
```

L'exécution de la commande ci-dessus provoque le chargement automatique des modules par Dojo sous `dojo.aDojoPackage`.[3]

Système d'importation JSAN

Le réseau d'archives JavaScript JSAN (JavaScript Archive Network) (*http://openjsan.org*) est un système d'archivage en ligne de scripts. Il inclut les bibliothèques permettant d'importer des modules JavaScript, sur des conventions similaires à Java. L'appel suivant :

```
JSAN.use('Module.To.Include');
```

est associé à *Module/To/Include.js*. `JSAN.includePath` définit tous les répertoires de plus haut niveau à l'intérieur desquels ce chemin peut se trouver. Si includePath est `["/","/js"]`, JSAN recherchera `/Module/To/Include` et `/js/Module/To/Include`.

Exemple de code, un Wiki AjaxPatterns basé sur le pattern On-Demand JavaScript

Présentation du Wiki AjaxPattern basé sur le pattern On-Demand JavaScript

Dans la démo « Basic Wiki » (*http://ajaxify.com/run/wiki*), tout le code JavaScript est téléchargé en une fois. Souvent, les utilisateurs ne vont utiliser que la fonction *read* du Wiki – le chargement du code de *write* est donc souvent inutile. La présente démo est une refonte incluant le chargement de JavaScript à la demande, en trois étapes :

1. La fonction `uploadMessage` est déplacée dans un second fichier JavaScript, *upload.js*. Il n'y a pas encore de chargement à la demande car les deux fichiers sont systématiquement chargés.
2. Le chargement à la demande est implémenté en faisant en sorte que le fichier *upload.js* ne soit chargé que lorsqu'un transfert se produit. Cette version utilise la technique de *Script Tag Creation*.
3. Enfin, la technique de *Script Tag Creation* est remplacée par celle de *Service Eval*.

Code JavaScript séparé : Extraction de upload.js

La première étape de la refonte (*http://ajaxlocal/run/wiki/separateJS/*) consiste à déplacer la fonction upload dans un fichier séparé. Le code HTML initial inclut ce nouveau fichier :

```
<script type="text/javascript" src="wiki.js"></script>
<script type="text/javascript" src="upload.js">
```

Le nouveau fichier *upload.js* contient maintenant la fonction `uploadMessage`. Reflétant cette séparation, deux paramètres sont introduits pour découpler la fonction et le script principal du Wiki :

```
function uploadMessages(pendingMessages, messageResponseHandler) {
```

3. Il est possible que tous les modules ne soient pas chargés, car l'ensemble exact à charger peut être défini par l'auteur du package et peut être rendu dépendant de l'environnement d'appel (navigateur ou ligne de commande).

```
  ...
}
```

Le code d'appel est pratiquement le même qu'avant :

```
uploadMessages(pendingMessages, onMessagesLoaded);
```

On a ainsi gagné en modularité, mais les performances n'ont pas changé, car les deux fichiers sont chargés au démarrage, dans l'état actuel.

JavaScript chargé à la demande par la technique de Script Tag Creation

Lorsqu'on introduit le chargement du code JavaScript à la demande, celui du fichier *upload.js* n'est plus nécessaire au démarrage : ce fichier n'apparaît donc plus dans le code HTML initial, qui ne mentionne plus que le module principal, *wiki.js* :

```
<script type="text/javascript" src="wiki.js"></script>
```

Une nouvelle fonction a été ajoutée pour charger le script. Pour éviter des chargements multiples inutiles, une clause de garde vérifie si `uploadMessages` existe déjà et si c'est le cas, l'opération n'est pas effectuée. Conformément à la technique de *Script Tag Creation*, un élément `script` est ajouté en tête de document; celui-ci est initialisé au moyen l'URL de *upload.js* et d'un attribut standard JavaScript (`type`) :

```
function ensureUploadScriptIsLoaded( ) {
  if (self.uploadMessages) { // Existe déjà
    return;
  }
  var head = document.getElementsByTagName("head")[0];
  script = document.createElement('script');
  script.id = 'uploadScript';
  script.type = 'text/javascript';
  script.src = "upload.js";
  head.appendChild(script);
}
```

Le script d'appel n'a qu'à invoquer cette fonction. Cependant, comme on l'a mentionné plus haut dans la « Solution », le chargement peut être asynchrone, si bien qu'une vérification est nécessaire :

```
ensureUploadScriptIsLoaded( );
if (self.uploadMessages) { // Si le chargement n'est pas encore fait, attendre
                           // la prochaine synchronisation
  uploadMessages(pendingMessages, onMessagesLoaded);
  ....
```

Si les scripts sont chargés de façon asynchrone par le navigateur, le test échouera la première fois, car on sortira de la fonction de chargement avant le chargement du script. Dans cette application particulière, cependant, cela n'est pas trop grave – l'ensemble de la séquence de synchronisation est effectué toutes les cinq secondes. Si la fonction upload n'est pas disponible, elle le sera dans les cinq secondes à venir, ce qui est parfaitement convenable dans ce cas.

JavaScript chargé à la demande par la technique de Service Eval

Le code basé sur la technique de *Script Tag Creation* est maintenant modifié pour employer la technique de *Service Eval*, pour laquelle un *appel via XMLHttpRequest* charge *upload.js* et procède à son évaluation (appel de la fonction eval). Le script initial *–wiki.js* – diffère seulement dans son implémentation du chargement de code JavaScript. La réponse est simplement passée à eval :

```
function ensureUploadScriptIsLoaded( ) {
  if (self.uploadMessages) { // Existe déjà
    return;
  }
  ajaxCaller.getPlainText("upload.js", function(jsText) { eval(jsText); });
}
```

La réponse JavaScript doit aussi changer. Si elle est simplement définie comme une fonction globale, comme avant :

```
function uploadMessages(pendingMessages, messageResponseHandler) {
  ...
}
```

alors la fonction va disparaître avant la fin de l'évaluation. Au lieu de cela, il faut déclarer la fonction comme suit (ceci va attacher la fonction à la fenêtre courante et elle sera toujours disponible après l'évaluation du script).

```
uploadMessages = function(pendingMessages, messageResponseHandler) {
  ...
}
```

Patterns associés

HTML Message

L'usage de ce pattern via un message comportemental vient compléter *HTML Message* (chapitre 9) ; il suit la même vision centrée sur le serveur, dans laquelle le serveur contrôle dynamiquement l'activité du navigateur.

Predictive Fetch

L'application du pattern *Predictive Fetch* (chapitre 13) dans le cadre d'un chargement de code JavaScript à la demande (téléchargement du JavaScript par anticipation) va bientôt devenir une règle.

Multi-Stage Download

L'application de ce pattern via un chargement différé ressemble au pattern *Multi-Stage Download*, qui permet aussi de différer des chargements. Ce dernier pattern est plutôt orienté vers un chargement de contenu sémantique et d'affichage (et non vers le chargement de code JavaScript). De plus, ce pattern est plutôt destiné à effectuer des chargements selon une séquence bien planifiée et non à la demande.

Pour aller plus loin

- Dynamic Data Using the DOM and Remote Scripting, A Tutorial (données dynamiques, DOM et script d'accès à distance) de Thomas Brattli (*http://www.dhtmlcentral.com/tutorials/tutorials.asp?id=11*)

7

Comportement dynamique

Les technologies décrites dans les chapitres précédents permettent de modifier l'affichage dans le navigateur et de communiquer avec le serveur. La question est de savoir ce qui va déclencher ces actions. Les Ajax Apps sont en général pilotées à partir du navigateur et c'est au sein de ce dernier que l'on va trouver la réponse. De façon très schématique, il existe deux types de déclencheurs : les *actions utilisateur* (pattern User Action), telles que les clics de souris et les touches pressées, et les *actions planifiées* (pattern Scheduling) qui sont censées être exécutées à un moment donné.

Le pattern User Action (action utilisateur)

◉◉◉

Action, Modification, Clic, Contrôle, DHTML, DOM, Evénements, Clavier, Souris, Déplacement, Frappe de touche, Widget

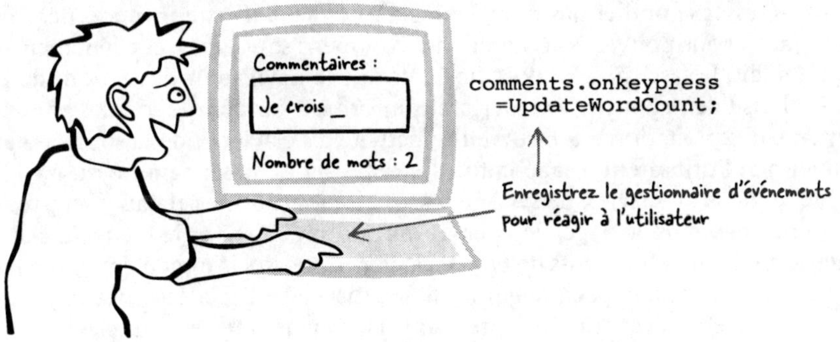

Figure 7-1. Le pattern User Action

Anecdote

Pam réserve un billet d'avion sur Internet. Le formulaire qui s'affiche à l'écran présente les champs usuels. Pam clique sur l'item destination. Une liste de villes apparaît à l'intérieur du formulaire, Pam sélectionne Paris. À côté de la liste des villes, apparaît une seconde liste proposant des hôtels. Pam choisit le Hilton. Les deux listes disparaîssent alors. Pam peut désormais continuer à remplir le formulaire. Ce dernier mentionne bien « Paris, Hôtel Hilton » comme destination.

Problème

Comment une application peut-elle réagir aux actions de l'utilisateur ?

Contraintes

- Une application riche doit pouvoir gérer les interactions avec l'utilisateur, quelles que soient leur fréquence et leur forme.
- Les réactions de l'application doivent être aussi rapides que possible, afin d'offrir une interface dynamique, de permettre à l'utilisateur de rester concentré sur son travail et de l'aider à comprendre le modèle cause-effets de l'application.
- L'emploi exclusif de formulaires de soumission, comme réponse aux actions de l'utilisateur, est source de lenteur et limite l'interactivité.

Solution

Il faut gérer la plupart des actions de l'utilisateur via JavaScript, en utilisant des gestionnaires d'événements. Des interactions riches, pilotées par le navigateur, constituent l'essence d'Ajax. La technologie qui permet de les implémenter est basée sur les événements DOM. Les objets DOM permettent d'enregistrer des gestionnaires d'événements, qui sont des fonctions recevant des notifications lorsqu'un événement se produit. Ce modèle de callback est familier de tout programmeur d'interface graphique utilisateur.

> ***Les coulisses de la gestion des événements***
>
> Si vous n'êtes pas familier des frameworks d'interface utilisateur modernes tels que Swing (Java), vous pouvez vous demander comment sont gérés les événements JavaScript. En fait, le système d'exploitation informe le navigateur des actions de l'utilisateur, à l'insu de ce dernier. Le navigateur informe à son tour le script. Par exemple, le système d'exploitation – qui surveille l'activité du clavier et de la souris – peut remarquer que l'utilisateur a tapé la touche « X », alors que la fenêtre du navigateur possède le focus du clavier. Le système d'exploitation notifie cela au navigateur, qui détermine l'élément de page web possédant plus précisément le focus du clavier. Si un gestionnaire d'événements de type « clavier » est associé à cet élément, le navigateur va provoquer un appel à ce gestionnaire. Juste avant cela, le navigateur va construire un objet « événement » précisant la touche pressée au clavier (« X »), l'élément d'interface qui avait le focus à cet instant, ainsi que diverses informations auxilliaires telles que la position de la souris et l'instant de la frappe de cette touche. Le navigateur déduit certaines de ces informations à partir de la notification faite par le système d'exploitation, si bien que d'autres informations peuvent être obtenues éventuellement. Lorsque le gestionnaire est invoqué, cet objet « événement » sera passé en argument.

Informatiquement parlant, les actions de l'utilisateur sont des événements étroitement associés au DOM ; ils utilisent le même mécanisme de gestion par callback que de nombreux autres environnements de programmation ; ce mécanisme est décrit par Gamma et al.'s dans leur pattern Observer (1995). Les gestionnaires de type callback apparaissent aussi dans d'autres situations :

Techniquement, `onload` et `onunload` constituent le même type d'événement que le présent pattern (User Actions), puisque ceux-ci manipulent les éléments du DOM et qu'ils emploient la même syntaxe. Ils sont liés aux cycles de vie des éléments et non aux actions de l'utilisateur : c'est pour cela que ce pattern ne les inclut pas dans la définition de User Actions. Dans la plupart des scripts, `onload` est employé seulement sur des fenêtres (ou des documents) ; comme le montre ce pattern, il s'agit là d'un bon moyen pour enregistrer des actions de l'utilisateur, entre autres choses. `onunload` est parfois utilisé pour sauvegarder des données ou pour confirmer que l'utilisateur veut renoncer à une action.

Le pattern *XMLHttpRequest Call* (chapitre 6) montre comment on peut enregistrer un callback afin qu'il reçoive des notifications concernant l'activité du réseau tout au long d'un appel à un serveur.

Le pattern *Scheduling* montre comment on peut enregistrer une fonction afin qu'elle s'exécute à un instant précis ou avec une périodicité donnée. Aucun argument n'est passé, mais le mécanisme est similaire à celui des callbacks événementiels basés sur un objet DOM.

Imaginons vouloir exécuter la fonction suivante lorsque l'utilisateur clique un bouton permettant de quitter l'application :

```
function shutdown( ) {
  if (confirm("Etes-vous bien sûr de vouloir quitter l'application ?")) {
    postShutdownMessageToServer( );
  }
}
```

La méthode la plus simple consiste à déclarer un bouton auquel on associe un gestionnaire d'événements `onclick` :

```
  <button id="quitButton" onclick="shutdown( );"/>Quitter</button>
<!—Obtrusive -->
```

Le navigateur web déclenchera l'appel de la fonction `shutdown( )` à chaque fois que l'utilisateur cliquera sur ce bouton. On peut cependant améliorer cela, car la déclaration ci-dessus est un mélange de JavaScript et de HTML. Il est plus propre de ne déclarer que le bouton et de traiter le gestionnaire d'événements dans un fichier JavaScript séparé. Comme on souhaite que ce mécanisme soit toujours disponible, on doit le déclarer dès le chargement de la page. Pour exécuter un code dès le chargement d'une page, on peut utiliser un autre gestionnaire d'événements, piloté par l'activité du navigateur et non par les actions de l'utilisateur : `onload`.

```
[HTML]
<button id="quitButton"/>Quitter</button>

[Javascript]
```

```
window.onload = function( ) {
  quitButton.onclick = shutdown;
}
```

On notera que tout cela est déclaré précisément dans `window.onload`; si cela n'est pas fait, une erreur peut survenir parce que le script peut s'exécuter avant que le bouton soit réellement dans la page. La tournure idiomatique `window.onload` apparaît dans la plupart des codes JavaScript, et en particulier dans les démos des patterns Ajax.

Au lieu de référencer une fonction de callback, il est parfois pratique de définir le callback sous la forme d'un closure (fonction anonyme), comme suit :

```
quitButton.onclick = function( ) {
  if (confirm("Etes-vous bien sûr de vouloir quitter l'application ?")) {
    postShutdownMessageToServer( );
    quitButton.onclick=null;
  }
}
```

L'enregistrement des événements via JavaScript (et non dans des balises HTML) est une illustration d'un code JavaScript non envahissant, car il y a bien séparation entre JavaScript et HTML. De plus, définir un gestionnaire d'événements en JavaScript a un autre avantage : on peut redéfinir dynamiquement les actions à déclencher en réponse à un événement système. La méthode `shutdown( )` pourrait aussi permettre de redéfinir le gestionnaire pour éviter de quitter deux fois :

```
function shutdown( ) {
  if (confirm("Etes-vous bien sûr de vouloir quitter l'application ?")) {
    postShutdownMessageToServer( );
    quitButton.onclick=null; // le bouton quitter ne déclenche plus d'événement.
  }
}
```

On notera que ce modèle fait intervenir un seul gestionnaire, appelé pour tout type d'événement ; les commandes ci-dessus *configurent* le gestionnaire, de façon à supprimer tout autre gestionnaire existant. Dans la plupart des cas, c'est bien ce que l'on veut et cela a le mérite d'une portabilité totale. Dans certaines situations, néanmoins, il est préférable d'*ajouter* un gestionnaire, afin de rendre le code plus modulaire. Deux fonctions ressources séparées peuvent alors être enregistrées pour le même événement, sans qu'aucune ait « conscience » de l'existence de l'autre. De la même façon, une fonction permettant de supprimer un callback serait très utile :

```
addEvent(quitButton, "click", postShutdownMessageToServer);
...
removeEvent(quitButton, "click", postShutdownMessageToServer);
```

Les navigateurs offrent cette possibilité, mais sous des formes terriblement hétérogènes, rendant la réalisation d'un code portable extrêmement difficile. Un « concours » a même été lancé pour découvrir les meilleures fonctions `addEvent( )` et `removeEvent( )`, le gagnant étant un script de 15 lignes disponible à l'adresse *http://www.quirksmode.org/blog/archives/2005/10/how_do_i_create.html*. Dojo Toolkit (*http://dojotoolkit.org*) supporte aussi ce mécanisme sous la forme d'un composant de sa bibliothèque événementielle sophistiquée.

Qu'un gestionnaire sache *qu'un* événement s'est produit n'est parfois pas suffisant, il lui faut aussi en savoir plus *à propos* de cet événement. Par exemple, le même gestionnaire d'événements peut être utilisé pour trois boutons différents, si bien qu'il lui faut savoir lequel a été cliqué. Pour cette raison, le navigateur web crée un objet événement pour chaque événement de l'utilisateur : cet objet contient différents éléments d'information. Sous Firefox, cet objet est passé au gestionnaire d'événements, il faut donc s'assurer que le gestionnaire possède au moins un argument :

```
function shutdown(ev) {
  ...
}
```

Dans les exemples précédents, on a omis le paramètre ev (qui va recevoir l'événement), ce qui n'est pas un problème car les paramètres sont optionnels dans les fonctions JavaScript – les omettre signifie simplement que l'on n'aura pas la possibilité de les utiliser.[1] En revanche, IE ne passe pas l'événement en argument : il le stocke dans un attribut de la fenêtre. La gestion un peu laxiste des paramètres sous JavaScript implique qu'aucune erreur ne surviendra en incluant le paramètre avec IE. Cependant, la valeur récupérée vaudra toujours null, ce qui n'est pas très utile. Cela nous amène au code utilitaire suivant, qui peut être utilisé pour toute gestion d'événement. Une opération de type « ou logique » permet de récupérer l'événement, où qu'il se trouve :

```
function shutdown(ev) {
  event = event || window.event;
  ....
}
```

L'objet événement contient diverses informations, telles qu'une référence à l'élément qui a été cliqué ainsi que l'emplacement de la souris. Les différents types d'événements vont maintenant être présentés.

Décisions

De quels événements le script sera-t-il récepteur ?

De nombreux événements sont accessibles à un code JavaScript, et leur nombre croît à chaque nouvelle version des navigateurs. Voici une liste d'événements portables fréquemment utilisés et de leurs applications typiques. Pour obtenir une information plus complète sur les événements, on pourra consulter les adresses suivantes : *http://www.quirksmode.org/js/events_compinfo.html* et *http://www.gatescript.com/events.html*.

Toutes les fonctions jouant le rôle de gestionnaire ont un seul paramètre censé contenir l'événement et, comme on l'a dit plus haut dans la « Solution », deux options sont possibles : ignorer le paramètre (comme on l'a fait avec `shutdown( )`) ou, si l'on veut disposer de tous les détails sur cet événement, utiliser le paramètre (comme on l'a fait avec `shutdown(ev)`).

Touche pressée (Key pressing) – onkeypress, onkeydown, onkeyup

- Les événements `onkeypress` et `onkeydown` sont créés lorsqu'une touche est pressée, parfois même en plusieurs exemplaires si la touche est maintenue enfon-

1. À proprement parler, on peut tout de même accéder à tous les paramètres via le tableau spécial `arguments`.

cée. L'événement onkeyup est généré une seule fois, lorsque la touche est relâchée.

- Ces événements peuvent être utilisés pour personnaliser des actions de saisie au clavier. Par exemple, on peut contraindre l'utilisateur à ne taper que des nombres s'il s'agit de la saisie d'un numéro de téléphone. On peut aussi restreindre la saisie à un certain nombre de caractères.
- Ces événements permettent aussi de passer d'un champ au suivant, lorsque la saisie de ce champ est terminée. Par exemple, si la saisie d'un champ est terminée lorsque cinq chiffres sont tapés (code postal), l'application peut passer automatiquement au champ suivant. Ce type de comportement est parfois contre-productif, car l'utilisateur est généralement plus rapide lorsque l'interface a un comportement cohérent même si elle ne propose pas de raccourci comportemental de ce type.
- Ces événements peuvent être utilisés pour créer des raccourcis clavier pour des contrôles personnalisés. On peut déterminer si le curseur de la souris est sur un contrôle au moyen des fonctions onmouse*, et si c'est le cas, réagir à des touches pressées particulières.

Quelles touches du clavier faut-il utiliser comme raccourcis ?

Les navigateurs web possèdent leurs propres événements clavier, comme `Up` et `Down` pour faire défiler un écran et le populaire `Ctrl-D` pour créer un signet. Il est fortement souhaitable d'éviter ces touches raccourcis standard. Cela créera la confusion chez l'utilisateur si elles sont inactivées ou utilisées à d'autres fins. De plus, les raccourcis clavier peuvent aussi entrer en conflit avec des raccourcis du système d'exploitation tels que ceux utilisés pour les copier-couper-coller. Il faut donc éviter absolument tous les raccourcis standard des systèmes d'exploitation les plus répandus. Pour ces raisons, les raccourcis les plus courants sont les touches de base, lettres, nombres et symboles, sans modificateur. Cependant, cela ne marche pas lorsque l'utilisateur édite du texte, et si c'est souvent le cas, le programmeur doit faire preuve d'inventivité et offrir un peu de flexibilité.

Focus clavier (Keyboard focus) – onblur, onfocus

- Dans le cas de zones de texte éditables, l'événement `onblur` indique que le focus clavier a été perdu, suggérant qu'une mise à jour a probablement été faite. Cet événement est donc souvent utilisé pour déclencher un appel à distance ou une technique de validation.
- L'événement `onfocus` suggère que l'utilisateur a commencé à travailler sur un objet particulier et peut donc être employé pour afficher une aide contextuelle ou une modification d'affichage à l'intérieur d'éléments d'interface de type *Status Area*.

Clic d'un bouton de la souris (Mouse button clicking) – onmouseup, onmousedown, onclick, ondblclick

- Les événements `onclick` et `ondblclick` indiquent qu'un bouton a été cliqué ou double-cliqué. Les événements `onmousedown` et `onmouseup` indiquent qu'un bouton a été pressé ou relâché. Ces deux événements sont plus fins, en termes d'information apportée, qu'un événement de type `click`, qui implique d'abord un `mousedown` suivi d'un `mouseup` sur le même élément (on notera qu'aucun événement de type `click` ne sera créé si l'utilisateur relâche le bouton de la souris sur un élément différent de celui sur lequel il a enfoncé le bouton). Le contrôle `button` est spécialement conçu pour intercepter les événements `click` et laisser l'utilisateur agir à sa guise ; les `boutons radio` et les `cases à cocher` peuvent aussi être associés à des récepteurs de click pour suivre leurs changements d'état.

- Les événements `onmousedown` et `onmouseup` peuvent être utilisés pour gérer le comportement par zones et pour implémenter des fonctionnalités spécifiques de glisser-déposer.

Déplacement de la souris (Mouse movement) – onmouseover, onmouseout

- Les événements `onmouseover` et `onmouseout` permettent de gérer le passage de la souris sur certaines zones de l'écran, le premier indiquant que la souris vient d'arriver sur le contrôle, le second signalant qu'elle vient de le quitter. Cela permet de connaître à tout instant le contrôle sélectionné, en utilisant une variable pointant sur celui-ci.
- Ces événements peuvent être utilisés pour modifier le style d'un élément lorsque la souris passe sur lui. Cela permet de montrer que l'élément est actif et indique à l'utilisateur que ce composant sera modifié s'il presse un bouton de souris à cet instant, ou s'il presse une touche.
- Ces événements peuvent aussi être utilisés pour apporter une aide ou un complément d'information dans un contrôle de type *Status Area* ou de type *Popup*.

Sélection (selection) – onselect

- L'événement `onselect` signale que l'utilisateur a sélectionné du texte.
- En faisant un suivi de la sélection, l'application peut fournir des informations basées sur les sélections effectuées par l'utilisateur. Par exemple, on peut permettre à l'utilisateur d'effectuer une recherche en sélectionnant un terme, puis modifier l'élément intitulé « Résultats de la recherche ».
- En faisant un suivi de la sélection, l'application peut aussi piloter des transformations de l'interface. Par exemple, les contrôles de type `textarea` que l'on trouve dans toutes les applications modernes de management de contenu, telles que les mediawikis, permettent à l'utilisateur de sélectionner du texte et de le modifier, comme dans un traitement de texte. Pour mettre un texte en italiques sous Wikipedia, il suffit de sélectionner ce texte et de cliquer l'icône `<i>`, ce qui insère une balise mediawiki ('') avant et après le texte sélectionné.

Changement de valeur (Value change) – onchange

- L'événement `onchange` indique qu'une valeur a été modifiée : il est souvent utilisé pour déclencher un appel à distance ou une technique de validation. Il s'agit d'un substitut à `onblur`. À la différence de `onblur`, cet événement n'est déclenché que si la valeur est réellement modifiée.

Quels attributs d'événements seront inspectés ?

L'objet `event` contient des éléments d'information très utiles sur l'événement et son contexte. On notera que certains de ses attributs sont même initialisés de façon apparemment inattendue pour certains événements. Par exemple, le modificateur `ctrlKey` contiendra une valeur pour un événement de type clic de souris. Ceci permet de détecter une action de type Ctrl-souris. Cependant, les attributs ne sont pas forcément remplis, suite à un événement, si bien qu'il faut pratiquer des tests soigneux pour garantir la portabilité.

Voici un certain nombre d'attributs portables de l'objet `event` parmi les plus couramment utilisés :

Elément (element) – target (Firefox), srcElement (IE)

- `target` et `srcElement` permettent d'identifier l'élément concerné par l'événement (par exemple, celui sur lequel l'utilisateur a cliqué). Pour récupérer cette information quel que soit le navigateur, on utilisera la ligne de code suivante :

  ```
  el = ev.target || ev.srcElement
  ```

  Cet attribut est très utile lorsque le développeur met en place une fonction unique qui est le récepteur d'un grand nombre d'éléments – par exemple, un récepteur de type `itemClickListener` qui pilote tous les items d'un site de e-commerce, pour les événements souris. Cette propriété permet de savoir quel item a été cliqué.

Type d'événement (Event Type) – type

- `type` permet d'identifier le type d'événement survenu (par exemple, `click`).
- L'emploi de cette propriété peut être une source de problème, car il laisse entendre qu'une même fonction a été configurée pour gérer différents types d'événements. Il peut s'avérer plus judicieux de créer plusieurs gestionnaires, chacun d'entre eux gérant un événement particulier, les routines de traitement communes étant regroupées par ailleurs.

Code de touche (Key code) – which (Firefox), keyCode (IE)

- `which` et `keyCode` permettent d'obtenir le code Unicode de la touche qui a été pressée.[2] Il existe des légères incohérences d'implémentation entre les navigateurs, que l'on peut traiter assez facilement au moyen d'opérations logiques. Comme il est impossible d'enregistrer une fonction sur la base d'une touche spécifique, cette propriété est le seul moyen permettant de savoir si une certaine touche a été pressée.

Modificateurs de touche (Key modifiers) – altKey, ctrlKey, shiftKey

- Les modificateurs `altKey`, `ctrlKey`, et `shiftKey` permettent de savoir si les touches spéciales Alt, Ctrl et Shift étaient pressées lorsque l'événement « touche pressée » est survenu. On peut employer les modificateurs pour mettre en place des raccourcis clavier dans une application. Comme de nombreux raccourcis cla-

2. On pourra consulter les codes de touche Unicode à l'adresse *http://www.macchiato.com/unicode/charts.html*.

vier utilisant un modificateur sont déjà utilisés par tel ou tel navigateur, les applications portables doivent installer des doubles modificateurs. Ainsi, la fonction de gestion des touches doit procéder à des vérifications telles que:

```
if (ev.ctrlKey && ev.shiftKey) {
  ... // traite le raccourci à double modificateur ctrl-shift
}
```

- Il existe aussi un modificateur méta-touche, qui n'est pas recommandé car il n'est pas supporté par IE et il n'est pas disponible pour tous les claviers.

Boutons de la souris (Mouse buttons) – button

- Cet attribut permet d'identifier le bouton de la souris associé à l'événement. Sous IE, 1, 2 et 4 désignent respectivement le bouton gauche, droit et milieu. La valeur obtenue est en fait la somme de toutes les valeurs des boutons pressés, ce qui permet de presser plusieurs boutons à la fois (détection d'« accords »). Sous Firefox, les boutons gauche, droit et milieu sont respectivement représentés par 0, 2 et 1.
- Ce point est assez délicat car il pose de sérieux problèmes d'incompatibilité (*http://www.quirksmode.org/js/events_compinfo.html*). Il conviendra d'être particulièrement vigilant à propos de ces problèmes d'incompatibilité lorsqu'un bouton est manipulé alors qu'un autre bouton l'est déjà, et plus généralement lorsqu'un événement fournit une information stockée dans cet attribut (parfois les clics de souris, parfois d'autres événements).

Position de la souris (Mouse position) – clientX, clientY

- Cet attribut fournit la position du curseur de la souris lorsque l'événement est survenu, dans le système de coordonnées défini par la fenêtre du navigateur.
- Cet attribut est utile pour les applications qui manipulent des images, comme les logiciels de cartographie et les simulateurs. L'enregistrement de gestionnaires d'événements n'est en général pas aisé, si bien qu'un code JavaScript – éventuellement complété par un accès à distance via le Web – peut déterminer exactement ce sur quoi l'utilisateur a cliqué en examinant les coordonnées de l'événement.

Faut-il redéfinir les gestionnaires d'événements après le chargement de la page ?

Il est relativement facile de redéfinir les gestionnaires d'événements grâce à JavaScript et au modèle DOM, mais faut-il vraiment le faire ? Redéfinir le traitement déclenché par un événement utilisateur est une action à risque, car elle peut plonger l'utilisateur dans la plus grande confusion. Parfois, le programmeur redéfinit l'action associée à un événement parce qu'il n'a pas envie d'installer un nouveau contrôle ou parce que l'interface utilisateur est si réduite que le programmeur veut réemployer un contrôle existant. Avant de prendre une telle décision, il faut se demander si d'autres alternatives ne sont pas possibles. Par exemple, n'est-il pas possible d'ajouter un second bouton au lieu de redéfinir l'action associée au premier bouton ?

Dans un certain nombre de cas, cependant, la redéfinition d'un événement est justifiée. Voici quelques exemples:

- Transitions d'état. Le code JavaScript peut posséder des méthodes `start( )` et `stop( )`, ainsi qu'un *toggle bouton* (à deux positions) permettant d'opérer le basculement d'un état à un autre. C'est plus clair et ça engendre moins d'erreurs de la part de l'utilisateur que deux boutons séparés (« marche » et « arrêt »).
- Activation et désactivation. Les contrôles standard peuvent être activés ou désactivés au moyen de la propriété `disabled` (*http://www.quirksmode.org/js/disabled.html*). En revanche, pour des contrôles personnalisés, développés par un programmeur, il est nécessaire de redéfinir les événements permettant d'activer et de désactiver ces derniers.
- Actions qui dépendent d'une information dynamique, telles que le focus d'entrée.

Cependant, dans tous ces cas de figure, il est généralement plus simple de créer une seule méthode, toujours enregistrée de la même façon et de lui permettre d'orienter l'événement comme il convient.

Cas concrets

Google Reader

Google Reader (*http://google.com/reader*) est un agrégateur RSS basé sur le Web (*figure 7-2*). L'utilisateur peut modifier l'article courant en double-cliquant sur les titres de cet article. Google Reader propose des raccourcis clavier : lorsque la page contient de nombreux articles, cliquer « j » ou « k » permet de passer à l'information précédente ou à l'information suivante.

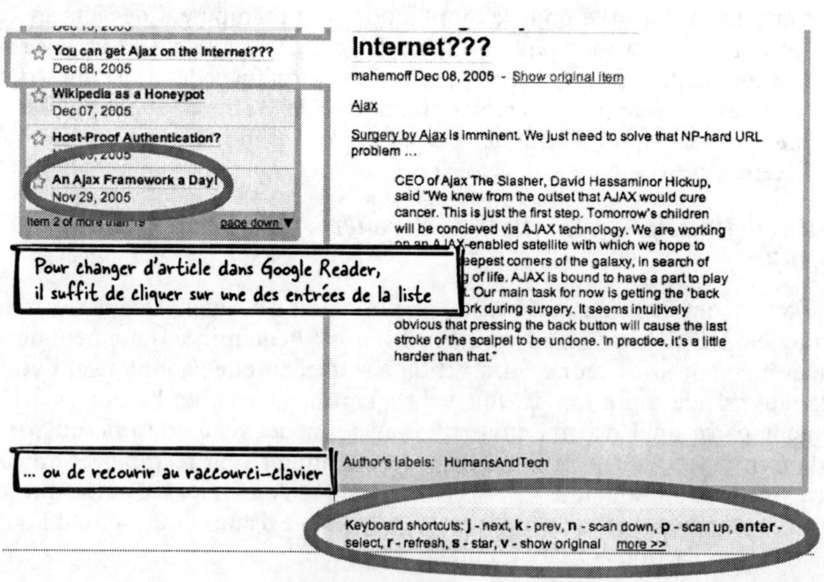

Figure 7-2. Google Reader

Google Maps

Google Maps (*http://maps.google.com*) utilise une action permettant de faire glisser la carte dans la fenêtre du navigateur, créant ainsi un espace de travail virtuel (*Virtual Workspace*). Les touches du clavier peuvent aussi être employées à cette fin.

Backpack

Backpack, produit par 37Signals (*http://www.backpackit.com/*), gère une liste d'items et illustre la façon dont vous pouvez utiliser la technique du glisser-déposer (*Drag-And-Drop*) dans une Ajax App. Le *Drag-And-Drop* repose sur une gestion combinée des boutons de la souris et de sa position.

Exemple de code : démo « Basic AjaxPatterns »

Voici deux exemples élémentaires de démos Ajax. La démo « Basic Time » (*http://ajaxify.com/run/time*) gère un bouton de la façon suivante :

```
$("defaultTime").onclick=requestDefaultTime;
```

Le Wiki assure le suivi du focus et des événements onblur afin de montrer à l'utilisateur le message en cours d'édition et d'envoyer un message juste après chaque perte de focus. Le Wiki suit aussi les déplacements de la souris sur chaque zone et fournit une possibilité d'interfaçage indiquant les champs en cours d'édition :

```
messageArea.onmouseout = onMessageMouseOut;
messageArea.onmouseover = onMessageMouseOver;
messageArea.onfocus = onMessageFocus;
messageArea.onblur = onMessageBlur;
```

Chaque message est passé à `getMessage`, qui identifie l'élément concerné par le message :

```
function getMessage(event) {
event = event || window.event;
return event.target || event.srcElement;
}
```

Alternatives

« Click 'n' Wait »

Les applications web conventionnelles sont l'illustration du pattern « click 'n' wait » (je clique et j'attends), très populaire parmi les applications client-serveur basées sur les gros ordinateurs des années 1970 et qui a connu une seconde jeunesse auprès de la génération web de la fin des années 1990 (en couleurs cette fois). Les seules modalités d'interaction utilisateur sont la soumission de formulaires statiques envoyés à un script CGI, sur un serveur, et le clic de souris sur un lien. Ensuite, le script lit des variables, réalise des tâches diverses et produit une nouvelle page HTML dans sa totalité. Une mise à jour complète de page est acceptable de temps en temps, à l'occasion d'une rupture de contexte, mais les modifications mineures sont contrôlées plus élégamment avec JavaScript.

Des formulaires plus riches (richer forms)

Le « richer form » est plus riche qu'un code HTML statique, mais moins qu'un code Ajax. Il s'agit d'une version améliorée de formulaire qui propose un comportement dynamique, rend les choses plus claires et contribue à prévenir les erreurs de validation frustrantes qui arrivent souvent du serveur. Par exemple, un code DHTML peut être utilisé pour garantir que l'utilisateur ne saisit que des chiffres lors de la saisie de son numéro de carte bancaire ou pour ajouter des instructions surgissantes dans le champ d'un formulaire.

Patterns associés

Display Morphing, Page Rearrangement

La manipulation de l'affichage, présentée dans *Display Morphing* et dans *Page Rearrangement* (chapitre 5), est souvent déclenchée par un événement utilisateur (pattern User Event).

XMLHttpRequest Call, IFrame Call

L'accès à distance via le Web, présenté dans *XMLHttpRequest Call* et dans *IFrame Call* (chapitre 6), est souvent déclenché par un événement utilisateur (pattern User Event).

Le pattern Scheduling (action planifiée)

◉◉◉

Cron (démon Linux de planification), Événement, Futur, Boucle, Périodique, Plan, Répétition, Planification, Séquence, Hors-délai

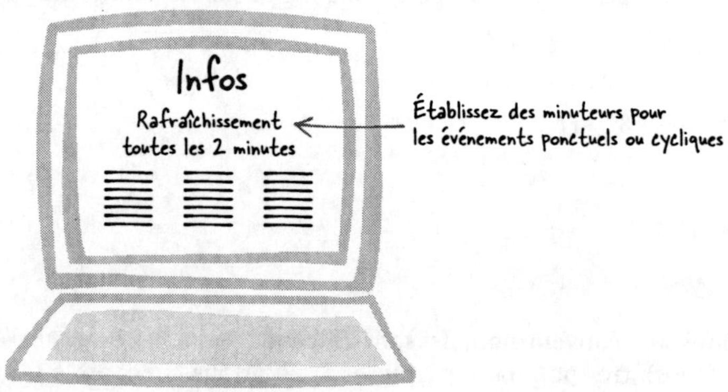

Figure 7-3. Le pattern Scheduling

Anecdote

Frank explore le plan d'une usine. Pour visualiser l'exploration de ce plan, le logiciel colorie chaque zone visitée en fonction de l'instant du dernier examen de celle-ci par Frank. Cette fonctionnalité est implémentée au moyen du pattern Scheduling : lorsque 5 minutes se sont écoulées depuis le dernier examen, la zone vire à l'orange ; lorsque 10 minutes se sont écoulées, la zone vire au rouge.

Problème

Comment peut-on planifier l'exécution automatique d'actions dans le temps, éventuellement de façon répétitive ?

Contraintes

- Parfois, une application a besoin d'exécuter de façon répétitive la même action, par exemple pour extraire de nouvelles données du serveur ou pour faire le suivi de l'état de l'application.
- Parfois, une application a besoin d'exécuter une action à un instant donné, dans le futur, par exemple pour avertir l'utilisateur que sa session risque d'être fermée pour cause de délai dépassé.
- Le serveur ne peut pas déclencher de connexion avec le client, si bien qu'il n'existe pas de moyen pour le serveur de « réveiller » le client sur la base d'une planification.

Solution

Il faut utiliser des horloges JavaScript (des timers) pour planifier des actions. Le mécanisme des timers JavaScript permet au programmeur de planifier l'exécution unique d'une action ou son exécution répétée à intervalles donnés. Dans tous les cas, on spécifie une action et une période de temps en millisecondes. On notera qu'une démo en ligne (*http://ajaxify.com/run/scheduling*) illustre les concepts développés dans cette section, même si le code de cette démo ne correspond pas exactement au code présenté dans cette section.

La façon naïve d'exécuter une action planifiée dans le temps pourrait être la suivante :

```
sleep(5000); // Non, cela ne va pas marcher
expire( );
```

Ce code ne va pas marcher car JavaScript ne propose aucune fonction de type `sleep( )`. On ne peut pas bloquer l'exécution d'un script en plein milieu de celui-ci.[3] Il faut en réalité planifier l'exécution de cette action.

La technique de planification la plus élémentaire consiste à programmer l'exécution unique d'une action à un instant donné, dans le futur. Supposons par exemple qu'une application de e-commerce doive faire des propositions de prix valables pendant une durée limitée (cinq secondes, pour fixer les idées) :

```
setTimeout(expire, 5000);
function expire( ) { $("prix").innerHTML = "Durée expirée"; }
```

Que faire si un événement se produit (par exemple, si l'utilisateur réagit dans les 5 secondes et saisit sa commande – en tapant le nombre d'articles demandés) et qu'il faut alors désactiver l'horloge pour donner un peu plus de temps à l'utilisateur ? `setTimeout` retourne en fait un objet timer susceptible d'être désactivé :

```
var expiryTimer;
...
```

3. Il existe certains moyens de contourner ce problème (*http://www.faqts.com/knowledge_base/view.phtml/aid/1602/fid/143*), qui ne sont cependant pas adaptés à un produit diffusé publiquement.

```
  expiryTimer = setTimeout(expire, 5000);
  $("QuantitéDemandée").onkeypress = function( ) {
                                   // L'utilisateur a tapé quelque chose
clearTimeout(expiryTimer); };
```

Dans cet exemple, *suspendre* le fonctionnement de l'horloge serait plus adapté qu'une désactivation définitive. On peut mettre en place cela en créant un nouveau timer :

```
var expiryTimer;
...
expiryTimer = setTimeout(expire, 5000);
$("QuantitéDemandée").onkeypress = function( ) {
                      // L'utilisateur a tapé quelque chose
  clearTimeout(expiryTimer);
  expiryTimer = setTimeout(expiryTimer, 2000);
                      // 2 secondes supplémentaires après la frappe d'une touche
};
```

Jusqu'à présent, l'action future n'est qu'un simple appel de fonction (`expire( )`). Parfois, il est plus facile de spécifier l'action à déclencher dans la définition du hors-délai, sous la forme d'une chaîne de caractères. Ceci évite de créer une fonction dédiée à la gestion du hors-délai. La chaîne de caractères sera évaluée à l'expiration du délai indiqué :

```
setTimeout("'$('price').innerHTML = 'Expired'", 5000);
                             // Plus besoin de fonction.
```

Une chaîne de caractères est utile lorsqu'on veut spécifier un argument, qu'il soit constant ou qu'il dépende d'une variable :

```
setTimeout("expireWithMessage('Offre terminée !')", 5000);
setTimeout("expireWithMessage(name + ' : offre terminée !')", 5000);
```

On peut aussi passer une fonction en argument et non une simple chaîne de caractères :

```
setTimeout(function( ) {
  expireWithMessage(name + ' : offre terminée !'); // Attention!
}, 5000);
```

Cela va fonctionner, mais il faut rester vigilant : l'expression sera évaluée au moment de l'exécution et non au moment de la déclaration. Ici, la variable `name` sera évaluée au moment du hors-délai, et non à sa création. Plus concrètement, voici un script qui produit deux alertes. Que se passe-t-il dans les faits ?

```
var name = "Mon vieux PointCom";
setTimeout("alert('En transaction avec " + name + "')", 3000);
setTimeout(function( ) {
  alert(name + ' : offre terminée !'); // Attention!
}, 5000);
name = "Nouvelle Formule 2.0";
```

Si l'on exécute ce script (voir *http://ajaxify.com/run/scheduling/name/*), on pourra voir les deux alertes :

```
En transaction avec Mon vieux PointCom
New Formula 2.0 : offre terminée
```

Que s'est-il passé ? Dans le premier cas, `name` est intégré dans un objet chaîne de caractères à la création du timer. La chaîne de caractères ainsi construite sera utilisée telle quelle à l'expiration du délai. En revanche, le second timer recourt à une variable `name` qui, comme toute variable JavaScript ordinaire, pointe vers un emplacement donné de la mémoire. C'est la valeur qui y est stockée qui sera prise en compte à l'expiration du délai.

Comment faut-il donc faire pour passer un argument à la fonction, de telle façon qu'il soit évalué à la création du timer et non au moment où il se manifeste ? Le plus simple est de construire une chaîne de caractères (voir ci-dessus), mais cette solution est très laide pour un long bloc de code. Une autre solution repose sur l'emploi de closures : celle-ci est illustrée plus loin dans une refonte de code (*http://ajaxify.com/run/scheduling/name/*). Cette solution, imaginée par Scott Isaacs, est décrite à l'adresse *http://spaces.msn.com/members/siteexperts/Blog/cns!1pNcL8JwTfkkjv4gg6LkVCpw!340.entry*.

Le second type d'action planifiée est la répétition d'actions, dont le mécanisme est très proche de la gestion d'un déclenchement unique. Il convient simplement d'utiliser la fonction `setInterval` au lieu de `setTimeout`. Cette fonction retourne un objet timer, que l'on peut utiliser en argument pour arrêter la répétition au moyen de `clearTimeout`. Le second argument est une période de temps représentant l'intervalle qui sépare deux répétitions lorsqu'on appelle `setInterval`. Le code suivant appelera `refreshData` toutes les cinq secondes :

```
setInterval(refreshData, 5000);
```

Une alternative courante est de mettre en place une boucle à l'aide de `setInterval`. Ici, un nouvel appel à la même fonction est planifié (en général, l'appel est subordonné à une condition). Ainsi, la fonction est appelée de façon répétitive jusqu'à ce qu'un certain critère soit satisfait.

Le mécanisme de timing n'est pas d'une très grande précision, en particulier lorsque l'utilisateur exécute simultanément un grand nombre d'applications et que le navigateur gère plusieurs pages web en même temps. Si la mesure du temps écoulé est importante, il faut procéder à des tests sur les navigateurs cibles pour garantir que l'application compense tout décalage d'horlogerie. Par exemple, on peut suspendre un effet d'animation si cela perturbe trop la gestion du temps.

Cas concrets

Le portail de Claude Hussenet

Le portail de Claude Hussenet (*http://claudehussenet.com/* ; voir *figure 7-4*) affiche de nombreuses informations nouvelles et utilise un timer pour gérer leur mise à jour, comme on le discute dans le pattern *Periodic Refresh* (chapitre 10).

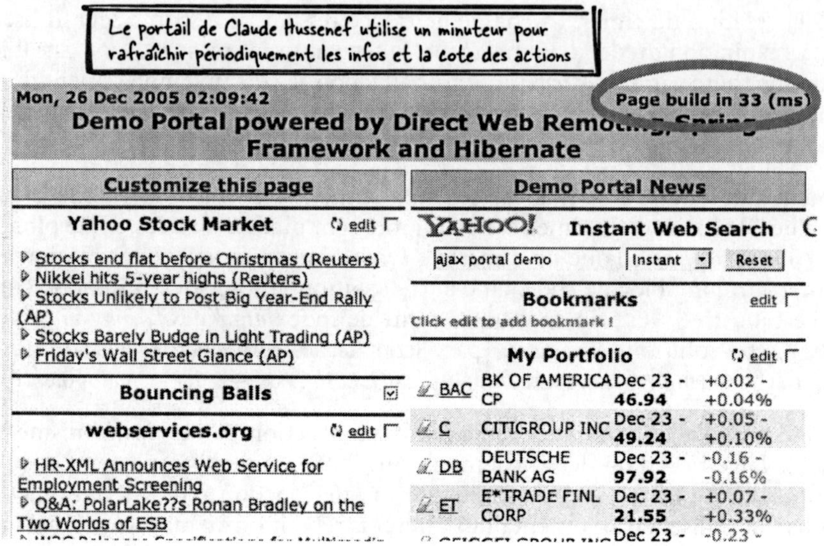

Figure 7-4. Le portail de Claude Hussenet

Google Suggest

Google Suggest (*http://www.google.com/webhp?complete=1&hl=en*) offre des *Suggestions* provenant du serveur lorsque l'utilisateur saisit une requête (*figure 7-5*). Au lieu de soumettre la requête à chaque frappe de touche, Google Suggest utilise un timer pour limiter le nombre de requêtes envoyées par seconde. Ce pattern (*Submission Throttling*) est décrit dans le chapitre 10.

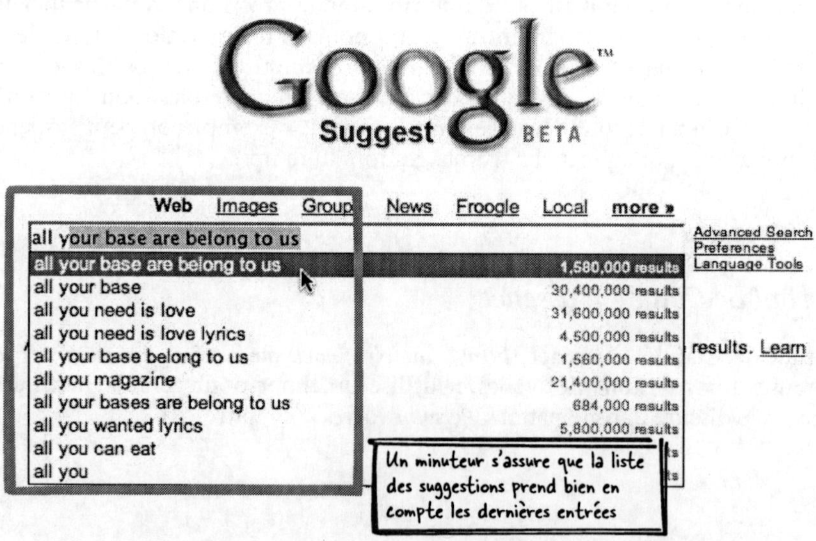

Figure 7-5. Google Suggest

Le compteur Apple iTunes

Alors que iTunes Music Store approchait de son 500 millionnième téléchargement, Apple a décoré sa page d'entrée (*http://apple.com*) d'un compteur affichant le nombre de téléchargements en temps réel. En fait, il s'agissait d'une illustration du pattern *Guesstimate*. Le nombre réel de chargements effectués n'était demandé au serveur avec un intervalle de quelques minutes : ce nombre permettait d'estimer le nombre de chargements par seconde. Entre temps, un timer était utilisé pour mettre à jour en continu l'affichage, sur la base de cette estimation.

Backpack

Backpack, de 37Signals (*http://www.backpackit.com/*), gère des éléments dans une liste. Lorsque des données changent, cette application emploie un effet visuel appelé « Yellow Fade Technique », en vertu duquel un texte apparaît puis disparaît. Comme pour tous les effets visuels (voir *One-Second Spotlight, One-Second Mutation* et *One-Second Motion* [chapitre 16]), l'affichage coordonné en fonction du temps dépend de timers.

Exemple de code : AjaxPatterns Basic Wiki

La démo intitulée *Periodic Refresh* Basic Wiki (*http://ajaxify.com/run/wiki*) s'appuie sur une boucle permettant une synchronisation avec le serveur. Les fonctions qui déclenchent et qui interrompent la boucle sont encapsulées, afin de cacher les détails du timer vis-à-vis du reste du code :

```
function startPeriodicSync( ) {
  stopPeriodicSync( );
  syncTimer = setInterval(synchronise, 5000);
}
function stopPeriodicSync( ) {
  clearInterval(syncTimer);
}
```

Comment ces fonctions sont-elles utilisées ? Au chargement, une synchronisation initiale est réalisée et `startPeriodicSync( )` est appelé pour procéder aux synchronisations ultérieures. Lorsque l'utilisateur commence à taper un message, `stopPeriodicSync` est appelé et la boucle se redéclenche lorsque la zone de message perd le focus :

```
window.onload = function( ) {
  synchronise( );
  startPeriodicSync( );
}
function onMessageFocus(event) {
  ...
  stopPeriodicSync( );
}
function onMessageBlur(event) {
  ...
  startPeriodicSync( );
}
```

Alternatives

HTTP Meta Refresh

La balise HTTP Meta Refresh programme le navigateur pour qu'il charge toute une page à un instant futur donné. Elle est utilisée dans les nouveaux portails conventionnels, par exemple pour rafraîchir un contenu toutes les 15 minutes. Cependant, cette balise est très limitée car elle n'accepte aucun élément d'entrée du navigateur et parce qu'elle provoque le rafraîchissement intégral de la page, effaçant ainsi tout état antérieur du navigateur.

Métaphore

Les réveils-matin se déclenchent à un instant donné, la plupart d'entre eux étant capables de répéter leur action afin de réveiller leur propriétaire au même moment tous les matins.

8

Technologies d'extension

De façon paradoxale, on va en terminer avec les technologies fondamentales d'Ajax en présentant un pattern exclusivement centré sur des technologies « non-Ajax ». Le terme « Ajax » se rapporte habituellement à des technologies proposées par les navigateurs web standard, décrites dans les chapitres précédents. Cependant, il est bon d'infléchir cette définition afin d'englober des fonctionnalités supplémentaires qui requièrent d'autres capacités, d'où le pattern *Richer Plugin*.

Le pattern Richer Plugin (plugin riche)

○○○

ActiveX, Applet, Extension, Flash, Greasemonkey, Hack, Java, Mashup, Plugin, Amélioration progressive, Remix

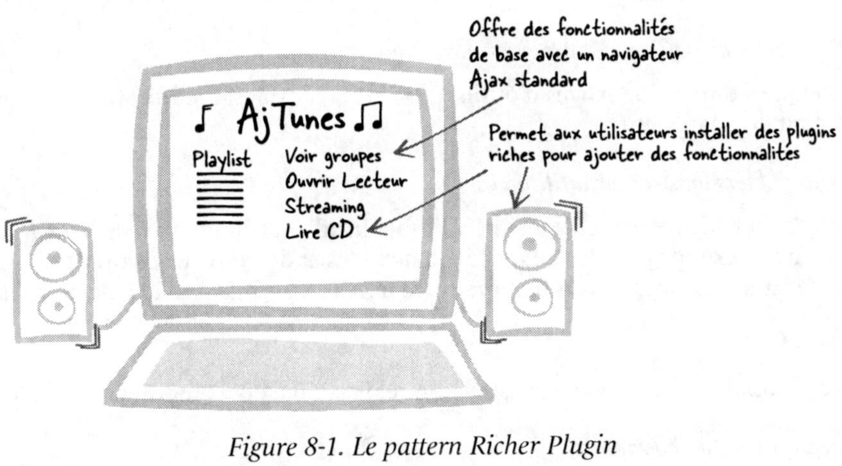

Figure 8-1. Le pattern Richer Plugin

Anecdote

Sasha utilise un site en ligne de partage de photographies. Ce site lui plaît, il a donc pris le temps d'installer des plugins optionnels proposés par celui-ci : un éditeur de photo intégré dans le navigateur, un outil de capture d'écran et une barre d'outils pour le navigateur.

Problème

Comment rendre une Ajax App encore plus riche ?

Contraintes

- Ajax permet d'implémenter des transactions sur le Web qui ressemblent beaucoup aux interactions avec des applications natives, s'exécutant en local. Il y a néanmoins des limites. De nombreuses applications requièrent des fonctionnalités non disponibles pour les Ajax Apps.
- Si l'on développe une application pour qu'elle s'exécute en local, et qu'elle est amenée à traiter des connexions sur internet, on se prive des nombreux avantages d'une Ajax App.

Solution

Il faut rendre l'application « encore plus Ajax qu'une Ajax App », au moyen du pattern Richer Plugin. Ajax constitue sans aucun doute un grand pas en avant, en termes de richesse, mais cela est parfois insuffisant au regard des besoins. C'est pour cela que l'on peut développer un Richer Plugin que les utilisateurs pourront installer afin d'utiliser encore plus efficacement l'application. Il s'agit là d'un concept d'amélioration progressive – l'application fonctionne bien dans les navigateurs standard, mais elle peut offrir des modalités d'interaction étendues grâce à un Richer Plugin.

Voici un résumé des fonctionnalités offertes par un Richer Plugin et qu'une Ajax App ne peut, elle, pas fournir :

Transformation de l'affichage (Browser morphing)

Ajout de boutons, de barres d'outils, de signets, d'icônes, modification du comportement du navigateur.

Accès aux fichiers locaux (Local file access)

Lecture et écriture de fichiers sur le disque dur de l'utilisateur ; il est parfois nécessaire de stocker de grandes quantités de données et de pouvoir le faire en local, sans procéder à un transfert vers le serveur (cela n'est pas réalisable à l'aide de cookies).

Son (Sound)

Exécution d'un morceau de musique ou réalisation d'effets sonores.

Graphisme riche (Rich graphics)

Implémentation d'un graphisme riche, modifiable dynamiquement ; bien que cela évolue avec l'introduction progressive de technologies telles que SVG (scalable vector graphics), celles-ci n'arrivent pas au niveau des dispositifs et des logiciels modernes d'affichage.

Accès au hardware (Hardware access)

Possibilité d'acquisition d'un signal (audio ou vidéo) à partir d'un microphone, d'une webcam, d'un gamepad, etc.; possibilité d'envoyer des données vers une imprimante, un dispositif portable, etc.

Communication étendue (Extended communication)

Possibilité pour l'ordinateur client de communiquer avec des dispositifs autres que le serveur de base, en respectant des protocoles autres que le HTTP standard.

Interaction avec le système d'exploitation (Operating system interaction)

Capture d'événements tels que le déclenchement de la procédure d'arrêt de la machine, la modification des préférences, l'apparition d'alertes, la lecture de données hardware.

Raccourcis clavier (Keyboard shortcuts)

Gestion des raccourcis clavier, incluant ceux qui sont spécifiques à une plateforme, tout en évitant les conflits avec des raccourcis clavier propres au navigateur.

Le modèle de sécurité du navigateur impose ces restrictions aux sites web, car elles permettent à l'internaute de surfer sur le Web sans risquer (trop) de problèmes. Sans cela, le système de l'utilisateur serait en danger constant et pourrait subir les attaques de sites web malfaisants, l'irresponsabilité de certains programmeurs et les usages déviants de certains utilisateurs. En publiant un Richer Plugin, vous permettez aux utilisateurs de dire « j'ai confiance en ce site, il peut faire certaines choses avec mon ordinateur et mon navigateur », en laissant comme avant les autres sites en-dehors de ces assouplissements de sécurité.

Le présent pattern s'appuie sur une définition un peu dévoyée de Richer Plugin. Il englobe toutes les technologies allant au-delà des technologies standard et dont les formes sont très variées :

- Utilisation d'un plugin de navigateur existant, de type Flash, Java ou Real. Il s'agit de plugins tiers très courants dans de nombreux navigateurs. Ils sont en général fournis avec de nombreux navigateurs ou avec diverses applications. Une application doit fonctionner aussi longtemps que le plugin est installé.
- Construction d'un plugin spécifique d'un navigateur. L'utilisateur doit alors explicitement l'installer.
- Construction d'une application compagnon, s'exécutant en local. Il ne s'agit pas là d'un remplacement, car l'utilisateur interagit en premier lieu via le site web, mais d'un moyen d'intégrer les capacités de l'ordinateur local, telles que les boîtes d'alerte et les saisies rapides. De nombreux plugins de cette nature font partie de frameworks tels que Konfabulator (*http://konfabulator.com*) et Growl (*http://growl.info/*).
- Exploitation d'une fonctionnalité spécifique du navigateur, telle que SVG (scalable vector graphics), qui a été introduit dans Firefox 1.5 et dans les composants ActiveX de IE.

Les principaux navigateurs possèdent tous un mécanisme standard de « plugin », souvent utilisé pour des plateformes tierces standard tels que Java et Flash. Il existe des méthodes plus simples pour étendre les capacités d'une application en réalisant son propre plugin. Sous IE, on peut inclure des contrôles ActiveX, et Firefox possède ses propres extensions[1] (*http://developer.mozilla.org/en/docs/Extensions*).

Un Richer Plugin doit être implémenté avec précaution. Ce pattern compromet toute portabilité (l'un des grand avantages des Ajax Apps). Il crée une couche de complexité vis-à-vis du site web, qui doit gérer les utilisateurs qui acceptent ou non d'installer le plugin. Il requiert aussi des capacités différentes de celles exigées pour le développement d'applications web standard. En première approximation, il faut utiliser ce pattern seulement lorsqu'il n'existe pas de moyen standard pour implémenter une fonctionnalité donnée.

Décisions

Faut-il employer un plugin tiers ou développer son propre plugin ?

Une fois décidé qu'il vous faut une fonction complémentaire, la question la plus critique consiste à décider s'il faut réaliser un plugin spécifique au navigateur ou s'appuyer sur un plugin standard de type Java ou Flash.

L'emploi d'un plugin tiers a les avantages suivants :

- Le plugin évite un grand nombre de développements s'il existe déjà une API spécialisée.
- Le plugin est généralement portable. Si l'on écrit un programme en Java, par exemple, il doit fonctionner correctement, quels que soient le navigateur et le système d'exploitation concernés.
- Le plugin peut être déjà installé sur la plate-forme de l'utilisateur. Souvent, les navigateurs sont fournis avec des plugins (Java ou non) pré-installés. Si ce n'est pas le cas, il y a de grandes chances que l'utilisateur l'ait déjà installé par ailleurs.
- L'utilisateur, ou son employeur, peut lui faire plus confiance qu'à un nouveau plugin spécifique. Les utilisateurs accordent en général leur confiance à des noms tels que Flash et Java et certains peuvent être tentés de n'installer que ces plugins et rien d'autre.

Il existe cependant aussi des avantages à développer son propre plugin :

- Vous êtes alors indépendant de tout fournisseur de plugin. Vous pouvez contrôler seul les questions de licences et d'utilisation des données de l'utilisateur. Vous n'êtes en aucun cas à la merci des plans futurs de la société ayant développé un plugin, ou de son manque de vision stratégique.
- Vous pouvez implémenter plus de fonctionnalités. Les plate-formes de plugin imposent leur propre modèle de sécurité car elles sont faites pour être utilisées par différentes applications. Par exemple, Flash permet d'étendre les capacités multimedia du navigateur mais interdit la possiblité de modifier la barre d'outils de Firefox.

1. Ce pattern n'aborde pas l'extension Greasemonkey Firefox car, bien qu'il s'agisse d'un excellent outil, son objet premier est de permettre à l'utilisateur d'agir directement sur une page web visitée grâce à des scripts JavaScript et pratiquement tout ce qui peut être réalisé avec Greasemonkey peut l'être aussi par le propriétaire du site web.

- Vous pouvez viser des versions de navigateurs qui sont supportés par des plateformes de plugin particulières.
- Vous pouvez contrôler le processus d'installation, au lieu d'avoir à guider l'utilisateur vers un site pour installer un plugin tiers.

Que se passe-t-il si le plugin n'est pas installé ?

Vous devez pallier à l'absence du plugin, pour la compréhension de l'utilisateur. Comment seront traités les contenus – ainsi que les liens vers les contenus – qui requièrent le plugin ? Par exemple, vous pouvez cacher les zones destinées à recevoir ces contenus et indiquer ce qui serait affiché si le plugin était installé, ou encore procéder à un affichage alternatif. Il faut aussi prévoir des éléments de communication pour l'utilisateur si le plugin n'est pas installé.

Dans les cas extrêmes, vous pouvez rendre le plugin obligatoire. Cette solution est acceptable sur un intranet et elle se rapproche assez d'une application locale standard. Cependant, elle est préférable si les utilisateurs sont plus à l'aise dans un environnement web.

Cas concrets

Amazon Mini Shop

Amazon Mini Shop (*http://extensionroom.mozdev.org/more-info/amazonsearch*) est une extension Firefox qui permet à l'utilisateur d'effectuer des recherches dans un encadré et d'y afficher les résultats (*figure 8-2*).

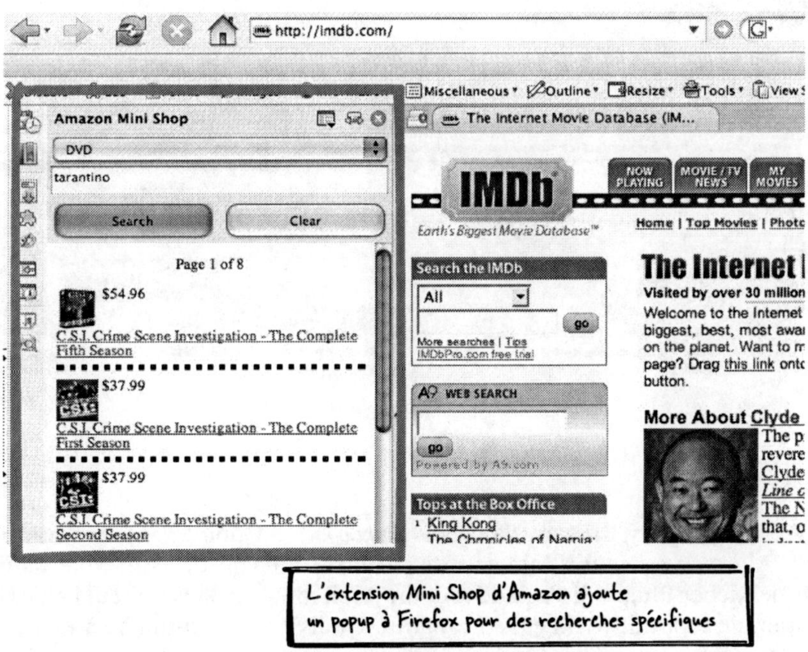

Figure 8-2. Amazon Mini Shop

Google Toolbar et Google Suggest pour Firefox

Google propose une barre d'outils (*http://toolbar.google.com*) pour IE et pour Firefox. Cette barre d'outils étend les capacités d'un navigateur standard en proposant une possibilité de saisie très pratique ainsi que quelques autres fonctionnalités, incluant une métrique Google pour la page. Google indique ouvertement que des données peuvent être collectées à propos des pages explorées par l'utilisateur, des données dont beaucoup d'utilisateurs croient qu'elles servent à affiner les algorithmes de recherche.

Google offre aussi une extension nommée « Google Suggest for Firefox » (*http://toolbar.google.com/firefox/extensions/suggest/install.html*). Il s'agit là d'une version « barre d'outils » du site web Ajax Google Suggest (*http://www.google.com/webhp?complete=1&hl=en*).

Odeo

Odeo (*http://odeo.com*) est un gestionnaire de podcast (*figure 8-3*). Les principales interactions avec le site web (fonctionnalités de souscription et de balisage) utilisent des technologies web standard, ainsi que de nombreuses technologies Ajax. De plus, Odeo propose plusieurs Richer Plugins. Flash est utilisé pour exécuter et enregistrer des podcasts dans le navigateur. Pour télécharger les podcats sur une machine locale, il existe un outil local « Syncr » d'Odeo ainsi qu'un widget plus spécialisé nommé Apple Dashboard.

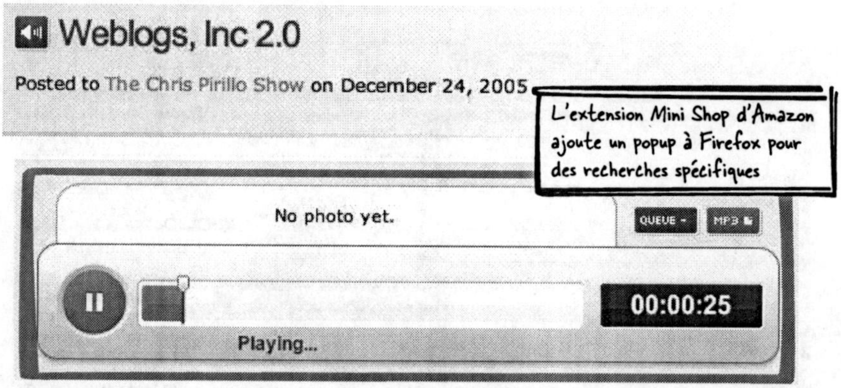

Figure 8-3. Odeo

TiddlyWiki

TiddlyWiki, de Jeremy Ruston (*http://tiddlywiki.com*), est une application SPA (voir la section « Alternatives », plus loin dans ce chapitre), qui constitue une alternative intéressante de Richer Plugin. Il s'agit de tout un Wiki, contenu dans un seul fichier HTML, qui contient le script du Wiki et son contenu. TiddlyWiki est similaire à Richer Plugin car il propose des possibilités étendues de stockage local en demandant à l'utilisateur de sauvegarder localement la page Wiki et de faire pointer le navigateur sur ce fichier.

Exemple de code : Amazon Mini Shop

La description détaillée des plugins dépasse le cadre de cet ouvrage, mais cet exemple permet de mieux comprendre les composants d'une extension Firefox, Amazon Mini Shop de Paul Millar (*http://extensionroom.mozdev.org/more-info/amazonsearch*). Pour récupérer le code, il suffit de visiter le lien vers Firefox et d'installer l'extension. On peut alors consulter *Extensions.rdf* dans le répertoire de profils Firefox (par exemple, sous *~/.mozilla/firefox/* – Unix – ou sous *c:\Windows\Profiles\%USER%/Mozilla/Firefox*). En recherchant « amazoncomsearch », on doit voir à proximité une balise commençant par `RDF:Description`. À l'intérieur de celle-ci, l'ID d'extension est entre accolades. Il faut ensuite accéder au répertoire ayant ce nom, qui contient le code de l'extension.

L'extension contient plusieurs composants. Il y a tout d'abord *chrome/amazoncomsearch.jar*, un fichier jar qui peut être ouvert au moyen d'un utilitaire de décompression standard. Il contient les principales ressources de l'extension. Sous Firefox, les interfaces utilisateurs sont initialisées via le langage utilisateur XML (XUL) (*http://xulplanet.com/tutorials/xultu/intro.html*), un format qui ressemble beaucoup au HTML. L'interface utilisateur de la barre latérale est définie dans un unique fichier XUL :

```
<?xml version="1.0"?>
<?xml-stylesheet href="chrome://global/skin/" type="text/css"?>

<page id="pageAmazonPanel" style="background-color: #ffffff;" title=
    "Amazon Search"
    xmlns="http://www.mozilla.org/keymaster/gatekeeper/there.is.only.xul"
    xmlns:html=  "http://www.w3.org/1999/xhtml"
    xmlns:rdf="http://www.w3.org/1999/02/22-rdf-syntax-ns#"
    onload=
      "disable();javascript:document.getElementById('txtAmazonSearch').focus( )">

  <script type="application/x-javascript"
    src="chrome://amazoncomsearch/content/amazonsearch.js"/>
  <hbox pack="center">
    <menulist flex="1" id="menuAmazonSearch" label="Search Category" onChange=
        "change( )">
    <menupopup id="popupAmazonSearch" onpopupshowing="popamazon( )"/>
    </menulist>
  </hbox>
  ...
</page>
```

Il y a aussi du code JavaScript, qui construit l'interface utilisateur et gère les interactions avec l'interface de la même façon qu'un script de navigateur standard. Par exemple, le pattern *XMLHttpRequest Call* est utilisé pour récupérer les données à partir du service web d'Amazon :

```
aURL = "http://xml-"+value+".amznxslt.com/onca/xml?Service=AWSECommerceService&..."
...
httpReq.open("GET", aURL, true);
httpReq.send(null);
httpReq.onload = httpLoaded;
```

Parmi les composants restants, *chrome.manifest* est un fichier de méta-données qui pointe vers les ressources ci-dessus. *install.rdf* fournit des méta-données sur l'application, telles que son ID et son créateur. *install.js* est un script permettant de gérer l'installation initiale de l'extension. *defaults/preferences/ams.jar* fournit les éléments de configuration par défaut qui sont stockés sous la forme de préférences Firefox. Dans ce cas, il n'y a qu'une seule préférence : le site Amazon concerné (U.S., U.K., etc.). Tous ces éléments figurent dans *prefs.js*.

Alternatives

Desktop Client

Un client local (pattern Desktop Client) fonctionne comme une application standard s'exécutant en local, sous le contrôle du système d'exploitation ; il se connecte à un ou plusieurs serveurs via HTTP ou tout autre protocole. Il est justifié d'utiliser un *Desktop Client* si l'interface utilisateur requise est très différente de l'interface standard des navigateurs, ou s'il est difficile d'étendre les capacités du navigateur. Alors que les plugins induisent plus de contrôle qu'une application web régulière, le développeur est encore limité par rapport à ce qu'il pourrait faire avec une application autonome, s'exécutant en local.

Une variante possible est le pattern Richer Desktop Client. Elle repose sur une Ajax App pour les tâches les plus simples et sur un client local riche proposant des fonctionnalités supplémentaires et une ergonomie améliorée. Il pourrait s'agir de la stratégie suivie par Microsoft pour Office Live.

Patterns associés

Fat Client

Le pattern *Fat Client* (chapitre 13) constitue parfois une alternative aux applications s'exécutant en local. Il est fréquemment utilisé pour les sessions longues. Un Richer Plugin enrichira ces clients, et les efforts de mise en place seront largement compensés par les avantages d'une telle solution.

Single Page Application

L'expression « Single Page Application » (SPA, application à page unique) est encore plus récente que le terme Ajax. Elle désigne une application dont toute l'algorithmique et toutes les données sont stockées dans un seul fichier HTML. Vous faîtes pointer le navigateur vers le fichier HTML, stocké sur le disque sur local ; l'édition des données donnera lieu à des mises à jour ad hoc dans le fichier. Dans le cas étendu d'un environnement de développement d'application à page unique (Single Page Application and Development Environment, SPADE, *http://trimpath.com/project/wiki/SinglePageApplicationAndDevelopmentEnvironment*), vous pouvez même mettre à jour le code via la page elle-même ! La technologie SPA est utile pour certaines applications locales spécialisées nécessitant un stockage local et une interface web. Une façon habile de l'utiliser est de charger l'application sur une clé USB avec le navigateur web, ce qui permet de mettre à jour les données où que soit l'utilisateur, même en l'absence d'une connexion avec le Net.

Bookmarklet

Un bookmarklet (ou un « favelet ») est un lien permettant de référencer du code JavaScript au lieu d'une adresse web. Par exemple, on peut créer un lien de la façon suivante : `<a href="javascript:alert('Vous êtes ici :' + document.location.href + '.');">Référencez-moi !</a>`. L'utilisateur peut faire glisser ce lien vers sa barre d'outils, et lorsqu'il clique sur celui-ci ultérieurement, ce lien exécute le script, qui affiche une fenêtre popup contenant l'emplacement courant dans cet exemple. Avec un bookmarklet, on peut construire une Ajax App personnalisée à l'intérieur d'autres sites web. Les patterns de manipulation d'affichage (chapitre 5) et ceux relatifs au comportement dynamique (chapitre 7) fonctionnent aussi sur des sites locaux, si bien que vous pouvez modifier un site web lorsque l'utilisateur clique sur un bookmarklet. Vous pouvez produire des *appels via XMLHttpRequest* (chapitre 6), en vertu de la politique de l'origine commune, mais on peut contourner cela au moyen du pattern *On-Demand JavaScript* (chapitre 6). WizLite (*http://wizlite.com*), un outil d'annotation collaboratif, est un exemple emblématique de la puissance des bookmarklets.

Browser-Side Cache

Un Richer Plugin, proposant un accès au système de fichiers local – ou, à défaut, des fonctionnalités de stockage plus élaborées que celles offertes par les cookies – peut constituer un outil d'archivage de données très utile pour un cache (côté navigateur – *Browser-Side Cache*, chapitre 13).

Métaphore

Considérez qu'une application web standard est un film en noir et blanc. Ajax lui ajoute la couleur. Le pattern Richer Plugin ajoute la troisième dimension, le relief (ou les odeurs, si vous préférez).

Pour aller plus loin

- Tutoriel sur les extensions Firefox (Firefox Extension Tutorial, *http://extensions.roachfiend.com/howto_bug.html*)
- Construction de contrôles ActiveX pour l'Internet Explorer (Building ActiveX Controls for Internet Explorer, *http://msdn.microsoft.com/workshop/components/activex/buildax.asp*)
- Tutoriel sur la création d'extension pour Mozilla (Tutorial : Creating a Mozilla Extension, *http://www.mozilla.org/docs/tutorials/tinderstatus/*)

Partie III
Patterns de programmation

9

Les services web

Le concept de service web a déjà été introduit dans le pattern service web, mais il laisse en suspens beaucoup de questions – par exemple, quels types de message seront envoyés à destination et depuis le service ? À quoi ressembleront les URL ? Comment le service sera-t-il mis en relation avec la partie métier de l'application ? C'est ce type de problématiques d'architecture et de programmation qui sera couvert dans ce chapitre.

Le *RESTful Service (service de type REST)* est une vue globale de REST (Representational State Transfer), un ensemble de patterns et d'idiomes populaires pour réaliser des services web consistant et intuitifs. Le *RPC Service (service de type RPC)* possède des buts similaires, mais avec une philosophie menant à des implémentations de services très différents. Ni REST, ni RPC (Remote Procedural Call) ne sont spécifiques Ajax, puisque ce sont des standard de l'industrie pour les services web. Cependant, le pattern d'après, *Ajax Stub (souche Ajax),* est spécifique Ajax, car il fournit une solution facile pour invoquer des services de type RPC depuis le navigateur.

Les patterns restants ciblent les formats populaires de messages utilisés dans la communication entre le navigateur et les *Web Services. HTML Message (message HTML)* est un message de type HTML, habituellement envoyé par le serveur pour être directement intégré dans la page. A contrario, les autres messages sont des réponses en ligne qui ne peuvent pas être affichées directement mais peuvent être transferrées dans les deux directions. Ce sont les *Plain-Text Message (message plein texte), XML Message (message XML)* et *JSON Message*.

RESTful Service (service de type REST)

◉◉◉

API, HTTP, REST, Standard, Universel, Web

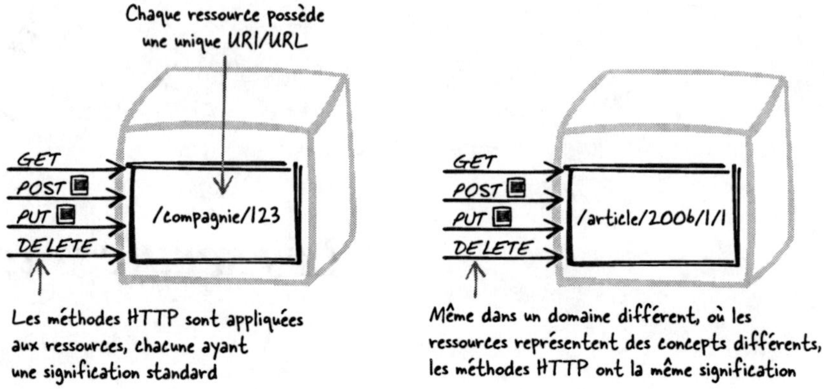

Figure 9-1. RESTful Service

Anecdote

Devi réalise un site web qui présente des produits pharmaceutiques au public. Le navigateur pourra récupérer des données pharmaceutiques depuis le serveur et des utilisateurs autorisés (les fabricants de médicaments par exemple) pourront y stocker de nouvelles informations. Il est aussi envisagé que des applications tierces puissent également se connecter au serveur et fournir leur propres interfaces utilisateur. Par exemple, les pharmacies seront capable d'utiliser les informations à partir de leurs systèmes de point de vente et les médecins y auront accès depuis leurs applications de consultation spécialisées. Devi opte pour une architecture REST pour tous les services exposés sur le serveur. Cela permettra facilement dans une application web, côté navigateur, d'accéder aux données et d'exposer des services de manière standardisée.

Problème

Comment expose-t-on les services sur le web ?

Contraintes

- La partie navigateur d'une application Ajax a besoin d'appeler des services côté serveur.
- Il est possible qu'il y ait plus d'une application, côté navigateur, qui partagent les mêmes services côté serveur.
- De même, il est souvent souhaité que des applications tierces puissent également invoquer les services côté serveur.
- Avec le grand nombre d'applications différentes – et une grande diversité de développeurs – qui accèdent aux services, cela doit rester facile à utiliser.
- Pris dans leur ensemble, les services du serveur dans une seul et même « application » forment une API (Application Programming Interface). Il est important que les services puissent travailler de manière consistante au sein de l'API.

- L'architecture de base du Web ne force aucun type d'architecture orientée service – n'importe quelle fonctionnalité peut être exposée dans une grande variété de styles.

Solution

Exposer les services web en accord avec les principes REST. Representational State Transfer (REST) est un type d'architecture (ou « pattern ») guidant l'architecture des services web. Comme « Ajax » lui-même, « REST » est un terme générique et peut être décomposé en patterns et idiomes de granularité plus fine (assez pour pouvoir faire l'objet d'un livre entier !). Leur explication, ici, ne peut pas être possible sans dénaturer le concept entier, mais ça vaut le coup de se familiariser avec les principes généraux de l'architecture REST. Étant donné que REST couvre un très large éventail de concepts, soyez préparés à ce que, dans la réalité, la plupart des systèmes que vous rencontrerez aient uniquement *quelque chose* de type REST. Ils suivront certains principes et en enfreindront d'autres. Certains font d'ailleurs maintenant la distinction entre « hautement REST » – respectant de manière fine l'architecture REST – et « bassement REST » – suivant uniquement quelques principes fondateurs REST (*http://lesscode.org/2006/03/19/high-low-rest/*).

Les motivations de REST : de nombreuses manières d'épeler un appel

Pour expliquer les motivations de REST, prenons un service sur le football. Seuls les utilisateurs ayant des droits suffisants peuvent lire les résutats des matchs, les mettre à jour sur le serveur, corriger ceux qui existent ou les effacer. Nous admettons que toute votre partie métier est déjà écrite, mais comment l'exposeriez-vous en tant que service web ? Comment les développeurs de clients peuvent-ils l'invoquer et comment peuvent-ils récupérer son interface ?

Pour y répondre, voici un ensemble d'exemples, pris au hasard parmi tant d'autres. Vous pouvez suivre pour exposer un service de jeu (*notez que ceux-ci ne sont pas forcément de type REST !*).

- GET appelant un service dédié nouvellePartie, *http://exemple.com/nouvellePartie?id=995&torsesbleus=150&jambesrouges=60*
- *http://exemple.com/nouvellePartie*, avec un corps XML de type <jeu id="995"><score equipe="torsesbleus">150</score><score equipe="jambesrouges">60</score></partie>
- POST ou PUT appelant un service dédié nouvellePartie, *http://exemple.com/nouvellePartie*, avec un corps de type CGI : id=995&torsesbleus=150&jambesrouges=60
- GET appelant un service multi fonctionnel maintenancePartie, *http://exemple.com/maintenancePartie/commande=nouvellePartie&id=995&torsesbleus=150&jambesrouges=60*
- POST appelant un service multi fonctionnel maintenancePartie avec un URL décrivant une commande, *http://exemple.com/maintenancePartie/commande=nouvellePartie*, avec un corps XML de type <jeu id="995"><score equipe="torsesbleus">150</score><score equipe="jambesrouges">60</score></equipe>

On pourrait encore décrire d'autres fonctionnalités. Ce qui est important à retenir : en tant que concepteur du service, vous avez de nombreuses possibilités pour représenter une unique fonctionnalité. Est-ce que cela représente en soi un quelconque problème ? Vous pourriez argumenter que cela n'est pas du tout un problème et qu'il suffit d'en choisir une, n'importe laquelle, quitte à le faire en utilisant des flèchettes et un bandeau.

Ensuite, créez juste le service et le manuel d'utilisation associé, n'importe quel développeur un tant soit peu compétent serait alors capable de s'en sortir, non ? Cette argumentation, cependant, souffre de quelques défauts :

- Vous pouvez supposer que le script de votre navigateur pour votre application web et, peut être, quelques clients externes connus sont les seuls utilisateurs de votre service, le rendant relativement facile à créer et à documenter. En fait, votre application réside à l'intérieur d'un écosystème plus étendu qu'est Internet. Parmi les systèmes concernés : le navigateur (ex : Firefox) qui adresse des problématiques comme le bouton de retour et la gestion des favoris ; le serveur web (ex : Apache), qui répond à des problématiques comme la gestion du cache et la génération des pages ; les routeurs réseaux et les caches tout le long du routage ; les applications robots comme ceux qui parcourent le Web pour les moteurs de recherche ; et les agents web qui surveillent le Web pour le compte d'utilisateurs. Votre application sera plus performante et plus sûre si vous suivez certaines conventions qui sont communes à tous ces systèmes.

- Idéalement, un service se doit d'être intuitif et auto-documenté : si un service est basé sur des conventions familiaires, vous n'avez plus qu'à spécifier le minimum pour un développeur pour qu'il soit capable de l'utiliser. Cela n'est tout simplement pas possible si chacun choisit une solution alternative, selon ses goûts personnels. Les interfaces basées sur des standard sont en général un atout face à des interfaces optimisées, techniquement supérieures, mais qui sont basées sur des conventions non usuelles. Il existe des milliers de services web disponibles sur Internet. Les développeurs devraient être capables d'y accéder et de les impliquer dans des actions avec le moins d'effort possible.

- En l'absence de tout principe directeur, il existe une inquiétante et grande probabilité pour que vous arriviez à de fastidieux débats avec vos collègues sur les problématiques les plus triviales, en essayant de converger vers une API optimale. (Le bandeau et les flèchettes – ou un chef impatient – allègerait ce genre de status quo, mais les autres problématiques seraient toujours là.)

Nous avons donc vu les arguments pour une approche conventionnelle dans le cadre de l'implémentation de services web, mais quelle la convention ? REST en est une, elle repose sur de nombreux principes directeurs différents et trouve un large support chez les industriels. N'importe quelle fonctionnalité ou presque peut être présentée sous la forme d'une API REST et possède alors l'avantage d'un style intuitif et familier. De nombreux services sur le net suivent déjà les principes REST, à différents degrés. De même, de nombreux systèmes du monde réel, comme les navigateurs et les caches, tendent à implémenter REST. Ces systèmes fonctionnent de manière optimale si les principes REST sont respectés – un navigateur, par exemple, peut fournir un meilleur retour ; un cache va pouvoir retenir toutes les données que le développeur attend qu'il retienne. Que se passe-t-il si les principes REST ne sont pas respectés ? Ce n'est certainement pas la fin du monde, mais vous trouverez des petites choses qui ne tourneront pas bien ou fonctionneront de manière inattendue. Par exemple, le fait de recharger une page web peut entraîner la re-soumission d'un ordre d'achat. Ou alors, un cache qui arrêterait de stocker des données qui devraient l'être ou qui ne stockerait plus de données du tout. La raison de ces comportements erratiques va devenir claire au fur et à mesure que nous allons apprendre les principes REST.

Introduction aux principes REST

Tout ça pour en arriver au constat suivant : quels sont exactement les principes REST (*http://www.xfront.com/REST-Web-Services.html*) ? REST présente, au bout du compte, le serveur comme un gros tas de « ressources » comme des personnes, des voitures ou des matchs de football. Les clients intéragissent en inpectant et en changeant cet état. Mettre une commande d'achat sur le serveur, par exemple, va déclencher sur celui-ci une procédure métier pour réaliser l'achat décrit dans la commande. Cela contraste avec l'approche RPC (Remote Procedural Call), où le client doit appeler un procédure distante appelée `purchase( )`. REST est basé sur la manipulation de données, RPC est basé sur des appels de procédures.

REST considère que le monde est constitué de ressources et d'opérations réalisées sur celles-ci, et avec ces ressources. Les ressources et les opérations peuvent être représentées comme les concepts HTTP que sont les URL et les méthodes d'appel.

Les ressources comme des URL

> Une ressource ressemble à une « entité métier » dans le langage de modélisation. C'est une entité que vous souhaitez exposer comme partie d'une API. Pratiquement tout le temps, il s'agit d'un nom (ex : une personne, une voiture, ou un match de football). Chaque ressource est représentée par une URL unique. Ainsi, lorsque vous parlez d'une URL de type REST, cela désigne une chose plutôt qu'une action.

Les opérations comme des méthodes HTTP

> REST s'appuie sur les méthodes HTTP existantes, particulièrement GET, POST, PUT, et DELETE. Il faut noter que l'objet `XMLHttpRequest` et les bibliothèques qui peuvent l'encapsuler comme `ajaxCaller` (*http://ajaxify.com/run/testAjaxCaller/*), supportent toutes ces méthodes. Si elles ne vous sont pas familières, veuillez consulter la spécification W3C HTTP 1.1 (*http://www.w3.org/Protocols/rfc2616/rfc2616-sec9.html*).

Pour le HTTP, cela peut être dit autrement : chaque requête faite par un client implique une URL et une méthode HTTP. Avec REST, l'URL est désignée pour représenter un nom et la méthode HTTP est toujours liée à un verbe standard, dont l'action sera appliquée à la ressource symbolisée par le nom.

Comment l'URL est-elle combinée aux méthodes HTTP dans la pratique ? Revenons à l'exemple, un `match` est une entité au sein de cette API. Comme REST le préconise, nous créons un système pour exposer chaque match une URL unique – par exemple, *http://exemple.com/matches/995*.

URL ou URI ?

D'un point de vue strictement HTTP, il y a une distinction à faire entre Universal Resource Locators (URL) et Universal Resource Identifier (URI). URI est le terme le plus général, étant donné qu'il décrit une ressource générale. Une URL est un type particulier d'URI qui identifie, dans le sens vague du terme, un emplacement sur le réseau. Vous pourriez définir un protocole afin de représenter des livres avec des URI (ex: `isbn://12345`) et ces URI ne seraient pas des URL puisque qu'elles n'ont aucune relation d'aucune sorte avec un quelconque emplacement réseau ; elles sont juste un moyen d'identification unique des objets. Une chaîne de caractères comme *http://ajaxpatterns.org/RESTful_Service* n'identifie pas seulement un objet (lui donnant un caractère d'URI), mais fait référence également à un endroit réseau (lui conférant également un caractère d'URL), pouvant ainsi être utilisée par différentes applications pour pouvoir localiser les ressources.

Après avoir fait cette mise au point, laissez-moi vous dire pourquoi ce pattern se réfère uniquement à des URL. Les URL sont le langage que les développeurs connaissent le mieux, même si dans certains contextes, URI est techniquement le terme approprié (qui doit l'être d'ailleurs probablement la plupart du temps). De plus, il existe même une confusion (*http://kyseo.blogspot.com/2005/12/uri-url-urns.html*) dans les RFC qui définissent ces termes et les définitions ont changé dans le temps. Le W3C statue :

- Les personnes qui sont au fait des affaires d'URI tendent à utiliser « URL » et « URI » d'une manière qui semble interchangeable. Entre ces experts, cela n'est pas un problème. Mais sur Internet et au sein d'une communauté plus large, cela le devient. Les gens ne sont pas convaincus que URI et URL veulent dire la même chose, dans les documents où ces notions semblent l'être. Lorsque certains voient une RFC qui parle de problématiques d'URI (ex: [RFC 2396]), une autre parle d'URL(ex: [RFC 2717]), alors qu'une autre encore parle d'URN ([RFC 2276]) il est naturel de se demander où les différences et les points communs entre elles. Et alors que la RFC 2396 1.2 essaie d'adresser la distinction entre URI, URL et URN, ce n'est pas pour éclaircir la situation.

Maintenant que cette confusion potentielle a été abordée et considérant le fait que la plupart des développeurs utilisent exclusivement le terme de « URL », j'ai opté pour une approche pragmatique : vous ne verrez uniquement que le terme d'« URL » utilisé tout au long de la description de ce pattern, et en fait, tout au long des autres.

Jusqu'ici, rien ne peut prêter à confusion. Quiconque est familier avec REST sera toujours amené à créer une URL unique pour chaque match. Il peut exister des différences de points de vue à propos du nommage précis, mais le concept de base sera toujours le même si vous suivez les principes REST. Maintenant que nous avons cette unique URL, nous pouvons implémenter beaucoup de fonctions autour, en utilisant les méthodes standard HTTP (*http://rest.blueoxen.net/cgi-bin/wiki.pl?RestFaq#nid1UP*).

- Pour obtenir les résultats d'un match, le client adresse un appel GET sur l'URL. GET est la méthode standard pour réaliser des requêtes sur les ressources pointées par l'URL. Le format de la réponse n'est pas dicté par REST, mais XML est commun de part sa nature auto-descriptive et auto-validante.

- Pour effacer un match, le client adresse un appel DELETE sur l'URL. DELETE est la méthode standard pour effacer une ressource.
- Pour mettre à jour un match, le client fabrique un nouveau message de partie et le télécharge sur le serveur en tant que corps de message d'une commande PUT. PUT est la manière standard de mettre à jour la valeur d'une ressource.
- Pour créer une nouvelle partie, l'action dépendra de la possibilité de deviner l'URL du match. Si le service alloue juste l'URL arbitrairement, peut-être basée sur un compteur auto-incrémental, le client sera incapable de le deviner. Lorsque cela se produit, la nouvelle partie est POSTée sur une URL de type *http://exemple.com/matches*, et le serveur répond avec la nouvelle URL de la partie (*http://exemple.com/matches/995*). D'un autre côté, le client peut être capable de deviner l'URL, basée sur une convention de nommage. Si le client est capable de deviner que la nouvelle partie a pour URL *http://exemple.com/matches/2000/9/25*, alors il peut simplement réaliser un PUT de la nouvelle partie sur cette URL.
- Pour réaliser des transactions arbitraires, vous utiliserez également une ou plusieurs de ces méthodes standard. Ainsi le client peut vouloir un moyen de doubler le score du vainqueur. Dans ce cas, il n'y a probablement pas de service dédié – le client lit juste l'ancien match, le met à jour et le renvoit par un PUT de retour sur le serveur. Pour des transactions encore plus compliquées, vous pouvez modéliser une nouvelle ressource dédiée à encapsuler la requête (ex : une ressource « commande d'achat ») et le client sera capable de POSTer des ressources comme celles sur le serveur. Beaucoup de services métiers travaillent de cette façon – des contrats/ordres sont envoyés pour demander que des choses soient faites et pour vérifier qu'elles ont été faites. Voir la section « Handling arbitrary transactions » plus loin dans ce chapitre pour plus de détails.

En résumé, chaque méthode HTTP va réaliser une action bien définie sur la ressource représentée par l'URL. Les méthodes peuvent être comparées à des commandes SQL : GET est comme « SELECT, » DELETE est comme « DELETE, » POST est comme « INSERT » avec un identifiant auto-généré, et PUT est comme « INSERT OR UPDATE IF EXISTS » avec un identifiant ID spécifié.

Notez qu'il n'y a, à nouveau, aucune équivoque possible. C'est vrai, vous devez toujours décider d'une convention précise sur les URL et sur les formats des messages, mais cela est de toute évidence minime. *En déclarant juste « c'est une interface REST, » vous convenez de règles implicites avec un développeur qui a déjà un savoir faire REST.* Informez donc les développeurs des conventions d'URL et de message et ils pourront certainement deviner la plus grande partie de l'API. Comparez cela à une API faite par vos soins, où chaque détail doit être minutieusement expliqué. En considérant qu'il existe des milliers de services web, la raison pour laquelle REST est une option attractive devient rapidement claire.

Les principes REST

Regardons maintenant les principes REST de manière plus détaillée.

Les URL reflètent des ressources

Comme expliqué dans le chapitre précédent, chaque ressource reçoit une URL unique. Les URL ressemblent généralement à des noms.

REST ne vous dit pas quels noms vous devez donner à vos ressources – il existe une infinité de possibilités et le choix vous revient. Ils refléteront souvent votre modèle conceptuel du système et ressembleront certainement aux noms de vos tables de base de données.

Les méthodes HTTP reflètent des actions

Avec REST, chaque méthode HTTP indique le type d'act[illegible] tecte de l'API REST n'a pas à décider de ce que les métho[illegible] en a que quelques unes et REST standardise la significatio[illegible] requêtes, POST pour les insertions, ainsi de suite, comme e[illegible] les noms des ressources ne sont *pas* standardisés. Les mod[illegible] tions sont tous différents et il est impossible de standardiser de telles notions. Mais REST dit que vous pouvez modéliser vos ressources avec un ensemble d'actions standard requises, de manière à assurer la consistance des API entre elles.

Heureusement, les méthodes standard HTTP – lorsqu'elles sont combinées avec une conception bien pensée des URL et des ressources – sont suffisantes pour permettre à un client d'en savoir juste assez. C'est vrai que dans un monde idéal, il y aurait quelques actions supplémentaires afin de vous simplifier un peu la vie. Il serait par exemple pratique qu'il y ait une action standard *LOCK* pour permettre à un client de s'occuper exclusivement d'une ressource.[1] Cependant, vous pouvez toujours contourner le problème en introduisant par vous-même le blocage de la ressource et laisser les clients bloquer les choses en manipulant ces ressources avec les méthodes standard HTTP.

GET pour les requêtes, et seulement pour les requêtes

On affine le point précédent, les appels GET doivent se faire en lecture seule. Lorsque vous effectuez une requête en lecture de n'importe quelle nature, utilisez toujours GET. Inversement, quand votre appel affecte n'importe quelle donnée sur le serveur, utilisez l'une des autres méthodes : PUT, POST, ou DELETE qui peuvent toutes changer l'état de la donnée. Il faut cependant faire attention à ce dernier point – par exemple, si le résultat d'une requête laisse un message de journalisation quelque part, cela consitue-t-il un changement ? Techniquement, oui ; mais le sens commun dit que non, ce n'est pas un changement significatif par rapport à la ressource sous-jacente, il est donc acceptable de tracer le message en réponse d'une requête GET. Gardez à l'esprit que la trace de journalisation peut ne pas être lue, comme attendu ; par exemple, certains clients récupèreront le contenu depuis un système de cache, ce qui veut dire qu'aucune trace de journalisation ne sera émise.

Le problème inverse peut également se produire. Les requêtes GET sont souvent mises en cache, mais les autres types de requêtes ne le sont pas. Lorsque vous effectuez une requête avec POST, vous refusez la possibilité de la mettre en cache dans le navigateur, au sein du réseau client, ou sur votre propre serveur.

1. Le protocole WebDav fait exactement cela. Il ajoute quelques méthodes à HTTP, pour le support du blocage de la ressource, la découverte des propriétés et le transfert des ressources. Cela rend REST plus facile à implémenter, mais malheureusement, la plupart des systèmes internet ne les comprendront pas, allant à l'encontre d'un des buts principaux de REST sur l'Internet ouvert.

Si vous n'apprenez plus rien d'autre à propos de l'architecture REST, assurez-vous de connaître cette règle ; de toutes les conventions REST, c'est la plus connue et la plus massivement appliquée au travers du net (voyez l'encadré *L'incident de l'accélérateur sur « Backpack »* ci-dessous).

> ***L'incident de l'accélérateur sur « Backpack »***
>
> Un incident, mi 2005, souligne l'importance de la règle « *GET pour les requêtes, et uniquement pour les requêtes* » (*http://radar.oreilly.com/[illegible]*
> *.html*). Cela a impliqué l'accélérateur de Google t[illegible]
> avec des services qui n'étaient pas de type REST. L[illegible]
> cipe les actions utilisateurs et précharge chaque li[illegible]
> dessus (un exemple non Ajax du *Prédictive Fetch* [illegible]
> 13]). Tout comme plein d'autres systèmes sur le net, il considére que les services suivent la règle « *GET pour les requêtes, et uniquement pour les requêtes.* » L'implication pratique est qu'il clique de manière non discriminatoire sur tous les liens.
>
> Le problème est survenu lorsque des utilisateurs se sont connectés à des applications non REST comme Backpack (*http://backpackit.com/*). Parce que Backpack efface les articles utilisant les appels GET, l'accélérateur – par sa gourmandise à réaliser chaque requête GET – a fini par effacer des données personnelles. Cela aurait également pu se passer avec des moteurs de recherche, bien que la question ne soit pas posée étant donné qu'ils n'ont pas habituellement accès aux comptes personnels.
>
> Certaines personnes ont argumenté que Google était allé trop loin avec les principes REST (*http://www.loudthinking.com/arc/000454.html*) ; c'est une chose d'assumer REST pour la mise en cache d'une réponse antérieure, mais c'est une autre que de visiter de manière proactive des liens qui autrement n'auraient pas été visités, plus particulièrement quand ceux-ci sont uniquement visibles par un utilisateur authentifié. L'argument est bon, mais de toute façon, beaucoup de composants continueront à faire les mêmes hypothèses que l'accélérateur de Google a fait, rendant plus prudent de pratiquer « *GET pour les requêtes, et uniquement pour les requêtes.* »

Les services devraient être sans état

Dans une interaction avec état, le serveur se rappelle des choses du passé. Par exemple, vous pouvez faire ceci :

> Le navigateur de Greg : Donne moi la prochaine partie sur laquelle je dois travailler.
>
> Serveur : Travaille sur la partie 995.
>
> ...
>
> Le navigateur de Greg : Voici le résultat : torsesbleus 150, jambesrouges 60.
>
> Serveur: Merci.
>
> (Le serveur stocke « torsesbleus 150, jambesrouges 60 » pour la partie 995).

Le serveur, ici, possède un état implicite dans sa conversation avec le client ; il se rappelle du match de Greg sur lequel il est en train de travailler. Cela rend la phase de test plus difficile, étant donné que vous devez fixer tout un historique avant de pouvoir tester une interaction particulière. Un autre problème est la nature fragile de la transaction ; que se passe-t-il si le navigateur de Greg échoue et termine des requêtes sur deux parties différentes ? Lorsque Greg met à jour le score, le serveur pourrait facilement mal interpréter et ne pas discerner de quel match il est en train de lui parler. Ainsi, vous ne pouvez pas mettre en cache de manière efficace, étant donné que le résultat d'une requête peut dépendre de ce qui s'est passé plus tôt.

De plus, un des objectifs de REST est de pouvoir changer de client à n'importe quel moment tout en recevant le même résultat. Si vous changez « le navigateur de Greg » par « le navigateur de Marcia », le serveur répondra différemment du résultat du match de dessus, parce qu'il retient que le navigateur de Marcia travaille sur un numéro de match différent. Alors que des utilisateurs sont peu susceptibles de changer de navigateur à mi-conversation, d'autres clients tels que des systèmes de cache ou autres robots peuvent très bien le faire. La substitution rendant le réseau plus redimensionable.

Le résultat est que tout devrait être passé en une fois. Il est convenable pour le client de se souvenir des détails de la conversation – REST ne propose rien sur l'activité du client – mais pas pour le serveur. Les réponses serveur devraient être basées sur l'état global du serveur et non pas sur l'état de la conversation, par exemple :

> Le navigateur de Greg : Donne moi le prochain match sur lequel je dois travailler.
>
> Serveur : Travaille sur le match 995.
>
> ...
>
> Le navigateur de Greg : Voici le résultat *pour le match 995* : torsesbleus 150, jambesrouges 60.
>
> Serveur : Merci, je vais enregistrer « torsesbleus 150, jambesrouges 60 » pour le match 995.

Et les cookies ne sont pas utilisés du tout ? Si, les cookies *peuvent* être utilisés, mais principalement pour l'authentification. Ils doivent seulement déterminer *si oui ou non* le serveur va accepter l'appel, mais non de la façon *dont* le serveur va répondre. Si l'authentification échoue, une réponse appropriée, comme une erreur 401 (Interdit), sera retournée. Si l'authentification réussit, le même appel aura toujours le même comportement, indépendant du client appelant. Ainsi, si le navigateur de Greg réalise un « Get sur tous les matchs, » Greg verra exactement la même chose que le super administrateur aurait vu s'il avait demandé la même chose, aussi longtemps que Greg est autorisé à les voir. Si la politique de sécurité interdit à Greg de voir tous les matchs, la requête de Greg sera refusée. Ce qui *n'arrivera pas* est que Greg reçoive uniquement une liste minimale des ses propres matches – si cela se produit, le serveur utilisera le cookie pour déterminer la réponse du navigateur. Pour récupérer une liste minimale, la requête doit être explicite – « Get sur tous les matches de Greg » – et bien sûr, elle doit être émise par Greg ou l'administrateur. Si c'était Marcia qui réalisait cette requête, elle aurait un message d'erreur d'authentification.

Une alternative aux cookies est l'utilisation du HTTP Basic Authentication, mais il ne fonctionne pas très bien dans un contexte Ajax, parce que vous n'avez aucun contrôle sur l'interface graphique utilisateur. Le navigateur, typiquement, va ouvrir une boîte de dialogue dans une nouvelle fenêtre, alors que vous voudrez probablement intégrer n'importe quelle authentification directement dans l'interface et spécialement dans l'utilisation d'un pattern comme *Lazy Registration (enregistrement paresseux)*. HTTP Digest Authentication n'apporte pas plus de flexibilité et son support de la part des navigateurs et des serveurs est limité. Ainsi, alors que l'authentification HTTP authentication est vue comme « plus pure », les cookies représentent une alternative cohérente, mais uniquement dans le cadre de l'authentification.

Les services devraient être idempotents

« Idempotent » signifie que lorsque vous passez un message à un service une fois, il n'y pas d'effet additionnel à passer le même message à nouveau. Considérons le message suivant, « Efface Partie 995. » Vous pouvez l'envoyer une fois ou 10 fois d'affilée, le système restera le même. De même, un GET de type REST est toujours idempotent, parce que cela n'affecte jamais son l'état. Les conventions de base de GET/DELETE/PUT/POST, décrites plus haut, ont pour but de supporter l'idempotence.

Les services utilisent les hyperliens

Dans les représentations des ressources retournées par les requêtes GET, l'utilisation d'hyperliens fait référence délibérément à des ressources connexes. Avec une utilisation judicieuse d'hyperliens, vous pouvez et devez faire disparaître les informations. À la place de fournir une réponse massive, insérez une parcelle d'information et pointez vers des informations supplémentaires en utilisant des identifiants de ressources.

Des services qui se documentent eux-mêmes

Les services REST peuvent et doivent se documenter eux-mêmes. Le mécanisme exact n'est pas bien défini. Mais quelques exemples incluent :

- Les URL de base peuvent expliquer comment le service fonctionne. Par exemple, dans l'exemple précédent, *http://exemple.com/match/995* représente un match particulier, mais `http://exemple.com/match` ne représente pas d'entité réelle et peut donc se retrouver dans un manuel d'utilisation, dans un langage compréhensible, avec les hyperliens appropriés.
- Les messages d'erreur devraient également se retrouver dans un langage compréhensible des personnes, avec des exemples et des hyperliens.

Des services qui contraignent le format des données

Par extension du point précédent, les services de type REST reposent sur des standard comme les « Document Type Definitions » (DTD) et les schémas XML pour la vérification des formats de données et la documentation des données acceptées.

Manipuler des transactions arbitraires

La définition de REST est particulièrement adaptée pour les opérations de création – comme sur Amazon – de lecture, de mise à jour et d'effacement (principe CRUD pour Create, Research, Update, Delete). Alors que dire des transactions et des actions arbitraires, comme « Mettre en pause l'imprimante » ou « Envoyer le catalogue par Email à cet utilisateur » ? Par définition, les actions spécifiques à l'application ne s'adaptent pas de manière ordonnée aux actions standard REST. Il y aura toujours une part de jugement pragmatique pour réaliser des interfaces de type REST adaptées. Quelques possibilités ont été soulevées, avec quelques points de vue qui varient (*http://rest.blueoxen.net/cgi-bin/wiki.pl?VerbsCanAlsoBeNouns*) :

- Si cela a du sens, reformulez l'action comme une opération standard de persistance. Pour les mises à jour complexes et qui nécessitent de la logique métier, vous pouvez fournir des services en lecture seule – accédés avec des requêtes GET – afin d'aider le client à calculer le nouvel état.
- Vous pouvez envoyer un message par la méthode POST à la ressource en question, par exemple envoyer un message POST, « pause » à l'URL représentant l'imprimante.
- Le serveur peut exposer un service sans état pour réaliser l'action – ex : un contrôleur d'imprimante – et avoir des messages de type POST qui l'attaquent, avec des URL qui référencent les ressources sur lesquelles ils doivent agir.

Contre balancer REST

Étant un modèle largement basé sur l'architecture, REST aura toujours différentes interprétations. L'ambiguïté est d'autant plus exarcébée par le fait qu'il n'y a pas assez de méthodes standard HTTP pour supporter la plupart des opérations. L'exemple le plus typique est l'absence d'une méthode `recherche`, ce qui veut dire que chaque personne va créer la fonction de recherche à sa manière. Le but de l'architecture REST étant d'unifier, toute ambiguïté doit être vue comme une faiblesse pour l'argumentation de l'utilisation de REST.

Une autre question concerne la portabilité – alors que GET et POST sont standard, vous pouvez recontrer des navigateurs et des serveurs qui ne prennent pas en charge DELETE, PUT et les autres méthodes.

L'alternative majeure à REST est RPC (voir *RPC Service*, plus tard). Ces deux notions sont identiques en définition mais la différence essentielle en RCP est que les services sont exposés comme des procédures. Vous finissez l'envoi de POST avec des URL de type verbal comme **`/partie/creerPartie?matchId=995`** de type REST, d'URL basés sur des noms tels que **`/match/995`**. En fait, la différence est assez significative, au point que certains fournisseurs de service, comme Amazon, fournissent en fait des API séparées pour chacun. Comme règle générale, n'importe quel ensemble de services pourrait être exposé soit comme service REST soit RPC ; il s'agit juste une question de clarté d'API et de facilité d'implémentation. Notez également que nous avons quelques chevauchements entre les deux, comme discuté dans la solution *RPC Service*, RPC peut toujours suivre certains principes REST.

Du point de vue de l'implémentation, REST et RPC diffèrent sur le fait que REST comporte une modélisation explicite, alors que RPC tend à suivre directement la modélisation de la partie métier d'un système. Dans cet exemple, il est probable qu'il y ait une classe `Match` avec une méthode `creerMatch( )` – c'est la manière dont la plupart des serveurs l'auraient fait. Ainsi, il n'y pas à se casser la tête à lier `/match/creerMatch` à un service web qui fait le pont entre le client et la méthode de la partie métier. En fait, il existe de nombreux frameworks qui vont complètement automatiser le processus à votre place.

Avec REST, il n'y a pas de lien direct entre le service web et l'implémentation de la partie métier – il existe une « impedance mismatch » (une adaptation incomplète). Vous avez besoin de prendre du recul et d'explicitement concevoir l'architecture de votre API pour qu'elle respecte les principes REST. Si vous suivez le modèle de conception orienté fonctionnalités, l'API est la première chose que vous produirez de toute façon, puisque la conception sera « tirée » des besoins clients, plutôt que « poussée » par la technologie disponible. Une fois que vous avez conçu votre API, l'implémentation du service web va être une sorte de design pattern Adapteur (voir Gamma et al., 1995) vers les services métiers.

Pour résumer :

- N'importe quel service web peut être exposé fonctionnellement comme un service REST ou RPC. Il existe de bons arguments pour dire que les API REST ont quelque chose de plus clair, même si cette conception est loin d'être universelle.
- Les API REST ont beau être plus claires, elles requièrent cependant plus de conception et de maintenance, étant donné qu'elles tendent à diverger des technologies de la partie métier. Cependant, les implémentations de nature adaptateur sont assez faciles, de cette manière le surcoût n'est pas substantiel et il est souvent justifié, dans l'optique de fournir une interface claire et non affectée par des incidents d'implémentation de la partie métier.

Cas concrets

Je ne connais pas d'applications Ajax accèdant à des interfaces complètement REST côté serveur. En conséquence, l'exemple d'ici vient d'une API publique qui ne se conforme que d'une manière proche à REST. Notez que les différentes interfaces qui proviennent des grandes entreprises ne sont pas couvertes ici, d'une part parce qu'elles en font elles-mêmes la promotion comme étant de type REST et d'autre qu'elles tendent à tordre certains principes de base – par exemple, l'API REST d'Amazon (*http://rest.blueoxen.net/cgi-bin/wiki.pl?HowAmazonsRESTComparesWithREST*). Dans le langage des entreprises, REST est parfois synonyme de « non SOAP » et il est incorrectement entendu qu'une interface est de type REST tant qu'elle utilise GET pour les lectures et POST pour les écritures.

L'API Blogger

Atom est un protocole construit autour des principes REST. Blogger offre une bonne description d'Atom, dans son utilisation, dans son API publique (*http://code.blogger.com/archives/atom-docs.html*). L'API laisse les applications tierces lire et changer les blogs Blogger. Blogger lui-même pourrait théoriquement construire une application Ajax qui réaliserait directement des appels sur l'API.

Une entrée de blog est une ressource importante dans l'API Blogger. Par exemple, entrée ID 1000 pour l'utilisateur 555 « habite à » *http://blogger.com/atom/555/1000*. Ainsi, pour lire cette entrée, il suffit de réaliser un GET sur cette URL. Pour modifier cette entrée, il suffit juste d'envoyer un document XML via PUT à cette même URL. Pour ajouter une nouvelle entrée, vous ne connaissez pas encore son ID, vous envoyez donc un POST à l'URL contenant uniquement l'ID utilisateur – par exemple, *http://blogger.com/atom/555*. Notez que chacune de ces opérations utilise le protocole HTTP Basic Authentication et tourne sous HTTPS.

Exemple de code : la démo de magasin REST de AjaxPatterns

La démo de magasin de base (*http://ajaxify.com/run/shop/*) emploie un service web ad hoc qui expose et manipule des articles et des caddies utilisateurs. Dans cette démo, le service est refait de manière à devenir un peu plus REST. Vous pouvez le comparer à l'illustration refonte en un *RPC Service*. Notez que certaines contraintes rendent le service de type REST moins idéal qu'ici :

- Les URL devraient idéalement être préfixées avec *http://ajaxshop.com*, mais comme cela tourne dans le framework de démo Ajax, le préfixe est un peu plus long : *http://ajaxify.com/run/shop/rest*.
- Les URL devraient idéalement éviter les variables de style CGI et ressembler à « `/content/Movies` » au lieu de `/content?category=music`. Ce n'est pas possible ici parce qu'il n'y a pas d'utilisation de la réécriture d'URL (afin de rendre les démonstrateurs facile à installer).

Il y a trois ressources : categories, articles et caddies. GET est utilisé pour lire chacun de ceux-ci. Seuls les caddies peuvent être modifiés, soit en ajoutant un article, soit en le vidant. Ces deux actions sont gérées par POST plutôt que PUT, puisque nous avons affaire à des changements plutôt que des remplacements. Voyons chaque service un peu plus en détails.

Lire la liste des catégories

Une liste XML de catégories est exposée par l'envoi d'un GET à l'URL *http://ajaxify.com/run/shop/categories.phtml*. Ici, `categories` est la ressource et la méthode HTTP est GET puisque nous sommes en train de lire des ressources. Afin d'éviter l'énumération de toutes les informations des catégories ici, il y a un lien vers chaque catégorie spécifique :

```
<categories>
  <category xlink="http://ajaxify.com/run/shop/rest/category.phtml?name=Books">
Books</category>
  <category xlink="http://ajaxify.com/run/shop/rest/category.phtml?name=Songs">
Songs</category>
  <category xlink="http://ajaxify.com/run/shop/rest/category.phtml?name=Movies">
Movies</category>
</categories>
```

Lire une catégorie particulière

Afin de récupérer une catégorie particulière, disons « Movies, » vous envoyez un GET à l'URL *http://ajaxify.com/run/shop/category.phtml?name=Movies*, ce qui fournit le nom et les articles. Puisqu'un article est défini seulement par son nom et que nous ne pouvons pas réaliser d'opérations sur chaque article, il n'est pas nécessaire de leur donner une URL.

```
<category>
  <name>Movies</name>
  <item>Contact</item>
  <item>Gatica</item>
  <item>Solaris</item>
</category>
```

Avec la mise à l'échelle du système, la liste de tous les articles peut devenir excessive pour une personne qui veut uniquement connaître le nom de la catégorie. Ainsi le prochain service fournit juste les catégories. Si nous voulons, nous pouvons ensuite enlever la liste des catégories du nom de catégorie.

Lire le contenu d'un caddie

En étant REST, nous ne pouvons pas juste accéder au caddie en utilisant uniquement la session – chaque opération doit spécifier le propriétaire du caddie. La session est quand même utilisée ici, mais uniquement pour de l'authentification.

Pour lire le caddie de l'utilisateur 5000, nous utilisons l'instruction GET *http://ajaxify.com/run/shop/rest/cart.phtml?userId=5000* :

```
<cart userId="5000">
  <item>
    <name>Hackers and Painters</name>
    <amount>2</amount>
  </item>
  <item>
    <name>Accidental Empires</name>
    <amount>4</amount>
  </item>
</cart>
```

Pour tester l'authentification, visitez l'application web *http://ajaxify.com/run/shop/rest* et ajoutez quelques articles. Coupez et collez votre numéro d'utilisateur ID sur le « 5000 » de l'URL ci-dessus. Vous devriez être capable de voir votre caddie. Essayez ensuite un autre ID utilisateur, disons 6000, et vous devriez être gratifié du message suivant, avec un en-tête 401 (Interdit) :

```
Vous n'avez pas accès au caddie de l'utilisateur.
```

Modifier le contenu du caddie

Pour être REST, l'URL du caddie doit rester le même si nous sommes en train de le manipuler ou de le lire. Ainsi, quand nous réalisons des changements au caddie de l'utilisateur 5000, nous utilisons la même URL que pour le lire, *http://ajaxify.com/run/shop/rest/cart.phtml?userId=5000* (qui se terminerait plutôt avec **/cart/5000**, plus propre, si nous pouvions utiliser la réécriture d'URL).

Pour mettre à jour le caddie, nous envoyons tout simplement la nouvelle spécification du caddie par PUT à l'URL du caddie. Si l'utilisateur venait juste de nettoyer le caddie, ce qui suit serait mis à jour sur le serveur :

```
<cart>
</cart>
```

Si l'utilisateur a ajouté un article, le navigateur réalise toujours la même chose : juste mettre à jour l'ensemble du caddie ; par exemple :

```
<cart userId="65590">
  <item>
    <name>Hackers and Painters</name>
    <amount>2</amount>
```

```
  </item>
  <item>
    <name>Accidental Empires</name>
    <amount>5</amount>
  </item>
</cart>
```

Notez que le travail effectué avec un PUT est quasi similaire à celui effectué avec un POST. Comme expliqué dans *XMLHttpRequest Call* (chapitre 6), `XMLHttpRequest` possède un paramètre `requestType`. Dans l'exemple ici, les détails sont, pour n'importe quel événement, abstraits par la bibliothèque AjaxCaller :

```
ajaxCaller.putBody("cart.phtml?userId="+userId, null, onCartResponse, true,
  null, "text/xml", cartXML);
```

La manière d'envoyer le contenu du caddie par mail se révèle plus subjectif, comme discuté dans la section des « actions arbitraires ». L'approche ici est de poster une adresse Email à l'URL du caddie, par exemple :

```
<email-address>
  ajaxmail@example.com
</email-address>
```

Le support de PUT et DELETE

Le support de PUT et DELETE de la part du serveur dépend de l'environnement de programmation. En Java, par exemple, c'est trivial puisque les servlets contiennent les méthodes `doPut( )` et `doDelete( )` à côté des méthodes `doPost( )` et `doGet( )`. PHP, d'un autre côté, réalise des traitements spéciaux pour GET et POST. Non seulement les variables sont visibles avec les instructions `$_GET` et $_POST, mais le corps du message POST est accessible avec `$HTTP_RAW_POST_DATA`. Pour lire le corps de message d'un appel PUT, le service ici a juste à lire le flux de l'« input stream », **`php://input`** (*http://php.net/wrappers.php*) :

```
function readBody( ) {
  $body="";
  $putdata = fopen("php://input", "r");
  while ($block = fread($putdata, 1024)) {
    $body = $body.$block;
  }
  fclose($putdata);
  return $body;
}
```

C'est en partie des contraintes comme celles-ci qui amènent certains développeurs à se compromettre et utiliser POST comme substitut de PUT et DELETION.

Alternatives

RPC Service

RPC Service (voir plus loin dans le chapitre) est une alternative au RESTful Service, comme souligné plus haut dans la section « Solution ».

Patterns associés

XML Message (message XML)

Les XML Message (voir plus loin dans ce chapitre) sont souvent utilisés comme format de réponse d'un service REST et parfois également comme format d'entrée. XML convient bien ici car il est basé sur des standard, largement supporté et compris, auto-documenté et capable de s'auto-vérifier en utilisant des DTD et des schémas XML. Les messages XML tendent donc à apparaître comme corps de messages dans les appels PUT et POST comme dans les réponses.

XML Data Island (îlots de données XML)

Une transaction de type REST implique souvent le passage d'une ressource à l'aller et au retour, avec de part et d'autre, l'augmentation de son état. Par exemple, un serveur peut délivrer un caddie initial vide, le client peut lui ajouter des articles, le serveur peut fixer le prix total, et ainsi de suite. Au lieu de réaliser des transformations vers et depuis une structure de données personnalisée, il est parfois tout à fait plausible pour le navigateur de garder les *Message XML* entrants dans des *XML Data Island (îlots de données XML)* (chapitre 11) et les transformer ensuite, en accord avec les interactions demandées.

Unique URLs (URL uniques)

Unique URLs (URL uniques) (chapitre 17) traite également de la conception d'URL, bien qu'il diffère dans sa portée. Unique URLs traite des URL de l'application Ajax elle-même, alors que le service de type REST implique les URL des services web qu'il utilise. Il est parfois dit que « Ajax casse le principe REST » étant donné que beaucoup d'applications Ajax ont une seule URL, sans se soucier de l'état. Cela en devient ironique puisque Ajax facilite en fait l'architecture REST en encourageant une API claire pour servir le navigateur. Quant à l'application côté navigateur, Unique URLs aident à rendre l'application Ajax un peu plus REST, bien que ce soit en dehors de nos préocupations puisque ce sont les services de Web qu'un client voudrait utiliser.

Métaphore

REST est souvent comme comparé à Unix – avec son usage fréquent des pipes et filtres – et comme SQL – avec son standard de persistance et ses commandes de requêtage – mais peut aussi être comparé aux plateformes Windows. Ils existent des actions standard comme « Couper, » « Coller, » et « Menu déroulant. » Chaque objet (i.e., documents, icônes, et répertoires) accepte de telles actions et les interprète d'une manière consistante avec le sens de l'action.

Pour aller plus loin

- La dissertation de Roy Fielding introduisant les concepts REST (*http://www.ics.uci.edu/~fielding/pubs/dissertation/top.htm*)
- Un Wiki sur REST (*http://rest.blueoxen.net/cgi-bin/wiki.pl*)
- L'analyse de Jeff Bone sur REST contre RPC (*http://www.xent.com/pipermail/fork/2001-August/002801.html*)

- Le « Construire des Web Services à la manière REST » de Roger Costello (*http://www.xfront.com/REST-Web-Services.html*)
- La discussion de PUT contre POST (*http://www.megginson.com/blogs/quoderat/archives/2005/04/03/post-in-rest-create-update-or-action/*)

Remerciements

Merci à Tony Hill de la société Thomson pour avoir relu ce pattern et avoir fourni des points de vue pertinents sur REST.

RPC Service (service RPC)

Délégate, Façade, Procédure, Proxy, Accès Distant, Remoting, RPC, SOAP, WSDL

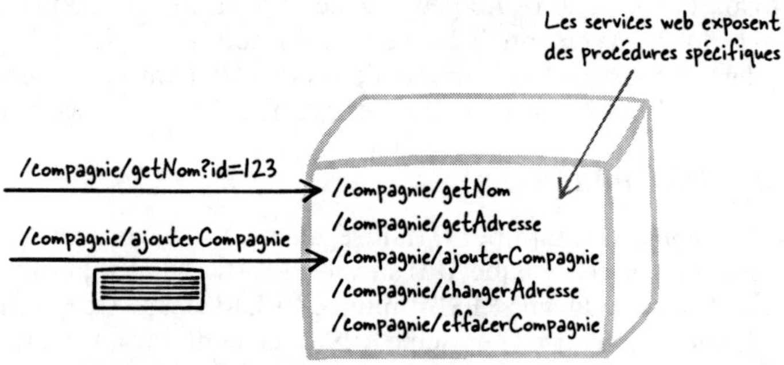

Figure 9-2. RPC Service (service RPC)

Anecdote

Dave vient de terminer le code des services métier pour une application de blog. Il y a un objet `DepotArticle`, par exemple, avec des fonctions pour créer, enlever, mettre à jour et effacer des articles. En utilisant un nouveau produit, il est capable, sans grands efforts d'exposer, `DepotArticle` comme API de service web, avec une URL différente pour chaque opération. Maintenant il peut coder le script, côté navigateur, pour que sa propre application dialogue avec l'API ; il existe donc une API prête et également disponible pour des parties tierces.

Problème

Comment exposez vous les services sur le Web ?

Contraintes

Référez-vous à la section « Forces » dans *RESTful Service*.

Solution

Exposer des services web comme des « Remote Procedural Calls » (RPC). Comme REST, RPC est un terme assez large. Il a quelque chose d'ambiguë également, voulant dire différentes choses pour différentes personnes. Ce pattern utilise une définition assez générale – un Remote Procedural Call (RPC) est une forme de communication où le client invoque une procédure distante sur le serveur. La définition implique que :

- Les RPC sont généralement caractérisés comme des actions. L'URL est habituellement d'un style verbeux. Ex : **`/match/creerMatch?matchId=995`** ou **`/match/miseAJour?commande=creerMatch&matchId=995`**.
- En général, bien que non nécessaire, la partie distante est conçue pour être relativement transparente. La partie métier du serveur étant développée, un framework d'appels distants agit comme un pont entre le serveur et le client, autorisant ce dernier à pouvoir invoquer directement des opérations métiers. Souvent, le framework distant est distribué entre les deux tiers, encapsulant et désencapsulant les messages.

Voici quelques formes concrètes de RPC :

API de type procédurale

Dans le cas le plus simple, il s'agit seulement de types d'URL : le serveur expose des URL qui ressemblent à des actions de type verbales, bien qu'elles n'aient pas nécessairement de relation directe avec la technologie de la partie métier.

XML-RPC

XML-RPC est un protocole simple pour RPC, utilisant des balises comme `<methodCall>`, `<methodName>`, et `<params>`. Un document XML est téléchargé pour réaliser l'appel et un autre document est retourné avec la réponse. Il y a beaucoup de frameworks disponibles pour automatiser l'exposition des services métiers comme des XML-RPC et invoquer de tels services, de manière à ce que le côté distant soit assez transparent pour le développeur.

SOAP

SOAP est basé sur l'exposition de certaines méthodes métier comme services pouvant être accessibles via HTTP par certains clients. Cela est similaire à XML-RPC mais offre tout un ensemble de fonctionnalités, comme la personnalisation du typage des données et le support de l'asynchronisme. Le but du protocole est de réaliser une traduction automatique des appels SOAP à partir et depuis les appels du langage natif utilisé. Par exemple, des EJB (Enterprise Java Beans) peuvent être exposés automatiquement comme des services web en utilisant des générateurs de code ou au travers de proxies. Malheureusement, la complexité de SOAP a un coût et l'utiliser peut parfois ressembler à enfoncer un clou avec un marteau de deux tonnes. D'ailleurs, quelques développeurs blasés se sont demandés si le but premier de SOAP n'était pas plus de vendre des services de consulting et des frameworks que de rendre la vie plus facile.

Ajax Stub (souche Ajax) frameworks

Ces frameworks sont des boîtes à outils tout-en-un. XML-RPC et SOAP peuvent générer de manière automatique un service web à votre place, mais vous devez toujours l'invoquer par vous-même depuis votre application Ajax. À l'opposé, des frameworks qui implémentent la *Ajax Stub* (voir plus tard dans ce chapitre) comme SAJAX (*http://modernmethod.com/sajax*) créent des encapsulateurs JavaScript pour des appels côté serveur tout comme l'exposition de services. Le code JavaScript n'a pas besoin de manipuler des *XMLHttpRequest Calls (appels XMLHttpRequest)* directement ou même une surcouche à `XMLHttpRequest`. À la place il appelle une méthode générique distante, capable de réaliser des opérations côté métier. Pour exemple, voyez l'illustration de refonte dans la section *Souche Ajax*, vue plus tard dans le chapitre. Le mauvais côté est que les *Ajax Stubs* tendent à ne pas être trop impliquées sur l'exposition d'API propres, étant donné que le développeur n'aura jamais besoin de regarder comment le serveur est invoqué. En conséquence, si une troisième partie avait besoin de l'utiliser, l'API apparaîtrait certainement encore plus horrible qu'une API XML-RPC ou SOAP auto-générée.

Est-ce que RPC peut être de type REST ? Certains disent que oui. *RESTful Service* est l'un des patterns les plus répandus dans ce langage, précisément parce REST est une idée commune qui regroupe beaucoup de principes et de conventions. Étant donné que les URL RPC représentent des actions plutôt que des ressources, c'est beaucoup dire que RPC peut être mis en œuvre de manière totalement REST. Cependant, beaucoup de principes REST ont un sens dans un contexte RPC et il est recommandé de les suivre. Souvenez-vous que beaucoup de systèmes internet, comme les caches, sont basés sur certaines règles REST et vous serez affecté par ces dernières, quelle que soit la manière dont vous modélisiez votre interface. Quelques recommandations :

- Les requêtes de lecture seules devraient être adressées par les requêtes GET, ce qui veut dire que vous ne devriez pas passer une requête dans le corps du message.
- Tout ce qui change l'état du serveur devrait être adressé par une requête POST, incluant la commande et les arguments dans le corps. La commande indiquera déjà le type d'action, il n'y aura certainement pas besoin d'utiliser d'autre méthode HTTP comme PUT ou DELETE.
- Il serait mieux d'éviter une conversation avec état. Les appels devraient passer toutes les informations dont ils ont besoin de manière explicite. La session et les cookies ne devraient pas déterminer la manière dont le serveur doit répondre et s'ils sont utilisés, ils doivent l'être uniquement pour l'authentification.

Cas concrets

Kiko

Kiko (*http://kiko.com*) est une application de calendrier en ligne qui intègre quelques fonctionnalités Ajax. Le navigateur communique avec une interface qui utilise des URL de type RPC. Par exemple, l'appel suivant récupère mes contacts :

```
http://www.kiko.com/kiko/kikoservlet?function=SelectContactsByUser , false ,
  undefined , undefined)
```

Un changement est réalisé de la même manière. Voici ce que le navigateur appelle lorsque j'ajoute un rendez-vous :

```
http://www.kiko.com/kiko/kikoservlet?function=CreateAppt&starttime=2005-9-12 18:0:
  00&endtime=2005-9-12 s18:30:00 , false , undefined , undefined)
```

Kiko invoque ces URL en utilisant des requêtes POST, dont le corps contient uniquement une clé d'authentification. Notez que le service devrait être un peu plus de type REST, au lieu de retenir des URL de style RPC, si Kiko veut ouvrir son API au public et assurer une mise à l'échelle. Pour le rendre encore plus de type REST, des requêtes comme `SelectContactsByUser` devraient être adressées par des GET, avec des cookies utilisés pour l'authentification à la place de la clé d'authentification qui se trouve dans le corps de la requête. Cela n'améliorerait pas seulement la cohérence entre les API, mais aurait aussi le bénéfice direct de supporter le cache, puisque les réponses GET peuvent facilement être mises en cache. Aussi, les requêtes POST pourraient inclure tous les arguments à l'intérieur du corps, tout en utilisant des URL de type RPC comme **`/?function=CreateAppt`**.

API Flickr

L'API Flickr (*http://www.flickr.com/services/api/*), disponible pour les développeurs externes, est un bon exemple d'une API construite autour d'URL de style RPC qui respectent aussi les conventions de base REST (les requêtes GET uniquement pour les lectures et POST uniquement pour les écritures). La plupart des appels inclut une API de clé, que le développeur doit appliquer. Une requête pour des détails d'une photographie comme des informations sur son propriétaire ou sa description est un appel GET à une URL comme celle-là :

```
http://www.flickr.com/services/rest/?method=flickr.photos.getInfo&api_
  key=ap1000&photo_id=2000
```

Vous pouvez également refléter des changements avec l'API. Par exemple, vous pouvez ajouter des balises à un élément en émettant une requête POST à une URL comme ceci :

```
http://www.flickr.com/services/rest/?method=flickr.photos.addTags
```

contenant un corps de message comme celui-là :

```
api_key=ap1000&photo_id=2000&tags=Screenshot
```

Exemple de code : la démo de magasin RPC de AjaxPatterns

La démo de base de magasin RPC de AjaxPatterns (*http://ajaxify.com/run/shop*) fournit un service web qui expose et manipule des articles de magasin et des caddies d'utilisateur. Dans cette démo, le caddie et les services produits sont refaits pour fournir une certaine cohésion avec les services RPC. Vous pouvez comparez ceci à l'illustration de refonte du *RESTful Service*.

Un seul service agit comme une façade (Gamma et al., 1995) à toutes les fonctionnalités côté serveur. Elle accepte des commandes au travers d'URL et les redirige vers la méthode appropriée. Des requêtes de lecture seule suivent le schéma suivant, avec les arguments en option :

```
services.phtml?command=queryType&someArg=someValue
```

Les commandes qui affectent l'état requièrent par contre tous les arguments, incluant la commande et doivent être incluses dans une simple URL :

```
services.phtml
```

Étant donné que l'URL est générique, la commande doit qualifier l'objet sur lequel cela s'applique ; par ex : `addToCart`, par opposition à `add`.

Lire la liste des catégories

Pour lire les catégories, réalisez une requête GET *http://ajaxify.com/shop/rpc/services.phtml?command=get-Categories.*

Lire une catégorie individuelle

Pour descendre dans une catégorie individuelle, disons « Movies, » réalisez une requête GET *http://ajaxify.com/run/shop/rpc/services.phtml?categoryName=Movies.*

Lire le contenu du caddie

Pour lire le contenu du caddie, réalisez une requête GET *http://ajaxify.com/shop/rpc/services.phtml?command=getCart.* Notez que l'accès au caddie est basé sur la session, tout comme pour la démo de base du magasin (et contrairement à la démo `RESTful Service`). Cela n'est pas nécessaire mais cela permet de faire un minimum de changement.

Modification du contenu du caddie

Pour remettre le caddie à zéro, nous réalisons une requête POST avec comme corps `command=clearCart` à `services.phtml`. Pour ajouter un article, nous réalisons une commande POST avec l'article dans le corps, comme `command=addToCart&item=Accidental Empires` au `services.phtml`.

Alternatives

RESTful Service (service de type REST)

RESTful Service (voir plus tôt dans le chapitre) est une alternative au RPC Service, mais beaucoup de principes REST peuvent, et doivent, toujours être suivis dans RPC. Regardez la « Solution » d'un RESTful Service pour comparaison.

Patterns associés

Ajax Stub (enveloppe Ajax)

Ajax Stub (souche Ajax) (à voir plus tard dans le chapitre) automatise la production de services RPC.

Plain-Text Message (message plein text), XML Message (message XML)

RPC est souvent utilisé pour créer une API de service web indépendante de toute application ou au moins qui ne connait rien de l'interface utilisateur. Dans ce cas, les réponses tendent à tenir sur une ligne avec une nature sémantique comme le *Plain-Text Message (message plein text)* (voir plus loin dans le chapitre) ou un *XML Message* (voir également plus loin).

Métaphore

Des interfaces orientées utilisateurs, comme de simples systèmes de menu ou la nouvelle idée « MS Office Task Ribbon » sont similaires à du RPC. Elles offrent explicitement les tâches typiques que vous désirez réaliser.

Ajax Stub (enveloppe Ajax)

◉◉○

Délégate, Façade, Procédure, Proxy, Accès distant, Remoting, RPC

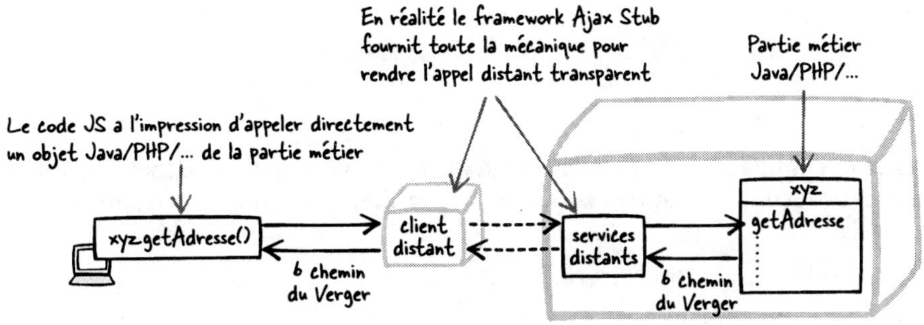

Figure 9-3. Ajax Stub (enveloppe Ajax)

Anecdote

Devi commence à travailler sur le script du navigateur pour une application de commerce et décide rapidement qu'elle a besoin d'une façon d'exécuter un échange. Il existe déjà une méthode qui permet de le faire sur l'objet `TradeManager` de la partie métier, de telle manière que 15 secondes après avoir reconfiguré l'enveloppe Ajax, le script navigateur est capable d'invoquer la méthode.

Problème

Comment implémentez vous un *RPC Service* ?

Contraintes

- Des services doivent résider sur le serveur pour des raisons de sécurité, de complexité et de performance. Ainsi, vous avez besoin d'exposer des services web afin de pouvoir y accéder depuis le script navigateur.
- Un service web devrait encapsuler uniquement tout ce qui est relatif au web et déléguer le code applicatif à la partie métier.
- Cela crée une redondance : le service web et la logique métier sont couplés. Lorsque l'un change, l'autre doit changer, amenant plus de travail et le risque d'oublier de changer soit l'un soit l'autre.
- Le navigateur a besoin d'accéder à des services web au travers d'un `XMLHttpRequest` sur HTTP, ce qui est fondamentalement différent de la manière dont le JavaScript et les scripts côté serveurs fonctionnent. Il est pénible d'encapsuler et désencapsuler des messages dans et depuis une forme qui soit adaptée pour le transfert.

Solution

Utiliser un framework *Ajax Stub* qui autorise des scripts navigateur à invoquer directement des opérations côté serveur, sans avoir à se soucier des détails du XMLHttpRequest et des transferts HTTP. Le but est de laisser le JavaScript réaliser les appels sur les méthodes distantes comme si elles étaient des fonctions JavaScript classiques, facilitant ainsi une approche plus naturelle du style de programmation.

Il existe plusieurs frameworks qui supportent l'encapsulation de cette nature. Typiquement, vous déclarez quelles opérations côté métier devraient être exposées et le framework s'occupe des invocations distantes. Il fournira une souche JavaScript qui déléguera l'appel au côté serveur. Par exemple, vous pouvez avoir une méthode Java comme celle-ci :

```
public class Livre {
  public String getEdition(int annee) {...}
  ...
}
```

Après avoir configuré un framework Ajax Stub pour s'occuper des appels distants, il ne reste plus beaucoup de travail à faire, l'appel à la classe depuis le navigateur pouvant se faire ainsi :

```
editionLabel.innerHTML = livre.getEdition( );
```

Les fonctionnalités typiques :

- La possibilité de convertir les arguments JavaScript et de retourner les valeurs dans le langage côté serveur.
- La prise en compte de la gestion des erreurs et des exceptions côté serveur.
- Le support des problématiques générales de `XMLHttpRequest`, comme les timeouts.

Un framework d'encapsulation est consitué généralement de deux composants :

- Un composant JavaScript encapsule l'appel dans un `XMLHttpRequest`, gère l'appel et désencapsule plus tard la réponse.
- Un composant de configuration côté serveur, qui avec un peu de configuration, accepte l'appel, délègue à la méthode métier et encapsule la valeur de retour en une reponse appropriée.

Décisions

Comment allez-vous sécuriser la fonctionnalité côté serveur ?

À grand pouvoir grandes responsabilités. Une Ajax Stub rend facile (car offrant un cadre trivial) l'exposition directe d'opérations métiers. Cela veut dire qu'il est également facile de laisser des utilisateurs un peu curieux réaliser des choses qu'ils ne devraient pas. Puisque beaucoup d'applications Ajax tendent à implémenter l'interface utilisateur en dehors du navigateur, le tiers étant laissé à publier les méthodes métiers. Harry Fuecks, auteur de la boîte à outil Ajax Stub JPSpan (*http://jpspan.sourceforge.net/*), a fourni cet exemple en guise d'avetissement sur le Blog Ajax (*http://ajaxblog.com/archives/2005/05/25/a-grumpier-ajaxian*). Un export naïf d'une opération métier pourrait amener à un appel comme celui-ci :

```
var ccNum = AJAX.getCreditCardNumber(userId);
```

N'importe qui peut éditer le JavaScript et passer n'importe quel argument à l'opération de carte de crédit. Un autre framework d'enveloppe, DWR (*http://getahead.ltd.uk/dwr/getstarted*), met en garde : « il existe un danger et vous pouvez causer toutes sortes de problèmes de sécurité en utilisant ce code. Vous devez pensez à la sécurité au plus tôt et non pas au plus tard ».

D'autres approches, comme le pattern *RESTful Service*, sont également vulnérables face aux problématiques de sécurité, mais encouragent à avoir une plus grande analyse, étant donné que vous devez, explicitement, modéliser l'interface du service. Avec Ajax Stub, vous êtes en fait en train de cocher des cases pour dire quelles opérations métiers peuvent être exécutées.

Quelques règles à suivre :

- Même si vous *pouvez* publier une interface de manière très rapide, cela ne veut pas dire que vous devez le faire. Prenez le temps de considérer les implications sur le fait de rendre public les méthodes (ou n'importe quel utilisateur de base utilisera votre application Ajax), de savoir qui sera en mesure de les appeler et avec quels arguments.
- Le module du framework est exposé comme un service web – votre environnement peut être capable de contrôler l'accès à des services particuliers. Par exemple, le framework DWR permettant l'encapsulation Java (*http://getahead.ltd.uk/dwr/security*) spécifie : « DWR vous permet d'autoriser les accès en utilisant les mécanismes de base de J2EE. Premièrement, vous pouvez définir l'accès à DWR basé sur les rôles J2EE. Deuxièmement, à l'intérieur de DWR, vous pouvez définir l'accès aux méthodes basé sur les rôles. »
- Selon l'environnement, l'opération côté métier peut avoir besoin de l'utilisation d'une forme d'authentification. Dans certains cas, l'opération aura un accès direct aux informations portées par la requête comme l'URL et les cookies qui faciliteront le processus d'authentification. Le mauvais côté est que vous commencez à incorporer des concepts relatifs au Web dans la logique métier, ce qu'Ajax Stub a pour but d'éviter.
- Soyez également méfiant sur le framework. Un framework Ajax Stub, CPAINT (*http://cpaint.sourceforge.net/*), a causé quelques alertes de sécurité dues à la possibilité d'exécution de code malicieux côté serveur (*http://secunia.com/advisories/16454/*). L'équipe du projet a été prompte à répondre et le pattern Ajax Stub n'est pas défectueux en soi, comme certains l'ont clamé. Cependant, il est important de comprendre ce que fait exactement le framework Ajax Stub.

Cas concrets

Ces exemples couvrent les frameworks qui sont disponibles pour la création de Stubs Ajax.

framework SAJAX

SAJAX (*http://www.modernmethod.com/sajax/*) est un framework Ajax Stub qui supporte en fait plusieurs langages côté métier. Le côté navigateur est le même pour tous, mais il existe différents composants côté serveur qui dépendent du langage utilisé. Parmi ces langages, on trouve ASP, ColdFusion, Perl, PHP, Python, et Ruby.

framework DWR

DWR (*http://getahead.ltd.uk/dwr/overview/dwr*) est un framework open source pour la réalisation de Ajax Stubs vers des classes Java. Sur le côté serveur, une servlet DWR tourne, que vous configurez avec un fichier XML séparé. Dans le navigateur, vous incluez juste un fichier JavaScript. Java et JavaScript peuvent ne pas avoir grand chose en commun, mais leurs appels aux méthodes, au moins, se ressemblent. Un appel JavaScript-vers-Java DWR ressemble à un appel Java-vers-Java.

Le framework CL-AJAX

Le framework open source CL-AJAX de Richard Newman (*http://www.cliki.net/cl-ajax*) supporte l'enveloppement des fonctions de Common Lisp.

Refonte de code : la fonction SAJAX Sum de AjaxPatterns

Dans l'illustration de cette refonte de code, la démo basique d'addition (*http://ajaxify.com/run/sum*) a été réecrite en utilisant une Ajax Stub (*http://ajaxify.com/run/sum/stub*), basé sur SAJAX (*http://www.modernmethod.com/sajax/*). Pour commencer, nous éliminons le vieux service somme (`sum.phtml`) et créons un module de calcul métier autonome. Maintenant que nous utilisons l'approche RPC, nous allons appeler l'opération `add` à la place de `sum`, pour utiliser de manière distincte un verbe. Ainsi `calculator.phtml` ressemble à ceci :

```
<?
  function add($figure1, $figure2, $figure3) {
    echo $figure1 + $figure2 + $figure3;
  }
?>
```

Avec l'enveloppe stub, nous autorisons le script côté navigateur à invoquer directement cette méthode. L'appel JavaScript ressemble à ça :

```
function submitSum( ) {
  x_add($("figure1").value,$("figure2").value,$("figure3").value,onSumResponse);
}
```

Voici comment vous configurez la colle SAJAX entre le JavaScript `x_add` et le PHP `add`. En PHP, nous disons à SAJAX les fonctions qui sont exposées :

```
<? require_once("Sajax.php"); ?>
  ...
  sajax_init( );
  sajax_export("add");
  sajax_handle_client_request( );
```

Et dans le script généré, du code PHP génère le JavaScript requis – dans ce cas, la fonction `x_add( )`, qui va rediriger vers SAJAX, côté serveur et, éventuellement, interpréter sa réponse :

```
<script>
  <?
    sajax_show_javascript( );
  ?>
</script>
```

Alternatives

XMLHttpRequest Call (appel via XMLHttpRequest)

Les Ajax Stubs sont construits sur les *XMLHttpRequest Calls* (chapitre 6) et représentent une approche différente de l'habituelle gestion Ajax distante. Les XMLHttpRequest

Calls laissent l'utilisateur s'occuper directement des concepts HTTP et de l'encapsulation et la désencapsulation des messages, tâches que le Ajax Stub prend en compte. Le bénéfice des XMLHttpRequest Calls est que l'interface du service côté serveur est indépendante de l'implémentation sous-jacente.

XML-RPC et SOAP

XML-RPC et SOAP sont encore des façons plus génériques (spécifiques non-Ajax) de développer un *RPC Service* (voir plus tôt dans ce chapitre). Puisque le pattern Ajax Stub tend à produire des services spécifiques Ajax, XML-RPC ou SOAP peuvent se révéler être plus appropriés si vous vous ouvrez à des clients externes.

Patterns associés

RPC Service (service RPC)

Un Ajax Stub est une manière d'implémenter un *RPC Service*.

JSON Message (message JSON)

Les *JSON Messages (message JSON)* sont utilisés par différents frameworks de Ajax Stub, étant donné que les Ajax Stubs ont besoin de partager des données entre le navigateur et le serveur ; ex : des arguments d'arrivée et de retour. Ces objets devraient être des objets standard JavaScript dans le navigateur et des objets standard Java ou PHP ou quel que soit votre choix de langage sur le serveur. Entre les deux, il est plus pratique de les transférer comme des chaînes de caractères. JSON définit une façon standard de convertir ces objets de nombreux langages à destination et depuis une représentation sous forme de chaîne de caractères.

Un standard encore plus ambitieux est JSON-RPC (*http://json-rpc.org/*), un protocole pour les appels distants, identifé comme alternative légère à XML-RPC. Il existe un framework de Ajax Stub basé sur JSON-RPC, le bien nommé JSON-RPC-Java (*http://oss.metaparadigm.com/jsonrpc/*).

HTML Message (message HTML)

AHAH, Direct, Affichage, HTML, InnerHTML, Message, Precise, Côté serveur, Visuel

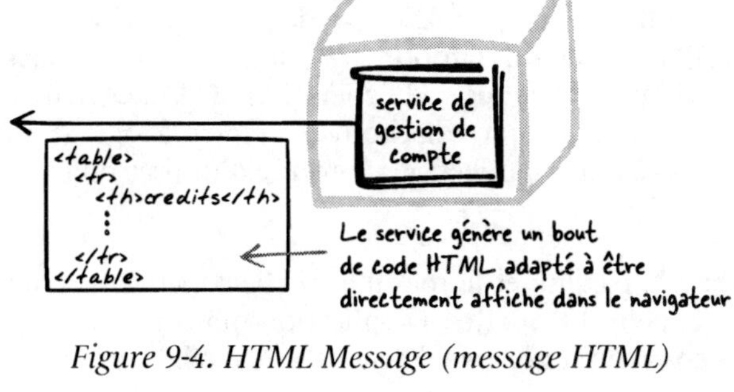

Figure 9-4. HTML Message (message HTML)

Anecdote

Dave a identifié le besoin d'un service d'historique de carte de crédit, fournissant ainsi une liste de transactions. Les ressources JavaScript sont limitées, de manière à ce que le HTML dans son ensemble soit créé côté serveur, et l'application côté navigateur doit simplement intégrer un élément DOM avec l'entière réponse HTML.

Problème

Quel format doit être utilisé pour les réponses serveur ?

Contraintes

- L'affichage navigateur doit être dynamique dans les applications Ajax.
- L'affichage change en changeant DOM, et le HTML est souvent utilisé pour spécifier la nouvelle valeur.
- La nature du changement est souvent complexe et a besoin d'être fixée côté serveur.
- Tous les développeurs ne connaissant pas le JavaScript et beaucoup pensent que son usage doit resté limité.

Solution

Avoir le serveur qui génère des bouts de code HTML pour être affichés par le navigateur. Dans cette approche de dialogue navigateur-serveur, le service côté serveur fournit du HTML, qui est ensuite intercepté par la fonction `XMLHttpRequest` ce dernier l'intégrant à un élément du code HTML en fixant sa propriété `innerHTML`. En général, le côté serveur est spécifique étant donné que la réponse HTML est étroitement liée au style d'affichage de l'application.

Le `XMLHttpRequest` autorise l'appelant à récupérer les réponses au format XML ou plein texte. Avec le HTML, il est d'habitude plus facile de les récupérer sous forme d'une chaîne de caractères. Si le HTML est un pur document XHTML, XML est également une option, mais d'habitude ce n'est pas le cas, étant donné qu'il n'y a pas besoin d'une section « en-tête ». La réponse dans son entier peut être aussi simple qu'un « `<strong>Vous avez gagné!</strong>` ». Et ce n'est pas un document XHTML parce qu'il n'y a pas de balise « `<xml>` », ni de « `header` « HTML, ni de section « `body` ».

Les messages HTML doivent être utilisés avec précaution étant donné qu'ils lient des services côté serveur avec l'affichage côté navigateur. Cela veut dire qu'il est difficile de développer les différents tiers en parallèle. En maintenance, si vous changez l'affichage en changeant le HTML initial ou n'importe quelle manipulation JavaScript, vous avez souvent besoin de changer le service de génération HTML également. Il y a aussi un risque côté serveur étant donné que vous pouvez coupler la logique métier avec la génération de code HTML. Donc, quand est il approprié d'utiliser un HTML Message ?

Performance

Étant donné que le parsing et le rendu côté client peuvent se révéler coûteux, les HTML Message peuvent rendre l'application plus réactive, spécialement si le HTML est mis en cache sur le serveur ou dans le navigateur.

Génération de code côté serveur

Un cas où l'utilisation de message HTML prend tout son sens est dans le cas d'une *Génération de code côté serveur* (chapitre 12), où le serveur construit tout le code côté navigateur à votre place. Il y a des avantages et inconvénients dans l'utilisation de tels frameworks, et si vous décidez d'en utiliser un, alors le couplage navigateur-serveur n'en est pas vraiment un puisque tout le code à maintenir se trouve côté serveur de toutes façons.

Code hérité

La plupart des application existantes vont utiliser l'approche conventionnelle de publication de pages depuis le serveur. Elles ont déjà par conséquent toute la logique de génération HTML présente dans l'environnement côté serveur, ainsi si vous « Ajaxifiez » un existant, une voie rapide de migration serait de conserver la génération HTML côté serveur lorsque c'est possible.

HTML complexe

Dans les rares cas où votre HTML ou votre JavaScript est particulièrement complexe, vous préfèreriez le générer dans son ensemble côté serveur, où le développement et le débogage sont parfois plus facile.

Mode dégradé astucieux

Lorsqu'il existe une possibilité que les utilisateurs ne possèdent pas de navigateur récent, les HTML Message vous permettent d'encapsuler plus de logique métier sur le serveur. Évidemment, si le JavaScript n'est pas disponible, les « messages » devront être des pages entières.

Attitude centrée serveur

Si vous comptez garder le plus de logique métier possible dans un même langage et environnement ou si vous préférez ne pas travailler avec beaucoup de JavaScript, les Messages HTML sont plus appropriés.

Typiquement, les Messages HTML reposent sur un élément qui représente un niveau de bloc qui existe dans DOM, souvent un `div` ou un `form`. Le HTML Message contiendra une spécification pour l'ensemble du contenu de l'élément. Certaines bibliothèques d'encapsulation de `XMLHttpRequest`, comme JAH/AHAH (*http://microformats.org/wiki/rest/ahah*) et Sack (*http://twilightuniverse.com/2005/05/sack-of-ajax/*), supportent les message HTML en laissant l'appelant spécifier directement un élément DOM comme destination de retour à la place de l'habituelle fonction de retour. Lorsque la réponse revient, l'élément DOM est automatiquement intégré avec la réponse du service.

Une variante de ce pattern est le Behavior Message (message comportemental) ; voyez *On-Demand JavaScript (JavaScript à la demande)* (chapitre 6). Ainsi, notez que les messages HTML transitent toujours du serveur jusqu'au navigateur : vous aurez rarement besoin de mettre à jour un message HTML sur le serveur.

Décisions

Sur quel degré de granularité le message HTML s'appliquera-t-il ?

À l'extrême, le service peut générer du HTML pour le document entier, le rendant similaire à une mise à jour conventionnelle. En pratique, vous voudrez limiter le niveau de granularité du HTML à une granularité bien définie, distinguant les pages. Par exemple :

- Un statut de compte.
- Un formulaire.
- Un menu.

Combien de styles différents seront contenus dans le message ?

Vous aurez besoin de décider combien de styles sont contenus dans le message. Un message HTML couple déjà le serveur au navigateur d'une certaine manière, mais les directives de styles les coupleront encore plus. En général, c'est une bonne pratique d'inclure uniquement des noms de classes et des identifiants d'éléments de manière à ce que le navigateur puisse s'occuper de la mise en forme, généralement avec une feuille standard CSS. Si vous le faites, vous devrez vous assurer que les noms sont uniques et décider exactement quels éléments porteront les déclarations d'identifiants (ID) et de classes.

Cas conrets

Digg Spy

Digg Spy (*http://digg.com/spy*) affiche des nouvelles et événements dans un historique au fur et à mesure qu'ils arrivent (voir *figure 5-5*). L'*XMLHttpRequest Call* (chapitre 6) accède à une URL statique (*http://digg.com/last10*) contenant les 10 dernières soumissions et les intègre dans la page. Le HTML ressemble à ceci :

```
<div class="news-body" id="main64115">
  <h3 id="title">
    <a href="http://digg.com/movies/How_LEGOs_Are_Made_"> How LEGOs Are Made!
</a>
  </h3>
  <p class="news-submitted">
    <a href="/users/Akshun"><img src="/img/user-small/user-default.png" alt=
        "Akshun" height="16" width="16"> </a>
  submitted by <a href="/users/Akshun"> Akshun </a> 14 hours 22 minutes ago
    (<a href="http://www.popandco.com/archive/moab/" class="simple
       tight" title=
       "How LEGOs Are Made!"> ... </a>) </p>
  <p> </p>
</div>
<div class="news-body" id="main64550">
...
```

Rapha

Rapha (*http://www.rapha.cc*) est un site de commerce en ligne pour les accessoires cyclistes (*figure 9-5*). Le caddie est de type Ajax et ne nécessite pas le rafraîchissement de la page pour sa mise à jour. À chaque fois qu'un article est choisi, le HTML pour le caddie est récupéré. Par exemple:

```
<div id="basket">
  <h3>Your basket:</h3>
  <ul>
    <li>Small Softshell Jacket x 2</li>
  </ul>
  <p><a href="/basket/">Edit selection</a> |
     <a href= "/checkout/">Go to checkout</a></p>
</div>
```

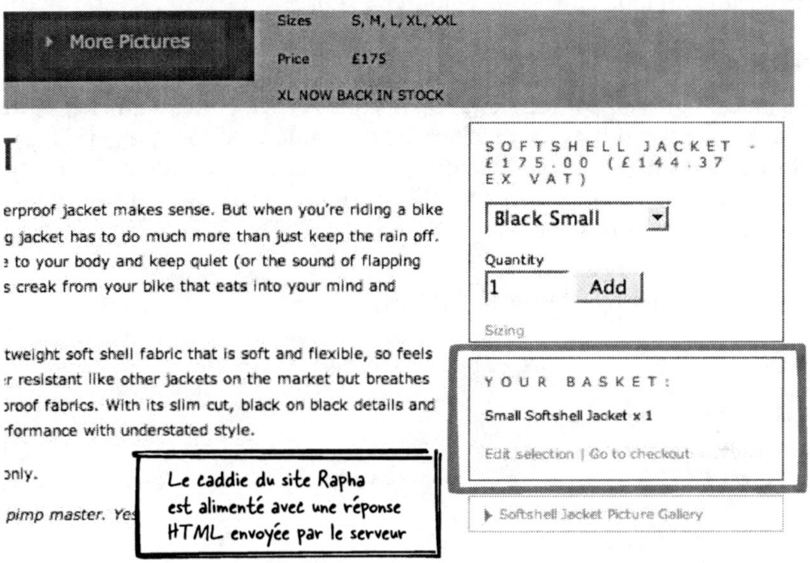

Figure 9-5. Rapha

Amazon Zuggest

Amazon Zuggest de Francis Shanahan (*http://www.francisshanahan.com/zuggest.aspx*) fournit une *recherche temps réel* : les résultats sont affichés au fur et à mesure que vous tapez. Le serveur répond en fournissant le HTML dans son entier pour chaque résultat – par exemple :

```
<table>
  <tr><td valign=top width='20%'><b>Vempire Or Dark Faerytales
in Phallustei</b><br>
  <a
href='http://www.amazon.com/exec/obidos/redirect?tag=francshanacom-
20%26link_
code=sp1%26camp=2025%26creative=165953%26path=http://www.amazon.com/gp/
```

```
redirect.html%253fASIN=B0000525ZY%2526tag=francshanacom-
20%2526lcode=sp1%2526cID=
2025%2526ccmID=165953%2526location=/o/ASIN/B0000525ZY%25253FSubscription
Id= 16KBB0XN5XP4WSNNVKG2'
target=_blank>Click to View</a><br>
  [Music]<br>List Price<span class='lp'>$23.99</span><br>
  <span class='lnp'>1 NEW from $14.99[$13.50 used]</span>
  ...
</td></tr><table>
```

TalkDigger

TalkDigger (*http://talkdigger.com*) est un méta-moteur de recherche de flux RSS. Entrez une requête et il lance des requêtes parallèles sur différents moteurs de recherche (un exemple du *Multi-Stage Download (téléchargement à plusieurs étapes)*). Chaque résultat est retourné comme un tableau HTML à ajouter à la page.

Exemple de code : Digg Spy

Digg Spy (*http://digg.com/spy*) répond avec du code HTML entier à afficher et du méta-contenu à la fin. Les résultats sont recherchés de manière périodique – `filldigs( )` est déclenché par la tâche récurrente `lastdigs( )`. `filldigs( )` exécute un *XMLHttpRequest Call*, extrait le HTML de la réponse complète et intègre le panneau de résultats en utilisant sa propriété `innerHTML` :

```
function startlastdigs( ) {
  window.setInterval("lastdigs( )",15000);
}
function filldigs( ) {
  ...
  s.open("GET",url2,true);
  s.onreadystatechange=function( ) {
  if (s.readyState == 4) {
  ...
  b = responsestring2.split(split);
  ...
  document.getElementById('diggspy').innerHTML = b[0];
  ...
  }
  }
  ...
}
```

Alternatives

Plain-Text Message (message plein texte), XML Message (message XML), Message JSON (JSON message)

Plain-Text Message, XML Message et *JSON Message* impliquent tous l'envoi de lignes de données en lieu et place de détails d'affichage. Lorsque le navigateur reçoit de telles réponses, il peut les afficher ou les utiliser d'une autre manière, comme support d'information. En contraste, les messages HTML sont plus susceptibles d'être directement affichés et non pas utilisés comme information. Une autre différence réside dans le fait que les messages HTML tendent à être uniquement des réponses, alors que les autres formats sont également souvent utilisés pour la mise à jour de données.

Patterns associés

On-Demand JavaScript (JavaScript à la demande)

Où les HTML Messages fournissent des bouts de code HTML destinés à être directement intégrés dans la page, *On-Demand JavaScript* (chapitre 6) fournit des bouts de code JavaScript à exécuter immédiatement. L'idée a été introduit comme pattern « Behavior Message » (message comportemental).

Métaphore

Envoyer un message HTML est comme envoyer une photographie – il y a beaucoup de détails visuels, mais n'importe quelle métadonnée (comme l'endroit de prise de vue ou les sujets) peut seulement en être déduite.

Plain-Text Message (message plein texte)

◉◉○

Accusé de réception, Personnalisé, Plein Texte, Sémantique, Chaîne de caractères

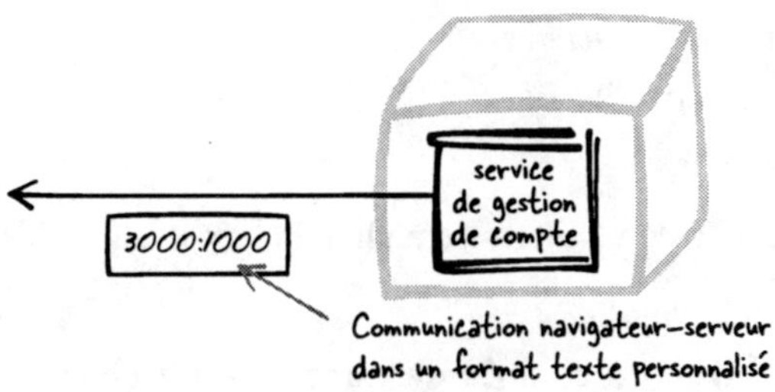

Figure 9-6. Plain-Text Message (message plein texte)

Anecdote

Devi travaille sur un formulaire dont les champs s'auto-complètent. À chaque poignée de secondes, le serveur répond avec une liste de suggestions. Devi code la partie serveur de manière à en sortir les suggestions formatées en liste, séparées par une virgule. C'est pratique à réaliser côté serveur et facile à analyser dans le navigateur.

Problème

Comment transférez-vous les données entre le serveur et le navigateur ?

Contraintes

- Les applications Ajax ont besoin de messages transmis dans les deux sens.
- Le navigateur et le serveur doivent tous les deux être capables d'accéder aux messages. Cela veut dire que le format doit être facilement accessible en JavaScript tout comme dans n'importe quel langage utilisé côté serveur.

Solution

Passer de simples messages entre le serveur et le navigateur dans un format plein texte. C'est un vaste pattern, « plein texte » étant un terme ambigu. Le but ici est de garder les choses simples – XML ou JSON sont souvent plus appropriés pour des structures de données complexes, mais peuvent également ajouter une complexité supplémentaire inutilement.

En dépit du nom, `XMLHttpRequest` est parfaitement capable de travailler avec des réponses au format plein texte. Comme évoqué lors de l'*XMLHttpRequest Call* (chapitre 6) et *XML Message* (plus tard), le script côté navigateur peut décider de la manière d'interpréter la réponse dans `XMLHttpRequest` en changeant entre les propriétés `responseText` et `responseXML`.

Les formats plein texte incluent :

Code réponse

Parfois, tout ce dont on a besoin est un code de réponse simple, comme un ID ou un message texte comme « OK » ou « Échoué ». Notez que, dans ce cas, le code réponse HTTP approprié peut être basé sur des standard et en cohérence avec les conventions d'un *RESTful Service*.

Un simple texte de chaîne de caractères

Par exemple, un nom d'utilisateur.

Une liste

Par exemple, une liste de résultats de recherche séparés par des virgules.

Un format de données personnalisé

Par exemple, une liste de chaînes de caractères, où chaque chaîne est une liste d'attributs d'objets séparés par une virgule.

Alors que le support du XML par le navigateur est raisonnablement bon, spécialement avec des bibliothèques tierces, c'est également assez facile de manipuler des formats de texte arbitraires. Le JavaScript fournit une bibliothèque de manipulation de chaînes de caractères standard, incluant les expressions régulières et des fonctionnalités de groupement plutôt utiles.

Le cas pour le plein texte est particulièrement contraignant dans les situations suivantes :

Des messages encore plus simples

Plus simple est le message, plus fort est l'argument en faveur des messages plein texte. Dès que la chaîne de caractère commence à devenir plus complexe, nous avons une meilleure argumentation pour le support du XML à partir du navigateur et des bibliothèques tierces.

Les clients externes

XML est souvent un meilleur choix lorsque ce n'est pas juste l'application web qui utilise le service. C'est en partie pour des raisons de conventions – XML est simplement un standard de format de transfert sur Internet. Mais, il y a aussi une raison plus technique : avec l'utilisation de DTD ou de schémas XML, vous êtes capable de spécifier le format qui peut être imposé à chaque fois qu'un document est rencontré, d'une manière non ambiguë.

La compétence de base

XML a beau être un standard, il n'est utile que si les personnes le connaissent. Plus les développeurs s'améliorent sur les technologies XML côtés navigateur et serveur, plus l'argumentation en faveur de l'utilisation du XML tend à s'imposer.

Cas concrets

Lace Chat

Lace Chat de Brett Stimmerman (*http://www.socket7.net/lace/*) est une application de chat Ajax (*figure 9-7*). Lorsque la page est initialement chargée, tous les messages des utilisateurs sont téléchargés en une seule et longue chaîne de caractère. À l'intérieur de cette chaîne de caractère, chaque message utilisateur est capturé en un ensemble d'attributs, séparés par le caractère « pipe » :

```
1135646360:749||||date-1135646204||*Monday, 26 December
2005||||hour-17||*17:00||||1135646204||Posted about 3 minutes ago at
17:16||Aj Two||Yeah you can *SO* chat in real time||||1135646212||Posted
about 2 minutes, 52 seconds ago at 17:16||*Lace||AJ One
has joined the conversation||||1135646212||
```

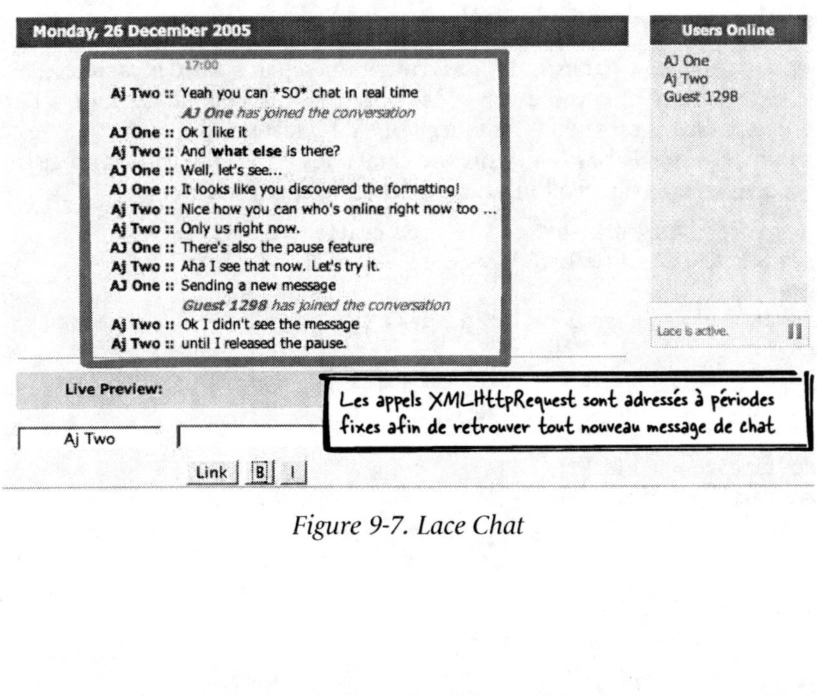

Figure 9-7. Lace Chat

Magnetic Poetry

Dans l'application Magnetic Poetry (*http://www.broken-notebook.com/magnetic/*), vous faites glisser des mots à l'intérieur d'un espace de travail. Lorsque le navigateur reçoit une mise à jour de position, le message reçu ressemble à une commande structurée :

```
Update magnetic_poetry set top_value=291, left_value=119 WHERE id=81
```

HousingMaps

HousingMaps (*http://housingmaps.com*) est un mix entre Google Maps et Craigslist (*http://craigslist.com*), un site web communautaire à caractère publicitaire. La partie HousingMaps est téléchargée avec un *XMLHttpRequest Call* qui récupère la quinzaine de résultats correspondants à la requête. Chaque résultat représente une maison divisée en une séquence d'attributs, une ligne à la fois et préfixée avec un identifiant :

```
PA:34.0917
PN:-118.28
IC:p
DS:One Bath With Small Loft Duplex Near Sunset Junction
AD:Hyperion Ave &&& Sunset Blvd</line><line> Los Angeles</line><line>CA
...
I4:a.im.craigslist.org/rR/iv/X1dT18TzV07cfjuQzouhKQ5EETuK.jpg
LC:1071999
PA:34.0763
PN:-118.294
IC:p
DS:1930&&#39;s Restored Spanish Beauty- 1St Month Free
AD:Berendo &&& Beverly</line><line> Los Angeles</line><line>CA
...
I4:a.im.craigslist.org/n0/Xm/SS3hSoIWLOsc8wOjaiLGQK5HFbzl.jpg
LC:1072004
...
```

Exemple de code : Lace Chat

La réponse dans Lace Chat est une liste d'attributs séparés par des caractères « pipe ». Chaque enregistrement complet est séparé par ||||, et chaque attribut à l'intérieur d'une enregistrement est séparé par une chaîne de caractères plus petite, ||. Le code qui s'en occupe découpe d'abord la chaîne de caractères en un tableau d'enregistrements, puis la découpe en attributs à l'intérieur de chaque enregistrement :

```
// Les enregistrements sont séparés par quatre pipes ||||
var results = this.httpGetObj.responseText.split('||||');
...
for (var i = 1; i < results.length; i++) {
  var first;
  // Les champs sont séparés par deux pipes ||
  var fields = results[i].split('||');
  ...
  var timeStr = fields[1];
  var textStr = fields[3];
  ...
```

```
        p.setAttribute('id', 'msg_' + fields[0]);
      ...
    }
```

Alternatives

XML Message (message XML)

Comme évoqué dans la « Solution, » un *XML Message (message XML)* peut être une meilleure alternative dans le cas de données plus complexes.

XML Message (message XML)

◉◉◉

Document, Format, Hiérarchique, PlainOldXML, POX, Sémantique, Structuré, XML

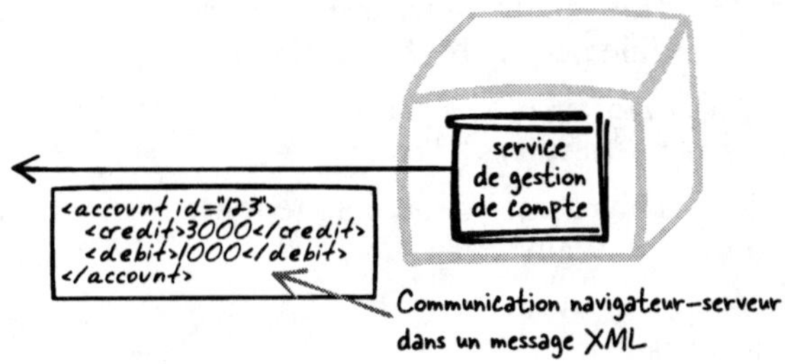

Figure 9-8. XML Message (message XML)

Anecdote

Dave est en train de créer un moteur de recherche basé sur Ajax. Les résultats sont délivrés comme un *RESTful Service*, pour que les développeurs externes puissent créer leur propre interface. Les résultats sont présentés en XML et l'interface de recherche, propre à Dave, les récupèrent avec un `XMLHttpRequest Call`, puis les transforme en HTML.

Problème

Comment transférez-vous les données entre le serveur et le navigateur ?

Contraintes

- Les applications Ajax ont besoin de messages transmis dans les deux sens.
- Le navigateur et le serveur doivent tous les deux être capables d'accéder aux messages. Cela veut dire que le format doit être facilement accessible en JavaScript tout comme dans n'importe quel langage utilisé côté serveur.

Solution

Passer des messages entre le serveur et le navigateur au format XML (Extensible Markup Language). C'est faisable de faire passer du XML dans les deux directions. D'un autre côté, c'est une manière commune d'exposer des données structurées comme du texte, et les applications côté serveur peuvent télécharger le XML avec un *XMLHttpRequest Call* et le traiter alors de différentes façons. Si le navigateur a besoin de télécharger sur le serveur des données complexes, il est assez facile de sérialiser les données en XML et le charger dans le corps d'un XMLHttpRequest Call.

XML est le standard définitif pour les transferts de données dans toute l'industrie, de telle sorte que n'importe quel langage de développement côté serveur en possède un support complet. Le gros avantage du XML sur les formats personnalisés est son support massif de la part des frameworks, Cas Concrets, éditeurs et outils généralistes. Comment gérez-vous le XML sur le serveur qui se trouve être spécifique à un langage ; quelques choix possibles sont évoqués dans la section « Décisions », juste après. Quelle que soit la manière employée, assurez vous que le serveur génère le contenu XML avec l'en-tête approprié, pour être sûr qu'il soit géré de manière correcte par `XMLHttpRequest` :

```
Content-type: text/xml
```

Comme son nom l'indique, `XMLHttpRequest` a été développé avec dans l'esprit le transfert du XML. Afin de retrouver un objet avec un `XMLHttpRequest`, faites-le d'abord pointer vers une URL connue pour délivrer du XML :

```
xReq.open("GET","http://ajaxify.com/run/portal/drilldown/drilldown.phtml
        ?categoryName=Overviews",true);
```

Lorsque `XMLHttpRequest` délivre une réponse, la réponse peut être interprétée en tant qu'objet DOM ou comme du plein texte :

```
var domObject = xReq.responseXML
alert(domObject)  // Outputs "[Object]" (IE)
                  // or "[object XML Document]" (Firefox)
var xmlString = xReq.responsetText
alert(domObject)  // Outputs the whole string
                  // i.e. "<category ...> ... </category>"
```

Dans la plupart des cas, vous pouvez utiliser `responseXML` étant donné qu'il vous donne un objet DOM bien formé : une structure hiérarchique qui peut être parcourue en utilisant les conventions standard de l'industrie. Avec les navigateurs récents, vous pouvez vous reposer sur certaines fonctionnalités d'analyse de base pour interroger les objets DOM. HowToCreate possède une bonne liste de fonctions transverses DOM (*http://www.howtocreate.co.uk/tutorials/texterise.php?dom=1*) et la plupart des applications de démonstration Ajax Patterns passent par de telles fonctions (ex : la démo de Wiki de base ; voir *http://ajaxify.com/run/wiki*).

Si vous êtes en train d'analyser du XML, pensez à le déléguer à une bibliothèque compatible multi-navigateur. Sarissa (*http://sarissa.sourceforge.net*), par exemple, possède une grande variété de routines de manipulation XML multi-navigateurs. Une autre bibliothèque, Interactive Website Framework (IWF) (*http://sourceforge.net/projects/iwf/*), simplifie les expressions XML. À la place de suivre la requête standard DOM :

```
var node = doc.documentElement.firstChild.firstChild.getAttribute("size");
```

vous pouvez écrire :

```
var node = doc.groceries.frozen[0].pizza[0].size;
```

Avec un objet DOM représentant les données serveur, celui qui le réceptionne peut faire plusieurs choses :

- Transformer le XML en HTML (voir « Décisions, » plus loin),
- L'interroger pour décider de ce qu'il faut faire ensuite,
- Le stocker pour l'utiliser ultérieurement dans un *XML Data Island* (*îlot de données XML*),
- Le modifier en fonction de l'état du client et le télécharger à nouveau sur le serveur.

Cette discussion s'est principalement concentrée sur le téléchargement du XML du serveur depuis le navigateur. C'est le cas le plus fréquent, mais le XML peut également transiter dans l'autre sens. Il est parfois plus facile de télécharger sur le serveur des données complexes comme un document XML plutôt que comme un ensemble de variables de type CGI. Pour le faire avec `XMLHttpRequest`, vous passez simplement la chaîne de caractère XML dans son ensemble comme argument de `send( )`. Vous avez également besoin d'assurer que le type de transport soit approprié – typiquement, POST (ou PUT).

```
xReq.send(xmlString);
```

La chaîne de caractères XML qui est envoyée représente l'état du navigateur ou les entrées utilisateur. Le plus souvent, cela est construit avec du code fait à la main, en ajoutant les chaînes de caractères ensemble et en incluant des variables de manière appropriée. Cependant, vous pouvez également utiliser une bibliothèque comme Sarissa ou le XmlSerializer de Anders Noras (*http://dotnetjunkies.com/WebLog/user/Profile.aspx? UserID=1095*) pour convertir un objet DOM – ou d'autres objets – en une chaîne de caractères XML.

Au final, faites attention. « XML » qui est le X dans « AJAX » est parfois considéré comme la pierre angulaire de la technologie Ajax. Et son association avec `XMLHttpRequest` renforce également l'argument en faveur des messages XML. Cependant, il ne faut pas que vous vous sentiez obligés d'utiliser les messages XML. `XMLHttpRequest` supporte les transferts dans n'importe quel format plein texte et l'utilisation des *Plain-Text Messages* se révèle pertinente dans beaucoup de situations. XML est relativement simple et possède un bon support de la part des navigateurs mais parfois, ne convient tout simplement pas au contexte. La « Solution » pour le Message plein texte compare les deux approches de manière plus détaillée.

Décisions

Comment le serveur va-t-il générer le XML?

Il existe plusieurs manières pour le serveur de générer des messages XML :

- En écrivant un code personnalisé fait à la main qui crée la chaîne de caractères XML,
- En construisant un objet DOM et en le sérialisant,
- En utilisant un framework générique qui convertit des structures de données standard en XML,
- En récupérant des documents XML depuis le système de fichier ou des sources externes.

Spécifierez vous une DTD ou un Schema ?

Lorsque vous transmettez des messages XML dans les deux sens, chaque extrémité doit assurer le même format de document. C'est un besoin standard avec XML et vous pouvez définir précisément le format en utilisant des documents séparés : soit à l'aide d'une DTD (Document Type Definition) ou d'un schéma, plus strict, XML (XML schema document).

Lorsque le navigateur a besoin d'afficher le message, comment va-t-il transformer le XML ?

Le navigateur n'a pas toujours besoin de mettre en forme les messages XML entrant – parfois il utilise uniquement la donnée. Mais, pour les situations où il met en forme le XML, il existe quelques options. Dans tous les cas, le script construit du HTML qui sera injecté dans un élément DOM en fixant sa propriété `innerHMTL` avec la valeur de la chaîne de caractères HTML.

La conversion manuelle via JavaScript

Pour des messages simples, vous pouvez trouver plus facile de réaliser juste une analyse du flux XML et de créer manuellement la chaîne de caractères HTML associée.

XSLT

Si vous possédez les compétences de base et un framework approprié pour les navigateurs cibles, la *transformation XSL côté navigateur* autorise des conversions puissantes du XML.

La conception par modèle

Parfois, *Browser-Side Templating (conception par modèles côté navigateur)* est un compromis heureux entre les deux approches ci-dessus. Vous devrez toujours parser les documents XML d'une manière ou d'une autre, mais la génération du HTML est plus dirigée.

Cas concrets

Netflix Top 100

Lorsque vous survolez un titre de film dans le classement Netflix Top 100 (*http://www.netflix.com/Top100#*), une bulle apparaît et présente un résumé (*figure 9-9*). En effet, lors du survol, un *XMLHttpRequest Call* est lancé et il reçoit les détails du film comme ceci :

```
<MOVIES>
<MOVIE ID="60031236" POS="17" DS="0">
  <TITLE>Kill Bill: Vol. 2</TITLE>
  <SYNOPSIS>In this film noir tale written ... </SYNOPSIS>
  <DETAILS RATED="R" RELYEAR="2003" GENREID="296" GENRENAME="Action &&&
     Adventure"/>
  <STARRING>
    <PERSON ID="92495" NAME="Uma Thurman"/>
    <PERSON ID="20008295" NAME="Lucy Liu"/>
```

```
    </STARRING>
    <DIRECTOR>
      <PERSON ID="20001496" NAME="Quentin Tarantino"/>
    </DIRECTOR>
  </MOVIE>
  </MOVIES>
```

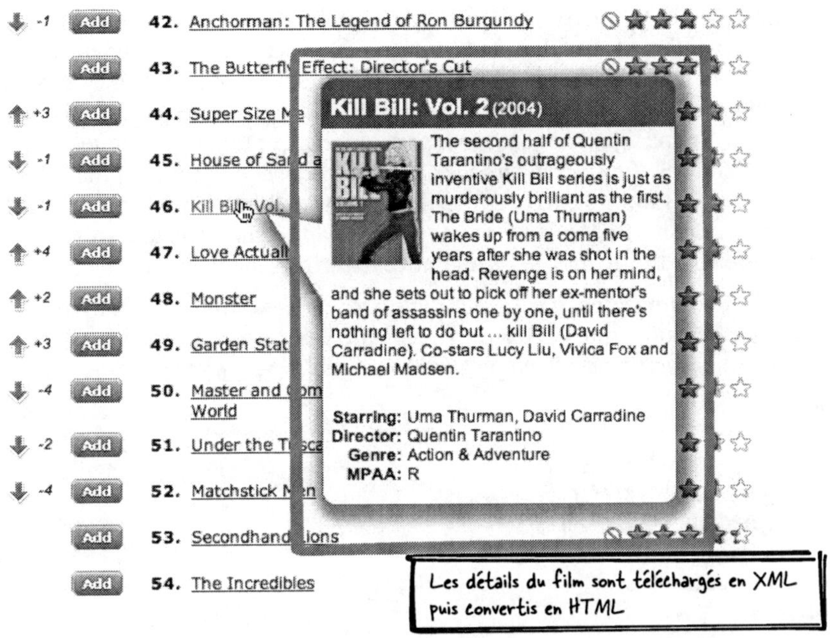

Figure 9-9. Netflix

Protopage

Protopage (*http://protopage.com*) est une application de type portail avec des capacités avancées de personnalisation. À chaque fois que vous changez quelque chose sur la page, une commande est téléchargée sur le serveur via un *XMLHttpRequest Call*. Par exemple, voici ce que le navigateur a envoyé lorsque j'ai déplacé une *Portlet* :

```
<command accountId="25570" protopageId="25568" protopagePath="mahemoff"
name=
"save-panel-geometry">
  <param name="id">129644</param>
  <param name="left">216</param>
  <param name="top">476</param>
  <param name="width">423</param>
  <param name="height">71</param>
  <param name="collapsed">false</param>
  <param name="zIndex">33</param>
  <param name="verticalScrollProportion">0</param>
</command>
```

Google Maps

Google Maps est peut-être l'exemple le plus connu d'utilisation des messages XML. Les méta-données sont téléchargées comme un flux XML et sont mises en forme avec une *transformation XSL côté navigateur*.

Refonte de code : la fonction XML Sum de AjaxPatterns

La démo de base de la fonction Sum (*http://ajaxify.com/run/sum*) utilise un *Plain-Text Message* pour transférer le résultat de la somme du serveur jusqu'au navigateur. Ainsi, si le navigateur envoie une requête GET pour demander la somme de 4 et 8, la réponse, dans son entier, est « 12 ». Cela marche bien mais nous aimerions parfois avoir une réponse qui contienne également la requête orginelle – ce qui est pratique pour la mise en cache, par exemple (voir *Browser-Side Cache (cache côté navigateur)* [chapitre 13]). Si nous fournissons les nombres d'origines de la somme, les données véhiculées deviennent un peu plus complexes – nous avons maintenant également une liste de données de types différents. Pour garder le format auto-descriptif, factorisons le tout en XML.

La démo XML de Sum (*http://ajaxify.com/run/sum/xml*) se comporte de la même manière que la version orignale, mais le serveur retourne des résultats comme celui-ci (*http://ajaxify.com/run/sum/xml/sumXML.php?figure1=4&figure2=8&figure3=*) :

```
<sum>
  <inputs>
    <figure id="1">4</figure>
    <figure id="2">8</figure>
    <figure id="3"></figure>
  </inputs>
  <outputs>12</outputs>
</sum>
```

Pour éviter la confusion, le service côté serveur est maintenant appelé `sumXML.php` et refléter son nouvel emplacement est la seule modification requise à l'appel serveur. Le service côté serveur a été modifié pour générer le XML dans son entier. Notez la déclaration « content-type » dans l'en-tête XML qui est nécessaire au *XMLHttpRequest Call.*

```
<?

  header("Content-Type: text/xml");

  $sum = $_GET["figure1"] + $_GET["figure2"] + $_GET["figure3"];

  echo <<< END_OF_FILE
<sum>
  <inputs>
    <figure id="1">{$_GET["figure1"]}</figure>
    <figure id="2">{$_GET["figure2"]}</figure>
    <figure id="3">{$_GET["figure3"]}</figure>
  </inputs>
  <outputs>$sum</outputs>
</sum>
END_OF_FILE

?>
```

Dans cette refonte de code, les nombres ne sont pas utilisés mais la somme est toujours requise. La fonction de retour d'appel navigue donc à tavers le message XML pour obtenir la somme des nombres.

```
function onSumResponse(xml, headers, callingContext) {
  var sum =
xml.getElementsByTagName("outputs")[0].firstChild.nodeValue;
  self.$("sum").innerHTML = sum;
}
```

Alternatives

Plain-Text Message (message plein texte)

Comme mentionné plus tôt dans la section « Solution », XML est souvent surdimensionné pour de simples messages, et les *Plain-Text Messages* (voir plus tôt dans ce chapitre) méritent d'être considérés comme une alternative.

JSON Message (message JSON)

Tout comme le Message XML, le *JSON Message* est une représentation appropriée pour les données de complexités variées. La section « Alternatives » du JSON Message compare les deux formats.

JSON Message (message JSON)

◉◉○

JSON, Marshal, Sémantique, Serialise, YAML

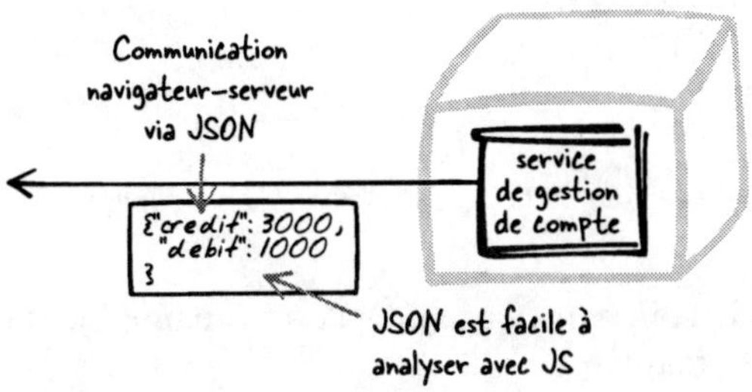

Figure 9-10. JSON Message

Anecdote

Dave est en train de créer un calendrier Ajax. Le navigateur scrute périodiquement le serveur qui envoie des messages JSON pour de nouveaux rendez-vous. Puisque les messages JSON sont juste du code JavaScript pour la création d'objet, le script navigateur de Devi a seulement besoin d'appeler eval sur chaque message de manière à reconstruire le rendez-vous.

Problème

Comment transférez-vous les données entre le serveur et le navigateur ?

Contraintes

- Les applications Ajax ont besoin de messages transmis dans les deux sens.
- Le navigateur et le serveur doivent tous les deux être capables d'accéder aux messages. Cela veut dire que le format doit être facilement accessible en JavaScript tout comme dans n'importe quel langage utilisé côté serveur.

Solution

Transmettre des messages entre le serveur et le navigateur au format JSON (JavaScript Object Notation). JSON est un format standard de sérialisation, créé en 2002 comme une alternative plus propre et plus légère au XML. Comme pour le XML, l'objet peut varier en complexité d'une simple chaîne de caractères jusqu'à une structure hiérarchique profonde. Tout comme XML, JSON est neutre de tout langage, ce qui veut dire que vous pouvez sérialiser un objet C++ en sa notation JSON et le désérialiser pour former un objet en Perl. Mais en pratique, JSON est particulièrement adapté aux communications navigateur-serveur puisque son format est basé sur du JavaScript.

En vérité, un JSON Message *est* du JavaScript. Voici un message JSON valide :

```
"Homer J."
```

Vous pouvez tester les conversions JSON navigateur sur la démo de base JSON (*http://ajaxify.com/run/json/*). Comme vous pourrez le voir, le JSON Message « `Homer J.` » est lié à la chaîne de caractère JavaScript, `Homer J.`.

Voici un exemple un peu plus complexe (comme dans la demo mais formaté) :

```
{"houseNumber":"742",
  "street":"Evergreen Terrace",
  "city":"Springfield",
  "postcode":"49007",
  "country":"USA",
  "comments": ["Deliveries accepted.","Familiar address, huh?",""]
}
```

Comme vous pouvez le voir, ce message JSON est juste un objet JavaScript littéral. Vous le transformez de cette manière :

```
var name = eval("(" + nameJSON + ")");
```

Ou comme ceci (*http://jibbering.com/2002/4/httprequest.html*) si vous en avez envie :

```
var name=new Function("return " + nameJSON)( );
```

Notez que vous n'avez même pas besoin d'une bibliothèque JSON installée dans le navigateur. Le navigateur peut récupérer une chaîne de caractères JSON en utilisant un *XMLHttpRequest Call* et simplement appeler la fonction standard eval.

Toutefois, il existe réellement une librarie JavaScript JSON (*http://www.crockford.com/JSON/js.html*), qui ajoute deux fonctionnalités importantes : `parse( )` pour une conversion plus sûre des chaînes de caractères vers des objets et `stringify( )` pour la conversion objet vers une chaîne de caractères. L'ancien est une alternative à l'évaluation manuelle en JavaScript, puisque « `evaluer` » de quelconques messages met votre application devant le risque d'exécuter du code malicieux JavaScript. Ainsi, la conversion de chaînes de caractères vers de l'objet doit être exécutée si vous ne faites pas confiance dans le message. Pour analyser une chaîne de caratères, utilisez le code suivant :

```
var name = JSON.parse(nameJSON);
```

Si vous avez besoin de télécharger quelque chose sur le serveur, vous aurez besoin de convertir un objet JavaScript en JSON avec `stringify( )`. La démo de base JSON (*http://ajaxlocal/run/json/*) montre également ce processus de conversion. L'appel ressemble à ceci :

```
var nameJSON = JSON.stringify(name);
```

Jusqu'à présent, les exemples ont seulement considéré les moyens de conversion JavaScript. Mais JSON ne serait pas très utile si vous ne pouviez uniquement convertir à partir et à destination d'objets JavaScript – vous avez besoin de réaliser la conversion à l'autre extrémité également et votre côté serveur n'est probablement pas écrit en JavaScript. C'est pourquoi il existe de multiples processeurs JSON dans de nombreux langages. En utilisant ces processeurs, vous pouvez facilement partager un objet entre le JavaScript et votre langage préféré côté serveur.

Une modification (*http://ajaxify.com/run/json/remoting*) de la démo de base JSON (*http://ajaxify.com/run/json/*) envoie du JSON au serveur, en utilisant des *XMLHttpRequest Calls*. Sur le serveur, il est converti en objets PHP standard en utilisant la bibliothèque JSON-PHP de Michael Migurski (*http://mike.teczno.com/json.html*). La bibliothèque fonctionne de manière similaire aux bibliothèques JSON pour Java, .Net et autres langages. Le code suivant convertit JSON en un objet standard :

```
$json = new JSON( );
$newObject = $json->decode($jsonString);
```

alors que le code suivant réalise l'opération inverse :

```
$json = new JSON( );
$json = $json->encode($object);
```

Cas concrets

Beaucoup de sites web utilisent JSON comme format de transfert de données pour les transports des données entre le navigateur et le serveur.

Kiko

Kiko (*http://kiko.com*) est une application de calendrier en ligne comportant un groupe de fonctionnalités Ajax (*figure 9-11*). Comme vous l'attendiez, le serveur détient un modèle du calendrier et le navigateur télécharge sur le serveur les changements en utilisant des *XMLHttpRequest Calls*. JSON est le format de message utilisé pour les réponses serveur – chaque réponse étant une liste d'objets.

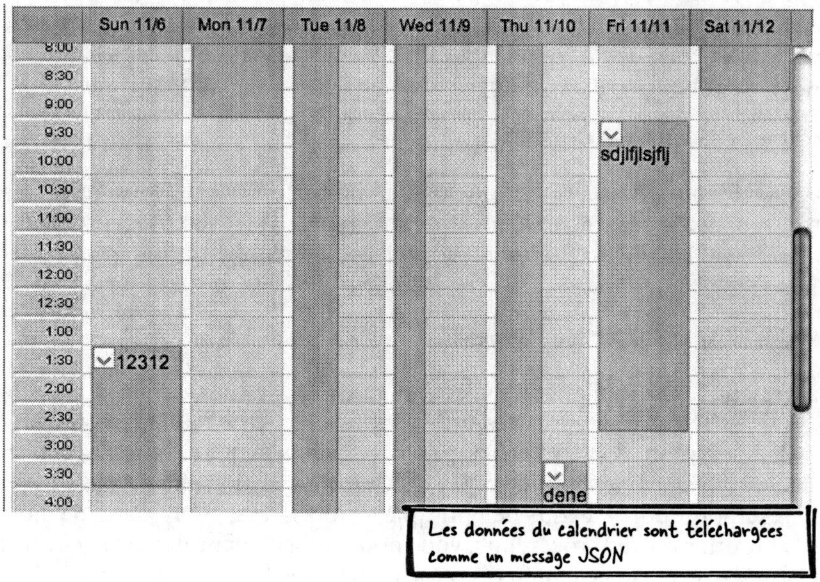

Figure 9-11. Kiko

Delicious JSON Feed

Delicious (*http://del.icio.us/doc/feeds/json/*), un outil de bookmarking social, fournit un *Service Web* qui expose les récents favoris d'un utilisateur sous la forme d'un JSON Message. Pour des raisons évoquées dans *On-Demand JavaScript* (chapitre 6), cela veut dire qu'un script navigateur peut saisir de manière aisée les données sans l'aide d'un *Proxy multi-domaines*.

Route Planning

L'application Route Planning de Jim Ley (*http://jibbering.com/routeplanner/*) vous montre tous les itinéraires pour aller à un aéroport donné (*figure 9-12*) et, comme son tutorial sur les requêtes XMLHttpRequest longues durées l'explique (*http://jibbering.com/2002/4/httprequest.html*), utilise JSON. Par exemple, un message JSON pour l'aéroport LAX est disponible à *http://jibbering.com/routeplanner/route.1?LAX*. Ce que le navigateur reçoit du message suivant JSON est un *XMLHttpRequest Call* (... a été substitué pour de multiples articles) :

```
{from:'LAX',airports:[{id:"AMS",country:"NL",lat:"52.316666666667",
lon:"4.7833333333333",
tz:"Europe/Amsterdam",name:"Amsterdam",shortname:"Schiphol"},...,{id:"IAD",
country:"US",
lat:"38.95",lon:"-77.45",tz:"America/New_York",name:"Washington, DC",
shortname:"Washington Dulles
International"}],routes:[{carrier:"star",toAirport:"AMS",
miles:5570},...,{carrier:"oneworld",toAirport:"DCA",miles:2304}]}
```

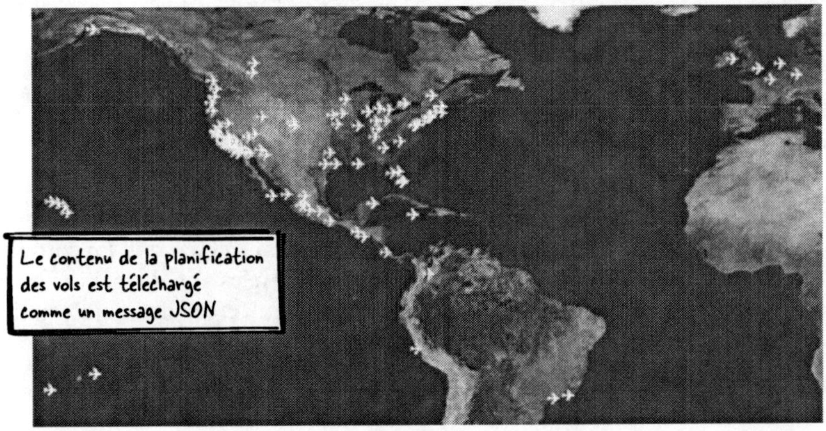

Figure 9-12. Jibbering Route Planner

Ajax.Net framework

Ajax.Net (*http://ajax.schwarz-interactive.de/*) est un des multiples frameworks *Ajax Stub* qui utilisent les messages JSON pour transférer des données qui peuvent aisément être converties depuis et à destination d'objets natifs. Pour plus de détails, voir « *JSON Message* » dans la section « Patterns associés » de *Ajax Stub*.

Exemple de code : Kiko

Kiko (*http://kiko.com*) répond à un *XMLHttpRequest Call* avec des messages JSON. Lorsque vous vous connectez, cela télécharge une liste de rendez-vous comme ceci :

```
[
  {"title":"text","isevent":"bool",
"picture":"text","starttime":"timestamp",
"endtime":
"timestamp","recurs":"int2",
"recurend":"timestamp","insystem":"timestamp",
"recurstart":
"timestamp",
"recurweek":"int2","description":"text","defaultfree":"bool","location":
"text","apptid":"int8"},{"title":"Roundup
meeting","isevent":"t","picture":"",
"starttime":
"2005-09-16 19:00:00","endtime":"2005-09-16
19:30:00","recurs":"1","recurend":"",
"insystem":
"2005-09-12 14:52:10.965713","recurstart":"2005-09-16
04:00:00","recurweek":
"16","description":"Hopefully just a quick
roundup","defaultfree":"f","location":
"Cyberspace","apptid":"9222"}, {"title":"Go
Home!","isevent":"t","picture":
```

```
"","starttime":"2005-09-15 21:00:00","endtime":"2005-09-15
21:30:00","recurs":
"0","recurend":"","insystem":"2005-09-12
15:00:33.659793","recurstart":"","recurweek":
"","description":"","defaultfree":"f","location":"Office, Bar,
Home","apptid":"9288"}
  ]
```


Notez que le format du message ici est un peu inhabituel : tout est chaînes de caractères, alors que JSON peut stocker des booléens et des nombres directement. En conséquence, le premier élément du tableau inclut quelques métadonnées afin de faciliter la conversion et le JavaScript inclut une méthode générique pour créer des objets natifs JavaScript depuis les messages JSON comme ceux-là.

Le script navigateur de Kiko inclut également de la conversion vers JSON, comme montré ci-dessous. En général, les requêtes dans Kiko sont réalisées comme des POST avec des paramètres de type CGI et seulement les réponses sont de type JSON.

```
var obj=json.stringify({'type':'newuser','email':email})
```

Alternatives

XML Message (message XML)

JSON se définit lui-même comme une « alternative lourde et gratuite au XML ». Avant de considérer les différences entre les formats, voyons d'abord ce qu'ils ont en commun.

- Les deux formats qui décrivent un objet sont des chaînes de caractères plein texte.
- Étant donné que les formats sont de types plein texte, les deux sont appropriés pour le transfert au travers du HTTP. Cela veut dire que les deux sont appropriés comme entrées et sorties d'un *service web*.
- Chaque format est supporté par des bibliothèques dans de nombreux langages, incluant le JavaScript. Ce sont des bibliothèques pour convertir des objets natifs vers d'autres formats et inversement.

Le message JSON possède plusieurs avantages sur le *XML Message* (voir plus tôt dans le chapitre) :

- JSON est plus compact et le manque de balises amène parfois à une meilleure représentation des données sous-jacentes.
- Il est souvent dit que JSON permet un parsing plus rapide pour les navigateurs, bien que des recherches récentes (*http://blogs.ebusiness-apps.com/dave/?p=45*) suggèrent que le parsing XML supporte mieux la mise à l'échelle.
- JSON est un format de donnée concret. XML, en contraste, est un méta-format et un développeur a beaucoup de choix à faire pour arriver à la syntaxe précise XML qu'il va utiliser. Chaque stratégie de mapping possède ses propre conventions – par exemple, les développeurs doivent décider du nom des balises et choisir entre les attributs et les balises imbriquées. En conséquence, un framework de mapping XML-objet peut ne pas être compatible au niveau des messages avec son homologue JavaScript. Ainsi, ne sous-estimez pas la somme de réunions et d'emails qui seront nécessaires pour résoudre un argument qui semble trivial au travers des

différents formats. En ce sens, JSON est plus proche d'une syntaxe XML définie que du XML lui-même.

- À l'intérieur du navigateur, JSON à l'avantage en terme de support et de consistance, puisque c'est basé sur du JavaScript standard.
- JSON arrive à être assez compatible avec YAML (« YAML n'est pas un langage à balises » ; voir *http://www.yaml.org/about.html*), une alternative légère similaire au XML qui gagne en popularité dans la communauté adepte des langages de script.

Le *XML Message* (voir plus tôt dans ce chapitre) possède plusieurs avantages sur JSON Message :

- XML est beaucoup plus familier à la communauté des technologies et de l'information que JSON.
- XML est plus auto-documenté. L'en-tête identifie quel format XML est utilisé et il y a souvent un schéma ou une DTD qui définit le format de manière précise.
- XML a beaucoup plus de support en termes de bibliothèques et d'outils. Les bibliothèques JSON tendent ne traiter simplement que de conversions. Les défenseurs de JSON diront que c'est tout ce qu'on leur demande. XML, d'un autre côté, possède le support de validation des DTD et des schémas, les outils XPath pour la récupération des données, les processeurs XSLT pour réaliser des transformations et ainsi de suite. De plus, plusieurs environnements de programmation, éditeurs et environnements de débogage rendent le XML facile à manipuler.
- Pour n'importe quelle tâche, les développeurs ont l'habitude d'avoir le luxe du choix entre différentes implémentations concurrentes.

Patterns associés

Ajax Stub (souche Ajax)

Étant un format d'objet portable, JSON est une manière aisée de faciliter les appels depuis le navigateur en utilisant un framework *Ajax Stub* (voir plus tôt dans ce chapitre).

On-Demand JavaScript (JavaScript à la demande)

Puisqu'un message JSON est une expression ordinaire de JavaScript, il peut être récupéré en utilisant *On-Demand JavaScript*. Les données de domaines externes peuvent être accédées de cette manière, comme expliqué dans la section du « On-Demand JavaScript » (chapitre 6).

10

Le dialogue navigateur-serveur

Nous venons de voir les technologies de base pour les accès distants web, ce qui amène des questions sur le flux d'informations navigateur-serveur. Comment gèreriez-vous des appels multiples ? Comment garderiez-vous synchronisés le navigateur et le serveur ? Comment accèderiez-vous à des domaines externes ?

Call Tracking (cheminement d'appel) concerne le suivi du cheminement des appels et la gestion de la nature asynchrone d'Ajax. Les trois prochains patterns concernent donc la synchronisation. Avec *Periodic Refresh (mise à jour périodique)*, le navigateur envoie fréquemment des requêtes pour obtenir les informations récentes sur le serveur. À l'opposé, nous avons *Submission Throttling* (accélérateur de soumission), où le navigateur n'arrête pas d'envoyer *vers* le serveur les nouvelles informations. Une alternative à *Submission Throttling* (accélérateur de soumission) est *Explicit Submission* (soumission explicite) qui implique un téléchargement sur le serveur uniquement quand l'utilisateur réalise une action.

Tous ces patterns aident à gérer la bande passante, mais garder l'ensemble des informations synchronisées peut parfois être complexe lorsqu'il y a beaucoup d'entités sur le serveur et une interface riche dans le navigateur. Les *Distributed Events* (événements distribués) permettent d'aider à gérer cette complexité.

Finalement, le *Cross-Domain Proxy (proxy inter-domaines)* est une technique de médiation entre le navigateur et les serveurs externes.

Call Tracking (cheminement d'appel)

◉◉◉

Asynchrone, Suivre, Monitorer, Parallèle, Traquer, XMLHttpRequest

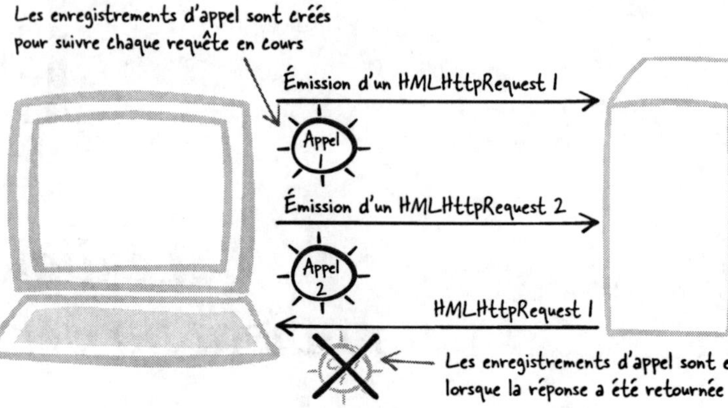

Figure 10-1. Call Tracking (cheminement d'appel)

Anecdote

Dave développe une application de messagerie instantanée en Ajax et est préoccupé par les utilisateurs les plus locaces qui risquent d'accaparer les ressources serveur. Il décide alors d'imposer une politique de « pas plus de trois appels en cours au serveur simultanément ». Ainsi, le script navigateur pousse des messages dans une file d'attente et suit la progresssion de chaque *XMLHttpRequest Call* (chapitre 6) qui contient les commandes. Il peut imposer sa politique de nombre d'appels maximum en suivant l'état de chaque appel.

Problème

Comment pouvez vous contrôler des *XMLHttpRequest Calls* en parallèle (chapitre 6) ?

Contraintes

- Des utilisateurs rapides et des applications fortement occupées stressent souvent le réseau et les serveurs jusqu'à leurs limites.
- Une interaction asynchrone est la seule approche pratique pour les applications Ajax. Vous ne voulez pas bloquer toutes les intéractions juste parce que le réseau semble être parfois lent.
- Le nombre de requêtes simultanées doit être controlé, puisque les navigateurs ne peuvent en gérer que quelques unes seulement en même temps et qu'il faut réduire la charge globale.

Solution

Suivre les appels XMLHttpRequest qui sont exécutés dans le navigateur à destination du serveur, à l'aller comme au retour. `XMLHttpRequest` est un composant assez basique qui a besoin d'être étendu ou encapsulé pour avoir un meilleur contrôle sur le dialogue asynchrone qui s'établit. De plus, il est utile de garder toutes ces encapsulations dans une collection. Notez que ce pattern est d'assez bas niveau et que les détails doivent être généralement encapsulés dans une bibliothèque dédiée.

Le mécanisme standard pour le Call Tracking (cheminement d'appel) requiert une encapsulation d'`XMLHttpRequest`. Voyez l'implémentation de la bibliothèque ACE (Ajax Client Engine) (*http://www.lishen.name/*). Une abstraction de `Requester` crée un objet `XMLHttpRequest` lors de sa construction :

```
function Requester( )
{
  var requester;
  if (window.XMLHttpRequest)
    {
      requester = new window.XMLHttpRequest( );
    ...
    }
  ...
}
```

Le gestionnaire de réponses de `Requester` ne retourne pas directement au gestionnaire d'événements correspondant, mais à la méthode `Requester` à la place. Ce rappel interne peut alors générer des traces ou réaliser d'autres tâches avant de repasser le contrôle au gestionnaire de l'appel. Il y a aussi une mécanisme de cache, ainsi `Requester` va pouvoir s'ajouter et s'enlever lui-même du cache au fur et à mesure de la progression de l'appel.

La raison de suivre le cheminement des appels la plus importante est de maîtriser la nature asynchrone de `XMLHttpRequest`. Il existe un bogue potentiel si le développeur traite `XMLHttpRequest` comme un Singleton (Gamma et al., 1995). Le fait est qu'il y a seulement une instance unique et globale de `XMLHttpRequest` alors que des appels parallèles sont exécutés (*http://smokey.rhs.com/web/blog/PowerOfTheSchwartz.nsf/d6plinks/RSCZ-6CDPEX*). Un appel initial est en cours, lorsque soudain un autre appel arrive. Ce qui arrive ici n'est pas très clair, puisque nous avons un comportement non prévu qui varie selon les implémentations du navigateur, mais cela n'aura certainement pas un résultat heureux. Le premier appel a des chances d'être annulé et il est improbable que son gestionnaire d'événements en soit averti. La solution la plus simple pour résoudre ce problème est de créer une nouvelle instance de `XMLHttpRequest` à chaque fois, puis utiliser une clause de fermeture. Par exemple :

```
xhReq.onreadystatechange = function( ) {
  if (xhReq.readyState != 4) { return; }
  var serverResponse = xhReq.responseText;
  ...
};
```

Nous pouvons considérer que c'est une forme limitée du Call Tracking (cheminement d'appel), puisque nous avons au moins garanti que chaque appel en cours aura son propre `XMLHttpRequest` associé. Malgré tout, nous pouvons en faire un peu plus en enveloppant les requêtes et en plaçant ces encapsulations dans une collection, comme démontré par ACE et d'autres bibliothèques :

Pooling (ensemble de ressources partagées)

Une collection d'encapsulations peut être utilisée dans un cache. Lorsque chaque objet a délivré sa réponse, il est retourné dans l'ensemble des objets partagés disponibles (pool) et son état se réinitialise dans le cas d'une erreur. Cela réduit la création et la destruction des objets.

Limitation

En utilisant un nombre fixe d'objets partagés (voir le point précédent), vous avez l'option de limiter le nombre de requêtes simultanées afin de réduire la charge réseau et de prévenir les problèmes dans le navigateur. La plupart des navigateurs vont seulement autoriser une poignée de requêtes en cours au même moment.

Détection des expirations des requêtes (timeouts)

Comme expliquée dans *XMLHttpRequest Call* (chapitre 6), le framework peut démarrer un minuteur lorsque la requête est lancée et notifier l'appelant si l'expiration de l'appel intervient.

Séquencement

Avec toutes les requêtes coordonnées par une unité logique centrale, il est possible d'influencer la séquence des appels qui vont et viennent du serveur. Alors que le mieux est de modéliser les appels pour qu'ils soient complètement parallèles, vous pouvez parfois avoir quelques contraintes. Ex : vous pouvez vouloir que le serveur traite les appels dans le même ordre initié par l'utilisateur, c'est-à-dire lancer une requête uniquement lorsque la réponse précédente a été reçue.

Granularité de traitement

Ce point est relié au point précédent : vous avez souvent besoin de garantir que le navigateur gère une réponse jusqu'à son terme avant de passer à la suivante. Un cas d'utilisation est d'ajouter un groupe d'informations réponses – si les réponses sont gérées en parallèle, vous allez certainement récupérer des messages intercalés. Une façon de gérer le Call Tracking (cheminement d'appel) est d'implémenter le Design Pattern Command (Gamma et al.) avec des objets JavaScript pour chaque réponse, les mettre dans une file d'attente et d'avoir une file d'exécution séparée (thread) qui les traite en une fois.

Transmission du contexte d'appel

Parfois, la réponse d'un service est minimale et n'inclut aucun détail sur l'appel d'origine – par exemple, `false`, contrairement à `<spellcheck term="misspeld"> false </spellcheck>`. En fait, parfois il n'y a pas de réponse du tout et le framework aura besoin d'informer le gestionnaire de réponses d'une expiration. Dans ces cas, il est utile de fournir le contexte de l'appel d'origine. En suivant l'appel, un framework peut avoir un « contexte d'appel » que l'appelant définit lorsque la requête est émise. Lorsque le framework transmet éventuellement la réponse au gestionnaire de réponses, il transmet également le contexte d'appel. Voir « *Refonte de code : AjaxPatterns Predictive Fetch Sum* » du pattern *Predictive Fetch* (chapitre 13) pour voir comment un contexte d'appel peut être utilisé.

Traces

Une encapsulation peut s'enregistrer elle-même comme étant le gestionnaire de réponses de l'objet encapsulé et tracer alors n'importe quel changement. Elle peut également vérifier s'il y a du nouveau contenu (puisqu'il n'y a aucune garantie que le gestionnaire d'événements soit appelé lorsque un nouveau contenu est ajouté).

Cas concrets

La bibliothèque Ajax Client Engine (ACE)

Ajax Client Engine (ACE) de Li Shen (*http://www.lishen.name/*) utilise le Call Tracking pour faciliter les développements et consolider la production d'application. Parmi ses nombreuses fonctionnalités, certaines sont relatives au Call Tracking :

- L'expiration des appels longue durée,
- Les changements d'état de la réponse du `XMLHttpRequest` sont tracés,
- Un service peut être appelé de manière périodique,
- L'appelant peut déclarer exactement quand la méthode de rappel doit être invoquée.

La bibliothèque AjaxCaller

La bibliothèque AjaxCaller (*http://ajaxify.com/run/Lib/js/ajaxCaller.js*), utilisée au travers des démos d'AjaxPatterns pour l'illustration des accès distants Web, utilise le Call Tracking pour gérer un ensemble de ressources `Calls` partagées qui encapsulent des objets `XMLHttpRequest`.

La bibliothèque libXmlRequest

libXmlRequest (*http://www.whitefrost.com/reference/2005/09/09/libXmlRequest.html*) est une autre encapsulation de `XMLHttpRequest`. Elle garde les objets `XMLHttpRequest` comme un ensemble de ressources partagées de manière à pouvoir être réutilisées et suit le statut de la réponse dans le cadre de la gestion des ressources.

Exemple de code : Ajax Client Engine (ACE)

Dans cet exemple, nous allons voir de plus près la gestion interne des expirations d'appels de ACE. La bibliothèque se compose d'objets `Requester` qui encapsulent des objets `XMLHttpRequest`. Comme expliqué plus tôt dans la Solution, les objets `XMLHttpRequest` sont créés lors de la construction. Lorsque cette encapsulation est appelée pour réaliser un appel, un minuteur interne démarre pour mettre fin à la requête si celle-ci prend trop de temps. L'identifiant de ce minuteur est traité comme attribut de l'encapsulation.

```
timeoutId = window.setTimeout(endRequest, request.callbackTimeout * 1000);
```

Pour suivre l'appel, l'encapsulation s'enregistre elle-même auprès du gestionnaire de requêtes :

```
function beginRequest( )
{
  ...
  requester.onreadystatechange = readystatechangeHandler;
  ...
}
```

Son gestionnaire est par conséquent appelé à chaque changement et dans le cas d'un appel terminé, annule le minuteur :

```
function readystatechangeHandler( )
```

```
  ...
  if (requester.readyState == Ace.ReadyState.Complete)
  {
    ...
    if (requester.status == Ace.Status.OK)
    {
    ...
    if (timeoutId)
    {
      window.clearTimeout(timeoutId);
      timeoutId = undefined;
    }
    ...
  }
...
}
```

Alternatives

Fire-and-forget (requête unique sans garantie d'exécution)

Certains appels n'ont pas besoin d'être suivis car ils ont une priorité basse parmi les téléchargements d'informations sur le serveur. Par exemple, une application de chat peut raisonnablement ignorer les résultats des téléchargements de messages de l'utilisateur sur le serveur puisque une file d'exécution séparée est chargées de récupérer *tous* les messages récents. Un autre exemple aurait été de télécharger de l'information sur le serveur pour le support du *Predictive Fetch (chargement prédictif)* (chapitre 13), où dans le pire des cas on aurait juste perdu l'opportunité d'optimiser un peu les performances. Ajaxian.com a publié un article intéressant sur l'optimisation de ce genre de requêtes (*http://www.ajaxian.com/archives/2005/09/ajaxian_fire_an.html*).

XMLHttpRequest Global

Vous pouvez partir avec un seul et global `XMLHttpRequest`, sous certaines conditions et avec beaucoup de précautions. Vous pouvez par exemple utiliser un verrou pour vous assurer qu'il n'y a qu'un seul appel en cours (ce qui devient un cas vraiment particulier du Call Tracking). Cependant, vous risquez de forcer l'utilisateur à subir de longues périodes d'attentes.

Métaphore

Le Call Tracking, c'est étiqueter des enveloppes auto-adressées avant de les envoyer, de manière à pouvoir les suivre lorsqu'elles reviennent.

Remerciements

À l'origine, ce pattern a été inspiré par l'article de Richard Schwartz sur l'anti-pattern courant de travailler avec un `XMLHttpRequest` global (*http://smokey.rhs.com/web/blog/PowerOfTheSchwartz.nsf/d6plinks/RSCZ-6CDPEX*).

Periodic Refresh (mise à jour périodique)

Periodic Refresh (mise à jour automatique), Sonder, En phase, Synchroniser, Temps-réel

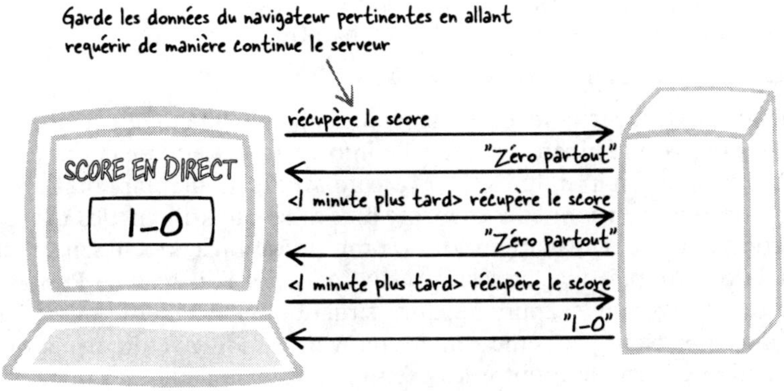

Figure 10-2. Periodic Refresh (mise à jour périodique)

Anecdote

Devi est en train de coder un site en ligne de vente de tickets. Pour chaque événement, elle désire garder le navigateur à jour avec le nombre de tickets restants. Elle introduit donc un minuteur qui, toutes les 30 secondes, va appeler un service web et qui va récupérer les dernières statistiques de ventes.

Problème

Comment l'application tient-elle les utilisateurs informés des changements qui surviennent sur le serveur ?

Contraintes

- L'état de beaucoup d'applications web est intrinsèquement volatile. Les changements peuvent venir d'un grand nombre de sources, d'autres utilisateurs, de nouvelles diverses ou de données externes, de résultats de calculs complexes ou d'événements basés sur la date courante.
- Les requêtes HTTP peuvent seulement partir du client. Lorsqu'un changement d'état intervient, il n'y a pas de raison pour le serveur d'ouvrir de nouvelles connexions pour les clients qui seraient intéressés par cette information.
- Une manière de garder le navigateur à jour est d'implémenter le *HTTP Streaming (diffusion HTTP)* (chapitre 6), mais, comme la section « Alternatives » de ce pattern l'explique, cela n'est pas toujours l'idéal. En particulier, cela ne supporte pas bien la mise à l'échelle.

Solution

L'émission périodique du navigateur d'un XMLHttpRequest Call pour obtenir de nouvelles informations. Ex : un appel toutes les cinq secondes. La solution passe par l'utilisation des possibilités offertes par le *Scheduling (planification)* (chapitre 7) du navigateur afin de garder l'utilisateur informé des derniers changements.

Dans sa forme la plus simpliste, une boucle infinie peut être déclarée pour lancer de manière continue des *XMLHttpRequest Calls* (chapitre 6) :

```
setInterval(callServer, REFRESH_PERIOD_MILLIS);
```

Ici, la fonction `callServer` va invoquer le serveur après avoir enregistré une fonction de retour qui va pouvoir récupérer la nouvelle information. Cette fonction de retour sera responsable de la mise à jour du DOM en accord avec le dernier rapport du serveur. Les applications web conventionnelles et encore plus celles qui utilisent des *XMLHttpRequest Calls*, fonctionnent sous le paradigme de la communication à un seul sens : le client peut initialiser la communication avec le serveur mais pas l'inverse. Le Periodic Refresh simule un canal de retour : il approxime une situation où le serveur pousse des données au client, ainsi le serveur peut efficacement recevoir de nouvelles informations du navigateur. En effet, comme le montre les exemples, le serveur peut également servir de médiateur entre les différents utilisateurs pratiquement en temps réel. Ainsi, le Periodic Refresh peut également être utilisé dans une communication communautaire, « peer-to-peer ».

Mais avant d'aller plus loin avec Periodic Refresh, il est important de noter qu'il résulte d'un sérieux compromis, pour deux raisons clés :

- La période entre les rafraîchissements devrait idéalement être de zéro, impliquant des mises à jour instantanées. Mais ce n'est pas réaliste et le navigateur aura toujours un temps de retard. Le temps de latence est particulièrement problématique lorsque l'utilisateur interagit avec une représentation volatile des données serveurs. Par exemple, un utilisateur peut être en train d'éditer un objet sans savoir qu'un autre utilisateur l'a déjà effacé.
- Il existe un coût significatif inhérent à un Periodic Refresh. Chaque requête, peu importe la petitesse de sa taille, demandera des ressources aux deux extrémités, d'un bout à l'autre, jusqu'au niveau du système d'exploitation. Du point de vue du trafic, chaque requête entraîne également un coût de bande passante, qui peut s'additionner si les rafraîchissements interviennent fréquemment.

Ainsi, un objectif clé doit être de diminuer la période de rafraîchissement et de réduire la taille du contenu par rafraîchissement, tout en proposant une qualité de service intéressante pour l'utilisateur final. Une des optimisations implique l'expiration : les rafraîchissements peuvent cesser lorsque le système détecte que l'utilisateur n'est plus actif, en accord avec le mécanisme de *Timeout (expiration)* (chapitre 17). Vous voulez également être sûr que chaque mise à jour soit prise en compte ; c'est une perte de temps et de ressources que de demander de nombreuses mises à jour si le réseau n'est pas capable de les délivrer. Ainsi, le script navigateur peut faire un minimum de contrôles sur le réseau et les ressources et ajuster dynamiquement la période de manière à ce qu'elle soit assez longue pour le traitement de toutes les nouvelles mises à jour. Beaucoup de patterns concernant l'optimisation des performances permet également s'appliquer au Periodic Refresh – voir la prochaine section.

Décisions

Quelle doit être la périodicité de mise à jour ?

La périodicité de rafraîchissement peut largement différer selon le contexte d'usage. Généralement, nous pouvons identifier trois catégories du niveau d'activité :

Interactions en temps réel (millisecondes)

L'utilisateur interagit de manière active avec le système et ses entrées reposent sur les réponses serveur – par exemple, un utilisateur de messagerie instantanée a besoin de voir ce que les autres disent, un trader a besoin de voir les prix courants ou un joueur en ligne a besoin de voir l'état du jeu. Ici, l'intervalle de temps peut être aussi bas que la milliseconde sur une machine locale ou un réseau local ou peut être entre 20 et 100 millisecondes sur un réseau global.

Contrôle Actif (secondes)

L'utilisateur se repose sur l'état du serveur pour travailler en dehors du système – par exemple, un officier de sécurité qui vérifie les affichages de détecteurs signalant toute activité suspicieuse ou un gestionnaire qui regarde occasionnellement les fluctuations du chiffre des ventes pendant un intervalle de temps. Dans certains cas, le temps peut être une donnée sensible, rendant les réponses inférieures à la seconde préférables. Dans d'autres, une poignée de secondes est une période suffisante.

Contrôle occasionnel (minutes)

Certaines applications sont modélisées pour que l'utilisateur les laissent tourner dans une fenêtre séparée ou dans un autre onglet du navigateur et sont destinées à être vues toute la journée. L'information n'est pas souvent modifiée et ce n'est pas un drame si l'utilisateur la récupère un peu plus tard. Les premières applications concrètes, ici, sont les portails et les agrégateurs de flux RSS. Les périodes de rafraîchissement de 10 minutes ou plus sont souvent acceptables pour de tels contenus. Un mécanisme manuel de « Rafraîchissement immédiat » peut être inclus si la période de rafraîchissement est plus longue que quelques secondes. Il peut être relatif à l'application entière ou juste à des composants spécifiques.

Parfois, la meilleure solution est l'utilisation de plusieurs cycles de Periodic Refresh en parallèle, chacun ayant une fréquence qui reflète les besoins de l'utilisateur. Un Wiki (site web dynamique où chaque utilisateur peut en modifier les pages) interactif, par exemple, peut mettre à jour les titres d'informations toutes les 10 minutes, le statut des autres utilisateurs en ligne toutes les minutes et le contenu édité toutes les secondes.

Cas concrets

Lace Chat

Les applications de messagerie instantanée (ou de « chat en ligne ») ont existé avant le Web et, contrairement aux services de messagerie et autres services, leur implémentation via des interfaces web n'a jamais vraiment marché, en partie dû au fait que les personnes n'aiment pas les rafraîchissements de pages trop fréquents. Ajax permet d'éviter un rafraîchissement complet en récupérant des messages via un *XMLHttpRequest*

Call (chapitre 6). Seuls les nouveaux messages ont besoin d'être envoyés dans chaque réponse périodique. En fait, il existe plusieurs applications en développement. Lace Chat (*http://socket7.net/lace/*), par exemple, n'est ni plus ni moins qu'un protoype prouvant ce concept, mais fournit un bon exemple de la faisabilité d'une application de chat sur le Web. À chaque période écoulée, les messages sont mis à jour et tous les messages entrés par les autres utilisateurs s'affichent. Lorsque vous postez un message, il est également géré comme un XMLHttpRequest Call.

Magnetic Poetry

Comme un Wiki, Magnetic Poetry (*http://www.broken-notebook.com/magnetic/*) implique un espace partagé (*figure 10-3*). Les utilisateurs déplacent des extraits de texte sur cet espace et l'application se met à jour une fois pas seconde pour refléter le nouvel espace. Jusqu'à la version 1.7, l'ensemble des mots était envoyé à chaque fois, mais la possibilité de compresser l'information transmise en envoyant uniquement les récentes positions des mots a été implémentée. Cela permet à deux utilisateurs de travailler sur l'espace de travail simultanément, l'un pouvant même voir le mot qui est manipulé par un autre utilisateur, comme si c'était une animation image par image.

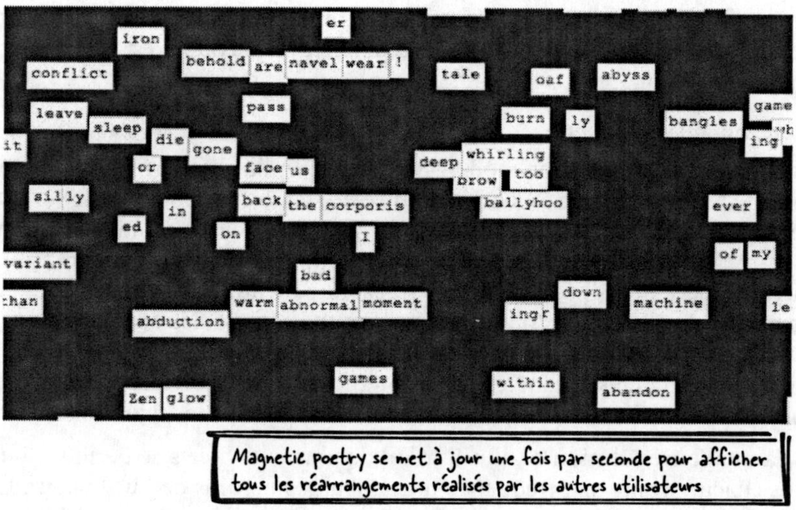

Figure 10-3. Magnetic Poetry

Le portail de Claude Hussenet

Les portails, par définition, affichent différentes sortes d'informations. Cette information est souvent de nature dynamique et a besoin de mises à jour périodiques. Le portail de Claude Hussenet (*http://www.claudehussenet.com/portal/Welcome.do*) possède plusieurs composants portlets :

- Les titres des infos du monde (pris sur Moreover – *http://moreover.com* – et Yahoo! News – *http://news.yahoo.com*). Le serveur les génère à partir d'un flux RSS.

- Les nouvelles en ligne qui apparaissent sur les site TheServerSide.com et DevX.com. Encore, ces informations sont récupérées de flux RSS.
- Un portail de stocks personnalisé. Le serveur maintient l'enregistrement de tous les prix courants des stocks et peut retourner ceux qui sont réclamés par le navigateur.

Dans chaque cas, l'information est de nature volatile et a besoin d'être mise à jour périodiquement, comme cela est typiquement le cas pour beaucoup de portlets. Ainsi la caractéristique des applications de portail concerne une période de rafraîchissement relativement longue, 15 minutes dans ce cas. Chaque portlet possède également un rafraîchissement manuel pour l'obtention de résultats immédiats.

Exemple de code

Lace

Lace Chat (*http://socket7.net/lace/*) gère des rafraîchissements périodiques pour afficher à tous les utilisateurs les messages du chat.

Le minuteur est initialisé au démarrage pour appeler périodiquement la fonction `get()`, qui gère le *XMLHttpRequest Call* (chapitre 6) pour les nouveaux messages :

```
this.timerID = setInterval(function () { thisObj.get(true); }, interval);
```

`get()` réalise une requête directe sur le serveur :

```
this.httpGetObj.open('POST', this.url, true);
this.httpGetObj.setRequestHeader('Content-Type','application/x-www-form-urlencoded;
charset=UTF-8');

var thisObj = this;
this.httpGetObj.onreadystatechange = function ( ) { thisObj.handleGet(system); };
this.httpGetObj.send(param);
```

Si le serveur a complètement changé, le contenu dans son ensemble est retourné. Comment Lace sait si celui-ci a changé ? À chaque fois que le serveur répond, il génère une empreinte de son contenu. Et lorsque le navigateur émet un appel pour le prochain rafraîchissement, il inclut la dernière empreinte comme paramètre d'appel. Le serveur renvoie une réponse complète uniquement si l'empreinte courante est différente de celle spécifiée par le navigateur :

```
[lib_lace.php]
function getMessageHash( ) {
  ...
  return md5(implode(file(LACE_FILE)));
}

[lace.php]
$_hash = getMessageHash( ); if ($_hash == $hash) exit;
                        // no change exit($_hash.'||||'.getFileContentsRaw( ));
```

Refonte de code : AjaxPatterns Periodic Time

La démo de base d'affichage de l'heure (*http://ajaxify.com/run/time*) requiert de la part de l'utilisateur qu'il mette à jour manuellement l'affichage en cliquant sur le bouton. Nous allons réaliser une rapide refonte de code pour pouvoir récupérer le temps depuis le serveur toutes les cinq secondes (*http://ajaxify.com/run/time/periodicRefresh*).

Tout d'abord, nous allons créer la fonction qui va initier l'appel au serveur. Ici, nous avons déjà deux fonctions comme celle là, une pour chaque affichage. Ainsi, assurons-nous que nous appelons les deux de manière périodique :

```
function requestBothTimes() { requestDefaultTime(); requestCustomTime( ); }
```

Ainsi, le Periodic Refresh est une manière simple de réaliser des requêtes toutes les cinq secondes :

```
function onLoad( ) { ... setInterval(requestBothTimes, 5000); ... }
```

Une subtilité supplémentaire : la fonction dans `setTimeout` commence à tourner uniquement après l'écoulement de la première période. Nous restons donc sans affichage pendant cinq secondes. Pour rectifier ça, `requestBothTimes` est aussi appelé au démarrage :

```
function onLoad() { ... requestBothTimes( );
                        setInterval(requestBothTimes, 5000); ... }
```

Maintenant, l'utilisateur est pratiquement capable de voir l'heure dès le moment où la page est chargée.

Alternatives

HTTP Streaming (diffusion HTTP)

Une des forces de ce pattern est que les connexions HTTP tendent à être de courte durée. C'est une tendance, pas un besoin. Comme *HTTP Streaming (diffusion HTTP)* (chapitre 6) l'explique, il existe des circonstances où il est envisageable de laisser les connexions ouvertes. La diffusion permet à une séquence de messages d'être téléchargée dans le navigateur sans avoir besoin pour ce dernier de réaliser de requête explicite (la récupération de bas niveau arrive toujours au niveau des sytèmes d'exploitation et réseaux, mais cela n'a pas à être géré par le développeur Web et il n'y a pas de surcoût à démarrer et à stopper une connexion HTTP pour chaque rafraîchissement, ni démarrer et stopper le service web).

Patterns associés

Distributed Events (événements distribués)

Vous pouvez utiliser *Distributed Events* (voir plus loin dans ce chapitre) pour coordonner l'activité du navigateur qui suit une réponse.

Fat Client (client riche), Browser-Side Cache (cache côté navigateur), Guesstimate (estimation)

Un minimum de travail sur les problématiques de performance peut aider à rendre le système plus réactif. Quelques patterns d'optimisation répondent à cette problématique :

Fat Client (client riche) (chapitre 13)

Réduit les besoins de traitements serveur en délocalisant de la logique métier coté navigateur.

Browser-Side Cache (cache côté navigateur) (chapitre 13)

Réduit les requêtes en gardant les données localement.

Guesstimate (estimation) (chapitre 13)

Donne à l'utilisateur une estimation sur ce qui se passe sans réaliser de véritable requête.

Submission Throttling (accélérateur de soumission)

Submission Throttling (accélérateur de soumission) implique également un appel périodique au serveur. Le point fort, ici, est de télécharger sur le serveur les changements du navigateur, alors que le présent pattern met l'accent sur le téléchargement des changements depuis le serveur. Les deux peuvent être combinés pour adresser un besoin général de synchronisation, tant que la fréquence de rafraîchissement est suffisante dans les deux directions. Cela augmente les performances en réduisant le trafic global. La démo de Wiki (*http://ajaxify.com/run/wiki*) reprend cette approche.

Heartbeat (pulsations)

Il est inévitable que des utilisateurs laissent leurs navigateurs ouverts sur des sites web sans naviguer véritablement dessus. La popularité croissante de la navigation par onglets – maintenant supportée par les principaux navigateurs – n'a fait qu'accroître le problème. Si vous ne voulez pas continuer à rafraîchir la page pour des utilisateurs inactifs, utilisez *Heartbeat (pulsations)* (chapitre 17) pour détecter si l'utilisateur est toujours attentif.

Métaphore

Un film est rafraîchi à des intervalles plus faibles que la seconde de manière à donner l'illusion d'une activité réelle.

Submission Throttling (accélérateur de soumission)

◉◉◉

Tampon, File d'attente, Performance, Accélérateur

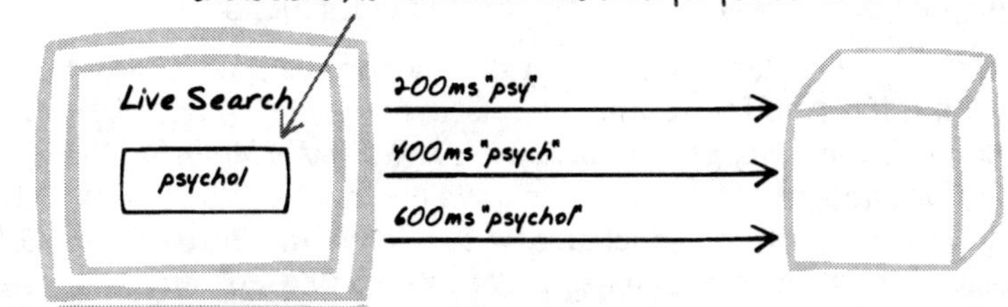

Figure 10-4. Submission Throttling

Anecdote

Devi est en train de créer un site web de chat Ajax et veut transmettre les messages au fur et à mesure que l'utilisateur tape sur son clavier. Cependant, elle sait que quelques utilisateurs vont taper des caractères plus vite que le système n'est capable d'en traiter. Elle introduit donc un mécanisme de soumission qui assure que pas plus d'un message n'est téléchargé sur le serveur toutes les 200 millisecondes.

Problème

Comment une information peut-elle être soumise à un serveur ?

Contraintes

- L'information est souvent téléchargée sur le serveur en rafales. Ex : un outil de chat qui s'expose à de nombreux clics lorsqu'un utilisateur se passionne pour un topic ou un outil de saisie de données qui s'expose à de nombreuses frappes lorsque l'utilisateur répond à de nouvelles informations.
- Il est difficile pour le serveur de faire face à beaucoup de messages en une seule fois.
- Les navigateurs ne peuvent gérer seulement qu'un nombre limité de *XMLHttpRequest Calls* en cours au même moment.
- Chaque message possède des informations supplémentaires comme des en-têtes de paquet et requiert du traitement à chaque étape d'aller-retour navigateur/serveur.

Solution

Garder les données dans un tampon navigateur et les télécharger automatiquement sur le serveur à intervalles réguliers au lieu de les soumettre au serveur à chaque événement JavaScript. Tout comme avec beaucoup d'applications de tampon et de soumission accélérée, le but est de trouver le compromis entre la réactivité et les ressources. Dans la plupart des cas, cela serait idéal de pouvoir répondre à toute frappe de touche clavier ou tout mouvement de la souris – ainsi, par exemple, tout comme pour une application de bureautique, une aide contextuelle pourrait directement provenir du serveur quand l'utilisateur bouge la souris autour de l'outil. Mais ce ne serait pas pragmatique à cause des problématiques de bande passante et probablement des contraintes serveur également. Ainsi, pour optimiser la bande passante – et pour diminuer le traitement côté serveur, les détails d'un appel sont accumulés et périodiquement téléchargés sur le serveur.

Ce que le tampon gère est spécifique à l'application mais nous avons deux types différents d'implémentation : les tampons de données et les files d'attentes de commandes.

Dans le premier type de tampon, celui-ci gère la donnée à télécharger sur le serveur. Considérez l'implémentation d'une interface *Suggestion (suggestion)* (chapitre 14) comme celle de Google Suggest (*http://www.google.com/webhp?complete=1&hl=en*), qui affiche de l'information en fonction de ce qui a été tapé. La chose la plus simple aurait été d'ajouter un événement « onchange » sur le champ texte et de télécharger le tampon sur le serveur lorsqu'un changement intervient. Cependant, que se passe-t-il si vous tombez sur un dactylo, une de ces personnes qui se qualifient en terme de « mots par minute » ? Taper 100 mots à la minute équivaut à peu près à 10 caractères à la seconde ou un appel toutes les 100 millisecondes – ce qui est faisable avec un serveur web en local, peut être réalisable dans un intranet mais non transposable pour la plupart des applications internet grand public. Donc des systèmes à *Suggestion* et plus généralement à *Live Command-Lines* (chapitre 14), lancent un minuteur à période fixe. Disons, toutes les 500 millisecondes, le navigateur vérifie s'il y a eu un changement depuis le dernier appel et si c'est le cas, télécharge l'information et garde en mémoire ce qui a été téléchargé pour éviter de le faire une nouvelle fois. Le résultat pour le champ texte est mis en cache, ce dernier pouvant être modifié uniquement à périodes fixes.

Un pattern similaire peut être utilisé sur un *Live Form (formulaire interactif)* (chapitre 14), où le formuaire en entier est périodiquement téléchargé sur le serveur, même si des champs sont vides, donnant une indication sur la progression de l'utilisateur. Le serveur peut alors utiliser de la logique métier pour valider la mise en forme des données de manière à pouvoir faire un retour interactif.

L'autre type de tampon est une file d'attente de commandes. Dans ce cas, les commandes (voir Gamma et al., 1995) sont gérées dans une file d'attente et l'ensemble de cette file est périodiquement téléchargé sur le serveur avant d'être remis à zéro. Une sorte de sérialisation doit se mettre en place pour que les commandes soient représentées sous forme de chaînes de caractères et que la file d'attente puisse être assurée d'être poussée sur le serveur. Par exemple, en les séparant par un caractère délimitant. C'est aux développeurs de se mettre d'accord sur un protocole de définition de représentation des Commandes en chaînes de caractères. Par exemple, un Wiki peut utiliser la chaîne de caractère « Effacer Questions » pour effacer la page des questions. Une autre technique serait de stocker les commandes comme des objets JavaScript personnalisés et de les sérialiser dans des *JSON Messages* (chapitre 9).

Submission Throttling peut appraître pour optimiser les ressources techniques aux dépens de l'ergonomie mais peut également se révéler d'un grand secours pour les utilisateurs. Il y a une raison pour laquelle les systèmes d'exploitation Windows et Apple n'affichent pas de traces verbeuses et détaillées lors de leur démarrage. Des utilisateurs techniques pourraient apprécier l'affichage d'une séquence de démarrage Linux mais la plupart le considèrerait comme un surcoût inutile – beaucoup plus d'informations qu'ils n'en ont besoin. Throttling est un bon moyen de prévenir la surcharge d'informations dans les navigateurs, spécialement pour les messages d'erreur qui pourraient survenir parce que l'utilisateur se trouve seulement à mi-chemin d'une édition.

Décisions

Comment le serveur va-t-il gérer les commandes entrantes ? Toutes les commandes seront-elles toujours valides ?

Submission Throttling est sensible aux problématiques d'intégrité puisque la synchronisation est volontairement dégradée. L'environnement peut avoir changé depuis que l'utilisateur a soumis les premières commandes – la date est différente, de nouvelles informations peuvent être disponibles, de l'information existante peut avoir changé ou avoir été effacée et d'autres utilisateurs peuvent avoir exécuté des commandes dans l'intervalle. Tous ces scénarios sont des manifestations inévitables de la nature asynchrone d'Ajax et la conception d'une application doit les prendre en compte.

Le serveur doit décider s'il doit traiter chaque commande entrante puisqu'il est probable que certaines ne sont plus valides. Par exemple, une commande d'achat de stocks peut se voir refusée parce que le prix vient juste de grimper ou parce que le serveur a depuis invalidé le devis initial réalisé pour le client. Certaines de ces décisions peuvent être réalisées par des techniques standard comme des transactions atomiques en base de données, mais d'autres peuvent requérir de la logique métier personnalisée. De plus, de la logique métier sera requise pour décider que faire avec les autres commandes restantes de la file d'attente, si l'une des commandes au milieu devait échouer. Parfois, continuer le traitement ne pose pas de problème et parfois si.

Comment seront déclenchés les téléchargements sur le serveur des données du tampon ?

L'algorithme le plus évident pour l'implémentation du téléchargement sur le serveur est le minuteur. Disons que toutes les minutes, le navigateur recupère le tampon et réalise la séquence d'appel correspondante ou, si rien n'a changé, ne fait rien pendant une autre minute. Si un minuteur est utilisé, une décision doit être prise quant au moment de son déclenchement. Premièrement, la période est habituellement fixe mais ne doit pas l'être obligatoirement. Elle peut augmenter pendant un pic d'activité du serveur ou être modifiée pour répondre dynamiquement aux contraintes de ce dernier. De plus, elle peut être liée à l'utilisateur impliqué : un niveau de service peut être mis en place en donnant aux utilisateurs souscrivant à un service premium des périodes entre requêtes plus courtes.

Une variante, habituellement plus utile, est de limiter la fréquence des requêtes mais d'envoyer immédiatement la première commande après une longue attente. Cela favorise l'utilisateur qui change des informations de manière occasionnelle. Disons que la période est de 30 secondes. Avec un algorithme standard basé sur un intervalle fixe, nous avons la séquence suivante :

1. 00 secs : le système analyse, pas d'activité, pas de téléchargement sur le serveur,
2. 30 secs : le système analyse, pas d'activité, pas de téléchargement sur le serveur,
3. 60 secs : le système analyse, pas d'activité, pas de téléchargement sur le serveur,
4. 65 secs : l'utilisateur effectue une action non récurrente, toujours pas de téléchargement sur le serveur,
5. 75 secs : l'utilisateur effectue une action non récurrente, toujours pas de téléchargement sur le serveur,
6. 90 secs : le système analyse et télécharge sur le serveur les deux commandes en cours.

Nous pouvons toujours garder la période de temps à 30 secondes, mais avec un téléchargement sur le serveur immédiat s'il n'y a pas eu d'activité les dernières 30 secondes :

1. 00 secs : le système analyse, pas d'activité, pas de téléchargement sur le serveur,
2. 30 secs : le système analyse, pas d'activité, pas de téléchargement sur le serveur,
3. 60 secs : le système analyse, pas d'activité, pas de téléchargement sur le serveur,
4. 65 secs : l'utilisateur effectue une action non récurrente,
5. 65 secs : le système notifie et télécharge sur le serveur la commande immédiatement,

6. 75 secs : l'utilisateur effectue une autre action non récurrente ; cette fois, la commande doit attendre puisqu'il y a eu un appel récent,
7. 95 secs : le système analyse, télécharge sur le serveur toute autre commande liée à une activité ultérieure aux 65 secs.

La priorisation est une autre technique. Un minuteur peut être utilisé pour des événements réguliers, mais avec une priorité donnée pour tout commande critique. Un *Live Form (formulaire interactif)* (chapitre 14) peut périodiquement télécharger sur le serveur la progression d'un champ, de sorte que le serveur puisse fournir par exemple des suggestions. Mais dès que l'utilisateur passe à un autre champ, un nouvel appel est réalisé immédiatement.

Une autre implication est l'activité de l'utilisateur lors du téléchargement sur le serveur. Il est sage d'éviter le téléchargement sur le serveur de quelque chose sur lequel l'utilisateur travaille, spécialement si d'autres utilisateurs vont le voir et s'ils ne travailleront pas beaucoup plus dessus. Ainsi donc, une bonne pratique pourrait être de le télécharger sur le serveur seulement après une période d'inactivité.

Combien de tampons par application navigateur ?

Il n'y a aucune raison d'avoir uniquement un seul tampon pour toutes les commandes. Il est possible d'avoir plusieurs tampons qui s'exécutent en parallèle, en prenant en compte le fait que les commandes peuvent arriver dans un ordre différent que celui demandé par l'utilisateur. La prioritisation a déjà été mentionnée plus haut et serait une bonne raison d'avoir plusieurs tampons – les tampons de haute priorité étant traités à une cadence plus élevée.

Voici comment une application de lecture de blog peut utiliser trois tampons en parallèle :

- Une file d'attente de priorité basse dédiée aux commentaires soumis par l'utilisateur. *Période de soumission : 15 secondes.*
- Une file d'attente de priorité moyenne dédiée à la récupération de flux depuis le serveur. *Période de soumission : 3 secondes.*
- Un tampon de haute priorité qui permet à l'utilisateur de tag d'étiqueter des articles avec un mécanisme *Suggestion*. Bien qu'il ne soit pas nécessaire de télécharger sur le serveur à chaque touche pressée, toute nouvelle information doit être transferée assez rapidement. *Période de soumission : 0,2 secondes.*

Cet exemple illustre qu'il est relativement aisé d'exécuter plusieurs tampons sans menacer l'intégrité des données et sans confusion de la part de l'utilisateur.

De quelle longueur doit être la période de soumission ?

Décider de la période de soumission nécessite un peu de recueil de besoins. Comme l'application exemple de lecture de blog l'illustre, il existe une diversité de périodes qui peuvent être requises :

- Pour une synchronisation métier, la période peut aller jusqu'à quelques minutes si des contraintes de ressources s'appliquent, bien qu'elle devrait être idéalement de l'ordre des 10 secondes. S'il s'agit de quelques minutes, les utilisateurs doivent restés informés avec des *Progress Indicators (barres de progression)* (chapitre 14) appropriés, de peur qu'ils ne quittent l'application et perdent leur travail avant que le téléchargement sur le serveur ne soit terminé. Idéalement, il doit également y avoir un mécanisme de *Explicit Submission (soumission explicite)* pour autoriser la sauvegarde immédiate.

- À l'autre bout du spectre, pour des interactions de bas niveau pendant que l'utilisateur tape au clavier et manipule la souris, la période doit être de l'ordre des 100 millisecondes.

Cas concrets

Google Suggest

Google Suggest (*http://www.google.com/webhp?complete=1*) a pour fonctionnalité les *Suggestions*, lorsque vous tapez « A », le navigateur affiche en surimpression une liste des recherches les plus populaires commençant par la lettre « A ». Pour empêcher un nombre de requêtes excessif, Google Suggest (*http://serversideguy.blogspot.com/2004/12/google-suggest-dissected.html*) utilise le Submission Throttling.

Zuggest

Zuggest (*http://www.francisshanahan.com/zuggest.aspx*) est un *Live Search (moteur de recherche interactif)* (chapitre 14) affichant les résultats du site Amazon pendant que vous tapez (*figure 10-5*). Tapez « Ab » et vous aurez des résultats comme « Basic Ab Workout for Dummies » et « Absolutely Fabulous ». Les résultats sont aussi bien des images que du texte et il serait donc coûteux de rechercher une chose qui ne vous ne intéresserait pas. Ainsi, si vous chercher « Absolutely », il est préférable d'éviter de chercher « Ab » ou « Abso » ou « Absolut » pendant que vous tapez, ce qui est le genre de chose que ferait l'algorithme de Google Suggest.

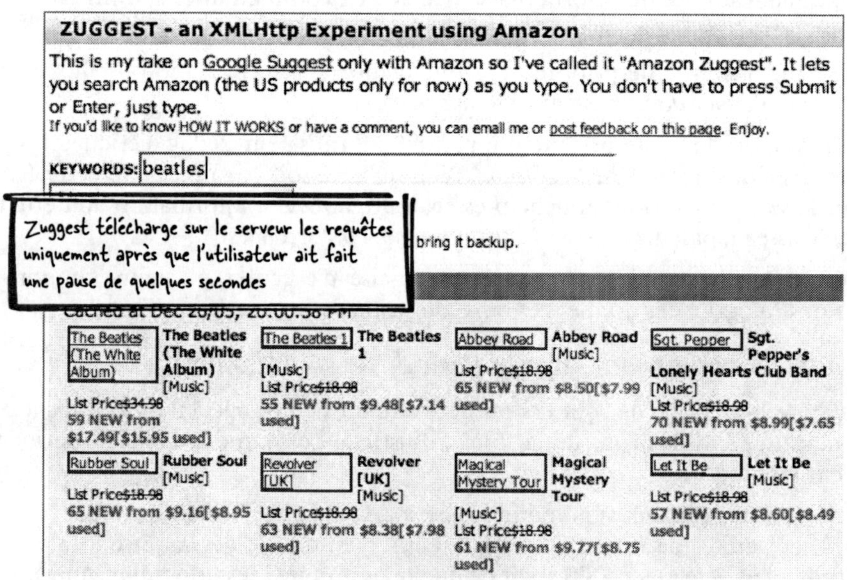

Figure 10-5. Zuggest

Pour assurer la pertinence des recherches, Zuggest applique un délai lors de la saisie. L'hypothèse est que vous allez taper avec une cadence d'au moins un caractère par seconde. À chaque fois que vous pressez une touche, vous verrez le message « Waiting until you're done… » (« En attente jusqu'à ce que vous ayez fini ») et vous aurez une seconde pour presser une nouvelle touche. Si aucune touche n'est enfoncée d'ici là, l'application estime que vous cherchez le terme saisi et réalise alors un appel distant.

Comme expliqué dans le pattern *Fat Client (client riche)*, la démo de Wiki (*http://ajaxify.com/run/wiki*) se comporte d'une manière similaire.

Gmail

Gmail (*http://gmail.com/*) possède une fonctionnalité d'auto-sauvegarde qui télécharge périodiquement sur le serveur le message qui est en cours de composition.

Framework Prototype

Prototype (*http://prototype.conio.net/*) offre un composant réutilisable, `TimedObserver`, qui réalise du Submission Throttling. ListSomething (*http://listsomething.com/*), un moteur de recherche pour des annonces classées par thème utilise `TimedObserver` pour son *Live Search (recherche interactive)*.

Exemple de code : la recherche assistée de AjaxPatterns

La démo de recherche assistée (*http://ajaxify.com/run/assistiveSearch*) fonctionne de manière similaire à Google Suggest et d'autres applications Ajax.

`requestValidCategoriesLoop` tourne de manière répétitive ; l'intervalle précis (en millisecondes) est déterminé par la constante `THROTTLE_PERIOD` (100 millisecondes à peu près). La dernière requête serveur est toujours stockée et il n'y a rien à faire si la requête courante reste la même que la précédente. S'il y a eu un changement, la nouvelle requête est soumise au serveur :

```
function requestValidCategoriesLoop( ) {
  if (query( )!=latestServerQuery) {
    vars = {
      queryType: "getValidCategories",
      queryText: escape(query( ))
    }
    ajaxCaller.get("categories.php", vars, onValidCategoriesResponse,
                   false, null);
    latestServerQuery = query( );
  }
  setTimeout('requestValidCategoriesLoop( );', THROTTLE_PERIOD);
}
```

Patterns associés

Periodic Refresh (rafraîchissement périodique)

Periodic Refresh est en quelque sorte l'inverse de Submission Throttling : à la place de téléchargements périodiques sur le serveur des entrées utilisateur, Periodic Refresh télécharge périodiquement l'état du serveur.

Progress Indicator (barre de progression)

Une tendance commune lors de mises à jour périodiques est d'inclure un petit *Progress Indicator (barre de progression)* (chapitre 14), souvent sous la forme d'un *Popup* avec un message comme « En cours de sauvegarde ».

Métaphore

Les écrivains de science-fiction ont imaginé que les communications interstellaires fonctionneraient instantanément. Mais en réalité, à cause des distances cosmique et donc des temps de transport de l'information inhérents élevés, chaque commande de la flotte impériale doit contenir une importante somme d'informations – l'empereur inter galactique ne peut pas juste dire aux colonisés « d'aller chercher une bouilloire » ... (puis 20 années plus tard) . . . « d'ajouter maintenant un peu d'eau » . . . .

Explicit Submission (soumission explicite)

◉◉◉

Soumettre, Paquet, Performance

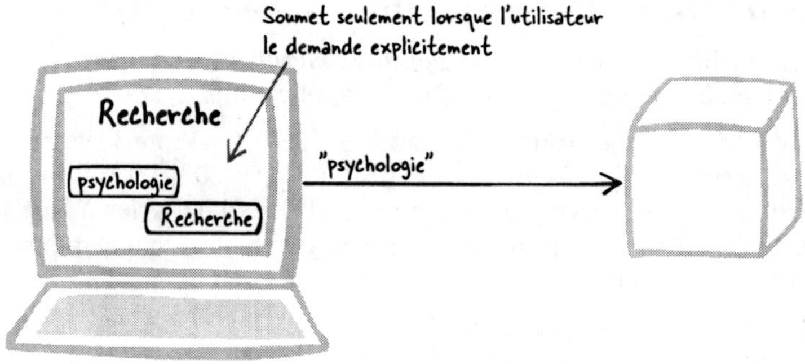

Figure 10-6. Explicit Submission

Anecdote

Devi développe un site web Ajax. Elle décide que le texte sera transmis uniquement lorsque l'utilisateur aura explicitement cliqué sur un bouton « Soumettre ».

Problème

Comment les informations peuvent-elles êtres soumises au serveur ?

Contraintes

- Il est difficile pour le serveur de faire face à un grand nombre de messages à la fois.
- Chaque message possède des informations supplémentaires comme des en-têtes de paquet et requiert du traitement à chaque étape d'aller-retour navigateur/serveur.
- Les utilisateurs ont souvent besoin de manipuler une petite unité de travail de manière privée et de la télécharger ensuite sur le serveur comme unité atomique.

Solution

Au lieu de soumettre automatiquement à chaque événement du navigateur, demandez à l'utilisateur de le faire explicitement, c'est-à-dire de soumettre à partir d'un clic de bouton. Typiquement, l'utilisateur réalise un travail pendant quelques secondes ou minutes et clique ensuite sur un bouton pour le dire au serveur. C'est un pattern familier sur le Web puisqu'il est similaire à une soumission standard.

L'exemple le plus commun s'applique au champ de texte, qui peut être une entrée de saisie ou une zone de texte. Alors qu'il serait possible de transmettre les frappes des touches au fur et à mesure qu'elles se produisent, ce n'est pas souvent désirable. Dans un Wiki, par exemple, imaginez ce qu'il se passerait si un utilisateur effaçait un paragraphe au lieu de le mettre à jour. Tout autre utilisateur en train de lire le Wiki verrait le paragraphe disparaître ! De plus, l'historique reflèterait tous les états transitoires.

Où il n'y a qu'un champ de saisie, il est parfois judicieux de se reposer sur les événements `onchange` et `onblur` pour détecter que le changement a eu lieu. Mais que se passe-t-il lorsque plusieurs champs sont étroitement liés entre eux ? Et même alors, un rien de soumission automatique reste utile, ne serait-ce que pour fournir de l'information de validation par exemple. Cependant, si l'information est assez importante pour causer un changement sur le serveur, Explicit Submission est une bonne manière de s'assurer que l'utilisateur est bien conscient de ce qui a été téléchargé sur le serveur.

Le problème de compter sur l'utilisateur pour soumettre explicitement les données est ... justement, que se passe-t-il si l'utilisateur ne le fait pas ? Avez-vous déjà quitté le navigateur en ayant oublié de soumettre un formulaire sur lequel vous étiez en train de travailler ? Les conséquences peuvent être mineures pour une application qui exécute des requêtes sur une base de données afin d'éditer des rapports sur les données obtenues mais pour des données d'entrée d'une application, une grande somme de travail peut être perdue si l'utilisateur oublie de les soumettre ou ne réalise pas qu'il est nécessaire de le faire. Pour cette raison, Explicit Submission peut parfois être complété par un *Submission Throttling* automatique. Par exemple, Gmail (*http://gmail.com*) enverra le mail uniquement sur une demande explicite d'envoi mais possède néanmoins une fonctionnalité de sauvegarde automatique qui va périodiquement télécharger sur le serveur le message en cours de rédaction comme brouillon.

Décisions

Comment l'utilisateur va-t-il réaliser la soumission ?

Le mécanisme de soumission doit être, dans le cas idéal, similaire à ceux rencontrés dans les systèmes non-Ajax.

Les boutons sont des idiomes communs, avec un label générique comme `Submit (Soumettre)`, `Done (Fait)`, ou `Go (Allez)`! Nous pouvons avoir aussi des libellés encore plus explicites, devenant alors spécifiques à la tâche qui est accomplie – par exemple, « Buy » (« acheter »), « Search » (« chercher »), ou « Delete » (« effacer »). Les boutons rendent le mécanisme Explicit Submission d'une simplicité enfantine : « Je clique sur le bouton, l'info est soumise ; je ne clique pas dessus, c'est pas soumis. »

Se reposer sur la frappe d'une touche en particulier, habituellement `Enter(Entrée)`, peut jouer le même rôle et d'ailleurs, l'utilisation du clavier convient mieux aux utilisateurs confirmés.

La récupération de l'événement `onblur` est une autre technique explicite, bien que ce soit avec un mécanisme de soumission invisible depuis l'interface utilisateur. Ce qu'il y a de bien avec `onblur`, c'est que l'application peut continuer à soumettre sans interrompre le flux habituel des événements. Sur un *Live Form*, par exemple, les utilisateurs peuvent forcer une soumission à l'aide d'un Tab ou d'un Shift-Tab, ce qu'il aurait fait de toutes manières pour sortir du champ. Cela veut également dire que l'utilisateur peut cliquer ailleurs avec la souris pour forcer la soumission. L'inconvénient est de risquer réaliser des soumissions accidentelles. Il se pose aussi la question des moyens à mettre à la disposition de l'utilisateur pour empêcher une soumission d'arriver, alors qu'il avait commencé à taper quelque chose. Il peut effacer le champ mais, clairement, ce n'est pas une notion facile à transmettre à l'utilsateur.

Comment gérer les soumissions fréquentes ?

Explicit Submission laisse ouverte la possibilité d'avoir plus de soumissions qu'attendues. Cela peut arriver parce que l'utilisateur travaille trop vite ou simplement parce qu'il est devenu impatient et qu'il n'arrête pas de cliquer sur le bouton de la souris ou la touche `Enter`. Voici quelques mécanismes pouvant être mis en place :

- Limiter la fréquence des soumissions avec *Submission Throttling*. Alors que ce pattern met l'accent sur des soumissions automatiques, il est toujours possible d'envoyer des Explicit Submissions.
- Après qu'un utilisateur ait fait une soumission, utilisez *Page Rearrangement (réarrangement de page)* (chapitre 5) pour enlever le bouton de soumission.
- Calmer les utilisateurs impatients avec *Progress Indicators (barres de progression)* (chapitre 14) et *Guesstimates (estimations)* (chapitre 13).
- Prévenir les délais excessifs par optimisation des performances avec un *Predictive Fetch (chargement prédictif)* (chapitre 13).
- Montrer le contrôle de soumission initial dans un *Popup* (chapitre 15) puis la fermer après soumission. Cela est parfois utilisé pour les formulaires d'authentification.

Peu importe la façon dont vous réglez le problème des soumissions multiples, assurez-vous de modéliser le serveur de manière à ce qu'il puisse les gérer. *RESTful Service* (chapitre 9) peut vous aider ici puisqu'il peut gérer de telles situations efficacement en rejetant toute requête invalide.

Cas concrets

Lace Chat

L'application de Chat de Brett Stimmerman (*http://www.socket7.net/lace/*) est une application de chat Ajax. Les utilisateurs de Lace saisissent le message entièrement puis le soumettent explicitement avec un bouton « Say ». Vous pouvez aussi presser la touche Enter après avoir écrit le message. La plupart des applications de chat fonctionnent de cette façon. C'est un peu plus efficace mais le principal bénéfice est en fait pour l'utilisateur. En effet, cela peut être déroutant pour les autres utilisateurs de voir un message en partie construit ; de cette façon l'auteur du message peut rectifier ses erreurs avant de poster le message.

The Fonz

« *The Fonz* » (*http://www.mrspeaker.webeisteddfod.com/2005/04/17/the-fonz-and-ajax/*) est un jeu d'aventure textuel en lignes de commande (*figure 10-7*). Dans un mode typique de ligne de commande, vous tapez quelque chose et soumettez la commande en une fois. Il est intéressant de noter que la ligne de commande n'a pas à fonctionner de cette façon – il est tout à fait faisable de fournir des suggestions ou de la validation en même temps que l'utilisateur saisit son texte. La démo de recherche assistée (*http://ajaxify.com/run/assistiveSearch/*) illustre ce point.

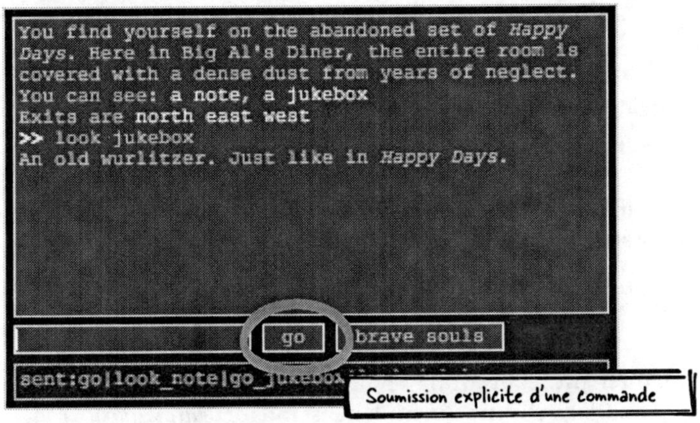

Figure 10-7. The Fonz

A9

A9 (*http://a9.com*), tout comme beaucoup d'autres moteurs de recherche, requiert un Explicit Submission (soumission explicite) avant qu'il ne se mette à rechercher l'entrée utilisateur (*figure 10-8*).

Figure 10-8. recherche A9

Refonte de code : la fonction Sum basée sur le formulaire de AjaxPatterns

La démo basique d'addition (*http://ajaxify.com/run/sum*) illustre le pattern Explicit Submission. Dans ce cas basique, il y a des champs de saisie et un bouton, le tout entre des balises div :

```
<div>

  <div id="figure">
    <input type="text" class="figure" id="figure1"
           name="figure1" size="3" value="4"/><br/>
    <input type="text" class="figure" id="figure2"
           name="figure2" size="3" value="6"/><br/>
    <input type="text" class="figure" id="figure3"
           name="figure3" size="3" value="" /><br/>
  </div>

  <input type="button" id="addButton" value="Add" />

</div>
```

Le bouton est configuré pour soumettre le formulaire lorsque l'on clique. Un exemple d'Explicit Submission :

```
$("addButton").onclick = function( ) {
  submitSum( );
}
```

Nous allons maintenant réaliser une refonte de code, alternative au pattern « Explicit Submission », dans laquelle un formulaire standard (*http://ajaxify.com/run/sum/form*) réalise la soumission. C'est toujours une « soumission Ajax » n'impliquant aucun rafraîchissement de page mais qui influence le mécanisme standard du formulaire. Il y a deux raisons pour lesquelles vous pouvez faire ça dans la vie réelle : c'est une étape vers un fonctionnement en mode dégradé propre, puisque des navigateurs non-JavaScript auront besoin que les données soient gérées dans un formulaire standard ; cela « ressemblera » à un formulaire pour l'utilisateur – c'est-à-dire que la touche Enter entraînera automatiquement la soumission et que n'importe quelle feuille de style CSS pour formulaire pourra s'y s'appliquer.

Le code HTML de base a été enveloppé par une balise form. Avec le JavaScript standard disponible, l'URL de l'action ne fera aucune différence puisqu'elle ne sera jamais accédée, mais si nous le voulons, nous pouvons la relier à un script serveur conventionnel qui traitera le formulaire dans l'événement que JavaScript a déclenché. Le contrôle classique button a été remplacé par un bouton submit :

```
<form action="http://ajaxify.com/run/sum/form/">

  <div id="figure">
    <input type="text" class="figure" id="figure1"
           name="figure1" size="3" value="4"/><br/>
    <input type="text" class="figure" id="figure2"
           name="figure2" size="3" value="6"/><br/>
```

```
    <input type="text" class="figure" id="figure3"
           name="figure3" size="3" value="" /><br/>
  </div>

  <input type="submit" id="addButton" value="Add" />

</form>
```

Le script entre dans `onsubmit` qui sera appelé à chaque fois que le nouveau bouton `submit` est pressé. Il gère une soumission `XMLHttpRequest` via `submitSum( )`, puis retourne `false` pour prévenir une soumission conventionnelle et le rafraîchissement de la page.

```
$("sumForm").onsubmit = function( ) {
  submitSum( );
  return false;
}
```

Alternatives

Submission Throttling

Submission Throttling traite des soumissions automatiques et périodiques, alors que le présent pattern traite de soumissions forcées de la part de l'utilisateur. Les deux patterns peuvent certainement être combinés. Considérez des éditeurs de texte qui doublent leur mécanisme de sauvegarde explicite par une sauvegarde automatique. Une application Ajax peut automatiser les soumissions mais autoriser les interventions manuelles lorsque la soumission doit être réalisée dans l'immédiat.

Patterns associés

Live Form (formulaire interactif)

Live Forms (formulaires interactifs) (chapitre 14) utilisent souvent les événements `onblur` et `onfocus`, un type subtil de Explicit Submission.

Progress Indicator (barre de progression)

Accompagnez vos soumissions d'un *Progress Indicator* (chapitre 14) pour donner un rendu visuel de leur état d'avancement.

Métaphore

Un auteur réalise un brouillon de chaque chapitre de son livre dans sa totalité avant de le soumettre à la revue de l'éditeur.

Distributed Events (événements distribués)

◉○○

Événements, Flux, Listener, Messaging, MVC, Notification, Observateur, PublishSubscribe, RSS, Rafraîchissement, Sémantique, Synchroniser, Mise à jour, WebFeed

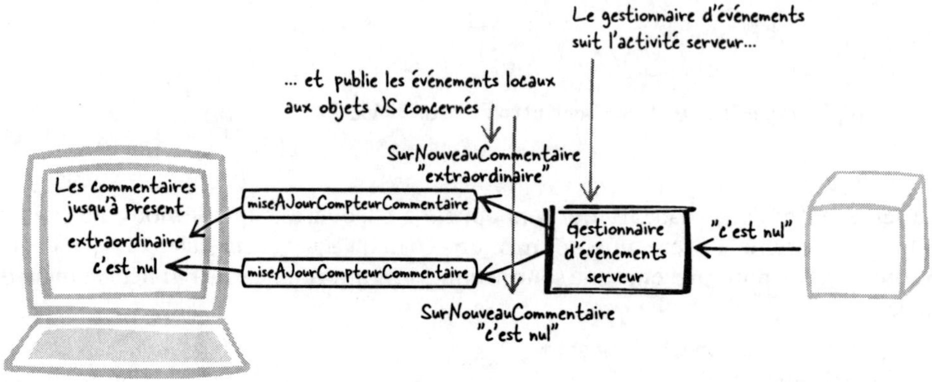

Figure 10-9. Distributed Events

Anecdote

Devi développe une application web pour un auditoire d'une institution financière avec pour but de souligner les transactions intéressantes. Les transactions pertinentes sont déjà publiées sur le système de messagerie de l'entreprise et Devi les transforme en un flux RSS sur le serveur web. Le script navigateur vérifie alors le flux régulièrement et met à jour la vue navigateur à chaque fois qu'il détecte qu'une transaction intéressante a eu lieu.

Problème

Comment découplez-vous le code dans une application complexe ?

Contraintes

- Les applications Ajax impliquent au minimum deux tiers : un tiers client (navigateur) et un tiers métier (le serveur web). En pratique, le tiers du serveur web est souvent dépendant d'autres tiers et de systèmes externes.
- Chaque tiers peut avoir une certaine complexité et contenir beaucoup d'entités qui maintiennent un état (des objets, des contrôles HTML ou des variables).
- L'état de toutes ces entités doit être souvent synchronisée dans le but de garder les utilisateurs et les systèmes externes à jour. La synchronisation doit se réaliser aussi bien dans un tiers que de manière transverse à tous les tiers – par exemple, une table HTML a besoin de changer à chaque fois que les préférences utilisateurs côté navigateur sont modifiées mais aussi à chaque fois que les données maintenues en base sont modifiées.
- Garder tous ces objets synchronisés peut devenir rapidement complexe – en effet, le nombre de messages possibles entre les différents objets deux à deux croît de manière exponentielle avec le nombre d'objets impliqués.

Solution

Garder les objets synchronisés à l'aide d'un mécanisme événementiel. C'est un pattern logiciel classique appliqué à Ajax, relatif aux patterns Observateur (Gamma et al., 1995),

« Publication-Souscription » (Buschmann et al., 1995) et est également une caractéristique de l'architecture classique « Model-View-Controller ». DOM fournit déjà un mécanisme pour les événements de bas niveau mais les événements discutés ici sont de nature sémantique c'est-à-dire relatifs à des concepts métiers et applicatifs comme un « compte effacé ». Notez que le terme « événement » est utilisé de manière large pour parler de toute approche basée sur de la souscription et qui allège le besoin de réaliser directement des appels depuis la source jusqu'à la destination. N'importe quel mécanisme de « publication-souscription » de messagerie tombe dans cette définition.

Voici un scénario pour justifier le concept d'événement. Si vous avez 10 objets qui ont des états interdépendants, lorsqu'un objet est modifié, les 9 autres doivent être modifiés en conséquence. Une implémentation naïve serait de doter chaque objet de la connaissance des neuf autres. À chaque fois qu'il y a en un qui est modifié, ils se le diraient entre eux. Chaque objet est intimement lié aux neuf autres. Lorsque l'un d'eux change, les neuf autres doivent être mis à jour – c'est un contre-coup majeur à l'encapsulation.

Tout comme pour de nombreux problèmes de programmation, vous pouvez créer une meilleure solution en ajoutant une autre couche d'abstraction – dans ce cas précis, un mécanisme événementiel. Laissons l'objet diffuser les changements au lieu de dire directement aux autres comme lui répondre. Les changements doivent généralement se réaliser dans des termes sémantiques – au lieu de dire « quelqu'un m'a cliqué », un objet doit dire « le module de comptage a démarré », ou « la transaction a été terminée avec succès ». Laissons alors tout objet s'enregistrer pour être notifié à chaque fois qu'un message comme celui-ci arrive. Pour des systèmes plus larges, penser en terme d'événements est souvent plus facile puisque permettant de venir à bout de la logique de synchronisation. Vous avez une simple tâche qui permet aux objets de diffuser les événements lorsqu'ils se produisent. Et vous avez une tâche séparée pour décider comment les objets doivent répondre à ces événements, s'ils sont concernés.

Sur le Web, ce pattern peut être appliqué de différentes façons :

Serveur-vers-navigateur
: Les éléments d'une page peuvent conserver une synchronisation mutuelle.

Navigateur-vers-navigateur
: Les éléments d'une page peuvent être gardés en synchronisation entre eux.

Navigateur-vers-serveur
: Les objets serveur peuvent conserver leur synchronisation avec les éléments d'une page.

Serveur-vers-serveur
: Les objets serveur peuvent conserver une synchronisation mutuelle.

Navigateur-vers-serveur et serveur-vers-serveur sont toutes les deux réalisables mais elles se trouvent en dehors du périmètre de Ajax Patterns puisqu'ils concernent plutôt l'architecture côté serveur.

Comme nous l'avons vu dans le chapitre 7, JavaScript offre le support de gestion d'événements mais il n'existe pas d'API générique de gestion événementielle. Alors, pour utiliser des événements distribués, vous aurez besoin de créer votre propre système événementiel. C'est plus facile que ça en a l'air. La propagation serveur-vers-navigateur fonctionne de cette façon. Il existe un gestionnaire d'événements qui a deux responsabilités. Premièrement, il lance un *Periodic Refresh* (voir plus tôt dans ce chapitre) ou participe dans le *HTTP Streaming* (chapitre 6) pour vérifier toute activité serveur. Deuxièmement, il offre la possibilité de propager l'événement pour que les entités du navigateur impliquées puissent s'enregistrer pour récupérer n'importe quel changement. Lorsqu'un changement serveur intervient, le gestionnaire d'événements construit un objet d'événement basé sur la sortie serveur et le passe à chaque module d'écoute (listener) intéressé. Pour cela, le gestionnaire doit maintenir une collection de modules d'écoute (listeners) et les types d'événement qu'ils attendent. L'ensemble minimal de services disponibles doit être alors :

- `addListener (eventType, listener)`
- `removeListener (eventType, listener)`

Ces modules d'écoute peuvent être des fonctions de rappel, comme la fonction de rappel utilisée par `XMLHttpRequest`. Ils peuvent également être des objets qui contiennent une fonction avec un nom de rappel standard pour le type d'événement qui a été enregistré, comme un `onUpdate( )`.

Dans une propagation navigateur-vers-navigateur, vous pouvez également avoir un gestionnaire central de serveur qui accepte les événements et les notifications. Alternativement, chaque objet peut être responsable de la création et de la propagation de ses propres événements. Ainsi, chaque objet capable de générer des événements a besoin d'autoriser les autres objets à s'abonner eux-mêmes aux événements.

Observateur est un cas spécial de ce pattern qui est fréquemment implémenté. Les événements ne sont pas des actions utilisateur mais des notifications de changement. Les modules d'écoute d'événements *observent* un objet et répondent à son état. Souvent, il est habituel de garder l'état en synchronisation. Une table HTML, par exemple, peut afficher le dernier état d'un objet timetable du côté serveur.

Finalement, notez que ce pattern est spéculatif et ouvert, mais son principal but doit être clair : ajouter une couche de médiation pour que les objets encapsulent leurs propres réponses à l'activité du système, plutôt que d'être dirigés par d'autres objets.

Décisions à propos de Distributed Events (événements distribués)

Publiez-vous un historique ou juste un état courant ?

De part la nature HTTP, les données serveur doivent être récupérées périodiquement – le serveur ne pouvant pas appeler directement le navigateur lorsque quelque chose arrive. Si le serveur expose uniquement l'état courant, il se pose alors deux problèmes :

La déctection du changement

Le navigateur peut seulement déduire qu'un changement s'est produit en comparant par rapport à la dernière valeur ou peut être en utilisant un identifiant de version ou en se basant sur la date.

Les états intermédiaires

Le navigateur manquera les valeurs qui ont été produites entre deux mises à jour.

Aucune des deux approches n'est révolutionnaire, l'exposition seule de l'état courant pouvant donc être réalisée de manière satisfaisante. L'alternative est de publier tout du long un historique d'états estampillés de codes basés sur le temps. Cela donne plus de travail à générer et à parser et cela requiert également un moyen de stockage sur le serveur. Si vous suivez cette option, cela vaut la peine de formater les changements en utilisant une approche standard de génération de flux comme RSS ou Atom. Vous bénéficierez de l'abondance de bibliothéques pour les côtés serveur et navigateur et ... bonus : le service sera assez générique pour être utilisé par des clients externes, si nécessaire.

Pour des événements de type observateur, allez-vous propager les détails de ce qui a changé ou juste pointer vers l'objet qui a changé ?

Les événements concernent souvent un objet qui a changé d'état. Parfois, vous avez seulement besoin de propager un pointeur vers cet objet; le récepteur interrogera alors l'objet, comme requis. D'autres fois, vous aurez besoin d'envoyer le changement lui-même. La dernière approche est utile pour une fonctionnalité qui n'a pas juste besoin de l'état courant de l'objet, mais également la nature du changement. Par exemple, imaginez que vous avez une fonction à l'écoute qui émet une trace à chaque fois qu'un équilibre budgétaire est positif. Cela sera beaucoup plus facile si l'événement notifiant le changement indique qu'une augmentation s'est produite. Autrement, on devra comparer manuellement l'état actuel du budget avec son ancien état. Pour des événements serveur vers navigateur, indiquer le changement peut améliorer les performances puisque cela peut alléger le suivi de l'appel vers le serveur.

Quelles informations vont accompagner la notification de l'événement ?

Lorsqu'un événement se produit, il y a habituellement quelques bouts d'informations à faire passer aux modules d'écoute – par exemple, un objet source (un objet qui vient juste de changer), la nature du changement ou de l'action qui s'est produite et des méta-informations comme la date de l'événement et son identifiant unique. Vous pouvez passer cette information de différentes façons:

Un message chaîne de caractères

Passez l'information comme une simple chaîne de caractères.

Un seul objet événement

Passez dans un seul objet événement contenant les attributs pour chaque fragment d'information.

Une liste de paramètres

Passez l'information comme paramètres séparés.

Chaque méthode a ses avantages. Une message chaîne de caractères est l'approche la plus flexible et a le bénéfice d'être un format portable qui fonctionnera sur le serveur également. Malheureusement, un message chaîne de caractères doit souvent être parsé et formaté pour les conversions depuis et à destination de valeurs JavaScript. Un objet événement seul est plus simple à manipuler et comme un message chaîne de caractères peut habituellement être étendu sans casser le code existant – la fonction de rappel garde toujous une seule valeur. Vous pouvez créer une fonction « Fabrique » (Factory) pour créer l'événement et exposer des propriétés, de façons à ce que son interface puisse être explicite si vous le désirez. Finalement, une liste de paramètres rend l'implémentation de rappel un peu plus propre, puisque vous n'avez pas à extraire de variables d'un objet d'encapsulation. Cependant, une longue liste de paramètres devient encombrante et difficile à maintenir.

Les événements seront-t-ils traités de manière synchrone ou asynchrone ?

La façon la plus simple de gérer les événements est la manière synchrone. Dès que quelque chose se produit, le gestionnaire d'événements notifie immédiatement toutes les parties intéressées. Tout s'exécute dans la même file d'exécution, chaque gestionnaire d'événements devenant ainsi un goulet d'étranglement – le flot d'exécution du programme principal qui a déclenché l'événement ne sera plus en mesure de procéder tant que chaque gestionnaire d'événements ne sera pas exécuté.

Si des gestionnaires d'événements sont lents, vous pouvez avoir des performances plus stables en gérant les événements de manière asynchrone. Ici, le gestionnaire maintient une collection d'événements en cours. Chaque fois qu'un nouvel événement se produit, il l'ajoute simplement dans la collection et retourne – une opération très rapide. En utilisant un minuteur répétitif (voir *Scheduling (action planifiée)* [chapitre 7]), le gestionnaire retire les événements en cours et en notifie les modules d'écoute.

Vous avez à prendre des décisions de natures diverses pour la gestion d'événements asynchrones. D'abord, quel type de collection allez-vous utiliser ? Une file d'attente est le plus commun, pour s'assurer que les événements sont gérés dans l'ordre d'arrivée. Mais parfois une pile est plus appropriée, ainsi si le gestionnaire prend du retard, les messages les plus récents seront au moins traités. Une autre décision concerne la planification du gestionnaire d'événements, l'objet qui consomme les événements de la collection. La façon la plus simple est d'utiliser un minuteur qui se répète en boucle mais si la gestion prend trop de temps (plus longtemps que la période d'intervalle), vous finirez par avoir plusieurs processus consommant vos événements. Une façon de prévenir cette situation est d'avoir le gestionnaire d'événements qui suit sa propre progression et cesse l'activité après qu'un certain temps se soit écoulé.

Cas concrets

La servlet adaptateur ActiveMQ

ActiveMQ (*http://activemq.codehaus.org/*) est une implémentation open source de JMS (Java Messaging Service) (*http://java.sun.com/products/jms/*), un standard officiel Sun pour la distribution de messages en entreprise. Comme tel, il fournit une solution pour passer des objets Java et des chaînes de caractères entre différents processus et inclut un mécanisme de publication-souscription permettant à un processus de souscrire à tous les messages d'un « topic » particulier.

Normalement, les processus fonctionnent côté serveur mais au travers de l'utilisation d'une servlet adaptateur, ActiveMQ donne à l'application web, au travers du JavaScript, la capacité d'envoyer et de recevoir des messages.

MapBuilder

MapBuilder (*http://mapbuilder.sourceforge.net*) est un framework de cartographie pour sites web, largement influencé par le pattern MVC. Le modèle gère des données applicatives comme des cartes avec positions et dimensionnement. Le processus de configuration lie chaque modèle à des composants graphiques intéressants qui reçoivent des notifications lorsque le modèle a changé.

La bibliothèque événementielle Dojo

Dojo (*http://dojotoolkit.org/download*) est un framework très complet dont le but est de simplifier le développement du JavaScript. L'une de ses fonctionnalités est l'enrichissement du gestionnaire d'événements standard de JavaScript. Cela inclut la fonctionnalité de publication-souscription. Vous enregistrez une ou plusieurs fonctions comme *publications* et une ou plusieurs fonctions comme *souscripteurs*. Lorsque qu'une fonction de publication est appelée, toutes les fonctions souscrivantes sont également appelées.

La bibliothèque LivePage

LivePage (*http://twisted.sourceforge.net/TwistedDocs-1.2.0/howto/livepage.html*), mentionné dans les exemples de *HTTP Streaming* (chapitre 6), est un framework basé autour de Distributed Events.

Refonte de code : la démo de Wiki « Distributed Events » de AjaxPatterns Wiki

La démo basique de Wiki (*http://ajaxify.com/run/wiki*) possède une unique fonction de rappel destinée à deux fonctions : parser le message arrivant et l'afficher à l'utilisateur. C'est bon pour une application, mais que se passe-t-il si nous voulons élargir l'opération d'affichage en affichant différents messages de diverses manières ou en réalisant une action lorsqu'un seul message est affiché ? Ce ne serait pas une surprise que Distributed Events soir l'une des manières de rendre le script navigateur encore plus modulaire et cette refonte nous montre comment.

Refonte vers un mécanisme d'événement

La première refonte repose sur une gestion plus riche du message en introduisant un mécanisme d'événements. Nous avons quelques différences mineures au niveau de l'interface utilisateur. Par exemple, à la place d'un seul point de « synchronisation », télécharger sur le navigateur et télécharger sur le serveur sont scindés en deux mécanismes minutés indépendants ; il n'y a plus de changement de couleur de fond pendant le téléchargement sur le serveur d'un message ; et un effet *One-Second Spotlight (coup de projecteur éclair)* (chapitre 16) survient lorsqu'un nouveau message est mis à jour, pour compenser la perte du changement de couleur. Ainsi, notez qu'une version différente de `ajaxCaller` est utilisée. Elle autorise la spécification d'un objet de retour en plus de la fonction de retour.

Un modèle objet a été introduit pour tracer l'état de chaque message et pour jouer le rôle d'un gestionnaire d'événements, notifiant les modules d'écoute de changements. Un type de module d'écoute reçoit la notification de tout nouveau message. L'autre type reçoit la notification de la mise à jour d'un message spécifique. Les modules d'écoute de messages sont maintenus dans un seul tableau. Les modules d'écoute pour les mises à jour sont maintenus dans un tableau de tableaux, avec tous les souscripteurs d'un message particulier maintenus dans un tableau et reliés avec l'identifiant du message :

```
newMessageListeners: new Array( ),
messageUpdateListenersById: new Array( ),

addNewMessageListener: function(listener) {
  this.newMessageListeners.push(listener);
},
addMessageUpdateListener: function(messageId, listener) {
  var listeners = this.messageUpdateListenersById[messageId];
  listeners.push(listener);
},
```

La notification fonctionne alors par itérations sur la collection des modules d'écoute pertinents :

```
notifyNewMessageListeners: function(newMessage) {
  for (i=0; i<this.newMessageListeners.length; i++) {
    this.newMessageListeners[i](newMessage);
  }
},
notifyMessageUpdateListeners: function(updatedMessage) {
  var listenersToThisMessage =
    this.messageUpdateListenersById[updatedMessage.id];
  for (i=0; i<listenersToThisMessage.length; i++) {
    listenersToThisMessage[i](updatedMessage);
  }
}
```

Comment ces événements se produisent-ils ? Le modèle objet doit être démarré manuellement et sonder alors périodiquement le serveur :

```
start: function( ) {
  this.requestMessages( );
  setInterval(this.requestMessages, DOWNLOAD_INTERVAL);
}
...
requestMessages: function( ) {
  ajaxCaller.getXML("content.php?messages", messageModel.onMessagesLoaded);
},
```

Comme tout à l'heure, le serveur fournit un *XML Message* (chapitre 9) décrivant tous les messages. Le modèle itère sur chaque message contenu dans le XML, construisant son équivalent en objet JavaScript. Si l'identifiant du message est inconnu, les modules d'écoute pour les nouveaux messages sont notifiés et un tableau de modules d'écoute est également créé pour ce nouveau message. Si le message est différent du message courant avec le même identifiant, cela veut dire qu'il a été modifié et par conséquent tous les modules d'écoute pour les mises à jour en sont notifiés. Souvenez vous que la notification de mise à jour de message est de granularité fine : seuls les modules d'écoute affiliés à un identifiant de message particulier sont notifiés ; et par conséquent l'extraction d'un message spécifique d'une liste de modules d'écoute.

```
onMessagesLoaded: function(xml, callingContext) {
  var incomingMessages = xml.getElementsByTagName("message");
  for (var messageCount=0; messageCount<incomingMessages.length;
          messageCount++) {
    var messageNode = incomingMessages[messageCount];
    var content = this.getChildValue(messageNode, "content");
    content = (content==null ? "" : unescape(content));
    var incomingMessage = {
      id: this.getChildValue(messageNode, "id"),
      lastAuthor: this.getChildValue(messageNode, "lastAuthor"),
      ranking: this.getChildValue(messageNode, "ranking"),
      content: content
    };
    var currentMessage = this.messagesById[incomingMessage.id];
    if (!currentMessage) {
      this.messageUpdateListenersById[incomingMessage.id]=new Array( );
      this.notifyNewMessageListeners(incomingMessage);
    } else if (!this.messagesEqual(incomingMessage, currentMessage)) {
      this.notifyMessageUpdateListeners(incomingMessage);
    }
    this.messagesById[incomingMessage.id] = incomingMessage;
  }
},
getChildValue: function(parentNode, childName) {
  var childNode = parentNode.getElementsByTagName(childName)[0];
  return childNode.firstChild == null ? null : childNode.firstChild.nodeValue;
},
messagesEqual: function(message1, message2) {
  return   message1.lastAuthor == message2.lastAuthor
        && message1.ranking == message2.ranking
        && message1.content == message2.content;
}
```

Un nouvel objet messagesDiv a également été créé pour encapsuler la logique de gestion des messages. Au démarrage, il souscrit pour la notification de nouveaux messages. Pour chaque message, il réalise une fonction similaire à celle faite au préalable sur chaque mise à jour : il créé toute l'information du message et l'ajoute à la page avec un effet visuel d'annonce (grâce à Scriptaculous ; voir *http://script.aculo.us*).

```
start: function( ) {
  messageModel.addNewMessageListener(this.onNewMessage);
},
...
onNewMessage: function(message) {
  var messageArea = document.createElement("textarea");
  messageArea.className = "messageArea";
  messageArea.id = message.id;
  messageArea.serverMessage = message;
  ...
  messageDiv.appendChild(lastAuthor);
  messageDiv.appendChild(messageArea);
```

```
  ...
  $("messages").appendChild(messageDiv);
  Effect.Appear(messageDiv);
  ...
}
```

Le messageDiv a une autre responsabilité : il doit mettre à jour l'affichage lorsqu'un message est mis à jour. Ainsi, il s'enregistre lui-même comme étant un module d'écoute sur chaque message. La façon la plus simple de le faire est de réaliser, sur chaque message ajouté :

```
onNewMessage: function(message) {
  ...
  messageModel.addMessageUpdateListener(message.id, function(message) {
    var messageDiv = $("messageDiv" + message.id);
    var lastAuthor = messageDiv.childNodes[0];
    var messageArea = messageDiv.childNodes[1];
    if (messageArea.hasFocus) {
      return;
    }
    lastAuthor.innerHTML = message.id + "."
      + "<em>" + message.lastAuthor + "</em>"+"."
      + message.ranking;
    messageArea.value = message.content;
    Effect.Appear(messageDiv);
  });
},
```

Comparé à la version précédente, nous sommes juste en train de redessiner un message lorsqu'il a effectivement changé. Utiliser un mécanisme événementiel a aidé à séparer la logique. Maintenant, c'est le messageDiv lui-même qui décide à quoi il ressemblera après l'arrivée d'un message, ce qui est beaucoup plus sain que de laisser la décision à la fonction de retour qui réceptionne le message.

Introduire une liste de surveillance (watchlist)

La refonte ci-dessus ne serait pas très utile si nous stoppions l'utilisation d'un mécanisme d'événements. C'est peut être bon pour votre expérience mais nous n'avons pas encore ajouté de fonctionnalité qui justifie cet effort ; c'est basiquement la même application que l'ancienne. Pas de souci, voici la démo Watchlist Wiki (*http://ajaxify.com/run/wiki/events/watchlist*) à la rescousse ! Il s'agit d'une liste de surveillance des messages intéressants ; lorsqu'un message surveillé est mis à jour (par vous-même ou quelqu'un d'autre), celle-ci ajoute une ligne de résumé supplémentaire.

Pour commencer, le code HTML inclut maintenant une table « watchlist » :

```
<div id="summary">
  <table id="watchlist">
    <tr>
      <th>Author</th>
      <th>Message</th>
    </tr>
    <tbody id="watchlistBody"></tbody>
```

```
  </table>
</div>
```

Quels messages sont dans votre liste à surveiller ? Ils sont déterminés par un nouveau contrôle de type « checkbox », un par message :

```
onNewMessage: function(message) {
  ...
  var watching = document.createElement("input");
  watching.type = "checkbox";
  watching.messageId = message.id;
  watching.onclick = onWatchingToggled;
  ...
}
```

Lorsque l'utilisateur veut observer un message, il le sélectionne dans la checkbox. Une seule fonction met à jour la liste de surveillance pour tous les messages choisis. Souvenez-vous que les événements de mise à jour sont de granularité fine, nous devons donc nous assurer que ce retour est enregistré pour recevoir des notifications pour tous les messages choisis et pour aucun autre. Ainsi lorsqu'un utilisateur désélectionne un message, nous allons retirer à la fonction son rôle d'écoute pour ce message. Notez que cette fonctionnalité a nécessité la création d'une fonction pour supprimer l'écoute des modules, ce qui n'avait jamais été requis dans la version précédente.

```
function onWatchingToggled(event) {
  event = event || window.event;
  var checkbox = event.target || event.srcElement;
  if (checkbox.checked) {
    messageModel.addMessageUpdateListener(checkbox.messageId,
             onWatchedMessageUpdate);
  } else {
    messageModel.removeMessageUpdateListener(checkbox.messageId,
             onWatchedMessageUpdate);
  }
}
```

`onWatchedMessageUpdate` va maintenant recevoir une notification pour tout nouveau message surveillé. Il ajoute simplement une ligne résumé au tableau et lance un effet visuel :

```
function onWatchedMessageUpdate(message) {

  var summary = message.content;
  if (summary.length > 35) {
    summary = summary.substring(0, 15) + "..."
             + summary.substring(summary.length - 15);
  }

  var row = document.createElement("tr");

  var authorCol = document.createElement("td");
  authorCol.className = "authorSummary";
  authorCol.innerHTML = message.author;
```

```
    row.appendChild(authorCol);

    var contentCol = document.createElement("td");
    contentCol.className = "contentSummary";
    contentCol.innerHTML = summary;
    row.appendChild(contentCol);

    if ($("watchlistBody").childNodes.length > 0) {
      $("watchlistBody").insertBefore(row, $("watchlistBody").childNodes[0]);
    } else {
      $("watchlistBody").appendChild(row);
    }
    Effect.Appear(row);

}
```

Nous avons maintenant deux fonctions indépendantes qui reçoivent les notifications de nouveaux messages qui arrivent du serveur. Chacune utilise l'information comme elle l'entend. C'est une approche beaucoup plus extensible que celle qui consiste à laisser le serveur dicter la manière dont le navigateur doit répondre.

Patterns associés

Periodic Refresh (mise à jour périodique), HTTP Streaming (diffusion HTTP)

Pour une propagation serveur vers navigateur, *Periodic Refresh* ou *HTTP Streaming* (chapitre 6) est requis.

RESTful Service (service de type REST)

Distributed Events implique un élément du navigateur qui observe une entité côté serveur. REST est idéal dans ce cadre puisqu'il fournit une manière standard et simple d'exposer l'état du serveur.

XML Data Island (îlots de données XML)

Si le serveur répond avec du XML et que vous avez besoin de garder l'état localement – par exemple pour détecter les différences – un *XML Data Island (îlots de données XML)* (chapitre 11) serat utile. Couplé à certaines technologies illustrées dans ce pattern, XML Data Islands autorise les mises à jour automatiques – lorsque l'îlot de données change, un contrôle est alors mis à jour et inversement.

Métaphore

L'analogie avec le journal papier est toujours d'actualité. Des personnes peuvent souscrire à un certain nombre de journaux et chaque journal peut avoir n'importe quel nombre d'abonnés. L'algorithme ne mentionne pas explicitement d'abonné particulier ; plutôt, lorsqu'un nouveau journal sort, il itère sur chaque abonné et envoie une copie à chacun d'eux.

Cross-Domain Proxy (proxy multi-domaines)

◉◉◉

Agrégateur, Fusion, Mix, Médiateur, Proxy, Tunnel

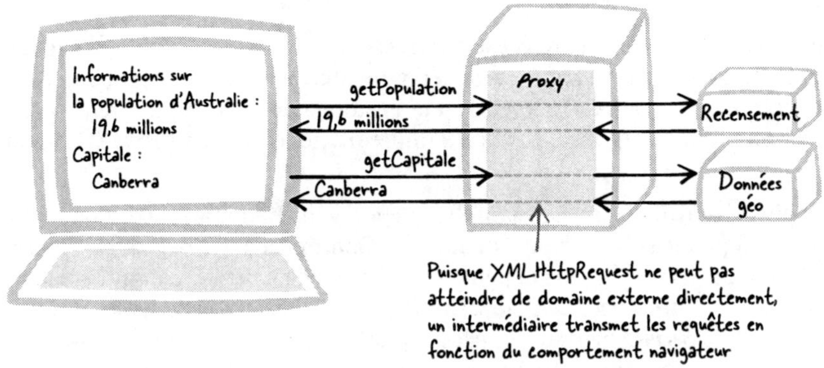

Figure 10-10. Cross-Domain Proxy (proxy multi-domaines)

Anecdote

Dave travaille sur un site web de recherche d'emploi et veut « mixer » du contenu venant de sites différents. Chaque annonce est accompagnée par une critique d'un site web partenaire, des nouvelles récentes d'une industrie et un indicateur de stocks. Pour récupérer ces détails dans le navigateur, le serveur envoie des requêtes à plusieurs sites et expose leur contenu comme un service web que le navigateur peut alors interroger.

Problème

Comment pouvez-vous étendre votre application avec des services disponibles ailleurs sur le Web ?

Contraintes

- Il existe beaucoup de données et de services utiles sur le Web. La plupart est accessible gratuitement. C'est d'habitude plus efficace d'influencer le contenu plutôt que de le répliquer vous-même.
- La « politique de la même origine » impose des contraintes à la plupart des techniques d'accès distants web (chapitre 6), imposant au script navigateur de ne dialoguer qu'avec le serveur d'où il provient et à personne d'autre.
- Les serveurs externes utilisent souvent des protocoles et des formats de messages difficiles à traiter pour un script côté navigateur. Ils peuvent également nécessiter une authentification. De tels détails ne devraient pas être exposés dans le navigateur.
- Pour être en accord avec les contrats des services, les possesseurs des sites web doivent contrôler tout le trafic entrant et sortant de leur service web, ce qui est impossible si leur serveur est contourné.

Solution

Créer des services web intermédiaires pour faciliter la communication entre le navigateur et des domaines externes. Comme expliqué dans *XMLHttpRequest Call* (chapitre 6), la politique de « la même origine » implique que le script navigateur peut seulement parler au serveur dont il est issu : le « serveur de base ». Par conséquent, toute communication avec des domaines externes doit passer par le serveur de base.

La forme la plus simple d'un proxy est un *service web* muet (chapitre 6) qui route simplement le trafic entre le navigateur et un serveur externe. Le service peut accepter l'URL distante comme paramètre. Cette URL sera ensuite accédée de manière asynchrone et le service délivrera sa réponse. Tout ceci implémente le pattern Proxy (Gamma et al., 1995).

Un type plus propre de Cross-Domain Proxy (proxy multi-domaines) est basé plus étroitement sur les patterns Facade ou Adaptateur (Gamma et al.). Dans ce cas, le serveur de base présente l'interface la plus adaptée au script navigateur et réalise toute manipulation nécessaire à l'interaction avec le script externe. Par exemple, le serveur externe peut présenter un *RPC Service* basé sur SOAP, complexe et surdimensionné, mais vous voulez que le navigateur gère simplement des *Plain-Text Messages* (chapitre 9). La solution la plus probable est de présenter le *service web* en plein texte, habiller les requêtes dans des messages SOAP et déshabiller les réponses dans des Plain-Text Messages.

L'approche Façade/Adapteur est généralement meilleure pour deux raisons. Premièrement, elle garde le client simple, le protégeant de la gestion des détails du protocole utilisé pour la communication avec le serveur externe. Deuxièmement, c'est plus sécurisé : la première approche permettra à n'importe quel client d'appeler n'importe quel serveur, alors que la deuxième approche vous autorisera plus de contrôle sur le genre de communication qui sera établie.

Un Cross-Domain Proxy est implémenté en utilisant une sorte de bibliothèque client HTTP pour accéder au serveur distant. Généralement, la connexion doit être plutôt simple – spécifier l'URL et récupérer la réponse comme chaîne de caractères. Cependant, cela peut devenir plus complexe si le service web distant repose sur des cookies et de l'authentification, paramètres que le proxy peut avoir à passer depuis la requête Ajax qui a initié l'appel.

Décisions

Quels contenus externes seront accédés ?

En théorie, tout ce que vous faites avec un navigateur peut être accompli par un client automatisé HTTP. Cependant, il existe probablement des contraintes légales et des challenges techniques également si vous utilisez du JavaScript ou des plugins navigateur. De plus, votre script sera vulnérable aux changements d'aspect du site et beaucoup de fournisseurs de contenu ont délibérément réalisé de subtils changements pour éviter les accès automatiques. Ainsi, se reposer sur la collection toujours croissante d'API publiques et de données structurées serait un choix plus pertinent.

Vous pouvez trouver une collection d'API publiques à l'adresse *http://wsfinder.com*. Certaines API populaires comme Amazon, Delicious, EvDB, Flickr, Google Maps, Google Search, Technorati, et Yahoo Maps.

Comment vous connecterez-vous au serveur externe ?

Si vous laisser la génération de contenu à la charge d'un site web public, vous aurez besoin d'utiliser le protocole sous-jacent web HTTP. Et même si vous dialoguez avec une API, vous communiquerez au travers du HTTP dans tous les cas. Parfois, les fournisseurs d'API fourniront du code pour accéder au contenu, plutôt que de publier la spécification. Aussi, avec des protocoles plus complexes comme SOAP, vous n'avez pas à écrire beaucoup de code bas niveau vous-même. Dans beaucoup de cas, cependant, le plus simple est de parler HTTP, de formater manuellement et de parser les messages vous-même.

Beaucoup de bibliothèques de scripts fournissent la possibilité de communiquer en HTTP et sont souvent bien équipées pour les implémentations du Cross-Domain Proxy grâce à une implémentation forte des manipulations d'expressions régulières. Un exemple PHP est fourni dans l'Exemple de code qui suit juste après.

Dans le monde Java, par exemple, l'API standard fournit une implémentation bas niveau de clients HTTP mais vous pouvez utiliser celui fourni par les bibliothèques de test pour extraire rapidement le contenu de sites web externes. *HttpUnit* est un bon exemple et possède également une implémentation de la manipulation JavaScript. Pour récupérer du contenu :

```
import com.meterware.httpunit.WebConversation;
import com.meterware.httpunit.GetMethodWebRequest;
 import com.meterware.httpunit.WebRequest;

public class PatternSorter {

  public String getContent(String url) {
    try {
      WebConversation wc = new WebConversation( );
      WebRequest request = new GetMethodWebRequest(url);
      String response = wc.getResponse(request).getText( );
    } catch(Exception ex) {
      throw new RuntimeException("Could not get content from " + url, ex);
    }
  }

  public static void main(String[] args) {
    System.out.println("http://ajaxpatterns.org");
  }

}
```

Comment gérer les erreurs et les délais lors des accès services ?

À certains moments, il y aura des erreurs lors de l'accès à un web service externe. Pensez-y à deux fois avant d'attribuer un blâme puisque le problème peut venir de chez vous ou de quelque part sur le réseau. Cela a des implications pour tout message d'erreur à afficher aux utilisateurs. Idéalement, vous devrez être capable de détecter qu'une erreur s'est produite et tracer alors les détails. Comme solution pour l'utilisateur, vous avez plusieurs options :

- Assurez-vous que vous avez un bon framework côté serveur en place pour la détection des erreurs, de manière à ce qu'elles ne soient pas envoyées directement – et de manière inattendue – aux utilisateurs. De plus, soyez assurés de pouvoir détecter les expirations et de les gérer de manière proactive, c'est-à-dire en répondant avec un message approprié.
- Dans certains cas, vous devrez simplement admettre l'erreur et afficher un message d'erreur aux utilisateurs. Si possible suggérez une alternative ou dites-leur quand ils pourront réessayer.
- Fournissez leur des fonctionnalités réduites.
- Redirigez-les vers un web service préarrangé de subsitution.
- Reposez-vous sur des résultats mis en cache s'ils sont encore pertinents.

Sous quels termes de licence accéder au service distant ?

Les aspects juridiques à propos des invocations de *services web* (chapitre 6) sont difficiles, vaguement définis et toujours en évolution. Certains services sont ouverts à une utilisation publique, d'autres nécessitent que vous gériez une API clé et d'autres encore sont assez critiques pour garantir une authentification via des signatures électroniques. Dans chaque cas, il y a des termes d'utilisation impliqués, même s'ils ne sont pas explicites. Vous aurez besoin d'en identifier les paramètres comme le mécanisme d'authentification, le nombre de requêtes par jour, comment la donnée sera utilisée, la mise à jour du serveur et le niveau de support.

Cas concrets

WPLicense

Le plugin WPLicense Wordpress (*http://yergler.net/projects/wplicense*) se présente aux blogueurs sous forme de quelques formulaires pour spécifier leur licence préférée, basée sur le modèle « Creative Commons ». Le serveur agit comme un intermédiaire entre le navigateur et l'API Creative Commons API (*http://api.creativecommons.org/rest/1.0/*).

Housing Maps (Craigslist et Google Maps)

HousingMaps (*http://housingmaps.com*) est un mix entre Google Maps et Craigslist (*http://craigslist.com*), un site web communautaire à caractère publicitaire. Qu'est-ce que cela veut dire ? Tout simplement que vous récupérez d'une part une liste d'annonces immobilières et d'autre part la vue d'une carte qui utilise le système de punaises familier de Google Maps pour localiser ces annonces (voir *figure 10-11*).

Quelques fonctionnalités :

- Cliquez sur une punaise et vous verrez une bulle *Popup* (chapitre 15) apparaître, montrant un résumé de l'annonce : prix, conditions, adresse et photos. La bulle contient un hyperlien menant à l'annonce de Craigslist.

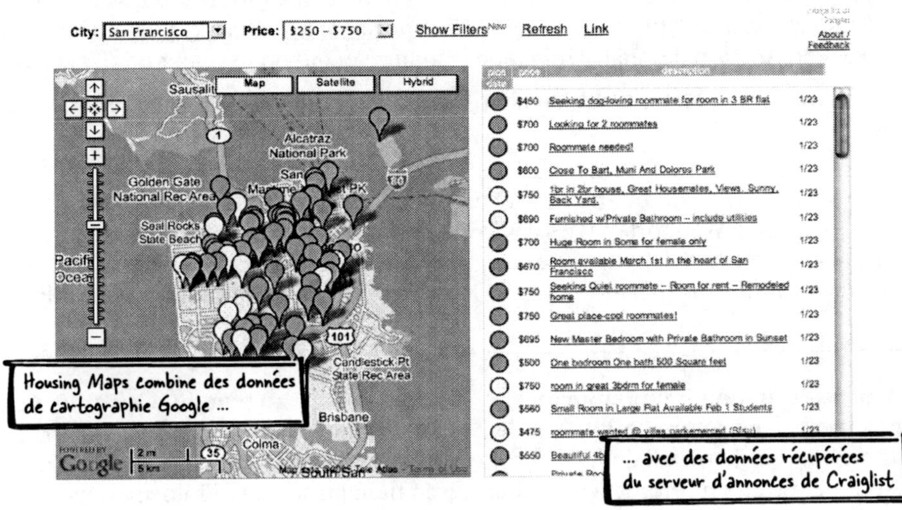

Figure 10-11. Housing Maps

- Modifiez une catégorie, par exemple le prix, et vous verrez les punaises et listes de maisons s'actualiser. Changez la ville et vous verrez également la carte se modifier.
- Vous pouvez élargir la carte ou zoomer, comme avec Google Maps.

Cross-Domain Proxy est utilisé pour récupérer des données sur les maisons depuis le site Craigslist pendant que les images de la carte viennent directement du serveur de Google pour être intégrées dans le navigateur.

L'horloge de richesse de Bill Gates

Ce n'était pas une application de type Ajax mais elle fut la première application importante composite et un précurseur au pattern Ajax Cross-Domain Proxy. Le guru du Web Philip Greenspun a mixé des données de sources diverses pour réaliser une « horloge de richesse » affichant la richesse de Bill Gates en temps réel. (*http://groups-beta.google.com/group/nf.general/browse_thread/thread/bc7fc7bfab19937f/88fa32f2cf6dd6bb*). Malheureusement, elle n'est plus en fonctionnement (*http://rhea.redhat.com/bboard-archive/webdb/0006ad.html*), mais le code est toujours disponible (*http://philip.greenspun.com/seia/examples-basics/wealth-clock.tcl.txt*). Voir *figure 10-12*.

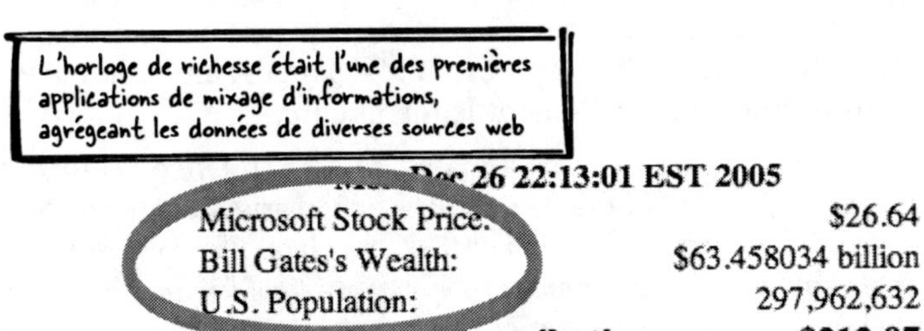

Figure 10-12. L'horloge de richesse de Bill Gates

Le prix par action était récupéré depuis Yahoo! Finance. Le nombre d'actions contenues dans le porte-feuille de Bill Gates venait des rapports (ce n'était pas extrait automatiquement). La population des États-Unis venait du bureau de recensement des États-Unis.

Voici ce que Greenspun a dit en 2001 (*http://philip.greenspun.com/teaching/teaching-software-engineering*):

> Tous les problèmes intéressants et pertinents de la prochaine décennie seront centrés sur Internet et le Web comme des environnements de traitements distribués. Un site comme amazon.com ou photo.net est probablement moins représentatif du futur que *http://www.webho.com/WealthClock* (l'horloge de richesse personnelle de Bill Gates).

Une autre utilisation importante du Cross-Domain Proxy au sein du « Web 1.0 » était la méta-recherche comme celle réalisée par MetaCrawler.com (*http://metacrawler.com*). À nouveau, tout le travail était réalisé sur le serveur et la réponse du navigateur était d'habitude ouverte alors que les résultats revenaient au serveur, l'information pouvait être affichée alors que des requêtes étaient toujours en cours.

La bibliothèque CPaint

CPaint (*http://cpaint.sourceforge.net/:*) est une bibliothèque d'accès distant Web (chapitre 6). Une URL spéciale « proxy » peut être établie (*http://cpaint.sourceforge.net/doc/frontend .class.cpaint.set_proxy_url.html*), redirigeant vers un proxy du serveur d'origine, de manière à ce que les accès distants à des domaines externes aient virtuellement la même API que celle du serveur réalisant la requête.

Exemple de code : WPLicense

Voir l'Exemple de code de *Live Form (formulaire dynamique)* (chapitre 14) pour avoir une vue d'ensemble sur le processus de sélection de licences de WPLicense. En voici déjà un résumé rapide :

- Un champ laisse l'utilisateur sélectionner un type de licence (ex : Creative Commons contre Public Domain versus Sampling).
- Une fois le type de licence choisi, il est immédiatement envoyé au serveur et celui-ci répond avec un formulaire comprenant des questions pertinentes par rapport au type de licence. Si la licence choisie est Creative Commons par exemple, une des questions sera « Comment permettre les utilisations commerciales de ce travail ? »
- Chaque fois qu'une utilisation modifie une des options de licence le serveur met à jour des champs cachés. Ces champs seront téléchargés sur le serveur pour persister si l'utilisateur soumet éventuellement le formulaire.

Tout ce qui concerne le pattern Cross-Domain Proxy se trouve en coulisses. À chacune de ces trois étapes, le serveur interagit en fait avec CreativeCommons.org via son API publique (*http://api.creativecommons.org/rest/1.0/*), sur laquelle vous pouvez vous renseigner à l'adresse *http://api.creativecommons.org*. Le plugin fournit une séparation claire entre la logique du serveur web et la médiation inter-domaines : un fichier PHP à part (`ccwsclient.php`) expose plusieurs opérations en façade, acceptant et retournant des structures de données dans un style standard PHP. Ce client délègue toutes les notions impliquant l'infrastructure XML à une bibliothèque tierce, MiniXML, à l'adresse *http://minixml.psychogenic.com*.

Regardons de plus près les trois étapes.

1. Récupérer les types de licence

Le serveur n'a pas les types de licence codés « en dur ». À la place, il les récupère via un service web. C'est le cœur de la fonctionnalité de Cross-Domain Proxy – la fonction PHP fs va retrouver le contenu depuis l'URL spécifique :

```
$WS_ROOT = "http://api.creativecommons.org/rest/1.0/";
...
$xml = file_get_contents($WS_ROOT);
```

En fait, vous pouvez voir exactement ce qui injecté dans la variable `$xml` en allant voir la page *http://api.creativecommons.org/rest/1.0/* et en choisissant de visualiser le code source. Autrement, utilisez une application en ligne de commande comme curl (curl *http://api.creativecommons.org/rest/1.0/*), qui produit le XML suivant (reformaté) :

```
<licenses>
  <license id="standard">Creative Commons</license>
  <license id="publicdomain">Public Domain</license>
  <license id="recombo">Sampling</license>
</licenses>
```

Maintenant que nous connaissons les types de licence disponibles, la suite consiste à transformer le XML en une sélection HTML. XSLT pourrait être utilisé ici, mais c'est aussi simple de le faire à la main :

```
foreach($license_classes as $key => $l_id) {
  echo '<option value="' . $key . '" >' . $l_id . '</option>';
};
```

2. Récupérer les questions sur la licence

Présenter les questions devient intéressant puisque le serveur doit maintenant pouvoir présenter des questions et accepter des réponses sans que le développeur ne sache à l'avance les questions qui seront posées.

Les requêtes du navigateur sur les questions de licence invoquent une URL qui dépend du type de licence choisi par le développeur. Si le type de licence est Creative Commons qui a l'identifiant « standard, » l'URL est alors *http://api.creativecommons.org/rest/1.0/license/standard/*. Visitez cette URL et vous verrez les questions et leurs réponses possibles. Par exemple :

```
<field id="derivatives">
  <label xml:lang="en">Allows modifications of your work?</label>
  <description xml:lang="en">The licensor permits others to copy,
      distribute and perform only unaltered copies of the work,
      not derivative works based on it.</description>
  <type>enum</type>
  <enum id="y">
    <label xml:lang="en">Yes</label>
  </enum>
```

```
  <enum id="sa">
    <label xml:lang="en">ShareAlike</label>
  </enum>
  <enum id="n">
    <label xml:lang="en">No</label>
  </enum>
</field>
```

À l'aide de toutes ces informations sur chaque question, le serveur doit maintenant les transformer en une sélection HTML. Finalement, une itération est utilisée pour parcourir l'ensemble de la structure de données et générer une sélection pour chaque champ :

```
foreach ($fields as $f_id=>$f_data) {
  $result .= '<tr><th><nobr>' . $f_data['label'] . '</nobr></th><td>';
  // generate the appropriate widget
  if ($f_data['type'] == 'enum') {
    $result .= '<select class="lic_q" id="'.$f_id.'" lic_q="true" size="1">';
    foreach ($f_data['options'] as $enum_id=>$enum_val) {
    $result .= '<option value="'. $enum_id . '">' . $enum_val . '</option>';
    } // for each option
    ...
```

Comme expliqué dans la discussion de *Live Form (formulaire interactif)* (chapitre 14), ce nouveau formulaire HTML est directement placé entre des balises div.

3. Gérer les réponses utilisateur

Le service web de Creative Commons, issueLicense, accepte en entrée du XML tous les critères de licences et fournit alors en sortie un document contenant une URL pour le critère de licence, parmi d'autres informations relatives. De manière similaire dans le code précédent, toutes ces informations sont transformées en HTML. Cette fois, elles sont utilisées pour peupler les différents champs, plutôt que de générer des entrées textes.

Alternatives

On-Demand JavaScript (JavaScript à la demande)

Une assez vieille technique multi-domaines est d'utiliser un *On-Demand JavaScript*; voyez la discussion de *Cross-Domain Loading* pour ce pattern dans le chapitre 6. Le bénéfice principal sur Cross-Domain Proxy est de réduire les sources – le serveur de base est contourné pour qu'il n'y ait pas de gaspillage de bande passante ou de coût de traitement supplémentaire impliqué. Cependant, il existe une contrainte majeure : le serveur doit exposer un script qui soit adapté pour cette récupération puisque ce n'est pas possible de juste extraire de l'information arbitrairement d'un serveur. D'autres problèmes viennent s'ajouter comme le manque de génération de traces côté serveur, l'incapacité d'atteindre des services qui nécessitent de l'authentification ou les problématiques de sécurité évoqués dans On-Demand JavaScript.

Le document.domain partagé

Lorsque l'on parle de politique de « même origine », nous ne nous réferrons pas nécessairement au véritable domaine du serveur dont est issu le document ; chaque document possède une propriété modifiable `domain` (par exemple, `document.domain`) qui va se réveler être le facteur prépondérant dans les appels multi-domaines. Si deux documents déclarent la même propriété de domaine, sans se soucier de leur origine véritable, ils devraient être capables de communiquer entre eux en utilisant `XMLHttpRequest`. Abe Fettig, le développeur de Jotspot a expliqué comment exploiter cette information pour la communication inter-domaines (*http://fettig.net/weblog/2005/11/28/how-to-make-xmlhttprequest-connections-to-another-server-in-your-domain/XMLHttpRequest Call*). L'astuce repose sur l'encapsulation d'un document externe qui définit la même propriété `document.domain` – tout comme votre propre document. Ainsi, comme l'alternative *On-Demand JavaScript*, cela implique une contrainte clé : le serveur externe doit explicitement coopérer. De plus, vous ne pouvez pas juste déclarer un domaine arbitraire ; il doit être un « parent » du vrai domaine (*http://www.mozilla.org/projects/security/components/same-origin.html* ; par exemple, « boutique.exemple.com » peut déclarer « exemple.com » mais pas « toutecompagnieobsolete.com ». À cause de ces contraintes, il est plus adapté à une situation où il existe une relation directe entre les possesseurs des sites respectifs.

Images

Les images ont toujours transité au travers des domaines, avec divers bénéfices (syndication) et quelques problèmes (« vol de bande passante »). Comme mentionné dans la section « *Alternatives* » de *XMLHttpRequest Call* (chapitre 6), les images peuvent être utilisées à des fins d'accès distants, habituellement des images de 1 pixel de côté qui ne seront jamais affichées. Bien que ce soit une astuce dont vous n'aurez probablement pas besoin, transférer des images reste une fonctionnalité utile. Lorsque vous lancez Google Maps API (*http://www.google.com/apis/maps/*) dans votre page web par exemple, les images de la carte sont directement récupérées depuis les propres serveurs de Google.

Patterns associés

Les patterns d'optimisation des performances

Comme les appels externes peuvent être coûteux, les patterns Performance Optimization peuvent s'appliquer. Ils peuvent l'être au niveau du navigateur, du serveur ou des deux. Par exemple, la mise en cache peut se réaliser côté navigateur, côté serveur ou bien des deux côtés.

Pour aller plus loin

Voir WSFinder : un Wiki public de web services (*http://www.wsfinder.com/*).

11

Population DOM

Que fait le navigateur après avoir reçu une réponse du serveur ? Plusieurs options sont abordées dans ce chapitre. *XML Data Island (îlot de données XML)* explique comment stocker un document XML au sein d'une page web DOM au lieu de le convertir dans un format particulier. Il aborde également quelques caractéristiques spécifiques au navigateur qui vous permettront de lier les données du document à l'affichage. Les réponses XML sont aussi le principal souci de *Browser -Side XSLT (transformation XSL côté navigateur)*, qui explique comment un document XML peut être converti en XHTML pour être inclus dans la page ou modifié avant d'être renvoyé vers le serveur. *Browser Side Templating (utilisation de modèles côté navigateur)* n'est pas spécifique au XML ; il apporte au JavaScript le concept de script embarqué basé sur des modèles, populaires dans de nombreux environnements, comme les scripts JSP et PHP.

XML Data Island (îlot de données XML)

◉○○

Données, DOM, Stockage, XBL, XML

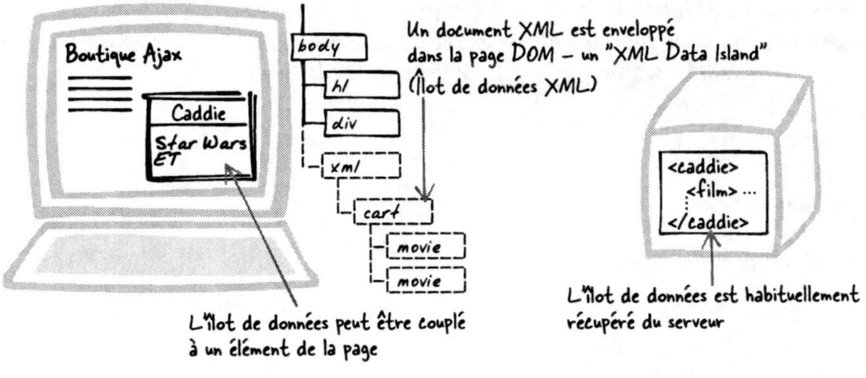

Figure 11-1. XML Data Island (îlot de données XML)

Anecdote

Le visualisateur démographique de Dave stocke chaque tableau de statistiques dans un document XML. Un gros cache de documents XML est maintenu à l'intérieur de la page, un pour chaque tableau. L'utilisateur peut réarranger les tableaux et les faire passer de tableaux visibles à des tableaux masqués mais toutes les métadonnées XML restent sur la page. Pour restituer les tableaux, Dave exploite la capacité du navigateur à traduire le XML en tableaux HTML.

Problème

Comment restituer le XML entrant et conserver les données ?

Contraintes

- De nombreuses applications Ajax reçoivent des *XML Messages* et doivent les convertir en HTML.
- Bien souvent les données entrantes doivent également être conservées.

Solution

Conserver les réponses XML comme des XML Data Islands (îlots de données XML) – des nœuds à l'intérieur du DOM HTML. XML Data Island est, strictement parlant, un document XML embarqué dans un document XHTML standard, habituellement dans une balise <xml>. La page initiale ressemble à ceci :

```
<html>
  <head>
    ...
  </head>
  <body>
    <h1>Top Scores</h1>
    <p>Here's the ... </p>
    ...
    <xml id="scoreData"></xml>
  </body>
</html>
```

Une fois que le *XMLHttpRequest Call* (chapitre 6) a rapporté au navigateur un *XML Message* (chapitre 9), le message est conservé dans la balise à l'aide de techniques décrites plus loin. Le résultat est une page web DOM comme celle-ci :

```
<html>
  <head>
    ...
  </head>
  <body>
    <h1>Top Scores</h1>
    <p>Here's the ... </p>
    ...
    <xml id="scoreData">
      <score>
        <title>Galaga"</title>
```

```
      <player>AAA</player>
      <score>999610</score>
    <score>
  </xml>
 </body>
</html>
```

Comment faire quelque chose de similaire en JavaScript ? Vous présumez peut-être que c'est assez insignifiant, étant donné que le HTML lui-même est du XML (ou très proche). Mais malheureusement, ce n'est pas aussi facile que vous l'espériez et c'est, de plus, dépendant de votre navigateur. Si vous avez la chaîne de caractères XML, vous pouvez fixer la propriété `innerHTML` de l'élément `scoreData` à la valeur de cette chaîne de caractères. Si vous avez uniquement un nœud DOM, vous pouvez le convertir en une chaîne de caractères XML en contrôlant sa propriété `innerHTML`. Cependant ceci ne fonctionnera pas avec tous les navigateurs et pourrait engendrer des problèmes de portabilité selon la façon dont le navigateur interprète la chaîne de caractères. Une alternative est d'éviter la manipulation de chaînes de caractères et de greffer directement un nœud DOM sur un autre. L'objet `document` possède deux méthodes utiles dans ce cas : `cloneNode( )` et `importNode( )`. Encore une fois, une quantité de questions concernant la portabilité est à prendre en compte – voir la discussion de Peter-Paul Koch (*http://www.quirksmode.org/blog/archives/2005/12/xmlhttp_notes_c.html*). Dans la plupart des cas, la plus facile et la plus portable des solutions passera par l'utilisation d'une bibliothèque comme Sarissa (*http://sarissa.sourceforge.net*).

Plus généralement, ce pattern implique de pouvoir conserver les *XML Messages* indépendament de la façon dont vous les stockez. Tandis que DOM est pratique pour le stockage et possède quelques caractéristiques à forte valeur ajoutée décrites ci-dessous, vous pourriez également sauvegarder le XML dans une variable normale JavaScript. La clé caractéristique du pattern est que vous gardez le *XML Message* et l'employez en tant que structure de données, plutôt que de le transformer en objet JavaScript personnalisé.

Ceci est assez facile à réaliser, mais à quoi cela peut-il servir ? Voici trois applications :

Transformation de XML Data Islands (îlots de données XML) depuis et vers du HTML

Les XML Data Islands ont toujours été des possibilités spécifiques à IE. Depuis IE5, vous pouvez lier des contrôles HTML à un document XML embarqué. Quand les données XML changent, le HTML est mis à jour aussi. Et quand le HTML change – si le contrôle est permutable – le XML est mis à jour. Dans IE, pour lier un élément HTML à un XML Data Island, vous indiquez le XML Data Island, précédé d'un # et du champ au sein de l'îlot. Donc pour créer un champ `input` basé sur le champ `player` au-dessus :

```
<input type="text" datasrc="#scoreData" datafld="player">
```

Ceci est une fonction spécifique à IE mais Firefox propose son alternative : eXtensible Binding Language (XBL) (*http://www.zdnetasia.com/techguide/webdev/0,39044903,39236695,00.htm*). L'idée est la même mais le comportement de mise à jour n'est pas automatique. Avec Mozilla, vous devez créer un document XBL qui indique explicitement comment les contrôles HTML sont reliés au XML.

Même sans ces possibilités spécifiques au navigateur, il est toujours assez direct de faire la transformation en utilisant une technologie comme le *Browser-Side XSLT (transformation XSL côté navigateur)*.

Conserver le XML pour un usage ultérieur

Parfois, il est utile de conserver la réponse pour un usage ultérieur. Par exemple, vous pouvez vous en servir pour construire un *Browser-Side Cache (cache coté navigateur)* (chapitre 13). Une autre application possible est la validation – le navigateur pourrait recevoir un document XML brut contenant des champs de formulaire, enrichissez-le alors de réponses utilisateur avant de le renvoyer au serveur.

Pour stocker une réponse pour une utilisation future, vous pourriez l'envelopper dans une structure personnalisée. Mais cela exige un certain effort de codage et complique également un peu les choses par l'ajout d'une nouvelle structure de données. Quand la réponse est un *XML Message*, vous avez une alternative : conserver uniquement le XML. Bien que ce ne soit pas le format idéal, c'est un format structuré que vous pourrez toujours interroger facilement.

Inclure un document XML au chargement initial d'une page

Le chargement initial d'une page exige parfois un document XML. Par exemple, le document XML peut decrire les données initiales qui seront affichées ou il peut s'agir d'une feuille de style pour *Browser-Side XSLT (transformation XSL côté navigateur)*. Vous pourriez étudier les possibilités de sa récupération avec une autre requête *XMLHttpRequest Call*, mais il est plus rapide de charger le XML comme partie de la page initiale. Un XML Data Island est une méthode simple pour le faire. Il suffit d'extraire le contenu XML enveloppé dans un tag `<xml>`. Autrement, IE vous permet également de spécifier une URL dans l'attribut `src`.

Cas concrets

La démo de PerfectXML

La démonstation de Darshan Singh sur IE (*http://www.perfectxml.com/articles/xml/islandex.htm*) est expliquée dans l'article PerfectXML correspondant (*http://www.perfectxml.com/articles/xml/msxml30.asp*). C'est un simple tableau, rempli par un *XML Data Island* embarqué dans le HTML correspondant. La démonstration fonctionne avec IE uniquement.

La démo de Mozilla.org

La démonstration Mozilla.org de Thad Hoffman (*http://www.mozilla.org/xmlextras/xmldataislands/example1.html*) est expliquée dans l'article mozilla.org correspondant (*http://www.mozilla.org/xmlextras/xmldataislands/*). Il simule le comportement d'IE à l'aide d'un parseur standard XML en JavaScript, pour convertir le XML en HTML. La démonstration fonctionne avec Mozilla ou Firefox.

La démo de TechRepublic

L'exemple de Philip Perkin explique comment employer la réponse technologique de Mozilla aux XML Data Islands, l'eXtensible Binding Language (XBL) ; voir *figure 11-2* (*http://techrepublic.com.com/5100-3513_11-5810495.html*). Le code est en ligne et une démonstration est disponible (*http://www.phillipweb.com/mozilla/mozilla_xbl.htm*).

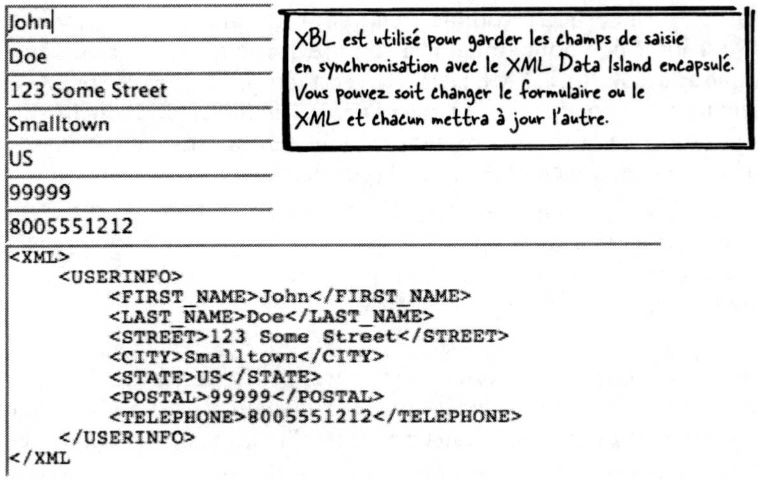

Figure 11-2. XBL demo

Refonte de Code : la fonction XML Data Island Sum de AjaxPatterns

Cet exemple ajoute un mécanisme de cache très simple à la démonstration de base d'addition (*http://ajaxify.com/run/sum*). La réponse XML la plus récente est conservée comme un XML Data Island, ainsi si l'utilisateur essaye de soumettre à nouveau la question, aucun appel au serveur ne se produit. En l'absence d'XML Data Island, le script devrait retenir l'appel et la réponse dans un format de données propre. L'emploi du XML signifie qu'aucun format de données ne doit être créé. Au lieu de naviguer manuellement dans le document à l'aide de l'API standard DOM, on utilise la bibliothèque Interactive Website Framework (IWF) (*http://iwf.sourceforge.net*). IWF vous permet de traiter les objets DOM comme des structures de données personnalisées – comme le montre le code ci-dessous, vous pouvez naviguer au moyen de noms de balises plutôt que de termes XML génériques.

Quelques changements mineurs on été apportés au format XML pour une analyse plus facile, menant au format de données suivant (*http://ajaxify.com/run/sum/xml/dataIsland/sumXML.php?figure1=4&figure2=6*) :

```
<sum>
  <inputs>
    <figure1>4</figure1>
    <figure2>6</figure2>
    <figure3></figure3>
  </inputs>
  <outputs>10</outputs>
</sum>
```

Un paramètre fictif a été ajouté au HTML initial pour garder la réponse XML la plus récente – le XML Data Island :

```
<xml id="ResponseSomme"></xml>
```

Le XML est récupéré dans un document texte en clair et IWF est utilisé pour le transformer dans un format spécial comme DOM pour une analyse plus pratique. Le document IWF est interrogé pour obtenir la somme, laquelle est injectée dans l'élément DOM comme avant. Enfin, le XML Data Island est rempli avec la réponse XML dans son format plein texte (par opposition à l'objet DOM). La réponse XML inclut aussi bien les nombres entrants que la somme résultante, nous serons ainsi en mesure de conclure plus tard si les chiffres ont changé depuis la dernière réponse.

```
function onSumResponse(xml, headers, callingContext) {
  var doc = new iwfXmlDoc(xml);
  $("sum").innerHTML = doc.sum.outputs[0].getText( )
  $("sumResponse").innerHTML = xml;
}
```

Le XML Data Island est utilisé pour décider si un appel est nécessaire. Pour rendre l'effet plus visible, la zone de statut est vidée dès que l'on clique sur le bouton de validation. Elle est à nouveau remplie avec la valeur retenue s'il s'avère que la donnée en cours est identique à la précédente :

```
function submitSum( ) {
  $("sum").innerHTML = "---";
  var figures = {
    figure1: $("figure1").value,
    figure2: $("figure2").value,
    figure3: $("figure3").value
  }
  var sumResponseXML = $("sumResponse").innerHTML;
  if (sumResponseXML!="") {
    doc = new iwfXmlDoc(sumResponseXML);
    var alreadyStoredInDOM = (
          figures.figure1 == doc.sum.inputs[0].figure1[0].getText( )
      && figures.figure2 == doc.sum.inputs[0].figure2[0].getText( )
      && figures.figure3 == doc.sum.inputs[0].figure3[0].getText( )
    );
    if (alreadyStoredInDOM) {
      // No need to fetch - just retrieve the sum from the DOM
      $("sum").innerHTML = doc.sum.outputs[0].getText( );
      return;
    }
  }
  ajaxCaller.get("sumXML.phtml", figures, onSumResponse, false, null);
}
```

Alternatives

Browser-Side XSLT (transformation XSL côté navigateur)

Browser-Side XSLT (transformation XSL côté navigateur) (voir le pattern suivant) est une manière plus générale de transformer du XML en HTML. Par ailleurs, les deux patterns sont liés dans la mesure où le Browser-Side XSLT peut utiliser un XML Data Island pour stocker des feuilles de style.

Browser-Side Templating (utilisation de modèles côté-client)

Browser-Side Templating (utilisation de modèles côté-client) est une technique générale de conversion de XML ou d'autres formats de données en HTML.

Browser-Side Cache (cache côté navigateur)

XML Data Island peut être utilisé pour réaliser un *Browser-Side Cache (cache côté navigateur)* (chapitre 13).

Métaphore

Le nom lui-même est une métaphore : un îlot de données dans une masse de contenu HTML.

Browser-Side XSLT (transformation XSL côté navigateur)

◉◉○

Présentation, Rendu, Style, Feuille de style, Transformation, Vue, XML, XPath, XSLT

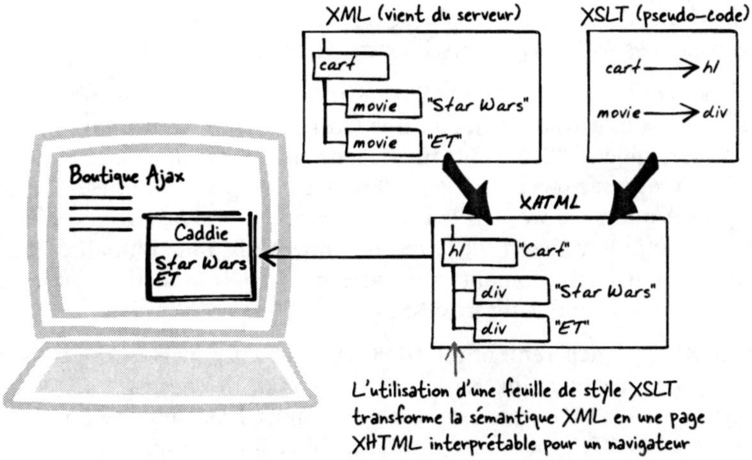

Figure 11-3. Transformation XSLT côté-client

Anecdote

Dave vient de recevoir une demande pour changer le portlet météorologique sur la page d'accueil. L'image doit maintenant être en bas et non plus en haut et l'énoncé doit être plus précis. Le navigateur reçoit des mises à jour périodiques de la météo sous la forme de spécifications XML et il utilise Browser-Side XSLT (transformation XSL côté navigateur) pour obtenir le HTML destiné au portlet. La feuille de style est embarquée à l'intérieur de la page d'accueil HTML statique. Dave n'a plus qu'à en retirer le XSLT pour que tous les navigateurs restituent le nouvel affichage.

Problème

Comment restituer le XML d'entrée ?

Contraintes

- De nombreux *services web* (chapitre 6) génèrent des *XML Messages* (chapitre 9) en sortie et les clients Ajax doivent les convertir en HTML.
- Tandis que les navigateurs récents fournissent un bon support pour l'analyse du XML via le support DOM de JavaScript, l'interface directe nous apparaît longue et fastidieuse.
- Le code devient complexe et sujet aux erreurs lorsque l'on mélange la génération HTML avec de la logique applicative. JavaScript n'est pas adapté pour développer du code HTML à partir du XML.

Solution

Appliquer le XSLT pour convertir des Messages XML en XHTML. XSLT – Extensible Stylesheet Language Transformations (*http://www.w3.org/TR/xslt*) – est un langage de transformation de documents XML en d'autres formats. Ici, le XML est transformé en XHTML, un type de HTML qui se conforme au XML standard (vous pourriez vous en sortir avec la conversion en bon vieil HTML, mais les choses se passeront mieux si vous restez fidèle au XHTML). XSLT est plutôt bien supporté par les navigateurs récents et malgré la variété des API navigateurs, il existe de bon outils multi-navigateurs.

XSLT est bien adapté pour restituer le XML. Un document XML est conçu pour synthétiser des données sous forme d'objets et une feuille de style XSLT est une stratégie pour présenter de tels objets. XSLT était auparavant utilisé comme une technologie côté serveur – le serveur récupère du XML depuis un dépôt de données ou d'un autre processus et créé une page web en le transformant en XHTML. Tout ceci a lieu sur le serveur. Plus récemment, les navigateurs ont integré la fonctionnalité XSLT, ainsi le navigateur peut automatiquement créer une page HTML en mariant ensemble un document XML et une feuille de style XSLT.

Browser-Side XSLT est légèrement différent. Ici, le document XML ne constitue pas la totalité de la page mais une réponse à une requête *XMLHttpRequest Call* (chapitre 6). La transformation en XHTML peut profiter du support XSLT intégré au navigateur ou sinon un processeur XSLT peut être implémenté en JavaScript, construit sur les fonctionnalités rudimentaires XML du navigateur. Néanmoins, si la transformation XSL se réalise, il est peu probable que vous l'implémentiez vous-même. Quelques bonnes bibliothèques multi-navigateurs sont disponibles, nous en reparlerons plus loin dans ce chapitre dans les « Cas concrets ».

Nous sortirions des limites du pattern en expliquant ici XSLT en détail ; cependant, en voici rapidement une vue d'ensemble :

- Une *feuille de style XSLT* est elle-même un document XML.
- Un *processeur XSLT* transforme un document XML en un autre format en analysant le document original et en utilisant une feuille de style comme stratégie de transformation.

- Les expressions XSLT sont spécifiées dans un autre langage XPath. XPath fournit, entre autres, un mécanisme puissant pour pouvoir exprimer une position dans un document XML. Par exemple, l'expression XPath `/category/items/category` sera vérifiée deux fois quand le document suivant sera traité :

```
<category>
  <items>
    <category name="popular">
      <!-- XPath expression matches this category node -->
      ...
    </category>
    <category name="extras">
      <!-- XPath expression matches this category node -->
      ...
    </category>
  </items>
</category>
```

- Une feuille de style est composée de règles. Chaque règle possède un pattern qui définit quand la règle s'applique et un modèle d'implémentation qui dicte ce que doit être la sortie à chaque fois que le pattern est rencontré. En continuant avec l'exemple, voici un règle complète :

```
<xsl:template match="/category/items/category">
  <div class="category"
    onclick="retrieveCategory('{@name}')">
    <xsl:value-of select="@name"/>
  </div>
</xsl:template>
```

- Quand un nœud est atteint, le modèle d'implémentation est restitué. `@name` désigne l'attribut `name` dans la balise category. Donc, quand la machine de traitement atteint le segment XML suivant :

```
<category name="extras">
```

- le code XHTML suivant est généré en sortie :

```
<div class="category"
  onclick="retrieveCategory('{extras}')">
  <xsl:value-of select="extras"/>
</div>
```

Nous nous sommes concentrés sur la plus évidente des applications de Browser-Side XSLT : la conversion en HTML pour un affichage à l'utilisateur. Vous pouvez aussi convertir le XML en JavaScript et ensuite l'exécuter avec la méthode `eval( )`. Il serait par exemple possible de construire un objet JavaScript natif en convertissant du XML à l'intérieur du code qui crée l'objet.

Décisions

Comment allez-vous obtenir la feuille de style XSLT ?

Tout programme qui implémente le Browser-Side XSLT nécessite deux choses :

- Un document XML
- Une feuille de style XSLT

Les deux sont généralement passés dans le processeur XSLT sous forme de chaînes de caractères ordinaires représentant le document entier (par opposition aux URL). En général le document XML provient d'un *XMLHttpRequest Call* (chapitre 6), mais d'où vient la feuille de style XSLT ? Vous avez plusieurs options.

Stocker la feuille de style côté serveur

Vous pouvez garder le fichier du côté serveur et utiliser ensuite un *XMLHttpRequest Call* (chapitre 6) pour y accéder. Dans ce cas, vous voudrez probablement en garder une copie dans un *Browser-Side Cache* pour une utilisation ultérieure. Aussi, si vous utilisez une requête asynchrone, ce qui est recommandé, il y a une condition essentielle : vous devez vous assurer que la feuille de style est récupérée avant d'effectuer toute transformation, éventuellement avec une boucle qui le vérifie en permanence. La section suivante « *Refonte de Code : démonstration XSLT Drilldown de AjaxPatterns* » traite cette approche.

Encoder la feuille de style comme une chaîne JavaScript

Vous pouvez construire une chaîne en JavaScript, bien que ceci conduise à un code fouillie qui troublera la distinction entre logique et présentation. Cette approche possède un avantage : la feuille de style est dynamique et peut donc potentiellement varier en fonction du contexte dans lequel elle est utilisée.

Stocker la feuille de style à l'intérieur du document HTML initial

Vous pouvez insérer la feuille de style quelque part à l'intérieur du document HTML initial où elle ne pourra être vue de l'utilisateur. Quelques techniques :

- Transformez la comme contenu d'une zone « textarea » non visible.
- Stockez-la dans un *XML Data Island* à l'intérieur du document.

Cas concrets

Google Maps

Google Maps (*http://maps.google.com*) est la plus célèbre application de Browser-Side XSLT, où la technologie est utilisée pour transformer en HTML des données comme les adresses et les coordonnées. En se basant sur ces travaux, les créateurs de Google ont aussi sorti Google AJAXSLT (*http://goog-ajaxslt.sourceforge.net*), un framework open-source multi-navigateurs pour XSLT et XPath.

Kupu

Kupu (*http://kupu.oscom.org/demo/*) est un éditeur de texte en ligne (*figure 11-4*) qui stocke le contenu dans du XML et le restitue à l'aide de Browser-Side XSLT, en utilisant le framework Sarissa décrit plus loin (*figure 11-4*).

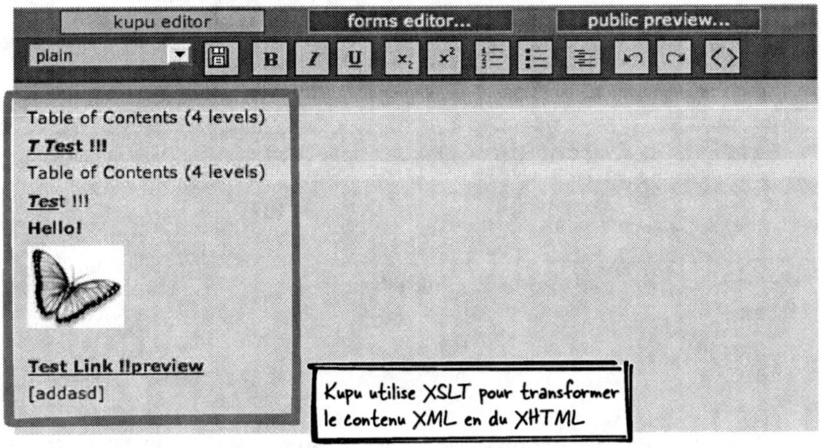

Figure 11-4. Éditeur de texte Kupu

AJAX-S

AJAX-S de Robert Nyman (*http://www.robertnyman.com/ajax-s/*) est une visionneuse de diapositives où le contenu sous forme de lignes est maintenu dans du XML et transformé en diapositives à l'aide de Browser-Side XSLT.

Framework Sarissa

Sarissa (*http://sarissa.sourceforge.net/doc/*) est un framework open source multi-navigateurs pour tout ce qui concerne le XML. XSLT est supporté ainsi que l'analyse XML, les requêtes XPath et l'invocation de `XMLHttpRequest`.

Refonte de Code : démonstation Drilldown (focus sur un menu) via XSLT de AjaxPatterns

Cette refonte est similaire à celle qui a été réalisée dans *Browser-Side Templating* mais utilise XSLT à la place du modèle d'implémentation. Le point de départ, la démonstation Drilldown (focus sur un menu) de base (*http://ajaxify.com/run/portal/drilldown*), convertit le XML en HTML en utilisant une suite de concaténations de chaînes JavaScript. La fonction de rappel, qui reçoit le XML, exécute donc beaucoup de concaténations de chaînes comme celle-ci :

```
html+="<div id='categoryName'>" + categoryName + "</div>";
```

Dans cette refonte, tout ce traitement de chaîne est remplacé par une transformation XSLT qui utilise la bibliothèque Sarissa (*http://sarissa.sourceforge.net/doc/*). Une légère complication réside dans la feuille de style – comment le script y accède-t-il ? La solution ici est de garder un fichier séparé sur le serveur et de le récupérer au chargement de la page :

```
var xsltDoc;
window.onload = function( ) {
  ...
```

```
    ajaxCaller.getXML("./drilldown.xsl",function(response) {xsltDoc = response;});
    ...
  }
```

Comme mentionné plus haut dans « *Décisions* », nous avons une condition de course concurrente, puisque la réponse XML pourrait arriver avant la feuille de style. Pour régler ce problème, la fonction de rappel de drilldown est appelée jusqu'à ce que la feuille de style soit définie :

```
function onDrilldownResponse(xml) {
  if (xsltDoc==null) {
    setTimeout(function( ) { onDrilldownResponse(xml); }, 1000);
    return;
  }
  ...
}
```

En dehors de ça, la fonction de rappel est un appel au processeur XSLT de Sarissa :

```
function onDrilldownResponse(xml) {
  ...
  var xsltProc = new XSLTProcessor( );
  xsltProc.importStylesheet(xsltDoc);
  var htmlDoc = xsltProc.transformToDocument(xml);
  var htmlString = Sarissa.serialize(htmlDoc);
  $("drilldown").innerHTML = htmlString;
}
```

La seule chose restante est la feuille de style elle-même, représentée ci-dessous. Je vous épargnerai là une description. La sortie, ici, est la même que dans la démonstration basique de Drilldown (*http://ajaxify.com/run/portal/drilldown*), qui génère le HTML en utilisant un traitement JavaScript à la main.

```
<?xml version="1.0"?>
<xsl:stylesheet version="1.0"
                xmlns:xsl="http://www.w3.org/1999/XSL/Transform">

  <xsl:template match="/">
    <html>
      <body>
        <xsl:apply-templates/>
      </body>
    </html>
  </xsl:template>

  <xsl:template match="/category">
    <div id='categoryName'><xsl:value-of select="@name" /></div>
    <xsl:if test="@parent!=''">
      <div id='parent' onclick='retrieveCategory("{@parent}")'>
         Back to <xsl:value-of select="@parent" />
      </div>
    </xsl:if>
    <xsl:apply-templates/>
```

```
    </xsl:template>

    <xsl:template match="/category/items/link">
      <div class="link"><a href="{url}"><xsl:value-of select= "name"/></a></div>
    </xsl:template>

    <xsl:template match="/category/items/category">
      <div class="category" onclick="retrieveCategory('{@name}')">
        <xsl:value-of select="@name"/>
      </div>
    </xsl:template>

  </xsl:stylesheet>
```

Alternatives

Browser-Side Templating (utilisation de modèles d'implémentation côté-client)

Browser-Side Templating (utilisation de modèles d'implémentation côté-client) (voir le pattern suivant) est une solution pour restituer un contenu dans n'importe quel format – plein texte, XML, etc. Vous pourriez extraire des variables clés d'un XML *Message* et les restituer en utilisant un modèle d'implémentation. Browser-Side Templating est une approche plus simple puisqu'il met à profit des connaissances JavaScript existantes, alors que Browser-Side XSLT tient compte de transformations plus puissantes et évite la question embarrassante du XML en JavaScript.

Patterns associés

XML Message (Message XML)

Browser-Side XSLT est dirigé par le besoin de s'occuper des *XML Messages* d'entrée (chapitre 9).

XML Data Island (îlot de données XML)

Browser-Side XSLT peut être utlisé pour restituer un élément contenu dans un *XML Data Island* (voir plus haut). En outre, un XML Data Island est un bon endroit pour coller une feuille de style XSLT.

Métaphore

Browser-Side XSLT est une stratégie pour présenter des données abstraites dans une forme exploitable par l'homme. Les gens font cela tout le temps avec des diagrammes. Par exemple, un arbre généalogique est une façon de restituer le concept abstrait des liens de parenté au sein d'une famille. Un diagramme UML est une représentation visuelle du code (réel ou imaginé).

Browser-Side Templating (utilisation de modèles côté-client)

◉○○

Pages, Présentation, Rendu, Modèle, Trasformer, Vue

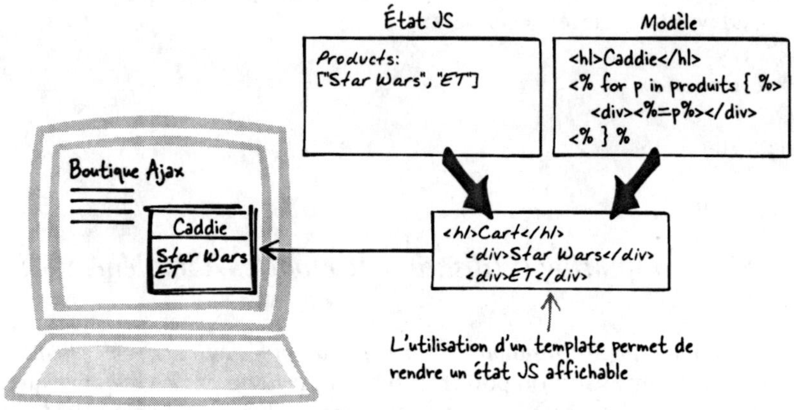

Figure 11-5. Browser-Side Templating (utilisation de modèles côté-client)

Anecdote

On vient de demander à Devi de rendre le profil utilisateur plus verbeux. La version originale prend en entrée un document XML concernant l'utilisateur et le rend en sortie accompagné d'une jungle de code JavaScript qui cumule une grosse chaîne de caractères HTML à l'aide de boucles et de conditions `if-then`. Devi décide que la première chose à faire est de restructurer tout cela dans un Browser-Side Template, en isolant la génération du HTML. Par conséquent, introduire le nouveau contenu devient trivial.

Problème

Comment séparer la présentation de la logique ?

Contraintes

- Générer le HTML dans le navigateur est un bon moyen d'isoler toute la logique de présentation dans un tiers.
- Pour afficher l'information, spécifique au contexte, dans le navigateur, vous devez miser sur un mécanisme dynamique. Ce n'est pas réalisable de faire pointer simplement la propriété `innerHTML` d'un élément vers une page HTML statique.
- Le code devient complexe et sujet à l'erreur quand on mélange la génération HTML avec la logique applicative. JavaScript n'est pas adapté pour développer du code HTML à partir du XML.

Solution

Fabriquer un modèle avec du JavaScript embarqué et faire appel à un framewok côté client pour le restituer en HTML. Le modèle contient un standard HTML et permet le remplacement des variables contextuelles au moment de la restitution, ce qui lui confère une plus grande souplesse qu'une page HTML statique. Par ailleurs, vous pouvez aussi le parsemer de code JavaScript. Vous pouvez, par exemple, générer un tableau HTML en exécutant une boucle – une itération pour chaque ligne.

Ce concept de modèle d'implémentation est utilisé depuis longtemps sur Internet, ce qui est évident dans des frameworks tels que HTML::Mason de Perl, les JSP Java et des langages tels que PHP et ASP. Ces derniers représentent « la crème » dans la variété des langages syntaxiques. Cela signife que, techniquement, ils n'apportent aucune nouvelle fonctionnalité, mais qu'ils facilitent grandement la vie des développeurs Web. Dans le monde Java, le complément standard aux JSP est Servlet. Voici comment vous écririez un message dans une servlet :

```
package com.exemple.bonjour;

import java.io.IOException;
import java.io.PrintWriter;
import javax.servlet.ServletException;
import javax.servlet.http.HttpServlet;
import javax.servlet.http.HttpServletRequest;
import javax.servlet.http.HttpServletResponse;

public class HelloServlet extends HttpServlet {
protected void doGet(HttpServletRequest request,
                     HttpServletResponse response)
        throws ServletException, IOException {
    response.setContentType("text/html");
    PrintWriter out = response.getWriter( );
    out.println("<html>");
    out.println("<head><title>Bonjour à touuuuus !</title></head>");
    out.println("<body>");
    out.println(" Votre nom est <%context.nom %>\"" + request.getAttribute("nom") +
        "\".");
    out.println("</body></html>");
    out.close( );
  }
}
```

Pas terrible. Il y a des commandes d'impression partout, des caractères spéciaux, des guillemets et des traitements d'erreur. Où est donc passée la simplicité du HTML ? Évitez ce genre de code car il mélange présentation et logique. Avec la page JSP qui suit et qui utilise la bibliothèque standard JSTL, on obtient le même résultat mais dans un style plus limpide et réutilisable :

```
<%@ taglib prefix="c" uri="http://java.sun.com/jstl/core" %>
<html>
<head><title>Bonjour à touuuuus !</title></head>
<body>
```

```
  Votre nom est <c:out value="$nom" />.
</body>
</html>
```

C'est du déjà vu dans de nombreuses applications Ajax. Souvent, le navigateur reçoit une réponse en ligne comme un *Plain-Text Message* (chapitre 9) ou un *XML Message* (chapitre 9) et donc ensuite le restituer en HTML, en rejetant les modèles côté serveur. Une approche standard consiste à parcourir la structure de manière programmatique et de créer du HTML qui sera injecté via des propriétés `innerHTML`. Le « vieux pot d'instructions d'affichage » frappe à nouveau.

La solution récapitule, ici, dans le navigateur tout ce que ces frameworks côté serveur peuvent offrir. Un framework de modélisation, quoique pas immensément difficile à implémenter, n'est probablement pas le genre de chose que vous voudriez écrire vous-même. Ce pattern, donc, est rendu possible uniquement parce les frameworks existent déjà et quelques-uns sont évoqués dans les exemples suivants. Voici un exemple rapide du pattern dans un format Ajax Pages (*http://ajax-pages.sourceforge.net/*) :

```
<html>
<head><title>Bonjour à touuuuus !</title></head>
<body>
  Votre nom est <%= nom %>.
</body>
```

Le modèle JavaScript est dans un format semblable à celui de la JSP ci-dessus et suit des conventions de modélisation standard. Les voici :

- Tout code est contenu dans les tags <% et %>.
- Tout expression à remplacer dans le HTML est contenue dans les tags <%= et %>.
- Pour appliquer le template, créer un programme et lui passer un contexte. Avec Ajax Pages :

```
var ajp = new AjaxPages( );
ajp.load("template.ajp");
var processor = ajp.getProcessor( );
element.innerHTML = processor({nom: nomutilisateur});
```

Décisions

Comment obtenir le modèle ?

Généralement vous passerez le modèle au programme sous forme d'une chaîne de caractères, mais d'où provient cette chaîne ? Les options ici sont les mêmes qu'avec la *Browser-Side XSLT* (voir plus haut dans ce chapitre) : stockez-le du côté serveur ; encodez-le dans une chaîne JavaScript ; et stockez-la à l'intérieur du document XML. Voir la section « *Décisions* » dans Browser-Side XSLT pour plus de détails.

Le modèle inclura-t-il du code ? De quelle façon ?

Le code dans les modèles est quelque peu critiqué parce qu'il s'oppose à leur finalité, être un lieu isolé de la présentation. Certes, des calculs plus complexes sont mieux effectués par du JavaScript ordinaire ou du côté serveur, mais si gérer l'affichage nécessite de la logique, le modèle est un endroit raisonnable pour le placer. Exemples :

Boucles

Une collection est passée au modèle. Le modèle exécute tout la collection en bouclant dessus. C'est beaucoup mieux pour le modèle d'effectuer la boucle, plutôt que de faire appel au JavaScript, parce qu'il y a généralement du HTML avant et après la boucle. Si le JavaScript exécutait ce code HTML, il y aurait beaucoup trop de connexions entre JavaScript et le modèle.

Conditions

Les expressions de conditions `if-then` et `switch` sont aussi parfois mieux exécutées par le modèle. Cependant, si le corps de chaque condition est trop long, il est préférable d'inclure un modèle différent pour chaque.

Comment préparer le contexte du modèle ?

Dans le cas d'Ajax Pages (*http://ajax-pages.sourceforge.net/*), vous avez la possibilité de passer une variable de contexte au moment de l'exécution. C'est généralement une bonne chose, cela fournit une alternative au modèle utilisant des variables globales. La chose la plus évidente à faire est de passer au modèle des objets existants, mais parfois le code appelé peut préparer des informations supplémentaires. L'objectif est de réaliser autant de traitements que possible dans le code JavaScript, afin d'éviter qu'une logique complexe soit exécutée à l'intérieur du modèle. Par exemple, le modèle contient parfois une simple condition `if-then` comme ceci :

```
<% if (context.credits == 0) { %>
  Vous avez besoin de plus de crédit !
<% } else { %>
  Vous avez <%=context.credits%> crédit !
<% } %>
```

La logique n'est pas particulièrement complexe, mais pour suivre dans cette voie peut se révéler problèmatique. Comme solution de rechange, laissez-le effectuer le traitement :

```
var creditsMessage = credits ?
  "Vous avez besoin de plus de crédit !" : "Vous avez " + credits + " crédits !";
```

Le modèle vous donne alors une image claire du HTML qui sera généré :

```
<%= context.creditsMessage %>
```

Cas concrets

Framework Ajax Pages

Ajax Pages de Gustavo Ribeiro Amigo (*http://ajax-pages.sourceforge.net/*) est un framework de modélisation open source. Il existe un blog de démonstration basique (*http://ajax-pages.sourceforge.net/examples/blog/index.html*) sur la page d'accueil du projet (*figure 11-6*).

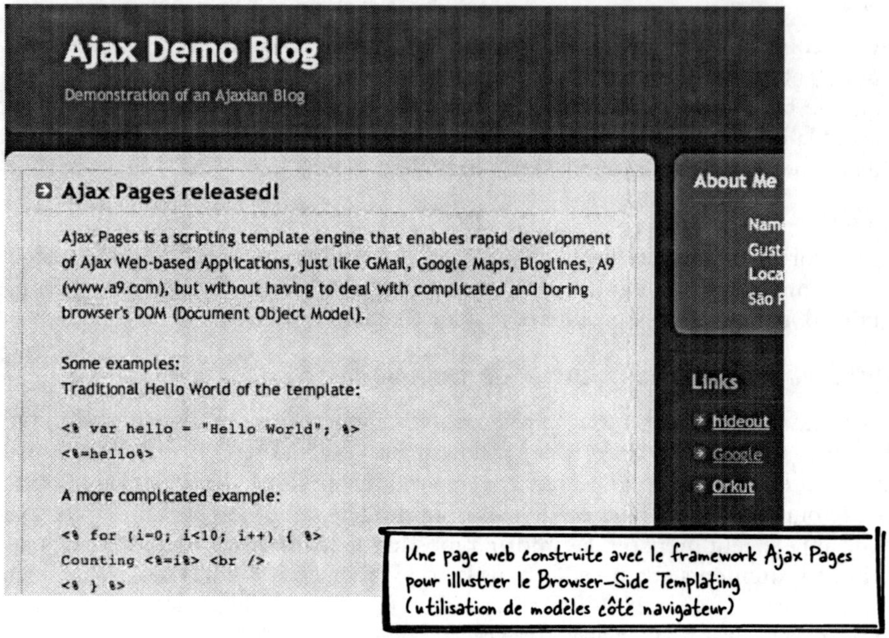

Figure 11-6. Démonstration de Ajax Pages

Framework de modèles JavaScript

Les modèles JavaScript (JST) (*http://trimpath.com/project/wiki/JavaScriptTemplates*) est un framework de modélisation open source framework de TrimPath. JST offre des fonctionnalités plus riches en ce moment, y compris:

- Des modificateurs d'expression. Le modificateur « capitalize », par exemple, intervient dans des expressions comme `${name|capitalize}`
- Une syntaxe spécifique pour les boucles et les conditions
- Des macros

Ces caractéristiques peuvent être utiles si vous misez grandement sur la modélisation, mais voici aussi un argument qui soutient que JavaScript seul est suffisant, il est donc inutile de s'encombrer en apprenant une seconde syntaxe identique à la première.

Voila à quoi ressemble le modèle JST :

```
{for p in products}
  <tr>
    <td>${p.name|capitalize}</td><td>${p.desc}</td>
    <td>$${p.price}</td>
    <td>${p.quantity} : ${p.alert|default:""|capitalize}</td>
  </tr>
{/for}
```

Avec la chaîne de caractères dans un élément DOM sur la page web, vous pouvez appliquer le modèle avec une seule ligne :

```
element.innerHTML = TrimPath.processDOMTemplate("templateElement", data);
```

Le framework Backbase

Backbase (*http://backbase.com/*) est un framework commercial qui étend le standard XHTML avec des tags spécifiques Backbase (BXML). C'est un framework très puissant, ses tags étant plus puissants que les moteurs standard de templates, avec beaucoup de tags disponibles pour des composants graphiques et des effets visuels ; par exemple, le tag `<b:panel>` pour l'interface utilisateur. Voir les « *Exemples du monde réel* » dans *Server-Side Code Generation (génération de code côté-serveur)* (chapitre 12) pour plus de détails.

Refonte de Code : démonstration Drilldown de AjaxPatterns

Version initiale

Dans la démonstration de base de Drilldown (*http://ajaxify.com/run/portal/drilldown*), le menu Drilldown lui-même est un amas de code HTML généré dans JavaScript. Le script charge un fichier XML contenant une spécification pour le niveau en cours et le parcourt à l'aide de JavaScript standard et des méthodes d'accès XML. Voir *Drilldown* (chapitre 14) pour plus de détails, mais pour résumer rapidement, le fichier XML ressemble à ceci :

```
<category name="Overviews" parent="All Categories">
  <items>
    <link>
      <url>http://en.wikipedia.org/wiki/AJAX</url>
      <name>Wikipedia Article</name>
    </link>
    <link>
     <url>http://www.adaptivepath.com/publications/essays/archives/000385.php</url>
      <name>First Ajax</name>
    </link>
    <category name="Podcast Overviews" parent="Overviews" />
  </items>
</category>
```

La génération manuelle du HTML donne ceci :

```
function onDrilldownResponse(xml) {

  var category = xml.getElementsByTagName("category")[0];
  var html="";

  var categoryName = category.getAttribute("name");
  html+="<div id='categoryName'>" + categoryName + "</div>";

  //(Much more appending to html)

  $("drilldown").innerHTML = html;

}
```

Refonte pour réaliser le rendu depuis un modèle

Pour toutes les raisons qui viennent d'être décrites, la génération du HTML dans la version initiale n'est pas propre. La restructuration décrite dans cette section présente un modèle pour le menu drilldown (*http://ajaxify.com/run/portal/drilldown/template*). Au lieu d'une longue génération d'HTML dans `onDrilldownResponse( )`, la méthode devient une simple application d'un modèle `AjaxPages` :

```
function onDrilldownResponse(xml) {
  var ajp = new AjaxPages( );
  ajp.load("category.ajp");
  var processor = ajp.getProcessor( );
  $("drilldown").innerHTML = processor( {xml: xml} );
}
```

Nous passons donc la chaîne XML entière dans le modèle et celui-ci la convertit en HTML. Voyons à quoi ressemble ce modèle (`category.ajp`). D'abord, il exécute un petit prétraitement sur la chaîne XML :

```
<%
  var category = context.xml.getElementsByTagName("category")[0];
  var categoryName = category.getAttribute("name");
  var parent = category.getAttribute("parent");
  var items = category.getElementsByTagName("items")[0].childNodes;
%>
```

Puis, il sort le HTML. Notez que les boucles et les conditions sont implémentées avec du JavaScript ordinaire, une bonne raison pour inclure du JavaScript dans un modèle.

```
<div id='categoryName'><%=categoryName%></div>
<%
  if (parent && parent.length > 0) {
%>
    <div id='parent' onclick="retrieveCategory('<%=parent%>')">Back to <br/>
    <%=parent%></div>
<% } %>
<%
  for (i=0; i<items.length; i++) {
    var item = items[i];
    if (item.nodeName=="link") {
      var name = item.getElementsByTagName("name")[0].firstChild.nodeValue;
      var url = item.getElementsByTagName("url")[0].firstChild.nodeValue;
  %>
      <div class="link"><a href="<%=url%>"><%= name %> </a></div>
  <%
    } else if (item.nodeName=="category") {
      var name = item.getAttribute("name");
  %>
      <div class='category'
              onclick="retrieveCategory('<%=name%>')"><%=name%></div>
  <%
    }
  }
%>
```

Nous avons maintenant exactement le même comportement qu'avant, mais l'approche d'utilisation des modèles nous a aidé à séparer la présentation de la logique.

Refonte pour améliorer le contexte d'un modèle

Dans la version précédente, le contexte se compose d'une seule chose : la chaîne XML intégrale. Comme mentionné plus tôt dans « *Décisions* », une préparation peut parfois valoir la peine d'être faite avant de passer le contexte au modèle. Dans l'exemple précédent, le modèle commence par l'extraction de quelques variables utiles du XML. On peut soutenir que c'est satisfaisant, parce que ca signifie que le format XML est couplé uniquement avec le modèle et pas avec le JavaScript. Cependant, il y a aussi un argument en faveur du fait que le JavaScript devrait simplifier le travail du modèle en passant dans un contexte plus riche. Cette restructuration supplémentaire explore cette voie (*http://ajaxify.com/run/portal/drilldown/template/prepareContext*).

Cette modification est assez mineure. La fonction de rappel XML passe maintenant dans un contexte plus détaillé :

```
function onDrilldownResponse(xml) {
  var ajp = new AjaxPages( );
  ajp.load("category.ajp");
  var processor = ajp.getProcessor( );
  var category = xml.getElementsByTagName("category")[0];
  $("drilldown").innerHTML = processor({
    categoryName: category.getAttribute("name"),
    parent: category.getAttribute("parent"),
    items: category.getElementsByTagName("items")[0].childNodes
    });
}
```

Le modèle n'a plus besoin de variables de convenance puisqu'il peut maintenant proposer les propriétés du contexte :

```
<div id='categoryName'><%=context.categoryName%></div>


<%
  if (context.parent && context.parent.length > 0) {
%>
  <div id='parent' onclick="retrieveCategory('<%=context.parent%>')">Back to
    <br/>
  <%=context.parent%></div>
<%
  }
%>
...
<%
  for (i=0; i<context.items.length; i++) {
  ...
 %>
```

Alternatives

Browser-Side XSLT

Dans de nombreux de cas, le navigateur reçoit une réponse XML. Là où le navigateur convertit le XML en HTML, le pattern *Browser-Side XSLT* (voir plus haut) est une alternative très directe au Browser-Side Templating. L'utilisation de modèles simplifie la présentation mais nécessite toujours l'analyse du XML, ce qui peut être embarrassant. XSLT simplifie aussi cette analyse, en étant étudié spécialement dans le but de transformer le XML.

Patterns associés

XML Message (message XML)

La modélisation est bien adaptée à la transformation d'un *XML Message* (chapitre 9) en HTML.

JSON Message (message JSON)

La modélisation est bien adaptée à la transformation d'un objet à partir d'un *JSON Message* (chapitre 9) en HTML.

Métaphore

Pensez à un modèle physique – un document avec la plupart du contenu déjà présent, avec quelques blancs à remplir avec des valeurs existantes.

12

Génération de code et portabilité

Ce chapitre étudie deux patterns génériques de programmation. Le premier, *Server-Side Code Generation (génération de code côté serveur)*, est l'une des techniques que les développeurs utilisent pour éviter de travailler directement avec du HTML ou du JavaScript. Le second, les *Cross-Browser Components (composants multi-navigateurs)*, sont développés pour faciliter la portabilité des développements sur une grande majorité des navigateurs.

Server-Side Code Generation (génération de code côté serveur)

●●○

Génération automatique, Génération de code, Framework, Bibliothèque

Figure 12-1. Server-Side Code Generation (génération de code côté serveur)

Anecdote

Dave veut réaliser une application utilisant un tout nouveau framework côté serveur : ZeroWeb. Ce framework lui permet de tout écrire en Java comme s'il écrivait une application avec interface utilisateur autonome. Il lui offre la possibilité de générer une version de son application pour un usage conventionnel, une version utilisant AJAX, une version comme application de bureau et, pour 100 € de plus, une version pour téléphone !

Problème

Comment éviter d'utiliser HTML et JavaScript ?

Contraintes

- HTML et JavaScript sont les seuls langages reconnus par les navigateurs standard – n'importe qu'elle application AJAX doit être programmée dans une combinaison de ces deux langages.
- Ajax augmente la complexité du HTML et du JavaScript dans les pages. Jusqu'à ce jour, JavaScript était essentiellement utilisé pour assister les tâches de navigation ou de validation des formulaires. Il gère maintenant les tâches d'interactions entre différentes applications.
- La plupart des applications AJAX nécessitent également une couche métier importante qui est rarement implémentée en JavaScript.
- Il est difficile de séparer complètement les rôles des développeurs, qu'ils travaillent côté serveur ou côté client. En fait, Il est souvent préférable que ce soit le même développeur qui intervienne sur les deux parties de façon transversale pour assurer la continuité entre les deux environnements. De ce fait, les développeurs sont souvent appelés à travailler dans différents environnements dont les principes et le langage diffèrent notablement.
- Les développements orientés serveur ont des avantages sur les développements en JavaScript. Il est généralement reconnu et constaté que les outils d'édition, de tests et de débogage sont plus courants pour les applications côté serveur.
- Il est parfois nécessaire de fournir des interfaces utilisateur différentes pour une même application selon, par exemple, que l'on utilise une version non-Ajax ou une version locale (hors connexion) de celle-ci.

Solution

Produire automatiquement du HTML ou du JavaScript à partir d'un code réalisé côté serveur. Vous écrivez votre code côté serveur avec un langage comme Java ou PHP qui sera ensuite converti en HTML et en JavaScript. Selon le framework choisi, vous pourrez ne plus avoir à coder du tout en HTML ou JavaScript. Comme réaliser un tel framework soi-même relève de la gageure, nous nous appuierons sur un certain nombre de framework Ajax disponibles librement (voir l'annexe A).

Dans les cas où le code est généré automatiquement, le résultat est une application de bureau conventionnelle. Des widgets (composants graphiques) et un gestionnaire d'événements sont définis, le code HTML approprié est généré par le navigateur, avec la gestion des *appels XMLHttpRequest* (chapitre 6) et la gestion de scripts JavaScript. La plupart du temps, le framework génèrera des *Stubs Ajax (souches Ajax)* pour traiter les appels entrants et les diriger vers les routines appropriées de l'application.

Dans d'autres frameworks, l'approche est plus hétérogène. Le framework vous laissera créer un *Slider (réglette)* avec, par exemple, une simple balise. Dans cette balise vous avez la possibilité d'indiquer une fonction JavaScript qui sera appelée lors de chaque modification de valeur du slider (réglette).

Il y a plusieurs arguments en faveur de la génération de code côté serveur :

- Elle peut être plus productive, puisque les langages côté serveur ainsi que les frameworks peuvent être plus expressifs et aussi parce que les frameworks peuvent supprimer la redondance entre les différents tiers d'une application (comme, par exemple, le partage d'une même structure de données entre le serveur et le JavaScript côté client).
- Les développeurs n'ont pas à connaître HTML ou JavaScript ; ils peuvent travailler dans le langage côté serveur et l'environnement qui leur sont les plus familiers.
- Le framework peut aider en réalisant des transpositions automatiques. En d'autres termes, il peut libérer les développeurs des problèmes de portabilité entre navigateurs et entre les différentes versions de JavaScript, de cookies non disponibles ou d'expiration lors des appels à *XMLHttpRequest*.
- Théoriquement, un framework peut s'interfacer avec plusieurs plateformes simultanément. Un seul et même code doit pouvoir générer une application web (utilisant Ajax ou non), une application de bureau autonome voire une application pour téléphone mobile.

Il faut, cependant, tenir compte de la rentabilité d'un tel processus. N'oublions pas que tout ce qui peut être généré automatiquement par le serveur, un développeur compétant peut le faire à la main. L'inverse n'est pas vrai. Avec suffisamment de temps et les compétences nécessaires, il est toujours possible de réaliser une application personnalisée dont la rentabilité sera supérieure. Ainsi, pour être valable, un framework doit apporter suffisamment de valeur ajoutée en terme de productivité et de maintenabilité à des développeurs ne connaissant par le côté client, ceci pour compenser le surcoût en terme de rentabilité. L'atteinte de cet objectif dépend de deux choses : quels sont les avantages des utilisateurs à avoir une application sur mesure par rapport aux gains apportés par le framework. Sur ce second point, il faut tenir compte des avantages suivants :

- Le plus important et le plus communément admis est le fait que les développeurs n'aient pas à apprendre HTML et JavaScript. Par le passé, les développeurs côté serveur produisaient des interfaces minimalistes et plus *satisfaisantes* que réellement *optimales*, leur laissant ainsi le temps de se focaliser sur la partie serveur. Il n'est pas rare de s'entendre conseiller que toutes les tâches complexes doivent êtres réalisées côté serveur. Mais plus Ajax devient important, moins cet adage reste vrai.

Comme vu au chapitre 13, *Rich Client (client riche)*, JavaScript vit une véritable renaissance : les développeurs apprennent plus à son sujet, les outils et les bibliothèques évoluent et des modèles émergent. Tout ceci réduit les arguments qui tendent à isoler les développeurs de HTML et du JavaScript.

- Un framework côté serveur peut être capable de gérer le mode dégradé et les différentes versions de navigateur de façon transparente. Mais dans la mesure où cela est possible sur le serveur, un script peut également atteindre le même objectif dans le navigateur, comme nous le verrons plus loin dans la section *Cross-Browser Components (composants multi-navigateurs)*. La portabilité est décidement un argument de fainéant en faveur de l'usage d'un framework côté serveur.

- Le rêve de transformer un code de base simple en une variété d'interfaces homme-machine différentes a fait tourner bien des têtes. Certainement, beaucoup d'outils modernes sont multi-plateformes, fonctionnant sur différents systèmes à partir du même code de base. Cependant, est-ce qu'un unique code de base peut servir à créer une application web en même temps qu'une application de bureautique ? Il est théoriquement possible de le faire et il existe des démonstrations du concept, mais dans la pratique, les utilisateurs s'attendent à ce que les applications suivent les conventions de la plateforme et cela est difficile à réaliser avec une unique génération de code.

Une variante intéressante de génération de *Server-Side Code Generation* est *Browser-Side Code Generation* ; le framework Backbase (*http://backbase.com*) en est un exemple. Avec Backbase, le serveur produit un langage à balise spécialisé, BXML, et le navigateur le convertit en HTML, CSS et JavaScript.

Je m'attends à ce que les futurs frameworks, plus complets, prennent une place majeure dans les applications intranet, là où les nouvelles fonctionnalités sont plus critiques que la rentabilité et où les utilisateurs peuvent être formés pour contourner les problèmes. Du code HTML et JavaScript fait main est plus adapté pour un public « point com » où les alternatives sont abondantes et la pression de la concurrence rend critique l'optimisation des interfaces. Dans ces environnements, la génération de code côté serveur peut encore jouer un rôle mais essentiellement comme une aide, pour des tâches très spécifiques et sous réserve de flexibilité, plutôt que comme modèle d'architecture globale.

Cas concrets

Ces exemples décrivent des frameworks qui supportent ce pattern de différentes manières.

Le framework Echo2

Echo2 (*http://www.nextapp.com/products/echo2/*) est un framework Open Source réalisé par NextApp, qui a choisi une approche globale et génère *100%* du code HTML et JavaScript à partir d'un codes source en Java. La démo en ligne (*http://demo.nextapp.com/InteractiveTest/ia*) montre comment les classes widgets (composants graphiques) de Echo2 se manifestent dans le navigateur (*figure 12-2*).

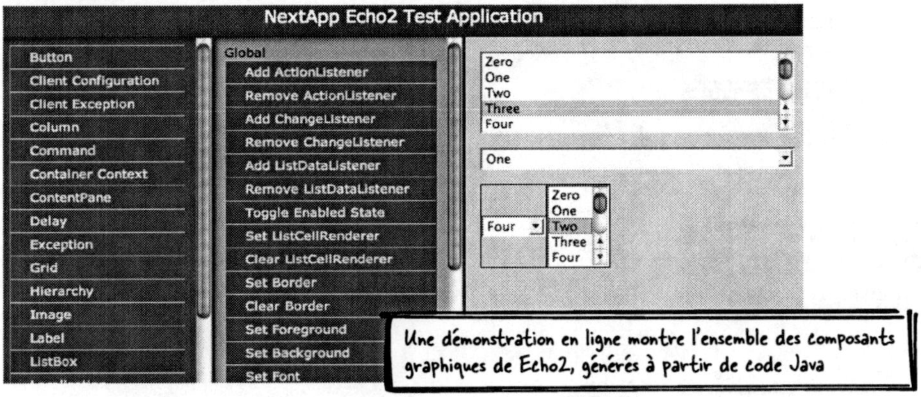

Figure 12-2. Page de démonstration de Echo2

Le framework Ruby On Rails

Ruby On Rails (*http://rubyonrails.com*) est un framework qui intègre du code Ruby à l'intérieur même des pages web. Ce qui, en soit, n'est pas nouveau, mais Rails apporte une classe d'aide intégrée qui accélère la construction des pages. Il s'appuie et utilise fréquemment des appels à la bibliothèque Spectaculuos, mais de façon totalement transparente pour le programmeur. Par exemple, vous pouvez tester un appel à *XMLHttpRequest Call* suivi d'un *Display Morphing (transformation de l'affichage)*, en utilisant la routine Ruby suivante (*http://www.onlamp.com/pub/a/onlamp/2005/06/09/rails_ajax.html*) :

```
<%= link_to_remote( "cliquer ici",
                    :update => "time_div",
                    :url =>{ :action => :say_when }) %>
```

Le framework Backbase

Backbase (*http://backbase.com/*) est un framework commercial qui étend le standard XHTML avec des balises spécifiques (BXML). Un framework côté client BackBase traduit le langage BXML vers HTML, CSS et JavaScript, le rendant simple d'utilisation dans la plupart des applications standard d'Ajax. Par exemple une balise de widget ressemble à cela :

```
<b:panel>
```

et une autre balise pour réaliser des effets visuels :

```
<s:fxstyle>
```

Quelques démonstrations innovantes sont disponibles sur la page de Backbase (*http://www.backbase.com/#home/pulldown/demos.xml[2]*) (voir la *figure 12-3*). Sur le serveur, Backbase offre des interfaces de programmation pour .NET et JSF, tout comme des outils de développement graphiques pour Visual Studio .NET. Comme pour les autres outils présentés, le développeur n'a pas à s'inquiéter du code HTML ou JavaScript, mais pour certaines adaptations, par exemple des particularités d'apparences ou de comportement d'un navigateur, le framework permet de personnaliser la génération de code.

Notez que, comme évoqué précédemment dans la section *Solution*, Backbase génère actuellement plus de code côté client que côté serveur.

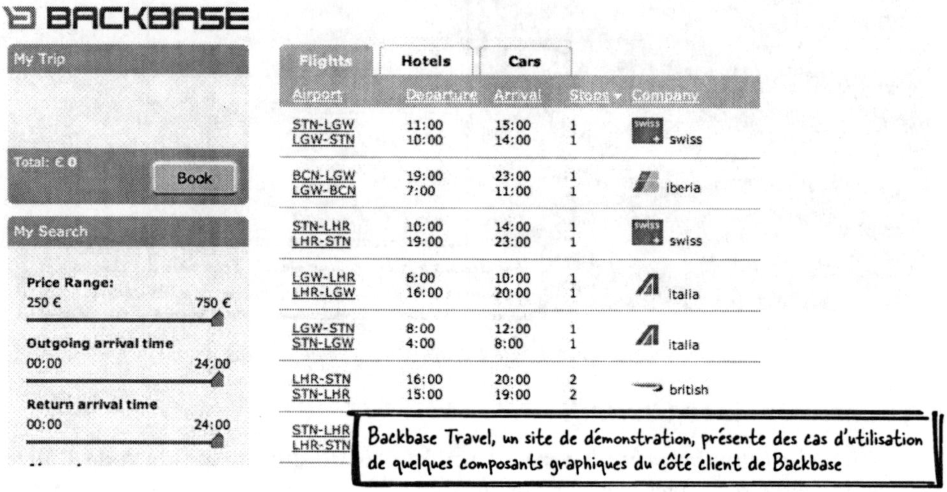

Figure 12-3. Démo de Backbase Travel

La bibliothèque AjaxTags

AjaxTags (*http://ajaxtags.sourceforge.net/*) est une collection de balises JSP visant à faciliter le développement de routines d'interactions Ajax. Il y a une balise `<autocomplete>` pour la *Suggestion* et un champ `<ajax:update>` pour réaliser un *Display Morphing (transformation de l'affichage)* (chapitre 5) avec une réponse fournie par un appel à *XMLHttpRequest Call* (chapitre 6).

La bibliothèque Comfort.ASP

Comfort.ASP (*http://www.daniel-zeiss.de/ComfortASP/*) utilise une approche originale en ajoutant automatiquement un accès distant au Web (chapitre 6) à une application conventionnelle non-Ajax. En instrumentant le code HTML, ce framework peut intercepter la soumission de formulaire standard et les transformer en *XMLHttpRequest Call*. En gérant les réponses du serveur, le module serveur confort est capable de répondre à ces appels en renvoyant en réponse uniquement les éléments modifiés – la différence entre le code HTML courant et le code HTML désiré.

Exemple de code : l'application Echo2

Echo2 (*http://www.nextapp.com/products/echo2/*) fournit l'ensemble des sources nécessaire pour réaliser une application, « Number Guess » (devine un nombre) (*http://www.nextapp.com/products/echo2/doc/tutorial/application.html*). L'utilisateur choisit un nombre entre 1 et 100, l'application lui répond alors s'il est inférieur ou supérieur, l'utilisateur essaye à nouveau et ainsi de suite jusqu'à trouver le nombre. Il n'existe pas de démonstrateur en ligne, seul le code source est fourni.

Une application Echo2 est implémentée par une servlet Java qui étend la `WebContainerServlet` d'Echo2. Cette super-classe gère la plupart des interactions ; concrètement la servlet n'a qu'une chose à faire : déclarer ApplicationInstance. Dans Echo2, un objet ApplicationInstance est l'état de l'application pour un utilisateur donné :

```
/**
  * Tutoriel Devine un nombre : Implémentation d'une Application Servlet.
  */
public class NumberGuessServlet extends WebContainerServlet {

  /**
    * @see nextapp.echo2.webcontainer.WebContainerServlet#newApplicationInstance( )
    */
  public ApplicationInstance newApplicationInstance( ) {
    return new NumberGuessApp( );
  }
}
```

L'objet principal de l'application initialise une nouvelle fenêtre et contrôle les éléments de haut niveau de l'interface utilisateur : un composant graphique GamePane au démarrage, là où l'action principale prend place et un autre composant graphique CongratulationsPane en cas de victoire :[1]

```
public class NumberGuessApp extends ApplicationInstance {

  private Window mainWindow;

  public Window init( ) {
    mainWindow = new Window( );
    mainWindow.setTitle("Echo2 Devinez un nombre");
    startNewGame( );
    return mainWindow;
  }

  void startNewGame( ) {
    ...
    mainWindow.setContent(new GamePane( ));
  }
  void congratulate(int numberOfTries) {
    mainWindow.setContent(new CongratulationsPane(numberOfTries));
  }

}

class GamePane extends ContentPane implements ActionListener {
  ...
}

class CongratulationsPane extends ContentPane implements ActionListener {
  ...
}
```

1. Tous les commentaires ont été omis dans l'exemple de code.

Le GamePane est construit en ajoutant des sous-éléments et en enregistrant les événements. Il agit comme un ActionListener pour les boutons qu'il contient ; par conséquent, un événement actionPerformed encapsule la logique d'évaluation du nombre proposé. Le code montre qu'un framework comme Echo2 ouvre la voix à une programmation web ressemblant beaucoup à la programmation d'une application de bureau standard.

```
class GamePane extends ContentPane implements ActionListener {

  private int randomNumber = ((int) Math.floor(Math.random( ) * 100)) + 1;
  private int lowerBound = 1;
  private int upperBound = 100;
  private int numberOfTries = 0;
  private TextField guessEntryField;
  private Label statusLabel = new Label( );
  private Label countLabel = new Label("Vous n'aves pas fait de proposition.");
  private Label promptLabel= new Label("Proposer un nombre entre 1 et 100 : ");
  private int guess;

  GamePane( ) {
    super( );

    Column layoutColumn = new Column( );
    layoutColumn.setCellSpacing(new Extent(10));
    add(layoutColumn);
    ...
    Button submitButton = new Button("Soummetre votre nombre");
    submitButton.setActionCommand("Soummission en cours");
    submitButton.setForeground(Color.BLACK);
    submitButton.setBackground(Color.GREEN);
    submitButton.setWidth(new Extent(200));
    submitButton.addActionListener(this);
    layoutColumn.add(submitButton);
  }

  public void actionPerformed(ActionEvent e) {
    if (e.getActionCommand( ).equals("new game")) {
      ((NumberGuessApp) ApplicationInstance.getActive()).startNewGame( );
    } else if (e.getActionCommand( ).equals("submit guess")) {
      ++numberOfTries;
      ...
      if (guess == randomNumber) {
        ((NumberGuessApp) ApplicationInstance.getActive( ))
            .congratulate(numberOfTries);
      } else if (guess < 1 || guess > 100) {
        statusLabel.setText("Votre proposition, " + guess + " n'est pas entre
            1 et 100.");
      } else if (guess < randomNumber) {
        ...
      }
```

```
                ...
            }
        }
    }
```

Alternatives

Browser-Side Templating

Browser-Side Templating (chapitre 11) est une forme de génération de code, mais côté client. C'est, en ce sens, une alternative à *Server-Side Code Generation*.

Patterns associés

HTML Message

Server-Side Code Generation produit des réponses HTML, c'est donc, techniquement, une forme de *HTML Message* (chapitre 9). C'est aussi une forme de réponse JavaScript, variante décrite dans *On-Demand JavaScript, JavaScript à la demande* (chapitre 6). Toutefois, ces patterns mettent l'accent sur la création directe de code HTML ou JavaScript plutôt que de le déléguer à un framework.

Cross-Browser Component

◉◉◉

Agnostique, Commun, Composants, Multi-navigateurs, Indépendant, Portabilité

Figure 12-4. Composants multi-navigateurs

Anecdote

Dave a développé un moteur de sprites (objets graphiques) multi-navigateurs, permettant aux utilisateurs de déplacer facilement un sprite sur toute la surface de l'écran. La bibliothèque fournit une interface indépendante du navigateur utilisé, elle tient compte des incompatibilités de chaque navigateur concernant la détection des positions de la souris et des icônes. Les programmeurs qui utilisent le code de la bibliothèque de Dave peuvent gérer toute nouvelle demande de déplacement sans pour autant connaître toutes les incompatibilités des différents navigateurs.

Problème

Comment peut-on gérer toutes les incompatibilités des navigateurs ?

Contraintes

- L'un des avantages majeurs d'Ajax réside dans sa portabilité : sa capacité à pouvoir faire fonctionner, doté d'un navigateur moderne, des applications dans n'importe quel environnement.
- Il y a beaucoup de navigateurs sur le marché qui, même si Internet Explorer le domine toujours, devient de plus en plus disparate. Si IE représente 85 à 90 % du marché, dans certains groupes d'utilisateurs on peut constater que Mozilla devient bien plus populaire. Des statistiques récentes issues du trafic sur le site AjaxPatterns.org montrent que 47,5 % des accès proviennent de Firefox, 30,1 % de IE et 2,7 % de Safari.
- Les navigateurs diffèrent les uns des autres de bien des manières. Un navigateur ne supporte pas telle fonctionnalité, d'autres proposeront la même fonctionnalité mais avec des modalités d'accès différents. Bien que le W3C (*http://www.w3c.org*) définisse des normes pour les navigateurs, ces derniers ne les respectent pas toujours.
- Quand vous créez une application web, vous vous concentrez sur la logique métier, sans être distrait par les particularités sous-jacentes de chaque navigateur. La gestion de la compatibilité multi-navigateurs est une question transverse qu'il vaut mieux traiter séparément à un autre moment.

Solution

Créer des composants multi-navigateurs, permettant aux développeurs de les réutiliser sans avoir à s'inquiéter des particularités de chaque navigateur. Un composant multi-navigateurs permet de s'affranchir de l'abstraction sous-jacente aux différentes versions de navigateurs, en offrant une API simple qui pourra être utilisée sur chaque navigateur supporté.

Voici deux exemples d'incompatibilités entre navigateurs. Pour simplifier, nous n'étudierons que les deux navigateurs les plus populaires : IE et Firefox. Les autres navigateurs sont tout aussi importants et comme on peut s'y attendre, introduisent d'autres cas d'incompatibilités. Voici ces deux exemples :

`XMLHttpRequest`

`XMLHttpRequest`, est le composant le plus critique d'Ajax, il est construit de façon spécifique par chaque navigateur, comme nous l'avons vu dans le chapitre décrivant l'utilisation de *XMLHttpRequest Call* (chapitre 6). La plupart des navigateurs proposent une classe `XMLHttpRequest` propre, à l'exception de IE, avant la version 7, qui crée un composant ActiveX à la place. Il y a, en outre, quelques différences subtiles de comportement. Par exemple, `XMLHttpRequest` dans Opera n'intègre pas complètement toutes les fonctions comme par exemple l'authentification (*http://www.scss.com.au/family/andrew/webdesign/xmlhttprequest/*). Un bien plus grand problème réside dans le fait que la plupart des vieux navigateurs ne supportent pas du tout cet objet. Dans ce cas, la roue de secours consiste à utiliser une technique radicalement différente : les IFrames.

`Opacité`

`L'opacité` – ou la transparence – devient important dans les applications Ajax, comme nous le verrons dans *Popup* (chapitre 15) et dans *One-Second Spotlight (coup de projecteur éclair)* (chapitre 16). Malheureusement, la portabilité de cette fonction est très difficile (*http://www.sitepoint.com/newsletter/viewissue.php?id=3&issue=102&format=html*). Si les versions récentes de Firefox, d'Opera, et de Safari permettent l'usage du style CSS3 `opacity`, les versions plus anciennes utilisent leur propres fonctions dédiées et IE utilise à nouveau une approche totalement différente basée sur un filtre DirectX.

Toute application utilisant ces fonctions devra donc prendre en compte les problèmes de compatibilité multi-navigateurs. Le développement des couches métier et applicative est suffisamment compliqué pour ne pas venir la complexifier avec ces problèmes de portabilité gourmand en `if-then-else` et autre `try`. Une bien meilleure solution et une approche commune dans les problématiques de portabilité consistent à isoler tout ce qui concerne les multi-navigateurs.

Certains navigateurs sont disponibles sur différents OS – Firefox, par exemple, fonctionne sous MS-Windows, Apple, Linux et beaucoup d'autre OS. Il serait merveilleux de pouvoir considérer que de tels navigateurs ont un même comportement quel que soit l'OS, ce qui n'est malheureusement pas le cas. Certaines fonctions des navigateurs s'appuient sur des spécificités des OS qui les rendent incompatibles entre elles. Par exemple, l'usage de la fonction de glisser-déposer d'IE dépend de la version d'IE utilisée, mais aussi du fait que l'on soit sur un OS Apple ou MS-Windows.

Prenons un exemple simple, de nombreuses bibliothèques existent pour rendre les appels `XMLHttpRequest` portables. Ces bibliothèques sont de parfaits exemples de composants multi-navigateurs, car elles permettent à leur utilisateur de s'affranchir du souci de savoir sur quels navigateurs elles vont être utilisées. La plupart de ces bibliothèques utilisent en interne une autre forme de Cross-Browser Components (composants multi-navigateurs) – une fonction de factorisation qui permet de retrouver l'objet `XMLHttpRequest` adapté en fonction du contexte.

Par exemple, `ajaxCaller` (*http://ajaxify.com/run/testAjaxCaller/*), contient la fonction de factorisation suivante :

```
createXMLHttpRequest: function( ) {
  try { return new ActiveXObject("Msxml2.XMLHTTP"); } catch (e) {}
```

```
    try { return new ActiveXObject("Microsoft.XMLHTTP"); } catch (e) {}
    try { return new XMLHttpRequest( ); } catch(e) {}
    alert("XMLHttpRequest n'est pas supporté par votre navigateur");
    return null;
  }
```

Cette fonction permettra à n'importe quel code de créer un objet `XMLHttpRequest` sans se soucier des spécificités de chaque navigateur. L'objet renvoyé par la fonction est un Cross-Browser Component.

Notez que cette méthode s'applique aussi bien à du code côté serveur qu'à du JavaScript côté client. Peu importe que le code HTML provienne du serveur, il a tout autant besoin d'être portable. Pour cette raison, vous pouvez créer un composant serveur qui génèrera du code HTML portable. Donc si vous créez des balises JSP spécifiques à votre application, vous devrez vous assurer que votre codeur JSP sera capable de les utiliser quel que soit le navigateur.

Décisions

Quel critère, spécifique à chaque navigateur, utiliser pour créer nos Cross-Browser Components ?

Quel critère utilisez-vous pour choisir votre méthode de création ? Il y a, à proprement parler, deux approches :

Identification suivant la version

Dans ce cas, le comportement dépend de la version du navigateur.

Identification suivant les fonctionnalités

Dans ce cas, le comportement dépend de l'existence ou non de la fonction – typiquement selon que la propriété ou la fonction existe ou non.

L'exemple précédent de *XMLHttpRequest* que nous venons de voir dans « Solution » est un cas d'*identification en fonction des fonctionnalités*. avant de créer un nouvel objet `window.XMLHttpRequest`, nous devons vérifier si `window.XMLHttpRequest` existe. Un test équivalent d'une différence de version ressemble à cela :

```
/* Test des différences dépendant de la version (Irraisonnable !!) */
return determineIfCurrentBrowserIsIE( ) ?
  new ActiveXObject('Microsoft.XMLHTTP') : new XMLHttpRequest( );
```

Dans l'exemple précédent, une méthode détermine si le navigateur utilisé est IE. À partir de là, le bon mécanisme peut être utilisé pour créer un objet `XMLHttpRequest`. Comment peut-on identifier la version ? Il existe plusieurs moyens. Premièrement, l'objet `navigateur` rend disponible cette information via l'une de ses propriétés. Les propriétés incluses les plus utiles sont (*http://www.javascriptkit.com/jsref/navigator.shtml*) :

`navigator.appName`

Le nom du navigateur, par exemple « Netscape »

`navigator.appVersion`

La version de ce navigateur, par exemple « 5.0 (X11 ; en-US) » `navigator.UserAgent`

Description détaillée du navigateur et de la plateforme, par exemple « Mozilla/5.0 (X11 ; U ; Linux i686 ; en-US ; rv:1.7.9) Gecko/20050711 Firefox/1.0.5 »

Ironie du sort, le comportement de l'objet `navigateur` est lui-même variable en fonction des versions, ce qui impose de gérer la chaîne de caractères conservée dans la propriété `userAgent` différemment selon celles-ci. Si vous choisissez ce chemin, je vous suggère d'étudier des bibliothèques de détection de navigateur comme JavaScript Browser & OS Detection de TechPatterns (*http://techpatterns.com/downloads/javascript_browser_ detection.php*) ou JavaScript Browser Sniffer de Webreference (*http://webreference.com/tools/browser/javascript.html*). Mais l'interrogation directe n'est pas un gage de réussite et peut ruiner la portabilité. Il existe par exemple des navigateurs qui vous mentent effrontément – Opera, est l'un d'eux car il donne la possibilité à ses utilisateurs de choisir sous quel type de navigateur il souhaite être identifié. Pourquoi une telle tricherie, tout simplement parce que certain sites refusent l'accès aux internautes utilisant Opéra.

Une solution alternative pour détecter la version du navigateur est d'utiliser une fonctionnalité distinctive. Par exemple, beaucoup de scripts utilisent un appel de `document.all` comme un test simple pour identifier Internet Explorer (*http://weblogs.asp.net/jgalloway/archive/2005/08/07/421798.aspx*) :

```
isIE=document.all;
```

L'*identification en fonction de la version* est faisable, voire commune et généralement recommandée comme la meilleure solution. Le principal avantage par rapport à une *identification en fonction des fonctionnalités* est que vous n'avez qu'une ou deux variables à tester alors qu'avec un test basé sur les fonctionnalités spécifiques, vous devez tenir compte d'un grand nombre de combinaisons – Et si le navigateur supporte X, mais pas Y ?

Cependant, il reste des problèmes de fond à régler avec une *identification en fonction des fonctionnalités*. Tout d'abord, il est très lourd de pister toutes les versions de navigateur qui supportent une fonctionnalité particulière. Dans beaucoup de cas, il y a un risque d'exclure d'autres navigateurs qui pourraient, eux aussi, supporter la même fonctionnalité. À noter, a contrario, que l'identification par version conduit généralement vers un état tout ou rien : soit votre navigateur est supporté et vous pouvez lancer l'application, soit il ne l'est pas et vous n'avez pas de chance. Alors que si vous vous concentrez sur des fonctionnalités spécifiques, vous pourrez intégrer une *dégradation progressive* : avoir donc une application de base qui fonctionne sur tous les navigateurs et des fonctionnalités supplémentaires disponibles selon le type et la version du navigateur qui les supportent.

Et si une fonctionnalité n'est pas supportée par un navigateur?

Parfois, un navigateur ne supporte tout simplement pas une fonctionnalité. Que peut faire une API multi-navigateurs quand elle est appelée et que le navigateur ne peut la réaliser ? Il y a deux options :

Ne rien faire

Lancer une exception ou retourner NULL pour indiquer que l'objet ne peut être créé.

Fournir une version spécialement développée pour ce navigateur

Le navigateur peut ne pas proposer nativement la fonctionnalité mais vous pouvez être en mesure de la réaliser en utilisant d'autres objets du navigateur.

Cas concrets

Cette partie propose un exemple particulièrement intéressant de compatibilité multi-navigateurs. Pour plus d'exemples de Cross-Browser Components, veuillez vous référer à l'Annexe A. La plupart des bibliothèques JavaScript mentionnées là, comme Dojo et Scriptaculous, ont pour but de fournir des composants qui fonctionnent sur les navigateurs les plus courants.

Bibliothèque HTMLHttpRequest

`HTMLHttpRequest` développée par Angus Turnbull (*http://www.twinhelix.com/javascript/htmlhttprequest/*) est une bibliothèque multi-navigateurs pour les accès Web distants (chapitre 6). À la différence de la plupart des bibliothèques Ajax récentes, celle-ci est capable d'utiliser les IFrame pour couvrir le besoin des navigateurs ne supportant pas l'objet `HTMLHttpRequest`. L'API reste la même et permet aux développeurs d'accéder à la fonctionnalité de la même manière, sans se soucier du navigateur qui sera utilisé au final.

Exemple de code : la bibliothèque HTMLHttpRequest

`HTMLHttpRequest` (*http://www.twinhelix.com/javascript/htmlhttprequest/*) est un composant multi-navigateurs d'accès distant. Il fonctionne en se basant sur un objet d'accès distant natif dans le navigateur – que ce soit un objet `XMLHttpRequest` ou une `IFrame`, dans tous les cas, un seul sera créé. Le code ci-dessous fait un usage massif de l'identification par fonctionnalité pour décider, à chaque étape, quelle méthode doit être utilisée. C'est également utilisé pour vérifier qu'Opéra et IE5 n'utilise pas de chemin particulier.

```
function HTMLHttpRequest(myName,callback){
  this.myName=myName;
  this.callback=callback;
  this.xmlhttp=null;
  this.iframe=null;
  ...
  if(window.XMLHttpRequest){
    xmlhttp=new XMLHttpRequest( );
    if(xmlhttp.overrideMimeType)
      xmlhttp.overrideMimeType('text/xml')
  }
  if(!xmlhttp) {
    if( document.createElement && document.documentElement
      && (window.opera||navigator.userAgent.indexOf('MSIE 5.0')==-1)) {
      ...
    } else if (document.body && document.body.insertAdjacentHTML) {
      ...
    }
    ...
  }
  return this;
}
```

Patterns associés

Server-Side Generation (génération de code côté serveur)

Server-Side Generation (génération de code côté serveur) (voir en début de chapitre) est souvent une façon commode de générer des composants multi-navigateurs, vous permettant de réaliser toute la logique d'abstraction côté serveur.

On-Demand JavaScript (JavaScript à la demande)

Si vous faites soigneusement la conception, vous pourrez séparément l'implémentation sur chacune des plateformes. Utilisez la technique de *Lazy Loading (chargement paresseux)* du *On-Demande JavaScript* (chapitre 6) pour s'assurer que seul le code nécessaire à l'utilisateur pour sa propre plateforme est chargée.

Métaphore

Utiliser des Cross-Browser Components (composant multi-navigateurs) revient à travailler avec une personne certifiée. Ce professionnel peut avoir gagné sa certification de différentes manières et peut offrir différents services mais, dans tous les cas, il existe un ensemble de prestations de base que vous savez et attendez qu'il réalise correctement.

Pour allez plus loin

- Doron Rosenberg nous propose une bonne discussion sur la problématique multi-navigateurs et plus précisément comment améliorer les applications IE pour qu'elles fonctionnent avec Mozilla (*http://www-128.ibm.com/developerworks/web/library/wa-ie2mozgd/*).
- Quirksmode, de Peter-Paul Koch, est un site web qui propose des ressources de compatibilité (*http://quirksmode.com*).

13

Optimisation des performances

Les patterns concernant l'optimisation des performances améliorent le débit mais s'appliquent également sur des techniques centrées sur l'utilisateur pour faciliter l'attente serveur. *Browser-Side Cache (cache côté navigateur)* concerne l'implémentation d'un cache personnalisé à l'intérieur de l'application et explique pourquoi il est parfois plus adapté qu'un cache web standard. *Predictive Fetch (chargement prédictif)* étend le concept du cache en proposant une anticipation sur les actions, de façon à ce que les données voulues soient déjà chargées dans le navigateur lorsqu'elles sont requises. Une autre manière très différente d'arriver à un délai d'attente réseau qui se rapproche de zéro est de simplement faire une évaluation de la valeur requise ; c'est l'idée qui se cache derrière *Guesstimate* (estimation).

Multi-Stage Download (téléchargement à plusieurs étapes) propose quant à lui des téléchargements parallèles ou planifiés de manière à réduire les goulets d'étranglement et récupérer les informations les plus critiques le plus tôt possible.

Fat Client (client riche) est un des styles d'architecture Ajax qui aide à l'optimisation des performances en délocalisant autant de logique métier que possible – et potentiellement du stockage – sur le côté navigateur.

Browser-Side Cache (cache côté client)

◉○○

Mise à jour automatique, Cache, Cacher, Synchroniser, Temps-réel

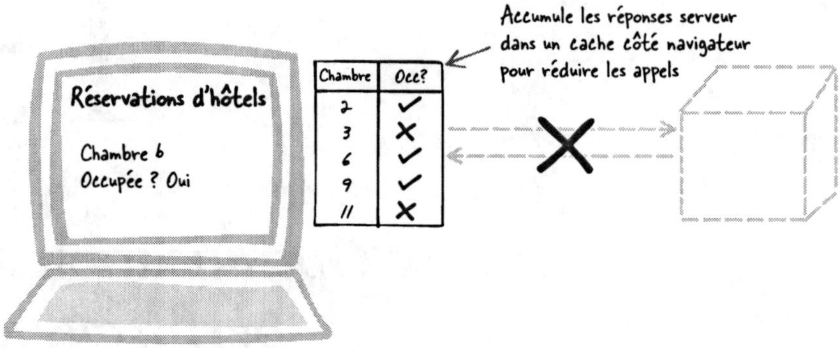

Figure 13-1. Browser-Side Cache (cache côté client)

Anecdote

Devi a réalisé une application de simulation de physique et, bien que ce soit fonctionnel, elle est déçue que celle-ci n'arrête pas de faire des pauses pour réaliser des requêtes de calcul au serveur. Pour l'accélérer, elle crée un cache qui va garder les calculs localement.

Problème

Comment rendre le système plus réactif à l'activité de l'utilisateur ?

Contraintes

- L'application doit répondre aux interactions utilisateur rapidement – et idéalement, de manière instantanée.
- Beaucoup d'actions utilisateur nécessitent une réponse du serveur.
- Les réponses du serveur peuvent sensiblement être latentes à cause du transfert de données et des pics de charges serveur.

Solution

Garder les résultats du serveur dans un Browser-Side Cache. Le cache est un objet JavaScript de type « map » qui stocke les paires de valeurs requête-résultat ; les requêtes sont les clés du cache et les résultats serveur sont les résultats associés. Ainsi, à chaque fois que le navigateur a besoin de réaliser une requête sur le serveur, vérifiez d'abord dans le cache. Si la requête est portée par une clé du cache, la valeur correspondante est utilisée comme résultat et il n'y a alors pas besoin d'accéder au serveur. Un système de cache comme celui-ci est réalisé dans de nombreux systèmes mais il existe des problématiques intéressantes liées à Ajax comme la relation entre le cache embarqué dans le navigateur et la nature asynchrone des appels.

XMLHttpRequest Call (chapitre 6) explique que les résultats d'un appel peuvent déjà être mis en cache par le navigateur ; vous pouvez alors vous demander pourquoi le pattern existe. Après tout, le navigateur ne gère pas seulement un système de cache pour vous mais peut également mettre en cache une quantité phénoménale de données en utilisant le système de fichiers et contrairement à un Browser-Side Cache, ces données auront une durée de vie supérieure à la session courante. La raison d'utiliser un Browser-Side Cache est de pouvoir exercer un plus grand contrôle sur la mise en cache. Vous devez choisir la quantité de données mises en cache et leur durée de vie alors que ces considérations sont fixées par l'utilisateur dans un cache de navigateur web. De plus, vous contournez la célèbre problématique de portabilité associée au contrôle de cache en choisissant exactement ce qui sera et ce qui ne sera pas mis en cache. Un autre avantage de Browser-Side Cache sur le cache intégré au navigateur est que vous pouvez sauver les objets JavaScript que vous avez créés, vous évitant l'effort de devoir les recréer plus tard.

Qu'est-ce exactement que le format clé-valeur ? Dans le plus simple des cas, la requête est juste l'URL et le résultat est le corps de la réponse. Cependant, ce n'est pas si utile puisque si vous réalisez vos appels correctement, comme discuté dans *XMLHttpRequest Call* (chapitre 6) et *RESTful Service* (chapitre 9), le navigateur va gérer la mise en cache à votre place et comme il peut être restauré par le système de fichiers, il peut mettre en cache une plus grosse quantité de données. Cependant, les plus utiles sont les caches qui maintiennent un contenu d'une sémantique de haut niveau – typiquement les résultats des traitements des réponses serveur.

Une structure de cache de données requiert une manière d'accéder aux paires clés-valeurs « aléatoirement » – ce qui implique d'éviter de parcourir la structure de données dans son entier avant de trouver la bonne paire clé-valeur. En JavaScript, un cache peut être créé en utilisant un tableau associatif (en JavaScript, c'est la même chose qu'un objet). Ainsi un tableau vide est créé au démarrage et accumule graduellement les résultats du serveur. Bien sûr, une application Ajax vie indéfiniment et le tableau pourrait continuer à croître s'il n'était pas contrôlé. Il existe plusieurs façons de le gérer, comme discuté plus loin dans la section « Décisions ».

Il est courant pour beaucoup de systèmes de traiter le cache comme un Proxy, comme illustré dans la *figure 13-2* (voir le pattern Proxy de Gamma et al.'s [1995]). Ainsi, les clients récupèrent les résultats d'un objet appelé « ResultFetcher » et qui encapsule tout ce qu'il y a à faire avec les résultats correspondants. De sa perspective, ResultFetcher fournit juste des résultats. Cela n'a pas d'importance pour le client si tous les résultats sont directement récupérés du serveur ou si certains proviennent du cache de ResultFetcher.

La nature asynchrone de `XMLHttpRequest` ajoute une légère complication. En des circonstances normales, un système de cache ResultFetcher retourne toujours la valeur désirée de manière synchrone si le résultat était dans le cache ou pas. Mais avec Ajax, il peut seulement le faire si le résultat a été effectivement trouvé dans le cache. Autrement, la réponse serveur va revenir un peu plus tard, après que la fonction de recherche ait déjà retourné quelque chose. Pour gérer cela, vous pouvez considérer d'avoir le requêteur passer une fonction de retour au processus adéquat. Ainsi le processus de recherche ne retourne jamais rien directement mais assure à la place que la fonction de rappel est éventuellement appelée avec les valeurs voulues. S'il connaît la valeur immédiatement, la fonction de rappel est tout de suite appelée et sinon, elle l'est un peu plus tard. En d'autres termes, le ResultFetcher a pratiquement la même interface et le comportement externe d'un `XMLHttpRequest` (ou d'une encapsulation adaptée).

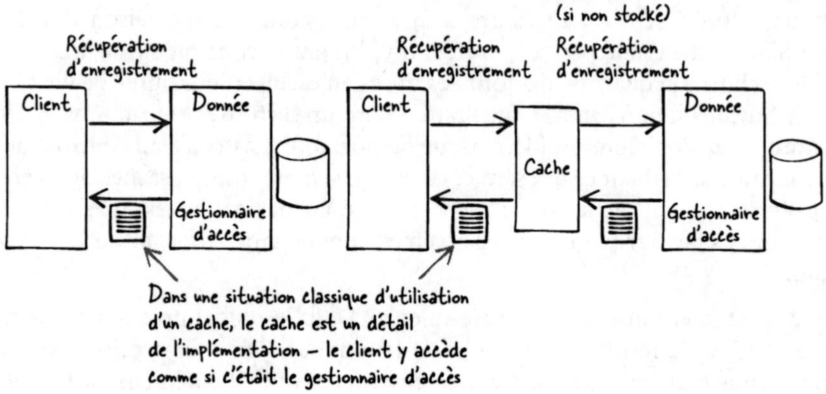

Figure 13-2. Installation standard d'un cache synchrone

Décisions

Qu'est ce qui sera stocké comme clés ? comme valeurs ?

La solution a mentionné une paire de possibilités concernant les clés et les valeurs. En première instance, on peut tout simplement les choisir comme étant respectivement des URL et les corps des réponses associées. Utiliser l'URL et le corps de réponse a un coût cependant. Les deux contiennent beaucoup d'informations inutiles, ce qui limite le nombre d'items qui peuvent être stockés dans le cache. Une alternative est d'utiliser sémantiquement des valeurs relatives. Par exemple, la clé peut être le nom d'un client et la valeur l'objet de ce client. Les valeurs sémantiques vous permettent également de pouvoir y inclure vos données, comme des résultats de calculs.

Comment la taille du cache restera-t-elle sous contrôle ?

Typiquement, vous gardez la taille du cache sous contrôle en décidant de sa capacité et de la manière d'enlever les éléments qui s'y trouvent, lorsque la taille a été atteinte. Chaque nouvel élément, habituellement, résulte d'un élément plus vieux qui a été écarté. Pour plus d'efficacité, vous avez la possibilité d'en écarter un grand nombre à la fois et laisser le cache se reconstruire peu à peu par la suite.

Voici deux algorithmes d'éviction répandus (*http://en.wikipedia.org/wiki/Cache_algorithms*) :

Least Recently Used (LRU)

L'item qui est écarté est le plus anciennement utilisé.

Least Frequently Used (LFU)

L'item qui est écarté est celui qui est le moins fréquemment utilisé.

Ces deux algorithmes sont réalisables en JavaScript à la condition d'utiliser la structure de données appropriée. Voir « Exemple de code : la fonction Sum Cachée » plus tard dans le chapitre qui illustre LRU.

Comment allez-vous vous protéger des données obsolètes ?

Au regard des données obsolètes, la première question à se poser est : quel niveau de fraîcheur doivent avoir les données ?. S'il s'agit de statistiques temps-réel utilisées par une infirmière pour surveiller la santé d'un patient, on a certainement besoin de données récentes. Tellement récentes que le cache, dans ce cas, peut se révéler hors de propos. Si un étudiant consulte un article vieux de 50 ans sur la littérature grecque, un cache d'une durée de vie de 12 heures fonctionnera à merveille.

Nous avons plusieurs manières d'appliquer cette règle :

- Attachez un identifiant basé sur la date à chaque item mis en cache. À chaque fois que vous réupérez un item, inspectez cet identifiant pour déterminer si le résultat est assez récent.
- Comme variante du point ci-dessus, planifiez une boucle itérative pour effacer activement du cache les items obsolètes.
- Implementez un protocole navigateur-serveur qui autorise le navigateur à déterminer si les items sont obsolètes. Ainsi le navigateur peut garder un identifiant basé sur la date pour chaque item et le serveur expose un service qui accepte un tel identifiant. Le serveur a seulement besoin d'envoyer la réponse entière si la valeur a changé depuis la dernière fois. Une alternative aux identifiants de temps aurait été une fonction d'empreinte (hash) – une fonction que le navigateur réalise sur la valeur qui est en cache et qui peut être ensuite comparée par le serveur par rapport à la valeur la plus récente de l'empreinte pour voir si un changement est survenu.
- Implementez un service sur le serveur qui annonce que des changements sont survenus. Utilisez *Periodic Refresh (rafraîchissement périodique)* (chapitre 10) pour être au courant activement de telles modifications et effacer du cache tout item qui aurait changé.

Cas concrets

Cette section contient une bibliothèque *XMLHttpRequest Call* avec un support de cache. La section « Cas concrets » de *Predictive Fetch* inclut plusieurs autres systèmes avec des Browser-Side Caches.

La bibliothèque libXmlRequest

La bibliothèque libXmlRequest de W. Cote (*http://www.whitefrost.com/servlet/connector?file= reference/2003/06/17/libXmlRequest.html*) était l'une des premières encapsulations de l'objet `XMLHttpRequest`. Un requête asynchrone typique ressemble à ceci :

```
getXml(path, callbackFunction, 1, requestId);
```

Pour mettre en cache la requête, ajoutez simplement un argument supplémentaire à la fin :

```
getXml(path, callbackFunction, 1, requestId, 1);
```

L'approche démontre comment la fonctionnalité de cache peut être transversale aux fonctionnalités de base de l'application.

Exemple de code : la démo cachée de Sum

La démo de base de la fonction Sum (*http://ajaxify.com/run/sum/*) doit avoir recours au serveur à chaque fois que le cache est atteint. Cette refonte de code ajoute des fonctionnalités de cache afin de réduire les appels serveur et sera implémentée en trois étapes.

Inclure la requête dans la réponse

La nature asynchrone de *XMLHttpRequest Call* sépare la requête initiale de la réponse. Il n'est alors pas toujours évident de faire correspondre une requête sortante à une requête qui revient. Une manière de répondre à cette problématique est d'inclure la requête originale comme faisant partie de la réponse. C'est le premier point de refonte dans cette application. La refonte est détaillée dans *XML Message* (chapitre 9) et le résultat est l'obtention d'une réponse comme celle qui est montrée juste en-dessous (*http://ajaxify.com/run/sum/xml/sumXML.php?figure1=4&figure2=8&figure3=*).

```
<sum>
  <inputs>
    <figure id="1">4</figure>
    <figure id="2">8</figure>
    <figure id="3"></figure>
    </inputs>
  <outputs>12</outputs>
</sum>
```

Avant, la réponse était juste `12`. La valeur résultante est extraite du XML d'une manière légèrement différente, mais les entrées ne sont pas utilisées avant la prochaine itération.

Un cache infini

La prochaine étape de la refonte est de créer un cache très basique – un qui n'a aucune considération pour les lois de la physique – et qui ne cesse d'augmenter indéfiniment. C'est une mauvaise chose mais c'est une étape utile pour l'itération finale. Le cache retient la somme dans une variable `figuresString`, une simple liste de nombres séparés par des virgules.

Premièrement, le cache est créé par une variable gloable et initialisé à partir de la méthode `onload` :

```
var sumByFigures;
...
function restartCache(html) {
  sumByFigures = new Array( );
  ...
}
```

À chaque fois que la somme est soumise, `figuresString` est calculé pour former une clé du cache. Le cache est alors interrogé pour voir s'il contient déjà une somme correspondante. Si ce n'est pas le cas, une requête asynchrone est réalisée. Quoiqu'il arrive, au final, la méthode `repaintSum( )` est appelée avec éventuellement la nouvelle somme. Si le résultat se trouvait déjà dans le cache, cette méthode est directement appelée. Sinon, elle l'est une fois que le serveur a retourné la réponse.

```
function submitSum( ) {
  ...
  var figuresString =
    figures.figure1 + "," + figures.figure2 + "," + figures.figure3;
  var cachedSum = sumByFigures[figuresString];
  if (cachedSum) {
    repaintSum(cachedSum);
  } else {
    repaintSum("---");
    ajaxCaller.get("sumXML.php", figures, onSumResponse, true, null);
  }
}
```

`onSumResponse` n'appelle pas seulement `repaintSum( )` avec la valeur de réponse mais pousse également cette dernière dans le cache :

```
function onSumResponse(xml, headers, callingContext) {
  var sum = xml.getElementsByTagName("output")[0].firstChild.nodeValue;
  repaintSum(sum);

  var figures = xml.getElementsByTagName("figure");
  var figuresString =  figures[0].firstChild.nodeValue + ","
                     + figures[1].firstChild.nodeValue + ","
                     + figures[2].firstChild.nodeValue;
  sumByFigures[figuresString] = sum;
}
```

Finalement, `repaintSum` est la fonction qui va détecter un changement – quoiqu'il arrive – et modifie l'affichage en conséquence :

```
function repaintSum(html) {
  self.$("sum").innerHTML = html;
}
```

Un cache fini

Le cache final (*http://www.ajaxify.com/run/sum/xml/cached/expiry/*) améliore la précédente version en introduisant un algorithme d'éviction basé sur les objets les plus anciennement utilisés (LRU). À chaque fois qu'un nouvel item est ajouté au cache, l'item qui a été utilisé le moins récemment est enlevé du cache. Ce serait inefficace d'explorer le cache dans son entier à chaque fois en comparant les dernières dates d'usage. Ainsi, en association avec le tableau de couples de valeurs, une structure de données parallèle est réalisée. Il s'agit d'une file où chaque nouvel item est poussé en bout de file et approche peu à peu de la tête aussi longtemps que de nouveaux items sont poussés derrière lui. Lorsque la file est pleine et que l'item se trouve à sa tête, chaque nouvel item est ajouté en poussant un autre en dehors. C'est l'item de tête qui « tombe » de la file, c'est-à-dire qui est effacé de la file mais aussi du tableau des paires clé-valeur. À chaque fois qu'un item fait l'objet d'une requête, il est retourné en fond de file. Ce mécanisme assure ainsi que l'item utilisé le moins récemment se trouve toujours en tête de la file.

La file elle-même est une classe qui propose les fonctions suivantes : `enqueue( )`, `dequeue( )`, et `sendToTail( )`. Elles permettent de suivre la tête, la queue et la taille du cache et de gérer les items dans deux listes reliées. Par exemple, enqueue( ) est défini comme ceci :

```
Queue.prototype.enqueue = function(obj) {
  newEntry = {
    value: obj,
    next: this.tail
  }
  if (this.tail) {
    this.tail.prev = newEntry;
  } else { // Empty queue
    this.head = newEntry;
  }
  this.tail = newEntry;
  this.size++;
}
```

Revenons à l'application de somme qui maintenant déclare une file et son tableau associé :

```
var figuresQueue, sumByFigures;
```

À chaque fois qu'un nouvel élément arrive du serveur, il est envoyé à encache( ). encache va enlever l'item utilisé le moins récemment des deux structures de données si la file est pleine. Il va ensuite ajouter le nouvel item aux deux.

```
function encache(figuresString, sum) {
  // Add to both cache and queue.
  // Before adding to queue, take out queue head and
  // also remove it from the cache.
  if (figuresQueue.size == cacheSize) {
    removedFigures = figuresQueue.dequeue(figuresString);
    delete figuresString[removedFigures];
  }
  figuresQueue.enqueue(figuresString);
  sumByFigures[figuresString] = sum;
  $("queueSummary").innerHTML = figuresQueue.describe( );
}
```

À chaque fois que le cache est accédé, la valeur qui fait l'objet d'une requête n'est pas seulement retournée, mais elle est également remise en bout de file pour la marquer comme récemment utilisée :

```
function queryCache(figuresString) {
  // Recently used, so move corresponding entry back to tail of queue
  // if it exists.
  figuresQueue.sendToTail(figuresString);
  $("queueSummary").innerHTML = figuresQueue.describe( );
  return sumByFigures[figuresString];
}
```

Avec ces abstractions mises en place, il n'y a pas beaucoup de changements sur le cœur du script. submitSum( ) interroge le cache et appelle le serveur si le résultat n'est pas trouvé. Le gestionnaire de réponses du serveur assure que les nouveaux résultats sont ajoutés au cache :

```
function submitSum( ) {
  ...
  var cachedSum = queryCache(figuresString);
  if (cachedSum) {
    repaintSum(cachedSum);
  } else {
    repaintSum("---");
    ajaxCaller.get("sumXML.php", figures, onSumResponse, true, null);
  }
}
...
function onSumResponse(xml, headers, callingContext) {
  ...
  encache(figuresString, sum);
}
```

Alternatives

Cache intégré au navigateur

Comme expliqué dans la solution, le cache intégré au navigateur est une forme alternative du cache. Il est plus adapté aux grands volumes de données HTML mais il est plus difficile à contrôler qu'un Browser-Side Cache.

Cache côté serveur

Mettre en cache des données est un point d'arrêt du processus, spécialement lorsque la donnée est partagée entre plusieurs utilisateurs. Cependant, cela devient un avantage si le traitement serveur est le goulet d'étranglement. La bande passante est le plus souvent la contrainte principale et un cache côté serveur ne réduira pas le trafic navigateur-serveur. La meilleure option est souvent de faire une combinaison de systèmes de caches côté navigateur et côté serveur.

Patterns associés

Accélérateur de soumission

Browser-Side Cache (cache côté navigateur) met l'accent sur « le cache en lecture » dans lequel les réponses du serveur sont maintenues. Un autre type de cache est le « cache en écriture » où la sortie est maintenue dans un tampon pour différer la sortie vers sa vraie destination. *Submission Throttling (soumission accélérée)* (chapitre 10) est une forme de cache en écriture.

Predictive Fetch (chargement prédictif)

◉○○

Anticiper, Charger, Deviner, Précharger, Préparer, Prêt

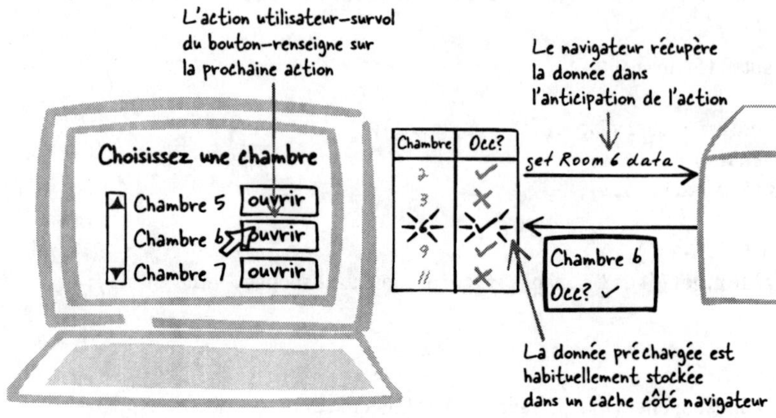

Figure 13-3. Predictive Fetch (chargement prédictif)

Anecdote

Dave modifie un site web de musique en ligne et les traces du serveur lui révèlent que les utilisateurs qui écoutent une chanson plus d'une minute sont susceptibles de cliquer sur le bouton d'achat. Il introduit alors un nouveau minuteur – au marqueur 1 minute de chaque chanson, le navigateur va discrètement télécharger les données concernant le prix juste au cas où l'utilisateur aurait envie de l'acheter plus tard.

Problème

Comment rendre le système réactif à l'activité utilisateur ?

Contraintes

- L'application doit répondre aux interactions utilisateur rapidemement – et idéalement, instantanément.
- Beaucoup d'actions utilisateur nécessitent une réponse du serveur.
- Les réponses du serveur peuvent être sensiblement latentes à cause du transfert de données et des pics de charges du serveur.

Solution

Précharger un contenu en anticipant les actions probables de l'utilisateur. Le préchargement tente d'enlever complètement les délais d'attente pour certaines actions utilisateurs.

La motivation évidente pour un retour instantané est le rendement : tout va plus vite puisque l'utilisateur n'est pas assis à ne rien faire en attendant les résultats. Cependant, en réalité, la proportion globale d'attente peut, en fait, être assez petite. Un problème plus sérieux serait le dérangement causé par des délais qui viendraient casser la concentration de l'utilisateur, avec la frustration qui accompagne la sensation de ne rien contrôler. L'autre problème concerne les applications temps-réel, l'utilisateur étant plus lent à répondre aux états envoyés par le serveur. Une session de chat sera plus tendue et un appareil distant sous contrôle du navigateur sera plus imprévisible.

Voici quelques cas d'utilisation de Predictive Fetch (chargement prédictif) :

- L'utilisateur navigue dans un *Virtual Workspace (espace de travail virtuel)* (chapitre 15) comme dans un grand tableau. Préchargez les résultats induits par les déplacements dans les différentes directions.
- L'utilisateur convertit de l'argent entre deux monnaies. Préchargez les taux d'échanges les plus courants.
- L'utilisateur lit des articles. Préchargez tous les articles de sa catégorie préférée.

Predictive Fetch nécessite habituellement un *Browser-Side Cache (cache côté navigateur)* pour accumuler les contenus préchargés. De plus, vous pouvez exploiter le cache intégré au navigateur de plusieurs façons – voir *Browser-Side Cache (cache côté navigateur)*, plus tôt dans ce chapitre, pour avoir une comparaison de ces différentes techniques. Pour mettre en cache un résultat, une technique est d'adresser des *XMLHttpRequest Calls* pour récupérer le contenu dont vous aurez besoin plus tard en utilisant les techniques mentionnées dans ce pattern. Le gestionnaire de réponses ne fait rien ici – il ne fait juste que récupérer le contenu pour le navigateur, dans lequel il sera mis en cache pour une utilisation ultérieure. L'autre technique concerne les images : créez un objet image factice (`document.createElement("img")`) et fixez sa propriété `src` avec l'URL de l'image que vous voulez précharger. Encore une fois, nous sommes juste en train de faire ça pour s'assurer que l'image va bien dans le cache puisque l'image n'est pas vraiment liée à la page.

Il est rarement possible de précharger *toutes* les actions et le concepteur doit se révéler intelligent sur le choix des actions qui ont le plus de chances d'être anticipées. Une haute priorité sera donnée au contenu le plus important ou qui a le plus de chances d'être utilisé.

Un problème avec le préchargement est que l'application aura un comportement un peu erratique. L'utilisateur peut être surpris que certaines commandes répondent de manière instantanée alors que des commandes similaires prennent du temps. Alors que certaines variations dans les temps d'attentes sur le Web semblent normales, le principal problème vient lorsque la donnée arrive immédiatement. L'utilisateur va se poser la question si l'application a réellement pris en compte son action ou pas (*http://www.baekdal.com/articles/Usability/usable-XMLHttpRequest/*). Pour cette raison, une astuce utile mais contre-nature est en fait de simuler un petit délai et d'utiliser un effet visuel comme un *One-Second Spotlight (coup de projecteur éclair)* (chapitre 16) pour illustrer le fait que le serveur a réellement été impliqué.

Décisions

Quelle somme d'informations sera préchargée ?

Le Préchargement a un coût. Anticiper les actions utilisateur ressemble à un jeu de devinettes et pour chaque erreur d'anticipation, ce sont des ressources qui ont été gâchées. Les concepteurs du site doivent faire un compromis entre la probabilité d'utilisation des données, les bénéfices pour l'utilisateur et la surcharge si elles ne sont pas utilisées. Cela pourrait impliquer une certaine analyse en profondeur, combinée avec des méthodes statistiques.

En pratique, il est tout à fait faisable d'utiliser quelques règles de base, décidées sur le pouce et de se baser par la suite sur des règles empiriques. Avec une bonne architecture, il devrait être assez facile de pouvoir fixer le préchargement comme actif ou pas. Ainsi, en étudiant les traces et en comparant les effets du préchargement sur les différentes parties de l'application, il est possible de faire évoluer les algorithmes qui sont utilisés.

Est-ce le navigateur ou le serveur qui doit anticiper les actions utlisateur ?

La requête pour l'information proviendra toujours du navigateur mais il est faisable pour le serveur ou le navigateur d'anticiper ce que l'utilisateur va faire ensuite. Si c'est au navigateur de décider, il peut simplement réaliser une requête pour récupérer l'information. Si c'est au serveur de décider, le navigateur peut, par exemple, effectuer une requête périodique pour de l'information générique – peut-être sur quelques indications de l'état courant – et le serveur peut alors lui « pousser » toute information qu'il juge utile pour le navigateur.

Quelles informations peuvent-être utilisées pour anticiper les actions utilisateurs ?

Il est probable que vous allez utiliser des informations présentes et passées pour aider à la prédiction du futur. Il y a beaucoup de données que vous pouvez potentiellement utiliser pour vous aider à décider ce que l'utilisateur fera ensuite :

Le profil utilisateur

Le profil utilisateur et son historique doivent fournir des indices importants. Si l'utilisateur visite à chaque fois la zone « Livres » dès qu'il est connecté, alors la page d'accueil devrait déjà récupérer les informations concernant les livres.

L'activité courante de l'utilisateur

Il est souvent possible de prédire ce que l'utilisateur va faire à partir de son activité courante. Si un utilisateur vient juste d'ajouter un article dans son caddie, il sera certainement amené à aller sur la page d'achat dans un futur proche ; considérez le téléchargement de son adresse de livraison la plus récente.

L'activité des autres utilisateurs

Parfois, une grande part des utilisateurs font la même chose à chaque fois. Si un utilisateur vient juste de se connecter sur un portail de nouvelles alors que des nouvelles de première importance viennent juste d'arriver, un système de statistiques va certainement informer le serveur que l'utilisateur va certainement cliquer sur un de ces articles.

Le filtrage collaboratif

Pour étendre le point précédent, une technique un peu plus sophistiquée est de mettre en corrélation les utilisateurs sur la base d'informations comme leur profil ou leur historique. Les personnes sont susceptibles de se comporter de manière similaire à ceux dont les détails sont très proches. Ainsi, si un utilisateur tend à regarder la rubrique « Sport » suivi de « Météo », alors le système doit commencer à précharger « Météo » alors que l'utilisateur est en train de consulter la rubrique « Sport ».

Cas concrets

Google Maps

Quelques expérimentations avec Google Maps (*http://maps.google.com*) suggèrent que le pattern Predictive Fetch est utilisé lors de la navigation sur la carte (*figure 13-4*). La preuve est que vous lorsque vous bougez la carte lentement dans n'importe quelle direction, vous ne verrez aucune partie de la page devenir blanche et se rafraîchir. Si vous bougez rapidement, vous pourrez voir un rafraîchissement. Sur cette observation, on peut dire que le site récupère apparemment le contenu qui entoure la zone visible de la carte, dans l'anticipation d'une navigation.

Figure 13-4. Le chargement de Google Maps

map.search.ch

map.search.ch (*http://map.search.ch*) inclut des boutons familiers pour le zoom ou l'élargissement en panorama. La différence est que dès que le pointeur de la souris survole un bouton, un appel est réalisé pour anticiper le clic de l'utilisateur dessus. C'est un bon compromis entre le téléchargement sauvage dans toutes les directions possibles, les différents niveaux de zoom et ne rien faire du tout.

Le « préchargement » de Firefox

Ce n'est pas un exemple Ajax spécifique mais cela vaut la peine de noter qu'il existe une fonctionnalité particulière de Firefox (et Mozilla) appelée le « préchargement ». Le protocole HTTP autorise aux nouveaux liens d'être définis et Firefox arrive à définir un lien de « préchargement » (*http://www.mozilla.org/projects/netlib/Link_Prefetching_FAQ.html#What_is_link_prefetching*). Un lien de « préchargement » ressemble à ça :

```
<link rel="prefetch" href="/images/big.jpeg">
```

Lorsque Firefox voit un lien comme celui-ci apparaître, il va généralement charger le contenu associé qui est alors prêt à être affiché immédiatement. Une application peut exploiter cette fonctionnalité en incluant des liens au contenu qui ont des chances de faire rapidement l'objet d'une requête.

Google Search, par exemple introduit une directive `prefetch` à propos du premier résultat de recherche mais statue que cela arrive pour « certaines recherches » seulement. Je soupçonne, avec quelques expérimentations, que cela veut dire que les réponses de recherches qui se retrouvent en tête du classement (et dont Google garde secrètement la manière de les y placer), seront choisies. Ainsi, le terme très ambiguë de « n'importe quoi » ne donne pas de directive `prefetch`. Alors qu'une recherche pour « IBM », qui implique de manière évidente ce que cherche l'utilisateur, va forcer Firefox à faire un `prefetch` sur le premier résultat :

```
<link rel="prefetch" href="http://www.ibm.com/">
```

International Herald Tribune

Un autre exemple est le *International Herald Tribune* (*http://www.iht.com/*) qui met en cache les articles en entier pour fournir la page suivante instantanément, lorsque vous cliquez sur « Next Page » (page suivante).[1]

Refonte de code : la fonction Sum prédictive de AjaxPatterns

La démo de base (*http://ajaxify.com/run/sum/*) autorise les utilisateurs à entrer un ensemble de nombres mais ceux-ci doivent attendre le serveur pour voir la somme résultante. La démo cachée de la fonction Sum (*http://ajaxify.com/run/sum/xml/cached/*) améliore un peu l'application en assurant que les sommes récemment calculées n'ont pas besoin d'être à nouveau recherchées. Cependant, nous n'avons toujours pas d'anticipation sur le comportement de l'application. Dans cette refonte (*http://ajaxify.com/run/sum/predictive/*), une nouvelle somme est recherchée à chaque fois que l'utilisateur tape quelque chose. Avant qu'il n'ait pressé le bouton « Add » (ajouter), le navigateur doit avec de la chance avoir le résultat dans le cache, prêt à être affiché immédiatement. À chaque fois que le résultat d'une somme est anticipée, le navigateur recherche le résultat et une fonction de retour le pousse dans le cache.

Le changement de code est, en fait, assez simple. Comme avant, le fait de cliquer sur le bouton « Add » implique une requête serveur de calcul de somme. Cette fois, cependant, un petit indicateur est fixé pour montrer que c'est une réelle soumission contrairement à un préchargement. L'appel se « souviendra » de l'indicateur ; c'est-à-dire en utilisant `ajaxCaller's callingContext`, l'indicateur sera passé en paramètre de la fonction de rappel lorsque la réponse est émise :

```
$("addButton").onclick = function( ) {
  submitSum(true);
}
```

Pour une recherche prédictive, chaque émission de clé enchaîne une soumission de somme avec `false` pour indiquer que ce n'était *pas* une soumission utilisateur.

```
$("figure1").onkeyup = function( ) { submitSum(false); }
$("figure2").onkeyup = function( ) { submitSum(false); }
$("figure3").onkeyup = function( ) { submitSum(false); }
```

1. Cet exemple est tiré d'un article web O'Reilly (*http://www.oreillynet.com/pub/wlg/6782*).

`submitSum( )` va réaliser la même requête qu'avant mais cette fois passe l'indicateur dans le contexte d'appel :

```
ajaxCaller.get("sumXML.php", figures, onSumResponse, true, isUserSubmitted);
```

L'indicateur `isUserSubmitted` est alors récupéré par la fonction de rappel qui va seulement changer l'affichage si la requête correspondante est soumise par l'utilisateur. D'autre part, le résultat est alors poussé dans le cache pour une récupération future :

```
function onSumResponse(xml, headers, callingContext) {
  var isUserSubmitted = callingContext;
  ...
  if (isUserSubmitted) {
    repaintSum(sum);
  }
  ...
}
```

Alternatives

Fat Client (client riche)

Parfois, le serveur est invoqué pour réaliser du traitement métier plutôt que d'accéder aux données côté serveur. Si c'est le cas, il est possible de le réaliser en JavaScript à la place, comme suggéré par *Fat Client (client riche)* (voir plus tard).

Server priming (le serveur en premier)

Dans certains cas, l'inverse peut être plus approprié : cela peut avoir du sens pour le navigateur d'informer le serveur sur le travail en cours de l'utilisateur, sans que le serveur réponde vraiment. Comme cela peut-il être utile ? Cela autorise le serveur à commencer son traitement pour que l'information requise puisse être mise en cache côté serveur mais elle n'est pas, en fait, poussée dans le propre cache du navigateur.

Patterns associés

Guesstimate (estimation)

Guesstimate (estimation) est un autre pattern d'optimisation des performances basé sur des hypothèses de probabilité. Une estimation implique que le navigateur devine l'état courant du serveur alors qu'un Predictive Fetch (chargement prédictif) implique de deviner ce que va faire l'utilisateur ensuite.

Browser-Side Cache (cache côté navigateur)

Browser-Side Cache (cache côté navigateur) est un pré-requis au Predictive Fetch – la donnée chargée prédictivement doit être stockée dans une forme de cache.

Métaphore

Les médias à lecture différée – présents dans Tivo, les lecteurs de flux RSS déconnectés et les systèmes de téléchargement de podcast – sont un exemple de Predictive Fetch.

Guesstimate (estimation)

◉○○

Approximer, Estimer, Extrapoler, Deviner, Estimation, Interpoler, Prédire, Probabilités, Tendance

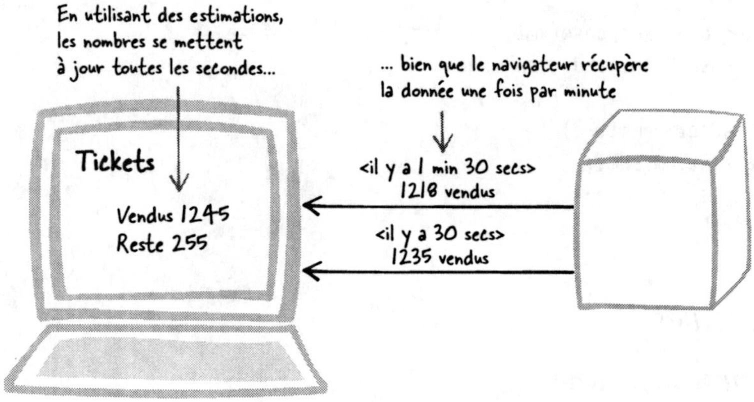

Figure 13-5. Guesstimate (estimation)

Anecdote

Devi produit un système de traqueur de taxis de façon à ce que le quartier général sache à tout instant où se trouve sa flotte. Les taxis transmettent seulement leur position toutes les 10 secondes, ce qui mènerait d'ordinaire à des mouvements saccadés sur la carte. Cependant, Devi veut que le mouvement soit plus fluide et elle utilise une interpolation pour deviner la position du taxi entre les mises à jour.

Problème

Comment diminuer les appels au serveur ?

Contraintes

- Pour comprendre l'activité du système et prédire ce qui peut arriver ensuite, il est utile d'avoir des mises à jours fréquentes depuis le serveur.
- Il est coûteux de continuer à faire des mises à jour depuis le serveur.

Solution

Au lieu de faire des requêtes au serveur, réaliser une estimation raisonnable. Parfois, il est préférable de fournir une bonne estimation que rien du tout. Typiquement, ce pattern traite de situations dynamiques où le navigateur va régulièrement récupérer de nouvelles informations en utilisant un *Periodic Refresh*. Le but est d'aider l'utilisateur à repérer la tendance générale, ce qui est parfois plus utile que d'avoir des résultats précis. Il s'agit d'une optimisation des performances puisqu'il vous permet d'avoir pratiquement le même apport que si les données étaient réellement arrivées instantanément, mais sans la surcharge réseau. Pour cette raison, cela a plus de sens lorsqu'on utilise

Periodic Refresh (mise à jour périodique) que *HTTP Streaming (diffusion HTTP)*, étant donné que ce dernier n'entraîne pas autant de surcharge que l'envoi de messages fréquents.

Un type de Guesstimate (estimation) est basé sur un historique de données. Il existe plusieurs façons pour le navigateur d'accéder à de telles données :

- L'application navigateur peut sauver des données récentes par accumulation des observations significatives dans des variables dont la durée de vie est égale à celle de l'application Ajax.
- L'application navigateur peut, à long terme, sauvegarder des données dans des cookies pour qu'elles soient disponibles dans les sessions suivantes.
- Le serveur peut exposer un historique de données pour une interrogation de l'application navigateur.

Muni de données historiques, il est possible d'extrapoler les événements futurs, même de manière imprécise. Imaginez un environnement collaboratif où de multiples utilisateurs peuvent réaliser des glisser-déposer sur des objets dans une espace partagé, quelque chose qui ressemblerait à l'application Ajax Magnetic Poetry (*http://www.broken-notebook.com/magnetic/*). En utilisant un *Periodic Refresh* d'une seconde, les utilisateurs peuvent voir un mouvement de glisse pas très fluide, avec l'objet qui fait des petits bonds à travers cet espace et qui reste fixe par périodes d'une seconde. Guesstimate (estimation) exploite le fait que le mouvement de la seconde d'après se fait certainement dans les mêmes direction et vitesse que lors de la précédente. Ainsi, l'application peut, pour cette seconde, animer l'objet *comme s'il* était manipulé dans la même direction pendant tout ce temps. Lorsque la vraie position apparaît la seconde d'après, l'objet n'a pas besoin d'y « sauter » mais une nouvelle estimation peu la prendre en compte et l'objet se dirigera alors de façon fluide vers la nouvelle position prédite. Le mouvement du glisser est un exemple où les utilisateurs vont certainement préférer un mouvement fluide malgré une perte de l'exactitude des positions, qui viendrait avec un affichage chaotique mais techniquement correct.

Et que dire des données d'un historique de longue durée qui s'étirent sur des semaines et des mois à la place de quelques secondes voire quelques minutes? Les données de longues durées peuvent aussi être utilisées pour un Guesstimate. Imaginez l'affichage de la météo sur une carte du monde. L'approche techniquement correcte serait de ne montrer aucune donnée météo à l'initialisation de la page puis d'afficher peu à peu les données météo sur la carte au fur et à mesure qu'elles arrivent du serveur. Mais la philosophie du pattern suggèrerait ici de se reposer sur des données de l'historique pour une première passe de la carte, au moins pour quelques icônes. Dans le pire des cas, Guesstimate peut se baser sur les résultats de la veille ou sur un modèle plus sophistiqué qui impliquerait plusieurs points de données.

Les données historiques ne représentent pas la seule approche de base pour un Guesstimate. Il est également faisable pour le navigateur de réaliser une émulation brute de la logique métier normalement implémentée côté serveur. Le serveur, par exemple, peut prendre 10 secondes à réaliser une requête financière complexe. C'est un problème dans le cadre d'une interactivité où l'utilisateur peut avoir envie de récupérer rapidement des paramètres. Et si le navigateur peut réaliser une simple approximation, peut être basée sur quelques hypothèses et un raisonnement empirique ? Le faire de cette manière peut donner à l'utilisateur une première impression sur la nature des données avec un échange serveur dédié à la récupération des informations détaillées.

Il y a cependant quelques problémes avec Guesstimate. Par exemple, le Guesstimate peut conduire à des résultats impossibles comme « -5 minutes restantes » ou « 12.8 utilisateurs en ligne » ! S'il existe un risque que votre algorithme vous mène à de telles situations, vous voulez probablement créer un système de garde-fou ; par exemple, un découpage ou fixer des limites. Une autre problématique est le changement de tendance impossible comme le nombre total de visiteurs sur un site web qui tombe subitement. L'exemple iTunes discuté plus tard dans ce chapitre fournit une réponse technique : toujours sous-estimer, ce qui vous assurera que la valeur estimée ne peut que suivre la tendance de la vraie. Avec Guesstimate, vous avez également le risque de ne pas récupérer de nombre du serveur, menant à une déviation plus importante que prévue par rapport à la réalité. À un certain point, vous aurez probablement besoin de laisser tomber l'estimation et d'être explicites sur le problème.

Décisions

À quelle fréquence la vraie donnée doit-elle être récupérée ? À quelle fréquence les estimations doivent-elles être réalisées ?

La plupart des Guesstimates sont réalisés entre des requêtes sur des vraies données. Le but de Guesstimate étant de réduire la fréquence des requêtes sur les vraies données, vous avez donc besoin de décider d'une fréquence qui soit réaliste. Si la précision est importante, les vraies données auront besoin d'être accédées assez souvent. Si les ressources du serveur et la bande passante sont limitées, il y aura moins d'accès et une valeur prépondérante sera accordée à l'algorithme de Guesstimate.

Ainsi, à quelle fréquence un nouveau Guesstimate sera-t-il calculé ? Guesstimates tendent à être mathématiques par nature et en réaliser de trop impacterait les performances. D'un autre côté, trop peu de Guesstimates n'atteindrait pas son but.

Comment Guesstimate sera consolidé avec les données réelles ?

À chaque fois que de nouvelles données arrivent, Guesstimate a besoin quelque part d'être aligné avec ces nouvelles données. Dans le cas le plus simple, Guesstimate est tout bonnement écarté et la donnée toute fraîche est adoptée jusqu'à ce qu'un nouveau Guesstimate soit réclamé.

Parfois, une transition un peu plus subtile doit être garantie. Imaginez un Guesstimate qui intervient toutes les secondes avec des données réelles qui arrivent toutes les minutes. L'estimation de la 59ème seconde peut être bien loin de la valeur d'il y a une minute. Si une transition en douceur est importante et que vous voulez absolument éviter un saut soudain vers la vraie valeur alors vous pouvez estimer la vraie valeur à deux minutes et passer la prochaine minute à diriger les Guesstimates dans cette direction.

La démo iTunes dans la section des « Cas concrets », plus tard dans ce chapitre, inclut une autre petite astuce. L'algorithme concède un saut qui va en fait s'effectuer mais le Guesstimate est délibérément sous-estimé. Ainsi, lorsque les vraies valeurs arrivent, le saut est pratiquement garanti d'aller vers le haut comme l'utilisateur s'y attend. Ici, nous avons un effort délibéré de rendre Guesstimate moins précis qu'il ne devrait l'être, avec l'avantage d'avoir une consolidation plus réaliste avec les vraies données.

Est-ce que les utilisateurs seront au courant qu'un Guesstimate est mis en place ?

Il est tout à fait concevable que les utilisateurs remarquent que quelque chose d'étrange est en train de se passer avec un Guesstimate. Peut être qu'ils savent quelle devrait être la valeur réelle qui devrait s'afficher mais le serveur montre quelque chose de totalement différent. Peut-être qu'ils ont remarqué un saut comme l'application basculait d'un Guesstimate vers une valeur récupérée du serveur. Ces constatations peuvent entamer leur confiance en l'application, spécialement si les utilisateurs ne sont pas sensibilisés au fait qu'un Guesstimate a été mis en place pour améliorer l'ergonomie. La confiance est critique pour des sites web publics où beaucoup d'alternatives sont souvent présentes et cela serait particulièrement malheureux de perdre cette confiance à cause d'une fonctionnalité qui aurait été motivée à la base par des problématiques d'ergonomie utilisateurs.

Pour des démos de présentation technologiques, les Guesstimates sont moins supposés poser problème. Mais lorsque vous utilisez Guesstimate pour alimenter des graphiques financiers dans le temps ? Plus de données sont estimées avec moins de précisions pour l'estimation et plus les utilisateurs ont besoin d'être au courant de ce que le système fait. En derniers recours, considérez le fait d'afficher un message basique ou une notice légale pour le signaler.

Quel support le serveur va-t-il fournir ?

Dans certains cas, le serveur expose des informations que le navigateur peut utiliser pour réaliser un Guesstimate. Par exemple, des historiques autoriseront le navigateur à extrapoler le pésent. Vous avez besoin de discerner quels calculs sont réalistes pour le navigateur et vous assurer qu'il aura accès aux données appropriées. Un *service web* qui expose des détails génériques de l'historique n'est pas la seule possibilité. Dans certains cas, il peut être préférable pour le serveur de fournir un service relatif à l'algorithme lui-même. Dans l'exemple Apple iTunes, vu plus tard dans la section des « Cas concrets », des valeurs récentes sont fournies par le serveur et le navigateur doit les analyser pour déterminer la fréquence par seconde. Cependant, une conception alternative serait de calculer la fréquence par seconde en réduisant le travail réalisé par chaque navigateur.

Cas concrets

Le compte d'Apple iTunes

Lorsque son application iTunes Music Store a approché de la 500 millionième chanson téléchargée, Apple a enrichi sa page d'accueil (*http://apple.com*) par un compteur rapide qui affichait le nombre de téléchargements en temps réel (*figure 13-6*). Ce procédé qui illustre l'incroyable témoignage de popularité affiché pour iTunes a reçu beaucoup d'attention. Il se connecte au serveur une fois par minute mais la puissance de l'algorithme du Guesstimate qui est décrit un peu plus tard dans « Exemple de code : le compteur de iTunes » permet un affichage fluide toutes les 100 millisecondes.

Figure 13-6. iTunes counter

Gmail Storage Space

La page d'accueil de Gmail (*http://gmail.com*) (*figure 13-7*) affiche un message tel que celui-ci aux utilisateurs qui ne sont pas enregistrés :

> 2446.034075 mégaoctets de stockage libre. Vous n'aurez plus besoin d'effacer de message.

Mais il y a un truc : le chiffre indiquant la capacité de stockage augmente toutes les secondes. Le temps de taper quelques phrases et le compteur est passé à 2446.039313 mégaoctets. Gmail fournit un message pas si subtil que ça sur ses capacités de stockage.

Andrew Parker a analysé cette page d'accueil (*http://www.avparker.com/2005/07/10/itunes-gmail-dynamic-counters/*). La page est initalement chargée avec la capacité de stockage relevée au premier jour du mois précédent et du mois courant (du mois d'après aussi, même si ce n'est apparemment pas utilisé). Lorsque l'analyse arrive, 100 Go ont été ajoutés par mois. Une fois que vous savez ça, vous pouvez calculer le nombre de mégaoctets par seconde. Ainsi l'algorithme détermine combien de secondes sont passées depuis que le début du mois courant a démarré et peut donc en déduire le nombre de mégaoctets qui ont été ajoutés jusqu'alors. Ajouter le résultat à celui du début du mois et vous avez la capacité actuelle de stockage, toutes les secondes.

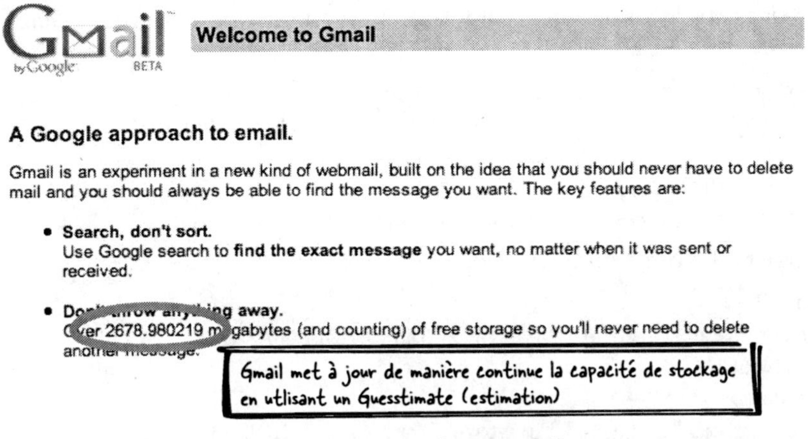

Figure 13-7. Stockage Gmail

Exemple de code : le compteur de iTunes

Le compteur de iTunes[2] repose sur un service serveur qui se met à jour toutes les cinq minutes. Sur chaque mise à jour, le service montre le compte relatif à la chanson en court et celui de la chanson cinq minutes avant. Connaître le nombre chansons vendues en une période de cing minutes permet le calul du nombre de chansons vendues par seconde. Ainsi le script connaît le dernier nombre et puisqu'il connaît également le nombre de secondes qui sont passées depuis, peut estimer le nombre de chansons qui ont été vendues. Le compteur affiche alors le chiffre le plus récent ajouté du nombre de chansons estimées vendues depuis lors.

Nous avons deux actions réalisées périodiquement :

- Toutes les minutes, `doCountdown( )` appelle le serveur pour récupérer les statistiques des nouvelles chansons.
- Toutes les 100 millisecondes, `runCountdown( )` utilise un taux d'estimation pour pouvoir l'intégrer à l'affichage du compteur.

Les variables globales clés sont `rate` et `curCount` :

- `rate` est le nombre de chansons achetées par milliseconde, en accord avec les statistiques téléchargées chaque minute via XML.
- `curCount` est la valeur du compteur.

Ainsi, à chaque fois que la réponse serveur arrive, `rate` est mis à jour pour refléter le nombre le plus récent de chansons vendues par millisecondes. `curCount` est incrémenté en continue en accord avec ce nombre dont l'affichage est réalisé sur la page.

---

2. Une analyse plus approfondie du compteur de iTunes peut être consultée sur mon blog à l'adresse *http://www.softwareas.com/ajaxian-guesstimate-on-download-counter*. Certains commentaires et espacements ont été modifiés pour la présente analyse.

Les statistiques sont modifiées sur le serveur toutes les cinq minutes, ainsi doCountdown( ) récupère les statistiques récentes toutes les minutes pour avoir les derniers changements au plus tôt :

```
//get most recent values from xml and process
ajaxRequest('http://www.apple.com/itunes/external_counter.xml',
            initializeProcessReqChange);
//on one minute loop
var refreshTimer = setTimeout(doCountdown,refresh);
```

Cela rafraîchit le compteur XML :

```
<root>
  <count name="curCount" timestamp="Thu, 07 Jul 2005 14:16:00 GMT">
    484406324
  </count>
  <count name="preCount" timestamp="Thu, 07 Jul 2005 14:11:00 GMT">
    484402490
  </count>
</root>
```

setCounters( ) est la fonction qui réalise le calcul *Guesstimate* basée sur cette information. Elle extrait les paramètres requis du XML et les transforme en variables ordinaires – par exemple :

```
preCount = parseInt(req.responseXML.getElementsByTagName
           ('count')[1].childNodes[0].nodeValue);
```

Lorsqu'un changement est détecté, il recalcule le taux actuel comme étant le rapport suivant : *(nombre de nouvelles chansons) / (temps écoulé)*. Notez qu'aucune hypothèse n'est réalisée à propos de la durée des cinq minutes ; ainsi, le temps qui est écoulé (dataDiff) est toujours déduit du XML.

```
//calculate difference in values
countDiff = initCount-preCount;
//calculate difference in time of values
dateDiff = parseInt(initDate.valueOf()-preDate.valueOf( ));
//calculate rate of increase
// i.e. ((songs downloaded in previous time)/time)*incr
rate = countDiff/dateDiff;
```

Il s'agit du taux le plus précis que l'on puisse obtenir mais le script le réduit ensuite de 20 pourcents. Pourquoi les développeurs voudraient-ils délibérément sous-estimer ce taux ? Certainement parce qu'ils ont accepté le fait que le taux serait toujours faux pour chaque synchronisation avec un navigateur provoquant le réajustement du compteur dans une direction ou une autre et ils veulent s'assurer que cette direction se fera toujours vers le haut. Rendre l'estimation plus basse que celle qui est prévue garantit juste que le compteur ne va cesser de croître – plutôt que de décroître – à chaque point de synchronisation. Il est vrai que l'on aura toujours un saut et qu'il sera globalement un peu plus gros à cause de l'ajustement des 20 pour cents mais c'est toujours préférable que d'avoir le compteur qui redescend parfois dans les valeurs, ce qui casserait l'illusion.

```
rate = rate*0.8;
```

Tout comme les appels serveur toutes les minutes, nous avons des appels toutes les 100 millisecondes pour le réaffichage de la page. `runCountdown( )` s'en occupe. Avec la variable `rate` réestimée toutes les minutes, il est assez facile de déterminer la valeur de ce compteur toutes les secondes. `incr` correspond à la pause entre les réaffichages (dans ce cas, 100 ms). Donc, toutes les 100 ms, il va simplement calculer la nouvelle quantité de chansons estimées en ajoutant le chiffre correspondant. Notez que l'exemple de compteur Gmail abordé calcule le nombre total à chaque fois alors que l'algorithme ici présent l'incrémente de manière graduelle à chaque fois. Le présent algorithme est cependant un peu plus efficace bien qu'il soit plus enclin aux erreurs d'arrondis.

```
//multiply rate by increment
addCount = rate*incr;
//add this number to counter
curCount += addCount;
```

Finalement, la valeur du nouveau compteur est intégrée dans l'affichage de la nouvelle estimation. L'affichage a été bloqué lorsque les ventes ont atteint les 500 millions de chansons vendues, de manière à ce que le compteur montre toujours que 500 millions.

```
c.innerHTML = (curCount<500000000) ?
              intComma(Math.floor(curCount)) : "500,000,000+";
```

Patterns associés

Periodic Refresh (mises à jour périodiques)

Un Guesstimate peut souvent être utilisé pour compenser les écarts entre *Periodic Refresh* (chapitre 10).

Predictive Fetch (chargement prédictif)

Predictive Fetch (chargement prédictif) est une autre optimisation des performances, basée sur des hypothèses de probabilité. Predictive Fetch devine ce que l'utilisateur va faire ensuite alors que Guesstimate implique de deviner l'état courant du serveur. En général, Guesstimate diminue le nombre d'appels au serveur alors que Predictive Fetch augmente ce nombre d'appels.

Fat Client (client riche)

Guesstimates nécessite de la logique métier pour les calculs qui doivent s'afficher dans le navigateur, une caractéristique des *Fat Clients*.

Métaphore

Si vous connaissez l'heure qu'il était lorsque vous avez commencé à lire ce pattern, vous être capable de faire un Guesstimate sur l'heure actuelle en ajoutant l'estimation de la durée de lecture de ce pattern.

Multi-Stage Download (téléchargements en plusieurs étapes)

◉○○

Téléchargement, Incrémental, Plusieurs étapes, Parallèle

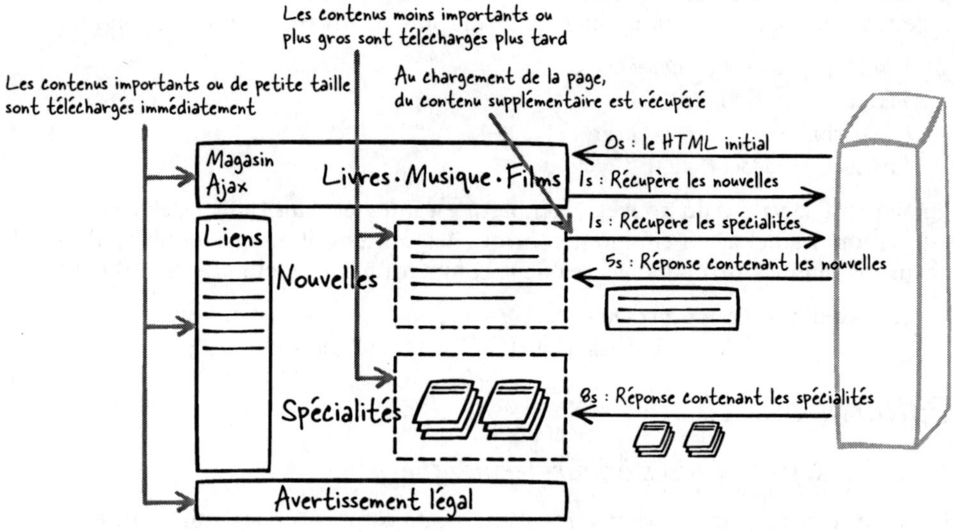

Figure 13-8. Multi-Stage Download (téléchargements en plusieurs étapes)

Anecdote

Dave a été informé que beaucoup de personnes quittent la page d'accueil d'un site de commerce en ligne à cause de son temps de chargement incroyablement long. Il réalise une refonte de code de manière à ce que le téléchargement initial n'inclut pas plus qu'une simple bannière et les principaux liens de navigation. Les nouvelles et les items fonctionnels sont toujours présents sur la page mais ils sont récupérés séparément, une fois que la page d'accueil est chargée.

Problème

Comment optimiser les performances du téléchargement ?

Contraintes

- Le contenu peut être consommateur de temps en terme de chargement, spécialement lorsqu'il est riche en images.
- Les utilisateurs ont rarement besoin de lire tout le contenu de la page.
- Les utilisateurs doivent souvent cliquer plusieurs fois pour localiser un item particulier.
- Les utilisateurs naviguent parfois en explorant les liens entre les pages.

Solution

Fractionner le téléchargement du contenu en plusieurs étapes de manière à ce que le contenu le plus rapide et le plus important arrive le premier. Typiquement, la page est divisée en blocs (c'est-à-dire des éléments `div`) dont chaque contenu est téléchargé séparément. Des *XMLHttpRequest Calls* peuvent être réalisés simultanément ou en séquence et la page va graduellement se construire comme les appels reviennent.

Le pattern s'applique lorsqu'une application a besoin de télécharger beaucoup de contenu depuis le serveur. Typiquement, cela arrive au démarrage ou lors d'un changement majeur de contexte. En fractionnant l'appel, vous pouvez délivrer plus rapidement les données les plus importantes. Vous évitez les goulets d'étranglement qui surviennent lorsqu'un seul morceau du contenu bloque l'ensemble du téléchargement.

Le téléchargement initial de la page peut être très rapide, ne contenant juste que le squelette de navigation et assez de contenu contextuel pour aider l'utilisateur à décider si cela vaut le coup d'aller plus loin. Il s'agit du contenu critique pour un nouveau visiteur et il n'a pas besoin d'attendre que le reste de la page se télécharge. Le navigateur peut requêter le contenu de la page principale dans une requête séparée.

Ce pattern est dans certains aspects une mise à jour Ajax de la vieille technique qui consiste à remplir une page graduellement, pendant que le serveur continue à remplir le tampon et l'utilisateur peut voir la page alors que la page se télécharge. Ajax rend l'ensemble plus puissant puisque les derniers téléchargement peuvent être reliés à n'importe quelle partie existante de la page.

Un des risques est d'avoir trop de requêtes à la fois. Ainsi, considérez (c'est purement spéculatif) une variante au Multiplex Call (appel multiplexé). Établissez un protocole navigateur/serveur qui laisse le navigateur encapsuler de multiples requêtes et le serveur encapsuler les multiples réponses. Réalisez alors un seul appel avec toutes ces données requises. La réponse immédiate peut retourner seulement quelques résultats de manière à ce que le navigateur attende juste un peu puis il réalise d'autres requêtes pour les autres données. L'ensemble du processus se répète jusqu'à ce que le navigateur ait récupéré toutes les données.

Décisions

Comme la page sera-t-elle divisée ?

La décision la plus délicate concerne la manière de diviser la page en fragments, chacun d'eux étant téléchargé individuellement. Puisque les fragements sont téléchargés en parallèle, les principaux conseils sont de créer de petits fragements du contenu initial pour s'assurer que le téléchargement initial sera rapide et de grouper les contenus qui sont susceptibles d'être lus au même moment. Ainsi, trop de blocs donneraient au téléchargement initial une apparence affreuse et pourraient avoir l'effet indésirable de faire bouger les éléments déjà affichés. Pour un nouveau visiteur, voici un exemple de création de blocs :

- Un bloc d'informations générales à propos du site web ; ex : le nom, le résumé et un petit icône.
- Un bloc de navigation montrant les différents liens du site.

- Un bloc d'informations générales sur la page courante, comme un en-tête et un texte résumé. Dans une application web, cela peut être de l'information dynamique basée sur le traitement de ce qui a été fait.
- Un ou plusieurs blocs de contenu de la page principale.
- Un ou plusieurs blocs d'informations auxiliaires ; par exemple, des promotions de sites partenaires, de la publicité et les informations légales.

Certains peuvent être recombinés également puisqu'il est important d'éviter trop de blocs. Ainsi, vous pouvez avoir une seule requête pour retrouver des informations sur la navigation et des informations génériques qui seraient séparées et affichées dans des blocs différents.

Notez que cela n'a pas à s'appliquer à une page d'accueil – si vous offrez des *Unique URLs*, les visiteurs peuvent sauter dans une application Ajax depuis différents points de manière à ce que le contenu de la page principale peut en fait être assez « profonde » dans l'application.

Comment sera structurée la page ?

Idéalement, ce pattern ne doit pas affecter l'apparence de la page mais aura besoin d'un peu de réflexion autour du HTML sous-jacent. En particulier :

- Comme de nouvelles informations sont chargées, il est possible que l'application du navigateur réarrange automatiquement la page pour s'accommoder des nouvelles informations. Cela peut conduire l'utilisateur à cliquer sur le mauvais lien ou taper dans la mauvaise zone de texte puisque les items bougent tout d'un coup dans la page. Idéalement, les informations ne bougeront pas une fois qu'elles sont présentées dans la page. Pour finir avec les images, il est utile de définir leur largeur et hauteur par avance, comme des propriétés CSS.
- Les modèles de page à base de CSS vont probablement jouer un rôle prépondérant dans n'importe quelle solution puisqu'il fournissent la capacité d'exercer un contrôle sur le modèle de la page sans en connaître les détails exacts.

Que se passe-t-il pour les blocs et leur contenu lors des téléchargements ?

Le document DOM lui-même peut être établi au chargement initial et les éléments `div` et d'autres structures sont utilisés comme des blocs du contenu arrivant. Si c'est le cas, la plupart de ces éléments peuvent être laissés seuls mais si l'utilisateur attend quelque chose de spécifique qui peut prendre un certain temps, il serait utile de placer un *Progress Indicator (indicateur de progression)* sur le bloc où la sortie va éventuellement apparaître.

Il est également possible de construire le document DOM dynamiquement, pour que les nouveaux éléments soient ajoutés quand le nouveau contenu arrive. Cette approche peut impliquer plus de travail, mais elle peut aider à découpler le navigateur du serveur. Avec le bon framework en place, cela veut dire que le navigateur n'a pas de besoin de savoir exactement quels items seront téléchargés. Le navigateur peut demander au serveur d'envoyer toutes les publicités et ce dernier répond simplement en envoyant un fichier XML qui contient trois entrées séparées que le navigateur affiche en ajoutant trois nouvelles balises `div`.

Les appels seront-ils émis simultanément ?

Disons que vous êtes à un point où vous avez soudainement besoin de l'ensemble du contenu. Devriez vous effectuer plusieurs requêtes en une fois ? Pas nécessairement. Gardez à l'esprit qu'il y a des limites sur le nombre de requêtes sortantes que le navigateur peut gérer en même temps et considérez ce qui est le mieux pour l'utilisateur. S'il y a un amas de contenu qui risque de ne pas être utilisé, pensez à utiliser l'instruction JavaScript `setTimeout` de l'appel. De cette manière, vous pouvez vous assurer que la bande passante de l'utilisateur est vraiment dédiée à transporter les choses importantes en premier.

Cas concrets

Kayak

Kayak (*http://kayak.com*) est un moteur de recherche de voyages. Vous lui dites où vous allez et il recherche alors à travers les multiples sites de voyages en ligne pour vous construire un ensemble de propositions.

Pendant que vous attendez les résultats d'une recherche, la page des résultats affiche juste d'abord la bannière du site, la recherche que vous avez entrée et un *Progress Indicator (indicateur de progression)* (*figure 13-9*). Comme les résultats de chaque site externe arrive, Kayak ajoute le nom du site et tous les vols qu'il a pu trouver là-bas. Les vols ne sont pas juste ajoutés mais sont triés. Vous avez l'option de pouvoir arrêter la recherche en cliquant sur le bouton « Enough Results » (assez de résultats).

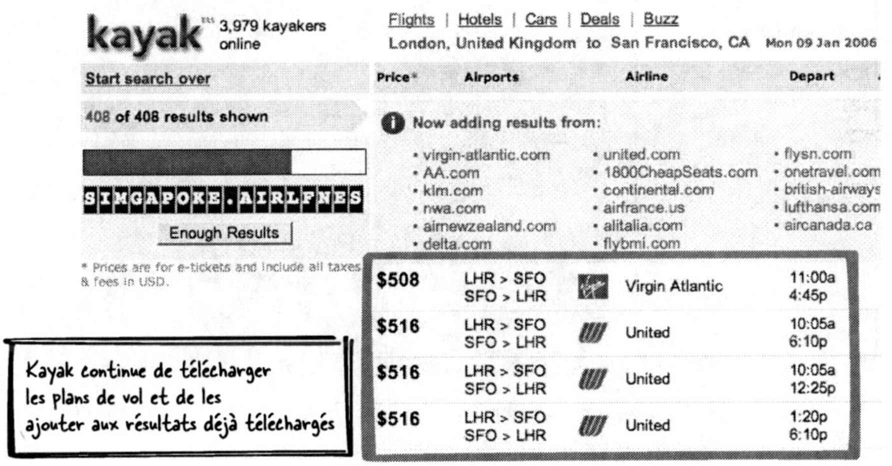

Figure 13-9. L'indicateur de progession de Kayak

NetVibes

NetVibes (*http://netvibes.com*) est un portail Ajax qui lance des *XMLHttpRequest Calls* parallèles au démarrage, un pour chaque *Portlet*. Beaucoup de portails suivent ce pattern.

TalkDigger

TalkDigger (*http://talkdigger.com*) est un méta-moteur de recherche Ajax de flux web. Les méta-moteurs de recherche traditionnels affichent les résultats dans le navigateur comme ils les reçoivent des différents moteurs, de sorte que la page de résultats n'est pas triée. Avec TalkDigger, chaque moteur de recherche individuel possède sont propre `div` sur la page. Comme les résultats arrivent, ils sont placés au bon endroit.

Exemple de code : le portail de AjaxPatterns

L'exemple de code est une démo de portail (*http://ajaxify.com/run/portal*) qui télécharge le contenu en étapes successives (*figure 13-10*) :

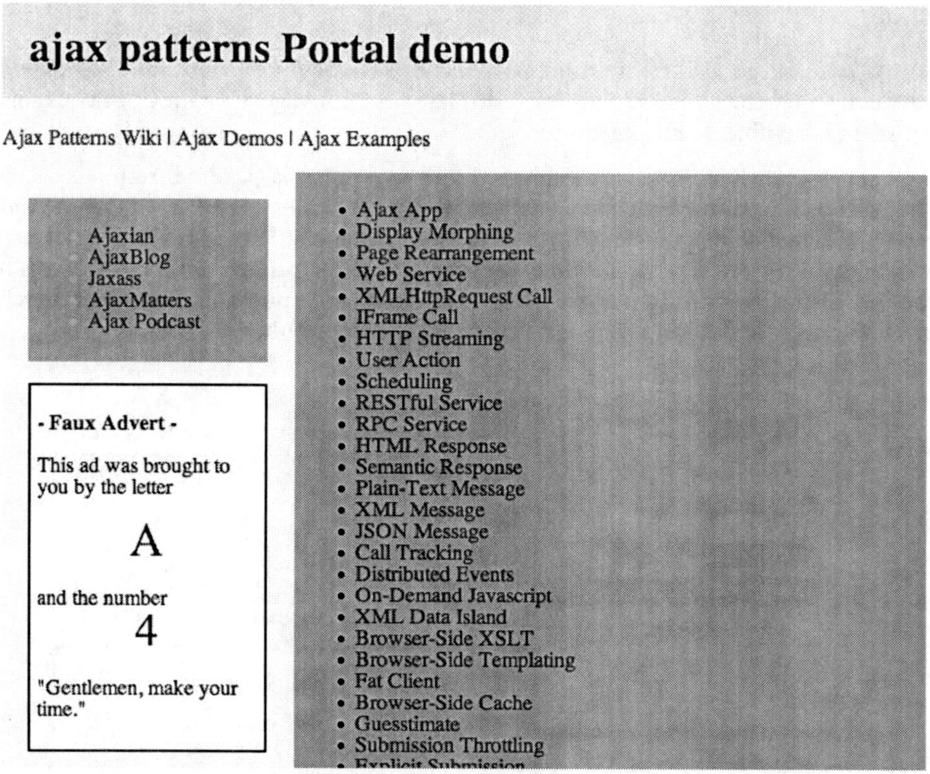

Figure 13-10. La démo de portail illustrant le Multi-Stage Download (téléchargement à plusieurs étapes)

1. La bannière et les liens clés sont téléchargés immédiatement comme une partie du HTML initial.
2. Au chargement de la page, une partie est gardée en marge pour les liens, qui sont alors requêtées et injectées.
3. De la même manière, le contenu principal fait aussi l'objet d'une requête au chargement de la page.

4. Finalement, une publicité est récupérée après un petit délai d'attente. Cela assure que le contenu principal arrive en premier pour que la publicité n'affecte pas le flux global. (Si vous vous sentez entreprenant, vous pouvez refondre le code pour que les étapes interviennent dans l'ordre inverse).

Le code HTML initial contient l'en-tête et les blocs dans lesquels le contenu sera injecté. Il y a un message « Loading » (« chargement en cours ») pour chacun d'eux :

```
<h1>ajax patterns Portal demo</h1>

<a href="http://ajaxpatterns.org">Ajax Patterns Wiki</a> |
<a href="http://ajaxify.com">Ajax Demos</a> |
<a href="http://ajaxpatterns.org/Ajax_Examples">Ajax Examples</a>

<div class="spacer"> </div>

<div id="leftLinks">
  <div id="siteLinks">Loading ...</div>
  <div class="spacer"> </div>
  <div id="ad">Loading ...</div>
</div>
<div id="allPatterns">Loading ...</div>
```

Les liens qui se trouvent sur le côté et le contenu principal sont téléchargés immédiatement au chargement de la page et envoyés à la fonction de rappel qui les intègre dans les balises div correspondantes :

```
window.onload = function( ) {
  ajaxCaller.get("sideLinks.html", null,
                 onServerResponse, false, "siteLinks");
  ajaxCaller.get("allPatterns.phtml", null,
                 onServerResponse, false, "allPatterns");
  ...
}

function onServerResponse(html, headers, elementId) {
  $(elementId).innerHTML = html;
}
```

Quelques secondes plus tard – probablement après que tout le contenu soit téléchargé – le contenu de la publicité fait l'objet d'une requête :

```
window.onload = function( ) {
  ajaxCaller.get("sideLinks.html", null,
                 onServerResponse, false, "siteLinks");
  ajaxCaller.get("allPatterns.phtml", null,
                 onServerResponse, false, "allPatterns");
  setTimeout("ajaxCaller.get('ad.html',null,onServerResponse,false,'ad')",
            5000
}
```

Alternatives

All-In-One (tout en un)

Comme mentionné, l'alternative – et de facto le choix – est de tout télécharger en une fois.

Patterns associés

Portlet

Portlets (chapitre 15) sont de bon candidats pour les téléchargements spécifiques de contenus. La structure globale du portail peut être téléchargée initialement et chaque contenu de Portlet peut être téléchargée (et mis à jour) parallèlement au reste de la page.

Guesstimate (estimation)

Alors qu'un bloc attend d'être téléchargé, vous pouvez le peupler temporairement à l'aide d'un Guesstimate.

Progress Indicator (indicateur de progression)

Alors qu'un bloc attend d'être téléchargé, vous pouvez le peupler temporairement à l'aide d'un *Progress Indicator* (chapitre 14).

On-Demand JavaScript (JavaSript à la demande)

Comme Multi-Stage Download, *On-Demand JavaScript* (chapitre 6) implique un téléchargement initial suivi de téléchargements ultérieurs. Ce pattern met spécialement l'accent sur le contenu du JavaScript plutôt qu'à l'affichage et qu'à son contenu sémantique. Cela concerne également le téléchargement de ce que nous avons uniquement besoin. Le point ici est de télécharger en accord avec la planification initiale. D'autres patterns, comme *Microlink (microlien)* et *Live Search (recherche interactive)*, couvrent le téléchargement à la demande pour l'affichage de contenu.

Métaphore

Multi-Stage Download reflète la gestion agile d'une projet. Si vous pouvez délivrer certaines choses réellement utiles immédiatement, pourquoi faire attendre jusqu'à ce que tout le reste soit prêt ?

Fat Client (client riche)

◉○○

Côté Navigateur, Découplé, DHTML, Rapide, Réactif, Riche, Épais

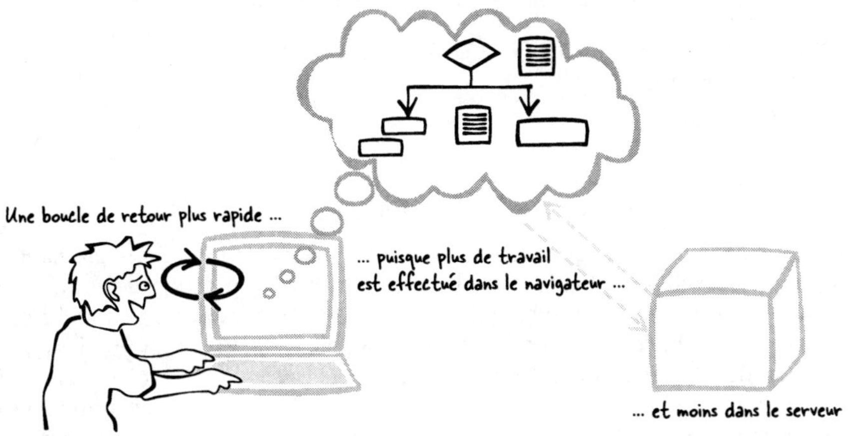

Figure 13-11. Client riche

Anecdote

La nouvelle application d'emprunt immobilier de Dave est très réactive puisqu'elle évite les appels serveur à chaque fois que c'est possible. Après quelques tests de performances, il a découvert que le JavaScript optimisé est assez rapide pour lancer les algorithmes financiers dans le navigateur, de façon à ce que les utilisateurs reçoivent des réponses immédiates après avoir entré des paramètres.

Problème

Comment définir l'architecture du système pour qu'il soit vraiment riche et interactif ?

Contraintes

- L'application doit répondre aux actions utilisateurs rapidement – idéalement, instantanément.
- Les réponses du serveur peuvent se révéler latentes de manière significatives à cause des transferts de données ou des pics de charge côté serveur.

Solution

Créer une application Ajax réactive en réalisant des appels distants uniquement lorsqu'il n'y a pas d'autres moyens d'atteindre les mêmes effets dans le navigateur. Alors que le serveur est traditionnellement la partie privilégiée pour les traitements complexes, ce pattern suggère de renforcer le navigateur avec toute la logique métier utile. Dans les cas extrêmes, cela revient à tout réaliser dans le navigateur mais ce n'est pas le but ici. Le message principal du pattern est de reconsidérer l'approche traditionnelle de l'architecture web, centrée sur le serveur ; aux développeurs d'être plus conscients du poids de leurs décisions au regard de l'endroit où vivent les différents composants de l'application. Placer plus de logique au sein du navigateur vous donne l'opportunité de rendre l'application plus réactive.

Les applications web possèdent habituellement plusieurs couches:

- L'interface utilisateur,
- La logique applicative,
- La logique métier,
- L'accès aux données,
- La communication avec les systèmes externes.

L'interface utilisateur est ce que l'utilisateur voit et ce avec quoi il interagit. La logique applicative concerne le dialogue entre l'utilisateur et l'ordinateur, du flux d'informations aller et retour – par exemple, à partir d'une action utilisateur, que doit faire l'ordinateur ensuite ? La logique métier concerne la connaissance du domaine et les pratiques et politiques du site web. La couche d'accès aux données concerne la lecture et l'écriture des données dans un endroit de stockage des données. La couche de communication vers les systèmes externes est également nécessaire dans beaucoup de systèmes d'entreprises, où les systèmes externes jouent le rôle de sources et de collecteurs d'informations.

Les applications web conventionnelles concentrent le code de l'interface utilisateur dans le navigateur en utilisant un mixage de code HTML, de feuille de style CSS et du JavaScript utilisé pour l'aide à la navigation, comme placer le focus du clavier, réaliser des animations ou offrir un menu dynamique. Tout le reste est habituellement géré sur le serveur. Ce pattern reconsidère cette distribution en suggérant le fait que certaines applications se prêtent mieux en ayant la logique applicative et métier dans le navigateur (*figure 13-12*).

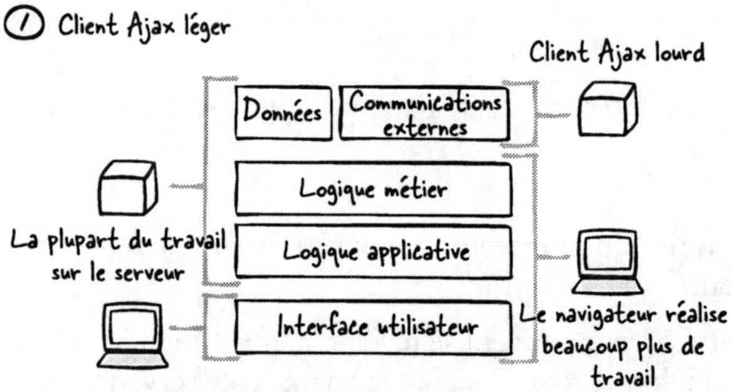

Figure 13-12. Les responsabilités d'un Fat Client

Avec la logique applicative dans le navigateur, une inversion de contrôle se produit : c'est au navigateur de contrôler l'activité du flux. Lorsque l'utilisateur réalise une action, c'est au navigateur de décider de la manière de répondre et appelle le seveur uniquement si nécessaire et pour des services spécifiques.

Le conseil de gérer la logique métier dans le navigateur est montré du doigt par la plupart des articles trouvés dans de sérieux sites de développement Web et ne doit pas être pris à la légère. La logique métier dans le navigateur pose un certain nombre de problèmes:

- Programmer en JavaScript peut se révéler difficile à cause des nombreuses fonctionnalités à la mode, familières aux développeurs et qui ne sont pas disponibles. L'API standard est minimale et la philosophie de l'orienté objet est basée sur des prototypes plutôt que des classes. En fait, l'usage d'un langage de script dynamique se révèle être inconfortable pour beaucoup de développeurs que ce soit dans le camp de Java ou celui de C#.

- La portabilité est une autre complication dûe au nombre de plate-formes et à leurs comportements non homogènes.
- Le développement est aussi un challenge. Coder, réaliser une refonte de code, deboguer, passer des tests automatiques et assurer le suivi sont des fonctionnalités proposées en standard dans les environnements de développement modernes comme IntelliJ Idea, mais leur support est encore minimal en JavaScript.
- La sécurité est une autre contrainte qui tend à délocaliser la logique métier du côté du serveur. Les utilisateurs astucieux peuvent consulter le code et les données dans le navigateur et peuvent même les trafiquer sur ce qui est retourné au serveur. L'obscurcification – le fait de rendre le code difficile à lire – est une protection bien faible.
- La logique applicative doit être gérée sur le serveur, à l'endroit où elle est peut-être réutilisée par d'autres clients.
- Les données web ne peuvent pas être sauvées sur la machine cliente.

Est-ce que ce sont vraiment des inconvénients ? Voyons comment répondre à chacune de ces problématiques :

- JavaScript peut bien être différent des langages de serveur mais de nombreux développeurs découvrent qu'il est beaucoup plus puissant que présumé (*http://www.crockford.com/javascript/javascript.html*). Jusqu'à récemment, les ressources principales sur le JavaScript étaient des « copier-coller » de sites web, mais il y a un nombre croissant de livres et de ressources qui prennent le langage au sérieux. De plus, le langage a également subi une véritable renaissance avec Ajax. De nouveaux idiomes et patterns émergent avec un tas de frameworks multi-navigateurs relativement dépouillées. L'introduction récente de JSAN (*http://openjsan.org*) – un dépôt de bibliothèques JavaScript comme CPAN de Perl – va uniquement augmenter la réutilisation. Les concepts ortientés objets, comme l'héritage et l'agrégation, sont en fait possibles, même d'une manière non familière aux développeurs habitués aux langages serveur. L'écriture dynamique contre l'écriture statique est une histoire de goût qui ne devrait pas affecter la crédibilité d'un langage ; l'approche dynamique de JavaScript peut ne pas convenir à tout le monde mais JavaScript est loin d'être un outsider.
- Les navigateurs ont des comportements standard de nos jours et la plupart des nouvelles bibliothèques font abstraction des dépendances navigateur (voir *Cross-Browser Component* [chapitre 12]). Par exemple, plus d'une douzaine de bibliothèques offrent une méthode pour encapsuler indépendamment du navigateur un objet `XMLHttpRequest`.
- Des outils récents rendent la vie plus facile ; certains sont abordés dans les patterns de développement (Partie V).
- La sécurité reste un problème, mais il est possible de déployer l'application de telle manière que la fonctionnalité critique pour la sécurité soit exposée côté serveur

dans des services bien définis avec tout la logique applicative gérée localement et appelant ces services. Il peut y avoir une duplication puisque la validation de surface côté navigateur est également importante pour un retour rapide à l'aide du JavaScript pour les tests de contrôle avant de relayer la requête au serveur. Cependant, il existe des solutions pour gérer ce genre de duplication si c'est une problématique importante. Par exemple, avec du JavaScript côté serveur, vous pouvez avoir le même script côté navigateur et côté serveur ou vous pouvez utiliser une notation déclarative pour les règles métiers et avoir le traitement des deux côtés.

- Il est vrai que de la logique métier a besoin d'être mise à disposition à de nombreux clients et donc doit être exposée comme *services web*. Cela devient par la même occasion un bon argument pour la garder côté serveur. (Elle peut également être exécutée sur le serveur tout comme dans le navigateur bien que ce soit une pratique inhabituelle). Pourtant, la logique métier est spécifique et c'est d'autant plus vrai pour la logique applicative (en dépit des formidables plans en vue d'exécuter la même application sur des téléphones mobiles et sur les bureaux).
- Les navigateurs ne peuvent pas faire persister les données localement mais une file d'exécution en arrière-plan peut être utilisée périodiquement pour une synchronisation avec le serveur. Au début des années 90, beaucoup d'applications de bureau forçaient les utilisateurs à sauvegarder explicitement leur travail alors qu'aujourd'hui beaucoup le sauvegardent périodiquement et à la fermeture. De la même façon, il est maintenant faisable pour des applications web de stocker des données de manière transparente sans affecter le traitement. Si un stockage côté client se révèle assez critique pour justifier une solution non « purement Ajax », il existe des bibliothèques Flash facilement installables de disponibles (ex : AMASS de Brad Neuberg ; voir *http://codinginparadise.org/projects/storage/README.html*).

Aucun de ces points ne dit que la programmation en JavaScript est plus productive que la programation en C# ou en Ruby. Dans la plupart des cas, ce n'est d'ailleurs pas le cas et ne le sera jamais. Une programmation JavaScript n'en reste pas moins une véritable alternative. Les développements d'applications professionnelles impliquent le choix du langage le plus adapté. Étant donné les nombreux bénéfices d'un code côté navigateur, il existe au moins quelques contextes qui font de JavaScript un langage de choix pour l'implémentation de la logique métier et applicative.

Décisions

Comment les logiques métier et applicative sont-elles implémentées dans le navigateur ?

Les applications conventionnelles utilisent le JavaScript pour réaliser un peu de décoration. Même lorsque beaucoup de JavaScript est utilisé, il est souvent packagé en bibliothèques et routines pour la réalisation de services comme la validation de champs de formulaires avec des expressions régulières ou la surimpression d'un calendrier. Ce sont juste de petits détours sur la route bien balisée entre le navigateur et le serveur. À l'opposé, un client riche répond à de nombreux événements lui-même, en déléguant au serveur uniquement s'il le juge nécessaire.

Tout ceci implique une utilisation très différente du JavaScript et il existe certaines techniques qui peuvent nous y aider. Elles sont hors-cadre de ce chapitre mais voici quelques pistes :

- Il est facile de tomber dans le piège de rester « cloîtré dans ses habitudes » de développement, en appliquant des modèles de conception d'autres langages au JavaScript. Il est habituellement plus productif d'aborder JavaScript comme un langage unique avec ses propres fonctionnalités particulières et ses patterns d'utilisation et en étant méfiants dans l'application des concepts d'architecture issus d'un de vos langages de programmation côté serveur si cela semble ne pas convenir.
- JavaScript utilise un paradigme basé sur le prototype qu'il vaut mieux apprendre. Les concepts orientés objet comme l'héritage sont certainement possibles mais il est important d'appréhender la manière dont ils peuvent s'accommoder dans un modèle de prototype.
- Les pratiques de développement et de déploiement s'appliquent également à un client riche et sont aussi importantes que les phases de test du code serveur, comme évoqué dans les Patterns de Développement (Partie V).
- JavaScript s'exécute moins vite que son équivalent dans des applications de bureau rendant son optimisation importante. Ainsi, considérez les problématiques d'utilisation mémoire et soyez attentifs aux éventuels bogues des navigateurs qui pourraient amener à des fuites mémoires.
- Fragmentez les applications complexes en de multiples fichiers JavaScript et gérez-les avec le pattern *On-Demand JavaScript (JavaScript à la demande).*
- Réutilisation, Réutilisation, Réutilisation. Comme l'Annexe A le montre, il y a une prolifération de frameworks JavaScript et de libraries qui deviennent disponibles.

Cas concrets

NumSum

NumSum (*http://numsum.com*) est un tableur Ajax qui fournit toutes les fonctionnalités basiques d'un tableau traditionnel en JavaScript : l'insertion et l'effacement de lignes et de colonnes, l'utilisation de diverses formules, l'habilité pour un utilisateur d'entrer des valeurs dans n'importe quelle cellule, le formatage du texte (gras, italique ou souligné), la justification de texte et la possibilité d'y inclure des liens et des images.

Le tableau de base est implémenté comme un objet `table`. Les cellules de cette table ne sont en fait pas éditables, le script a donc besoin de simuler une table éditable. Un gestionnaire d'événements assure qu'une cellule devient active lorsque l'utilisateur clique dessus et cette cellule est alors transformée pour refléter les entrées utilisateurs.

Gmail

Gmail (*http://gmail.com*), comme d'autres concurrents, présente une interface riche Ajax pour un système de mails. Les offres des boîtes mails conventionnelles reposent essentiellement sur la soumission de formulaires et les rechargements de pages – une nouvelle page doit être ouverte à chaque fois que l'utilisateur désire commencer à écrire un mail, finit de composer un mail ou ouvre un message. Avec Gmail, la liste des mails est toujours présente et régulièrement rafraîchie. Les éditions partielles sont périodiquement sauvegardées également. Tous ces processus sont gérés à l'intérieur du navigateur en utilisant la combinaison d'un Display Manipulation (chapitre 5) et d'un Web Remoting (chapitre 6).

DHTML Lemmings

DHTML Lemmings (*http://www.oldgames.dk/freeflashgames/arcadegames/playlemmings.php*) montre ce que l'on peut faire à l'aide de code JavaScript bien pensé (*figure 13-13*). Il s'agit d'une implémentation complète du jeu PC Lemmings qui utilise un *Richer Plugin (Plugin Riche)* uniquement pour le son – le jeu entier tournant avec du DHTML, du DOM et du CSS. Le jeu consiste en une image statique qui représente le niveau courant avec des *Sprites (éléments graphiques)* utilisés pour afficher les lemmings et les autres objets dans le jeu. Un minuteur périodique vérifie continuellement l'état courant de chaque objet et des manipulations DOM de propriétés d'objets sont utilisées pour afficher leur état à n'importe quel moment.

Figure 13-13. DHTML Lemmings

JS/UIX shell

JS/UIX shell (*http://www.masswerk.at/jsuix/*) est un démonstrateur d'un interpréteur de commande Unix intégré au navigateur (*figure 13-14*). Dans sa forme courante, ce n'est qu'une démo mais elle est capable d'exécuter toutes les commandes basiques d'un système d'exploitation et inclut même un éditeur « vi » ! L'approche s'oppose aux émulateurs de terminaux côté navigateur qui sont des applications légères passant justes les caractères dans les deux sens. Avec un intégration serveur appropriée, l'application doit être réalisée en une application fonctionnelle multi-utilisateurs. La ligne de commande reste le choix privilégié pour la plupart des utilisateurs avancés (les « power users ») et cette démonstration démontre comment un client riche Ajax peut l'adresser.

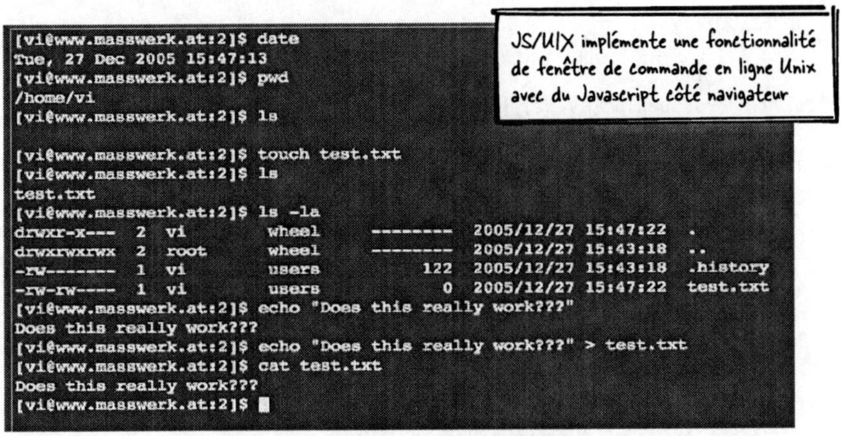

Figure 13-14. JS/UIX shell

Exemple de code : le Wiki de base de AjaxPatterns

La démo de Wiki (*http://ajaxify.com/run/wiki*) est basée sur les principes de client riche bien que ses fonctionnalités soient plutôt limitées. Toutes les interactions et les affichages se produisent localement. La seule interaction avec le serveur est un événement de synchronisation périodique lorsque ce qui suit arrive :

- Les messages en cours sont téléchargés sur le serveur, un exemple de *Submission Throttling* (chapitre 10).
- Tous les messages courants sont récupérés du serveur de manière à ce que les messages des autres utilisateurs soient affichés. C'est un exemple de *Periodic Refresh* (chapitre 10).

Il y a un minuteur qui assure une synchronisation après cinq secondes d'inactivité :

```
var syncTimer = null;

function startPeriodicSync( ) {
  stopPeriodicSync( );
  syncTimer = setInterval(synchronise, 5000);
}

function stopPeriodicSync( ) {
  clearInterval(syncTimer);
}
```

Le minuteur démarre au chargement de la page et est interrompu à chaque fois que l'utilisateur modifie du texte :

```
window.onload = function( ) {
  synchronise( );
  startPeriodicSync( );
}

function onMessageFocus(event) {
```

```
    ...
    stopPeriodicSync( );
  }

  function onMessageBlur(event) {
    ...
    startPeriodicSync( );
  }
```

Le script contient également une variable qui accumule les messages en cours à chaque fois que l'utilisateur réalise une modification quelque part :

```
  var pendingMessages = new Array( );
  ...
  function onMessageBlur(event) {
    ...
    if (message.value != initialMessageContent) {
      pendingMessages[message.id] = true;
    ...
  }
```

L'événement de synchronisation construit du XML à poster sur le serveur basé sur le tableau pendingMessages qui a été accumulé. Si aucun changement n'est en cours, il interroge simplement l'état courant du serveur. S'il y a des changements en cours, il poste ces changements avec des XML messages. Autrement, le serveur répondra avec un XML spécifiant son état courant.

```
  function synchronise( ) {

    var messageTags = "";
    for (messageId in pendingMessages) {
      var initialServerMessage = $(messageId).serverMessage;
      messageTags += "<message>";
      messageTags += "<id>" + messageId + "</id>";
      messageTags += "<lastAuthor>" + $("authorIdSpec").value + "</lastAuthor>";
      messageTags += "<ranking>" + initialServerMessage.ranking + "</ranking>";
      messageTags += "<content>" + escape($(messageId).value) + "</content>";
      messageTags += "</message>";

      $(messageId).style.backgroundColor = "#cccccc";
    }

    var changesOccurred = (messageTags!="");
    if (!changesOccurred) {
      ajaxCaller.getXML("content.php?messages", onMessagesLoaded);
      return;
    }

    var changeSpec = "<messages>" + messageTags + "</messages>";
    ajaxCaller.postBody
      ("content.php", null, onMessagesLoaded, true, null, "text/xml", changeSpec);
    pendingMessages = new Array( );
  }
```

La logique métier de l'application est virtuellement orthogonale à la synchronisation serveur. La seule concession est l'accumulation des messages en cours pour éviter de télécharger sur le serveur l'état entier du navigateur à chaque fois. Si le minuteur et le processus de synchronisation connaissent la logique métier du Wiki, cette dernière ne connaît rien d'eux et ils peuvent même être développés indépendamment. Il est facile d'imaginer comment le Wiki peut évoluer vers quelque chose qui aurait plus de fonctionnalités côté navigateur et plus riche comme le formatage de texte ou des messages déplaçables et ainsi de suite.

Alternatives

Thin client (client léger)

Un client léger contient uniquement du JavaScript basique et retourne souvent au serveur les interactions utilisateur. Il est probable que cela restera le type dominant des applications Ajax et se montre utile dans les cas suivants :

- Il est important de supporter les navigateurs. L'utilisation d'un mode dégradé est toujours possible avec les clients lourds mais cela nécessite plus de travail et peut induire de la redondance.
- La logique métier nécessite des techniques de programmation sophistiquées et les bibliothèques peuvent seulement être implémentées côté serveur.
- La logique métier implique parfois le calcul de nombre significatifs ou d'autres processus qui peuvent seulement être réalisés côté serveur.
- Étant donné des contraintes mémoires et de bande passante, l'application ne peut pas être gérée localement.
- Il y a un dialogue complexe induit avec le dialogue de services externes et à cause des politiques de sécurité multi-domaines ces services ne peuvent pas être accédés depuis le navigateur.

Desktop client (client bureau)

Un desktop client (client bureau) est exécuté comme une application standard dans le système d'exploitation de l'utilisateur et se connecte à un ou plusieurs serveurs en utilisant HTTP ou n'importe quel autre autre protocole. Comparé à un Fat Client (client riche), un client bureau peut se révéler plus riche et plus rapide. Cependant, on ne retrouve pas les bénéfices d'une application web. Vous pouvez cependant compenser :

- La portabilité peut être réalisée avec un langage neutre vis-à-vis de la plate-forme d'exécution.
- La centralisation des données peut être réalisée par le stockage de toutes les données côté serveur.
- L'utilisation d'interfaces familières peut être réalisée en les adaptant pour les aspects propres de chaque plate-forme.

Dans certains contextes, un client bureau représente le meilleur des deux mondes : un client riche supporté par un puissant serveur. Dans d'autres situations, un Fat Client (client riche) basé sur des principes Ajax peut se révéler le compromis idéal : un serveur puissant, un client de nature assez riche et un accès facile au travers de n'importe quel navigateur web moderne.

Patterns associés

Periodic Refresh (rafraîchissement périodique)

Periodic Refresh (chapitre 10) est une manière relativement discrète d'enrichir l'état du client avec n'importe quelle information côté serveur.

Submission Throttling (accélérateur de soumission)

Submission Throttling (chapitre 10) est une manière relativement discrète de notifier le serveur de tout changement significatif qui s'est produit dans le navigateur.

Widgets (éléments graphiques)

Si l'utilisateur passe beaucoup de temps sur le navigateur, des widgets (éléments graphiques) variés (chapitre 14) doivent être adoptés pour améliorer l'ergonomie.

On-Demand JavaScript (JavaScript à la demande)

Puisque *Fat Clients (clients riches)* tendent à intégrer des scripts de plus en plus volumineux, *On-Demand JavaScript (JavaScript à la demande)* (chapitre 6) se révèle utile pour leur gestion.

Drag-And-Drop (glisser déposer)

Le *Drag-And-Drop (glisser déposer)* (chapitre 15) est familier à de nombreux utilisateurs d'applications de bureau et aide à rendre l'utilisation de l'application plus naturelle. Alors que des clients web plus conventionnels reposent sur une interaction basée sur les formulaires, des Fat Clients peuvent apporter une richesse d'utilisation s'ils implémentent le Drag-And-Drop.

Host-Proof Hosting (stockage sécurisé côté serveur)

Où un Fat Client (client riche) est perçu comme un remplaçant de son équivalent de bureau, le *Host-Proof Hosting (stockage sécurisé côté serveur)* (chapitre 17) peut être envisagé pour éviter les compromis sur la sécurité qu'une solution localisée peut apporter.

Métaphore

Les méthodes de développement Agile comme Scrum ont pour but de réaliser une « inversion de contrôle ». Les tâches de travail (comme un Fat Client) sont obligées de planifier leurs propres activités et le rôle du gestionnaire (le serveur) est d'offrir tout que ces tâches de travail réclament pour qu'elles puissent diriger leurs activités.

Pour aller plus loin

- Groupe de Discussion Google : « Applications in the Browser or the Server? » (*http://groups-beta.google.com/group/ajax-web-technology/browse_thread/thread/e40317a830ad841d/06483bf77587a62c #06483bf77587a62c*).

- « JavaScript: The World's Most Misunderstood Programming Language » par Douglas Crockford (*http://www.crockford.com/javascript/javascript.html*).
- « JavaScript is not the devil's plaything » par Cameron Adams (*http://www.themaninblue.com/writing/perspective/2005/04/12/*).

Partie IV

Patterns fonctionnels et ergonomiques

14

Widgets (éléments graphiques)

Les widgets (éléments graphiques) fournis en standard par le HTML – les champs textes, les « radiobuttons » et ainsi de suite – n'ont pas beaucoup changé depuis dix ans et commencent un peu à s'essoufler. Beaucoup de gens ont construit leurs propres éléments graphiques au-dessus des possibilités offertes par le HTML standard et quelques patterns en ont émergé. Il est peu probable que vous ayiez besoin de construire ces éléments vous-même, puisque des implémentations sous forme de bibliothèques sont disponibles pour presque tous. Néanmoins, ça vaut la peine de considérer quand les utiliser et comment les configurer.

Ce chapître commence par de petits widgets indépendants et se poursuit par des composants plus complexes. Le *slider (réglette)* est l'« élément graphique oublié du HTML » – élément graphique tellement utile qu'il est surprenant qu'il ne soit pas déjà devenu un standard HTML. Le *Progress Indicator (indicateur de progression)* est un simple message ou une animation affichée en attendant une réponse du serveur distant. Le *Drilldown (focus de menu)* est un contrôle permettant de sélectionner un élément au sein d'une liste.

Des éléments graphiques HTML traditionnels sont surboostés dans les deux patterns suivants. Le *Data Grid (grille de données)*, est un « tableau survitaminé », avec des outils de requête et de restructuration familiers pour les utilisateurs de tableurs et d'outils de reporting de base de données. Et *Rich Text Editor (éditeur de texte riche)* est une « zone de texte survitaminée » (textarea HTML) avec des options comme la taille de police ou la couleur qui sont identiques à celles d'un éditeur de texte moderne.

Suggestion ressemble à la traditionnelle liste déroulante (combo-box HTML), un mélange de navigation et de recherche qui se repose sur un accès web distant pour proposer une liste d'options basée sur une saisie partielle de texte. Le *Live Search (recherche interactive)* fonctionne de façon similaire, mais affiche les résultats d'une recherche plutôt qu'une complétion de texte. Elle fonctionne également pour des contrôles non textuels.

Pour finir, la *Live Command-Line (commande en ligne interactive)* et le *Live Form (formulaire interactif)* sont des patterns de plus haut niveau qui mélangent plusieurs éléments graphiques et patterns. Le premier est en grande partie spéculatif et explore des techniques pour aider les gens à apprendre à utiliser des interfaces de commande en ligne sur le Web. Le suivant est un pattern Ajax beaucoup plus éprouvé, un formulaire qui s'adapte aux réponses de l'utilisateur.

Slider (réglette)

◉◉◉

Continu, Levier, Multiple, Portée, Réglette

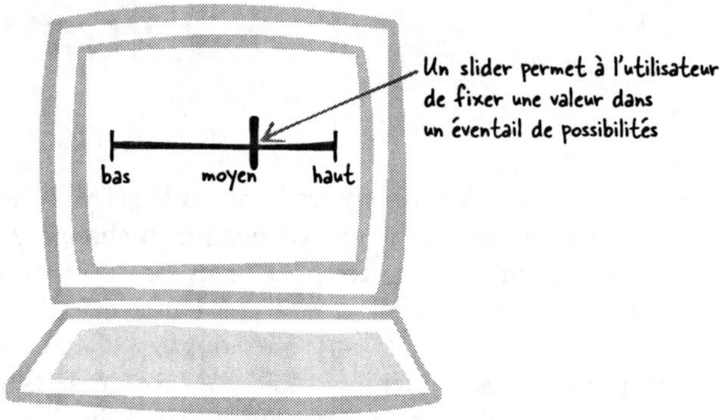

Figure 14-1. slider (réglette)

Anecdote

Stuart donne une note à son enseignant en ligne. Chaque réponse se situe entre « Complètement en désaccord » et « Complètement d'accord ». Contrairement aux enquêtes conventionnelles, l'échelle est continue car Stuart utilise une réglette pour fixer une valeur précise au sein d'un spectre possible de valeurs.

Problème

Comment les utilisateurs peuvent-ils choisir parmi un éventail de valeurs ?

Contraintes

- La plupart des données doivent être bornées.
- Mieux vaut prévenir que guérir ; l'interface utilisateur doit être conçue de telle façon que l'utilisateur est obligé de choisir une valeur dans un éventail plutôt que d'effectuer une vérification et retourner un message d'erreur a posteriori.

Solution

Fournir un slider (réglette) pour permettre à l'utilisateur de choisir une valeur entre deux bornes. L'utilisateur tire un curseur le long d'une ligne pour fixer une valeur. De la même façon, deux curseurs sur la même réglette peuvent lui permettre de fixer un éventail de valeur plutôt qu'une valeur unique.

Le standard HTML propose deux contrôles d'entrée du même type : les boutons radio et les listes de choix. Chacun d'entre eux vous permet de choisir une valeur dans une liste prédéfinie. Le plus gros avantage de la réglette est que l'éventail de données peut aussi bien être continu que discret. Bien entendu, « continu » est une approximation, étant donné que vous êtes limité par le nombre de pixels contenus dans la réglette. Mais pour la plupart des réglettes, cela signifie que vous avez des centaines de valeurs différentes, ce qui revient à être continu pour la plupart des objectifs ou des besoins.

Un slider (réglette) peut également afficher des données discrètes en identifiant plusieurs points sur sa longueur. Quand l'utilisateur relâche le curseur, il se positionne sur le point le plus proche. Pourquoi utiliser un slider (réglette) lorsque des boutons radio et des listes de choix gèrent déjà les données discrètes ? Un slider fournit une meilleure indication visuelle sur le fait que les données appartiennent à un spectre de valeurs. De plus, c'est souvent plus rapide car l'utilisateur peut cliquer n'importe où dans une zone, contrairement à viser précisément un bouton radio ou ouvrir une boîte de dialogue.

Un autre avantage des sliders est leur excellent effet visuel pour comparer des données similaires. Lorsque plusieurs sliders partagent les mêmes bornes, ils peuvent être affichés en parallèle pour montrer comment les variables diffèrent. Par exemple, une enquête de satisfaction peut poser des questions telles que « Êtes-vous satisfaits du prix ? » ou « Le produit était-il facile à prendre en main ? ». Les réponses reposent sur des contextes différents, mais mènent toutes au même éventail de réponses, de « Pas content » à « Content ». Placer ces lignes horizontales en parallèle aide l'utilisateur à coller à une même échelle et à comparer les différents facteurs.

Puisque les sliders ne font pas partie des contrôles standard, vous devrez utiliser une bibliothèque ou la créer vous-même. Les mécanismes habituels de contrôle incluent les règles suivantes :

- Faire glisser le curseur le fait bouger tout droit.
- Cliquer sur un côté du curseur le fait bouger légèrement dans cette direction.
- Le slider étant sensible au clavier, presser les flèches droite ou gauche bouge le curseur dans la direction voulue. Il peut parfois être utile d'implémenter une touche d'accélération telle que « Shift » qui, enfoncée en même temps que l'une des flèches, accélère le mouvement du curseur. Le contrôle du slider par le clavier est particulièrement important lorsque celui-ci est situé dans un formulaire.
- Recevoir des informations d'une source externe. Le slider est parfois synchronisé avec un autre objet, de telle sorte que si cet autre objet change, le slider doit également se mettre à jour.

Habituellement, on implémente de façon séparée l'éventail de données du curseur. L'éventail de données consiste en une ligne avec parfois des crans et des libellés. Le curseur est normalement une image, avec un `zIndex` fixé de telle façon que le curseur soit affiché « par-dessus » le slider. Plusieurs contrôles d'événements sont nécessaires pour satisfaire les différents mécanismes précités, et le curseur du slider est manipulé avec les techniques décrites dans *Glisser-Déposer* (chapitre 15). De plus, les déplacements déclencheront souvent d'autres événements, tels qu'un *XMLHttpRequest Call* ou une modification sur un autre élément de la page.

Décisions

Comment allez-vous orienter le slider ?

Deux options s'offrent à vous pour l'orientation : horizontale ou verticale. Voici quelques considérations à prendre en compte :

Le type de données

Parfois la nature des données impose une orientation logique. Par exemple, Google Maps utilise un slider vertical pour le zoom, ce qui correspond au sentiment de descendre ou de remonter tandis que vous agrandissez ou réduisez la carte.

Mise en page

L'apparence esthétique et la gestion de l'espace sont importants. Beaucoup de formulaires contiendront des sliders horizontaux car ils sont bien adaptés à être placés sous des questions. Des sliders verticaux entraineraient beaucoup d'espace blanc.

Proximité

Lorsque les sliders contrôlent un autre élément sur la page, l'orientation est dictée par le probable rapprochement entre ces deux objets.

Comparaison

Comme mentionné plus tôt dans les Solutions, les sliders ont une utilité lorsqu'ils sont placés en parallèle, ce qui signifie également une orientation commune.

Quelle échelle allez-vous utiliser ?

Il y a beaucoup de façons de présenter une variable et le choix de cette présentation dépendra de la nature des données et de l'attente des utilisateurs. Les exemples comprennent :

- Des descriptions qualitatives (« Faible », « Fort »). Cela semble plus approprié pour des éventails discrets mais les libellés peuvent aussi être utilisés comme jalon au sein d'un éventail continu.
- Des valeurs continues.
- Des pourcentages (par définition bornés entre 0 et 100).

Comment allez-vous présenter l'échelle ?

Plusieurs stratégies existent pour représenter l'échelle :

- Ne mettre aucun libellé ; se fier au contexte ou aux conventions d'usage. Par exemple, les utilisateurs – au moins dans les pays occidentaux – admettent généralement que les valeurs des sliders augmentent en valeur en allant vers la droite.
- Afficher un libellé seulement aux deux extrémités.
- Afficher des libellés à plusieurs points le long de la réglette.

Les libellés sont généralement affichés le long du slider mais, pour économiser l'espace, vous pouvez parfois les afficher par-dessus.

Cas concrets

Yahoo! Mindset

Produit des laboratoires Yahoo, Yahoo! Mindset (*http://mindset.research.yahoo.com/*) permet de personnaliser les résultats d'une recherche avec un slider atypique qui varie de « shopping » (achat) d'une part à « researching » (recherche) de l'autre (*figure 14-2*). Réglez les résultats concernant « Ajax » vers « shopping » et vous obtiendrez des liens vers des produits de nettoyage et du football. Tirez le slider vers la droite et vous obtiendrez des informations sur la conception Web (et, il faut l'avouer, encore plus de football). À noter aussi : le slider est « Actif » : à chaque fois que vous changez le réglage, les résultats sont automatiquement mis à jour via un *XMLHttpRequest Call*.

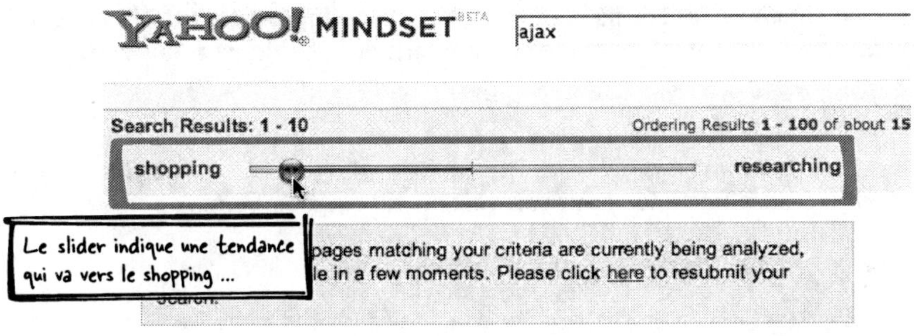

Figure 14-2. Yahoo! Mindset

La recherche de diamants d'Amazon

La recherche de diamants sur Amazon (*http://www.amazon.com/gp/gsl/search/finder/002-1527640-2908837?%5Fencoding=UTF8&productGroupID=loose%5Fdiamonds*) présente plusieurs sliders élaborés (voir *figure 14-5*). Chacun vous permet de borner un critère qui agit comme un filtre pour la recherche de diamants. Cette présentation est novatrice sous plusieurs aspects :

- Les libellés sont dynamiques. Tandis que vous glissez le curseur, les libellés indiquent l'exacte valeur spécifiée.
- Un graphique représente la variable au sein du slider. La variable « Price » (prix), par exemple, est affichée sous la forme d'un histogramme croissant, et la variable « Cut » (qualité de la taille) affiche plusieurs diamants de qualité décroissante au niveau de la taille du diamant.
- Le graphique du slider est atténué en dehors de la région sélectionnée.
- Chaque slider contient un *Microlink (microlien)* (chapitre 15) qui ouvre une zone d'explication sur la variable concernée.
- Les sliders sont horizontaux et parallèles entre eux. Malheureusement, les directions ne sont pas cohérents – le prix et le carat augmentant de la gauche vers la droite, mais la qualité de la taille augmentant de la droite vers la gauche.

Google Maps

Google Maps (*http://maps.google.com*), comme la plupart de ses homologues Ajax de cartographie, utilise un slider pour contrôler le niveau de zoom.

Carte de recouvrement Katrina-Boston

Dans le sillage de l'ouragan Katrina, Boston.com a produit une carte de recouvrement (*http://www.boston.com/news/weather/hurricanes/multimedia/globe_map/*) combinant la zone affectée par les innondations à la Nouvelle-Orléans avec une région de Boston de même taille (*figure 14-3*). Un slider est utilisé pour altérer l'opacité : à une extrémité, on ne peut voir que l'image de la Nouvelle-Orléans ; à l'autre extrémité, on ne peut voir que l'image de Boston. Entre les deux, les images se superposent, avec l'une dominant l'autre selon la position sur le slider. L'application est réalisée en Flash mais peut facilement être implémentée à l'aide de la technologie Ajax standard.

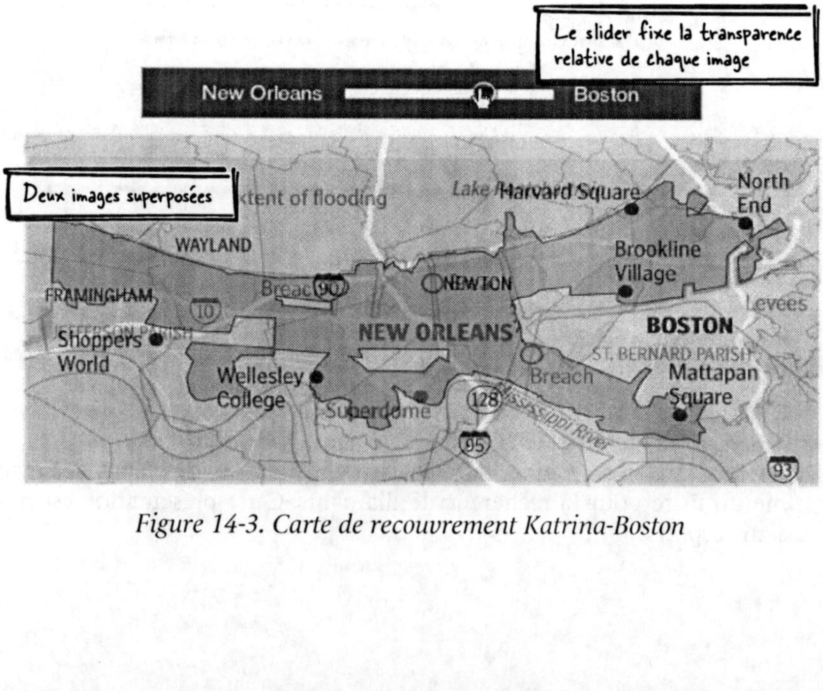

Figure 14-3. Carte de recouvrement Katrina-Boston

La démo de réglette WebFX

La démo d'un slider par WebFX (*http://webfx.eae.net/dhtml/slider/slider.html*) présente quelques sliders différents, en position horizontale ou verticale. Vous pouvez manœuvrer le slider de manière précise et également l'ajuster à l'aide d'une zone de texte.

Exemple de code : Yahoo! Mindset

Le slider Yahoo! Mindset (*http://mindset.research.yahoo.com/*) est créé à l'aide de plusieurs images. Des images composent les lignes verticales et les extrémités. La barre horizontale principale est créée grâce à une seule ligne verticale ; elle fait 1 pixel de large, mais l'attribut width de l'image est réglé à 150 pixels, créant ainsi une barre horizontale. Un événement est enregistré lors d'un clic (événement qui déplace le curseur dans cette direction) :

```
<img id="slidergrayrightimg"  src="images/gray_bar.gif"
  height="36" width="150" unselectable="on"
  onClick="setup('1505998205%3Ac26b16%3A105900dfd3e%3Aff4', 'ajax');
  endDrag(event); return false;">
```

Le curseur de la réglette, appelé `sliderball`, est également une image :

```
<img id="sliderball" src="images/aqua_ball_trans.gif"
  onMouseDown="dragStart(event, '1505998205%3Ac26b16%3A105900dfd3e%3Aff4',
    'ajax'); return false;" unselectable="on"
  style="position: relative; z-index: 1; top: 0px; left: -136px;"
  height="36" width="18">
```

Une fonction drag est écrite pour gérer le déplacement de la souris après la sélection du curseur. Basée sur la position actuelle de la souris, elle calcule l'endroit où doit se trouver le curseur de la réglette et appelle la fonction pour le déplacer :

```
function dragStart(e, sID, q) {
  ...
  document.onmousemove = function(e) { drag(e); };
  document.onmouseup = function(e) { endDrag(e); };
  ...
}

function drag(e) {
  ...
  var relativePos = e.clientX - sliderOffset;
  ...
  moveslider(relativePos);
}
```

La fonction `moveslider` redessine le curseur selon sa position relative (décalage positif ou négatif par rapport au centre) :

```
function moveslider (relativePos) {

  var centerPoint = (maxRight - minLeft) / 2;
  var centerBuffer = 5;

  //the ball position is relative
  var ballPos = (-(maxRight - minLeft)) + (relativePos-(ballWidth/2));
  document.getElementById('sliderball').style.left = ballPos+'px';
```

```
    ...
  }
```

Au final, lorsque le slider est relâché, la position du curseur est fixée et un *XMLHttpRequest Call* est lancé pour mettre à jour les résultats de la recherche selon la nouvelle valeur :

```
  function endDrag(e) {
    ...
    var relativePos = e.clientX - sliderOffset;
    drag(e);
    ...
    var sliderURI = "/searchify/slider?UserSession="+sessionID+
                    "&sliderValue="+threshold+"&query="+query;
    (Sends XMLHttpRequest to sliderURI)
  }
```

Alternatives

Contrôles conventionnels : boutons radio et listes de choix

Comme mentionné dans la solution, un slider est fonctionnellement similaire aux boutons radio et aux listes de choix.

Patterns associés

Drag-and-Drop (glisser-déposer)

Le curseur du slider est généralement manipulé avec l'action *Drag-And-Drop (glisser-déposer)* (chapitre 15).

Métaphore

Les sliders sont une métaphore des interfaces utilisateur graphiques basées sur les sliders physiques présents dans des appareils de contrôle tels que les consoles audiovisuelles.

Progress Indicator (indicateur de progression)

◉◉◉

Activité, Retour, Sablier, Compteur, Progression, Attente

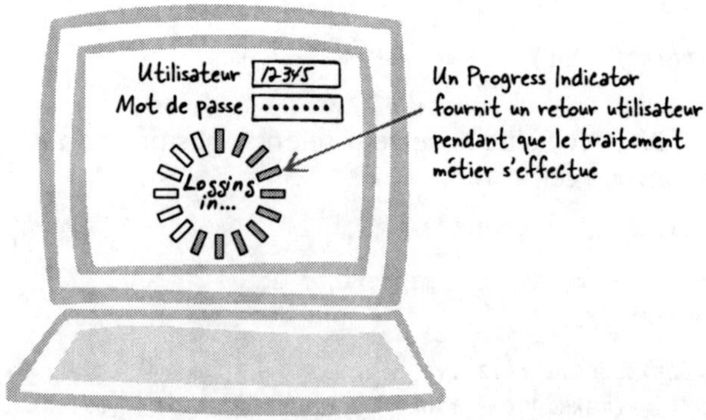

Figure 14-4. Progress Indicator (indicateur de progression)

Anecdote

Reta a réalisé un achat et tape les dernières informations pour le terminer. Elle complète les informations sur sa carte de crédit et va en bas de la page pour les dates de livraison. Pendant ce temps, la zone de statut est apparue à côté des détails de la carte de crédit. Pendant qu'elle complète le reste du formulaire, la zone de statut continue à se mettre à jour avec l'étape courante de vérification – initialement « soumis », puis « en attente de réponse » et enfin « vérifié ».

Problème

Comment fournir un retour utilisateur lors des attentes des réponses serveur ?

Contraintes

- Les applications Ajax réalisent souvent des *XMLHttpRequest Calls* (chapitre 6) pour réaliser des requêtes et faire des mises à jour sur le serveur.
- Pour fournir un bon retour utilisateur, vous devez fournir une idée sur les éléments de la page qui sont affectés par une mise à jour.
- Les utilisateurs aiment avoir le contrôle sur l'application et celui-ci disparaît à chaque fois que l'utilisateur est en train d'attendre une réponse. Il ne s'agit pas uniquement du délai qui doit être minimisé mais du délai *perçu*.

Solution

Indiquer la progression des appels serveur. Vous ne pouvez pas toujours réduire les délais, mais vous pouvez inclure un Progress Indicator (indicateur de progression) pour faciliter la chose. Un Progress Indicator aide à maintenir l'attention de l'utilisateur, améliorant d'autant la compréhension de l'utilisateur sur la manière dont le système fonctionne. Il communique aussi sur le fait que le système est toujours en vie même si la réponse n'est pas encore arrivée.

Le Progress Indicator est typiquement introduit dans le DOM une fois qu'un *XMLHttp-Request Call* commence, et est enlevé une fois que l'appel est retourné. La manière la plus facile pour détecter si l'appel a été retourné, est d'utiliser la fonction de rappel de `XMLHttpRequest`. Un indicateur n'a pas à être en relation avec un seul appel – il peut afficher la progression d'un séquence d'appels reliés.

Parfois, il s'agit d'un élément *Popup* (chapitre 15) au lieu d'un nouvel élément directement intégré dans la page. Un idiome populaire est d'utiliser un petit popup opaque sur le coin de la page qui affiche un mot ou deux (ex: « Sauvegarde... », « Chargement... »).

Pour des délais plus courts, un Progress Indicator typique inclut:

- Un petit message comme « Mise à jour du document ».
- Une icône animée (il y a maintenant une bibliothèque open source d'icônes de Progress Indicator disponibles à l'adresse *http://mentalized.net/activity-indicators/*).

Pour des délais plus longs, on peut utiliser:

- Un compteur affichant la progression qui a été réalisée.
- Une estimation du temps restant.

- Une séquence de messages indiquant ce qui est en train de se produire.
- Un contenu pouvant susciter de l'intérêt mais non relié à la progression, comme « Le truc du jour » ou une description graphique de l'activité du système.

Bien entendu, vous pouvez combiner ces différentes approches. De manière générale, un animation discrète est recommandée dans tout Progress Indicator, pour indiquer à l'utilisateur qu'il se passe au moins quelque chose, même si la progression est temporairement arrêtée. De plus, des délais plus longs doivent habituellement se terminer avec un effet visuel comme un *One-Second Spotlight (coup de projecteur éclair)* (chapitre 16), puisque l'attention de l'utilisateur a certainement été attirée ailleurs sur la page.

Notez qu'une forme d'indicateur est d'*éviter* de changer le curseur. Beaucoup d'interfaces utilisateurs traditionnelles basculent vers un « sablier tournant » ou un icône similaire durant les attentes. Cela devient inapproprié dans le cadre d'Ajax puisqu'il s'agit de quelque chose que le programme du navigateur fait également de manière native – par exemple, lors du chargement d'une nouvelle page – et cela peut prêter à confusion.

Décisions

Quel genre de Progress Indicator (indicateur de progression) utiliser ?

Un ensemble de guides et bonnes pratiques bien connu est disponible dans le livre « Usability Engineering » de Jakob Nielsen et synthétisé à l'adresse *http://www.useit.com/papers/responsetime.html*. En voici un rapide résumé :

- Si le délai est inférieur à 0,1 seconde, l'utilisateur aura l'impression que c'est instantané. Aucun retour utilisateur n'est nécessaire.
- Si le délai est entre 0,1 seconde et 1 seconde, l'utilisateur va le relever mais cela ne va pas lui couper le fil de ses pensées. Aucun retour utilisateur n'est nécessaire.
- Si le délai est entre 1 et 10 secondes, le flot des pensées de l'utilisateur est interrompu puisqu'il attend la réponse. Un retour utilisateur basique est nécessaire ; c'est-à-dire, une indication *sur le fait* qu'un délai d'attente soit nécessaire. Les exemples Ajax incluent des icônes animés ou de simples messages textes.
- Si le délai est supérieur à 10 secondes, l'utilisateur voudra réaliser d'autres tâches. Un retour utilisateur détaillé est nécessaire. Des exemples Ajax incluent des compteurs de progression et des messages montrant l'état courant.

Des chiffres plus précis peuvent avoir besoin de quelques ajustements et je pense qu'un contexte web les voit plutôt à la baisse. Par exemple, des utilisateurs vont certainement vouloir un retour après un délai de 0,5 seconde plutôt que 1 seconde et l'affichage d'informations détaillées est probablement plus approprié au bout de 2–3 secondes qu'au bout de 10.

Bruce Tognazzini offre également quelques pistes à suivre intéressantes (*http://www.asktog.com/basics/firstPrinciples.html#latencyReduction*).

Comment fournir des retours utilisateurs lors de longues attentes ?

Pour des délais encore plus longs, vous avez besoin d'aider l'utilisateur à visualiser la progression qui a été réalisée, typiquement en utilisant une barre de progression montrant le pourcentage accompli. Parfois, une longue attente peut venir d'un seul *XMLHttpRequest Call*, parce que même si le transfert réseau est rapide, les traitements métiers réalisés peuvent ne pas l'être. Par exemple, l'appel peut déclencher une opération majeure en base de données.

Vous n'allez probablement pas recevoir d'information utile sur sa progression en suivant le composant `responseText` du `XMLHttpRequest`. Le composant `responseText` ne tend pas à se remplir de manière linéaire, pour deux raisons. Premièrement, des calculs côté métier souvent impliqués durant lesquels aucune sortie ne peut être réalisée. Ainsi, la sortie tend à être générée soit par paquets, soit en totalité, à la fin. Deuxièmement, la sortie est souvent compressée en utilisant les fonctionnalités standard HTTP d'encodage et l'algorithme de compression va forcer les données à être générées par paquets. La propriété `readyState` de `XMLHttpRequest` ne vous en dira pas plus. Pour les raisons décrites dans *XMLHttpRequest Call* et *HTTP Streaming* (chapitre 6), le support du suivi est inconsistant à travers les navigateurs.

Ainsi, si vous ne pouvez pas suivre la progression d'un XMLHttpRequest Call, comment aider l'utilisateur à saisir la progression qui a été effectuée ? Une chose que vous pouvez faire est un *Guesstimate* : prédire le temps total et commencer à faire tourner un minuteur pour suivre le temps qui s'est passé depuis que l'appel a démarré. La prédiction du temps total a besoin d'être codée à la main à chaque fois ; vous pourriez avoir l'application qui suit les temps de téléchargement et les refléter dans des estimations futures. Ce genre de chose est assez fréquent ; par exemple, dans le temps de téléchargement estimé par le navigateur web.

Si vous voulez plus de précisions, introduisez un deuxième mécanisme de suivi. Pendant que la première requête est en cours, une séquence de requêtes de suivi est effectuée pour demander au serveur une estimation de la progression. Par exemple, le serveur pourrait faire une boucle au travers de 1000 enregistrements, réaliser une transformation sur chacun d'eux et la sauvegarder dans une base de données. La variable de la boucle peut être exposée dans un second *service web* de manière à ce que le navigateur qui suit la progression puisse en informer l'utilisateur.

Tous les Progress Indicators ne concernent pas un seul XMLHttpRequest Call. En fait, les processus de plus longue durée, qui ont besoin d'un compteur de progression, sont plus susceptibles de comporter plusieurs XMLHttpRequest Calls. Avec ceux-ci, vous avez une meilleure opportunité pour les suivis en temps réel ; à chaque fois qu'un appel est retourné, une étape supplémentaire dans la progression a été réalisée. Dans un modèle simple, vous pouvez afficher que la progression est complète à 50 pourcents lorsque deux appels sur quatre ont été retournés.

Cas concrets

La recherche de diamants d'Amazon

La recherche de diamants d'Amazon (*http://www.amazon.com/gp/gsl/search/finder/002-1527640-2908837?%5Fencoding=UTF8&productGroupID=loose%5Fdiamonds*) est un *Live Search (recherche interactive)* qui affiche un Progress Indicator à chaque fois qu'il met à jour le nombre de résultats (*figure 14-5*). L'indicateur est une simple animation affichant un petit carré qui va et vient avec un message « LOADING RESULTS ». Une des fonctionnalités sympathique est le placement du Progress Indicator. Il remplace les résultats une fois qu'une nouvelle recherche a démarré et reste affiché jusqu'à ce que les nouveaux résultats soient affichés. Ainsi, il sert à invalider les résultats précédents et attire l'attention de l'utilisateur sur les nouveaux résultats.

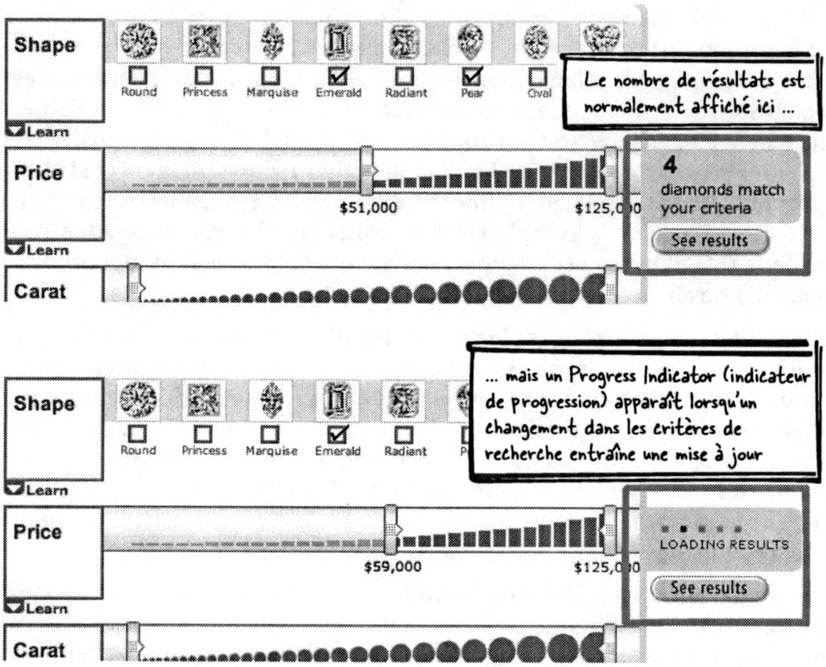

Figure 14-5. La recherche de diamants d'Amazon

Amazon Zuggest

Comme la recherche de diamants d'Amazon Diamond Search, le Amazon Zuggest de Francis Shanahan (*http://www.francisshanahan.com/zuggest.aspx*) est un *Live Search* qui affiche un Progress Indicator lors d'une recherche sous-jacente. Dans ce cas, l'indicateur est un message texte comme « Searching...beat ». Il occupe une zone fixe et lorsque la recherche est complète, se change en un autre message : « Done! ».

Protopage

Protopage (*http://www.protopage.com/*) est un portail Ajax. À chaque fois que vous réalisez un changement, comme déplacer un *Portlet* (chapitre 15), un message « Saving... » apparaît dans le coin inférieur droit. C'est un bon modèle pour une application *Fat Client (client riche)*, dans laquelle la synchronisation serveur doit être discrète.

TalkDigger

TalkDigger (*http://talkdigger.com*) appelle simultanément plusieurs moteurs de recherche, affichant un Progress Indicator sur chaque panneau de résultat. Ce cas est intéressant puisqu'il affiche comment utiliser un Progress Indicator dans un situation de *Multi-Stage Download (téléchargement à plusieurs étapes)* (chapitre 13).

Kayak

Kayak (*http://kayak.com*) illustre la manière de gérer de longs délais d'attente. Lorsque vous cherchez un voyage, il crée une page de résutats avec plusieurs formes de retour utilisateur pour la progression :

- Le nombre de résultats de recherche jusqu'à présent.
- Une barre de progression qui se remplit de gauche à droite.
- Un exemple de sites web recherchés.
- Un joli graphique qui dépeint un panneau d'affichage rétro d'embarquement comme dans un aéroport. Initialement, chaque caractère est aléatoire. Comme la recherche d'un site web est en cours, les caractères aléatoires sont remplacés par le caractère correct pour ce site web. Pendant ce temps, les caractères qui ne sont pas peuplés continuent à basculer d'un caractère aléatoire à un autre. Une fois que tous les caractères ont été corrigés et que le nom du site web s'affiche correctement, l'affichage devient à nouveau aléatoire et commence à révéler un autre site web. Tout ceci est un excellent exemple d'un graphique qui s'enclenche au même moment qu'un processus se produit.

Le jeu Pick'em

Le jeu Pick'em (*http://www.pickemgame.com/welcome/picksheet*) est un jeu de loto sportif vous permettant de prédire les gagnants des matchs de football de ce week-end. Il fournit un formulaire où vous pouvez déclarer une prédiction et un niveau de confiance pour chaque jeu. Au-dessus du formulaire se trouve un petit message d'instruction et lorsque la donnée est sauvée, cela se change en un Progress Indicator. Cet indicateur est un disque tournant et un message « Updating Pick Sheet » (« mise à jour de la feuille Pick »), (la page de démonstration ne réalise pas un vrai appel distant).

Refonte de code : la démo de Progress Indicator de AjaxPatterns

Cette démo (*http://ajaxify.com/run/sum/progress*) introduit un affichage progressif à la démo de base de la fonction d'addition (*http://ajaxify.com/run/sum/progress*). Il s'agit d'une simple image animée au format GIF qui est affichée lors de l'attente du retour de la somme.

Une balise `Img` pour l'animation est présente dans le HTML initial :

```
<img id="progress" class="notWaiting" src="progress.gif">
```

Le script va changer de classe CSS selon que vous êtes en attente ou non. La feuille de style assure que c'est visible lorsque nous sommes en attente et invisible lorsque l'on ne l'est pas :

```
.waiting {
  visibility: visible;
}

.notWaiting {
  visibility: hidden;
}
```

Avec les styles définis, le script a juste à modifier la classe CSS comme le statut d'attente change :

```
function submitSum( ) {
  $("progress").className = "waiting";
  ...
}

function onSumResponse(text, headers, callingContext) {
  $("progress").className = "notWaiting";
  ...
}
```

Patterns associés

Status Area (zone de status)

Un Progress Indicator est présenté habituellement comme une *Status Area* (chapitre 15).

Popup

Le Progress Indicator peut parfois être intégré à un *Popup* (chapitre 15).

One-Second Spotlight (coup de projecteur éclair)

Une fois qu'un long processus a été complété, utilisez un *One-Second Spotlight* (chapitre 16) pour le souligner à l'utilisateur.

Guesstimate (estimation)

Parfois, vous ne savez combien de temps une tâche va durer ou la progression qui a été réalisée jusqu'alors. Une estimation même bâclée vaut mieux que rien du tout, réalisez ainsi un *Guesstimate* (chapitre 13) de la progression.

Distributed Events (événements distribués)

Lorsqu'un appel arrive, vous avez besoin de fermer le Progress Indicator. Il y a un risque ici de finir avec un seule fonction qui mélange le Progress Indicator avec la logique du traitement de réponse. Séparez les en utilisant *Distributed Events* (chapitre 10).

Métaphore

Les guichets de banques ou de postes utilisent souvent un système de file d'attente basée sur l'utilisation de tickets, montrant le nombre qui est actuellement servi.

Pour aller plus loin

- Les guides Gnome, chapitre 7 : « Feedback » (*http://developer.gnome.org/projects/gup/hig/1.0/feedback.html*)
- Les premiers principes de conception des interactions, la réduction du temps de latence (*http://www.asktog.com/basics/firstPrinciples.html*)

Drilldown (focus de menu)

◉◉○

Drilldown (focus de menu), Menu, Progression

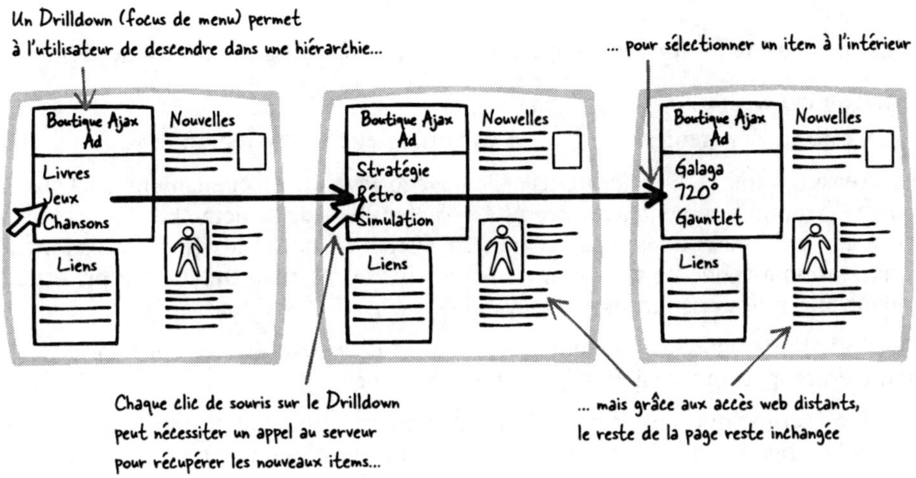

Figure 14-6. Drilldown (focus de menu)

Anecdote

Pam est en train de réserver un voyage à partir de l'application de réservation de l'entreprise. Elle voit un formulaire avec les champs usuels et clique sur la destination. Une liste de villes apparaît alors en-dessous du formulaire et Pam sélectionne Paris. Encore en-dessous de la liste des villes, une troisième liste apparaît. Celle-ci affiche les hôtels recommandés. Pam choisit le Hilton et les deux listes disparaissent. Le champ de la destination contient maintenant « Paris Hilton », comme Pam l'a voulu.

Problème

Comme l'utilisateur peut-il sélectionner un item dans la structure hiérarchique ?

Contraintes

- Les applications et les sites web sites sont souvent organisés hiérarchiquement. Pour naviguer, les utilisateurs ont besoin de choisir une page à l'intérieur de cette hiérarchie.
- La navigation dans la hiérarchie doit être rapide.

Solution

Laisser le soin à l'utilisateur de localiser un item à l'intérieur de la hiérarchie, fournir un Drilldown (focus de menu) dynamique. Le Drilldown (focus de menu) permet de réaliser une navigation au travers d'une hiérarchie et, au final, de pouvoir choisir un item. À chaque niveau, il y a plusieurs types d'éléments dans le Drilldown :

La catégorie courante

Un libellé en lecture seule correspondant au niveau en cours.

Les items individuels

Les items que l'utilisateur peut choisir pour pouvoir finir l'interaction.

Les catégories filles

Les niveaux de profondeur plus bas dans lesquels l'utilisateur peut « descendre ».

Les catégories parentes

Les catégories parentes dans lesquelles l'utilisateur peut « remonter ».

Dans certaines hiérarchies, les items et les catégories sont mutuellement exclusifs : les items existent uniquement aux extrémités – ou feuilles – de la hiérarchie. Même lorsque c'est le cas, les items et catégories doivent être distingués pour plus de clarté. La fonction de navigation ascendante s'en tient aux différents noms, mais une bonne pratique est qu'il devrait indiquer à l'utilisateur sur quelle catégorie il revient.

Les applications typiques incluent la navigation et le remplissage automatique d'un champ en proposant une hiérarchie d'items possibles.

En même temps que l'utilisateur descend dans la hiérarchie, montrez-vous chaque niveau de progression ? Il y a plusieurs options majeures qui existent (*figure 14-7*) :

- Garder le Drilldown dans une zone fixe. À chaque fois que l'utilisateur clique sur une catégorie, le Drilldown se transforme pour afficher uniquement cette catégorie. Cela a l'avantage d'éviter un réarrangement de la page.
- Afficher tous les niveaux en une fois. À chaque fois que l'utilisateur clique sur une catégorie, agrandissez la zone de Drilldown pour ajouter une nouvelle liste pour chacune des catégories.
- Comme variante de la seconde approche, tous les niveaux sont affichés mais des sous-menus sont affichés devant le reste du document, le menu est ainsi modal : rien d'autre ne peut être fait de l'ouverture du menu jusqu'à la sélection d'un item. Cette approche est similaire au choix d'une application depuis le menu de démarrage de Windows.

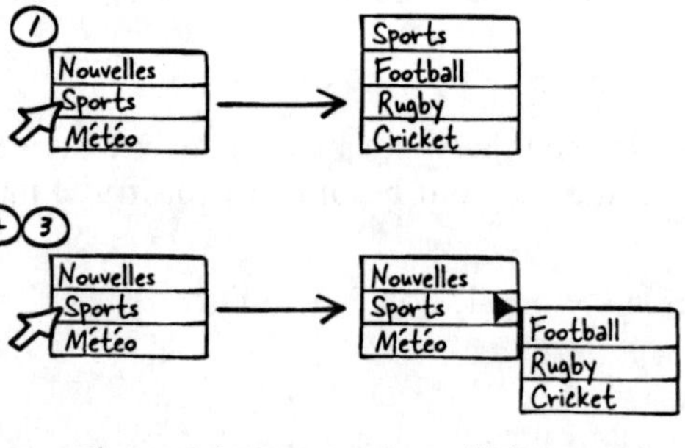

Figure 14-7. Types de Drilldown

Les deux premières options ne sont pas modales ; la troisième est modale. Les interactions non modales fonctionnent bien avec Ajax, il est alors possible de faire des mises à jour dynamiques sans rafraîchir la page, le menu ou n'importe quel contenu relatif à la sélection de l'utilisateur. Spécifiquement :

- Chaque navigation au travers du Drilldown consiste en un appel serveur afin de remplir le prochain niveau avec le dernier contenu ou même du nouveau contenu généré automatiquement.
- L'affichage au travers de l'application peut changer pour refléter l'état du Drilldown, donnant à l'utilisateur un aperçu de la hiérarchie. Comme un utilisateur descend depuis le niveau le plus haut vers une catégorie plus basse, l'application est toujours synhronisée avec le niveau courant, de sorte que l'affichage reflète tout du long les catégories intermédiaires. Puisque l'interaction est non modale, l'uilisateur est alors libre de rester sur une de ces catégories.
- L'utilisateur peut itérer délibérément pour descendre dans les niveaux ou réaliser d'autres tâches. Imaginez que l'utilisateur est une employée des ressources humaines qui a besoin d'utiliser un Drilldown pour sélectionner un « employé du mois ». Elle a déjà décidé de la région et y descend pour afficher tous les employés qui travaillent là-bas. Maintenant qu'elle voit tous les candidats, elle peut rechercher dans d'autres régions de la page ou sur un autre site web. Lorsqu'elle revient, le Drilldown est toujours là, attendant d'être complété.

Décisions

Allez-vous réaliser des appels serveur à chaque fois que l'utilisateur navigue au travers du Drilldown ?

Parfois, la hiérarchie est entièrement téléchargée en un événement unique. D'autre fois, les catégories peuvent être récupérées à la demande en utilisant un *XMLHttpRequest Call* (chapitre 6). Le choix est orienté par deux questions :

- De quelle taille est la hiérarchie ? Plus elle contient d'items et d'informations par item, moins il est préférable de la transférer et de mettre en cache les données.
- La hiérarchie sera-t-elle amenée à changer ? Dans ce cas, vous aurez besoin de récupérer des données récentes du serveur au moment où une catégorie est ouverte. Dans un cas plus extrême, le serveur peut même générer la hiérarchie des données à la volée. Par exemple, un agrégateur de flux RSS présente un Drilldown avec des catégories comme « flux sportifs » ou « flux politiques ». Les contenus de ces flux seront générés au moment où l'utilisateur descendra dans un flux particulier.

Cas concrets

Betfair

Betfair (*http://betfair.com*) utilise le pattern Drilldown pour localiser un événement sur lequel vous voulez parier (*figure 14-8*). Au niveau le plus haut, le menu Drilldown « All Markets » contient diverses catégories dans l'ordre alphabétique depuis « American Football » à « Volleyball » en passant par « Special Bets ». Cliquer sur « Special Bets » affiche plusieurs pays le long d'une catégorie « General » et vous pouvez continuer à descendre dans la liste des paris. Cliquer sur l'un de ces paris initialise le contenu de la page principale.

« All Markets » est l'un des deux Drilldowns. L'autre est « My Markets », un Drilldown personnalisé disponible pour les utiliseurs enregistrés.

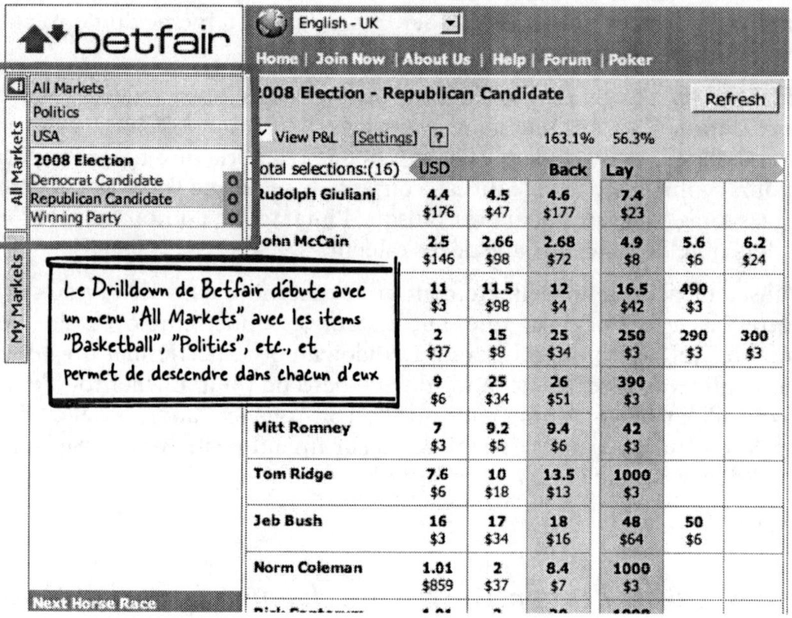

Figure 14-8. Betfair

Le portail Backbase

La démo de portail Backbase (*http://projects.backbase.com/RUI/portal.html*) contient différents *Portlets* indépendants. Ce qui nous intéresse ici est le *Portlet* « local directory », qui est en fait un Drilldown avec des catégories de haut niveau comme « education » ou « health » parcourant les liens pertinents associés.

L'élément graphique OpenRico accordian

Le framework OpenRico (*http://openrico.org/rico/demos.page?demo=ricoAccordion.html*) inclut un élément graphique de menu en accordéon. Cliquer sur une barre de catégorie révèle son contenu. Étant donné que cela manque de profondeur, de hiérarchie ou de catégories, ce n'est pas, techniquement, un Drilldown, mais une bonne solution lorsque vous avez un ensemble de catégories à plat.

Refonte de code : le portail Drilldown de AjaxPatterns

Vue d'ensemble

La démo de portail de base (*http://ajaxify.com/run/portal*) illustre le *Multi-Stage Download (téléchargement à plusieurs étapes)* (chapitre 13), montrant comment différents blocs de contenus peuvent être téléchargés en parallèle. Un de ces blocs est un bloc de liens de ressources Ajax. Pour garder le bloc petit, seulement quelques liens sont présents. Mais y-a-t-il une manière de maintenir la petite taille physique du bloc alors que l'on offre un grand nombre de liens ? Bien sûr qu'il y a en un... un Drilldown occupera à peu près le même espace et avec peu d'interactions, l'utilisateur sera capable de naviguer au travers d'une large collection de liens.

Le portail Drilldown de AjaxPatterns (*http://ajaxify.com/run/portal/drilldown*) introduit un Drilldown. Une catégorie peut contenir n'importe quelle combinaison de catégories et de liens (*figure 14-9*). Par exemple : le niveau de plus haut niveau, « All Categories », contient seulement Categories, la catégorie « Websites » contient juste des liens et la catégorie « Overviews » contient quelques vues d'ensemble et des sous-catégories, « Podcast Overviews » (*figure 14-10*). Les catégories et les liens sont affichés en même temps mais pas de manière identique. Chaque menu de catégorie inclut un lien menant au niveau de catégorie précédent.

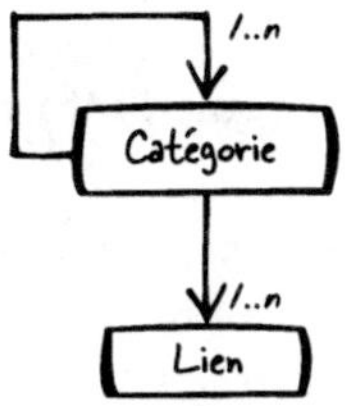

Figure 14-9. Catégories et liens : le Pattern Composite

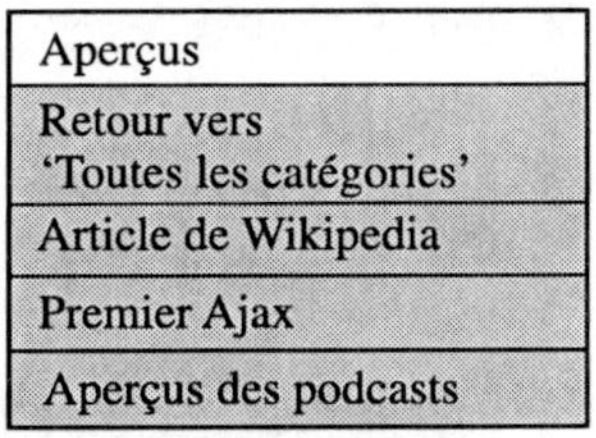

Figure 14-10. Drilldown avec des catégories (en italique) et des liens

La séquence d'interaction de base fonctionne de cette manière :

1. L'utilisateur clique sur une catégorie.
2. Une fonction de rappel détecte le clic et réalise une requête `XMLHttpRequest` sur la catégorie voulue.
3. Le serveur répond avec le nouveau nom de la catégorie, son parent (null dans le cas de la catégorie de plus haut niveau), et chaque catégorie et lien du Drilldown. Tout ceci est au format XML.
4. Les navigateurs remplacent le Drilldown existant avec un Drilldown basé sur les nouvelles informations de la nouvelle catégorie.

Au chargement de la page, le Drilldown est vide et le navigateur demande les informations sur la catégorie de plus haut niveau. La réponse du serveur déclenche la création d'un nouveau Drilldown.

L'implémentation côté navigateur

Le code HTML initial affiche juste un div vide. La largeur est fixée puisque le conteneur du parent du Drilldown a une largeur fixe :

```
<div id="drilldown">Loading ...</div>
```

Au chargement de la page, la catégorie de plus haut niveau est demandée :

```
retrieveCategory("All Categories");
```

Alors commence le processus standard de la requête d'une catégorie avec un XMLHttpRequest, puis l'affichage du menu en accord. Cela ne se produit pas uniquement au chargement de la page mais à chaque fois que l'utilisateur clique sur une catégorie à l'intérieur du menu.

Le serveur retourne un fichier XML avec des données sur la catégorie.[1] Les informations prérequises contiennent le nom, le nom parent et une liste d'items. Chaque item est soit une catégorie, soit un lien. Notez que seule l'information pour le niveau du *Drilldown* est fournie.

```
<category name="Overviews" parent="All Categories">
  <items>
    <link>
      <url>http://en.wikipedia.org/wiki/AJAX</url>
      <name>Wikipedia Article</name>
    </link>
    <link>
      <url>http://www.adaptivepath.com/publications/essays/archives/000385.php</url>
      <name>First Ajax</name>
  </link>
  <category name="Podcast Overviews" parent="Overviews" />
</items>
</category>
```

Le navigateur analyse alors ce XML en utilisant l'API standard DOM afin de produire le HTML du Drilldown. Les liens sont affichés comme des liens standard HTML ; les catégories sont des éléments div. Des gestionnaires d'événements assurent que lorsqu'on clique sur une catégorie, même la catégorie « Back To (previous) » (« revenir à » (précédent)), le navigateur va rentrer à nouveau dans un cycle de « récupère-et-affiche » :

```
function onDrilldownResponse(xml) {

  var category = xml.getElementsByTagName("category")[0];
  var html="";

  var categoryName = category.getAttribute("name");
  html+="<div id='categoryName'>" + categoryName + "</div>";
    var parent = category.getAttribute("parent");
    if (parent && parent.length > 0) {
      var parentName = category.getAttribute("parent");
```

1. Par exemple, vous voyez les données pour la catégories « Overviews » à l'adresse *http://ajaxify.com/run/portal/drilldown/drilldown.phtml?categoryName=Overviews*.

```
      html+="<div id='parent' onclick=\"retrieveCategory('" + parent + "')\""
         + "'>Back to <br/>'" + parent + "'</div>";
    }

    var items = category.getElementsByTagName("items")[0].childNodes;
    for (i=0; i<items.length; i++) {
      var item = items[i];
      if (item.nodeName=="link") {
        var name = item.getElementsByTagName("name")[0].firstChild.nodeValue;
        var url = item.getElementsByTagName("url")[0].firstChild.nodeValue;
        html+="<div class='link'><a href='" + url + "'>" + name + "</a></div>";
      } else if (item.nodeName=="category") {
        var name = item.getAttribute("name");
        html+="<div class='category' "
             + "onclick='retrieveCategory(\""+name+"\")'>"+name+"</div>";
    }
  }

  $("drilldown").innerHTML = html;
}
```

L'implémentation côté serveur

L'implémentation côté serveur repose sur le pattern *Composite* (voir Gamma et al., 1995). Une Category se compose d'autres objets Category et d'objets Link. Nous nous reposons sur Category et Link qui possèdent deux opérations courantes :

asXMLTag( )
: Affiche l'item comme une balise XML. Pour les catégories, il y a un paramètre optionnel qui détermine si oui ou non la balise inclut tous ces items.

findItems($name)
: Trouve récursivement un item – une Category ou un Link – à partir du nom spécifié.

Avec ces opérations encapsulées dans les objets Category et Link, le script principal est assez court :

```
require_once("Link.php");
require_once("Category.php");
require_once("categoryData.php");

header("Content-type: text/xml");

$categoryName = $_GET['categoryName'];
$category = $topCategory->findItem($categoryName);
if ($category) {
  echo $category->asXMLTag(true);
} else {
  echo "No category called '$categoryName'";
}
```

Une refonte de code plus poussée : un Drilldown avec du contenu dynamique

Dans la refonte de code ci-dessus, la catégorie de plus haut niveau et toutes les données en-dessous d'elle sont codées en dur dans le fichier `categoryData.php`. En réalité, la hiérarchie des données peut aisément être générée sur demande pour créer un Drilldown avec du contenu dynamique. Lors d'une autre refonte (*http://ajaxify.com/run/portal/drilldown/syncLinks*), un *Cross-Domain Proxy (Proxy multi-domaines)* (chapitre 10) est introduit pour récupérer les résultats à partir de la page des liens du Wiki de AjaxPatterns (*http://ajaxpatterns.org/Ajax_Links*). Ce n'est pas vraiment un Cross-Domain Proxy puisque au lieu de récupérer les résultats en temps réel, un processus tourne pour les récupérer toutes les soixante secondes et les stocke localement pour venir renseigner le script de création du Drilldown.

Alternatives

Live Search (recherche interactive)

Drilldown permet à l'utilisateur de localiser un item en naviguant au travers d'une hiérarchie. *Live Search* à la place, vous permet de localiser un item en le tapant directement et les données n'ont pas besoin d'être hiérarchisées.

Tree (arbre)

Tout comme un Drilldown, un élément graphique d'arbre permet à l'utilisateur de naviguer au sein d'une hiérarchie, comme les arborescences de fichiers et de répertoires dans les gestionnaires de fichiers. Les widgets Tree, même s'ils peuvent s'élargir et se contracter, tendent à prendre plus de place que des Drilldowns, mais plus une vue pouvant se révéler utile est détaillée et plus complexes sont les tâches associées.

Patterns associés

Microlink (microlien)

Les blocs de contenu, produits lorsque des catégories ou des items particuliers sont sélectionnés peuvent être associés avec le Drilldown. Ainsi, les contenus Drilldown sont utilisés comme des *Microlinks* (microliens) (chapitre 15).

Browser-Side Cache (cache côté navigateur)

Si chaque événement de navigation amène une requête du serveur, envisagez l'option de garder les résultats dans un *Browser-Side Cache (cache côté navigateur)* (chapitre 13).

Portlet

Un Drilldown est habituellement une forme de *Portlet* (chapitre 15). Il possède son propre état et l'utilisateur peut entretenir une conversation avec le Drilldown de manière isolée.

Data Grid (grille de données)

◉◉○

Base de données, Requête, Report, Sommaire, Tableau

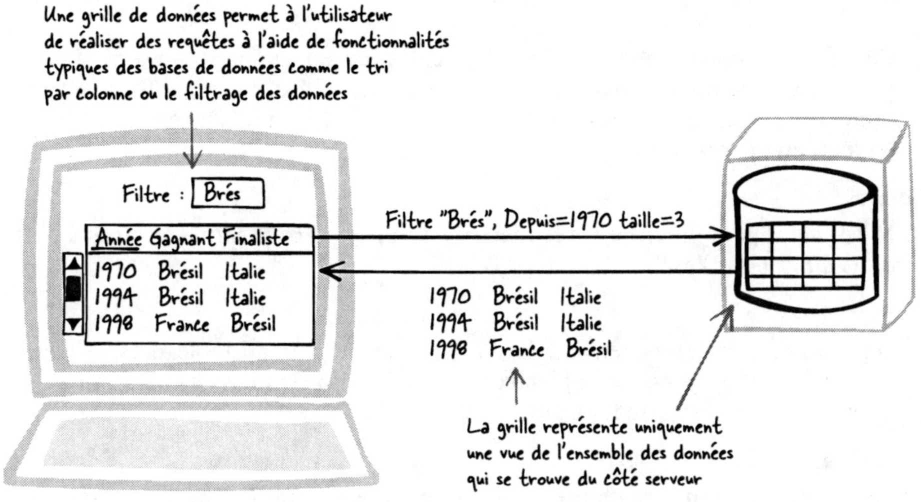

Figure 14-11. Data Grid (grille de données)

Anecdote

Reta se livre à quelques recherches sur les données de ses ventes de la saison. Elle navigue dans un tableau qui affiche une ligne par transaction effectuée. Elle note que les chiffres les plus hauts tendent à se trouver dans la matinée et trie par conséquent le tableau par chiffres de vente. Étant donné qu'il y a trop de données affichées, elle les filtre en enlevant les transactions de moins de 1000 euros, puis groupe les transactions par heure de la journée.

Problème

Comment aider les utilisateurs à explorer les données ?

Contraintes

- Les applications Ajax ont leur propres bases de données, tout comme un accès à des systèmes externes.
- Les utilisateurs ont besoin d'un moyen d'explorer ces données, pour les vérifier, comprendre comment ça marche, prédire les futures tendances, etc.
- Vous ne pouvez pas anticiper ce que les utilisateurs ont besoin de faire avec les données.

Solution

Reporter des données dans un tableau riche et supporter les fonctions de requête communes. Une data grid correspond à l'interface client familière d'une base de données : une table avec un ligne pour chaque résultat et une colonne pour chaque propriété. Envisagez-la comme une table traditionnelle survitaminée. Les fonctionnalités typiques d'un client de base de données sont les suivantes (et il est tout à fait faisable d'implémenter chacune d'elle dans une interface Ajax) :

Tri

Chaque colonne peut être habituellement triée en cliquant sur l'en-tête. Pour laisser l'utilisateur trier par plus d'une catégorie, utilisez un algorithme de tri qui préserve l'ordre entre valeurs égales. Ensuite, les utilisateurs peuvent cliquer sur un en-tête suivi par un autre.

Filtrage

L'utilisateur peut *filtrer* pour récupérer la donnée qui correspond à certains critères ou la *filtrer* pour l'exclure.

Grouper

Les données similaires peuvent être regroupées. Un grand tableau est essentiellement découpé en plusieurs tableaux plus petits, dans lesquels chaque item est similaire aux autres items du tableau.

Calculs d'agrégation

Les calculs peuvent être réalisés sur tout le tableau – par exemple, une somme ou une moyenne sur une colonne ou une somme des produits de deux colonnes pour chaque ligne.

Édition

Certaines data grids permettent l'édition des champs.

Avec la magie du *Web Remoting* (chapitre 6), la grille peut devenir un *Virtual Workspace* (chapitre 15), donnant l'illusion de pouvoir gérer un grand ensemble de données. En réalité, les données résident sur le serveur et chaque action utilisateur implique un nouvel appel serveur. La plupart des requêtes amènent une réponse structurée comme un *XML Message* ou un *JSON Message*, contenant une liste de résultats pour un affichage JavaScript ou encore un *HTML Message* pour un rendu visuel. Le style sémantique possède l'avantage d'encourager les optimisations de performances comme *Predictive Fetch (chargement prédictif)*, qui sont essentielles si vous voulez avoir une grille de données qui soit réactive.

Décisions

La grille doit-elle être en lecture seule ou modifiable ?

Éditer un tableau directement peut être plus productif pour les experts, bien qu'il soit plus difficile pour les novices que d'éditer un simple enregistrement dans un formulaire, puisqu'un formulaire possède en général une interface explicite. La faculté d'édition des grilles induit des problématiques supplémentaires :

- Vous avez besoin de valider les données. Dans un contexte interactif, cela voudrait dire afficher un *Progress Indicator* lors de la validation, puis de surligner les colonnes invalides.
- Les cellules devraient, dans l'idéal, se loger dans des éléments graphiques de saisie lorsque l'utilisateur les édite. Par exemple, créer une liste déroulante lorsque l'utilisateur commence à modifier un champ contraint.

Cas concrets

L'exemple de tableau de OpenRico

L'exemple de data grid de OpenRico (*http://openrico.org/rico/livegrid.page*) affiche une liste de films, chacun avec différents champs : ranking (rang), title (titre), genre, rating (note), votes (votes), et year (année) (*figure 14-12*). Vous pouvez faire défiler la liste ou trier celle-ci par colonne. Vous pouvez également enregistrer une position dans le tableau (un exemple de *Unique URLs*).

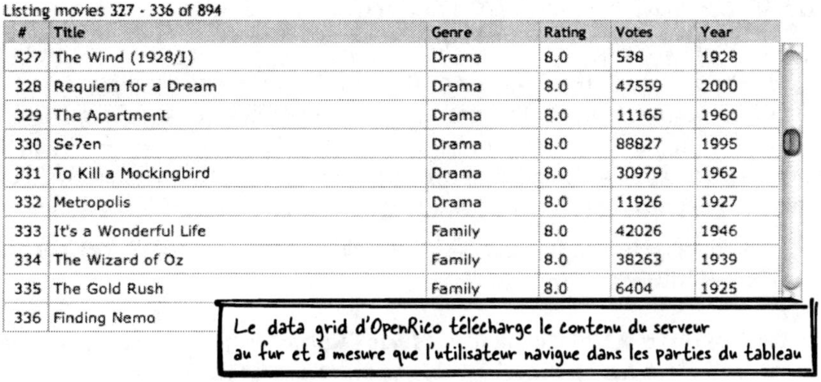

Listing movies 327 - 336 of 894

#	Title	Genre	Rating	Votes	Year
327	The Wind (1928/I)	Drama	8.0	538	1928
328	Requiem for a Dream	Drama	8.0	47559	2000
329	The Apartment	Drama	8.0	11165	1960
330	Se7en	Drama	8.0	88827	1995
331	To Kill a Mockingbird	Drama	8.0	30979	1962
332	Metropolis	Drama	8.0	11926	1927
333	It's a Wonderful Life	Family	8.0	42026	1946
334	The Wizard of Oz	Family	8.0	38263	1939
335	The Gold Rush	Family	8.0	6404	1925
336	Finding Nemo				

Figure 14-12. La démo du tableau de films de OpenRico

NumSum

NumSum (*http://NumSum.com*) est un tableur. Or les tableurs ne sont ni plus ni moins que des tableaux un peu spéciaux avec plus de fonctionnalités ; ils sont aux data grids ce que les data grids sont aux tableaux conventionnels (*figure 14-13*).

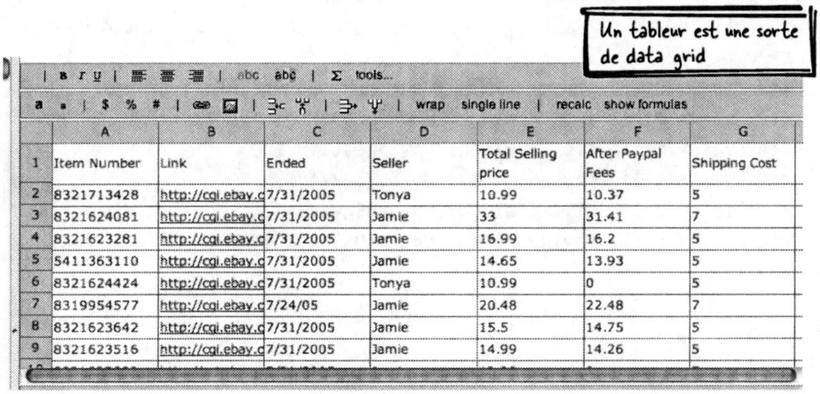

	A	B	C	D	E	F	G
1	Item Number	Link	Ended	Seller	Total Selling price	After Paypal Fees	Shipping Cost
2	8321713428	http://cgi.ebay.c	7/31/2005	Tonya	10.99	10.37	5
3	8321624081	http://cgi.ebay.c	7/31/2005	Jamie	33	31.41	7
4	8321623281	http://cgi.ebay.c	7/31/2005	Jamie	16.99	16.2	5
5	5411363110	http://cgi.ebay.c	7/31/2005	Jamie	14.65	13.93	5
6	8321624424	http://cgi.ebay.c	7/31/2005	Tonya	10.99	0	5
7	8319954577	http://cgi.ebay.c	7/24/05	Jamie	20.48	22.48	7
8	8321623642	http://cgi.ebay.c	7/31/2005	Jamie	15.5	14.75	5
9	8321623516	http://cgi.ebay.c	7/31/2005	Jamie	14.99	14.26	5

Figure 14-13. NumSum

Oddpost

Oddpost (*http://oddpost.com/learnmore*) est un client de mail Ajax qui a une apparence très similaire à celle d'un client de mail de bureau tel que Outlook. L'en-tête de sujet est une forme de tableau de Requêtes-Réponses. Tout comme l'exemple OpenRico, vous pouvez naviguer dans la table et la trier par colonne.

Delta Vacations

Delta Vacations (*http://www.deltavacations.com/destination.aspx?code=MONTEGOBAY*) est un exemple de *Live Search* mais il sert également d'exemple de filtre. Au départ, tous les hôtels d'une destination sont affichés et réaliser une recherche permet de récupérer uniquement les résultats correspondants.

Exemple de code : OpenRico Data Grid

L'exemple de Data Grid de OpenRico (*http://openrico.org/rico/livegrid.page*) utilise l'API LiveGrid de OpenRico. Dans le code HTML initial, nous avons deux tables : une pour les en-têtes de colonne et une autre pour les données. Notez que le tableau de données déclare toutes les lignes visibles, initialisées avec les valeurs des premières lignes. C'est un exemple de *Virtual Workspace* (chapitre 15) – les lignes resteront toujours fixes mais leur données changeront au fur et à mesure qu'on descendra dans les résultats :

```
<table id="data_grid_header" class="fixedTable" cellspacing="0" cellpadding=
"0" style="width:560px">
  <tr>
    <th class="first tableCellHeader" style="width:30px;text-align:center">#</th>
    <th class="tableCellHeader" style="width:280px">Title</th>
    <th class="tableCellHeader" style="width:80px">Genre</th>
    <th class="tableCellHeader" style="width:50px">Rating</th>
    <th class="tableCellHeader" style="width:60px">Votes</th>
    <th class="tableCellHeader" style="width:60px">Year</th>
  </tr>
</table>

<table id="data_grid" class="fixedTable" cellspacing="0"
       cellpadding="0" style="width:560px; border-left:1px solid #ababab">
  <tr>
    <td class="cell" style="width:30px;text-align:center">1</td>
    <td class="cell" style="width:280px"> Bend of the River</td>
    <td class="cell" style="width:80px">Western</td>
    <td class="cell" style="width:50px">7.3</td>
    <td class="cell" style="width:60px">664</td>
    <td class="cell" style="width:60px">1952</td>
  </tr>
  ...
</table>
```

La grille est initialisée au chargement de la page avec quelques options configurables passées en paramètre :

```
var opts = { prefetchBuffer: true, onscroll: updateHeader };
onloads.push( function( ) {
  tu = new Rico.LiveGrid(
          'data_grid', 10, 950, 'getMovieTableContent.do', opts )}
);
```

La grille gèrera alors tous les événements utilisateurs. Notez l'argument de `getMovieTableContent.do` dans sa construction. C'est l'URL qui va alimenter la grille avec des données supplémentaires. Elle doit être capable d'accepter certains paramètres comme une position initiale et le nombre de lignes à récupérer. Par exemple, pour charger la page initiale et la faire défiler jusqu'à la fin (jusqu'aux lignes 940 et suivantes), le *XMLHttpRequest Call* (chapitre 6) va à l'URL suivante : `getMovieTableContent.do?id=data_grid&page_size=10&offset=940&_=`. Ceci récupère 10 films démarrant à la position 941 dans un format XHTML, comme montré dans les exemples suivants. Le composant de la grille se met alors à jour avec ces lignes.

```
<?xml version="1.0" encoding="ISO-8859-1"?>

<ajax-response>
  <response type="object" id='data_grid_updater'>
  <rows update_ui='null' >

  <tr>
    <td>941</td>
    <td convert_spaces="true"> El Dorado</td>
    <td> <span style="font-weight:bold"> Western </span> </td>
    <td>7.4</td>
    <td>2421</td>
    <td>1966</td>
  </tr>
  ...
</rows>
</response>
</ajax-response>
```

Patterns associés

Virtual Workspace (espace de travail virtuel)

Comme expliqué plus tôt dans la « Solution », les data grids sont habituellement des *Virtual Workspaces* (chapitre 15).

Browser-Side Cache (cache côté navigateur)

Pour améliorer les performances, gardez les données dans un *Browser-Side Cache* (chapitre 13).

Predictive Fetch (chargement prédictif)

Pour améliorer les performances, considérez l'utilisation de *Predictive Fetches* (chapitre 13) et des fonctions associées qui préchargent les résultats avoisinants.

Progress Indicator (indicateur de progression)

Des mises à jour plus longues devraient être accompagnées d'un *Progress Indicator*.

Métaphore

Une data grid est la suite naturelle des tableaux HTML traditionnels.

Pour en savoir plus

Christian Romney (*http://www.xml-blog.com/*) a suggéré l'idée d'une sorte de pattern de tri et de filtre à partir duquel ce pattern a évolué. Il a également souligné l'exemple de Delta Vacations.

Rich Text Editor (éditeur de texte riche)

◉◉◉

Éditeur, Formatter, Polices, Riche, Texte, Textarea (zone de texte), Barre d'Outils, Écrire, Éditeur de Texte, WYSIWYG

Figure 14-14. Rich Text Editor (éditeur de texte riche)

Anecdote

Pam travaille sur une présentation de pilotage de projet ; la mise en forme va beaucoup compter dans son cas. Depuis la barre d'outils, elle fixe la police à Arial, sa taille à 24 pixels et active le mode italique. Elle tape l'en-tête, le sélectionne et retourne à la barre d'outils pour sélectionner une couleur.

Problème

Comment les utilisateurs peuvent-ils créer et maintenir un contenu riche ?

Contraintes

- Beaucoup d'applications Ajax laissent les utilisateurs créer et éditer de substantiels blocs de contenus.
- Le contenu riche des applications web ont besoin du meilleur des fonctionnalités du HTML et de beaucoup plus que du simple texte.
- La plupart des utilisateurs ne connaissent pas le HTML ; même les balises « faciles » du HTML sont compliquées et inconsistantes.

Solution

Incorporer un élément graphique d'éditeur de texte riche qui propose une manière aisée de faire de la mise en forme, de type « WYSIWYG »[2]. Typiquement, l'élément graphique ressemble à un mini traitement de texte : une barre d'outils sur le dessus avec une zone d'édition en-dessous. Cette zone d'édition est généralement un `div` plutôt qu'un `textarea`, voulant dire que n'importe quel contenu HTML est possible.

Les fonctionnalités typiques sont :

- Des styles, des tailles et des grosseurs de polices, etc.,
- Des palettes de couleur,
- L'inclusion d'images,
- L'inclusion de tableaux,
- La création de listes numériques,
- L'indentation et l'alignement du texte.

Toutes ces fonctionnalités sont habituellement accessibles au travers de la barre d'outils comme des raccourcis clavier. Il serait possible de les rendre également disponibles à partir de menus déroulants bien que les principaux exemples ont évité de le faire. De plus, la barre d'outils permet parfois d'autres opérations :

- Undo (Défaire), Redo (Refaire),
- Cut (Couper), Paste (Coller), Copy (Copier),
- Save (Sauvegarder) (*Explicit Submission (soumission explicite)* [chapitre 10]),
- Spellcheck (vérification orthographique).

Le rich text editor est un outil formidable pour les utilisateurs qui ne sont pas techniciens mais tout comme les éditeurs de texte à interface graphique, il peut ralentir ceux qui sont expérimentés. Si la prise en compte de ces derniers est importante pour vous, voici quelques règles à suivre :

- Offrir une alternative « WYSIWYN » (What You See Is What You *Need*), où l'utilisateur peut entrer des lignes HTML et/ou d'autres balises basées sur du texte, comme Markdown (*http://daringfireball.net/projects/markdown/*).
- Offrir des raccourcis clavier et les mettre en évidence, c'est-à-dire comme dans des *Popups* (chapitre 15), en correspondance avec les icônes de la barre d'outils.
- Offrir des barres d'outils personnalisées et les correspondances clavier.

2. Les interfaces « What You See Is What You Get » (WYSIWYG) sont un amalgame d'applications basées sur des fenêtres où l'interface d'édition est essentiellement la même que la sortie (ex : une liste imprimée ou une présentation).

Les principaux navigateurs supportent la fonctionnalité d'édition riche du texte. Firefox possède Midas (*http://kb.mozillazine.org/Firefox_:_Midas*), un éditeur de texte embarqué et IE (*http://msdn.microsoft.com/workshop/author/dhtml/reference/properties/contenteditable.asp*) possède un éditeur similaire sur les items « taggés » comme `contentEditable`. Cependant, aucun des ces mécanismes n'est portable et avec les deux versions, vous êtes bloqué pour la version du navigateur de l'utilisateur. Pour cette raison, la meilleure solution aujourd'hui est probablement l'utilisation de bibliothèques de *Cross-Browser Component (composants multi-navigateurs)* (chapitre 12), comme mentionné dans la section qui suit, « Cas concrets ».

Cas concrets

FCKEditor library

FCKEditor de Frederico Caldeira Knabben (*http://www.fckeditor.net/*) est un *Cross-Browser Component* aux fonctionnalités riches, au code source ouvert et que vous pouvez insérer dans vos projets (*figure 14-15*). Il possède également une intégration côté serveur et le support des accès web distants.

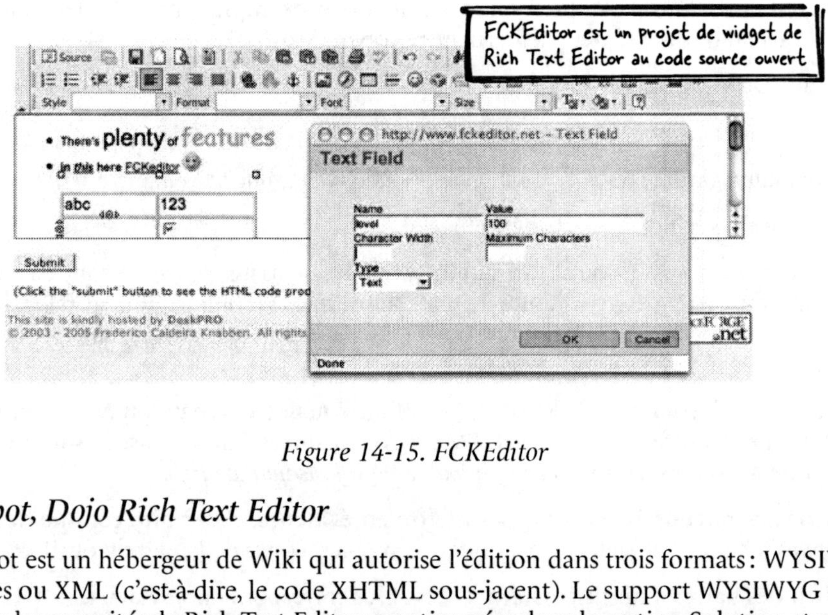

Figure 14-15. FCKEditor

Jotspot, Dojo Rich Text Editor

Jotspot est un hébergeur de Wiki qui autorise l'édition dans trois formats : WYSIWYG, balises ou XML (c'est-à-dire, le code XHTML sous-jacent). Le support WYSIWYG inclut toutes les capacités de Rich Text Editor mentionnées dans la section Solution et se base sur le composant au code source ouvert, Dojo Rich Text Editor (*http://dojotoolkit.org/docs/rich_text.html*) (voir *figure 14-16*). Dans le plus simple des cas, utiliser le composant est aussi simple que de déclarer une balise `div` avec la bonne classe.

```
<div class="dojo-Editor"> Initial
    content </div>
```

Figure 14-16. Jotspot Dojo Editor

Writely

Writely (*http://writely.com*) se définit lui-même comme « The Web Word Processor », c'est-à-dire « Le Traitement de Texte du Web ». Il permet d'éditer du contenu en utilisant un mécanisme similaire à celui qui est utilisé par Jotspot. Une des fonctionnalités sympatiques proposées est le correcteur orthographique.

Wikipedia

L'interface d'édition de Wikipedia (*http://Wikipedia.org*) est caractéristique des éditeurs un peu plus anciens qui offrent une barre d'outil d'édition riche mais seulement une zone d'édition basée sur un mécanisme d'interprétation des balises (*figure 14-17*). C'est également le cas pour le projet au code source ouvert, MediaWiki framework (*http://mediawiki.org*) sur lequel Wikipedia se base.

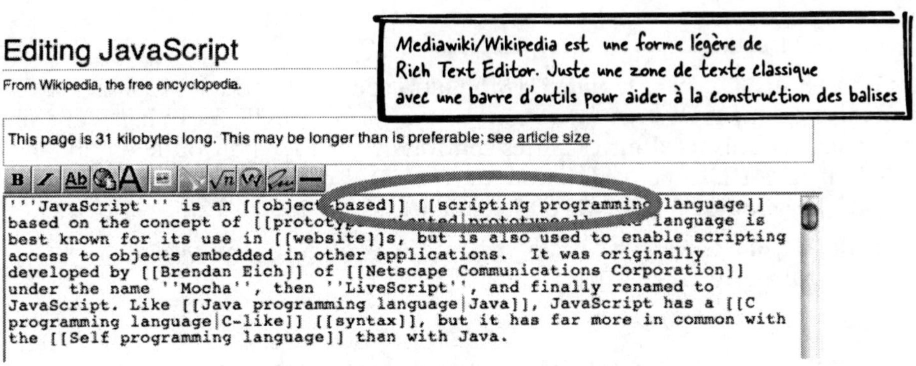

Figure 14-17. L'éditeur de Wikipedia

Rich Text Editor (éditeur de texte riche)

L'éditeur de texte riche de Kevin Roth (*http://www.kevinroth.com/rte/demo.htm*) est un bon exemple du support natif du navigateur mentionné dans la section précédente « Solution », puisqu'il fournit un éditeur construit au-dessus de n'importe quel navigateur.

Exemple de code : FCKEditor

Cet exemple constitue une introduction à l'API FCKEditor et en regarde un peu les mécanismes internes. Pour utiliser le FCKEditor dans votre propre projet, il faut d'abord créer une zone de texte classique :

```
<textarea id="comments"></textarea>
```

FCKEditor peut alors remplacer l'éditeur de texte avec un éditeur de texte riche :

```
var commentsEditor = new FCKeditor("comments");
commentsEditor.ReplaceTextarea( );
```

Pour suivre l'usage, enregistrez un gestionnaire d'initialisation pour le module global FCKEditor qui s'applique à tous les instances d'éditeur. Ici, vous voulez probablement déclarer un gestionnaire d'événements qui va se déclencher lorsqu'un utilisateur change un éditeur individuel. Voyez la documentation de l'API (*http://wiki.fckeditor.net/*) pour plus de détails et d'options.

```
function FCKeditor_OnComplete(editor) {
  editor.Events.AttachEvent('OnSelectionChange', onEditorChange);
}
function onEditorChange(editor) {
  // Respond to change.
  // You can get the editor contents with editor.GetXHTML( );
}
```

Voyons maintenant ce qui se passe en interne. `ReplaceTextarea` va localiser l'objet textarea, le masquer, puis insérer le contenu du Rich Text Editor juste au-dessus.

```
FCKeditor.prototype.ReplaceTextarea = function( )
  ...
  var oTextarea = document.getElementById( this.InstanceName ) ;
  oTextarea.style.display = 'none' ;
  ...
  this._InsertHtmlBefore( this._GetIFrameHtml( ), oTextarea ) ;
```

`_GetIFrameHtml( )` génère le code HTML pour l'éditeur IFrame, et sa source est `fckeditor.html`. L'éditeur est structuré comme un tableau de trois lignes. La ligne supérieure est la barre d'outils (et d'autres autres contrôles pour l'agrandir ou le diminuer) ; la seconde ligne est la zone d'édition « WYWIWYG », dans une `IFrame` ; la troisième ligne affiche la source HTML, qui est habituellement invisible.

```
<table height="100%" width="100%" cellpadding="0" cellspacing="0"
       border="0" style="TABLE-LAYOUT: fixed">
  <tr>
    ...
    <td id="eToolbar" class="TB_ToolbarSet" unselectable="on"></td>
    ...
```

```
    </tr>
    <tr id="eWysiwyg">
      <td id="eWysiwygCell" height="100%" valign="top">
        <iframe id="eEditorArea" name="eEditorArea" height="100%" width="100%"
                frameborder="no" src="fckblank.html"></iframe>
      </td>
    </tr>
    <tr id="eSource" style="DISPLAY: none">
      <td class="Source" height="100%" valign="top">
        <textarea id="eSourceField" dir="ltr" style="WIDTH: 100%; HEIGHT: 100%">
           </textarea>
      </td>
    </tr>
  </table>
```

La barre d'outils consiste en une barre de boutons liés aux commandes. Ces commandes suivent le pattern Commande (Gamma et al., 1995) – ce sont des objets qui encapsulent une commande qui peut être lancée depuis la barre d'outils ou depuis un raccourci clavier. La commande est identifiée dans chaque déclaration de bouton de la barre d'outils tout comme différentes propriétés.

```
var FCKToolbarButton = function (commandName,

  label, tooltip, style, sourceView, contextSensitive)
```

Par exemple, voici le bouton de la boîte d'outils pour coller du texte :

```
oItem = new FCKToolbarButton('PasteText',

  FCKLang.PasteText, null, null, false, true);
```

La commande `PasteText` de l'exemple précédent est finalement liée à un objet `Command` qui va lancer un dialogue pour coller du texte.

```
FCK.PasteAsPlainText=function( ) {
  FCKDialog.OpenDialog('FCKDialog_Paste',FCKLang.PasteAsText,
  'dialog/fck_paste.html',400,330,'PlainText'); }
```

Les manipulations du contenu de l'éditeur WYSIWYG impliquent de gérer le contenu de l'élément et de modifier simplement son code HTML. Dans le cas de l'opération « coller », il ajoute le nouveau code HTML, `sHtml`, au bon endroit.

```
var oEditor = window.parent.InnerDialogLoaded( ) ;
...
oEditor.FCK.InsertHtml(sHtml) ;
```

Patterns associés

Virtual Workspace (espace virtuel)

Pour de grands morceaux de texte, vous pouvez vouloir expérimenter un *Virtual Workspace* (chapitre 15).

Progress Indicator (indicateur de progression)

Fournissez un *Progress Indicator* lors de la sauvegarde du texte. En fait, beaucoup d'éditeurs de texte prennent du temps au démarrage également, en partie dû à la surcharge de scripts des images. Ainsi, un Progress Indicator peut également vous aider lors du temps de chargement.

Status Area (zone d'état)

Créez une *Status Area (zone d'état)* (chapitre 15) pour afficher à l'utilisateur des indications comme le compte des mots et la position du curseur, s'ils ne sont pas déjà fournis par l'élément graphique de Rich Text Editor. Vous aurez besoin de le raccorder au modèle événementiel du widget afin de garder l'état à jour.

Métaphore

Un éditeur de texte riche est comme un traitement de texte classique.

Suggestion

◉◉○

Auto-Compléter, Remplir, Intelligent, Peupler, Prédire, Suggérer, Wizard

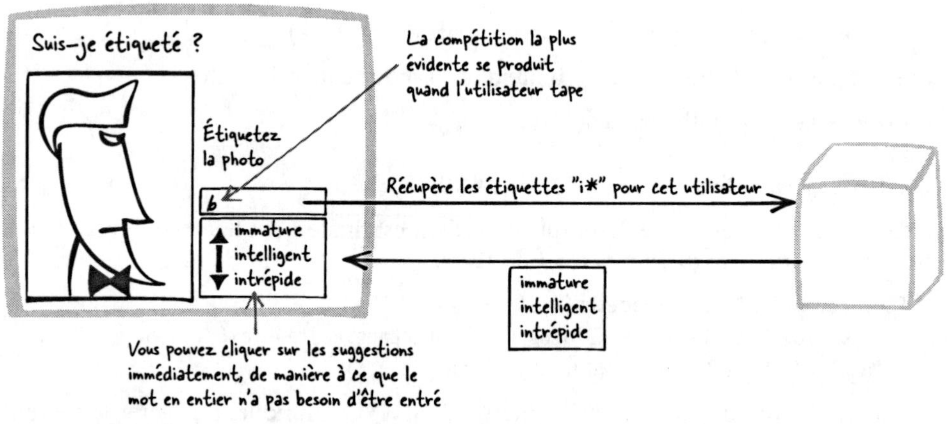

Figure 14-18. Suggestion

Anecdote

Doc tape une prescription électronique. Il s'apprête à prescrire de la « Vancomycin 65 mg, » mais aussitôt qu'il tape « V », le système a déjà relevé un ensemble de choix possibles, basés sur l'historique du patient et les types de prescription de Doc. Doc sélectionne « Vancomycin 65 mg » à partir de la liste qui est apparue et passe au champ suivant.

Problème

Comment améliorer la génération de vos pages ?

Contraintes

- Le texte libre reste le meilleure moyen pour des humains de communiquer avec des ordinateurs. La tendance semble aller vers plus de texte qu'avant à cause des systèmes de messages instantanées, du phénomène de blog et du mail. Même les moteurs de recherche subissent une transformation pour devenir universels, comme décrit dans *Live Command-Line* plus tard dans ce chapitre.
- Lorsqu'elles se présentent devant une zone de texte libre, les personnes ne savent pas toujours ce qu'elles sont supposées taper.
- Bien que beaucoup d'utilisateurs sont maintenant à l'aise avec le clavier, il y a toujours beaucoup d'utilisateurs pour lesquels le Web consiste en une partie de clics de souris.
- La vitesse de frappe reste un goulet d'étranglement même pour ceux qui tapent vite, la plupart pensant plus vite qu'ils ne peuvent taper.
- Les personnes peuvent faire des erreurs lorsqu'elles tapent.

Solution

Suggérer des mots ou des phrases susceptibles de compléter ce que l'utilisteur est en train de taper. L'utilisateur peut alors sélectionner la suggestion et éviter de la taper en entier. Les résultats viennent d'habitude d'un *XMLHttpRequest Call* (chapitre 6) – l'entrée partielle est téléchargée sur le serveur et ce dernier répond avec une collection de résultats probables.

Suggestion tire ses racines des « combo boxes » – des champs de formulaires d'interfaces utilisateurs traditionnelles qui combinent une entrée de texte avec une liste déroulante. Les éléments sont synchronisés. L'utilisateur est libre de taper n'importe quel texte et la sélection courante dans la liste va tracer ce qui a été tapé jusqu'alors. L'utilisateur est également libre de choisir un élément de la liste qui sera alors mis en retour dans le champ de texte. Dans certains cas, la liste contraint ce que l'utilisateur tape ; dans d'autres cas, elle est là pour fournir uniquement des suggestions.

C'est ce dernier style qui est devenu populaire ces dernières années – une entrée de texte libre avec des suggestions pour la complétude à n'importe quel moment. L'autocomplétion est devenue populaire avec Internet Explorer 5 qui auto-complète des champs basés sur l'historique de l'utilisateur. La plupart des utilisateurs sont à l'aise avec cette approche puisque tous les navigateurs modernes offrent une fonctionnalité similaire et cette technique est également populaire dans les SMS des téléphones portables et les entrées texte en Asie.

Dans un contexte Ajax, Google fixe le standard avec son introduction de Google Suggest (*http://www.google.com/webhp?complete=1*), qui suggère les termes les plus populaires pour compléter la requête de la recherche utilisateur. Sa sortie en a surpris beaucoup puisque Google a décidé de reproduire entièrement le comportement classique des listes déroulantes, mais avec cette fois, les termes étaient dynamiquement récupérés depuis serveur au lieu d'être présents lorsque le formulaire était créé.

Les mécanismes de suggestion fonctionnent habituellement comme suit :

- Un champ standard `input` est utilisé. Au même moment, un élément initial invisible `div` est créé pour contenir les suggestions comme elles apparaissent. Le champ input a besoin d'un gestionnaire d'événements pour suivre le texte qu'il contient de façon à assurer que la liste surligne toujours la suggestion qui correspond.

- À la place de réaliser une requête de suggestion à chaque fois que l'on presse une touche, un *Submission Throttling* est habituellement adopté. Ainsi, toutes les 100 millisecondes ou à peu près, le navigateur vérifie si rien n'a changé depuis la dernière requête. Si c'est le cas, le serveur passe la requête partielle comme un *XMLHttpRequest Call* basé sur un GET.
- Le serveur utilise alors un algorithme pour produire une liste ordonnée de suggestions.
- De retour dans le navigateur, la fonction de rappel prend les suggestions et réalise un *Display Morphing* (chapitre 5) pour les afficher à l'utilisateur dans un format qui les autorise à être sélectionnés. Chaque entrée aura un gestionnaire d'événements, de manière à ce que si l'on clique sur l'entrée, le champ input soit modifié.

La liste déroulante n'est pas la seule manière d'afficher des résultats mais elle possède les vertus d'être efficace et familière. L'« exemple de code Kayak », à voir plus tard dans cette section, couvre l'implémentation de Kayak.

Vous pouvez penser que le principal bénéfice d'une suggestion est d'arrêter de taper, mais ce n'est pas le cas. En effet, c'est souvent plus lent d'entrer un simple mot en utilisant suggestion, puisque cela induit une distraction et requiert probablement une manipulation de la souris. Le principal bénéfice est d'offrir un ensemble fixe de choix – lorsqu'il y a plus de choix que de raison pour une liste d'options standard, mais toujours un ensemble fixe. En ce qui concerne Google Suggest, c'est une liste de choix considérés comme probables, basés sur un historique global de recherche. En mettant des balises sur les sites web, c'est une liste de noms de balises qui ont été utilisées dans le passé. Dans les sites web de voyage, c'est une liste d'aéroports que vous pouvez inclure dans votre liste.

Décisions

Quel algorithme sera utilisé pour produire les suggestions ?

Au bout du compte, l'algorithme de suggestion a besoin de trouver les complétions les plus probables.

Quelques principes de base :

- En général, des données historiques permettent les meilleures prédictions. Tracez ce que les utilisateurs cherchent le plus souvent et utilisez-le comme support de vos suggestions. Ainsi, lorsque l'utilisateur tape « A », suggérez les réponses les plus fréquentes qui commencent par « A ».
- Personnalisez. À la place de compléter « A » avec les requêtes commençant par « A » que *tous* les utilisateurs ont entrées, retournez les requêtes commençant par « A » de *cet* utilisateur. Le seul problème ici est le manque de données ; considérez alors l'utilisation un algorithme de filtrage collaboratif pour fournir des suggestions qui sont basées sur des utilisateurs similaires.

- Un historique récent est une base plus pertinente si vous personnalisez les résultats. Dans certains cas, cela a du sens de fournir uniquement les requêtes récentes. Dans d'autres cas, envisagez d'affecter un poids fort aux résultats les plus récents, mais en prenant également en compte les requêtes plus vieilles également.
- Dans certains cas, cela peut avoir encore plus de sens pour le navigateur de fournir des *Guesstimates* (chapitre 13) plutôt que de vrais résultats du serveur en temps réel. Cette information peut être basée sur ce qu'il a dans le *Browser-Side Cache* (chapitre 13) et, potentiellement, sur quelques algorithmes pour aider le navigateur de décider de ce qui est pertinent.

Comment les suggestions seront elle ordonnées ?

Des algorithmes de tri typiques :

- Statistiques, ex : fréquence d'accès à tracée dans l'historique.
- La date de la dernière requête utilisée.
- Ordre alphabétique ou numérique.
- Tri spécifique à l'application. Une liste de monnaies qui commencent souvent avec « U.S. Dollar », par exemple.

Quelle que soit la manière dont vous triez vos suggestions, le premier item est particulièrement important parce qu'il peut être conçu pour permettre à l'utilisateur de sélectionner le premier élément sans le choisir explicitement dans la liste. Par exemple, l'implémentation de la liste déroulante de Google insère automatiquement le premier élément dans le champ texte, avec en surimpression une sélection pour que l'utilisateur ait la possibilité d'écrire par-dessus.

Combien de suggestion seront affichées ?

Décider du nombre de suggestions à afficher implique un compromis. Vous voulez afficher assez de suggestions pour que cela soit utile mais pas trop pour ne pas noyer celles qui sont pertinentes parmi les autres. L'espace est limité également, même si vous utilisez une nouvelle petite fenêtre par-dessus.

Il est généralement utile que votre algorithme de suggestion ne fasse pas que ranger vos suggestions mais réalise également une estimation de pertinence. Alors, vous pourrez assurer que les suggestions sont affichées uniquement si elles sont particulièrement utiles. Et parfois il n'est pas vraiment utile d'afficher des suggestions.

Quelles informations complémentaires seront présentes avec chaque suggestion ?

La principale partie de la suggestion est toujours un mot ou une phrase qui complète ce que l'utilisateur est en train de taper. Vous pouvez enrichir chaque suggestion avec une information supplémentaire. Google Suggest, par exemple, affiche le nombre de résultats de chaque complétion. Il aurait même été possible de présenter les suggestions dans un tableau, avec quelques colonnes de fond par complétion. À son extrêmité, la suggestion ressemble au *Live Search* (voir plus tard dans ce chapitre).

Cas concrets

Kayak

Kayak (*http://kayak.com*) est un moteur de recherche de voyages qui suggère des aéroports en même temps que vous tapez une destination (*figure 14-19*). Les suggestions apparaissent dans un format de liste déroulante similaire à celle de Google Suggest.

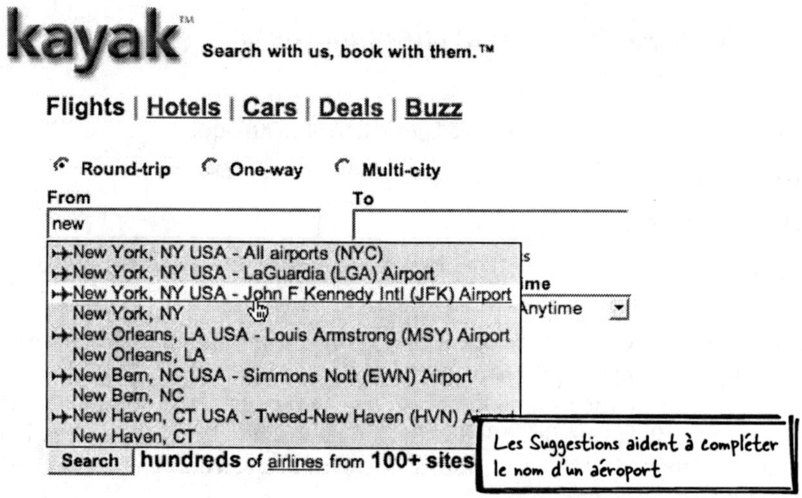

Figure 14-19. Les suggestions d'aéroport de Kayak

Google Suggest

Google Suggest (*http://www.google.com/webhp?complete=1*) a été probablement la première utilisation publique de suggestion et reste un excellent exemple. Les résultats sont affichés dans un style de liste déroulante. L'apparence de celle-ci est réalisée avec un contrôle personnalisé. Un `div` est placé juste sous l'entrée texte avec une suggestion sur chaque ligne et la propriété `zIndex` fait apparaître le `div` « devant » le contenu de la page courante.

Delicious, Amazon

Delicious (*http://del.icio.us*) et Amazon (*http://amazon.com*) offrent tous les deux des suggestions pour aider à compléter des balises (*figure 14-20*). Alors que vous tapez une balise, plusieurs suggestions apparaissent immédiatement et vont peupler immédiatement une liste sous le champ. Vous pouvez cliquer sur une suggestion pour compléter le terme.

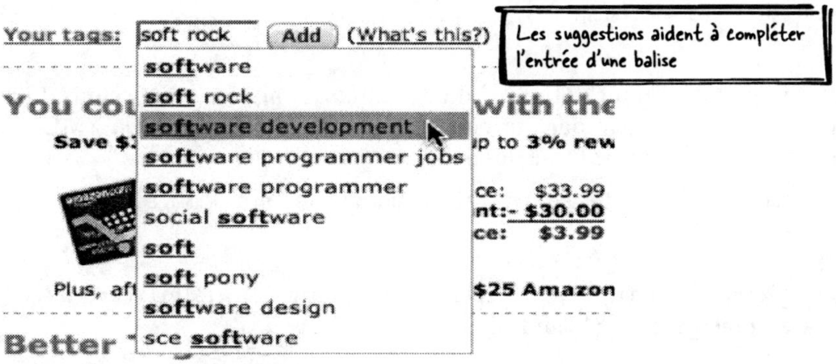

Figure 14-20. Les suggestions de balises d'Amazon

Exemple de code : Kayak

Kayak (*http://kayak.com*) est une interface de type Ajax sophistiquée avec une fonctionnalité de suggestion pratique pour les aéroports de départ et de destination. La liste des suggestions apparaît en-dessous du champ texte. Elle est référencée dans le code par un `smartBox` et a une existence tant que le champ de saisie a la main.

À chaque fois qu'une touche est pressée, le composant `smartBox` est arrêté – ce qui stoppe toute requête en cours – et une nouvelle requête est initialisée. Une vérification est faite pour assurer que l'entrée texte contient effectivement quelque chose, autrement le composant `smartBox` est fermé :

```
function _typer(input)
  {
    if ((_input != null ) && _input.value.length > 0)
      {abortSmartBox( );_runSearch(input);


}
        else {_setValue(-1);closeSmartBox( );}
      }
```

`_runSearch( )` démarre un appel au serveur pour recevoir la liste des suggestions. La requête est adressée à *http://www.kayak.com/m/smarty.jsp?where=LOCATION*. Le résultat prend la forme du XML contenant les noms et codes des aéroports et ce qu'il apparaît être un numéro d'identifiant, par exemple :

```
<i>28501</i><m>L</m><d>London, United Kingdom</d><a>LON</a>
```

La fonction de rappel cumule une chaîne de caractères HTML pour être insérée dans le composant smartbox. Un traitement boucle sur chaque résultat, ajoutant un élément div au HTML :

```
var html = ""; var list = "";
for (var j = 0; j < ii.length; j++) {
  var id=client.getTagText(results[0], "i", j);
  var str=client.getTagText(results[0], "d", j);
  var match=client.getTagText(results[0], "m", j);
```

```
  ...
  list += _divB + _spanB + icon + str + _spanE + _divE;cnt++;
}
```

Un autre intérêt est l'ajout optionnel d'une icône, qui apparaît en-dessous du nom de l'aéroport, comme montré dans le bout de code précédent. Selon le XML résultant, l'icone est choisi à partir de l'une des deux images:

```
var _iconAir = "<img style='vertical-align: middle' src='/images/airport_icon.gif'
border=
'0'>";
  var _iconLoc = "<img style='vertical-align: middle; visibility: hidden' src=
'/images/place_icon.gif' border='0'>";
  ...
  icon = (match == "L") ? _iconLoc : _iconAir;
```

Un gestionnaire d'événements suit la frappe clavier. Comme l'utilisateur se déplace vers le haut ou vers le bas, le texte de l'aéroport est modifié en conséquence et la sélection est incrémentée ou décrémentée:

```
case UP:
  _cursel--;if (_cursel<0){_cursel=0;}selChoice(_cursel);
...
case DOWN:
  _cursel++;if (_cursel>=_ids.length){_cursel=_ids.length-1;}selChoice(_cursel);
```

Finalement, la valeur est fixée lorsque l'utilisateur clique `tab` ou `enter`. Dans l'ancien cas, le focus bascule également vers le champ suivant:

```
case ENTER:
  if (_ids.length>0){
    _setValue(_cursel);
    closeSmartBox( );
  }
...
case TAB:
  if (_cursel>=0&&_cursel<_ids.length){_setValue(_cursel);}
```

Alternatives

Selector

Dans certains cas, une simple entrée texte HTML `selection` suffira. La plupart des navigateurs modernes proposent la navigation au travers des listes déroulantes en tapant sur le clavier, cela représente ainsi une alternative facile et viable si l'éventail des entrées est limité.

Patterns associés

Browser-Side Cache (cache côté navigateur)

Un *Browser-Side Cache (cache côté navigateur)* (chapitre 13) est un moyen pratique d'accélérer la recherche.

Guesstimate (estimation)

Parfois le navigateur peut être assez intelligent pour réaliser des suggestions sans aller jusqu'au serveur. C'est une application de *Guesstimate* (chapitre 13).

Predictive Fetch (chargement prédictif)

Suggestion est similaire au Predictive Fetch (chapitre 13). Predictive Fetch envoie une requête au serveur en anticipation d'une prochaine action utilisateur, alors que Suggestion interroge le serveur pour aider l'utilisateur à compléter son action courante. En théorie, vous pouvez combiner les deux patterns – réaliser un Predictive Fetch pour proposer des suggestions dont on pourrait avoir besoin dans le futur. Sur un intranet, par exemple, cela peut être pratique de continuellement réaliser 26 requêtes en parallèle en anticipant l'utilisateur, qui pourrait taper n'importe quelle lettre de l'alphabet.

Submission Throttling (accélérateur de soumission)

Pour diminuer le nombre de requêtes, ne réalisez pas un *XMLHttpRequest Call* à chaque touche pressée. À la place, appliquez un *Submission Throttling* (chapitre 10) pour limiter les appels.

Highlight (surbrillance)

Lorsque l'une des suggestions dans la liste correspond à l'entrée de texte libre, c'est habituellement une bonne idée de la mettre en évidence au travers d'un *Highlight* (chapitre 16).

Lazy Registration (enregistrement paresseux)

Lazy Registration (enregistrement paresseux) (chapitre 17) implique l'accumulation d'informations concernant le profil et les profils peuvent être utilisés pour générer des suggestions personnalisées. Vous pouvez également enregistrer des préférences utilisateur en accord avec l'aspect et la synchronisation des listes de suggestions.

Live Search (recherche interactive)

Lorsque l'ensemble des détails des résultats est fourni, suggestion ressemble à un *Live Search* (voir le prochain pattern). Cependant, les buts de conception sont différents et cela peut être généralement reflété dans l'interface utilisateur. Une suggestion a pour but de compléter un mot ou une phrase ; un Live Search a pour but de localiser ou de rendre compte d'un item qui est recherché.

Pour aller plus loin

- « How Search Engines Rank Web Pages » (« Comment les moteurs de recherche rangent leurs pages web ») par Danny Sullivan (*http://searchenginewatch.com/webmasters/article.php/2167961*)
- « Google Suggest Dissected » (« Google Suggest disséqué ») par Chris Justus (*http://serversideguy.blogspot.com/2004/12/google-suggest-dissected.html*)

Remerciements

L'analyse minutieuse de Chris Justus sur Google Suggest (*http://serversideguy.blogspot.com/2004/12/google-suggest-dissected.html*) a été très utile pour l'explication de tous les rouages qui se cachaient derrière l'implémentation du pattern suggestion de Google.

Live Search (recherche interactive)

●●○

Retour Utilisateur, Immédiat, Interactif, En Temps Réel, Recherche

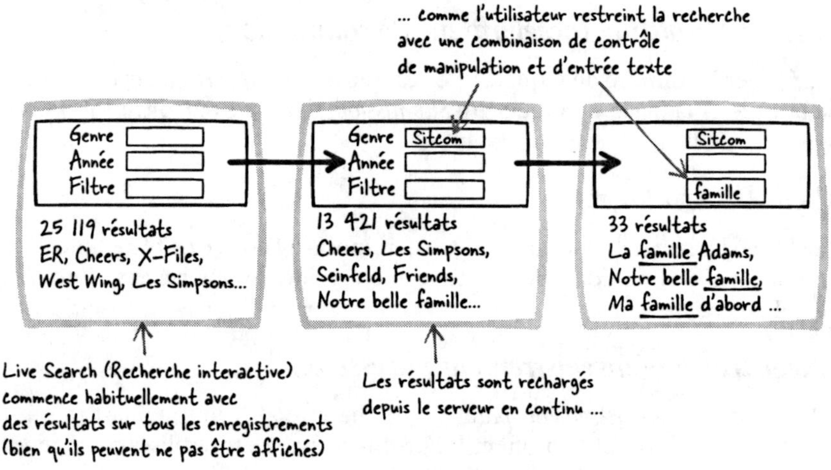

Figure 14-21. Live Search (recherche interactive)

Anecdote

En feuilletant un magazine de mode, Reta vient juste de repérer la ligne de chaussures « Curiously Costly » et a décidé qu'il lui fallait absolument ces chaussures pour la saison prochaine. Elle se rend sur le site web de son magasin préféré où il y a un formulaire de recherche vide avec en-dessous une sélection de produits et le message : « plus de 50 000 articles ». Dans un premier temps elle sélectionne « chaussures » dans un menu déroulant et voit les produits dessous le formulaire laisser place à une collection de chaussures « plus de 8 000 chaussures ». Ensuite elle commence à saisir du texte. Lorsqu'elle tape la lettre « C » elle voit apparaître la liste des chaussures dont la référence commence par un « C ». Cela se poursuit jusqu'à ce que le champ recherche contienne « Curio ». À ce stade il ne reste plus que trois articles. Un de ceux-là est « Curiously Costly » sur lequel Reta clique pour terminer sa recherche avec succès.

Problème

Comment l'utilisateur peut-il faire une recherche rapide pour trouver un item ?

Contraintes

- Les applications Ajax requièrent souvent une possibilité de recherche. Les utilisateurs recherchent des objets métier, d'autres utilisateurs, des sites web, etc.
- Parfois l'utilisateur recherche une aiguille dans une botte de foin. En ce qui concerne les moteurs de recherche il s'agit d'une botte de foin de plus d'un milliard d'items.
- Pour les aider à faire face à cette complexité les utilisateurs doivent pouvoir être libres de faire ou d'expérimenter plusieurs choix.

Solution

Alors que l'utilisateur formule et affine sa requête de recherche, afficher en continu tous les résultats valides. La requête de recherche est une combinaison de contrôles qui permet à l'utilisateur de restreindre le nombre d'items. Elle peut se présenter sous la forme d'un simple champ texte ou d'un agencement complexe de *sliders* (réglettes), de boutons d'options et d'autres contrôles. Les résultats apparaissent dans une zone séparée et sont continuellement synchronisés avec la requête qui a été spécifiée. La recherche est terminée lorsque qu'on s'en tient à un résultat.

Utiliser le pattern Live Search au lieu du style traditionnel présente plusieurs avantages :

- Il est possible d'associer la navigation et la réalisation de recherches ensembles.
- Les recherches se font plus vite car aucune soumission explicite n'est nécessaire. Les résultats sont disponibles presque immédiatement. L'utilisateur peut donc essayer plusieurs possibilités plus facilement.
- Étant donné qu'il n'y a pas de rechargement de page, l'interaction donne une impression de plus grande fluidité. Les résultats sont actualisés mais sans que la requête d'entrée n'en soit affectée.

Actuellement la forme de Live Search la plus répandue imite de près la manière traditionnelle de faire une recherche. L'utilisateur saisit dans un champ de recherche texte libre et les résultats sont fréquemment actualisés tandis que l'utilisateur saisit sa requête. Ainsi, si l'utilisateur fait une recherche pour « cataclysmique », l'utilisateur verra les résultats pour « c », « ca », etc. (si un *Submission Throttling* (chapitre 10) est en place, la séquence peut sauter certaines actualisations. Une personne tapant au clavier rapidement verra les résultats pour « c », « cata », etc.).

Faire une recherche et naviguer sur le Web sont souvent considérés comme deux activités s'excluant l'une l'autre, ce qui est regrettable car elles présentent chacune leurs avantages. Faire une recherche convient pour trouver quelque chose dont on a déjà connaissance, tandis que naviguer convient pour découvrir tous les items et tomber sur des choses que l'on ne connaissait pas. Le Live Search est un moyen de combiner les deux. Certains contrôles – tels que les sélecteurs, les boutons d'option, et les *sliders* (réglettes) – permettent à l'utilisateur de choisir un item parmi un petit ensemble. Si le formulaire de recherche peut être modifié dynamiquement (voir *Live Form* plus loin dans ce chapitre), vous pouvez implémenter la navigation dans une structure hiérarchique.

Imaginez comment un moteur de recherche d'un site web peut combiner cela. Le contrôle initial est juste une zone de saisie et un sélecteur avec dix catégories différentes – Art, Tech, Actualités, etc. (*figure 14-22*). L'utilisateur choisit Actualités sur le sélecteur et un nouveau sélecteur apparaît – Monde, Éco, Science, etc. À n'importe quel stade l'utilisateur peut modifier tout sélecteur. Tout cela alors que les résultats sont actualisés pour afficher un échantillon des résultats dans la catégorie la plus spécifique qui a été sélectionnée. En outre, l'entrée texte est là depuis le début, jouant le rôle d'un filtre supplémentaire. Ainsi, si vous faites une recherche au niveau général, l'interface se limite à une recherche texte interactive standard. Au contraire, si vous lancez une recherche alors les sélecteurs sont réglés sur une catégorie, seuls les résultats correspondants de cette catégorie seront affichés.

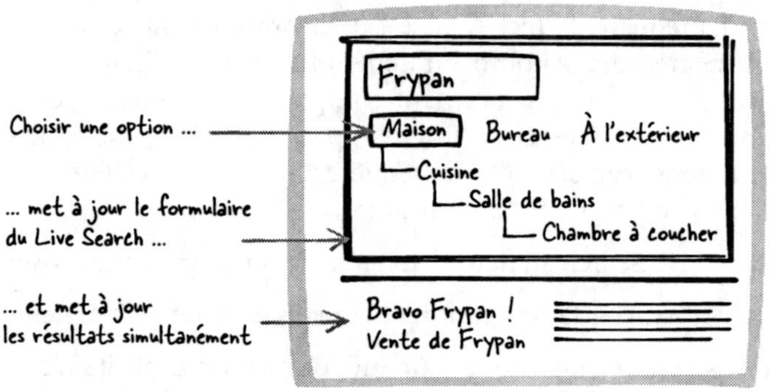

Figure 14-22. Recherche avec un formulaire interactif

La Live Search a recours pour les contrôles d'entrée aux gestionnaires d'événements qui suivent l'activité de l'utilisateur et actualisent les résultats. Une séquence type se déroule ainsi :

1. L'utilisateur modifie un contrôle ; par exemple, il saisit un nouveau caractère ou clique sur un bouton d'option.
2. Toute la requête d'entrée – tous les réglages des champs d'entrée – est transmise au serveur via un *XMLHttpRequest Call*.
3. Le serveur décide quels résultats – si résultats il y a – doivent être affichés et renvoie la liste.
4. Le navigateur remplace la liste des résultats par cette nouvelle liste.

Dans le scénario précédent, le *XMLHttpRequest Call* n'a pas besoin d'avoir lieu immédiatement en réponse à la saisie de l'utilisateur. Souvent un *Submission Throttling* est utilisée pour retarder la réponse.

Une forme moins puissante du Live Search ne montre pas les résultats réels mais les suggère, par exemple en indiquant leur nombre ou de quels types de résultats il s'agit. L'avantage de cela est qu'il y a moins de traitement, des possibilités d'utilisation avancée du cache (puisqu'il y a beaucoup moins de données à stocker) et aucun espace nécessaire pour l'affichage des résultats pendant que la recherche a lieu.

Recourir au pattern Live Search n'est pas toujours souhaitable. Montrer des résultats intermédiaires, au moment de la saisie peut être source de déconcentration pour l'utilisateur (*http://looksgoodworkswell.blogspot.com/2005/12/distracting-or-narrowing-looking.html*) et n'est de toute façon pas vraiment utile. Si l'utilisateur fait une recherche pour « cataclysmique », cela présente-t-il un intérêt pour lui de connaître les résultats pour « cat » ? Une alternative à cela peut être de demander une *Explicit Submission* (chapitre 10) mais en appliquant un *Predictive Fetch* (chapitre 13) pour continuer à acheminer les résultats au fur et à mesure de la progression de la saisie. De cette manière les résultats sont prêts dès que l'utilisateur clique sur le bouton rechercher.

Décisions

Comment allez-vous interpréter du texte incomplet ?

L'utilisateur commence à faire sa recherche pour « cataclysmique ». Le texte ayant été saisi jusqu'à « cat », qu'allez-vous montrer ?

- Les correspondances pour « cat », « catalogue », « cataclysmique » et tout ce qui *commence* par « cat » ?
- Les correspondances pour « pontificat », « indication », « sécateur » et tout ce qui *contient* « cat ».
- Uniquement les correspondances pour « cat ».
- Une combinaison, avec un peu de chaque.

Dans les deux précédentes propositions, « cat » est implicitement converti en « cat* » et « *cat* », « * » représentant n'importe quel caractère. Pour la plupart des recherches le style « cat* » est préférable car l'utilisateur sait ce qu'il recherche – un utilisateur faisant une recherche pour « cataclysmique » n'a pas besoin de faire une recherche pour « *aclys* » – par conséquent insérer un caractère joker à chaque extrémité ne fait qu'encombrer l'interface et accroît le coût de la recherche.

Savoir s'il faut ne pas du tout utiliser de joker est un autre problème. À savoir, « cat » doit-il juste donner les correspondances pour « cat » ou également pour « cataclysmique » ? Les deux possibilités présentent chacune des avantages, c'est pourquoi cela vaut la peine d'étudier le fait de les combiner. Cela dépend aussi du nombre de résultats que vous attendez habituellement. S'il y a seulement deux résultats pour « cat », il se peut que vous souhaitiez anticiper une saisie plus avancée. S'il y a beaucoup de résultats pour « cat » uniquement, il y a alors assez de choses à afficher pour ne pas avoir besoin d'anticiper des caractères éventuels supplémentaires.

À quel point les résultats seront-ils détaillés ?

Comme pour les recherches ordinaires, vous devez décider combien de résultats candidats s'afficheront. Étant donné que les résultats sont envoyés fréquemment, il se peut que vous ayez besoin de limiter les résultats juste à un résumé très succinct. Une variation intéressante de cela est d'utiliser le *Multi-Stage Download* – obtenez un résumé rapide immédiatement, ensuite quelques secondes plus tard, si l'utilisateur est inactif, affinez les résultats avec une seconde requête.

Que se passera-t-il si les résultats sont trop nombreux ?

Généralement vous ne pouvez montrer qu'une partie des résultats en même temps – généralement jusqu'à 50 ou 100 résultats et probablement beaucoup moins que ça si le débit et le traitement par le serveur sont des contraintes négatives. Toutefois, il se peut qu'il y ait des milliers de résultats. Dans le pire des cas, avant que l'utilisateur n'ait spécifié quoi que ce soit, il n'existe pas de contraintes et chaque item est un candidat. Il vous faudra donc décider de ce qui se passera si les résultats à montrer sont trop nombreux.

Une possibilité est de ne pas montrer du tout de résultats, en s'appuyant sur le fait que l'utilisateur va encore affiner sa recherche. Ce n'est pas toujours la meilleure solution car vous vous privez de l'opportunité de fournir un peu de retour utilisateur et d'aider l'utilisateur dans son exploration. Ce que vous souhaitez est donc de fournir une liste réduite des correspondances. L'algorithme de recherche doit permettre de prioriser les résultats, peut-être en se basant sur la popularité ou sur l'historique personnel de l'utilisateur.

Vous pouvez aussi envisager d'utiliser un *Virtual Workspace* (chapitre 15) pour donner l'illusion d'avoir chargé tous les résultats et ainsi permettre à l'utilisateur de naviguer parmi eux. La démo de recherche OpenRico de Yahoo! (*http://openrico.org/yahoo-Search.page*) fournit des résultats de recherche de cette façon. Ce n'est pas une Recherche Interactive, mais vous pouvez facilement intégrer une Recherche Interactive dans cette approche.

Une autre possibilité est de placer les résultats « par roulement » – À savoir, opérer un *Periodic Refresh* (chapitre 10) pour montrer un ensemble de résultats qui se renouvelle sans cesse. Je n'ai pas rencontré ce cas de figure dans une *Live Search* d'Ajax, mais une navigation de type diaporama – images défilant rapidement selon un roulement – est utilisée dans d'autres domaines pour réduire le chargement des informations (par exemple, certains téléviseurs supportent le permettent de « surfer » sur les chaînes grâce à un collage de chaînes qui changent rapidement.

Cas concrets

Delta Vacations

Delta Vacations a une fonction de réservation d'hôtels. Après avoir identifié une destination sur la page des destinations (*http://www.deltavacations.com/destinations.aspx*), vous pouvez réaliser une Live Search pour un hôtel. Par exemple, si vous saisissez « dis » dans la page Los Angeles (*http://www.deltavacations.com/destination.aspx?code=LOSANGELES*), vous voyez rapidement apparaître tous les hôtels Disney (*figure 14-23*). Vous pouvez aussi modifier de manière dynamique l'ordre du tri.

Figure 14-23. Delta

ListSomething.com

ListSomething.com propose une Live Search pour les petites annonces (*figure 14-24*).

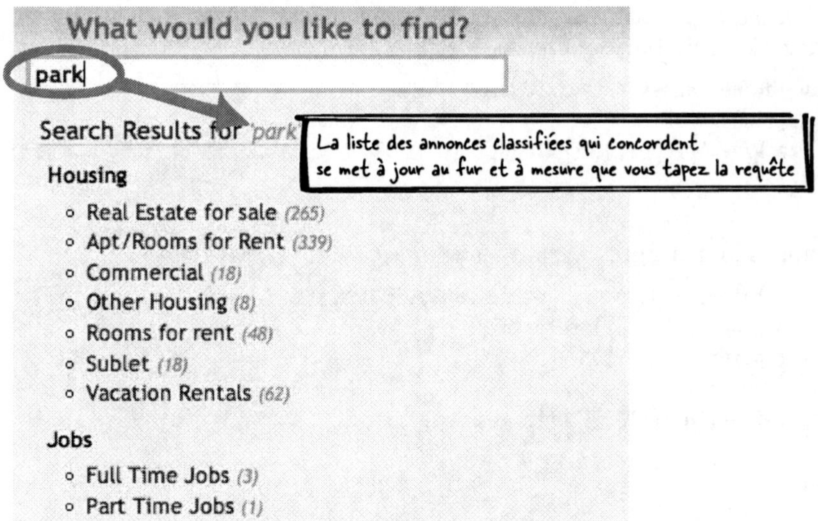

Figure 14-24. ListSomething.com

La recherche de diamants d'Amazon

Diamond Search d'Amazon (*http://www.amazon.com/gp/gsl/search/finder/102-1689279-4344148?productGroupID=loose%5fdiamonds*) est une interface de recherche unique dans son genre, incorporant plusieurs *sliders* (voir précédemment dans ce chapitre) pour déterminer des variables telles que la forme, le prix et le nombre de carats (voir *figure 14-5*). Chaque fois que vous déplacez le curseur d'un slider, un message indique le nombre total de résultats pour la recherche en cours. Malheureusement c'est une variante peu puissante de Live Search dans laquelle les résultats ne sont pas affichés avant qu'une *Explicit Submission* (chapitre 10) ait lieu.

Skype

Le service « Skype-In » de Skype (*http://skype.com*) vous permet de choisir un numéro de téléphone qui vous redirige vers votre compte Skype. Lorsque vous saisissez des chiffres, vous voyez les numéros Skype disponibles.

Exemple de code : Delta Vacations

Delta Vacations

La fonction recherche Delta Vacations inscrit/enregistre un gestionnaire d'événements `updateHotelList` sur chaque contrôle qui gère le Live Search : l'entrée texte, une paire de boutons déterminant s'il faut afficher tous les hôtels ou juste ceux correspondant à l'entrée texte et un sélecteur pour l'ordre de tri. Voici par exemple le HTML statique ou l'entrée texte :

```
<input type="text" id="HotelNameBox" onfocus="setChecked('FindByName')"
onkeyup="updateHotelList('hdnDestCode', 'HotelNameBox', 'SortOptions');" />
```

`updateHotelList( )` appellera alors le serveur. Dans ce cas le serveur génère un *Message HTML* qui sort le HTML exact correspondant aux résultats. Si vous visitez *http://www.deltavacations.com/ajax.aspx?d=LOSANGELES&n=dis&s=rating*, vous verrez que le résultat est juste un fragment de code HTML :

```
<div id="H0" class="StandardHotel">
  <h2 class="FourStar">
    <a href="property.aspx?code=LAX0001&&dest=LOSANGELES">Disneyland Hotel</a>
    </h2>
    ...
```

Les résultats sont ensuite transformés pour afficher le HTML :

```
var container = document.getElementById('HotelListView');
if (null == container) return;
if (http.responseText)
{
  container.innerHTML = http.responseText;
}
else
{
  container.innerHTML = "No hotels matched your search.";
}
```

Démo de recherche assistée

La démo de recherche assistée (*http://ajaxify.com/run/assistiveSearch*) peut être considérée comme une forme peu puissante de la Live Search car elle montre quelles catégories de résultats seront sauvegardées mais pas les résultats en soi. Elle illustre certains des concepts abordés dans cette partie. Elle est analysée dans les exemples dans *Live Command-Line*, plus loin dans ce chapitre.

Patterns associés

Progress Indicator (barre de progression)

Pendant le temps du chargement des résultats, après que l'utilisateur a entré les données, vous pouvez choisir d'afficher un *Progress Indicator* (voir précédemment). Attention cependant à le faire de façon assez subtile, étant donné qu'il apparaîtra et disparaîtra fréquemment.

Data Grid (grille de données)

Les résultats du *Live Search* peuvent être affichés dans une data grid (voir précédemment).

Virtual Workspace (espace de travail virtuel)

Au début de l'exécution d'un Live Search, il y a souvent plus de résultats que vous ne pouvez en montrer en même temps. Pensez à les présenter dans un *Virtual Workspace* (chapitre 15) pour permettre à l'utilisateur d'explorer tous les résultats.

One-Second Spotlight (coup de projecteur éclair)

Le *One-Second Spotlight* (chapitre 16) peut être utilisé pour signaler la transition des anciens résultats vers les nouveaux résultats.

Submission Throttling

Au lieu de soumettre une requête après chaque frappe de touche, les live searches soumettent souvent la requête d'entrée à intervalles donnés – une forme de *Submission Throttling* (chapitre 10). Dans la plupart des cas, il est logique de soumettre seulement après une période d'inactivité si bien que le terme de la recherche est exactement ce que l'utilisateur recherche, plutôt qu'une version incomplète.

Unique URLs (URL uniques)

Des requêtes de recherche différentes doivent généralement avoir des *Unique URLs* (chapitre 17) qui leur sont associées.

Predictive Fetch (chargement prédictif)

Vous pouvez envisager le Live Search comme une sorte de *Predictive Fetch* (chapitre 13) dans lequel les résultats préchargés sont rendus visibles.

Suggestion

Suggestion est identique au Live Search dans le fait que tous les deux impliquent la réalisation d'une recherche pour synchroniser l'affichage par rapport à une entrée incomplète. Cependant elles différent par les moyens suivants :

- La suggestion ne se limite pas à la recherche – vous pouvez l'utiliser pour compléter des mots alors qu'un utilisateur saisit. L'algorithme d'exécution implique une recherche mais chercher n'est pas l'objectif de l'utilisateur.
- Même dans le contexte d'une recherche, la suggestion a pour objectif de compléter la requête, alors que le Live Search vise à livrer les résultats. Si la recherche est « ab », une suggestion vous donnera des termes potentiellement utiles – par exemple « abdominal », « absolument » – alors qu'un live search vous donnera tous les termes correspondant à « ab » ou « ab… ».

Live Command-Line (commande en ligne interactive)

○○○

Assister, CLI, Commande en Ligne, Grammaire, Aider

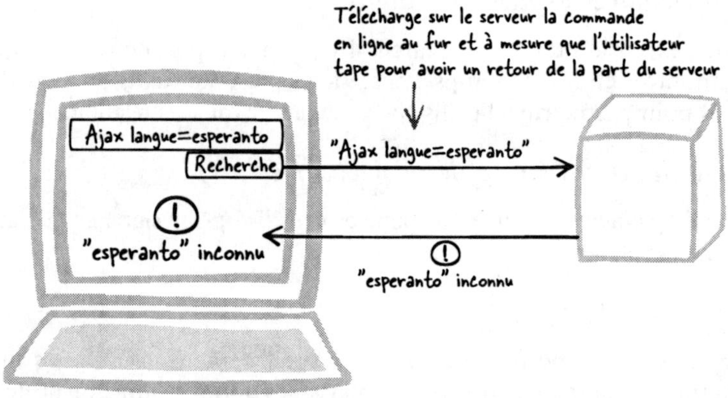

Figure 14-25. Commande en ligne interactive

Anecdote

Frank se sert actuellement d'un outil de recherche avancée pour établir un compte rendu de la production actuelle. Il commence par entrer une requête de type SQL : « tout lister ». Apparaît alors une liste de suggestions comprenant tous les éléments pouvant être listés. Son choix se porte sur « produits ». La requête se poursuivant, « lister tous les produits dont » s'inscrit sur l'écran et une nouvelle liste s'affiche : « date de création », « qualité », etc. Il sélectionne « date de création », puis entre le reste manuellement, préférant ignorer les suggestions suivantes. Au final la requête est la suivante : « lister tous les produits dont la date de création est aujourd'hui et la qualité est défectueuse ». Il y a un signe « coché » à côté de la requête pour indiquer qu'elle est valide.

Problème

Comment peut-on implémenter une interface de commande en ligne ?

Contraintes

- Il y a une limite à ce que les utilisateurs peuvent exprimer avec les « point-and-click » (« pointer-et-cliquer ») interfaces. La commande en ligne offre plus de possibilités d'expression et reste un outil de choix pour les utilisateurs chevronnés.
- Les URL et les champs de recherche sont en train de devenir des commandes en ligne à usage courant (*http://www.codinghorror.com/blog/archives/000296.html*).

Solution

Dans les interfaces command-line, contrôler la commande qui est en train d'être formulée et modifiez de façon dynamique l'interface pour supporter l'interaction. L'interface est modifiée en fonction des données, de la logique métier et de la logique applicative. Quand la commande en ligne est sur le point d'être exécutée au niveau du serveur, comme cela est souvent le cas, habituellement le navigateur délégue l'évaluation de la commande partielle au serveur.

La commande en ligne est l'interface destinée à l'expert type et il faut se souvenir que la plupart des utilisateurs reste des utilisateurs de niveau moyen (*http://www.codinghorror.com/blog/archives/000098.html*). Cela signifie qu'ils en apprennent assez pour se débrouiller et, généralement, n'enrichissent leurs connaissances que lorsque que c'est nécessaire. Ainsi, bien qu'une commande en ligne puissante peut être un choix plus judicieux sur le long terme, la plupart des utilisateurs n'a juste pas le temps d'apprendre à s'en servir en amont.

Les commandes en ligne traditionnelles posent un problème car elles proposent à l'utilisateur une ardoise vierge. Tout ce que l'utilisateur saisit doit reposer sur un apprentissage au préalable et l'unique retour utilisateur a lieu après que la commande en ligne ait été exécutée. Ce n'est pas seulement inefficace quant à l'apprentissage mais aussi franchement risqué pour les commandes relativement puissantes. L'approche est la suivante : l'utilisateur saisit la commande, l'ordinateur exécute la commande.

La solution est d'apporter plus d'interactivité : avec une commande en ligne plus intelligente et plus proactive, la construction d'une commande (à savoir, son évolution rapide de rien à une chaîne exécutable) devient le fruit d'une collaboration entre l'utilisateur et l'ordinateur. Par exemple, vous pouvez :

- Indiquer si la commande est valide avant qu'elle soit soumise. Si elle n'est pas valide, empêchez son exécution et informez l'utilisateur de l'endroit où se situe l'erreur et de la façon dont elle peut être corrigée,
- Proposer de définir des commandes invalides,
- Proposer des *suggestions* pour aider à la formulation d'une partie de la commande,
- Aider l'utilisateur à anticiper ce qui se passera une fois la commande exécutée. Pour une requête, cela signifie estimer le résultat – par exemple évaluer le nombre de correspondances (voir *Guesstimate* [chapitre 13]),
- Fournir des éléments graphiques pour aider l'utilisateur à établir la commande. Par exemple, vous pouvez développer une expression mathématique en utilisant

une interface de calculatrice pour introduire les nombres et les fonctions. La requête apparaît toujours en texte plein, mais elle n'a pas besoin d'être saisie manuellement,

- Fournir des éléments graphiques pour aider l'utilisateur à faire une refonte de la commande. Par exemple, vous pouvez placer un bouton « supprimer » à côté de chacune des conditions dans une requête,
- Fournir des outils de visualisation pour pouvoir afficher la requête sous d'autres formats. Par exemple, il se peut que certaines requêtes numériques soient visualisées de manière graphique.

Les avantages profitent aux débutants comme aux experts. Parce qu'elle assiste les débutants, on fait parfois référence à cette technique, en anglais, sous le nom de « *training wheels approach* » (littéralement en français « une approche avec des roues stabilisatrices »). Comme avec des suspensions sur un vélo, vous vous habituez à l'interface la plus puissante tout en restant productif.

La commande est souvent acheminée vers le serveur. Il est donc en général logique que le serveur fasse des suggestions quant au choix des commandes partielles. En résumé la procédure se déroule ainsi :

1. Un *Submission Throttling* (chapitre 10) télécharge périodiquement la chaîne de commande partielle sous la forme d'un *XMLHttpRequest Call*.
2. Le serveur traite alors la commande et renvoie des informations d'aide.
3. Le navigateur actualise l'interface de l'utilisateur en conséquence.

En tant que fonctionnalité Ajax ce pattern est en grande partie spéculatif : je ne connais pas d'applications Ajax de production de ce type, cependant, l'importance de l'interface de commande en ligne augmente parallèlement à celle d'Ajax. Il est inévitable que l'interface commande en ligne et Ajax ne soient confrontés et, comme la discussion le suggère ici, il existe beaucoup de synergies. Une source d'inspiration ici est l'évolution des IDE ces cinq dernières années, en particulier durant la période de l'ère Java. Des environnements tels que Eclipse (*http://eclipse.org*) et IntelliJ Idea (*http://www.jetbrains.com/idea/*) représentent en interne les fichiers source comme des structures de données, induisant des fonctionnalités telles que la détection permanente d'erreurs, les propositions de définition d'erreurs, les suggestions, les refontes puissantes et les possibilités d'affichages différents. Tout ceci a lieu sans que l'utilisateur n'ait jamais à compiler le code source. Une autre source d'inspiration a été une expérience portant sur l'apprentissage via un tutoriel pour la commande en ligne (*http://www.cs.utep.edu/nigel/papers/HCII2005.pdf*). Des étudiants ont appris le fonctionnement de la commande en ligne Unix à partir soit d'un livre, soit d'une interface gragpique d'apprentissage, identique à une interface de commande en ligne interactive. L'interface d'apprentissage s'est révélée plus efficace et également plus attrayante.

Décisions

La commande partielle sera-t-elle analysée au sein du navigateur ou du serveur ?

Certains types d'analyses peuvent être réalisés dans le navigateur. Par exemple, le navigateur peut contrôler la requête en la comparant à une expression constante standard.

Devez-vous, par conséquent, essayer de supporter l'analyse dans le navigateur ou la déléguer au serveur ?

Analyser une commande côté serveur présente plusieurs avantages :

- L'analyse peut prendre en compte les données contenues dans le serveur, les services externes et les ressources hardware du serveur.
- Dans la plupart des cas, la commande sera par la suite traitée par le serveur. Cela permet donc à la logique concernée d'être conservée au même endroit.
- Étant donné que la commande est juste une chaîne texte, sa forme est adaptée pour le téléchargement sur le serveur et le traitement côté serveur. Il est également plus facile de conserver des résultats antérieurs dans un cache côté navigateur car la commande peut représenter une clé pour le cache.

Les inconvénients sont :

- Les chargements sont plus importants sur le serveur.
- Pour charger des réponses plus riches, un débit supérieur est nécessaire.
- Le délai entre la saisie de l'entrée par l'utilisateur et la réponse du navigateur est plus long.

Quelle sera la part d'informations fournies par le serveur ?

Produire plus d'informations pour les commandes partielles augmente la consommation des ressources du serveur. Les informations mettent également plus de temps à être chargées. Il vous faut donc diminuer la consommation de ressources en favorisant davantage le recours aux informations d'aide. Par exemple :

- En supportant la validation, il vous est souvent possible d'écarter beaucoup d'erreurs avec une simple expression standard. Cependant les erreurs d'une nature plus complexe dues à l'existence, par exemple, d'objets métier ne seront pas détectées par ce filtre. Devriez-vous également empêcher ces erreurs ? Le faire améliorerait l'ergonomie mais aux dépens des ressources.
- Lorsque l'on évalue le résultat de la commande on dispose d'un éventail de degrés de précision différents. Pour une requête vous pouvez dire : « il y a peut-être des résultats », « il y a des résultats » ou « il y a 4 123 résultats ». Dans des cas très particuliers, vous pouvez proposer une recherche interactive et, en fait, montrer les résultats.

Cas concrets

Je n'ai pas connaissance d'une démo de commande en ligne interactive couvrant tous les différents aspects. Néanmoins, les exemples dans *Live Search* et *suggestion* (voir précédemment dans ce chapitre) sont des cas particuliers de commandes en ligne interactives. Il y a aussi des émulateurs de terminaux JavaScript dans ces exemples bien qu'ils ne fournissent pas de commandes en ligne interactives – voir Web Shell (*http://a-i-studio.com/cmd/*) et JS/UNIX Unix Shell (*http://www.masswerk.at/jsuix/jsuix_support/*). Voir également le tutoriel Try Ruby ! (*http://tryruby.hobix.com/*) avec sa remarquable interface web interactive pour l'environnement de programmation Ruby.

YubNub

YubNub (*http://yubnub.org*) n'est pas de type Ajax mais il a son importance comme première approche d'une commande en ligne interactive. Yubnub permet aux utilisateurs de soumettre les commandes qui sont ensuite transformées en des commandes externes. Par exemple, si vous saisissez « sum 10 20 » (*http://yubnub.org/parser/parse?command=sum+10+20*), vous obtenez la somme de 10 plus 20 ; si vous saisissez « ajax form » (*http://yubnub.org/parser/parse?command=ajax+form*), vous obtenez les résultats de recherche d'ajaxpatterns.org pour « form ».

Exemple de code : démo de recherche assistée de AjaxPatterns

La démo de recherche assistée (*http://ajaxify.com/run/assistiveSearch*) a été inspirée par des services, tels que Google Search, qui s'orientent actuellement vers une commande en ligne polyvalente. L'objectif de cette démo est d'illustrer le style « tutoriel » du support de commande en ligne.

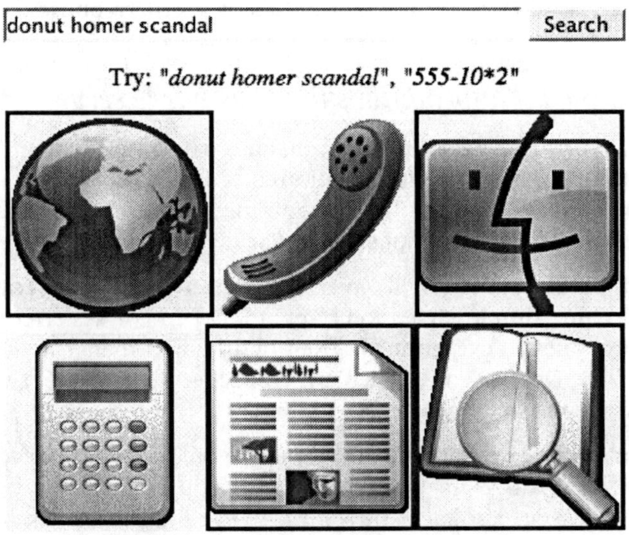

Figure 14-26. Démo de recherche assistée

Cette démo de recherche assistée contient un formulaire de moteur de recherche typique – une entrée texte libre avec un bouton Soumettre – en plus de plusieurs images, une pour chaque catégorie dans laquelle la recherche peut être faite. Ainsi l'utilisateur est informé des possibilités offertes par cette recherche. Alors que l'utilisateur saisit sa recherche, les images de chaque catégorie sont mises en valeur, ou au contraire ne sont plus mises en valeur, par une modification de leurs attributs visuels, pour aider à prévoir quel type de résultats sera renvoyé (*figure 14-26*). Toutes ces informations viennent du serveur ; l'application du navigateur ne contient aucune information sur les catégories. Le navigateur appelle le serveur et commence à découvrir les catégories et les images correspondantes. Un minuteur contrôle la commande en ligne, en demandant continuellement au serveur à quelles catégories la demande correspond. Le navigateur fait alors ressortir visuellement ces catégories.

La séquence de démarrage charge les catégories et initie la boucle de contrôle de la commande en ligne. Le serveur doit contenir une image pour chaque catégorie. S'il est indiqué qu'il existe une catégorie « téléphone » il y aura une image correspondante à *Images/telephone.gif*. Les images sont chargées et affichées les unes à côté des autres :

```
window.onload = function( ) {
  initializeCategories( );
  requestValidCategoriesLoop( );
  ...
  }
}

function initializeCategories( ) {
  ajaxCaller.getPlainText("categories.php?queryType=getAllCategoriesCSV",
                          onAllCategoriesResponse);
}
function onAllCategoriesResponse(text, callingContext) {
  allCategoryNames = text.split(",");
  var categoriesFragment = document.createDocumentFragment( );
  for (i=0; i<allCategoryNames.length; i++) {
    var categoryName = allCategoryNames[i];
    var categoryImage = document.createElement("img");
    categoryImage.id = categoryName;
    categoryImage.src = "Images/"+categoryName+".gif";
    categoriesFragment.appendChild(categoryImage);
  }
  document.getElementById("categories").appendChild(categoriesFragment);
}
```

La commande en ligne interactive se fait grâce à la boucle de contrôle. Dès qu'un changement a lieu, elle ordonne au serveur de renvoyer une liste des catégories correspondantes :

```
function requestValidCategoriesLoop( ) {
  if (query( )!=latestServerQuery) {
    var vars = {
      queryType: "getValidCategories",
      queryText: escape(query( ))
    }
    ajaxCaller.get("categories.php", vars, onValidCategoriesResponse,
                   false, null);
    latestServerQuery = query( );
  }
  setTimeout('requestValidCategoriesLoop( );', THROTTLE_PERIOD);
}
```

Le serveur se sert d'un ensemble d'heuristique pour calculer le nombre de catégories valides pour cette requête. Par exemple, il décide si quelque chose dépend de la catégorie « people » en cherchant des noms dans le dictionnaire. Pour finir, un contrôleur renvoie les catégories sous la forme d'une liste où les différentes catégories sont séparées par des virgules. Cette liste est générée avec la logique PHP suivante :

```
function getValidCategories($queryText) {
  logInfo("Queried for '$queryText'\n");

  $cats = array( );
  eregi(".+", $queryText) && array_push($cats, 'web');
  eregi("^[0-9\+][A-Z0-9 \-]*$", $queryText) && array_push($cats, 'phone');
  eregi("^[0-9\.\+\/\* -]+$",$queryText) && array_push($cats, 'calculator');
  isInTheNews($queryText) && array_push($cats, 'news');
  isInWordList($queryText, "./pronouns") && array_push($cats, 'people');
  isInWordList($queryText, "./words") && array_push($cats, 'dictionary');

  return $cats;
}
```

Le navigateur actualise de manière dynamique les images de chaque catégorie en utilisant une classe CSS. Cette dernière indique si les catégories sont valides, ce qu'elle détermine en vérifiant si elles apparaissent ou pas sur la liste. Un gestionnaire d'événements réalise également des recherches dans chaque catégorie spécifique, pourvu que cette catégorie soit valide :

```
function onValidCategoriesResponse(text) {

  var validCategoryNames = text.split(",");

  // Create a data structure to make it faster to determine if a named
  // category is valid. For each valid category, we add an associative array
  // key into the array, with the key being the category name itself.
  validCategoryHash = new Array( );
  for (i=0; i<validCategoryNames.length; i++) {
    validCategoryHash[validCategoryNames[i]] = "exists";
  }

  // For all categories, show the category if it's in the valid category map
  for (i=0; i<allCategoryNames.length; i++) {
    var categoryName = allCategoryNames[i];
    var categoryImage = $(categoryName);
    if (validCategoryHash[categoryName]) {
      categoryImage.onclick = onCategoryClicked;
      categoryImage.className="valid";
      categoryImage.title =
        "Category '" + categoryName + "'" +" probably has results";
    } else {
      categoryImage.onclick = null;
      categoryImage.className="invalid";
      categoryImage.title =
        "Category '" + categoryName + "'" + " has no results";
    }
  }
}
```

Alternatives

Point-and-click (pointer-et-cliquer)

La commande en ligne implique une saisie de la part de l'utilisateur, alors que le Point-and-click est un style d'interface plus simple qui affiche les options disponibles et permet à l'utilisateur de cliquer sur l'une d'entre elles.

Drag-And-Drop (glisser-déposer)

Drag-and-Drop est un autre moyen d'émettre des commandes (chapitre 15) – déplacer un item dans une corbeille pour le supprimer.

Patterns associés

Submission Throttling (soumission accélérée)

Au lieu de traiter la commande à chaque frappe sur le clavier, utilisez un *Submission Throttling* (chapitre 10) pour l'analyser à intervalles fréquents.

Status Area (zone d'état)

Le retour utilisateur tel que la validation de l'entrée et la prévision du résultat est généralement affichée dans une *Zone d'État* (chapitre 15).

Highlight (surbrillance)

Certaines parties de la commande peuvent être mises en valeur visuellement pour signaler des erreurs, un texte incomplet, etc. Certains aspects de la *Zone d'État* peuvent aussi être mis en évidence visuellement pour aider l'utilisateur par le biais de prévisions de résultats.

Progress Indicator (indicateur de progression)

Si le traitement de la commande en ligne dure plus d'une seconde, il est conseillé d'afficher une barre de progression (voir précédemment).

Browser-Side Cache (cache côté navigateur)

Installez un *Browser-Side Cache* (chapitre 13) pour conserver l'analyse des commandes partielles du serveur.

Fat Client (client riche)

Envisagez de créer éventuellement un *Fat Client* (chapitre 13) qui essaye de traiter la plus grande partie possible de l'analyse, réduisant ainsi le nombre d'appels serveur.

Live Search (recherche interactive)

Live Search (voir précédemment) est une version plus poussée de *Live Command-Line* appliquée aux recherches, dans laquelle la commande est réellement traitée pendant que l'utilisateur la saisit.

Suggestion

Fournir des *suggestions* (voir précédemment) est une caractéristique des Live Command-Lines.

Pour Aller Plus Loin

- Yubnub (*http://yubnub.org*) permet aux utilisateurs de faire une recherche simultanément sur différents sites en se basant sur une commande en ligne. Les utilisateurs peuvent ajouter de nouvelles commandes.
- Russell Beattie: « *Search as Practical Artificial Intelligence* » (*http://www.russellbeattie.com/notebook/1008310.html*).
- Jeff Attwood: « *Google-Fu: (T)he browser address bar is the new command line* » (*http://www.codinghorror.com/blog/archives/000296.html*).

Live Form (formulaire interactif)

◉◉○

Dynamique, Interactif, En Temps Réel, Validation

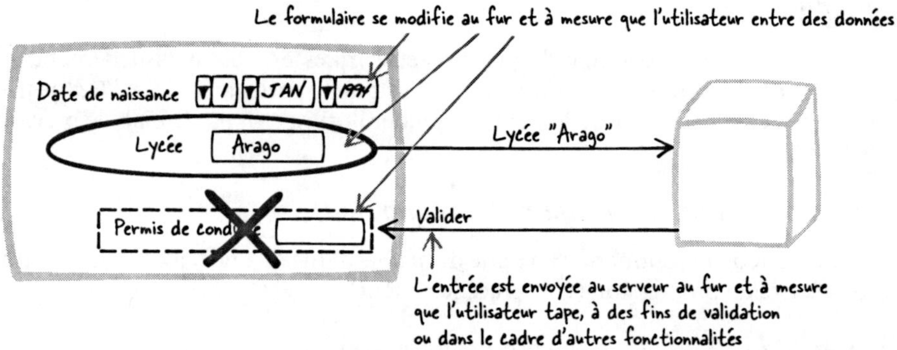

Figure 14-27. Live Form (formulaire interactif)

Anecdote

Tracy utilise un formulaire interactif pour ouvrir un nouveau compte de courtage en ligne. Après avoir déclaré son lieu de résidence, apparaissent des questions supplémentaires portant sur la réglementation en vigueur dans son état. Plusieurs catégories d'actifs peuvent être achetées. Elle clique sur une case pour indiquer qu'elle veut investir dans des titres et des questions complémentaires sur cette catégorie d'actifs s'affichent. Puis elle clique sur une autre case pour acheter des options. Peu de temps après un avertissement apparaît lui indiquant que les nouveaux utilisateurs peuvent investir dans des options ou des titres mais pas les deux à la fois. Après avoir apporté des précisions supplémentaires sur certains points, elle soumet avec succès le formulaire et le voit disparaître pour laisser place à un message de bienvenue.

Problème

Comment l'utilisateur peut-il soumettre des données aussi rapidement que possible ?

Contraintes

- La plupart des tâches de soumission requièrent une certaine souplesse. Une réponse concernant un item peut nécessiter d'autres questions. Ceci doit souvent avoir lieu côté serveur, où se trouvent habituellement la logique métier et les données.
- La soumission de la plupart des données nécessite d'être validée. Ceci doit avoir lieu côté serveur pour éviter la manipulation des entrées côté navigateur.
- Les utilisateurs sont agacés par le fait de devoir attendre que les données soient validées et affiner continuellement les données après chaque soumission explicite.

Solution

Validez et modifiez le formulaire pendant tout le temps de la phase d'interaction au lieu d'attendre la soumission explicite. Chaque événement significatif généré par l'utilisateur est traité côté navigateur. Il débouche souvent sur un/une *XMLHttpRequest Call.* Le résultat de cela peut être une modification du formulaire.

Modifier un formulaire est comparable au fait de répondre à un *Microlink* (chapitre 15) – il y a généralement un appel serveur suivi d'un *Page Rearrangement* (chapitre 5). Les modifications types sont :

- l'apparition de nouveaux contrôles,
- la désactivation de contrôles,
- l'apparition d'informations et de messages d'erreur.

De cela découle une approche plus interactive. L'utilisateur n'a pas besoin d'attendre le rechargement de la page pour savoir si le champ du formulaire est valide, le champ étant validé dès que l'utilisateur entre la valeur. À cause de la nature asynchrone d'un *XMLHttpRequest Call*, la validation a lieu en tant que traitement de fond pendant que l'utilisateur continue à entrer des données. En cas d'erreur, l'utilisateur en est informé alors qu'il complète un champ suivant sur le formulaire. Tant que les erreurs sont peu nombreuses, cela ne pose pas de problème.

La problématique de la validation ne se situe cependant pas toujours au niveau du champ. C'est parfois la combinaison de données qui pose des difficultés. On peut régler la chose en ne contrôlant les règles de validation qu'après que l'utilisateur a fourni les entrées pour tous les champs concernés. Une validation d'erreur peut résulter en un message d'erreur général au niveau du formulaire ou en un message à côté d'un ou de plusieurs des champs contenant les erreurs.

Un Live Form se termine généralement par un *Explicit Submission (soumission explicite)* (chapitre 10), permettant à l'utilisateur de confirmer que tout est bien valide. Remarquez que contrairement au cas de la soumission d'un formulaire traditionnel, la soumission explicite ne réalise pas une soumission de formulaire HTTP standard mais poste le contenu sous la forme d'un *XMLHttpRequest Call*.

Concrets

WPLicense

WPLicense (*http://yergler.net/projects/wplicense*) est un plugin pour le framework de blog WordPress, permettant aux utilisateurs de spécifier des droits de licence pour le contenu de leur blog (*figure 14-28*). Se Reporter à *Cross-Domain Proxy* (chapitre 10) pour des détails sur le plugin et à la partie « Exemple de code : WPLicense, » plus loin dans ce chapitre, pour une répétition de l'implémentation du *Live Search* .

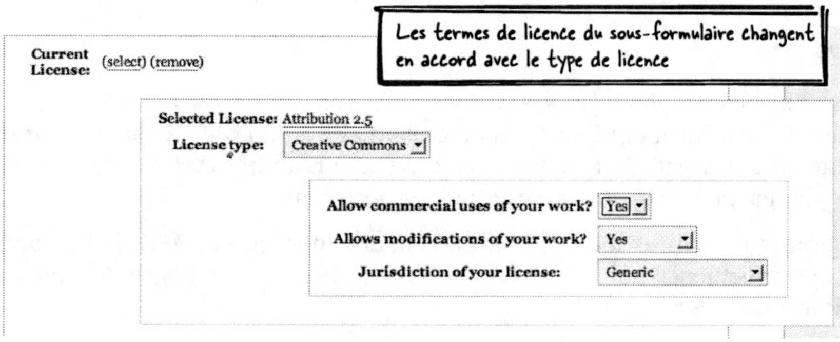

Figure 14-28. WPLicense

Betfair

Betfair (*http://betfair.com*) permet à l'utilisateur de faire un pari en utilisant un formulaire interactif – qui est modifié mais en fait ne dialogue pas avec le serveur (*figure 14-29*). Vous pouvez vous-même faire un pari, même en tant un utilisateur non inscrit, en ouvrant un formulaire de pari à partir du *Drilldown* (voir précédemment dans ce chapitre). Il y a trois colonnes différentes sur la page : la colonne de gauche affiche l'objet du pari dans le Drilldown, la colonne du centre les cotes pour tous les candidats et la colonne de droite votre mise pour ce pari. Cliquez sur un candidat pour le faire apparaître dans votre formulaire de mise, dans lequel vous pouvez indiquer le montant du pari que vous êtes en train de faire. Lorsque vous modifiez votre mise, une *zone d'état* affiche votre handicap total. Une autre colonne indique votre profit en fonction de chaque résultat possible. Il existe également des « méta » contrôles – par exemple, le bouton « Back All » (« miser sur tous »), qui crée une ligne éditable pour chaque candidat.

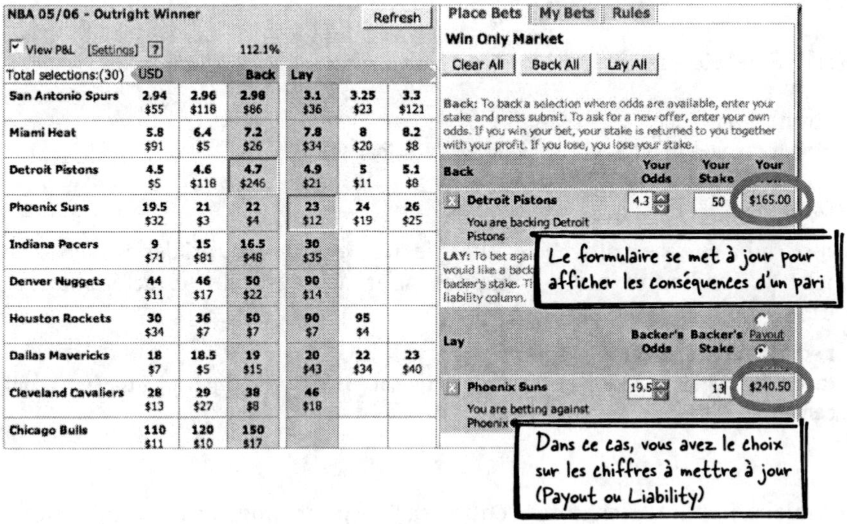

Figure 14-29. Formulaire interactif de Betfair

MoveableType Comment hack (manipulation avancée sur les types de contenu mobiles)

Simian Design (*http://www.simiandesign.com/blog-fu/2005/07/ajax_comments_b.php#comments*) est un blog de style Ajax dans lequel vous pouvez ajouter des commentaires. Alors que vous saisissez dans la boîte texte un aperçu interactif s'affiche en-dessous et prend en compte le marquage. Si vous cliquez sur « Preview » (« Aperçu ») ou Post (« Envoyer »), le texte disparaît et un *Progress Indicator (indicateur de progression)* indique que le serveur est en cours de réalisation du traitement. Un *Page Rearrangement* intègre ensuite le résultat dans la page.

Exemple de code : WPLicense

WPLicense (*http://yergler.net/projects/wplicense*) est un formulaire avec un composant interactif. Initialement, le champ « License Type » (« Type de licence ») indique simplement le type de licence (concernant les droits de reproduction) ayant cours, s'il y en a une. Cependant, dès que l'utilisateur clique sur le lien pour actualiser un nouveau bloc s'ouvre. Une conversation entre le navigateur et le serveur s'ensuit pour établir les détails précis concernant la licence. (Plus précisément, la conversation a lieu entre le navigateur et le site Web Creative Commons ; se rapporter à l'exemple correspondant, dans *Cross-Domain Proxy* [chapitre 10]). À chaque type de licence sont associées des questions. Les options relatives à la licence sont donc acheminées en fonction de la sélection faite par l'utilisateur.

Lorsque l'utilisateur lance le plugin, une fonction PHP commence par dessiner le Live Form. Dans ce cas, le formulaire est finalement soumis en tant que téléchargement sur le serveur avec un POST conventionnel. Le formulaire a une déclaration conventionnelle :

```
<form name="license_options" method="post" action="' . $_SERVER[REQUEST_URI] . '">
  ...
  <input type="submit" value="save" />
  <input type="reset" value="cancel" id="cancel" />
  ...
</form>
```

La licence qui a cours est affichée et chargée avec les valeurs initiales et avec le lien qui déclenche la médiation multi-domaines pour actualiser les caractéristiques de la licence :

```
<tr><th>Current License:</th><td>
  <a href="'.get_option('cc_content_license_uri').'">' .get_option('cc_content_
license').'</a>

...
```

Le formulaire inclut des champs d'entrée cachés pour capturer les informations grappillées durant l'interaction Ajax. Ils seront remplis par des gestionnaires d'événements JavaScript :

```
<input name="license_name" type="hidden"
       value="'.get_option('cc_content_license').'" />
```

Ainsi, un div invisible initial apparaîtra une fois que l'utilisateur aura décidé de modifier la licence. Ne faites pas la confusion avec les champs d'entrée cachés – ces derniers ne seront jamais montrés à l'utilisateur, tandis que le div est juste en style caché lors du chargement initial de la page. D'un point de vue plus analytique le div contient un champ sélection :

```
<select id="licenseClass"> <option id="-">(none)</option>
...
foreach($license_classes as $key => $l_id) {
  echo '<option value="' . $key . '" >' . $l_id . '</option>';
}; // for each...
...
</select>
```

Intéressons-nous maintenant à la partie interaction. Le sélecteur licenseClass est associé à retrieveQuestions, une fonction qui permet d'aller chercher les questions correspondant à la licence choisie. L'appel est autorisé par la bibliothèque Sack (*http://twilightuniverse.com/2005/05/sack-of-ajax/*), qui dessine le HTML du serveur directement sur license_optionsdiv. Lorsque vous optez pour une nouvelle classe de licence, le formulaire affiche automatiquement les questions associées à cette classe :

```
el.onchange = function( ) {
  retrieveQuestions( );
} // onchange

function retrieveQuestions( ) {
  ajax = new sack(blog_url);
  ajax.element='license_options';
```

```
    ajax.setVar('func', 'questions');
    ajax.setVar('class', cmbLC.value); ''Current license passed to server''
    ajax.runAJAX( );
    ...
}
```

Le serveur détermine les questions à poser appropriées et les sort sous la forme de *HTML Messages* (voir la partie « Exemple de code : WPLicense » dans *Cross-Domain Proxy* [chapitre 10] pour les détails).

Maintenant qu'en est-il de tous ces champs cachés ? En fait, toutes les informations liées aux options ne sont pas cachées : l'URL de la licence est montrée à l'utilisateur. Elle a donc aussi besoin d'être actualisée après le choix d'une option. Chaque fois que l'utilisateur modifie les options générées par le serveur, ce dernier est appelé pour obtenir des informations concernant la dernière sélection. Ces informations reviennent ensuite vers le navigateur. La fonction de rappel actualise à la fois les champs cachés et l'URL en conséquence :

```
[Updating the hidden fields]

document.license_options.license_name.value = licenseInfo['name'];
document.license_options.license_uri.value = licenseInfo['uri'];
document.license_options.license_rdf.value = licenseInfo['rdf'];
document.license_options.license_html.value = licenseInfo['html'];

[Updating the visible license URL]

href_text = '<a href="' + licenseInfo['uri'] + '">' + licenseInfo['name'] + ' </a>';
document.getElementById("newlicense_name").innerHTML = href_text;
```

Qu'est-ce qui a changé de manière définitive jusqu'à présent ? En fait, rien. Jusqu'ici tout n'a servi qu'à préparer le formulaire. Mais c'est ce qui convient dans ce cas présent car le formulaire est soumis de manière traditionnelle. Dès que l'utilisateur clique sur le bouton « Submit », tous ces champs cachés seront téléchargés vers le serveur et traités en tant que données standard de formulaire HTTP.

Patterns associés

Microlink (microlien)

Comme le Live Form, le *Microlink* (chapitre 15) ouvre directement le nouveau contenu sur la page. En effet, on peut utiliser un Microlink sur un Live Form pour faire accéder à des informations d'aide.

Live Search (recherche interactive)

Pensez à inclure un *Live Search* (voir précédemment) lorsque l'utilisateur a besoin de faire une recherche dans le Live Form.

Suggestion

Pensez à fournir des *suggestions* pour aider les utilisateurs à remplir les champs du Live Form.

Drilldown (focus de menu)

Pensez à inclure un *Drilldown* quand les utilisateurs ont besoin de situer un item au sein d'un classement.

Progress Indicator

Utilisez un *Progress Indicator* pour indiquer que le serveur est en train de réaliser le traitement d'un champ.

One-Second Spotlight (coup de projecteur éclair)

Étant donné que les Live Forms sont souvent soumis via un *XMLHttpRequest Call*, un effet *One-Second Spotligh* (chapitre 16), tel qu'un `Fade Out`, est une bonne façon d'indiquer que le formulaire a été soumis.

15

Architecture de la page

Les patterns concernant l'Architecture de la page sont une variété de différents styles et stratégies interactifs permettant de structurer le contenu. Dans la plupart des cas, c'est le recours à une action à distance Web qui rend l'utilisation de ces patterns intéressante.

Si depuis une vingtaine d'années l'utilisation du Drag-And-Drop (glisser-déposer) est monnaie courante sur le bureau, c'est seulement maintenant qu'elle se répand sur les navigateurs. *Drag-And-Drop* est, entre autres, utilisé avec le pattern *Sprite* (objet graphique). Un *sprite* est une petite icône qui évolue « devant » le document principal et qui se déplace librement comme un personnage dans un jeux vidéo. Le pattern *Popup*, utilise la même technique de surimpression, mais pour des contenus de dialogue plus importants.

Un Malleable Content *(contenu modifiable)* est un contenu qui semble seulement pouvoir être lu mais qui devient modifiable grâce à une action telle qu'un survol de la souris, un idiome relativement récent car il s'appuie sur l'action à distance Web. De même, un *Microlink (microlien)* est un lien qui utilise une action distante pour rappeler un contenu avec pour objectif de l'insérer dans la page.

Une *Portlet* est un petit composant de la page qui se comporte comme une mini application, capable de mener une conversation avec le serveur indépendamment du flux de la page principale. Un *Status Area* (*zone d'état*) fournit des informations sur l'activité en cours et passée.

La *Status Area* a un lien avec le chapitre *Architecture de la page* puisqu'elle contribue à réduire l'espace occupé par chaque élément. L'*Update Control* (le contrôle de mise à jour) permet à l'utilisateur de contrôler le flux d'informations sur la page. Enfin, le pattern *Virtual Workspace* (espace de travail virtuel) permet à l'utilisateur d'explorer une structure étendue côté serveur, en rendant néanmoins l'accès à distance transparent et en créant l'illusion que tout se passe dans le navigateur.

Drag-And-Drop (glisser-déposer)

◉◉○

Glisser, Déplacer, Tirer, Réarranger

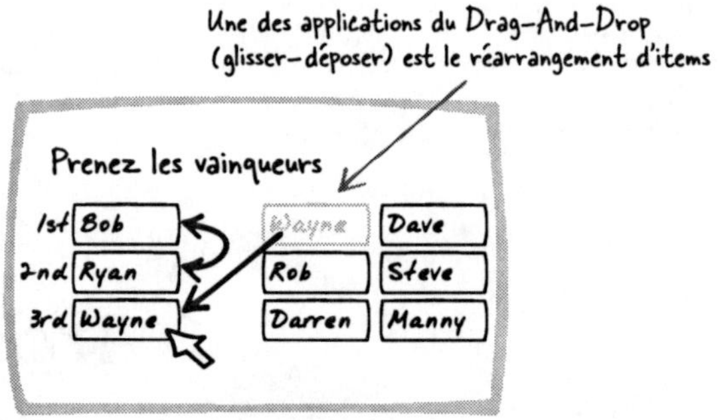

Figure 15-1. Drag-And-Drop (glisser-déposer)

Anecdote

Stuart est en train d'acheter des livres en ligne. Chaque fois qu'il veut sélectionner un livre en vue de l'acheter, il déplace l'icône du livre en question pour la déposer dans un panier.

Problème

Comment les utilisateurs peuvent-ils réarranger l'agencement des objets sur la page?

Contraintes

- Les relations entre les objets sont capitales et la tâche effectuée par l'utilisateur implique souvent une modification de ces relations.
- Les applications Ajax représentent souvent de manière visuelle les relations entre ces objets.
- Réarranger la représentation visuelle à partir d'un formulaire indépendant se révèle une opération compliquée – en effet, essayer de faire le lien entre le formulaire et la représentation visuelle est source de confusion et d'erreurs. Il est plus facile pour les utilisateurs de pouvoir intervenir directement sur la structure visuelle.

Solution

Fournir un mécanisme de Drag-And-Drop pour permettre aux utilisateurs de réarranger les éléments directement sur la page. Drag-And-Drop s'est révélé un excellent mécanisme dans les applications de bureau traditionnelles. Il peut certainement en être de même pour les technologies web standard. Les notions de base sont simples : l'utilisateur clique sur le bouton gauche de la souris lorsque celle-ci se trouve sur un élément de la page, puis il la déplace avec le bouton toujours enfoncé. L'élément suit le déplacement de la souris jusqu'à ce que l'utilisateur relâche le bouton.

Les contraintes s'appliquent parfois sur les possibilités de mouvement. Par exemple, il se peut qu'un élément ne puisse être déplacé que dans un seul sens, ou à l'intérieur d'un cadre. En outre, il se peut éventuellement que l'élément se déplace constamment lorsque l'on n'actionne pas le bouton de la souris ou qu'il retourne à sa place initiale. Une autre variable à déterminer consiste à décider quelle partie de l'élément doit être déplacée. Dans certains cas il est préférable de définir une zone « manipulable » – un endroit spécifique où l'élément peut être « ramassé » pour être déplacé. Le principal avantage est que ceci permet à l'utilisateur de cliquer ailleurs que dans cette zone.

Voici certaines applications :

Réarrangement de listes

Cette simple tâche peut être extrêmement fastidieuse à réaliser sur le Web. Sur certains sites web, cela implique un rechargement complet de la page à chaque fois que vous déplacez un objet vers le haut ou vers le bas. Sur d'autres sites, les boutons ont été implémentés en JavaScript, cependant, pour placer un seul item il vous faudra cliquer plusieurs fois sur un bouton *pour déplacer l'item vers le haut ou vers le bas. Drag-And-Drop* est parfaitement adapté de par son fonctionnement très intuitif. Sélectionnez avec le pointeur de la souris les items de la liste et déposez-les où vous le souhaitez.

Réarrangement des items dans un espace géométrique

Cette application est également intuitive : sélectionnez les objets et faites les glisser pour les déposer à l'endroit souhaité.

Intervention sur un espace géométrique

Il peut s'agir, entre autres, de passer un outil zoom ou un outil gomme sur une image.

Rassemblement d'items

Il s'agit par exemple de faire glisser des produits dans un panier.

Illustration d'une action

L'utilisation la plus célèbre de *Drag-And-Drop* fut peut-être le nouveau mécanisme de suppression d'Apple où l'on supprime quelque chose en le faisant glisser dans la poubelle. L'idée de base est de représenter une commande de manière visuelle sous la forme d'une icône et de permettre à l'utilisateur de faire glisser les items dedans pour traiter la commande.

Il existe différentes façons d'implémenter *Drag-And-Drop* :

- Utiliser une bibliothèque déjà existante. Les bibliothèques sont de plus en plus puissantes et facilement transférables. Il est probable que les bibliothèques disponibles fassent le travail à votre place.
- *Avoir recours à un Drag-And-Drop prédéfini.* Malheureusement, cela ne représente pas vraiment une solution car seul Windows IE supporte le *Drag-And-Drop* explicitement.
- Faire fonctionner son propre *Drag-And-Drop*. Cela n'est pas conseillé étant donné les problèmes de portabilité.

Ci-dessous quelques bibliothèques de *Drag-And-Drop*, qui ont toutes un bon support multi-navigateurs et des versions de démonstration en ligne :

Scriptaculous (http://script.aculo.us)

Fournit, entre autres choses, une bibliothèque de *Drag-And-Drop* polyvalente et transférable.

wzDragDrop (http://www.walterzorn.com/dragdrop/dragdrop_e.htm)

Une bibliothèque de *Drag-And-Drop* dans laquelle est également incluse une possibilité de redimensionnement.

DOM-Dra (http://www.youngpup.net/2001/domdrag/tutorial)

Une bibliothèque de *Drag-And-Drop* allégée.

Tim Taylor's Drag-And-Drop Sortable Lists (http://tool-man.org/examples/sorting.html)

Une bibliothèque conçue pour manipuler des listes, supportant le réarrangement par *Drag-And-Drop.*

L'approche de base utilisée pour *Drag-And-Drop* est la suivante :

1. Les gestionnaires d'événements analysent le nouvel événement pour déterminer quel élément est en cours de déplacement.
2. Un gestionnaire `onmousedown` sauvegarde les coordonnées de départ, règle le `zIndex` pour que l'élément reste visible lors de son déplacement. Il change également d'autres réglages de style pour indiquer qu'un déplacement a commencé.
3. Un gestionnaire `mousemove` analyse les coordonnées et les mouvements de la souris, utilisant de façon appropriée les caractéristiques de style concernant le positionnement (habituellement `left` et `top`). C'est là que le support multi-navigateurs peut poser problème – les coordonnées de la souris se rapportant à l'objet sujet de l'événement sont grandement spécifiques à chaque plate-forme.
4. Un gestionnaire `onmouseup` restaure les réglages de style standard et réalise toutes les autres opérations de nettoyage.

Décisions

Quelles contraintes s'appliquent à l'opération de déplacement d'items ?

Vous devez définir les directions de déplacement de l'élément et leur distance. Généralement, cela devrait être assez évident si l'on considère la représentation visuelle sur laquelle on va opérer ; il y a souvent un conteneur dans lequel des objets identiques évoluent. Ceci devrait correspondre au cadre dans lequel ont lieu les opérations de déplacement.

Cas concrets

Magnetic Poetry

Magnetic Poetry (*http://www.broken-notebook.com/magnetic*) est une application amusante qui simule le déplacement de magnets sur un réfrigérateur.

Le portail de Backbase

Le portail de Backbase (*http://projects.backbase.com/RUI/portal.html*) comporte plusieurs *portlets* répartis dans une structure à trois colonnes. Les utilisateurs peuvent facilement réarranger les *portlets* selon leurs préférences en utilisant un mécanisme *Drag-And-Drop.* On retrouve la même approche sur le portail de Google (*http://www.google.com/ig*) et sur Start.com de Microsoft (*http://www.start.com/3/*).

A9 Maps

A9 Maps (*http://mapsa9.com*) propose des photographies d'un lieu se trouvant sur une carte. Une loupe qui peut se déplacer apparaît sur la carte. Vous pouvez déplacer la loupe vers différentes zones de la carte pour voir à quoi ressemble ce lieu dans la réalité.

Exemple de code : Magnetic Poetry

Magnetic Poetry utilise la bibliothèque DOM-Drag (*http://www.youngpup.net/2001/domdrag/tutorial*) pour supporter le déplacement. Lors de la phase d'initialisation, chaque tuile est transmise, l'une après l'autre, à `Drag.init`. Il est possible de déplacer les tuiles uniquement à l'intérieur de la zone de la carte, ainsi les dimensions du conteneur sont transmises durant la phase d'initialisation :

```
for(i=1; i<=numWords; i++){
  var currentTile = document.getElementById("word_" + i);
  var x1 = parseInt(document.getElementById("board").style.left);
  var x2 =  parseInt(document.getElementById("board").style.width)
           - parseInt(currentTile.style.width) - 6;
  var y1 = parseInt(document.getElementById("board").style.top);
  var y2 =  parseInt(document.getElementById("board").style.height)
           - parseInt(currentTile.style.height) - 6;
  the last 4 args restrict the area that the tile can be dragged in
  Drag.init(currentTile, null, x1, x2, y1, y2);
}
```

Pour supporter le déplacement d'éléments il suffit juste de passer par la phase d'initialisation. Grâce au code cité précédemment, les tuiles peuvent être alors déplacées aisément sur le tableau. Cependant, l'application a une fonction un peu plus étendue : elle suit les tuiles qui sont en train d'être déplacées et sauvegarde les données relatives à la position de l'élément lorsque l'opération de déplacement est terminée en utilisant un *XMLHttpRequest Call*. Pour ce faire, les gestionnaires `onDragStart` et `onDragEnd` sont enregistrés sur chacune des tuiles :[1]

```
echo 'document.getElementById("word_' . $i . '").onDragStart =
  function(x, y) { dragStart("word_' . $i . '", x, y); };';
echo 'document.getElementById("word_' . $i . '").onDragEnd =
  function(x, y) { dragEnd("word_' . $i . '", x, y); };';
```

Alternatives

Interface d'édition séparée

La solution classique est de fournir une représentation visuelle dans une zone et de contrôler dans une autre, ce qui est souvent lourd à gérer et source d'erreurs.

1. Le JavaScript produit à partir d'un script PHP.

Patterns Associés

Sprite

On a souvent recours au mécanisme *Drag-And-Drop* pour déplacer les *sprites* (voir le pattern suivant).

Portlet

La personnalisation d'un portail est possible si l'on permet à l'utilisateur de déplacer des *portlets* (voir ci-après).

Slider (réglette)

Un *slider* (réglette) (chapitre 14) est un *Drag-And-Drop* particulier, où l'indicateur de valeur se déplace le long de l'axe du slider.

Sprite

◉◉○

Image Bitmap, Tampon, Caractère, Couche, Surimpression, Forme, Sprite, Z-Index

Figure 15-2. Sprite

Anecdote

Une nouvelle fois, Pam intervient pour éliminer des objectifs du projet une large quantité de demandes besoins. Ayant réussi à convaincre le client que l'élément « *Security Features* » (dispositifs de sécurité) ne présente jamais vraiment d'intérêt, elle fait glisser le sprite « *Magic Eraser* » (gomme magique) de la palette d'outils à la condition « *Security Features* », secoue deux ou trois fois la souris et la gomme s'anime pendant un instant alors que la condition disparaît.

Problème

Comment s'assurer de la possibilité de modifier le contenu visuel ?

Contraintes

- Les affichages visuels riches sont souvent la solution la plus efficace pour présenter les informations.
- Les informations changent régulièrement alors que l'utilisateur interagit avec elles et que des données nouvelles arrivent du serveur ; c'est pourquoi l'affichage visuel doit être actualisé fréquemment.
- Télécharger sans cesse un nouveau contenu visuel est coûteux.

Solution

Enrichissez l'affichage avec des sprites – c'est-à-dire de petits blocs de contenu interactifs ressemblant à des icônes. En général, les *sprites* sont des images, mais peuvent être également des éléments `div` contenant du texte ou des images ou les deux. Le terme fait référence aux sprites utilisés traditionnellement dans la programmation graphique, en particulier dans les jeux – ces petits éléments graphiques représentant des joueurs, des ennemis et d'autres objets pouvant évoluer sur une scène et pouvant s'animer pour illustrer l'action en cours. Seuls les sprites, et non la scène entière, doivent être recalculés à chaque fois. Les éléments DOM ne sont pas (encore) capables de proposer des fonctionnalités plus poussées telle que la rotation arbitraire, mais beaucoup d'aspects des sprites peuvent, en fait, être appliqués dans un contexte Web.

Google Maps est un exemple typique. Si vous lancez une recherche pour « museum new york, » plusieurs punaises apparaîtront sur la carte, une punaise correspondant à chaque musée. Ensuite, si vous cliquez sur une punaise, un nouveau sprite, une bulle avec l'adresse précise, apparaîtra. En utilisant des sprites, Google s'épargne la lourde tâche de préparer des images pour chaque configuration possible et de générer des images à la volée. Tout ce que Google doit faire est de s'assurer qu'il existe un affichage de base de la carte en question et ensuite d'afficher en surimpression les punaises et les bulles.

Les sprites sont souvent implémentés en tant qu'éléments `div` ou simplement en tant qu'images. Ils apparaissent habituellement « devant » le reste du document et sont parfois partiellement transparents. Voici les propriétés CSS concernées (voir également *Page Rearrangement* [chapitre 5]) :

`zIndex`

Détermine la façon dont les éléments sont empilés. Les sprites ont généralement une valeur élevée pour apparaître « devant » d'autres éléments.

`left`, `right`, `top`, *et* `bottom`

Souvent utilisés pour positionner un sprite. La `position` peut aussi être réglée pour influencer la façon dont le navigateur interprète ces réglages.

`opacity`

Souvent utilisée pour rendre le sprite partiellement transparent (IE nécessite le contournement du filtre alpha ; voir *http://www.domedia.org/oveklykken/css-transparency.php*).

`backgroundImage`

Utilisée pour sélectionner une image d'arrière-plan quand le sprite est un `div`. Tant qu'il n'y a pas de contenu d'avant-plan, l'image d'arrière-plan est présente à l'écran. L'image ne doit pas être nécessairement rectangulaire puisqu'un fichier GIF transparent peut être utilisé pour afficher n'importe quelle forme arbitraire.

Vous pouvez aussi faire s'animer le sprite en changeant rapidement son apparence. Malheureusement, JavaScript ne peut pas contrôler facilement les fichiers GIF animés, cela n'est donc pas une solution viable. Néanmoins, faire s'animer un sprite est assez facile avec du *Scheduling (action planifiée)* (chapitre 7). Une technique simple est d'initialiser une action `changeImage( )` récurrente, dans laquelle l'élément `backgroundImage` est sans cesse passé parmi un cycle de différentes images. Normalement, vous devez précharger les images pour éviter un cycle lent au premier passage. Il existe plusieurs astuces pour précharger, la plus courante étant d'installer une source d'images invisibles pour indiquer l'image suivante. Une autre technique d'animation est expliquée dans la partie « Exemple de code : DHTML Lemmings », plus loin dans ce chapitre.

Décisions

Quel sera le format de fichier de l'image du sprite ?

Les sprites sont généralement des images, mais quel format devez-vous utiliser : JPEG, GIF ou PNG ? Plusieurs aspects doivent être pris en compte :

- La portabilité,
- La qualité de l'image,
- La taille du fichier,
- La transparence.

JPEG est le format le plus courant sur le Web, mais il est à exclure pour la plupart des sprites. Ce format ne supporte pas les pixels transparents. Le sprite doit donc être rectangulaire. Cela ne fonctionne, en fait, pas très bien pour stocker les types d'images utilisées généralement pour les sprites : de petits dessins de genre bande-dessinée. Par conséquent JPEG est une solution uniquement dans les rares cas où vous avez un sprite assez grand, rectangulaire du genre photo.

Les formats GIF et PNG restent ainsi les choix les plus courants. Il y a quelques années l'ombre de la propriété intellectuelle planait sur le format GIF, mais le brevet a expiré en 2003 (*http://fr.wikipedia.org/wiki/Graphics_Interchange_Format*). Ce n'est donc plus une raison valable pour ne pas utiliser le format GIF. Le format PNG présente des avantages au point de vue technique par rapport au format GIF, en particulier la transparence variable, qui n'a malheureusement pas été implémentée correctement dans IE6 et dans les versions précédentes. Par conséquent pour utiliser les anciennes éditions de IE, il faut intervenir sur l'opacité pour arriver à la transparence, quel que soit le format. De plus, il y a même certaines versions anciennes de IE qui ne supportent pas du tout le format PNG (*http://www.libpng.org/pub/png/pngapbr.html*).

En résumé, le format GIF doit être le format par défaut. Les formats JPEG et PNG ne sont à utiliser que pour des raisons justifiées.

Faudra-t-il animer le sprite ?

Une animation permanente peut être amusante, mais une animation rapide est un bon moyen de faire comprendre ce qui se passe. Voici les effets visuels éclairs qui peuvent être utilisés :

- *One-Second Spotlight* (coup de projecteur éclair) (chapitre 16) : Vous pouvez matérialiser un sprite lorsqu'il apparaît au début ou bien le faire apparaître par un fondu lorsqu'il est soumis à une action.
- *One-Second Mutation* (mutation éclair) (chapitre 16) : Vous pouvez transformer un sprite quand il apparaît au début, ou bien rapidement le métamorphoser par étapes pour donner l'illusion d'un changement continu.

Cas concrets

DHTML Lemmings

DHTML Lemmings (*http://www.oldgames.dk/freeflashgames/arcadegames/playlemmings.php*) de Tino Zijdel (« Crisp ») est un jeu qui utilise les sprites dans leur fonction traditionnelle, celle qui est d'être utilisée pour les jeux. On nous montre les Lemmings réalisant diverses actions. Ces personnages changent de forme lorsqu'ils se déplacent dans l'espace virtuel. Tout ceci est orchestré par des textes en langages DOM et CSS.

Google Maps

Comme expliqué précédemment dans la partie Solution, Google Maps (*http://maps.google.com*) affiche des punaises en surimpression sur la carte de base pour indiquer certains lieux. Pour voir une variante intéressante, regardez comment les punaises sont utilisées par Housing Maps (*http://housingmaps.com/*), à mi-chemin des applications Maps et Craigslist dont une vue d'ensemble a été donnée dans *Cross-Domain Proxy* (Proxy multi-domaines) (chapitre 10).

Quek

Quek (*http://www.quek.nl*) est une utilisation amusante des sprites comme avatars de chats (*figure 15-3*). L'application est un programme de « *chat-and-surf* », ce qui veut dire que les utilisateurs de Quek peuvent échanger à propos d'un site web qu'ils sont en train de visiter. Traditionnellement, de telles applications impliquent des *Richer Plugins* (chapitre 8), mais ce n'est pas le cas avec Quek. Cela fonctionne en montrant le site en question en entier, alors que vous êtes, en fait, toujours sur une page Quek, mais cette page est semblable à la page du site. Chaque utilisateur qui ouvre une session sur Quek reçoit un sprite personnel, qui consiste en une image, un texte définissant l'identité sous l'image et une boîte d'envoi (visible uniquement sur le sprite de l'utilisateur). Le fait de saisir un texte dans la boîte d'envoi anime l'image du sprite et cliquer sur Entrée envoie le message pour qu'il soit lu par tout le monde. Puisque l'utilisateur est libre de déplacer les sprites sur la page, on voit donc plusieurs sprites se déplaçant et parlant les uns aux autres, avec comme image de fond le site web.

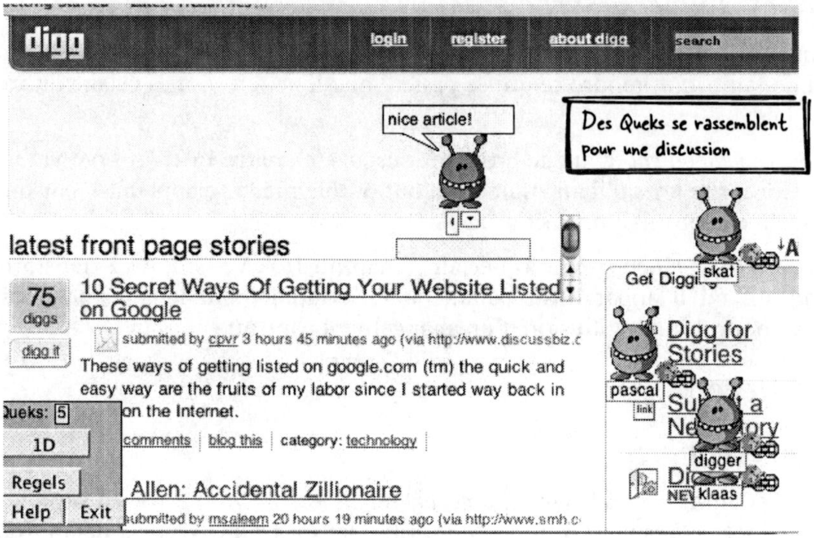

Figure 15-3. Quek

Exemple de code : DHTML Lemmings

DHTML Lemmings fait appel à l'utilisation la plus sophistiquée des sprites que je connaisse. La présente analyse est seulement un résumé grossier de ce qui est réalisé. Remarquez que le code utilise un traitement spécial pour IE, que l'auteur, Tino, m'a expliqué être dû à un bogue : IE (du moins certaines versions) court-circuite le cache pour tout changement de style d'arrière-plan. Pour faire simple, nous ne nous attarderons pas sur le traitement spécifique à IE.

Dans DHTML Lemmings, chaque lemming est représenté par un objet `Lemming` , qui est initialisé avec un nombre pour l'identifier et une position initiale correspondant à la place où il apparaît au début d'un niveau particulier. Diverses autres informations sur l'état sont aussi suivies :

```
function Lemming(i,top,left) {
  ...
  this.top = top;
  this.left = left;
  ...
  this.number = i;
  ...
}
```

Les `Lemmings` sont des objets en JavaScript standard et ne sont pas visibles sur le navigateur. Pour représenter le lemming visuellement, un élément div est créé et devient attribut du lemming, simplement désigné par `l`. Ainsi, on pourrait dire que le modèle `Lemming` « enveloppe » un sprite pour séparer le contenu sémantique du contenu visuel. Chacun de ces sprites se trouve sur le `playground` , une zone représentant l'espace de jeu où les lemmings évoluent. Le positionnement du *playground* et des sprites est traduit de façon exacte. Une fois que le sprite a été créé, des gestionnaires d'événements sont également ajoutés pour supporter la jouabilité :

```
function Lemming(i,top,left) {
  ...
  var l = document.createElement('div');
  l.number = i;
  l.className = 'lemming';
  l.style.top = top+'px';
  l.style.left = left+'px';
  ...
  l.onmouseover = lemming_target_on;
  l.onmouseout = lemming_target_off;
  l.onmousedown = lemming_target_sel;
  ...
}
```

À tout moment, chaque lemming réalise une action particulière, telle que marcher ou escalader et l'action est suivie par une propriété de `Lemming`, `ani`. Lorsque le jeu commence, les lemmings tombent d'une trappe, par conséquent `ani` est toujours initialisé à `fall` :

```
function Lemming(i,top,left) {
  this.ani = 'fall';
  ...
}
```

Chaque type d'action réclame une animation et un mouvement particuliers. Un minuteur actualise l'état du jeu tous les 60 millièmes de seconde, y compris l'apparence de chaque lemming et sa position. Voici comment l'animation fonctionne : chaque action est associée à une collection d'icônes de 32 pixels de côté. Les icônes sont alignées à la chaîne horizontalement et conservées en une seule image. La `backgroundImage` du lemming est toujours réglée en fonction de l'image entière associée à l'action en cours du lemming (*figure 15-4*). Étant donné que la taille de l'image du lemming est fixée à 32 pixels et que ce qui déborde est caché (overflow hidden), vous ne verrez jamais qu'une seule des icônes. Pour sélectionner la bonne icône, on règle la propriété `backgroundPosition`. Ainsi, la `backgroundImage` reste fixe alors que le lemming réalise une action, mais la `backgroundPosition` parcourt rapidement chaque icône, commençant à zéro et décrémentant de 32 pixels à chaque fois, jusqu'à ce qu'elle ait atteint la largeur totale de l'image (en valeur négative), point auquel elle recommence de nouveau à zéro.

Figure 15-4. DHTML Lemmings – image d'arrière-plan utilisée dans la séquence du voltigeur

À chaque fois que l'action change, le script installe l'image et initialise la position. Puis à chaque signal du minuteur, l'icône est avancée en modifiant la position de l'image de référence :

```
Lemming.prototype.changeAnimation = function(ani) {
  ...
  this.pos.backgroundImage = lem[ani][this.dir];
  this.pos.backgroundPosition = '0px';
  ...
```

```
}

function lemming_animate(i) {
  if (l.curleft == l.maxleft) l.curleft = 0;
  else l.curleft -= 32;
  if (ie) l.imgpos.left = l.curleft+'px';
  else l.pos.backgroundPosition = l.curleft+'px';
}
```

Pourquoi utilise-t-on `backgroundPosition` pour changer ce qui apparaît sur la page ? Ne serait-il pas plus simple d'exécuter cela avec une séquence de fichiers d'images séparées plutôt que modifier la `backgroundImage` ? Tino explique que la raison de ce choix est la performance : l'image est conservée dans la mémoire alors que le changement d'image exigerait que les images soient extraites de la mémoire-cache.

Quant au mouvement, chaque décompte du minuteur délègue à une fonction Stratégie (Gamma et al., 1995) pour l'action en place. La fonction Stratégie manipule alors directement la position du sprite. Ainsi pour modéliser un lemming tombant verticalement, l'attribut `top` du `div` augmente à chaque appel du minuteur :

```
function lemming_fall_ani(l) {
  ...
  l.top += 4;
  ...
}
```

De la même manière, une action correspondant à un lemming marchant implique d'opérer un changement au niveau de la propriété `left` :

```
function lemming_walk_ani(l) {
  l.left += l.dx;
}
```

Alternatives

Tiling (pavage)

Le *Tiling* (pavage) est une technique selon laquelle une grande image est formée à partir de petites tuiles. Google Maps fonctionne de cette façon. Chaque image de carte est en fait une mosaïque de fichiers d'images plus petites, l'avantage étant que le navigateur stockera dans la mémoire-cache chaque tuile. Ainsi, si vous vous déplacez un peu dans une direction, seules les nouvelles tuiles ont besoin d'être téléchargées. Comme les sprites, le *tiling* est une technique que vous pouvez utiliser pour modifier le contenu visuel sans tout extraire du serveur. Google Maps montre bien que les deux techniques se combinent avec succès.

Patterns associés

Popup

Le *popup* (voir le pattern suivant) est un proche cousin du sprite. Tous les deux donnent l'impression d'être « devant » le reste du document (ceci est généralement implémenté avec le `zIndex`), mais ils sont différents d'un point de vue sémantique. Le pattern Sprite est prévu pour couvrir les besoins de petits objets, qui sont souvent « déplaçables », animés et qui ressemblent à des icônes. Souvent les sprites sont un élément standard incontournable de l'application, avec une notion d'identité particulière et restent présents tout au long de l'application. Popup est davantage un bloc de contenu éphémère à but informatif qui apparaît pour montrer quelque chose ou accepter une saisie, puis qui disparaît de nouveau. Les popups sont en général plus gros, plus basés sur du texte et ont souvent un contenu dynamique.

Drag-And-Drop (glisser-déposer)

Les sprites peuvent souvent être déplacés dans un espace donné.

Métaphore

Pensez au dessinateur de dessins animés du vingtième siècle réalisant une séquence dans laquelle une souris marche, sur une série de feuilles transparentes qui seront ensuite superposées sur une scène de fond.

Pour aller plus loin

- Format de fichier PNG (*http://www.libpng.org/pub/png/pngintro.html*)

Remerciements

Merci à Tino « Crisp » Zijdel, auteur du DHTML Lemmings, pour ses éclaircissements dans l'analyse de ce pattern.

Popup

◉◉○

Bulle, Dialogue, Survoler, Popup, Transparent, Infobulle

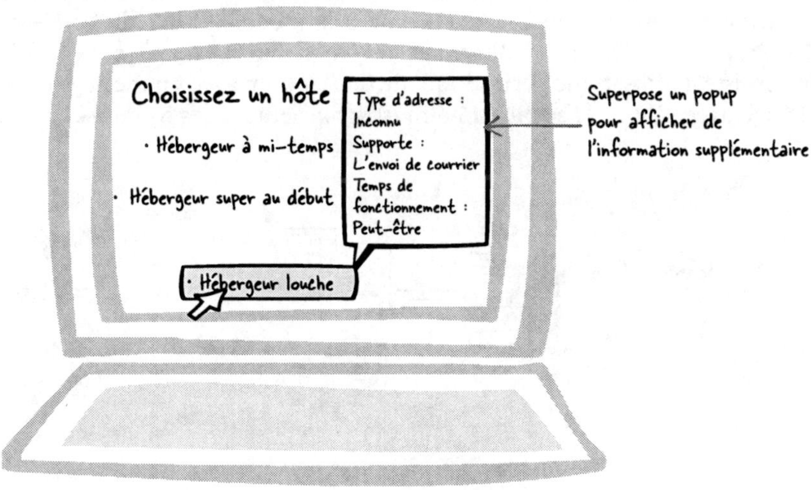

Figure 15-5. Popup

Anecdote

Frank surveille en ligne l'outillage de l'usine et remarque que la machine T1000 fonctionne bizarrement. Il clique sur l'icône, maintient le bouton enfoncé pendant un instant et une feuille d'informations à propos de la machine T1000 « surgit » (« *pop up* » en anglais, d'où le terme) à l'écran. La feuille est partiellement transparente et est superposée en haut de la zone où se trouve le diagramme de l'usine sur l'écran.

Problème

Comment l'utilisateur peut-il réaliser une tâche en ne détournant pas son attention du flux principal ?

Contraintes

- Les utilisateurs ont besoin de réaliser un changement rapide, qui requiert certains contrôles supplémentaires avec lesquels dialoguer.
- Les utilisateurs ont souvent besoin de réaliser une recherche rapide, d'obtenir des détails supplémentaires sur un objet dans l'application ou simplement de trouver des informations d'ordre général. Ceci nécessite que des informations supplémentaires apparaissent.
- La place sur l'écran est limitée et des changements mineurs rapides ne justifient pas un changement majeur de l'interface de l'utilisateur.

Solution

Supporter des tâches et des recherches rapides avec des popups éphémères, des blocs de contenu qui apparaissent « devant » le contenu de base. Habituellement, le contenu du *popup* est partiellement transparent, de la taille d'une boîte de dialogue classique et « flotte » sur la page jusqu'à ce que l'utilisateur ferme le *popup* explicitement. L'infobulle est une variante plus subtile, un bloc dense contenant habituellement entre un mot et un paragraphe. L'infobulle, elle-même, a une variante à la mode, la bulle de bande-dessinée. Pour les Progress Indicators (indicateurs de progression) (chapitre 14), un idiome courant consiste à utiliser une petite étiquette dans le coin avec un message comme par exemple « Sauvegarde… » La *figure 15-6* illustre plusieurs styles courants.

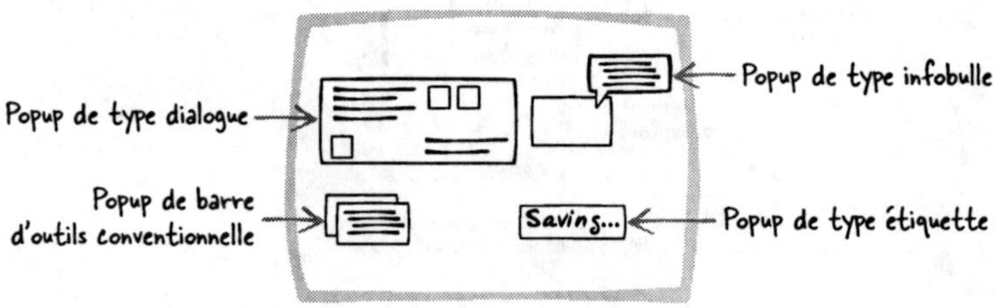

Figure 15-6. Styles de popups

Le popup convient dans des situations particulières :

Vous voulez que la tâche soit exécutée rapidement

Le popup est limité en surface et son apparence transparente fait qu'il est difficile de travailler avec pendant longtemps.

Vous voulez que l'utilisateur puisse réaliser la tâche immédiatement

Le reste du document est partiellement bloqué, rendant difficile de travailler avec, pendant que le popup est présent.

Un popup n'a souvent pas d'état permanent ; il devient visible puis est détruit lors de sa fermeture. Pour beaucoup de popups, il ne peut y en avoir qu'un de chaque sorte à un moment donné.

Les popups sont généralement des `div`s. Pour garantir qu'un seul popup par type n'apparaisse, vous pouvez faire en sorte que les popups soient toujours créés au moment nécessaire et détruits lorsqu'on les ferme. Lors de l'ouverture, il vous faut juste vérifier si le popup est déjà présent sur la page. Sinon vous pouvez simplement créer le popup au démarrage et alterner entre le montrer et le cacher – faites-le apparaître quand l'utilisateur en a besoin puis ensuite cachez-le. Le seul problème dans ce cas est que l'état ne sera pas clair et il est souvent plus efficace de traiter chaque popup comme une nouvelle entité.

Les styles de CSS sont souvent utiles pour créer un popup.

`opacity` *(filtre alpha dans IE)*

Il est utilisé pour un rendu transparent.

`zIndex`

Il est utilisé pour placer le popup « devant » le reste du document. Un élément opaque (opacité=1) occultera complètement tous les éléments dont le `zIndex` est inférieur.

`visibility`

Il est utilisé pour alterner entre la présence et l'absence du popup à l'écran.

Une fois qu'un popup est dessiné et apparaît aux bons moments, l'interaction se poursuit comme avec tout élément `div` – le popup paraît juste différent du reste du contenu. L'interaction est souvent identique à celle d'un *portlet* (voir ci-après dans ce chapitre) – à savoir, chaque action de l'utilisateur mène à un *XMLHttpRequest Call* (chapitre 6), avec des réponses qui transforment le popup.

Décisions

À quoi le popup ressemblera-t-il ?

L'apparence du popup est un compromis qui vous permet de présenter un contenu différent sans perdre le contenu initial. Une facilité d'interaction avec le popup va à l'encontre d'une compréhension aisée du reste de la page et d'une facilité d'interaction avec la page, et inversement. L'opacité et une taille plus grande amélioreront l'interaction avec le popup, mais aux dépens du reste de ce qui est affiché à l'écran. L'utilisation de couleurs différentes pour le popup aura également un impact et le choix de la couleur la plus adaptée dépend du contenu derrière le popup.

Voici certains points à prendre en compte :

- L'utilisateur a-t-il besoin de voir d'autres informations se trouvant sur la page lorsque le popup est présent ? Si, c'est le cas, assurez-vous que le popup ne les masque pas.
- Combien de temps le popup sera présent ? S'il s'agit d'une longue durée, faites en sorte de la rendre moins intrusive.

Comment l'utilisateur ouvrira et fermera-t-il le popup ?

Il existe deux approches courantes pour ouvrir le popup :

- Cliquer sur un bouton ou un objet relatif au contenu du popup.
- Placer le curseur sur quelque chose pendant un certain temps. Comme cela peut se répéter assez souvent cette approche convient mieux pour un petit popup de style infobulle.

Il existe plusieurs approches pour fermer le popup :

- Le fermer de façon explicite en cliquant sur un bouton. Certains popups ressemblent aux popups d'applications de bureau, avec un « X » sur la bordure du haut de la fenêtre.
- Le fermer quand l'interaction est arrivée à son terme – par exemple, un utilisateur soumettant un formulaire. Dans l'application Ajax, les résultats de la soumission apparaîtront de toute façon, par conséquent il y aura encore largement assez de *retour utilisateur*.
- Si le popup a été initié avec un événement de survol, le fermer quand le curseur se déplace de l'objet sous-jacent.
- Le fermer après un temps donné écoulé. Cette approche peut se révéler frustrante car elle diminue la capacité de contrôle de l'utilisateur. Elle exige également que vous déterminiez si l'utilisateur est en train de dialoguer avec le popup. Si vous avez recours à un mécanisme d'expiration, il faut envisager de fournir un moyen de le fermer explicitement.

Cas concrets

JSCalc

Le JSCalc de Cameron Adams (*http://www.themaninblue.com/experiment/JSCalc/*) fournit une calculatrice sous la forme d'un popup (*figure 15-7*). Vous pouvez l'utiliser lorsque vous naviguez sur n'importe quel site car la calculatrice est en fait un « mini signet » – un petit programme en JavaScript que vous ajoutez comme signet et que vous utilisez en le sélectionnant comme tout signet ordinaire. La calculatrice apparaît au milieu de l'écran devant la page en cours, en gris et partiellement transparente. Vous pouvez y saisir des équations. Lorsqu'ensuite vous cliquez sur le reste de la page l'affichage disparaît.

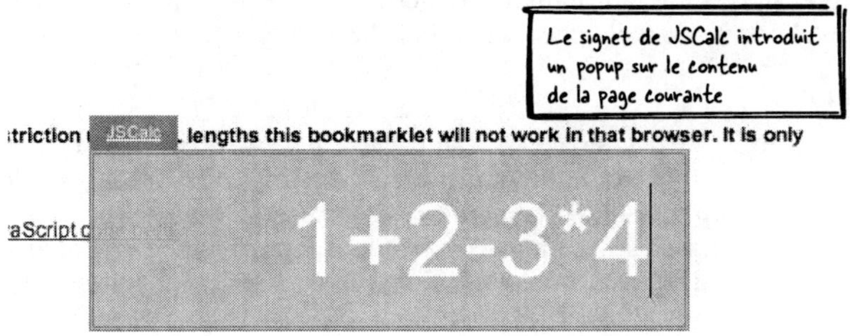

Figure 15-7. JSCalc

Flickr

Flickr (*http://flickr.com*) permet aux utilisateurs inscrits d'ajouter des commentaires sur les photos de tout le monde. (*figure 15-8*). Une note apparaît initialement juste sous la forme d'un cadre sur une zone de la photo. Lorsque vous survolez la note, le texte complet correspondant apparaît en-dessous. Créer une nouvelle note utilise aussi un effet Popup pour afficher un champ texte dans lequel vous pouvez saisir votre commentaire.

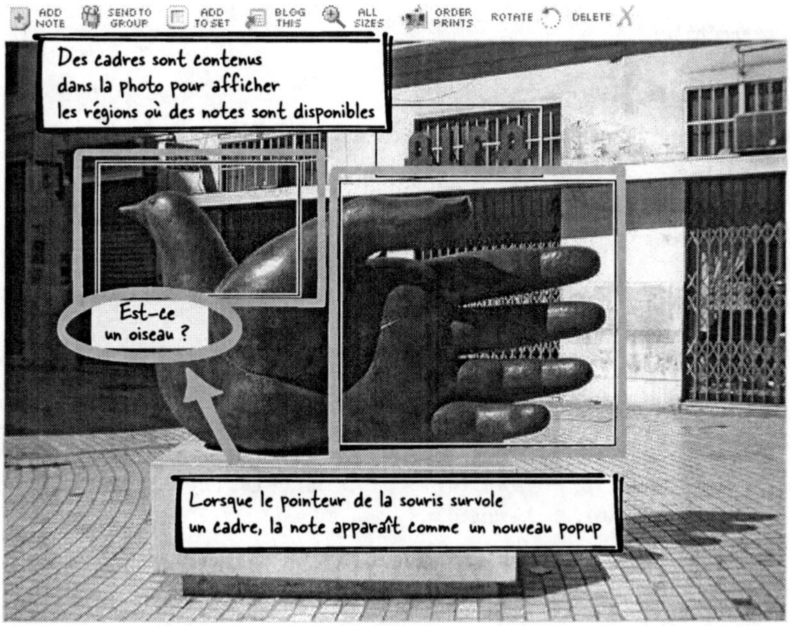

Figure 15-8. Commentaires sur Flickr

Netflix

Netflix Top 100 (*http://www.netflix.com/Top100*) donne le classement des films les plus populaires de tous les temps (*pour information « Collision »* est actuellement en tête du classement). Quand vous passez sur un titre avec le pointeur de la souris, une bulle avec une photo et un résumé apparaissent. L'effet est réalisé avec un *XMLHttpRequest Call* (chapitre 6). Lorsque vous éloignez la souris, la bulle disparaît.

Hoversearch

HoverSearch (ou « HoverSmack ») (*http://www.forgetfoo.com/?blogid=3436*) est un popup de recherche. Quand vous cliquez sur un lien hypertexte connecté à un scipt approprié, un popup transparent apparaît et commence à chercher un terme. Peu de temps après les résultats s'affichent dans le popup. Le framework est capable de réaliser des recherches dans différents moteurs, incluant des images, dont les résultats sont affichés dans le popup.

Exemple de code : JSCalc

En tant que signet, JSCalc est compressé dans une ligne et est reformaté dans l'exemple suivant. Un div contient la plupart de l'affichage de la calculatrice et est attaché au corps de la page. Étant donné que toutes les pages ont un corps, le signet fonctionnera sur n'importe quelle page web.

```
function JSC( ){
  var d=document
  var b=d.getElementsByTagName('body')[0]
  var dv=d.createElement('div')
  ...
  b.appendChild(dv)
  ...
}
```

La calculatrice est positionnée au milieu du document et a une opacité légèrement transparente.

```
dvs.position='absolute'
dvs.top='50%'
dvs.left='50%'
dvs.width='300px'
dvs.height='60px'
...
dvs.opacity='0.95'
dvs.backgroundColor='#CCC'
```

À l'intérieur du div, il y a un `input texte standard`, également positionné de façon absolue sur la page. On lui attribue un focus initial et on l'enregistre avec un gestionnaire `onkeypress` pour suivre les calculs.

```
var inp=d.createElement('input')
...
inp.focus( )
inp.onkeypress=function(e){
  ...
}
```

Le popup se termine quand l'utilisateur clique n'importe où à l'intérieur de ce dernier. Un événement `onblur` est alors enregistré. Le popup s'efface alors et est finalement détruite dans un effet de style *One-Second Spotlight* (coup de projecteur éclair) (chapitre 16).

```
inp.onblur=function(e){ op(this.parentNode) }
function op(t){
  //(Fades out and removes the calculator elements)
}
```

Alternatives

Portlet

Le *portlet* (voir ci-après) est une autre façon d'installer une conversation parallèle. Il diffère du popup en deux points : il est habituellement permanent ou présent pendant une durée longue et il n'est généralement pas transparent. Du fait de leurs caractéristiques différentes un popup est plutôt un court détour, alors qu'un portlet est comme un chemin entièrement parallèle.

Microlink (microlien)

Le *Microlink (microlien)* (voir ci-après) ouvre aussi un nouveau contenu mais l'intègre directement au contenu existant, plutôt que de le placer « devant ».

Patterns Associés

Sprite

Le *sprite* (voir précédemment) et le popup apparaissent tous les deux « devant » le reste du document, mais comme la partie « Patterns associés » dans Sprite l'explique, leurs contenus sont différents.

Drag-And-Drop (glisser-déposer)

Un mécanisme *Drag-And-Drop* (voir précédemment) est bénéfique pour la plupart des *popups* car il permet aux utilisateurs de pouvoir accéder au contenu se trouvant sous le popup.

Slider (réglette)

Quelle doit-être la valeur de transparence du popup ? La valeur optimale dépend des préférences de l'utilisateur et de la tâche qu'il effectue. Vous devez donc associer un facteur d'opacité du *popup* à un *slider* (réglette) (chapitre 14) – allant d'« invisible » à « opaque » – pour une flexibilité maximale.

Métaphore

Pensez à la réalité amplifiée dans le style « Terminator », avec un affichage tête haute vous aidant dans l'exploration du monde que vous parcourez.

Malleable Content (contenu modifiable)

◉◉◉

Capacité Suggestive d'Action , Collaborer, Éditer, Indiquer, Entrée, Micro contenu, Mutable, Délimiter, P2P, Sélection

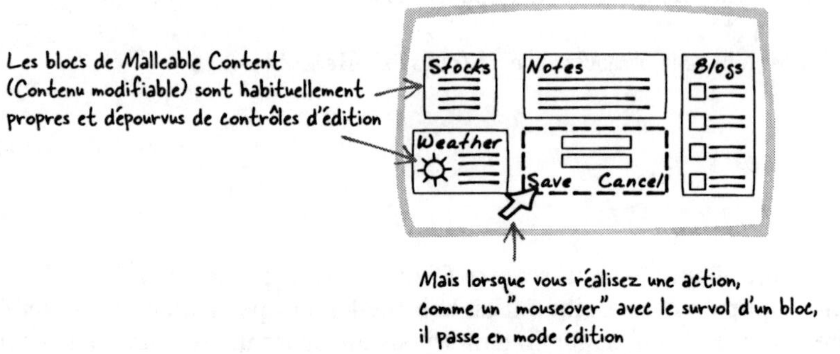

Figure 15-9. Malleable Content (contenu modifiable)

Anecdote

Reta a ouvert une session et est en train de refaire l'habillage du site web du catalogue. Il a l'air net, une réplique en lecture seule de la page que tout utilisateur verra. Pourtant lorsqu'elle déplace la souris en bas de l'écran, elle voit que beaucoup de zones peuvent être éditées.

Problème

Comment permettre aux utilisateurs de changer le contenu ?

Contraintes

- Le Web n'a pas comme seule fonction la consommation d'informations. Les administrateurs et de plus en plus les utilisateurs ordinaires, passent beaucoup de temps à ajouter et éditer du contenu.
- Tous les utilisateurs, quelle que soit leur fonction, ont besoin de savoir ce qu'ils peuvent changer.
- Pour encourager les contributions et améliorer les connaissances des utilisateurs, éditer doit être simple et ne pas présenter d'obstacles.
- Les pages au contenu modifiable ne sont pas souvent flatteuses pour les yeux, avec trop de contrôles de formulaire, de libellés et de boutons. Pire, elles créent un fossé entre les contributeurs et les lecteurs. Lorsque l'on édite, il est souvent difficile d'imaginer ce que le lecteur verra.

Solution

Composer la page de blocs de Malleable Content (contenu modifiable), qui sont de petits blocs de contenu qui peuvent être édités dans la page. La page est structurée en blocs de « micro contenus », chacun étant éditable séparément. Il doit aussi y avoir un moyen d'éditer la page entière, mais habituellement pour éditer, on consulte l'affichage en lecture seule et on délimite de petites parcelles comme bon nous semble.

Le problème du rechargement est une des raisons pour lesquelles les sites web conventionnels doivent proposer de grands formulaires dans lesquels tout peut être déclaré en une seule fois. C'est souvent la seule façon commode d'éditer du contenu. Cependant, les utilisateurs ont du mal à faire le lien entre l'interface d'édition et l'interface en lecture seule. Pire, cela décourage d'éditer : les utilisateurs sont confrontés à une séquence de rechargement d'au moins deux pages juste pour modifier un simple caractère.

Les technologies Ajax induisent un processus d'édition plus souple. Le *Display Manipulation (manipulation de l'affichage)* (chapitre 5) et le *Dynamic Behavior (comportement dynamique)* (chapitre 7) aident l'utilisateur à localiser et à ouvrir un Malleable Content éditable. La manipulation de l'affichage vous indique également comment faire apparaître une nouvelle zone modifiable ou comment transformer un Malleable Content en lecture seule en un formulaire modifiable. Une fois que l'utilisateur a fait les corrections, vous pouvez, en toute cohérence, charger la réponse, comme expliqué dans Web remoting (consultation web à distance) (chapitre 6). Le contenu peut alors retrouver l'état de lecture seule.

Dans la plupart des cas, chaque bloc de Malleable Content est un élément `div` ou `textarea`. Il peut devenir modifiable d'une de ces façons :

- L'affichage de l'élément original est ajusté et enrichi avec des contrôles d'édition.
- Un nouveau `div` ou `textarea` est créé à l'endroit où il se trouvera.
- L'élément original devient caché et un `div` ou `textarea` caché est révélé.

Est-ce la critique sur l'ergonomie, que vous vous faites intérieurement, qui vous fait taper du poing sur la table et vous exclamer à voix haute : « cela défie tout ce que les utilisateurs ont appris à propos du Web » ? Bonne remarque. Les formulaires ne sont plus utilisés. Où est alors la capacité suggestive d'action qui permet à l'utilisateur de savoir ce qui peut être édité ? Les suggestions d'action peuvent en effet être fournies, comme expliqué dans la partie suivante.

Même si une suffisante capacité suggestive d'action peut être donnée, vous pourriez objecter que tout ceci est un changement total par rapport à l'approche habituelle basée sur les formulaires. Vous marqueriez un point. C'est sans aucun doute un changement, mais c'est un changement par rapport à une approche vieille de dix ans qui est restée frustrante depuis le début. La cohérence est un objectif certainement admirable – qui ne devrait pas être négligé à cause d'améliorations infimes – mais Ajax représente une nouvelle approche et les avantages d'une édition dans la page elle-même sont juste trop importants pour les ignorer au nom de la cohérence. Mieux vaut adopter cette approche et utiliser une conception intelligente pour guider les utilisateurs dans cette approche. Dans tous les cas, le Malleable Content a de grandes chances de prendre de l'ampleur et sera familier aux utilisateurs dans un futur relativement proche.

Décisions

Comment l'utilisateur peut-il localiser le Malleable Content et l'ouvrir pour l'éditer ?

Une page en lecture seule contient plusieurs blocs de Malleable Content éditables et diverses zones qui ne peuvent pas être modifiées. Certaines de ces zones sont générées par un programme. D'autres peuvent être du Malleable Content que l'utilisateur n'est pas autorisé à éditer. L'utilisateur a donc besoin de savoir ce qui peut être édité. L'apparence statique devrait être un repère et des événements tels qu'un survol de la souris peuvent affiner ces informations.

L'apparence statique devrait rendre la localisation du Malleable Content évidente. Il existe quelques techniques à prendre en considération, certaines d'entre elles étant basées sur le pattern *Highlight* (mise en valeur visuelle) :

- Lorsqu'il y a de multiples blocs de Malleable Content, augmentez l'espacement ou alternez les polices de caractère entre les différents blocs pour les rendre distincts les uns des autres.
- Présentez le Malleable Content avec un arrière-plan différent.
- Mettez un cadre explicite autour du Malleable Content.
- Révélez les contrôles d'édition (ex : le bouton Annuler), ou les contrôles qui initialisent l'édition (ex : le bouton Éditer), qui ne sont plus visibles.
- Ajouter un libellé et des informations supplémentaires à côté de chaque bloc de Malleable Content.

Ces techniques permettent de fournir assez d'informations à l'utilisateur pour qu'il puisse distinguer que du Malleable Content est présent. Cependant, trop de ces repères feront échouer le but de ce pattern en rendant l'ensemble trop difficile à lire. Vous devez donc n'utiliser que quelques repères subtiles, ou bien même aucun, et vous appuyer plutôt sur le comportement dynamique. Le mouvement de la souris est l'activité la plus importante pour le contrôle. Les champs peuvent être transformés pour informer de leur éditabilité quand la souris les survole. Ici, `onmouseover` met en place le repère et `onmouseout` l'enlève. Vous pouvez écrire un gestionnaire d'événements générique et inspecter l'événement entrant pour voir quelle partie du Malleable Content a été modifiée visuellement. Ensuite, appliquez (ou n'appliquez pas) l'effet de manière générique à cet élément.

Les repères statiques cités précédemment sont aussi des repères dynamiques adéquats. Par exemple, modifiez la couleur de fond lorsque la souris survole un bloc de Malleable Content ou rendez le libellé et les contrôles d'édition uniquement visibles durant cette période. De plus, le curseur peut aussi être réglé en utilisant la propriété du `cursor`. L'association de ces repères dynamiques à un ou deux repères statiques est un moyen efficace pour les utilisateurs de repérer les fragments de Malleable Content éditable.

Le Malleable Content sera-t-il labellisé ? Quelles informations supplémentaires seront incluses ?

Très souvent, le Malleable Content a une certaine forme d'identité. Il se peut donc que vous souhaitiez lui associer explicitement un nom de personne. Ce nom doit être inscrit au-dessus en tant que titre ou résumé, ou encore en tant qu'infobulle.

Les informations supplémentaires suivantes, qui peuvent être automatiquement regroupées par le serveur, peuvent aussi être indiquées :

- Le nom de l'utilisateur qui a créé le contenu,
- Le nom du dernier utilisateur à avoir édité le contenu,
- Le nombre d'éditions,
- La date de création,
- La date de la dernière édition.

Quel contenu sera désigné comme Malleable Content ? Quelle sera la taille du Malleable Content ?

Toute information modifiable justifie d'être incluse comme Malleable Content pouvant être édité. Une raison de ne pas rendre un item modifiable est son interaction avec d'autres données sur la page. S'il existe certaines combinaisons de données impossibles, vous pouvez choisir de contraindre l'utilisateur à tout éditer en une seule fois.

Le Malleable Content doit avoir une taille suffisamment importante pour former une unité de contenu cohérente, mais suffisamment petite pour être édité facilement sans avoir à faire défiler la page et avec assez de place pour voir autour le contexte. Bien sûr, il revient à l'utilisateur de déterminer la taille exacte et poser des limites ne génère souvent rien d'autre que de la frustration. Néanmoins, vous pouvez influer sur la taille du Malleable Content de plusieurs façons :

- Apporter des règles,
- Illustrer les règles et établir des normes en restructurant le contenu existant,
- Aux endroits où le Malleable Content constitue une structure de données plutôt qu'un texte libre assurez-vous de la taille adéquate de la structure de données. Si cette dernière est trop importante scindez-la en plusieurs parties. Si elle est trop petite rassemblez-la avec d'autres.

Comment l'utilisateur terminera-t-il l'édition de contenu ?

Maintenant vous avez décidé comment l'utilisateur ouvrira du contenu pour l'éditer, mais comment achèvera-t-il l'édition ? Voici les possibilités types :

- Dès que le bloc de contenu n'est plus pointé par le focus – ex : quand l'utilisateur clique sur un objet extérieur – le contenu est sauvegardé et passe en lecture seule. Ceci convient aux utilisateurs confirmés qui souhaiteraient utiliser les tabulations dans les champs de contenu.
- Des contrôles explicites, tels que *Sauvegarder* ou *Annuler*, sont ajoutés pendant l'édition. Ceci peut concerner le réarrangement des items sur la page.

Est-il possible d'avoir plusieurs blocs de Malleable Content ouverts pour être édités en même temps?

Le Malleable Content étant une application Ajax, il se peut que l'utilisateur ne recharge pas pendant un moment. Il aura alors besoin de fermer chaque bloc manuellement pour voir la page en lecture seule de nouveau. Vous pourriez mettre en place une règle stipulant qu'un seul champ doit être ouvert à la fois. Ceci serait obtenu en fermant tout bloc de contenu existant lorsqu'un nouveau est ouvert, ou en refusant d'en ouvrir un second.

Cas concrets

Flickr

Quand vous manipulez une de vos photos avec Flickr (*http://flickr.com*), vous apercevez un titre au-dessus de la photo et une légende en-dessous (*figure 15-10*). Les deux sont en noir et blanc et apparaissent comme du texte ordinaire en lecture seule. Il n'y a donc pas de repère statique. Cependant il est assez facile de repérer le contenu modifiable, surtout étant donné que la plupart des utilisateurs savent que ces items peuvent être édités. Survolez ces champs et le fond prend une couleur brun clair. Puis cliquez sur le bouton et le champ devient modifiable, comme montré sur la *figure 15-10*.

Plusieurs choses ont lieu à cet endroit :

- Une bordure apparaît, délimitant le champ et indiquant qu'il peut être édité.
- Le texte entier est initialement sélectionné, un repère supplémentaire indiquant que vous êtes en train d'éditer le champ. Un économiseur de temps supprime automatiquement le texte lorsque vous saisissez une nouvelle entrée.
- Les boutons Save (*Sauvegarder*) et Cancel (*Annuler*) sont insérés dans la page, déplaçant légèrement le contenu vers le bas. Cliquer sur *Save* ou *Cancel* fait revenir le contenu à l'état de lecture seule ; sinon, le champ reste ouvert et de multiples champs peuvent être ouverts en même temps.

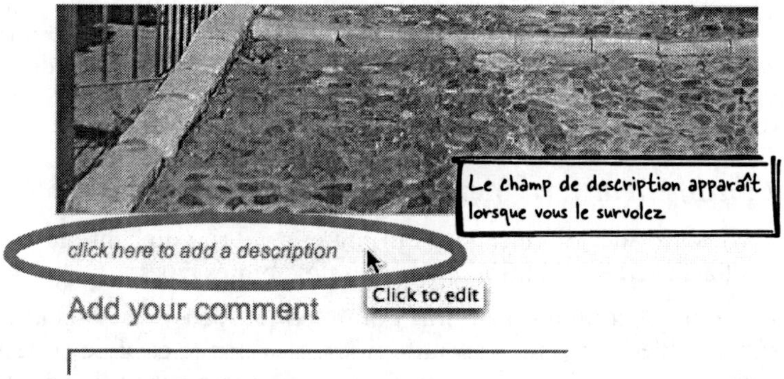

Figure 15-10. Légende Flickr

Monket Calendar

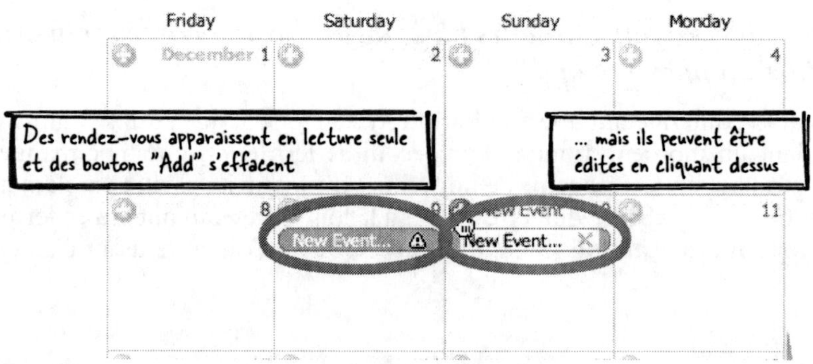

Figure 15-11. L'agenda Monket Calendar

L'agenda *Monket* Calendar (*http://www.monket.net/cal/*) vous permet d'ajouter des événements à un agenda Ajax partagé (*figure 15-11*). Chaque rendez-vous est signalé par un rectangle aux extrémités arrondies et au fond orange. Lorsque la souris survole un champ, ce dernier reste tel quel mais le curseur se transforme en style `pointer`, indiquant que l'on peut cliquer dans le champ. Lorsque vous cliquez sur ce champ, les bords arrondis demeurent, mais l'élément central et horizontal devient blanc, le texte existant est sélectionné en entier, devenant alors modifiable et un « X » vous permettant de supprimer le rendez-vous, apparaît.

Tiddlywiki

Avec Tiddlywiki (*http://tiddlywiki.com*), les contrôles apparaissent quand vous survolez le Malleable Content avec la souris (*figure 15-12*). Ils sont, en fait, toujours présents mais habituellement invisibles, ce qui signifie que les champs se trouvant autour ne bougent pas lorsque vous déplacez la souris mais que le statut de leur visibilité est alterné. Un de ces contrôles vous permet d'éditer : il change le champ en `textarea` avec un champ `input` pour le titre. Lorsque vous survolez ce `textarea`, de nouveaux contrôles apparaissent, vous permettant de sauvegarder, annuler ou supprimer l'item. On peut ouvrir plus d'un Malleable Content à la fois.

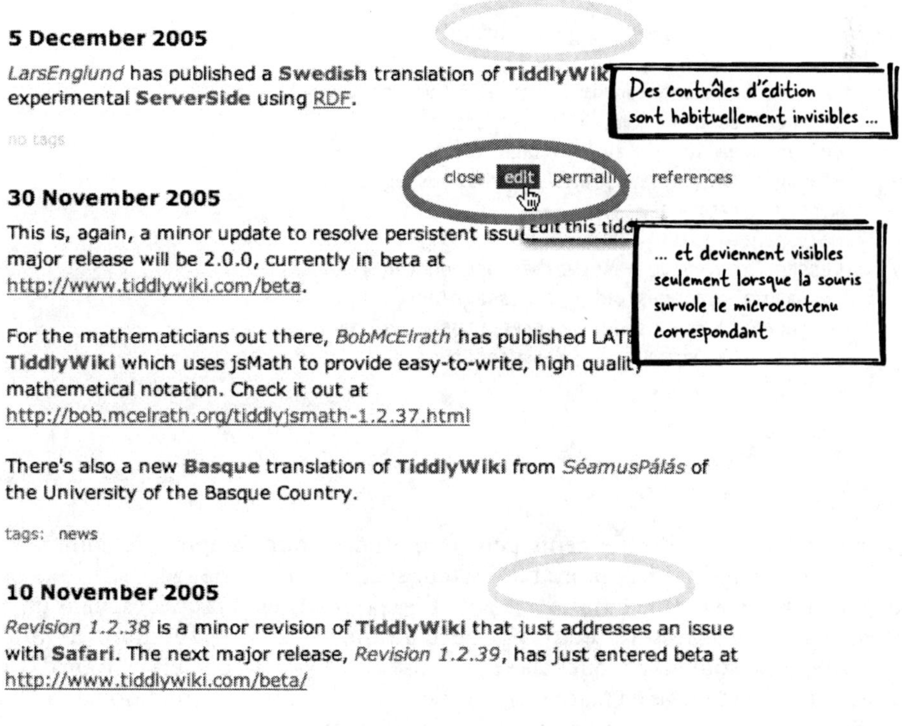

Figure 15-12. Tiddlywiki

Le créateur de cartes de visite de Thomas Baekdal

L'application Business Card Creator de Thomas Baekdal, qui permet de créer des cartes de visite, (*http://www.baekdal.com/articles/Usability/usable-XMLHttpRequest/*) contient une carte de visite avec principalement un contenu en noir sur un fond blanc. Lorsque vous survolez un champ, le contour change et lorsque vous éditez, la couleur du fond change également. Ce style interactif a été pris comme base pour la démo Wiki qui suit.

Exemple de code : Wiki d'Ajax Patterns

La démo du Wiki (*http://ajaxify.com/run/wiki*) fractionne le contenu de la page en quelques blocs de Malleable Content. Un div est déclaré dans le HTML initial pour *contenir* ces blocs :

```
<div id="messages"></div>
```

À des intervalles réguliers, le XML entrant est analysé pour extraire chaque message qui sera intégré dans le bloc de Malleable Content qui lui est propre. Chaque message est en fait un textarea, mais fait pour apparaître en lecture seule jusqu'à ce qu'il soit édité. La classe CSS, qui correspond initialement à un fond gris sans bordure, est réglée pour faire apparaître le texte en mode lecture seule. Des gestionnaires sont intégrés pour fournir des repères dynamiques indiquant que le Malleable Content peut être édité et pour contrôler le processus d'édition :

```
function onMessagesLoaded(xml, callingContext) {

  for (var i=0; i<wikiMessages.length; i++) {
    ...
    var messageArea = document.createElement("textarea");
    messageArea.className = "messageArea";
    messageArea.id = serverMessage.id;
    messageArea.serverMessage = serverMessage;
    messageArea.rows = 3;
    messageArea.cols = 80;
    messageArea.value = serverMessage.content;
    messageArea.onmouseout = onMessageMouseOut;
    messageArea.onmouseover = onMessageMouseOver;
    messageArea.onfocus = onMessageFocus;
    messageArea.onblur = onMessageBlur;
    ...
    }
  ...
}
```

Chaque gestionnaire d'événements peut être étudié pour comprendre comment se déroule le cycle d'édition. D'abord l'utilisateur survole un bloc de message. Nous encadrons le message avec une bordure en pointillés pour laisser voir qu'il est dans un état intermédiaire entre lecture seule (pas de bordure) et éditable (bordure continue). Comme nous ne voulons pas que cela se produise si l'utilisateur est déjà en train d'éditer le contenu, nous mettons en place un contrôle explicite pour cette condition. D'ailleurs, vous remarquerez qu'ici les gestionnaires d'événements interviennent sur les couleurs. Cela ne devrait pas être nécessaire. C'est une manière de palier le fait que certains navigateurs redimensionnent la bordure quand elle change de style. Sans ce contournement du problème, les autres blocs de contenu subiraient de légers déplacements chaque fois qu'un bloc change de style de bordure.

```
function onMessageMouseOver(event) {
  var message = getMessage(event);
```

```
    if (!message.hasFocus) {
      message.style.borderStyle="dotted";
      message.style.borderColor="black";
    }
  }
```

Lorsque l'utilisateur quitte ce bloc de message l'apparence est réinitialisée :

```
  function onMessageMouseOut(event) {
    var message = getMessage(event);
    if (!message.hasFocus) {
      message.style.borderStyle="solid";
      message.style.borderColor="white";
    }
  }
```

Notre utilisateur vient juste de survoler un bloc de message et clique dessus pour débuter l'édition. Dans le programme précédent, nous avons réalisé un contrôle basé sur un champ `hasFocus` pour voir si le message était en train d'être édité. Cela n'est pas intégré à DOM. Il faut donc le mettre en place manuellement quand l'édition commence. Pendant la phase d'édition, le fond est blanc et la bordure continue est noire. Enfin, nous nous assurons qu'aucune synchronisation n'a lieu quand l'utilisateur est en train d'éditer (ce qui n'est pas toujours conseillé) :

```
  function onMessageFocus(event) {
    var message = getMessage(event);
    message.hasFocus=true;
    message.style.borderStyle="solid";
    message.style.borderColor="black";
    message.style.backgroundColor="white";
    stopPeriodicSync( );
  }
```

L'utilisateur signale la fin de l'édition en cliquant n'importe où ailleurs sur la page, ce qui déclenche un événement `blur`. Le message revient à sa forme initiale de lecture seule, ou alors, si un changement a eu lieu, le message est surligné pour être ensuite réinitialisé une fois que le changement est parvenu au serveur. Par ailleurs, une fonction `resize` adapte la hauteur selon le nouveau contenu. Enfin, une synchronisation peut à nouveau commencer :

```
  function onMessageBlur(event) {
    var message = getMessage(event);
    message.hasFocus=false;
    message.style.borderStyle="solid";
    message.style.borderColor="white";
    message.style.backgroundColor="#cccccc";
    resize(message);

    var initialMessageContent = message.serverMessage.content;

    if (message.value != initialMessageContent) {
      pendingMessages[message.id] = true;
      message.style.backgroundColor = "#ffcc33";
```

```
    }

    startPeriodicSync( );

  }
```

Alternatives

Édition combinée

Il est possible d'éditer le contenu entier de la page en une seule fois, ce qui est l'approche typique dans les applications Web traditionnelles. Comme expliqué dans cette partie, cette approche pose des problèmes, mais il se peut que les utilisateurs la préfèrent pour les longues sessions d'édition. Idéalement, les deux approches devraient être disponibles.

Patterns associés

Live Form (formulaire interactif)

Une fois éditable un bloc de Malleable Content peut devenir un *Live Form (formulaire interactif)* (chapitre 14).

Rich Text Editor (éditeur de texte riche)

Avoir recours à un *Rich Text Editor (éditeur de texte riche)* (chapitre 14) est un moyen pour éditer un Malleable Content.

Microlink (microlien)

Le Malleable Content peut être révélé sur la page grâce à un *Microlink (microlien)*. C'est l'approche utilisée par TiddlyWiki (*http://tiddlywiki.com*).

One-Second Spotlight (coup de projecteur éclair), One-Second Motion (mouvement éclair) et One-Second Mutation (mutation éclair)

Les effets visuels « One-Second » (« Éclairs ») (chapitre 16) sont un bon moyen pour supporter l'édition. Il est de plus en plus courant de réaliser un `Fade In` (une apparition en fondu) sur le contenu récemment sauvegardé pour indiquer qu'il a été pris en compte. Les mutations telles que `Blow Up` et `Disappear` impliquent que le Malleable Content est en train d'être supprimé.

Highlight (surbrillance)

Le Malleable Content est souvent mis en valeur visuellement pour montrer qu'il est en cours d'édition ou comme repère dynamique pour indiquer qu'il est disponible pour être édité.

Métaphore

Les applications utilisant le Malleable Content sont comme un tableau blanc collectif.

Microlink (microlien)

◉◉◉

Apparaître, Faire apparaître, Émerger, Lien Hypertexte, Insérer, Introduire, Dans la Page

Figure 15-13. Microlink (microlien)

Anecdote

Mécontent de la productivité d'un développeur, Pam se rend sur le système de contrôle de version et accède à une liste des personnes impliquées dans le projet. Chaque ligne de la liste comprend le nom d'un développeur et sa photo. Pam clique immédiatement sur un des noms. La case s'agrandit pour fournir un petit résumé de l'activité du développeur au sein du projet et des liens vers davantage de contenu.

Problème

Comment l'utilisateur peut-il naviguer rapidement à l'intérieur du contenu ?

Contraintes

- Les applications Ajax répondent souvent aux requêtes enfournissant un nouveau contenu.
- Pour encourager l'interaction avec le système, le contenu devrait apparaître rapidement sans détourner l'attention de l'utilisateur.
- Les rechargements de pages ralentissent l'interaction, nuisent à la concentration et rendent moins claire la nature des changements, quels qu'ils soient.

Solution

Fournir des Microlinks (microliens) qui donnent accès à un nouveau contenu sur la page existante plutôt que de recharger une nouvelle page. Microlink est une amélioration par Ajax du lien hypertexte traditionnel. La plupart du temps, cela déclenche le fait d'aller chercher du contenu sur le serveur à l'aide d'un *XMLHttpRequest Call* et de l'insérer sur la page. Le contenu est généralement un bloc de micro contenu très limité, bien que cela ne soit pas obligatoire – un microlink peut être utilisé pour ouvrir une page entière de contenu.

Le terme *Microlink* ne doit pas être assimilé à un lien hypertexte uniquement textuel. Il est utilisé pour représenter n'importe quelle forme de contenu qui est inséré sur la page. Le déclencheur peut être quelque chose d'aussi subtile qu'un événement de pointage par le focus du champ d'un formulaire.

Les microlinks peuvent être utilisés dans de nombreux contextes :

- Ils peuvent ouvrir un *popup* (voir précédemment dans ce chapitre) pour fournir plus d'informations sur un mot ou un syntagme (groupe de mots). Certains sites web traditionnels fournissent une possibilité de recherches dans un glossaire via une fenêtre de popup. Un microlink peut être utilisé à la place pour donner une explication, directement à côté du terme.
- Ils peuvent être utilisés pour un approfondissement en développant successivement des niveaux de contenu de plus en plus précis. Vous pouvez présenter toutes les équipes de foot participant à un championnat, chacune donnant accès à une liste avec les noms des joueurs, chaque nom aboutissant ensuite à une liste des matchs auxquels ils ont participé et ainsi de suite.
- Ils peuvent permettre à l'utilisateur de changer de place au contenu sur la page, ce qui est pratique si les microlinks font partie d'un *Drilldown (focus de menu)* (chapitre 14).

Le nom « Microlink » fait référence à l'effet subtil que ce dernier a sur le flux de l'interaction. `Microlink` comporte plusieurs avantages par rapport au rafraîchissement d'une page provoqué par un lien hypertexte standard qui induit un rechargement total.

Le contenu apparaît plus rapidement

Il y a beaucoup moins de choses à transférer puisque seul le nouveau contenu est chargé, plutôt que la page entière. Le navigateur n'a ainsi besoin d'opérer que quelques changements au niveau du DOM au lieu de restituer de nouveau la page entière.

Le flux de l'application est plus homogène

Le rechargement d'une page dérange la concentration de l'utilisateur. *Microlink* évite cette perturbation.

Les changements sont plus visibles

L'utilisateur peut visualiser l'apparition d'un élément sur la page. On peut avoir recours aux effets visuels pour améliorer davantage la détection des changements par l'utilisateur.

L'état interne est conservé

L'état de l'application du côté serveur – puisque contenu dans le DOM– est gardé en mémoire, alors qu'un rechargement de page le détruit. C'est un avantage technique.

Microlink implique généralement un *XMLHttpRequest Call* (chapitre 6) suivi par un *Page Rearrangement* (réarrangement de page) (chapitre 5). Souvent un nouveau div est créé et rattaché à un élément du conteneur. En tant que variante, il arrive parfois que le microlink renvoie à quelque chose se trouvant déjà sur la page. Le microlink initie le fait que le script rend l'élément visible ou qu'il défile vers l'élément (utilisant `document.scrollto`).

Décisions

Qu'adviendra-t-il du reste du contenu ?

Un microlink insère du nouveau contenu dans la page existante mais, il est évident que vous ne pouvez pas indéfiniment empiler du contenu. De plus, il vous faut supprimer le désordre pour que le nouveau contenu soit plus visible. À un moment donné, vous devrez mettre de l'ordre dans le contenu existant. Il vous faudra décider de quelle manière cela doit avoir lieu. Les stratégies types comprennent celle décrites dans la liste qui suit :

- Le nouveau contenu remplace simplement l'ancien contenu. L'ancien contenu est écrasé ou bien le nouveau contenu est ajouté et l'ancien contenu remplacé.
- Une file d'attente du contenu à la capacité prédéfinie est installée, de telle façon que le dernier contenu déplace l'ancien contenu, qui finit par disparaître.
- L'utilisateur doit fermer explicitement tout le contenu.

Quelle sera la représentation visuelle de microlink ?

La représentation du microlink est une chose délicate car vous voulez vous appuyer sur la connaissance déjà existante des liens hypertexte, mais sans générer de confusion. Beaucoup d'interfaces combinent les microlinks et les liens hypertexte (ex : liens vers des pages d'accueil de sociétés ou d'autres sites web) et vous ne voulez pas aboutir à une situation où l'utilisateur ne peut pas faire la différence entre eux. Vous devez également vous rappeler que les microlinks ne doivent pas être nécessairement des mots ou des groupes de mots. Ils peuvent être, par exemple, des boutons ou des images cliquables.

Vous devez vous assurer que l'utilisateur sait que l'on peut cliquer sur les microlinks. Vous devez aussi être capable de prévoir ce qu'il verra quand il cliquera dessus. Pour suggérer que l'on peut cliquer sur un élément, pensez à faire ceci :

- Changez l'icône du curseur lorsque l'utilisateur survole cet élément. Contrôlez-le à l'aide de la propriété de style du `cursor`.
- Servez-vous des conventions concernant les liens hypertexte, c'est-à-dire le texte écrit en bleu (style de `color`) et le soulignement (style de `textDecoration`). Toutefois soyez conscient que cela peut aussi être source de confusion.
- Faites en sorte que la zone sur laquelle on peut cliquer apparaisse de manière évidente en utilisant des repères tels que des bordures et des couleurs de fond différentes.

Cas concrets

TiddlyWiki

TiddlyWiki (*http://tiddlywiki.com/*) est un Wiki basé sur les blocs de *Malleable Content*. À n'importe quel moment vous regarder une liste de blocs de Malleable Content. Chaque bloc contient du texte comprenant des liens hypertexte vers d'autre Malleable Content ainsi que vers d'autres sites. Les liens vers d'autres sites peuvent être distingués en utilisant les caractères gras. Lorsque vous cliquer sur un microlink et que le contexte correspondant n'est pas encore affiché, le contexte est inséré juste en-dessous du bloc contenant le microlink. Si celui-ci existe, la fenêtre défile pour montrer le contenu. Pour plus de détails, reportez-vous à la partie « cas concrets » de Malleable Content évoquée précédemment dans ce chapitre et à la partie *One-Second Mutation (mutation éclair)* (chapitre 16).

La bibliothèque Tabtastic

Une grande application pour les microlinks est la présentation du contenu par onglets, dans laquelle différents blocs de contenu sont présentés dans différents panneaux. La technique a été rendue populaire par Amazon à la fin des années quatre-vingt dix. Ajax permet au contenu dans un autre onglet d'être chargé sans rafraîchissement de la page. Tabtastic (*http://phrogz.net/JS/Tabtastic/index.html*) est un jeu d'outils en JavaScript que vous pouvez utiliser pour incorporer des tabulations dans votre application de style microlink. Le site web fait une démonstration de la façon dont cela est réalisé (*figure 15-14*).

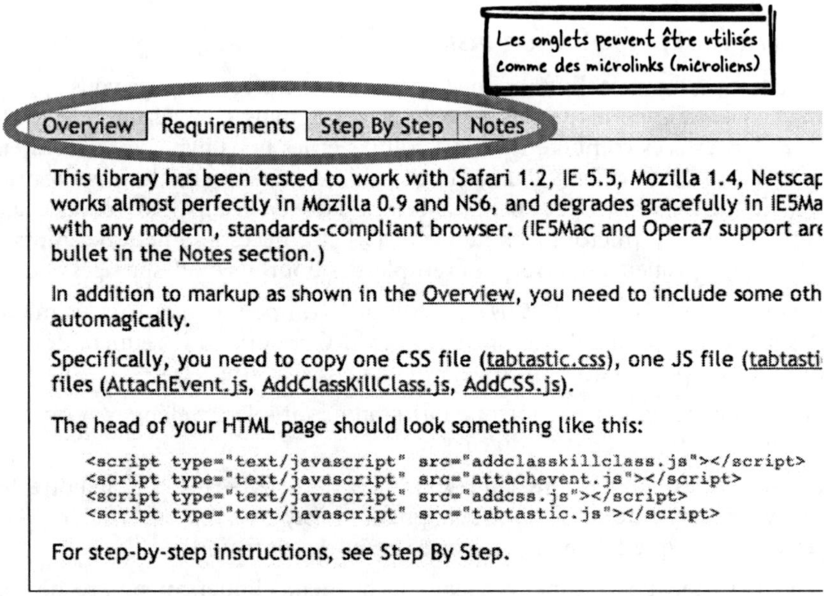

Figure 15-14. Tabtastic

Rpad

Rpad (*http://www.rpad.org/Rpad/*) fournit un assortiment d'applications d'analyse numérique. Le contenu des liens n'est pas conservé mais généré de manière dynamique. Cliquez sur *Calculate* (calculer) dans *General Demo* (démo générale) (*http://www.rpad.org/Rpad/Example1.Rpad*) et vous verrez apparaître plusieurs tableaux et graphiques, tout fraîchement générés par le serveur.

Gmail

Gmail (*http://gmail.com/*) utilise les microlinks pour déplacer le contenu de manière répétée. Il y a des *microlinks* pour toutes vos boîtes aux lettres, vos contacts, pour composer un nouveau mail, etc.

L'apparence est structurée comme la plupart des sites web – des blocs de taille fixe sont situés en haut et sur la partie gauche, contenant des liens et une fenêtre « rechercher » et le contenu principal se trouvant en bas à droite. Cependant, la plupart des sites web traditionnels maintiennent cette structure fixe en la rechargeant continuellement en entier, même si seul le contenu principal a changé. Gmail, par contre, est une application Ajax et ne fait que modifier la zone du contenu principal lorsque l'on clique sur chaque microlink.

Exemple de code : TiddlyWiki

Dans TiddlyWiki, les microlinks sont créés en tant qu'éléments `anchor` avec une classe CSS sur mesure, `button`. Il existe une fonction générique utilisée pour créer des boutons et le créateur du lien lui délègue cette tâche. Elle passe dans les informations affichées, ainsi qu'une fonction, `onClickTiddlerLink`, pour gérer ce qui se passe quand l'utilisateur clique.

```
var btn = createTiddlyButton(place,text,subTitle,onClickTiddlerLink,theClass);
```

Les boutons sont des éléments `anchor` présentés avec une classe CSS spécifique, qui prennent une apparence différente lorsqu'on les survole ou qu'on les active :

```
.tiddler .button {
  padding: 0.2em 0.4em 0.2em 0.4em;
  color: #993300;
}

.tiddler .button:hover {
  text-decoration: none;
    color: #ccff66;
    background-color: #993300;
}

.tiddler .button:active {
  color: #ffffff;
  background-color: #cc9900;
}
```

Quand on a cliqué sur le lien, le gestionnaire inspecte l'événement pour déterminer le contenu souhaité :

```
function onClickTiddlerLink(e)
{
  if (!e) var e = window.event;
  var theTarget = resolveTarget(e);
  var theLink = theTarget;
  ...
}
```

Le nouveau *Malleable Content* peut être inséré. Un algorithme détermine où il sera placé et la fonction `createTiddler( )` crée un nouveau `div` pour héberger le contenu. Si l'animation est activée, le nouveau bloc de contenu apparaîtra pour « surgir » du lien hypertexte pour aller dans sa propre zone de la page, comme expliqué en détail dans *One-Second Motion (mouvement éclair)* (chapitre 16). Sinon, la fenêtre opère un simple défilement pour montrer le nouveau contenu :

```
function displayTiddler(src,title,state,highlightText,
    highlightCaseSensitive,animate,slowly) {
  var place = document.getElementById("tiddlerDisplay");
  var after = findContainingTiddler(src);
    // Which tiddler this one will be positioned after
  ...
  var theTiddler = createTiddler(place,before,title,state,highlightText,
                                highlightCaseSensitive);
  if(src)
  {
    if(config.options.chkAnimate && (animate == undefined || animate == true))
    anim.startAnimating(new Zoomer(title,src,theTiddler,slowly),
                        new Scroller(theTiddler,slowly));
    else
      window.scrollTo(0,ensureVisible(theTiddler));
  }
}
```

Patterns associés

Malleable Content (contenu modifiable)

Le Malleable Content est un pattern compagnon car les *microlinks* sont souvent utilisés pour faire apparaître des blocs de Malleable Content. Néanmoins un *microlink* peut lui aussi générer une structure plus complexe telle que les liens Gmail qui modifient tout le contenu de la page principale.

Les effets visuels « One-Second » (éclairs)

Les effets visuels (*One-Second Spotlight, One-Second Mutation*, et *One-Second Motion* ; voir chapitre 16) aident l'utilisateur à comprendre ce qui se passe lorsque l'on clique sur un microlink, comme le démontre TiddlyWiki.

Drilldown (focus de menu)

Les catégories dans un *Drilldown (focus de menu)* (chapitre 14) sont des sortes de microlinks, puisqu'elles font que le contenu du drilldown change sans un rechargement de la page.

Popup

Un microlink peut être utilisé pour installer un *popup*.

Live Form (formulaire interactif)

Un *Live Form (formulaire interactif)* (chapitre 14) peut inclure des microlinks vers des contrôles plus poussés et du contenu qui supporte les prises de décisions de l'utilisateur.

Portlet

◉◉○

Bloc, Conversation, Dialogue, Gadget, Indépendant, Parallèle, Portail, Portlet, Widget

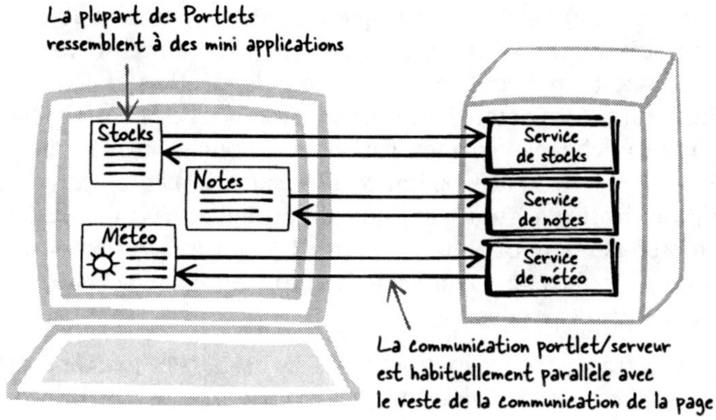

Figure 15-15. Portlet

Anecdote

La barre de côté du système d'opérations boursières de Tracy contient quelques blocs indépendants positionnés les uns en-dessous des autres : un portlet avec le cours de la bourse, une calculatrice et un mini générateur de graphiques. En ce moment même, elle consulte le taux de change du dollar américain en euro sur un de ces blocs. Elle tape « USDEUR » dans le champ texte et le bloc est mis à jour aussitôt pour afficher le taux. Tout le reste de la page reste inchangé.

Problème

Comment l'utilisateur peut-il mener des conversations riches en parallèle ?

Contraintes

- Une application complexe contient un éventail de fonctionnalités n'ayant qu'un rapport vague entre elles. L'utilisateur doit travailler sur ces fontionnalités en parallèle, en rassemblant des connaissances sur l'une des fonctionnalités et en l'utilisant pour influer sur une autre.
- Il ne s'agit pas juste de différentes fonctionnalités, mais de différentes données avec lesquelles l'utilisateur doit travailler en parallèle.
- Ces conversations doivent être « riches ». Elles requièrent un état conversationnel pour garder en mémoire ce qui a eu lieu depuis le début et ce qui peut se passer ensuite. Elles nécessitent également une interaction avec le serveur.

- Il est important de garder l'état de chaque conversation entre l'utilisateur et l'application. Vous ne voudriez pas invalider une activité juste parce que l'utilisateur choisit d'en initier une autre.

Solution

Introduire des portlets – des blocs de contenu isolés avec un état conversationnel indépendant. Un portlet est comme une mini application à l'intérieur d'une application standard. Elle présente quelques informations et généralement des contrôles. L'utilisateur peut communiquer via les contrôles, ce qui entraîne la mise à jour du portlet.

Habituellement l'état d'un portlet est complètement indépendant du reste de l'application. Par exemple, un site web d'une agence de voyages peut inclure un portlet donnant la météo. Les utilisateurs peuvent rechercher une destination et accéder à partir d'un résultat à un bulletin météo détaillé. La conversation peut être aussi riche et comporter autant d'états que l'affichage le permet. Toutefois, la conversation n'a aucune incidence sur le reste de l'application. Si une opération de réservation est en cours sur le site principal, aucune modification n'aura lieu dans ce dernier, alors que l'utilisateur consulte les prévisions météo pendant quelques minutes. La communication entre le navigateur et le serveur se déroulera sans affecter l'état de la conversation de la transaction de réservation, ni l'état des autres portlets.

Néanmoins dans certains cas, les interventions sur le portlet peuvent affecter l'état de l'ensemble de l'application et inversement. Un portlet de recherche peut permettre à un utilisateur de localiser du contenu dans l'application. Lors de la phase de localisation du contenu l'utilisateur mène une conversation à part avec le portlet. Cependant, une fois le contenu localisé, l'utilisateur peut cliquer sur le résultat de la recherche pour l'ouvrir dans la zone du contenu principal.

Si vous regroupez des portlets sur la même page, vous obtenez un portail. Par exemple, un portail d'actualités contient un portlet pour chaque catégorie d'actualités. Toutefois, les portlets ne doivent pas nécessairement se trouver dans des portails. Un portlet seul peut aussi être incorporé dans une application web ordinaire (*figure 15-16*), comme l'exemple précédent l'illustre.

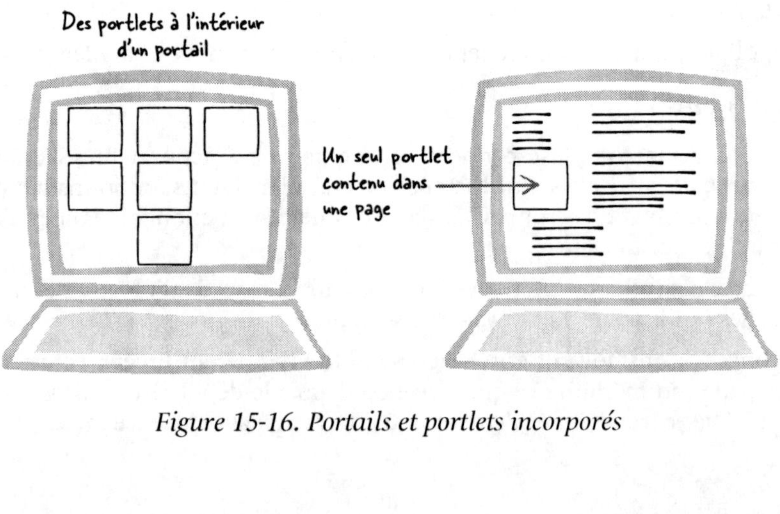

Figure 15-16. Portails et portlets incorporés

Les portlets existent depuis longtemps et les portails étaient autrefois présentés comme la chose la plus importante après les moteurs de recherche. Cependant, ils n'ont jamais vraiment eu le succès escompté, l'interface étant une des raisons. Le chapitre 1 explique en détail les problèmes rencontrés avec les portails traditionnels et à quel point Ajax a été bénéfique pour eux. Divers patterns Ajax sont utiles, de différentes manières :

- Les *XMLHttpRequest Calls* suppriment la nécessité de recharger la page entière lors de chaque interaction. La réponse est minimale et l'état de tout le reste est conservé facilement – c'est une véritable conversation parallèle.
- Le *Display Morphing* vous permet de modifier l'apparence du portail en réaction aux événements générés par les utilisateurs et aux réponses du serveur.
- Le *Periodic Refresh* vous permet de mettre à jour automatiquement les portlets reposant sur des changements externes et l'activité d'autres utilisateurs.
- Le *Drag-And-Drop* vous permet de déplacer les portlets, une amélioration importante par rapport aux interfaces non ergonomiques de réarrangement de page utilisées par le passé.

Une variante intéressante est le « *Cross-Domain Portlet* » (Portlet multi-domaines), un mélange du *Cross-Domain Proxy* (Proxy multi-domaines) et du *portlet*. L'idée est de permettre à l'utilisateur d'avoir une conversation entière avec un site web externe. Pensez à l'impact que cela pourrait avoir sur le projet de Tim O'Reilly d'une « publicité sous forme de conversation » (*http://radar.oreilly.com/archives/2005/05/advertising_as.html*). Dans ce projet il suggère que les publicités sur le Web pourraient fonctionner davantage comme des conversations interactives entre l'utilisateur et l'annonceur plutôt que d'être simplement d'ennuyeuses images d'une marque. Un portlet peut être utilisé pour servir de médiateur pour une conversation complète entre un annonceur et un utilisateur. L'exemple précédent du portlet informant sur la météo pourrait venir d'un fournisseur de services extérieur. Alors qu'il voit des discussions en ligne à propos d'une destination, un utilisateur peut mener une conversation en parallèle avec une compagnie aérienne pour vérifier les disponibilités des vols.

Décisions

Les utilisateurs pourront-ils déplacer les portlets dans la page ?

Drag-And-Drop offre un bon moyen de déplacer les portlets dans la page. Mais souhaitez-vous vraiment le faire ? Habituellement, les applications de style portail tolèrent cette activité. Cependant, pour les applications ordinaires avec une ou deux portlets, il vous faut décider si cela en vaut la peine. Souvent, il vous est possible d'implémenter des mouvements limités – par exemple, permettre à l'utilisateur de déplacer les portlets vers le haut et vers le bas d'une colonne se trouvant sur le côté.

Cas concrets

Le portail de Claude Hussenet

Le portail de Claude Hussenet est un portail d'informations de démonstration (*http://claudehussenet.com*). Des informations provenant de différentes sources d'actualités, ainsi que des cotes boursières et des liens rapides (signets) personnalisables, sont disponibles sur des portails indépendants. Chaque portail peut être rafraîchi indépendamment des autres et tout le processus d'édition a lieu dans le portlet sans un rechargement entier de la page. Une case à cocher vous permet de montrer ou de cacher chaque portlet séparément.

La page d'accueil de Google

La page d'accueil Google (*http://www.google.com/ig*) est un portail avec trois colonnes de portlets. Les utilisateurs inscrits sur le site peuvent cliquer sur « *Add content* » (ajouter du contenu) pour continuer à ajouter des portlets. La plupart des portlets, tels que « *News* » (actualités), « *RSS feeds* » (flux RSS) et « *Word of the Day* » (citation du jour) contiennent des mises à jour récentes. Il y a aussi des portlets plus interactives : « *Search* » (« recherche ») donne l'historique de vos recherches personnelles, « *Bookmarks* » (« signets ») vous permet d'accumuler des signets dans un portlet, « *Gmail* » résume les récents emails. Tous les portlets de portails existants peuvent être déplacées sur la page et édités. Le fait d'éditer transforme le portail en un formulaire. Malheureusement, actuellement, le formulaire est soumis comme un formulaire ordinaire entraînant un rafraîchissement complet de la page.

Backbase

La démo du portail Backbase (*http://projects.backbase.com/RUI/portal.html*) contient plusieurs portlets indépendantes, chacun avec son propre état (*figure 15-17*). Ce n'est qu'une démo, mais c'est une bonne démonstration de la nature indépendante des portlets.

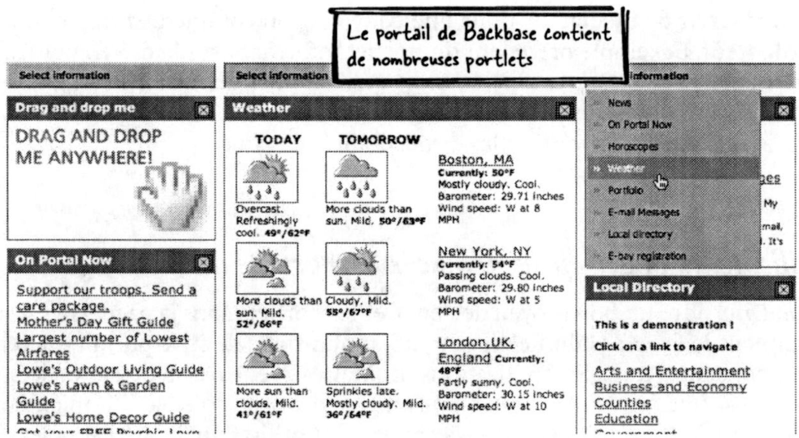

Figure 15-17. Backbase

Dobrado

Dobrado (*http://dobrado.sourceforge.net*), un projet au code source ouvert, est différent des précédents portails d'information en deux points. D'une part, les *portlets* sont à déplacement libre – ils peuvent être déplacés n'importe où sur la page plutôt que d'être soumis au style plus courant de rattachement d'un portlet à une des trois colonnes. D'autre part, Dobrado n'est, en fait, pas un portail d'informations en tant que tel, mais plutôt une application permettant de créer des sites web; pour les débutants, il est facile de créer une page en faisant apparaître de nouveaux portlets, de les agencer sur la page et d'y saisir du contenu.

Exemple de code : le portail de Claude Hussenet

Le portail de Claude Hussenet (*http://claudehussenet.com/*) délègue les appels du serveur au framework de Direct Web Remoting (DWR) (*http://www.getahead.ltd.uk/dwr/*). Penchons-nous sur le portlet « Quick Links » (« Liens Rapides ») qui vous permet de conserver une collection de signets (une partie du code qui va suivre a été reformatée).

Le HTML initial représente les « Quick Links » comme une `table`. Il y a un `span` pour les liens et un autre `span` pour l'entrée :

```
<TABLE border="0" cellPadding="0" border="0" cellSpacing=0 width="100%" >
  <tr><td height="2" colspan="2" bgcolor=#FF6633><img height=
"1" src="/images/pixel.gif"></td></tr>
  <TR>
    <TD valign="top" nowrap><B>Quick Links</B></TD>
    <TD width=1% align=right> <input type="checkbox"
id='buttonMinimizedPortletQuickLinks'

    value="Min" onclick="refreshPortletQuickLinks
    (document.getElementById('portletQuickLinks'));"></TD>
  </TR>
  <TR>
    <TD>
      <span id="portletQuickLinks" ><B>Loading Content</B></span>
    </TD>
  </TR>
  <TR>
  <TD>
    <span id="inputLinksPortletQuickLinks" ></span>
  </TD>
  </TR>
</TABLE>
```

Un appel est passé au démarrage pour obtenir le contenu d'un *HTML Message* sur le serveur. Ceci délègue à une fonction DWR et l'appel du serveur opère alors une transformation sur les liens :

```
QUICKLinks.getContent(writePortletPortletQuickLinks,
  {timeout:3500,
    errorHandler:'sayHello2('+"'portletQuickLinks'"+')'});
  ...
function QUICKLinks( ) { }
  QUICKLinks.getContent = function(callback) {
    DWREngine._execute('/portal/dwr', 'QUICKLinks', 'getContent', callback);
  }
  ...
function writePortletPortletQuickLinks(data) {
  if (data!=null)document.getElementById("portletQuickLinks").innerHTML = data;
}
```

L'entrée pour les nouveaux liens possède un bouton *Submit* et lorsque l'utilisateur clique dessus, une fonction JavaScript est appelée. Cela déclenche l'envoi des détails du nouveau lien au serveur. Le serveur suit le déroulement de la session, il est capable de renvoyer le HTML pour *tous* les liens. La fonction de rappel est la même que précédemment :

```
function addQuickLinksPortletQuickLinks(elem) {
  var name = document.getElementById("linkname").value;
  var link =document.getElementById("url").value;
  ...
  QUICKLinks.addLink(writePortletPortletQuickLinks,name,link);
}
```

Alternatives

Navigation par onglets

La navigation par onglets est une solution alternative à laquelle les utilisateurs ont recours pour mener de nombreuses conversations avec le même site web.

Patterns associés

Periodic Refresh (mise à jour périodique)

Les portlets utilisent souvent le *Periodic Refresh* (chapitre 10) pour se maintenir à jour.

Distributed Events (événements distribués)

Utiliser les *Distributed Events* (chapitre 10) est un bon moyen de maintenir le portlet à jour. Cela est particulièrement important lorsqu'un portlet dépend d'un autre : au lieu de les lier de manière directe, utilisez les événements pour ajouter une couche d'indirection.

Drilldown (focus de menu)

Un *Drilldown* dynamique (chapitre 14) est un moyen efficace de garder de l'espace à l'intérieur d'un portlet.

Live Form (formulaire interactif)

Les Live Forms (chapitre 14) apparaissent dans de nombreuses portlets car ils représentent un bon moyen de mener une conversation riche avec le serveur et cela d'une façon évitant tout rafraîchissement de la page.

Cross-Domain Proxy (Proxy multi-domaines)

Le portlet peut être utilisé pour montrer une conversation à l'utilisateur et à un domaine externe.

Métaphore

Un portail plein de portlets est comme la représentation d'un tableau de bord du vingt et unième siècle dans un film de science fiction du vingtième siècle – une conversation avec le président sur un écran, une petite promenade à travers les étoiles sur un autre écran et au milieu une pub pour les fast-foods passant en boucle.

Remerciements

Tony Hill de Thomson Consulting m'a donné l'idée pour le schéma du pattern.

Status area (zone d'état)

◉○○

Console, Log, Message, Statut

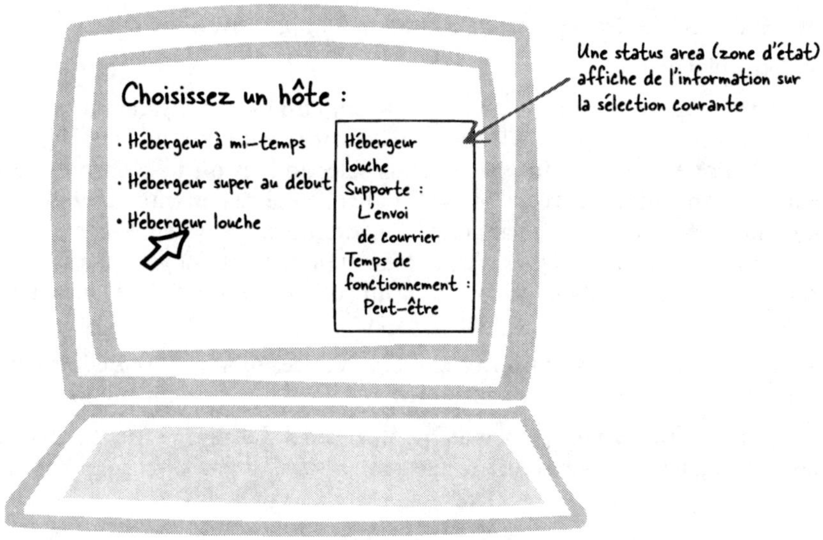

Figure 15-18. Status area (zone d'état)

Anecdote

Pam veut mettre à jour la liste des questions du projet. Alors qu'elle commence à cocher celles qui sont résolues à ce jour, elle remarque la status area (zone d'état) en-dessous de la mise à jour, cette dernière indiquant le nombre de questions résolues et le nombre de celles toujours en suspens.

Problème

Comment indiquer des informations supplémentaires ?

Contraintes

- Les mêmes données peuvent être représentées de différentes manières.
- Les utilisateurs tirent souvent avantage d'informations reprises dans un résumé.
- La taille de l'écran est limité ; vous ne pouvez pas enrichir chaque champ avec ses propres informations résumées.

Solution

Inclure une status area en lecture seule pour faire état de l'activité en cours et passée. La status area est généralement du texte auto-généré, basé sur un aspect de l'état du système. L'objectif principal est d'économiser de la place en occupant une zone contenant des informations provenant de sources différentes. Cela est réalisé en modifiant de manière dynamique les informations en fonction du contexte du moment.

Voici quelques applications d'une status area :

- Résumer des informations sur des éléments que la souris est en train de survoler.
- Résumer des informations sur l'élément qui est édité.
- Résumer des informations sur l'état global de l'application.
- Capturer des événements passés dans une trace applicative.
- Proposer un aperçu.

Souvent, il n'y a pas de traitement côté serveur impliqué – le navigateur a assez d'informations pour conserver lui-même le contenu du statut. Par exemple, le navigateur peut facilement indiquer un décompte d'éléments sélectionnés ou une trace des données antérieures qui ont été conservées. Une status area peut être particulièrement précieuse pour surveiller l'état d'objets dynamiques. Par exemple, un système de commerce en ligne peut utiliser le *Periodic Refresh* (chapitre 10) pour mettre à jour continuellement l'état d'une commande dans le profil d'un utilisateur (« Validée », « Paiement Accepté », « En Stock », etc.).

La status area est généralement un élément `div` avec des modifications déclenchées par des événements, tels que un survol de la souris ou l'édition d'un formulaire.

Remarquez que ce pattern est principalement spéculatif et repose sur des analogies de systèmes de bureau traditionnels (dans lesquels les status areas sont en effet courantes).

Décisions

Comment allez-vous choisir la taille de la status area ? Que ferez-vous si elle déborde ?

La status area est généralement un élément relativement petit – parfois juste une ligne de texte. Vous devez réaliser une analyse pour déterminer la situation la plus critique, à savoir quel est le contenu maximum que la status area peut contenir et de quelle manière vous allez gérer le débordement. Voici quelques stratégies pour le gérer :

- La compression du texte d'une façon ou d'une autre – par exemple en rognant sur le message ou en faisant un résumé.
- L'introduction des barres de défilement. Cela est adapté pour une status area du genre d'une console qui conserve un historique.
- Le redimensionnement de manière dynamique de la status area (ce qui n'est pas très courant).

Comment allez-vous structurer le contenu de la status area ?

La status area ne requiert pas d'être du texte en clair. Il est souvent utile de garder une structure commune dans laquelle chaque emplacement renvoie à la même variable.

Prenez en compte les variables conservées et la manière dont elles interagissent les unes sur les autres.

Cas concrets

BetFair

Betfair (*http://betfair.com*) comprend un *Live Form* (chapitre 14) pour créer de nouveaux paris (voir « Cas concrets » dans le chapitre du Live Form). Une status area suit votre handicap total, qui est mis à jour de manière dynamique lorsque vous changez la mise.

Lace Chat

Le Lace Chat de Brett Stimmerman (*http://www.socket7.net/lace/*) est une application Ajax pour les applications de chat. Une status area contient un aperçu en temps réel de votre message. Lorsque vous saisissez un message, un aperçu de la sortie, y compris tout marquage, apparaît.

Refonte de Code : le Wiki avec statut d’AjaxPatterns

La démo de Wiki de base (*http://ajaxify.com/run/wiki/*) a subi une refonte de code dans le cadre du Wiki avec statut d’AjaxPatterns pour y inclure une *Status Area* (*http://ajaxify.com/run/wiki/status*). Lorsque le focus est pointé sur un message, il y a en-dessous une status area qui met à jour le décompte des mots, le décompte des lignes et le décompte des caractères (*figure 15-19*).

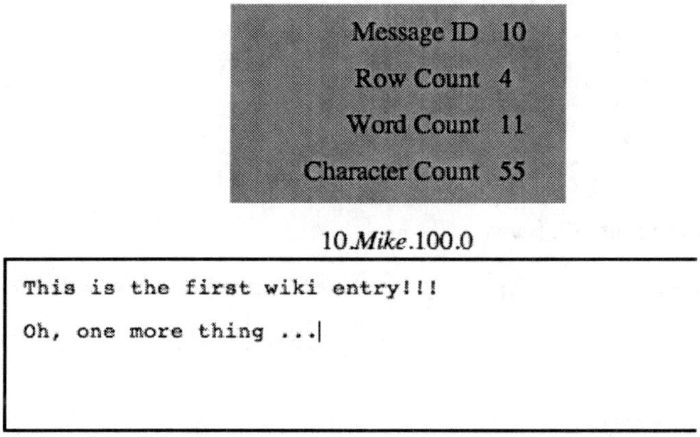

Figure 15-19. Indicateur sur le statut d’une entrée du Wiki

Le HTML statique a subi une refonte de code pour inclure une status area avec un tableau pour toutes les valeurs. Cela signifie que le script n’a besoin que de fixer les valeurs réelles des décomptes plutôt que de réaliser une manipulation HTML :

```
<div id="status">
  <table id="statusTable">
    <tr>
      <td class="label">Message’’ID</td>
      <td class="value" id="messageId"></td>
```

```
      </tr>
      <tr>
        <td class="label">Row'Count</td>
        <td class="value" id="rowCount"></td>
      </tr>
      <tr>
        <td class="label">Word'Count</td>
        <td class="value" id="wordCount"></td>
      </tr>
      <tr>
        <td class="label">Character'Count</td>
        <td class="value" id="characterCount"></td>
      </tr>
    </table>
  </div>
```

La feuille de style CSS fait que le statut est initialement caché :

```
#status {
  visibility: hidden;
  text-align: center;
}
```

Quand le message gagne le focus, on rend le statut visible et on appelle showStatus( ) pour régler ses valeurs selon l'état initial du message. La status area reste jusqu'à ce que le focus ne soit plus pointé sur le message. Pour mettre à jour à chaque modification, showStatus est appelé à chaque keyup :

```
function onMessageFocus(event) {
  ...
  $("status").style.visibility = "visible";
  showStatus(message);
}

function onMessageBlur(event) {
  ...
  $("status").style.visibility = "hidden";
  ...
}

function onMessageKeyUp(event) {
  var message = getMessage(event);
  showStatus(message);
}
```

Le message showStatus analyse le message et envoie ses résultats aux cellules du tableau contenant les statuts :

```
function showStatus(message) {
  $("messageId").innerHTML = message.id;
  $("characterCount").innerHTML = message.value.length;
  $("rowCount").innerHTML = message.value.split('\n').length + 1;
  var messageCopy = message.value.replace("\n", " ");
```

```
    messageCopy = message.value.replace(/^ */, "");
    messageCopy = messageCopy.replace(/ *$/, "");
    $("wordCount").innerHTML = messageCopy.match(/^ *$/) ? 0:messageCopy.
      split(/\s+/g) .length;
  }
```

Alternatives

Popup

Un *popup* est un autre moyen de montrer des informations supplémentaires sans leur dédier un emplacement permanent sur la page. Une status area est moins intrusive, mais aux dépends d'une partie de la place disponible sur l'écran.

La barre d'état du navigateur

La plupart des navigateurs contiennent une barre d'état, située dans le bas, à laquelle vous pouvez accéder avec l'objet `window.status`. C'est un bon endroit pour inclure des informations sur le statut mais cela comporte des inconvénients. D'abord, c'est une interface très rudimentaire sans support pour le contenu structuré, de la mise en forme et de l'animation. Ensuite, les utilisateurs s'attendent à ce que les URL apparaissent à cet endroit quand ils survolent des liens hypertexte et le risque est de détruire ce modèle. Enfin, se posent les problèmes des multiples navigateurs. Firefox, par exemple met hors service la ligne d'état, par défaut, par souci de sécurité (des sites web hostiles peuvent maquiller l'URL vers laquelle vous vous dirigez).

Patterns associés

Periodic refresh (rafraîchissement périodique)

Où la status area montre un statut lié au serveur, utilisez un *periodic refresh* (chapitre 10) pour le maintenir à jour.

Métaphore

Une zone d'état est comme une propriété à temps partagé ; les deux réduisent les coûts liés à la propriété en permettant à de nombreux participants d'occuper le même lieu à des moments différents.

Update Control (contrôle de mise à jour)

◉○○

En arrière, Avance rapide, En avant, Geler, Pause, Pousser, Rafraîchir, Retour en arrière, Inverser, Vitesse, Délicat, Mise à jour

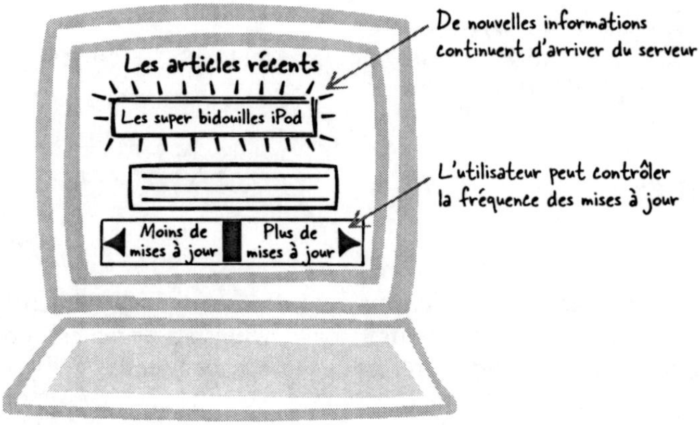

Figure 15-20. Update Control (contrôle de mise à jour)

Anecdote

Sasha est fascinée par une carte du monde qui se met à jour continuellement en fonction d'événements ayant lieu à travers le monde. Elle s'amuse avec les contrôles de vitesse, d'abord en augmentant la vitesse, si bien qu'il y a un nouvel événement chaque seconde (peu importe son caractère insignifiant), puis ensuite en faisant un retour arrière sur les événements antérieurs et enfin, en faisant une pause sur quelque chose qui attire son attention.

Problème

Comment l'utilisateur peut-il se débrouiller avec des nouvelles informations entrant en permanence dans le navigateur et qui actualisent la page ?

Contraintes

- Beaucoup d'applications Ajax extraient continuellement les données du serveur et les mettent sur la page.
- L'espace est limité sur la page web. Il vous faudra donc enlever ou reléguer l'ancien contenu.
- La vitesse optimale de mise à jour varie en fonction de l'utilisateur et de la tâche qu'il effectue. Elle doit être assez élevée si l'utilisateur contrôle de façon active, par exemple. Par contre, elle doit être assez lente s'il s'agit de contenu à fonction « esthétique » aux bords de la page.

Solution

Laisser l'utilisateur contrôler la fréquence et les critères des mises à jour. Lorsqu'on utilise des patterns tels que *HTTP Streaming* (chapitre 6) et *Periodic Refresh* (chapitre 10), il est possible de continuer à prendre du contenu dans le serveur.Vous pouvez donc afficher des nouvelles mises à jour, de nouveaux événements système et davantage encore. Cette tendance s'amplifie avec les diaporamas photos, les mises à jour des actualités, etc., cela pouvant facilement mener à une saturation des données. La fonction de ce pattern est de donner à l'utilisateur le contrôle du flot d'informations entrant. Il revêt plusieurs aspects :

Premièrement, l'utilisateur peut contrôler le taux de changement, en faisant une pause, en faisant un retour en arrière et en avançant rapidement. Le contrôle « pause » est important pour plusieurs raisons : il donne à l'utilisateur les moyens de réfléchir sur le contenu, il lui permet de garder le contenu ouvert lorsqu'il réalise un travail en rapport avec ce contenu. De plus, il lui permet de dialoguer avec le contenu au cas où celui-ci contient des liens ou d'autres formes de contrôle. C'est un point important dans les interfaces comme Digg Spy (*http://digg.com/spy*) qui transmettent à peu près toutes les secondes de nouveaux liens. Vous êtes sur le point de cliquer sur un lien et – VLAN! – il a déjà été remplacé par un nouveau lien le temps que le pointeur de votre souris arrive à cet endroit.

Le contrôle marche arrière est également utile car il permet aux utilisateurs de voir des choses qui leurs ont échappé la première fois, ou leur permet de reconsulter quelque chose à la lumière de nouvelles informations.

Le contrôle avance rapide est une autre forme de Update Control. Le plus souvent, il s'agit de régler la vitesse des mises à jour pour être plus rapide ou plus lent que la vitesse par défaut de l'application. Avec cet outil, les utilisateurs peuvent adapter le fonctionnement à leurs besoins particuliers. Chaque utilisateur a des capacités intellectuelles de traitement des tâches et des préférences qui lui sont propres – certains sont avides d'un torrent de données entrantes, alors que d'autres préféreront un rythme moins soutenu. De plus il faut prendre en compte la façon dont on traite les informations. Dans un cas, l'utilisateur, par exemple un homme d'affaires surveillant l'actualité des sociétés, peut consulter les informations activement. Dans un autre cas, l'utilisateur peut consulter une liste de nouveaux items RSS à la recherche d'une histoire intéressante à lire. Au lieu d'anticiper la façon dont l'utilisateur va utiliser tout ce contenu, il est conseillé, pour ce pattern, de fixer un taux de changement adéquat, par défaut et de lui donner la capacité de le changer.

En théorie, vous n'avez besoin que d'un seul « contrôle de vitesse » pour permettre l'Update Control. Une vitesse négative correspond à une marche arrière, nulle à une pause, un à la vitesse par défaut et un nombre élevé à une avance rapide. Le réglage peut être fait via un slider (réglette) (chapitre 14) ou un champ de saisie, ou les deux. Cependant, on peut certainement faire mieux que cela. La métaphore du lecteur multimedia est particulièrement convaincante, étant donné à quel point cela est en rapport avec ce problème et combien les concepts sont universels. Vous pouvez aussi choisir de contrôler la vitesse en l'adaptant au comportement de l'utilisateur. Si la souris se déplace à côté d'un contenu, c'est probablement une bonne indication pour lui faire faire une pause à cet endroit, particulièrement si le contenu est interactif.

Vous pouvez aussi permettre à l'utilisateur de choisir quel type de contenu sera affiché, ce qui est un moyen détourné d'influer sur le taux. Par exemple, un utilisateur peut opérer une sélection entre « Crucial », « Informationnel » et « Tout ». Ou alors les critères peuvent être plus spécifiques au domaine, comme avec Digg Spy, qui vous permet de cocher des cases en fonction du type de choses que vous voulez surveiller – nouveaux articles, nouveaux commentaires, etc.

Cas concrets

Digg Spy

Digg Spy (*http://digg.com/spy*) relate les nouveaux faits au fur et à mesure qu'ils ont lieu et indique, à chaque fois, les événements, tels qu'une modération de la vitesse opérée par l'utilisateur (voir *figure 5-5*). Les informations peuvent changer si rapidement qu'il est difficile de cliquer sur un lien, mais heureusement il existe un bouton pause. De plus, vous pouvez contrôler indirectement la vitesse d'apparition du contenu en réglant les options de filtrage. Vous pouvez, par exemple demander à Digg de voir uniquement les nouveaux articles.

Slide

Slide (*http://Slide.com*) affiche un défilement continu de contenu visuel extrait de Flickr, eBay, et d'autres sites (*figure 15-21*). Un bouton moins (-) permet de déplacer le contenu vers la gauche, un bouton pause de stopper le défilement et un bouton plus (+) d'augmenter la vitesse du défilement. Le défilement s'arrête lorsque vous survolez le contenu. Le diaporama défilant est implémenté avec Flash, mais on peut réaliser la même chose uniquement avec Ajax.

Figure 15-21. Slide

WBIR

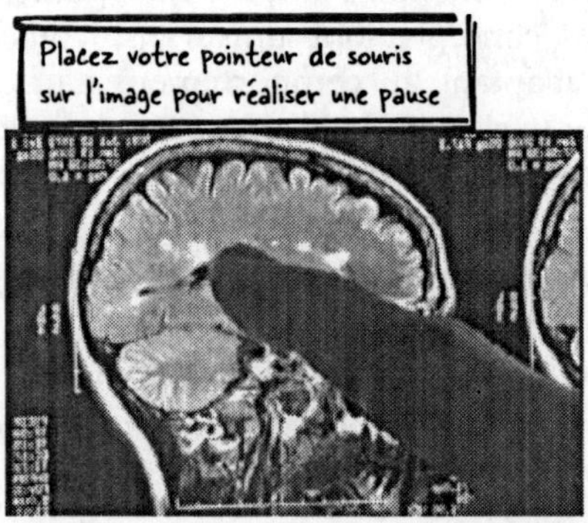

Figure 15-22. Image tirée de WBIR.com

WBIR (*http://wbir.com/*), un fournisseur d'actualités régionales, présente parfois des diaporamas d'images (*figure 15-22*). Comme les images animées de format GIF, ces dernières sont une séquence de plusieurs images – montrées une par une – dans le même conteneur. Cependant, contrairement aux images animées GIF, vous pouvez cliquer pour faire une pause sur une image en particulier.

Exemple de code : Digg Spy

Digg Spy (*http://digg.com/spy*) inclut un bouton « play » et un bouton « pause » dans le HTML initial. À n'importe quel moment, un de ces boutons est forcément actif et réagira à un clic de souris, qui est enregistré pour informer la fonction `togglePause( )`. En fait, `togglePause( )` ne vérifie pas quel bouton est à l'origine de l'événement ; au lieu de cela, il suit le mode pause à l'aide d'une variable pause explicite. La tâche première de `togglePause( )` est donc d'alterner l'état de la variable pause.

```
function togglepause( ) {
  pause = !pause;
  ...
}
```

Si nous venons juste d'entrer le mode pause, `togglepause( )` désactive les minuteurs utilisés pour faire les mises à jour. Autrement, il fait exactement le contraire, c'est-à-dire qu'il programme les mises à jour, en plus de faire une mise à jour initiale.

```
function togglepause( ) {
  ...
  if (pause == 1) {
    clearInterval(timer);
    clearTimeout(timer2);
    ...
  } else {
    update( );
    timer = setInterval('addaline(true)', scrollDelay);
    timer2 = setTimeout('update( )', updateDelay);
  }
  ...
}
```

La dernière chose que `togglepause( )` fait est d'appeler `write_pause`, qui met à jour le conteneur (`play-pause-toggle`) qui contient les deux boutons. Le HTML est principalement identique dans les deux cas, mais le lien hypertexte vers `togglepause( )` change d'emplacement en fonction du bouton qui doit être activé.

```
function write_pause( ) {
  if (pause == 0) {
    document.getElementById('pause-play-toggle').innerHTML = '<span class=
"spy-play"><strong>Play</strong></span><a href="#" onclick=
"togglepause( )" class="spy-pause">Pause</a></span>';
  } else {
    document.getElementById('pause-play-toggle').innerHTML = '<a href=
"#" class="spy-play" onclick="togglepause( )"><strong>Play</strong>
</a><span class="spy-pause"><strong title="Pause the display of new
items.">Pause </strong></span>';
  }
}
```

Patterns associés

Periodic Refresh (rafraîchissement périodique)

Periodic Refresh (chapitre 10) est un moyen de garder le contenu de la page actualisé – donc une situation dans laquelle vous pouvez recourir au pattern Update Control.

HTTP Streaming (diffusion HTTP)

Comme *Periodic Refresh* (chapitre 10), *HTTP Streaming* (chapitre 6) est un pattern qui maintient le contenu de la page actualisé, la même situation dans laquelle Update Control s'applique.

Métaphore

Pensez aux commandes de navigation sur lecteur DVD ; d'un point de vue conceptuel, le pattern Update Control en est très proche.

Remerciements

Merci à Christopher Kruslicky de m'avoir suggéré un pattern basé sur la fonction pause, qui conduit ensuite au pattern Update Control.

Virtual Workspace (espace de travail virtuel)

◉◉○

Caméra, Bureau, Illusion, Infini, Barre de Défilement Infini, Lentille, Déplacer, Panoramiquer, Portail, Défiler, Solipsisme, Viewport, Virtuel, Visible, Fenêtre, Zoom

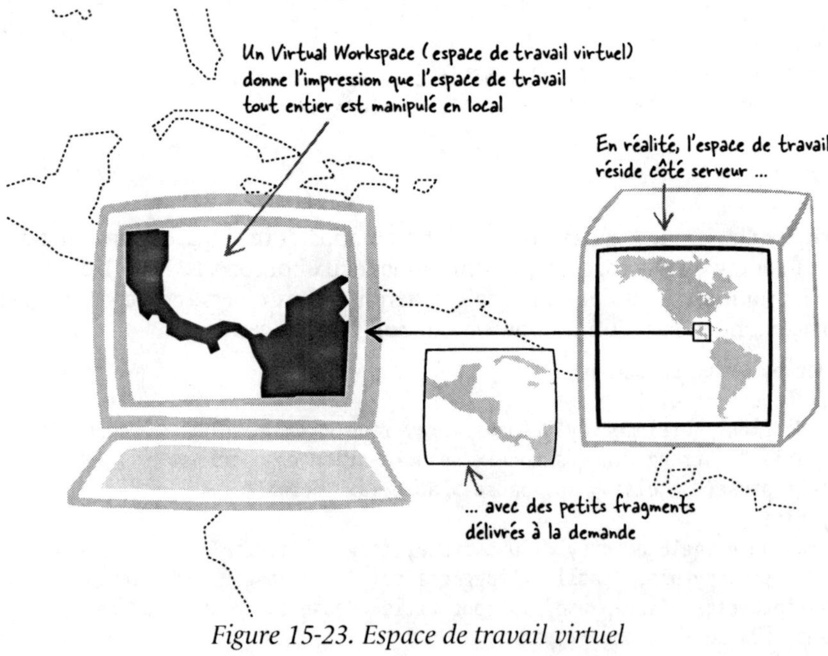

Figure 15-23. Espace de travail virtuel

Anecdote

Bill se sert d'un méta-moteur de recherche pour réceptionner des quotes d'assurances. Le navigateur ne peut pas récupérer les 500 résultats en une seule fois, mais Bill voit un tableau contenant ce qui ressemble à tous les résultats. Il peut faire défiler le tableau vers le haut ou vers le bas comme s'il s'agissait d'un tableau ordinaire. Les nouvelles lignes apparaissant sont complétées à la demande.

Problème

Comment l'utilisateur peut-il naviguer dans un espace de travail imposant ?

Contraintes

- Les applications Ajax ont souvent besoin de données se trouvant dans le serveur.
- Du côté du serveur, le stockage des données est virtuellement illimité – les moteurs de recherche, par exemple, stockent des milliards de pages web. Même sur les intranets des sociétés, les résultats d'une recherche sont souvent énormes ; essayez de faire une recherche pour chaque vente pour un jour donné.
- L'application doit répondre aux demandes de données le plus vite possible.
- Les contraintes de débit impliquent qu'il n'est pas possible, pour une application interactive, de charger tout le résultat. Néanmoins les utilisateurs doivent avoir la possibilité d'explorer le résultat en entier.

Solution

Fournir un aperçu côté navigateur de l'espace de travail côté serveur, permettant aux utilisateurs de naviguer dans tout l'espace de travail comme si ce dernier était contenu localement. L'illusion est donnée que tout le l'espace est déjà dans le navigateur, mais en réalité le serveur fournit le contenu à la demande. À n'importe quel moment, l'utilisateur voit une « fenêtre » ou un « portail » dans tout l'espace de travail. Il peut réaliser un panoramique dessus, aller rapidement dans une autre zone et faire un zoom ou produire un effet d'éloignement avec le zoom. Chacune de ces actions nécessite une modification de l'apparence d'affichage. Le navigateur va chercher de manière invisible les données pour la nouvelle portion de l'espace de travail et les fait apparaître ensuite.

Voici quelques exemples d'espaces de travail navigables :

Les listes

Elles comprennent les résultats des recherches et les préférences de l'utilisateur.

Les tables

Elles comprennent les *data grids* (grilles de données) et les feuilles de calcul.

Les images physiques

Elles comprennent les diagrammes, les photos et les cartes.

Les documents

Ils comprennent le contenu Web.

Les modèles 3D

Ils comprennent les paysages produits par l'ordinateur et les visualisations de modèles virtuels comme les molécules chimiques.

Les artefacts chrono-dépendants

Ils comprennent tout artefact changeant avec le temps – la population mondiale par exemple – et dans lequel on peut « naviguer » en se promenant dans le temps.

Les utilisateurs évoluent dans l'espace de différentes façons. Souvent ils ont recours à plusieurs outils, décrits ci-dessous :

Les barres de défilement

Les utilisateurs peuvent faire défiler le contenu progressivement ou aller directement à une tout autre zone.

L'outil de déplacement

Il donne à l'utilisateur l'impression de déplacer le document alors que l'image reste fixe.

Les raccourcis clavier

Les utilisateurs peuvent faire défiler le contenu progressivement en utilisant des touches directionnelles. Les touches de défilement vers le haut et de défilement vers le bas sont souvent utilisées pour remplir l'image en cours avec une zone adjacente. La touche Début et la touche Fin sont souvent utilisées pour aller directement au début ou à la fin.

L'instruction directe

Les utilisateurs peuvent se servir d'un contrôle séparé pour indiquer avec précision une zone particulière – par exemple, en saisissant les dimensions qu'ils souhaitent voir, ou bien, pour une image un rectangle englobant sur un détail précis du document complet.

Il existe également différentes techniques pour zoomer :

La réglette zoom

Elle permet de régler le niveau du zoom en déplaçant son curseur.

Les raccourcis clavier

Un choix courant pour augmenter ou diminuer l'effet zoom est d'utiliser les touches `-` et `+` (ou `=`, puisque que pour saisir le signe `+` il faut habituellement taper `Shift-=`).

La sélection d'une zone

Elle est utilisée pour zoomer davantage sur une zone de l'image en cours.

Selon les mécanismes que vous supportez, il vous faudra ajouter différents types de gestionnaires d'événements. Ainsi pour les raccourcis clavier, utilisez des événements tels que `keydown` ; pour déplacer des objets et sélectionner une zone, utilisez `mousedown`, `mousemove`, et `mouseup`. Dans certains cas, il vous faudra un contrôle séparé de l'image elle-même, comme c'est le cas avec une réglette zoom ou un crayonnage de tout l'espace de travail.

Quel que soit le mécanisme, la conséquence est que le script du navigateur reçoit parfois des notifications informant qu'une nouvelle zone ou un nouveau niveau de zoom est requis, si cela est applicable. À ce stade, un appel web distant (chapitre 6) doit être réalisé, fournissant au serveur les détails sur la nouvelle zone. Immédiatement après la réponse les anciennes données sont soit remplacées, soit déplacées et les nouvelles données s'affichent.

Ce pattern a un débit souvent très intensif, étant donné que l'espace de travail entier peut être énorme et l'interaction complexe. Pour cette raison, il existe plusieurs optimisations de performance – pour plus de détails, voir « patterns associés » plus loin dans ce chapitre.

Décisions

Comment gérerez-vous le déplacement latéral ?

Le déplacement latéral, contrairement au fait de passer directement d'une position à une autre, est source de challenges uniques au niveau de la conception. À la différence d'un saut complet, l'utilisateur s'attend à une transition en douceur d'une position à une autre. Heureusement, la plupart de l'espace de travail est chargé. Ainsi, un *Browser-Side Cache (cache côté navigateur)* (chapitre 13) est très important si vous souhaitez pouvoir opérer un défilement régulier. Avec ce cache, vous n'avez besoin de charger que la nouvelle portion de l'espace de travail, au lieu de tout l'espace de travail. Cela nous amène à nous poser quelques questions spécifiques supplémentaires :

- Quelle quantité d'espace de travail allez-vous mettre en cache ? Un compromis standard pour le cache entre la mémoire et la vitesse.
- Comment allez-vous suivre les changements ? Encore une fois, ceci doit être du ressort du cache. À un certain stade, le script demandera tout l'espace de travail, mais le cache décidera quelle portion nécessite du contenu du serveur.

Comment l'affichage apparaîtra-t-il initialement ?

Il doit y avoir une position vue par défaut et un niveau de zoom par défaut dans l'ensemble l'espace de travail. Un choix typique pour la vue est de la positionner au début logique ou au centre. Le niveau du zoom doit généralement être assez élevé pour permettre à l'utilisateur de zoomer rapidement à partir du point de départ.

Qu'afficherez-vous pendant le rechargement d'une zone ?

La plupart du temps, le utilisateurs naviguent vers des zones qui sont partiellement ou complètement nues, cela nécessitant une réponse du serveur pour pouvoir les afficher. Qu'allez-vous montrer entre-temps ? Voici quelques possibilités :

- Quel que soit ce qu'il y avait précédemment, éventuellement un nouvel affichage.
- Rien – supprimez l'affichage en attendant.
- Un *Progress Indicator (indicateur de progression)* (chapitre 14).

- Un *popup* (voir précédemment dans ce chapitre) – peut-être juste avec un seul mot – indiquant quel contenu sera placé à cet endroit.
- Un *Guesstimate (estimation)* (chapitre 13) du contenu, peut-être obtenu en extrapolant à partir des données voisines contenues dans le cache.

Comment allez-vous gérer les changements d'une vue déjà existante ?

Parfois, l'espace de travail change lorsque l'utilisateur le regarde. Par exemple, il est possible qu'un utilisateur introduise un filtre pour un ensemble de résultats. Une modification de l'espace de travail implique que la vue doit être modifiée également. L'approche la plus simple consiste à quitter l'emplacement précédent de la vue et à revenir à celui par défaut. Cependant, il existe souvent une solution plus logique. En voici quelques exemples :

- Vous pouvez conserver les mêmes proportions que précédemment – à savoir, si les rangées que l'utilisateur regardait se situaient au premier tiers de la table, alors affichez les nouvelles rangées qui apparaissent au niveau du premier tiers de la table réduite.
- Vous pouvez choisir un certain contenu – à savoir, gardez la ligne du haut au même endroit et affichez les rangées restantes qui se trouvent alors juste en-dessous. Si la rangée du haut n'existe plus, descendez vers le bas jusqu'à la première rangée encore existante.

Cas concrets

Étapemap.search.ch

http://map.search.ch est une carte suisse Ajax. Comme les cartes Google (*http://maps.google.com*) (auxquelles elle est antérieure) et les produits similaires, la carte constitue un énorme virtual workspace. L'utilisateur en voit seulement une minuscule portion quel que soit le moment. On peut voir un panorama de la carte en déplaçant l'espace de travail, en cliquant sur des icônes de direction juste à l'extérieur de ses limites et en appuyant sur les touches de direction. L'effet zoom est contrôlé en cliquant sur une image cliquable en cliquant sur les boutons « Zoom In » ou « Zoom Out », ou bien en appuyant sur les touches de défilement vers le haut ou vers le bas.

La démo OpenRico Search

La démo de recherche d'OpenRico (*http://openrico.org/rico/yahooSearch.page*) est un *Cross-Domain Proxy* (chapitre 10) avec une interface Ajax pour Yahoo! Search (*figure 15-24*). Son concept a été parfaitement résumé par le développeur d'OpenRico, Bill Scott comme étant la « À mort la pagination ! » (« Death to Paging! »). (*http://looksgoodworkswell.blogspot.com/2005/06/death-to-paging-rico-livegrid-released.html*). Au lieu d'avancer péniblement au sein d'une séquence de pages, on vous montre une seule table contenant tous les résultats. Les résultats sont un virtual workspace, la table une vue dans cet espace. Chaque fois que vous naviguez dans la table, de nouveaux résultats sont envoyés à partir du serveur.

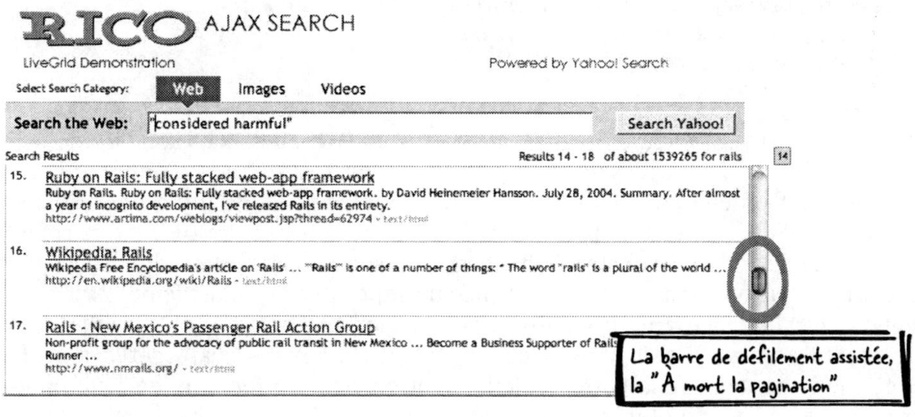

Figure 15-24. Démo de recherche d'OpenRico

La bibliothèque Giant-Ass Image Viewer (GSV)

Le GSV de Michael Magurski (*http://mike.teczno.com/giant/pan/*) est une bibliothèque qui permet aux développeurs de sites web de montrer une image de n'importe quelle taille et de donner à l'utilisateur la possibilité de réaliser un panoramique et de zoomer dedans. La page d'accueil contient une démo de travail.

Le blog de Dunstan Orchard

Le blog de Dunstan Orchard (*http://www.1976design.com/blog/colophon*) présente un panoramique mouvant, un dessin de la vue qu'il a de sa maison. Quel que soit l'endroit que la souris survole, sur l'image, deux *popups* transparents (voir précédemment dans ce chapitre) apparaissent de chaque côté du panorama. Lorsqu'on se déplace sur l'une des deux et qu'on maintient la souris à cet endroit la banderole s'étire dans cette direction. Remarquez qu'il s'agit d'une forme différente de virtual workspace, vu que tout l'espace de travail est local.

Refonte de Code : la recherche OpenRico d'AjaxPatterns

La démo de recherche OpenRico est basée sur l'API de LiveGrid API d'OpenRico. Dans le chapitre de *data grid* (chapitre 14), l'exemple de code montre comment se servir de l'API. Cette exemple couvre certains mécanismes interne des API, en particulier concernant l'inclusion d'un virtual workspace. Remarquez qu'OpenRico utilise Prototype (*http://prototype.conio.net/*) pour prendre en compte un style de codage plus axé sur l'objet.

Dans OpenRico, la vue de l'utilisateur est un objet `GridViewPort`, qui a une hauteur de rangée déterminée et qui suit la position de départ de la vue, c'est-à-dire l'index auquel correspond la rangée du haut du `GridViewPort`.

```
Rico.GridViewPort.prototype = {

  initialize: function(table, rowHeight, visibleRows, buffer, liveGrid) {
    ...
    this.rowHeight = rowHeight;
```

```
    this.div.style.height = this.rowHeight * visibleRows;
    ...
    this.startPos = 0;
  },
```

Les résultats peuvent inclure des milliers de rangées virtuelles, mais la table elle-même ne fait qu'environ 20 rangées (comme déterminé par `visibleRows`). Comment la barre de défilement est-elle alors créée pour donner l'impression qu'il y a des milliers de rangées ? OpenRico crée une barre de défilement sur mesure. L'astuce est de créer un div d'une largeur de 1 pixel dont la hauteur correspond à la hauteur du virtual workspace. La hauteur virtuelle peut être calculée puisque la barre de défilement a accès à la hauteur visible de la table (`visibleHeight`), le nombre de rangées virtuelles (`metaData.getTotalRows( )`) et le nombre de rangées dans la vue (`metaData.getPageSize( )`). Le div de la hauteur de la barre de défilement est fixée en fonction de cette hauteur virtuelle. Le navigateur affichera donc une barre de défilement qui semble défiler dans toute la table virtuelle :

```
createScrollBar: function( ) {
  var visibleHeight = this.liveGrid.viewPort.visibleHeight( );
  // create the outer div...
  this.scrollerDiv = document.createElement("div");
  ...
  // create the inner div...
  this.heightDiv = document.createElement("div");
  this.heightDiv.style.width = "1px";
  this.heightDiv.style.height = parseInt(visibleHeight *
    this.metaData.getTotalRows()/this.metaData.getPageSize( )) + "px" ;
  this.scrollerDiv.appendChild(this.heightDiv);
  this.scrollerDiv.onscroll = this.handleScroll.bindAsEventListener(this);

  var table = this.liveGrid.table;
  table.parentNode.parentNode.insertBefore(
    this.scrollerDiv, table.parentNode.nextSibling);
},
```

Les événements sur la barre de défilement sont envoyés vers `handleScroll`. Après que tout comportement de défilement a eu lieu, cette fonction calcule la portion d'espace virtuel étant vue. L'algorithme détermine la nouvelle rangée virtuelle qui doit apparaître en haut de la fenêtre d'affichage. Par exemple, si la hauteur de la rangée est de 10 pixels et que l'utilisateur a réalisé un défilement de 50 pixels à partir du haut, la rangée virtuelle est alors 5. La fenêtre d'affichage aura besoin d'être actualisée pour que la nouvelle rangée du haut soit la cinquième rangée virtuelle.

```
handleScroll: function( ) {
  ...
  var contentOffset = parseInt(this.scrollerDiv.scrollTop /this.viewPort.rowHeight);
  this.liveGrid.requestContentRefresh(contentOffset);
  this.viewPort.scrollTo(this.scrollerDiv.scrollTop);
  ...
},
```

`requestContentRefresh` va chercher le contenu requis dans un *cache* côté navigateur connu sous le nom de `Buffer`. Avec le tampon en place, vous pouvez faire défiler facilement vers des résultats vus précédemment sans qu'il y ait besoin d'un appel :

```
fetchBuffer: function(offset) {
  ...
  var bufferStartPos = this.buffer.getFetchOffset(offset);
  this.processingRequest = new Rico.LiveGridRequest(offset);
  this.processingRequest.bufferOffset = bufferStartPos;
  ...
  callParms.push('id='    + this.tableId);
  callParms.push('page_size=' + fetchSize);
  callParms.push('offset='    + bufferStartPos);
  ...
  ajaxEngine.sendRequest.apply( ajaxEngine, callParms );
  ...
},
```

Pour finir la table de la fenêtre d'affichage est rechargée avec ce nouvel ensemble de rangées :

```
refreshContents: function(startPos) {
  ...
  for (var i=0; i < rows.length; i++) {//initialize what we have
    this.populateRow(this.table.rows[i + contentOffset], rows[i]);
  }
  ...
},
```

Alternatives

Loupe virtuelle

Au lieu de montrer une vue partielle, vous pouvez présenter la chose en entier avec un niveau de détail faible et proposer une « Loupe virtuelle » ou un « Fish-Eye virtuel » pour zoomer sur les détails. On pourrait croire que cela ne peut s'appliquer aux images mais cela est aussi applicable aux tables et aux autres interfaces.

Patterns associés

Browser-Side Cache (cache côté navigateur)

Le pattern Browser-Side Cache (chapitre 13) est très important en ce qui concerne le virtual workspace – si l'utilisateur se déplace de 1% vers le bas, vous ne souhaitez pas, bien sûr, recharger toute la vue.

Predictive Fetch (chargement prédictif)

Réaliser un *Predictive Fetch* (chapitre 13) est utile pour les zones du virtual workspace sur lesquelles l'utilisateur est susceptible d'aller naviguer ensuite. Réaliser une panoramique est une tâche courante, cela vaut donc la peine de mettre en cache les zones voisines de la vue en cours. Vous pouvez aussi cacher les niveaux de zoom suivants et précédents.

Guesstimate (estimation)

Parfois, il se peut que vous ayez la possibilité de satisfaire rapidement une action de navigation avec une *Guesstimate* (chapitre 13) pendant que vous patientez pour l'arrivée des données réelles.

Multi-Stage Download (téléchargement à plusieurs étapes)

Si la réponse est importante, fractionnez-la en plus d'une partie. Téléchargez les informations les plus importantes en premier, puis poursuivez avec le contenu plus affiné.

Drag-And-Drop (glisser-déposer)

Drag-And-Drop (voir précédemment) est souvent utilisé pour permettre à l'utilisateur de réaliser un panorama en lui donnant la possibilité de déplacer tout l'espace de travail dans la vue.

Slider (réglette)

Le contrôle du zoom se fait souvent via *une réglette* (chapitre 14).

Unique URLs (URL uniques)

Les vues nécessitent d'être associées à des *Unique URLs* (chapitre 17) pour que l'utilisateur puisse mettre en relief une partie de l'espace de travail, en particulier, plutôt que l'espace tout en entier. De cette façon, l'utilisateur peut facilement signaler la vue ou l'envoyer à un ami.

Métaphore

Avez-vous vu « *The Truman Show* » (*http://www.imdb.com/title/tt0120382/*) ? C'est l'histoire d'un homme qui ne sait pas que le monde dans lequel il vit est entièrement faux, inventé de toutes pièces pour les besoins d'un reality show télévisé. Quand il marche dans la ville, le décor est mis au point et les « gens de la ville » sont dirigés quelques secondes avant son arrivée. Il existe une gestion de la perception similaire qui s'applique au virtual workspace. L'illusion réside dans le fait qu'il existe un monde entier de contenu au-delà de la vue, mais la réalité est que tout est fabriqué à la demande.

Pour aller plus loin

Death to Paging – l'annonce de l'arrivée de LiveGrid par Bill Scott (*http://looksgoodworkswell.blogspot.com/2005/06/death-to-paging-rico-livegrid-released.html*).

Remerciements

Merci à Bill Scott pour avoir signalé cet exemple et m'avoir tenu informé sur l'évolution d'OpenRico et la fonctionnalité de LiveGrid. Bill et son confrère, avec qui il a développé OpenRico, Richard Cowin m'ont aidé à expliquer une partie de l'implementation.

16

Effets visuels

Une interface riche, c'est plus que des composants graphiques statiques ; ce sont des composants dynamiques qui ont un impact important sur l'ergonomie. Utilisé avec soin, les effets visuels peuvent guider l'attention de l'utilisateur et l'aider à comprendre ce que fait l'application. Et il ne faut pas sous-estimer les avantages esthétiques. Une fioriture, mais une *bonne* fioriture (et pas simplement un « gadget » tape-à-l'œil) passionne les utilisateurs.[1] Les effets *« One-Second »* sont des effets brefs qui annoncent parfois une transition permanente d'un état vers un autre, d'autres fois ils sont simplement utilisés pour mettre en valeur un point particulier. Le *One-Second Spotlight* (coup de projecteur éclair) est une version généralisée de la populaire technique du « Yellow Fading » et qui entraîne des changements de luminosité et de couleur. *One-Second Mutation* (mutation éclair) fait changer la forme des éléments tandis que le pattern *One-Second Motion* (mouvement éclair) les déplace.

Enfin, le pattern *Highlight* (surbrillance) est un effet plus permanent où (un ou) plusieurs éléments sont mis en valeur, typiquement parce que l'utilisateur les a sélectionnés.

One-Second Spotlight (coup de projecteur éclair)

◉◉◉

Attention, Effet, Fioriture, Fondu, Dégradé, Graphiques, Rafraîchissement, Mise à jour, Technique du fondu jaune

1. Donald Norman, traditionnel défenseur des principes « sérieux » relatifs à l'ergonomie, a expliqué récemment que les émotions comme l'amusement et l'excitation ont un grand impact et devraient être considérées par les concepteurs de sites web (normand, 2003). Le terme « Utilisateurs passionnés » est une référence à l'excellent weblog « Creating Passionate Users » accessible à l'adresse *http://headrush.typepad.com/creating_passionate_users/*.

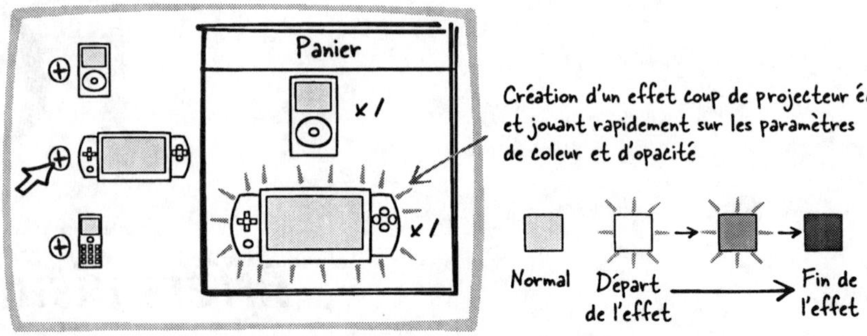

Figure 16-1. One-Second Spotlight

Anecdote

Estelle vérifie son portefeuille boursier. Chaque action s'affiche sur une ligne. Soudain, le cours de « La compagnie minière de l'Est » dégringole et sa ligne s'éclaire pour refléter ce changement. L'attention d'Estelle est aussitôt attirée par cet effet visuel et elle commence immédiatement à alléger son investissement dans cette entreprise.

Problème

Comment attirer l'attention de l'utilisateur pour qu'il se focalise sur la page ?

Contraintes

- Pour s'assurer que l'utilisateur travaille avec les données courantes, l'affichage du navigateur doit être fréquemment mis à jour.
- Avec Ajax, il est possible de mettre à jour seulement la partie de l'écran qui a changé. Si rien n'a changé, alors l'affichage restera immuable.
- L'écran peut être encombré par de nombreuses informations et beaucoup peuvent changer à tout instant.
- Même si la vision humaine est douée pour capter les changements, il est facile de manquer une modification soudaine, surtout si elle est subtile.

Solution

Lorsqu'un élément affiché subit un changement de valeur ou – tout autre changement significatif – augmentez dynamiquement sa luminosité pendant environ une seconde. Tout comme un appareil qui communique l'activité du système, le pattern *One-Second Spotlight* fait plusieurs choses :

- Il met en valeur les changements. Ainsi l'utilisateur n'a pas à surveiller de façon intensive en essayant de se souvenir de ce qui a changé (si toutefois quelque chose a changé).
- Comme le coup de projecteur dure quelques secondes, l'utilisateur a assez de temps pour prêter attention à cet élément et comprendre les détails de l'événement – c'est-à-dire regarder la nouvelle valeur de cet élément. A contrario, une transition standard n'offrirait aucune garantie – si l'utilisateur a cligné des yeux, il peut facilement manquer le changement.

- Lorsque la technique de l'animation suit certaines conventions ou imite un phénomène du monde réel, elle peut suggérer à l'utilisateur la nature de l'événement.

Ce pattern est une généralisation de la technique du site 37signals introduite comme étant la Technique du Yellow Fade (fondu jaune) (*http://www.37signals.com/svn/archives/000558.php*). Avec cette dernière, un élément s'illumine pendant une seconde après la modification par l'utilisateur et l'éclairage diminue rapidement. Contrairement à une application classique dans laquelle un rafraîchissement de page se produirait, il est souvent difficile de détecter lorsqu'un *appel XMLHttpRequest* a eu lieu. Un effet visuel rapide est donc quasiment essentiel pour que l'utilisateur puisse comprendre ce qui se passe.

D'un point de vue technique, la technique du Yellow Fade se fait habituellement en changeant soudainement la couleur de fond du style de l'élément, en remplaçant le blanc par du jaune, puis en utilisant le pattern *Schedulling* pour balayer un spectre chromatique depuis le jaune pour finir avec le blanc.

De façon plus générale, le pattern *One-Second Spotlight* inclut plusieurs types d'animation. Un ou plusieurs styles CSS parmi les suivants sont modifiés pendant la durée de l'effet :

`color`

Habituellement c'est la couleur de fond de l'élément qui change. Cependant la couleur de la police de caractères est aussi une possibilité. Bien que les codes hexadécimaux soient communément utilisés pour affecter les valeurs Rouge-Vert-Bleu comme `#ff00ff`, les algorithmes d'animation peuvent également utiliser les pourcentages, c'est-à-dire `(100%, 0%, 100%)`. Souvent, l'algorithme fait un cycle à travers un ou plusieurs des composants Rouge, Vert et Bleu, comme par exemple en augmentant progressivement la valeur du Rouge de 50 pourcents à 100 pourcents puis en la rebaissant à 50 pourcents tout en gardant les valeurs du Bleu et du Vert constantes. Vous pouvez préférer représenter la couleur par la combinaison Teinte-Saturation-Valeur (HSV pour Hue-Saturation-Value) et faire un cycle à travers un ou plusieurs de ces composantes. Dans ce cas, il faut calculer les valeurs HSV et les convertir en RGB pour l'affichage.

`opacity`

Ce style détermine la transparence de l'élément. Une opacité égale à zéro signifie que l'élément est solide. Une opacité de cinquante pourcents indique que l'arrière-plan du navigateur – ou tout ce qui se trouve sous l'élément – sera partiellement visible.

`visibility`

Ce style détermine si l'élément peut être vu. La visibilité n'affecte *pas* la présentation de la page, l'élément occupe donc toujours le même espace sur la page.

Les possibilités sont infinies. Il y a cependant quelques effets classiques. Tout d'abord, il y a des transitions simples d'un style vers un autre :

Fade Out (fondu progressif décroissant)

Un élément s'éclaircit soudainement puis revient à son apparence originale. C'est utile pour une mise en valeur générale et peut également indiquer que l'élément a été pris en compte par le serveur, c'est-à-dire que les données sont maintenant stockées sans risque côté serveur. Comme beaucoup de pages utilisent un arrière-plan blanc, le fondu vers le blanc est un choix naturel pour attirer l'attention de manière générale.

Fade In (fondu progressif croissant)

La luminosité d'un élément est soudainement baissée puis elle revient à son niveau original. On l'utilise pour une mise en valeur générale. Il peut également indiquer que l'élément a été « poussé » par le serveur.

Fade Away (disparition par un effet de fondu)

L'intensité d'un élément diminue de plus en plus jusqu'à ce qu'il disparaisse entièrement. Si son intensité est déjà assez faible, il peut être utile de l'éclaircir au début de l'animation. Cet effet indique souvent que l'élément (ou sa valeur) a été suspendu ou a été détruit.

Materialize (matérialisation)

Un élément invisible apparaît progressivement jusqu'à son apparence normale. Si l'intensité normale de cet élément est un peu faible, il peut être utile de l'augmenter un peu, puis de revenir par la suite en arrière. L'effet peut indiquer que l'élément a été créé ou a été récupéré.

Switch (changement d'apparence)

L'apparence d'un élément bascule progressivement d'un réglage à un autre. Au lieu de diminuer ou d'augmenter son intensité, un élément peut changer de couleur, de rouge vers bleu par exemple. Cet effet est habituellement utilisé pour indiquer un changement d'état.

L'autre catégorie d'effets implique une oscillation rapide. Ce sont les suivants :

Total Flash (effet néon)

De façon rapide, un élément disparaît complètement puis réapparaît. La transition vers ou depuis l'état disparu peut être accomplie par un fondu continu, ou simplement en modifiant le style `visibility`. C'est un effet utile pour attirer l'attention de façon générale, même s'il fait penser à l'épouvantable balise `<blink>`; utilisez cet effet flash sur les éléments avec parcimonie.

Shifting Flash (changement par étapes)

L'apparence d'un élément change plusieurs fois d'un état à un autre. Cela peut aussi être utilisé pour attirer l'attention de façon générale si l'élément retrouve son apparence originale. Si l'élément oscille en permanence, l'attention sera captée plus efficacement qu'avec un *Switch*, qui est une transition plus discrète.

Une mise en œuvre typique combine les patterns *Display Morphing* et *Schedulling*. Par exemple, pour illuminer un élément, on peut utiliser l'algorithme suivant :

1. Sauvegarder la configuration actuelle de l'élément.
2. Affecter à `element.style.color` une couleur vive.
3. Toutes les 100 millisecondes :
   - Assombrir un peu l'élément. Plus précisément, baisser l'intensité de la propriété `color` de 10 pourcents. Cela s'applique individuellement à chaque composant (R, G, B) de `color`.

– Vérifier si les 1000 millisecondes ne se sont pas écoulées. Dans ce cas, repositionner les valeurs de l'élément avec celles d'origine (qui de toute façon devraient s'en approcher).

L'algorithme se base sur l'interpolation. Dans le passage de la couleur A à la couleur B, il y a plusieurs transitions discrètes qui se produisent, disons, une fois tous les 100 millisecondes. À chaque étape, l'algorithme décide où la couleur devrait se trouver dans le spectre. Une couleur est définie par trois composants – R, G et B –, le calcul se fait donc de façon séparée sur chacun des composants.

Admettons que l'on passe de la valeur `#ffffff` à `#000044`. Dans une première étape, il est utile de les représenter par des valeurs décimales de pourcentage : `(100%, 100%, 100%)` vers `(0%, 0%, 25%)`. Supposons que nous allions faire 10 transitions. Les composants rouges et verts diminueront de dix pourcents à chaque fois, et le composant bleu sera atténué de 7,5 pourcents à chaque fois. Il s'agit donc simplement d'une diminution de valeur pour chaque composant de couleur à chaque transition jusqu'à la fin et d'afficher de nouveau l'élément.

Si vous souhaitez réaliser une transition vers la couleur de fond de l'élément, vous pouvez faire varier le champ `opacity` au lieu de `color`. Faites attention aux problèmes de portabilité dans le cas de l'utilisation d'`opacity, voir` [*http://www.quirksmode.org/css/opacity.html*].)

L'algorithme suppose une interpolation linéaire où chaque transition diminue d'une même valeur. Vous pourriez également expérimenter d'autres transitions. Par exemple, une incrémentation exponentielle croissante de l'intervalle donnerait l'effet d'une transition lente au début et qui finit par une sorte d'explosion. Ce phénomène est assez semblable aux effets flash où les débuts débutent doucement pour finir rapidement.

Vous n'aurez probablement pas à coder la plupart de ces effets vous-même car des bibliothèques comme Scriptaculous (*http://script.aculo.us*; voir plus loin) sont vraiment flexibles et faciles à intégrer.

Décisions

Quels événements vont déclencher un coup de projecteur ?

Une application Ajax reçoit de multiples événements. Lesquels justifient l'utilisation du pattern *One-Second Spotlight* ? Cet effet peut servir à :

- Attirer l'attention de l'utilisateur sur un changement,
- Suggérer que l'utilisateur a besoin de faire quelque chose,
- Informer l'utilisateur qu'une interaction a eu lieu entre le navigateur et le serveur,
- Informer l'utilisateur qu'un autre utilisateur a fait quelque chose.

Voici quelques exemples :

- L'utilisateur vient juste de changer quelque chose. Un effet *Fade Out* suggère que le changement a été envoyé au serveur.
- Sur le serveur, un nouvel élément a été créé. Un effet *Materialize* suggère que l'élément vient juste de paraître.

- L'utilisateur a oublié de saisir un champ dans un formulaire. Le champ subit un *Shifting Flash* modifiant son arrière-plan de blanc vers rouge.
- La valeur d'un élément vient juste de changer. Un effet *Fade Out* suggère que le changement vient juste d'être pris en compte par le navigateur.

Quelles couleurs utiliser ?

Le jaune, qui a été popularisé par 37signals, est devenu une sorte de standard pour les effets de fondu. Cependant, en général, le choix de la couleur doit prendre en considération l'élément affecté ainsi que ceux environnants et l'apparence de la page dans sa globalité.

En outre, de multiples couleurs peuvent être utilisées pour obtenir un bon effet. Par exemple, une couleur particulière peut être utilisée pour représenter un type d'événement donné. Dans un contexte multi-utilisateurs, JotSpot Live (*http://jotlive.com*) montre comment chaque utilisateur peut être associé à une couleur différente. Ainsi chaque évolution récente apparaît avec un effet de fondu qui utilise la couleur de l'utilisateur ayant fait cette modification.

Combien de temps doit durer un coup de projecteur ? Quelle durée pour chaque transition ?

Dans le cas du pattern « *One-Second Spotlight* », se poser la question de la durée de l'effet peut paraître un peu ridicule. En fait, le nom fait seulement allusion à une valeur raisonnable. Vous devrez vous décider sur la durée exacte de l'effet total mais aussi sur le nombre de transitions pendant ce laps de temps.

Voici quelques considérations :

- Une durée plus longue aura une fenêtre de temps plus large pour que l'effet soit remarqué.
- Une durée plus longue paraîtra moins dramatique, donc ce peut être interprété comme un événement moins critique.
- Une durée plus longue augmente la probabilité qu'il y ait plusieurs Coups de Projecteur simultanés, lesquels peuvent se confondre, surtout si ce sont des effets flash.
- Une durée plus longue augmente la probabilité qu'un deuxième effet *One-Second Spotlight* se produise sur le même élément alors que le premier est en cours. Ce n'est pas forcement un problème en soi, mais cela conduit à des difficultés de mise en œuvre. Il est préférable de s'assurer qu'un élément subit un seul effet à un instant donné afin de se prémunir d'une impression désagréable comme les scintillements.

Quelle que soit l'étendue des transitions, les inconvénients sont assez clairs : les transitions plus rapides sont meilleures visuellement mais elles ralentissent l'application. Par ailleurs, est-ce que l'utilisateur peut laisser votre application dans un onglet du navigateur en tâche de fond et revenir dessus seulement une fois par heure ? Dans ce cas, évitez de ralentir le navigateur avec des effets ayant une granularité importante. Idem si l'application est déjà consommatrice en ressource processeur.

Qui plus est, c'est un domaine où tous les navigateurs ne se comporteront pas de façon consistante. Par exemple, quelle est la transition la plus rapide que vous pouvez paramétrer ? Et bien, cela dépendra du système de l'utilisateur et du navigateur en question. Vous pouvez expérimenter avec différents paramètres la page de démonstration « durée du coup de projecteur » (*http://ajaxify.com/run/time/periodicRefresh/spotlightCustom/*).

Cas concrets

La sac à dos de 37 signals

Le sac à dos (Backpack) de 37 signals (*http://www.backpackit.com/*) maintient une liste d'éléments (*figure 16-2*). Lorsque vous cliquez sur le bouton Edit, l'élément en lecture seule se transforme en zone de texte éditable. Lors de la sauvegarde, il redevient un élément en lecture seule et est accompagné par un effet *Fade Out* jaune. Tout cela est somme toute logique concernant la société qui a inventé le terme de technique du « Yellow Fade. »

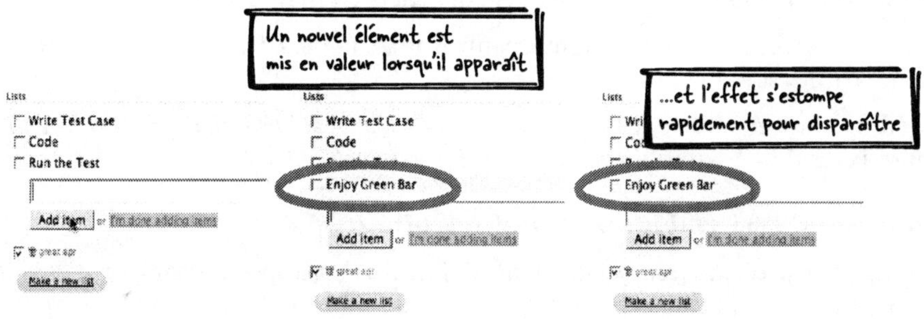

Figure 16-2. Sac à dos

chat.app

chat.app (*http://gamma.nic.fi/~jmp/chat/app.html*) affiche des messages texte lorsque vous, ou quelqu'un d'autre, les saisissez. Chaque nouveau message est souligné par un *Fade Out* jaune.

Digg Spy

Digg Spy (*http://digg.com/spy*) affiche les nouvelles histoires au moment où elles apparaissent sur le Web. Chaque fois qu'un bloc concernant une nouvelle histoire apparaît, un effet *Fade Out* est utilisé – l'arrière-plan passe de la couleur grise à blanche.

Coloir

Coloir (*http://www.couloir.org*) est une application de diaporama. Chaque fois que vous cliquez sur « next », une icone animée « loading » apparaît et une nouvelle photo s'affiche avec un effet de fondu.

Odeo

Odeo (*http://odeo.com*) est un service de souscription à des podcast.

Vous pouvez forcer Odeo à récupérer le dernier flux pour un podcast. Pendant le délai, le document entier subit un effet fondu. Un tel effet peut être accompli avec un élément *Popup* partiellement transparent qui couvre le document entier. Cela s'approche de l'effet de fondu de l'écran produit par Windows lorsque vous êtes sur le point de vous déconnecter.

La bibliothèque Scriptaculous

Scriptaculous (*http://script.aculo.us*) est une excellente bibliothèque JavaScript qui supporte de nombreux patterns d'interface utilisateur Ajax. L'ensemble des effets visuels est basé sur quatre effets fondamentaux :

- Modification de l'opacité,
- Modification de l'échelle,
- Modification de la position,
- Effets « parallèles » – c'est-à-dire plusieurs effets en même temps.

Leur combinaison conduit à un nombre infini de séquences d'animation et de multiples séquences utiles sont déjà préconfigurées.

La démonstration des effets visuels (*http://script.aculo.us/visual-effects*) fournit de nombreux cas d'utilisation du pattern *One-Second Spotlight*.

Bibliothèque FAT (Fade Anything Technique)

FAT (*http://www.axentric.com/posts/default/7*) facilite l'écriture de scripts permettant de faire une transition d'une couleur vers une autre.

Refonte de code : Durée de l'effet One-Second Spotlight AjaxPatterns

La démonstration de la durée du rafraîchissement périodique (*http://www.ajaxpatterns.org/run/time/periodicRefresh/*) affiche le temps donné par le serveur, temps mis à jour toutes les n secondes. Le changement n'est pas vraiment clair. Cette refonte ajoute donc un effet One-Second Spotlight chaque fois qu'un nouveau résultat arrive en provenance du serveur. Il est réellement intéressant de noter deux points : le premier est qu'il est fait à la main et le second illustre la réutilisation de la bibliothèque Scriptaculous.

Effet réalisé à la main

La démonstration Durée du Coup de Projecteur (*http://www.ajaxpatterns.org/run/time/periodicRefresh/spotlightCustom)* permet à l'utilisateur de positionner quelques paramètres et de les appliquer à l'effet correspondant (*figure 16-3*). Un objet `fader` encapsule la logique du fondu. La durée du fondu et l'intervalle de la transition sont des attributs modifiables :

```
fader.durationTime = parseInt($("fadeDuration").value);
fader.transitionInterval = parseInt($("transitionInterval").value);
```

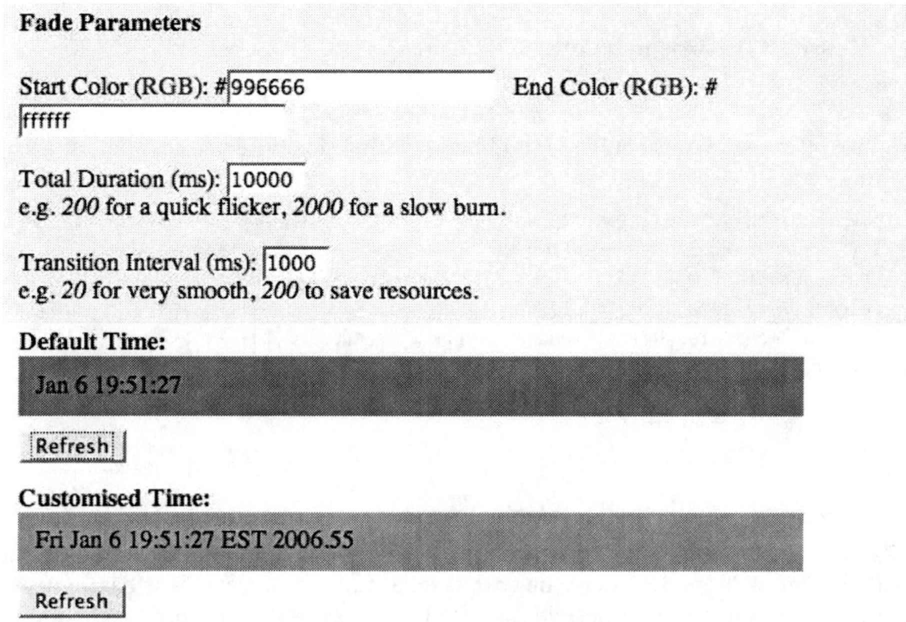

Figure 16-3. Démonstration sur la durée du One-Second Spotlight

L'application demande à `fader` de réaliser le fondu sur la balise `div` le plus vite possible une fois le paramètre modifié :

```
function showCustomTime(text) {
  var customTimeLabel = $("customTimeLabel");
  customTimeLabel.innerHTML = text + "." + callingContext;
  fader.fade(customTimeLabel, $("startColor").value, $("endColor").value);
}
```

Puis `fader` démarre la première transition, en positionnant zéro pour le paramètre `timeSoFar`. La fonction est plus simple en utilisant un tableau de valeurs de pourcentage. Cependant l'utilisation de valeurs hexadécimales étant plus simple, un appel à une fonction de conversion est nécessaire :

```
fade: function(element, startRGB, endRGB) {
  this.nextTransition(
    element, this.rgbToPercents(startRGB), this.rgbToPercents(endRGB),0);
}
```

Chaque transition implique de décider jusqu'où continuer le fondu et donc de calculer le style de la couleur `color` correspondant en utilisant une interpolation linéaire (comme cela est expliqué dans la Solution pour ce pattern) :

```
nextTransition: function(element, startColor, endColor, timeSoFar) {
  ...
  var currentColor = "rgb(";
  for (component=0; component<3; component++) {
    var currentComponent = Math.round(startColor[component] +
        proportionSoFar * (endColor[component] - startColor[component]));
```

```
      currentColor+=currentComponent + "%" + (component<2 ? "," : ")");
    }
    element.style.backgroundColor = currentColor;
    ...
  }
```

Puis timeSoFar est incrémenté et le fondu est terminé si la durée de cet effet est arrivée à expiration :

```
timeSoFar+=this.transitionInterval;
if (timeSoFar>=this.durationTime) {
  this.durationTime+ "\n";
  element.style.backgroundColor =
    "rgb("+endColor[0]+"%,"+endColor[1]+"%,"+endColor[2]+"%)";
  return;
}
var nextCall = function( ) {
  fader.nextTransition(element, startColor, endColor, timeSoFar);
}
setTimeout(nextCall, this.transitionInterval);
```

fader a été codé pour mettre en avant la simplicité. Deux améliorations sont toutefois possibles. Tout d'abord, les calculs de color seraient plus efficaces s'ils se basaient sur le delta de la pré-transition au lieu de calculer la valeur absolue de color à chaque fois. Ensuite, le calcul du temps pourrait être ajusté pour prendre en considération le délai relatif à l'exécution de la fonction elle-même.

Fondu avec Scriptaculous

La démonstration du Temps avec Scriptaculous (*http://www.ajaxpatterns.org/run/time/periodicRefresh/spotlightScriptaculous)* montre la facilité de réutilisation d'une bibliothèque d'effets existante. Ici, l'affichage du temps montre un effet Materialize lorsqu'un nouveau résultat paraît. La transition passe d'un élément totalement invisible (en montrant seulement la couleur de fond du document) à une apparence déterminée par le style de sa classe.

La refonte est triviale. Il suffit d'inclure les fichiers Scriptaculous, effects.js et prototype.js (une bibliothèque JavaScript généraliste dont se sert Scriptaculous) :

```
<script type="text/javascript" src="prototype.js"></script>
<script type="text/javascript" src="effects.js"></script>
```

Puis, comme pour la fonction fader présentée ci-dessus, faites un appel à l'effet en une ligne :

```
new Effect.Appear("defaultTimeLabel");
```

Alternatives

One-Second Mutation et One-Second Spotlight

Les patterns *One-Second Mutation* et *One-Second Motion* (voir plus loin dans ce chapitre) sont également utilisés pour attirer l'attention sur un événement significatif. *One-Second Spotlight* peut être utilisé non seulement pour attirer l'attention de façon générale mais également pour souligner un type spécifique d'événement, alors que ces deux patterns ont tendance à être légèrement plus adaptés pour signaler des événements spécifiques. Les effets peuvent aussi être combinés, par exemple en réduisant un objet pendant qu'un fondu le fait disparaître.

Patterns associés

Periodic Refresh

Un changement provenant d'un *Periodic Refresh* (chapitre 10) est souvent signalé par un *One-Second Spotlight*.

Timeout

Timeout (chapitre 17), ainsi que tous les avertissements préalables, peuvent être signalés par un pattern *One-Second Spotlight*. Dans les sites communautaires affichant des détails au sujet des autres utilisateurs, l'effet peut aussi être utilisé pour informer des changements concernant les utilisateurs en ligne.

Métaphore

Ici, le nom du pattern est la clé : *One-Second Spotlight* peut être utilisé pour diriger l'attention de l'audience.

Remerciements

37signals a introduit la Technique du Yellow Fade dans ses produits et dans ses articles (*http://www.37signals.com/svn/archives/000558.php*) aidant ainsi à comprendre le concept.

One-Second Mutation (mutation éclair)

◉◉◉

Mise à jour automatique, Synchrone, Synchronisation, Temps Réel

Figure 16-4. One-Second Mutation

Anecdote

Un docteur surveille l'état d'un patient. Il regarde l'oscillation des histogrammes qui reflètent ce qui se passe dans le corps du patient.

Problème

Il y a beaucoup d'activité dans une application Ajax. Comment aider l'utilisateur à tout digérer ?

Contraintes

- Pour s'assurer que l'utilisateur travaille avec des données à jour, l'affichage du navigateur doit être fréquemment mis à jour.
- Avec Ajax, il est possible de mettre à jour seulement la portion de l'écran qui a changé. Si rien n'a changé, l'affichage reste exactement le même.
- L'écran peut être encombré avec beaucoup d'informations pouvant potentiellement changer à tout moment.
- Même si l'homme est aguerri à la détection des changements, il est facile de manquer un changement subit, en particulier s'il est subtil.
- Il y a différents types de changement et ces différences sont importantes pour les utilisateurs.

Solution

Lorsque l'élément d'une page subit un changement de valeur ou tout autre événement important, sa forme doit changer dynamiquement pendant à peu près une seconde. Dans la plupart des cas, la mutation est utilisée pour refléter un changement permanent. Au lieu de passer d'une forme à une autre, l'élément se transforme progressivement en une autre forme. L'effet sert à plusieurs desseins :

- La mutation ainsi que le temps de la transition permettent vraisemblablement à l'utilisateur de remarquer que quelque chose s'est passé.
- Le type de mutation permet de repérer quelle sorte d'action a eu lieu.
- Le changement graduel d'apparence paraît plus naturel qu'une transformation immédiate.

La Mutation combine les patterns *Display Morphing* et *Scheduling*. Pendant la seconde de mutation, une boucle de transitions s'exécute. Chaque transition se produira peut-être toutes les cinquante millisecondes et elle impliquera sûrement un changement au moins au niveau d'une des propriétés CSS suivantes :

`width`

Un objet peut être aminci ou épaissi en changeant la valeur `width`.

`height`

Un objet peut être grandi ou diminué en changeant la valeur `height`.

`backgroundImage`

Au lieu de simplement redimensionner l'élément, il est possible de le changer en une image complètement différente. Comme dans un film, plusieurs images s'enchaînent pour donner l'illusion de mutation de l'élément DOM. Pour plus de détails, voir le paragraphe sur les Lemmings dans le pattern *Sprite* (chapitre 15).

`position`

La modification des propriétés `position`, `left`, `right`, `top` et `bottom` est possible pour certains effets de mutation.

`overflow`

La propriété `overflow` peut être positionnée à `hidden` afin de permettre à l'élément entier d'être présent sur la page mais en n'en montrant qu'une certaine partie.

La première catégorie de mutation implique l'apparition d'un objet. Les suivantes sont efficaces pour communiquer que l'objet vient juste d'être créé ou récupéré depuis le serveur.

Form (formation)

Un élément se constitue en partant du néant pour arriver à son apparence standard, typiquement en grossissant de façon incrémentale. Il peut grossir depuis le centre de l'objet, un coin ou toute autre position. En principe la largeur et la hauteur augmentent en même temps.

Slide Out (glissement)

Un élément glisse en dehors du navigateur. S'il glisse sur le côté, il semble être poussé dehors comme une porte coulissante. S'il vient du haut, il apparaît comme une fermeture de porte de garage. S'il vient du bas, il paraît sortir de terre. Habituellement, soit la largeur, soit la hauteur est fixe alors que l'autre dimension augmente progressivement. La place de l'élément change simultanément.

Reveal (révélation)

Un élément se révèle progressivement. Il semble être présent depuis le début et il est dévoilé progressivement. Dans ce cas, la largeur et/ou la hauteur augmentent de façon incrémentale, pendant que `overflow` est positionné à `hidden` afin qu'une partie de l'élément soit couverte.

La catégorie de mutation suivante présente quelques façons de faire disparaître – les effets inverses de ceux ci-dessus – ainsi qu'un effet spécial :

Disappear (disparition)

Un élément, ayant une apparence standard, est réduit à néant.

Slide In (apparition par un glissement)

Un élément glisse depuis le haut, le côté ou le bas.

Cover Up (dissimulation)

Un élément est dissimulé graduellement dans une ou deux dimensions.

Blow Up (explosion)

Un élément dépasse sa taille courante puis se réduit à néant.

Il y a également quelques mutations qui impliquent de passer d'une chose à une autre :

Grow (grossissement)

Un élément grossit et change de taille. La hauteur et/ou la largeur augmentent.

Shrink (rapetissement)

Un élément diminue et change de taille. La hauteur et/ou la largeur diminuent.

Metamorphise (métamorphose)

Un élément change d'apparence à une autre. Ce peut être typiquement fait avec le changement de l'image de fond. Pour plus de détails, voir *Sprite* (chapitre 15).

La plupart de ces effets peuvent être combinés avec un *One-Second Spotlight* pour donner un effet 3D. Par exemple, un élément peut se matérialiser et se former en même temps. Le système visuel de l'homme utilise l'ambiance et la taille pour repérer les distances, l'effet consiste donc à faire apparaître l'élément depuis l'arrière de l'écran vers l'utilisateur.

Vous ne coderez certainement pas ces effets à la main, car des bibliothèques comme Scriptaculous (abordée dans le paragraphe « Cas concrets ») sont vraiment flexibles et sont en principe faciles à incorporer dans des scripts classiques.

Décisions

Décider d'utiliser un One-Second Spotlight serait également pertinent dans la plupart de ces cas. Comme avec le *One-Second Spotlight*, le terme « One-Second » permet simplement de donner une indication sur l'effet.

Cas concrets

TiddlyWiki

Le logiciel TiddlyWiki (*http://tiddlywiki.com)*créé par Jeremy Ruston, comme beaucoup de ses dérivés, utilise l'effet Grow pour faire apparaître un contenu nouveau lorsque l'on clique sur un *Microlink* (chapitre 15). Le Microlink est le point de départ. Le bloc du nouveau contenu semble bondir sur l'écran en venant d'ailleurs et grandit pour devenir un bloc *Malleable Content* (chapitre 15) (voir *figure 16-5*). Plusieurs effets visuels sont impliqués dans cet exemple :

- *One-Second Spotlight* (voir ci-dessus) est utilisé pour faire un fondu sur l'ouverture du *Malleable Content* pendant qu'il apparaît en bondissant.
- *One-Second Mutation* est utilisé pour faire grossir l'élément depuis son état initial, c'est-à-dire un petit morceau de texte formant un lien, vers un bloc complet de Malleable Content.
- *One-Second Motion* (voir plus loin dans ce chapitre) sert à déplacer l'élément depuis sa position de *Microlink* jusqu'au bloc Malleable Content ci-dessous.

Plusieurs variations sont possibles si le contenu est déjà ouvert et en fonction de son emplacement.

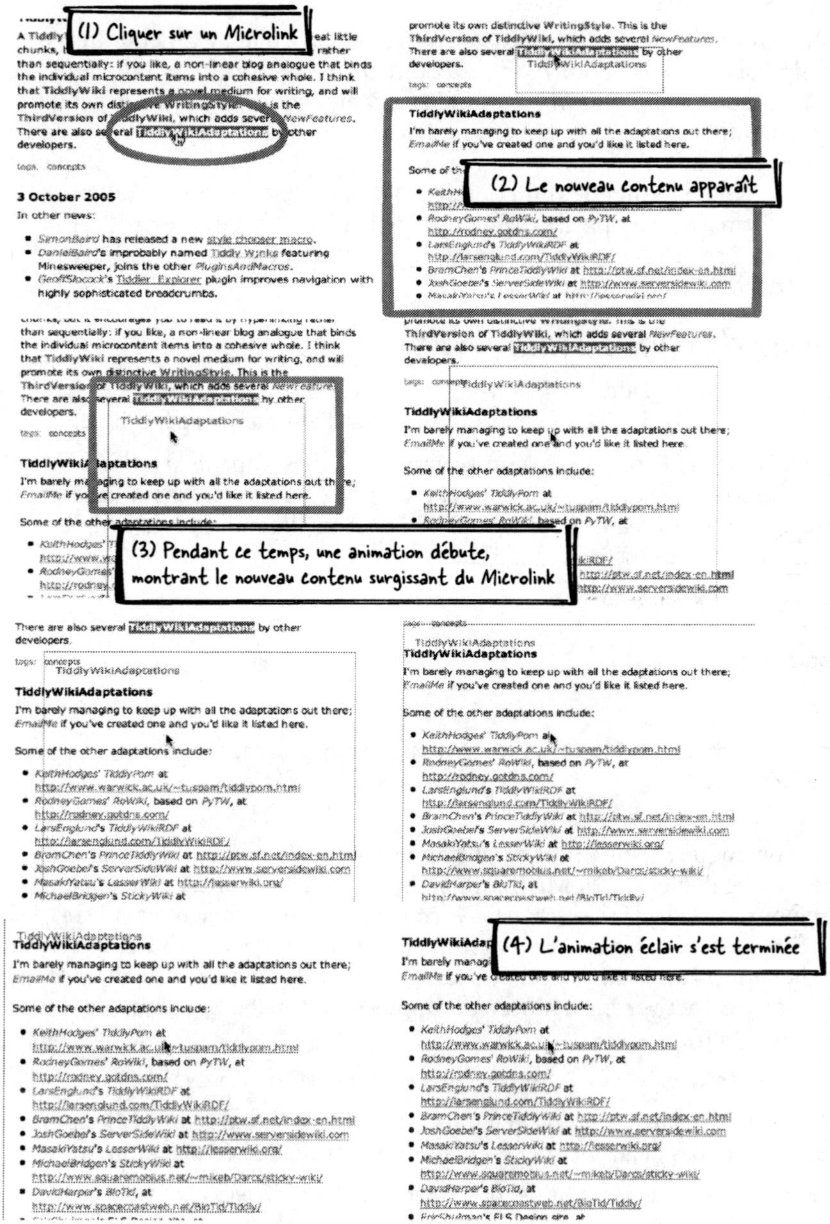

Figure 16-5. Séquence de la mutation/mouvement de TiddlyWiki

Bibliothèque Scriptaculous

Comme cela a déjà été mentionné ci-dessus, Scriptaculous est une bibliothèque JavaScript généraliste. Sa démonstration d'effets visuels (*http://script.aculo.us/visual-effects*) fournit plusieurs des effets de mutation décrits ici.

DHTML Lemmings

DHTML Lemmings est une mise en œuvre complète du jeu PC Lemmings qui utilise des manipulations DOM pour montrer comment les créatures lemming exécutent des activités typiquement Lemmings comme marcher, creuser et saisir un parapluie pour sauter du sommet d'une falaise. Comme les personnages se déplacent, leur apparence est animée grâce à l'utilisation de mutations rapides. Même si l'usage est quelque peu différent du type habituel de mutation, qui a tendance à se concentrer sur la mise en valeur d'informations en particulier, il est particulièrement intéressant car il implique des manipulations d'images au lieu de styles CSS. Pour plus d'informations, voir le code dans le pattern *Sprite* (chapitre 15).

Exemple de code : TiddlyWiki

Regardons comment TiddlyWiki utilise l'effet `Grow` que l'on a abordé précédemment. Nous verrons ainsi le fonctionnement du moteur d'animations générique.

TiddlyWiki délègue l'animation à un Animateur qui est capable d'animer en se basant sur une liste d'objets Stratégie (Gamma et al., 1995) ou `animations`. Chacun encapsule une stratégie pour une animation particulière. Actuellement, il y a simplement deux objets `animation` : un `Zoomer` et un `Slider`.

```
var anim = new Animator( );

function Animator( )
{
  ...
  this.animations = []; // Liste des animations en cours
  return this;
}
```

Lorsque l'on clique sur un *Microlink*, l'Animateur reçoit un objet de stratégie `Zoomer`. Il est injecté avec l'objet DOM Microlink à partir duquel le contenu va apparaître (`src`), un titre pour le *Malleable Content* sous forme de chaîne de caractères (`title`), l'élément de contenu dans lequel le contenu va finir sa course (`theTiddler`) ainsi qu'une information indiquant si l'animation doit être lente ou non (Je suppose c'est pour le débogage et vous pouvez l'activer en maintenant appuyée la touche Shift ou Alt lorsque vous cliquez sur le lien).

```
anim.startAnimating(new Zoomer(title,src,theTiddler,slowly));
```

`startAnimating( )` met la nouvelle animation dans la liste des animations en cours. Si elle ne s'exécute pas déjà, elle met en place une boucle dédiée aux animations :

```
Animator.prototype.startAnimating = function(animation)
{
  this.animations.push(animation);
  if(this.running++ == 0)
    {
    var me = this;
    this.timerID = window.setInterval(function( ) {me.doAnimate(me);},25);
    }
}
```

La boucle se déclenche toutes les 25 millisecondes. Elle appelle une fonction `tick( )` sur chacune des animations. En analysant la fonction `tick( )` de `Zoomer`, nous pouvons comprendre comment marche la *One-Second Mutation*. À la construction, `Zoomer` a déjà mis en place un ensemble de variables afin de supporter cette fonction ainsi que l'élément devant être affiché pendant la transition. Les variables conservent les informations relatives à la position des éléments de début et de fin. Puis, `tick( )` assure la tâche d'interpolation: « si l'élément débute au point A et finit au point B, quelle est son apparence à un instant t ? ». L'animateur fournit une valeur `f` comprise entre 0 et 1 permettant de définir à quel stade de l'animation l'objet se positionne, ce qui rend les choses plus faciles. Ainsi, si la valeur est 0.5, l'élément sera à mi-chemin entre la largeur originale et celle définitive (*figure 16-6*). Le même raisonnement s'applique pour la hauteur et la position:

```
this.element.style.left =
  this.startLeft + (this.targetLeft-this.startLeft) * f + "px";
this.element.style.top =
  this.startTop + (this.targetTop-this.startTop) * f + "px";
this.element.style.width =
  this.startWidth + (this.targetWidth-this.startWidth) * f + "px";
this.element.style.height =
  this.startHeight + (this.targetHeight-this.startHeight) * f + "px";
```

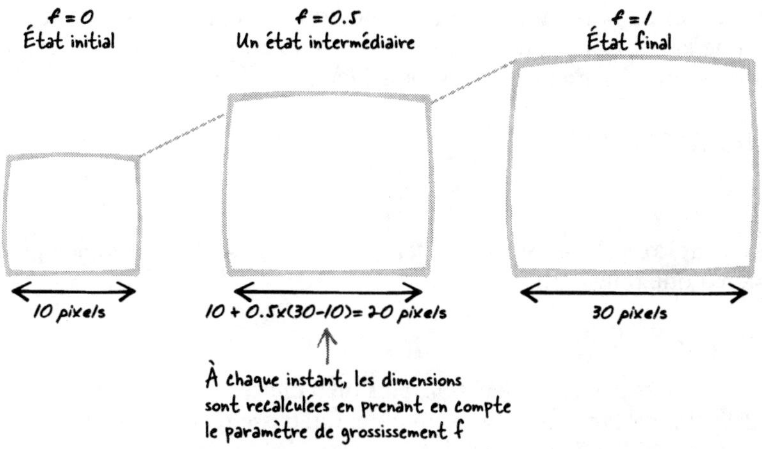

Figure 16-6. Facteur de grossissement

Un effet *One-Second Spotlight* est également utilisé dans ce cas. L'objet cible – l'endroit vers lequel l'objet bondit – apparaît graduellement en fondu par le biais de la propriété `opacity` (et `filter` pour la compatibilité). Enfin, la fenêtre est positionnée de façon à montrer l'objet cible:

```
this.targetElement.style.opacity = this.progress;
this.targetElement.style.filter = "alpha(opacity:" + this.progress * 100 + ")";
window.scrollTo(0,this.startScroll + (this.targetScroll-this.startScroll) * f);
```

Le but des mutations est généralement de fournir une transition agréable entre un état et un autre. Par conséquent, l'état définitif devrait être atteint en principe en exécutant simplement l'animation pendant une période correcte. Nous sommes d'accord sur le fait qu'il n'y a rien à faire de plus à la fin de la transition ? En fait, dans la pratique, des erreurs d'arrondi et des approximations font qu'il est de bon ton de positionner explicitement l'état final. Ainsi, `Zoomer` complète l'animation en s'assurant que l'opacité a précisément la valeur 1 (en fait, idéalement, la propriété `filter` devrait aussi être positionnée de la même façon pour obtenir une garantie supplémentaire contre les erreurs d'arrondi). La fonction efface aussi l'élément transitoire créé pour obtenir le bond de la source vers la cible :

```
Zoomer.prototype.stop = function( )
{
  this.element.parentNode.removeChild(this.element);
  this.targetElement.style.opacity = 1;
  window.scrollTo(0,this.targetScroll);
}
```

Alternatives

One-Second Spotlight et One-Second Mutation

Les patterns *One-Second Spotlight* (voir ci-dessus) et *One-Second Motion* (voir le prochain pattern) sont également utilisés pour attirer l'attention sur un élément significatif. One-Second Mutation est particulièrement adapté pour indiquer certains types de changement, comme la création ou la suppression d'un objet. A contrario, il n'est pas le plus pertinent pour attirer l'attention de façon générale.

Patterns associés

Sprite

Les *Sprites* (chapitre 15) sont souvent changés dans une succession rapide pour donner l'impression d'une transition agréable.

Métaphore

De nombreux effets possèdent leurs propres métaphores – c'est la raison pour laquelle on les utilise ! `Slide Out` ressemble à un objet qui glisse physiquement vers l'extérieur, `Grow` à l'air d'un objet qui grossit et ainsi de suite.

Remerciements

Nombre d'effets abordés dans la solution précédente sont basés sur une analyse de la mise en œuvre de Scriptaculous (*http://script.aculo.us*). Le code de TiddlyWiki, de Jeremy Ruston, fut aussi très instructif. Qui plus est, il m'a aidé à en clarifier une partie.

One-Second Motion (mouvement éclair)

◉○○

Copie, Déplacement, Recopie, Saut, Mouvement, Réarrangement, Transfert

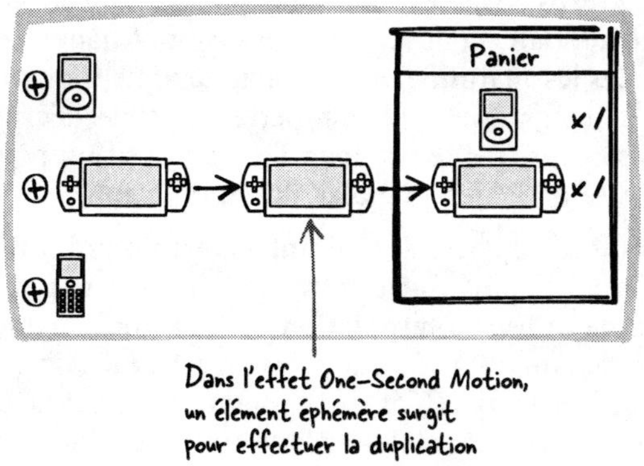

Figure 16-7. One-Second Motion

Anecdote

Paul ajoute un nouvel ordre de bourse mensuel. Les ordres existants sont affichés de façon habituelle – sous la forme d'un tableau, avec une ligne par ordre, les lignes étant triées par coût. Une fois le nouveau formulaire pour cet ordre vérifié, il se transforme en une ligne du tableau, et vient lentement s'ajouter en bas du tableau. Puis, il atteint sa place logique dans le tableau, trié par montant, avec un petit effet d'oscillation.

Problème

Comment communiquer le changement de place d'un élément ?

Contraintes

- L'emplacement d'un élément est important, puisqu'il peut fournir des informations au sujet de sa proéminence et de son rapport aux autres éléments.
- Un élément a quelquefois besoin de bouger d'une place à une autre.
- De la même façon, un nouvel élément a parfois besoin d'être créé et puis d'être déplacé depuis l'endroit de sa création vers un autre emplacement.
- Lorsqu'un élément change de place, l'utilisateur a souvent besoin de le savoir.

Solution

Déplacez un élément d'un emplacement à un autre de façon incrémentale, ou deplacez le temporairement afin de communiquer qu'un événement s'est produit. Dans la plupart des cas, le mouvement de l'élément implique un changement permanent de sa place. Mais il peut aussi être utilisé pour montrer un déplacement temporaire ou signaler quelque chose par un effet de vibration.

Il y a plusieurs avantages à montrer le mouvement explicitement :

- Le mouvement ainsi que le temps de la transition associé permettront vraisemblablement à l'utilisateur de remarquer que quelque chose s'est passé.
- Le mouvement mettra en valeur l'endroit où l'élément sera déplacé (il ne sera pas perdu dans la page).
- Le mouvement sera ressenti comme plus naturel qu'un changement abrupt.

L'effet combine les patterns *Page Rearrangement* (chapitre 5) et *Scheduling* (chapitre 7). Une boucle s'exécute pendant la durée de progression. Chaque transition se produira peut-être une fois toutes les 50 millisecondes. Chaque transition impliquera vraisemblablement un changement graduel des paramètres de style décrivant la position, qui seront en principe les propriétés `top` et `left`. Le style position peut être défini comme `absolute` ou `relative`, selon le design global de l'application.

Lorsqu'un élément doit se déplacer d'un point A vers un point B, il est logique que la trajectoire soit le chemin le plus court entre A et B, comme pour le vol d'un oiseau. Dans ce cas, l'algorithme utilise l'interpolation – par exemple, à un quart du temps total de l'effet, l'élément sera à un quart du chemin entre A et B. Ainsi, s'il s'agit d'un déplacement de gauche à droite, le style `left` de l'élément sera (0.25*x(A) + 0.75*x(B)) où x() représente les coordonnées horizontales de la source et la destination.

Cela suppose une interpolation linéaire. Vous pouvez également expérimenter d'autres algorithmes, par exemple, vous pouvez vouloir accélérer le mouvement de l'élément au fur et à mesure de sa progression, ce qui constitue souvent un pattern plus réaliste.

Vous ne coderez certainement pas ces effets à la main, car des bibliothèques comme Scriptaculous (abordée dans le paragraphe « Cas concrets ») sont vraiment flexibles et en principe faciles à incorporer dans des scripts classiques.

Décisions

Quels événements vont déclencher un effet mouvement ?

Le pattern *One-Second Motion* n'est pas (encore) un grand classique, mais il existe plusieurs applications candidates. Tout d'abord, un mouvement permanent peut montrer :

- Un changement simple d'un endroit à un autre.
- Un élément engendré par un autre et qui saute alors vers un nouvel emplacement.
- Un élément qui est introduit dans un espace. Au lieu de seulement faire apparaître l'élément, ou qu'il s'affiche avec un fondu, nous pourrions le faire arriver d'un point de départ logique. Par exemple, un nouveau point de données dans un graphique pourrait « voler » depuis le coin jusqu'à sa place définitive.

Un mouvement temporaire a ses propres applications :

Attention-grabbing (captage de l'attention)

Pour capter l'attention de façon générale, le mouvement est le plus efficace – chez les êtres humains la détection du mouvement est innée car c'est un moyen de survie. Nous avons tous vu assez de bannières publicitaires pour le savoir. Les vibrations rapides et les mouvements indirects et rapides, comme tracer dix fois le même carré par seconde, sont des cas extrêmes. Évidemment, ils sont rarement justifiés et nous pouvons utiliser des approches souvent plus subtiles pour obtenir le même effet (tout en étant plus agréable).

Aesthetic effect (effet esthétique)

Les gens attendent des objets qu'ils se déplacent de certaines façons qui sont dictées par leurs expériences du monde physique mais aussi qui proviennent de conventions issues du cinéma, des dessins animés et des jeux vidéo. Par exemple, quand un petit objet se heurte à un objet plus gros, nous nous attendons à ce que le petit objet soit projeté dans une autre direction et que le gros objet soit un petit peu secoué.

Gesture (gestuelle)

Certaines formes de mouvement se basent sur l'anthropomorphisme – doter l'élément de caractéristiques humaines – ce que les utilisateurs sont étonnamment enclins à faire (« Aujourd'hui, l'ordinateur ne m'aime pas ! »). Dans la démonstration Scriptaculous (abordé dans l'exemple de code de ce pattern), le formulaire de recherche (*http://script.aculo.us/visual-effects*) est secoué à gauche et à droite lorsqu'une erreur de validation se produit, de façon similaire au hochement de tête d'une personne. Un autre effet permettant de représenter le désir serait de montrer un élément « atteindre » temporairement une certaine direction puis revenir à sa place. Il pourrait être utilisé comme une allusion à l'utilisateur débutant ayant besoin de déplacer l'élément dans cette direction.

Comme les mouvements peuvent distraire, vous limiterez vraisemblablement leur usage aux situations suivantes :

- Lorsque l'événement est d'une importance suffisante pour que l'utilisateur soit susceptible d'apprécier que son attention soit détournée.
- Lorsque l'utilisateur est a priori déjà concentré sur le mouvement. Dans ce cas, le mouvement n'est pas utilisé pour attirer l'attention, mais plutôt pour communiquer ce qui arrive à l'élément.
- Lorsque la visualisation et le mouvement sont des points centraux au style de l'application ; par exemple, si l'application montre le mouvement d'une voiture toutes les secondes, il serait probablement intéressant d'animer le mouvement entre les deux points.

Réfléchissez bien sur l'utilisation des mouvements. La sagesse est de considérer que le mouvement est une transition plus naturelle car il est basé sur le monde physique. Mais que penser de l'importante quantité de personnes qui a grandi avec les ordinateurs et qui est peut-être parfaitement à l'aise avec des changements soudains uniquement possibles dans le royaume numérique ? Ainsi, peut-être que tout le monde n'appréciera pas les effets de mouvement.

Que fait l'élément une fois la destination atteinte ?

Dans chaque exemple que j'ai vu, l'élément s'arrête soudainement à sa destination. Cependant, il peut paraître plus naturel qu'il y ait un effet de propagation du mouvement lorsque l'élément vient se coller à un autre.

Cas concrets

Bibliothèque Scriptaculous

Comme cela a déjà été mentionné ci-dessus, Scriptaculous est une bibliothèque JavaScript généraliste. Sa démonstration d'effets visuels (*http://script.aculo.us/visual-effects*) aborde les effets de mouvement.

TiddlyWiki

Comme nous l'avons vu précédemment, un clic sur un *Microlink* de TiddlyWiki (chapitre 15 ; voir *http://tiddlywiki.com*) amène tout le contenu à surgir du lien et se mettre en place dans le nouvel emplacement.

Portail Backbase

La démonstration du portail Backbase (*http://projects.backbase.com/RUI/portal.html*) contient une page remplie de portlets (chapitre 15), arrangées en trois colonnes, chacune ayant son propre menu. Le menu contient toutes les portlets de la page et le fait d'en choisir une provoque son déplacement au sommet de la colonne. Le pattern *One-Second Motion* permet d'animer le mouvement de la Portlet, laissant ainsi aux utilisateurs le loisir de vérifier que le portlet en question a glissé d'un autre endroit vers le sommet.

DHTML Lemmings

Comme nous l'avons détaillé dans le pattern *Sprite* (chapitre 15), le DHTML des Lemmings montre le mouvement de créatures Lemming à travers l'espace du jeu. Chaque Lemming est représenté par un élément DOM.

MS-Windows

Windows de Microsoft utilise une forme de *One-Second Motion*. Quand une fenêtre est minimisée, la fenêtre entière semble bondir vers le bas vers son point d'ancrage dans la barre des tâches, comme lorsqu'un grand objet est emballé dans un petit paquet. Le processus inverse se produit lors de l'activation de la fenêtre. Ce n'est pas une application Ajax, mais elle est significative car son raisonnement est fréquemment cité pour le genre d'animation que ce pattern détaille.

Exemple de code : Effets Scriptaculous

Le mouvement fait partie des effets qu'offre la bibliothèque Scriptaculous (*http://script.aculo.us/visual-effects*). L'examen de sa mise en œuvre nous donne l'occasion de regarder le moteur Scriptaculous dans son ensemble. Ce moteur fournit également les effets *One-Second Spotlight* et *One-Second Motion*.[2]

Le composant du moteur générique contrôle le flux en déléguant de façon continue à un objet particulier chargé de l'effet, afin d'obtenir une animation incrémentale. Voici un exemple du pattern Strategy(Gamma et al., 1995). La séquence d'initialisation remet à zéro le compteur d'étapes, calcule le temps total de l'effet et démarre la boucle :

```
start: function(options) {
  ...
  this.currentFrame = 0;
  this.startOn = new Date().getTime( );
  this.finishOn = this.startOn + (this.options.duration*1000);
  ...
  if(!this.options.sync) this.loop( );
}
```

2. Notez que le code de ce moteur est un peu différent de la plupart des applications JavaScript car il utilise Prototype (*http://prototype.conio.net/*) afin d'avoir un style de code plus orienté objet.

La boucle est active jusqu'au temps de fin prévu. Arrivée à ce stade l'animation fait du nettoyage et se termine. Ici, le plus important est le calcul de pos qui détermine à quelle distance se positionne l'animation. Le calcul revient essentiellement à `timeSoFar/timeRemaining`. Ainsi, au quart du chemin de l'animation, la valeur sera 0,25. Ensuite, un calcul a lieu pour supporter l'option `fps` qui laisse l'appelant de l'animation positionner le nombre maximal d'étapes par seconde pour cette animation. Si une animation est effectivement demandée, la fonction `render( )` du moteur est appelée :

```
loop: function( ) {
  var timePos = new Date().getTime( );
  if(timePos >= this.finishOn) {
    this.render(1.0);
    ...
    return;
  }
  var pos = (timePos - this.startOn) / (this.finishOn - this.startOn);
  frame = Math.round(pos * this.options.fps * this.options.duration);
  if(frame > this.currentFrame) {
    this.render(pos);
    this.currentFrame = frame;
  }
  this.timeout = setTimeout(this.loop.bind(this), 10);
},
```

Le principal but de `render( )` est de déléguer à la stratégie de l'effet, l'exécution de la mise à jour. La stratégie recevra une valeur comprise entre 0 et 1 qui lui indiquera à quelle distance est l'animation.

L'effet `MoveBy` prend un élément DOM et suit ses positions de début et de fin. L'appel à la fonction `makePositioned( )`affecte `relative` au style de l'élément. Comme le positionnement est relatif, nous construisons un effet `MoveBy` avec des arguments relatifs. Pour déplacer un objet de 5 unités vers la droite et de 10 vers le bas, nous passerons les paramètres 5 et 10. L'effet incrémentera `left` de 5 et `top` de 10 :

```
initialize: function(element, toTop, toLeft) {
  this.originalTop = parseFloat(this.element.style.top || '0');
  this.originalLeft = parseFloat(this.element.style.left || '0');
  this.toTop = toTop;
  this.toLeft = toLeft;
  Element.makePositioned(this.element);
  ...
}
```

Souvenez-vous que le moteur d'effets délègue à `update( )` le comportement spécifique de l'effet en passant le ratio de progression compris entre 0 et 1. Dans le cas de `MoveBy`, l'algorithme exécute le calcul d'interpolation nécessaire pour obtenir la distance à laquelle l'objet doit se trouver (`topd` et `leftd`). Une fois ce calcul accompli, tout ce qui reste à faire est de mettre à jour le style de l'élément DOM :

```
update: function(position) {
  topd = this.toTop * position + this.originalTop;
  leftd = this.toLeft * position + this.originalLeft;
  this.setPosition(topd, leftd);
```

```
  },
  setPosition: function(topd, leftd) {
    this.element.style.top = topd + "px";
    this.element.style.left = leftd + "px";
  }
```

L'effet MoveBy en lui-même est utile pour obtenir le déplacement d'un objet d'un point A vers un point B. Mais nous pouvons nous baser dessus pour créer des effets comme les mouvements. L'un d'eux, inclus dans Scriptaculous, est Shake( ), qui fait osciller l'élément de gauche à droite plusieurs fois. Une fois le framework en place, l'effet se définit facilement par une succession d'appels à MoveBy :

```
  Effect.Shake = function(element) {
    return new Effect.MoveBy(element, 0, 20,
      { duration: 0.05, afterFinish: function(effect) {
    new Effect.MoveBy(effect.element, 0, -40,
      { duration: 0.1, afterFinish: function(effect) {
    new Effect.MoveBy(effect.element, 0, 40,
      { duration: 0.1, afterFinish: function(effect) {
    ...
  }
```

Alternatives

One-Second Spotlight et One-Second Motion

Les patterns *One-Second Spotlight* et *One-Second Mutation* (voir ci-dessus) sont également utilisés pour attirer l'attention sur un événement important. Le pattern *One-Second Motion* est adapté pour indiquer que l'état d'un objet a changé dans le cas où il existe une certaine correspondance géométrique avec l'état de chaque objet. Quand il est utilisé comme un effet de déplacement temporaire, *One-Second Motion* est parfois une alternative à ces autres patterns.

Patterns associés

Sprite

Un *Sprite* (chapitre 15) utilise souvent des mouvements semblables à *One-Second Motion* et peut faire usage des mêmes calculs d'interpolation.

Guesstimate

Dans certains cas, le mouvement est une forme de *Guesstimate* (chapitre 13). Lorsqu'un objet bouge en fonction d'information sur son état, l'effet du mouvement est effectivement une évaluation de ce qui se passe entre les positions.

Métaphore

En attendant que la technologie de téléportation inonde les marchés, chaque mouvement visible dans le monde physique est une illustration de ce pattern.

Highlight (surbrillance)

◉◉◉

Mise à jour automatique, Synchrone, Synchronisation, Temps Réel

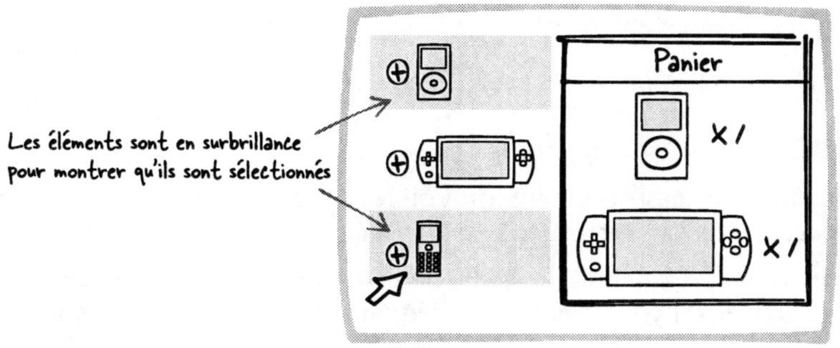

Figure 16-8. Métaphore

Anecdote

Charlotte remarque que quelques commentaires indésirables sont apparus sur un vieux billet du blog. Lorsqu'elle clique sur les commentaires, ils sont successivement surlignés – le fond passe de la couleur blanche à la couleur jaune. Comme elle est déjà connectée, elle peut cliquer sur le bouton adéquat qui efface les spams et les envoie au diable.

Problème

Comment faire ressortir des éléments ?

Contraintes

- Une application Ajax permet d'afficher beaucoup d'informations à la fois – souvent des informations avec des états différents.
- Habituellement, il existe un élément sur lequel l'utilisateur travaille et est prompt à activer.
- De plus, l'utilisateur a souvent besoin de grouper plusieurs éléments ensemble pour exécuter une fonction commune. Ces éléments doivent ressortir de la masse.

Solution

Surlignez les éléments en les affichant dans un format consistant qui attire l'attention. Ce pattern a été appliqué aux sites web dynamiques avant l'arrivée d'Ajax, mais il est particulièrement important dans le contexte d'affichage et d'interactions riches.

Ici, la consistance est primordiale. Lorsque les éléments sont sélectionnés, ils devraient garder la même apparence. Les classes CSS `selected` et `deselected` sont une façon simple d'y parvenir. En changeant dynamiquement la propriété `className` de l'élément, nous pouvons facilement le surligner ou non.

Highlight est utile pour :

- Pour montrer quel élément de texte à saisir en particulier est actif.
- Pour montrer quels éléments sont sélectionnés.

- Lorsque l'utilisateur déplace le pointeur de souris en dehors de l'élément, il permet de montrer les limites de l'élément et d'indiquer qu'une action aura lieu si on clique dessus.
- Pour indiquer qu'un élément est particulièrement important.
- Pour indiquer qu'un élément subit un changement.
- Pour inviter l'utilisateur à exécuter une action sur l'élément.

Décisions

Quel apparence aura Highlight ?

Nous souhaitons que la surbrillance soit visible sans être génante. Voici quelques directives pour décider de l'aspect visuel à lui donner :

- Modérer la surbrillance si elle peut occuper une grande partie de la page. Cela pourrait arriver s'il y avait plusieurs éléments mis en valeur ou si chaque élément était relativement grand.
- Les utilisateurs ont souvent besoin de lire et d'éditer des éléments mis en valeur, donc il faut s'assurer que l'affichage est utilisable que l'élément soit en surbrillance ou non.
- Évitez les techniques de *Highlight* qui déplacent d'autres éléments sur la page. Par exemple, augmenter la taille de la police de caractères peut augmenter les dimensions de l'élément et, par voie de conséquence, décaler d'autres éléments. Idéalement, *Highlight* devrait être un effet que l'on positionne ou non, en affectant seulement l'élément en question.

Comment Highlight va apparaître et disparaître ?

Le plus évident est de rendre binaire l'état de *Highlight* – un élément est mis en valeur ou ne l'est pas. Cependant, on peut considèrer l'utilisation d'effets visuels pour rendre la transition plus agréable et supporter la reconnaissance visuelle du pattern (voir l'exemple « *Teacher!* » qui suit).

Cas concrets

Gmail

Gmail présente une liste de messages de courrier électronique. Nous choisissons les messages en cliquant sur la case à cocher, ce qui implique le changement de la ligne entière dont le fond devient légèrement ocre. La coloration de plusieurs lignes permet de se concentrer sur les éléments sélectionnés. Par ailleurs, les cases à cocher fournissent également un indicateur.

A9

A9 présente les résultats d'une recherche dans différentes « Colonnes. » Il est possible de modifier les préférences pour demander d'ajouter plus de Colonnes. Si vous possédez un compte, vous êtes autorisés à choisir de multiples Colonnes à la fois. Chaque Colonne est affichée par un bloc horizontal dans la page des Préférences et lorsque vous cliquez sur le bouton « Add », le bloc est mis en surbrillance pour confirmer votre choix. L'interface utilise efficacement le pattern *Highlight*, mais ce serait encore plus utile si *tous* les éléments ajoutés restaient mis en valeur au lieu de ne voir que le plus récent.

Teacher!

Teacher! (*http://teacherly.com/*) affiche une classe d'étudiants sous forme d'un tableau et met en surbrillance la ligne sur laquelle la souris est positionnée. Dans ce cas, la nouveauté vient de l'effet de fondu (One-Second Spotlight) lors du déplacement du pointeur de la souris. Ce n'est pas une simple disparition de *Highlight*. Une demonstration reprend cet effet (*http://ajaxify.com/run/time/periodicRefresh/spotlightCustom/highlight/*).

Whitespace

Whitespace (*http://9rules.com/whitespace/*) met distinctement en valeur des liens dans le menu latéral lorsque la souris passe dessus. C'est une technique classique utilisée sur beaucoup de sites web et qui peut être accomplie en n'utilisant que du CSS, en modifiant la balise de l'ancre et ce sans JavaScript.

Exemple de code : Wiki d'AjaxPatterns

La démonstration du Wiki (*http://ajaxify.com/run/wiki*) utilise le pattern *Highlight* dans deux cas :

- Lorsque l'utilisateur passe le pointeur de la souris sur un message et clique dessus, le message est mis en valeur afin d'indiquer son statut courant (*figure 16-9*).
- Lorsque le message a changé et qu'il va être soumis, la couleur de fond change. Une fois soumis, la couleur redevient celle d'origine.

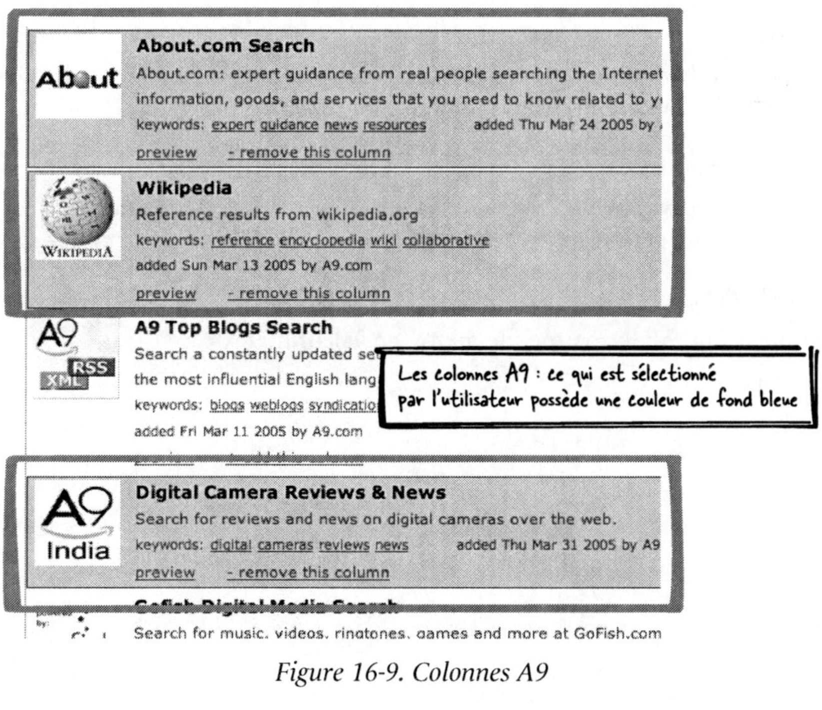

Figure 16-9. Colonnes A9

Le premier exemple est détaillé dans le pattern *Malleable Content* (chapitre 15), dans lequel j'explique la surbrillance bufferisée. Quand on clique en dehors de la zone du message, l'application contrôle si le texte a changé par rapport à la version d'origine et si c'est le cas le texte est mis en valeur et préparé pour le téléchargement sur le serveur :

```
function onMessageBlur(event) {
  ...
  var initialMessageContent = message.serverMessage.content;
  if (message.value != initialMessageContent) {
    pendingMessages[message.id] = true;
    message.style.backgroundColor = "#ffcc33";
  }
  startPeriodicSync( );
}
```

La synchronisation est lancée de nouveau. L'élément sera donc bientôt téléchargé. Si d'autres modifications commencent dans les prochaines secondes, le téléchargement sera placé en attente et la deuxième modification du message sera également affichée avec un effet *Highlight*. Donc à chaque instant, tous les messages mis en zone tampon sont mis en surbrillance. Lorsque les messages sont finalement téléchargés, ils reprennent leur couleur normale qui indique le statut de lecture-seule :

```
for (messageId in pendingMessages) {
  ...
  $(messageId).style.backgroundColor = "#cccccc";
}
```

Patterns associés

Status Area

Le pattern *Status Area* (chapitre 15) explique la raison pour laquelle il faut mettre un élément en surbrillance.

One-Second Spotlight

Le pattern *One-Second Spotlight* (voir ci-dessus) est souvent bien adapté pour entrer ou sortir d'une longue période de surbrillance.

Métaphore

Un marqueur fluorescent permet de mettre en valeur du texte.

17

Fonctionnalités

Ce chapitre contient plusieurs patterns de haut niveau offrant de nouvelles fonctionnalités autres que la modification de l'interface utilisateur. Des barrières techniques ont empêché ces fonctionnalités d'être largement utilisées sur le Web, mais les technologies Ajax aident à les briser.

Le pattern *Lazy Registration* se penche sur le problème de la gestion du cycle de vie du profil utilisateur. Il prend le contre-pied de l'assertion binaire « vous êtes enregistré ou vous ne l'êtes pas ». Lazy Registration plaide en faveur d'une accumulation graduelle des données utilisateur et des références d'authentification. *Direct Login*, un pattern connexe, explique comment l'utilisateur peut se connecter de façon sécurisée sans pour autant subir un rafraîchissement de page. Il incorpore un chiffrement au niveau du navigateur, un thème qui est au cœur du pattern suivant, *Host-Proof Hosting*. Celui-ci est destiné à chiffrer et déchiffrer les données dans le navigateur afin qu'elles ne puissent pas être inspectées par l'organisation qui les héberge.

Les deux patterns suivants couvrent le champ du monitorage de l'activité de l'utilisateur. *Timeout* utilise la gestion des événements et des notions de tâches programmées (scheduling) afin de déterminer l'inactivité de l'utilisateur. Le pattern *Heartbeat* présente des similitudes, mais il introduit le serveur dans l'équation : le navigateur continue à envoyer un message heartbeat pour informer le serveur que l'utilisateur est encore actif et que l'application est toujours présente dans le navigateur.

Enfin, les *URL Uniques* réintroduisent certaines fonctionnalités qu'Ajax a tendance à laisser de côté. Les URL pouvant être placées dans des favoris et l'historique du navigateur ont toujours été des points délicats dans le contexte Web. Ajax exacerbe le problème lorsque les développeurs choisissent de ne pas utiliser les rafraîchissements de page. Le pattern *Unique URLs* identifie une palette d'astuces pour gérer l'ajout d'un signet, les liens profonds, la gestion du bouton Précédent et les problèmes qui y sont associés.

Lazy Registration (enregistrement paresseux)

◉◉○

Compte, Authentification, Personnalisation, Incrémental, Compte utilisateur, Mot de passe, Profil, Enregistrement, Utilisateur, Vérification

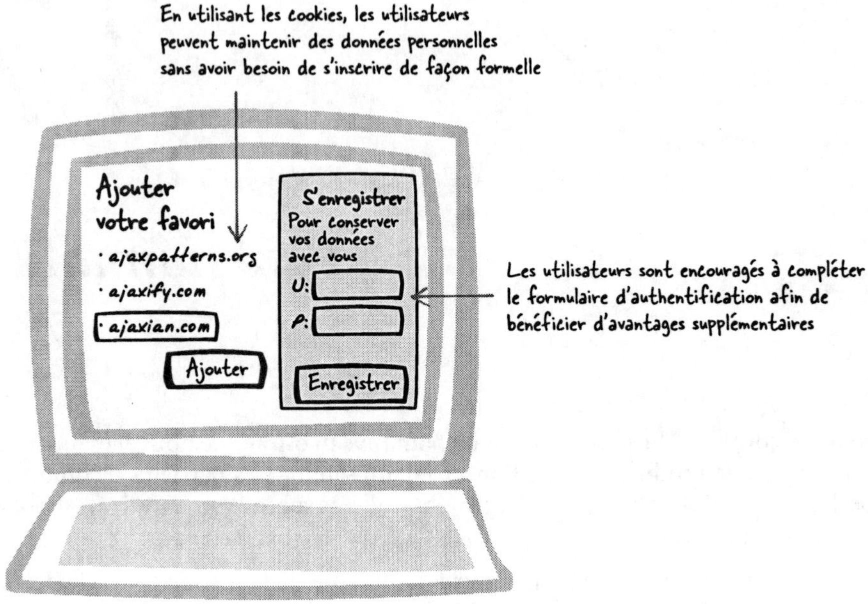

Figure 17-1. Lazy Registration

Anecdote

Nous sommes samedi après-midi et Thomas est très occupé à l'organisation des activités de sa soirée. Il visite un site web contenant des groupes musicaux et il clique sur une carte pour aller rapidement dans sa région. Bien qu'il n'ait jamais visité le site auparavant, un profil, qu'il peut apercevoir au sommet du site, est déjà créé. À ce stade, le profil devine son emplacement en se basant sur ses actions. Comme il consulte des groupes de jazz, le profil commence à afficher une préférence croissante pour ce type de groupes. Par ailleurs, quelques annonces publicitaires ciblées s'affichent. Comme le thème du jazz n'est qu'une idée passagère, il va dans son profil et configure quelques préférences liées au genre musical et laisse la localisation géographique vide puisque l'estimation du système était correcte. Finalement, il décide de faire une réservation. Il saisit alors un mot de passe pour les futurs accès à ce même profil qui inclut désormais son adresse.

Problème

Comment l'utilisateur peut personnaliser le site tout en différant son enregistrement en bonne et due forme ?

Contraintes

- Les sites web publics se développent à l'aide des utilisateurs enregistrés. Ces utilisateurs reçoivent du contenu personnalisé, ce qui signifie que le site web est capable de délivrer une plus grande valeur ajoutée par utilisateur. Par ailleurs, les utilisateurs enregistrés peuvent recevoir une publicité plus ciblée.

- Pour les sites web qui ne sont pas publics, comme les extranets utilisés par des clients externes, l'enregistrement peut être une nécessité.
- La plupart des utilisateurs n'aiment pas donner des informations personnelles à un serveur web. Ils se préoccupent de leur vie privée et de la sécurité de l'information. En outre, le processus d'enregistrement est souvent consommateur de temps.
- Beaucoup d'utilisateurs passent du temps à se familiariser avec un site avant de s'enregistrer. Dans certains cas, un utilisateur peut interagir avec un site pendant des années avant de créer concrètement un compte. Beaucoup d'informations ayant de la valeur peuvent être issues de cette interaction. Le bénéfice sera autant pour le propriétaire du site web que pour l'utilisateur.

Solution

Accumulez des informations sur l'utilisateur pendant ses interactions en différant l'enregistrement réel. Dès que l'utilisateur visite le site web, un compte utilisateur avec un ID autogénéré lui est créé immédiatement et il est sauvegardé dans un cookie qui restera au niveau du navigateur. Peu importe s'il ne revient jamais, les ID inutilisés peuvent être effacés après quelques mois.

Lorsque l'utilisateur interagit avec l'application, le compte accumule les données. Dans beaucoup de cas, les données sont fournies explicitement par l'utilisateur et il est recommandé d'afficher ce genre d'informations afin que l'utilisateur puisse les remplir réellement. Dans cette optique, le profil initial peut être vu comme une structure avec beaucoup de trous. Certains trous sont finalement remplis automatiquement et d'autres le sont par l'utilisateur lui-même. Il est aussi libre de les corriger à sa guise (*figure 17-2*).

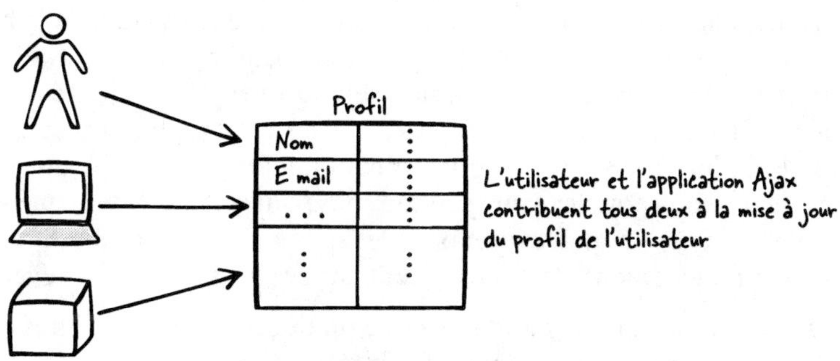

Figure 17-2. Profil utilisateur

Deux « trous » particulièrement importants concernent l'identifiant unique de l'utilisateur et son mot de passe. C'est cette combinaison d'attributs qui permet à l'utilisateur d'accéder à son profil depuis une autre machine ou depuis un navigateur différent. Ils préservent aussi le profil de la suppression des cookies par le navigateur de l'utilisateur. Ainsi, alors que ce modèle sert généralement à accumuler de façon progressive des données pour le profil, ils restent une étape significative dans la relation utilisateur / application – le moment de l'établissement de l'ID de l'utilisateur et de son mot de passe.

L'ID de l'utilisateur et son mot de passe doivent-ils être fournis simultanément ? Non. Même cette étape peut être incrémentale à partir du moment où l'adresse de courrier électronique est utilisée comme identifiant unique. En fait, c'est assez courant aujourd'hui. Habituellement, l'email est demandé de toute façon et il est unique, alors pourquoi ne pas en faire l'identifiant de l'utilisateur ? Dans le contexte de la *Lazy Registration* (enregistrement paresseux), il y a un avantage supplémentaire, puisque l'email peut être capté dans le cours naturel des événements – par exemple, le site peut ajouter l'utilisateur à une liste d'annonces. Dans certains cas, l'email peut même être vérifié pendant ce processus.

Les plus sceptiques peuvent se demander pourquoi un utilisateur voudrait travailler avec son profil. La réponse a été formulée dans la définition d'un pattern relatif à la convivialité du Web intitulé « La carotte et le bâton » (*http://jerry.cs.uiuc.edu/~plop/plop99/proceedings/Kane/perzel_kane.pdf*) :

> Déterminez ce que les utilisateurs considèrent être des carottes « précieuses ». Offrez alors une partie de cette carotte à l'utilisateur avant de lui demander des informations personnelles. Le contenu est caché (« le bâton ») jusqu'à ce que l'information demandée soit fournie.

Ainsi, les utilisateurs entreront des informations que s'ils perçoivent un avantage. De nombreuses preuves attestent ce bon fonctionnement – le phénomène du bookmarking social où des milliers d'utilisateurs rendent publics leurs liens personnels en est un témoin. En exposant leurs profils, nombre de ces utilisateurs espèrent que le système leur indiquera des ressources apparentées dont ils n'ont encore jamais entendues parler.

Certains sites web ont utilisé ces patterns pendant des années, quel est donc le rapport avec Ajax ? La *Lazy Registration* a une approche plus souple dans laquelle la barrière est basse pour chaque nouvelle contribution de l'utilisateur. Par exemple, vous vous inscrivez sur une liste de diffusion sur un site web, votre email est ajouté automatiquement à votre profil et montré sur le côté de la page. Avec Ajax, plus besoin de perturber la navigation. Plus de « allez faire un tour pendant quelques minutes puis revenez et si vous êtes chanceux, vous pourrez voir quelque chose qui ressemble à ce que vous voyez maintenant. » C'est une grande victoire pour les sites web qui ont l'intention de briser la barrière de l'enregistrement et c'est un grand pas pour les utilisateurs également.

Collecter des données sur les utilisateurs est une pratique classique des sites web. Le but de ce pattern est de leur permettre d'y parvenir. Au lieu de développer secrètement un corpus de données sur un utilisateur, vous l'invitez à ajouter de la valeur à sa propre expérience en contribuant et en maintenant ses données lui-même.[1]

Plusieurs technologies sont impliquées dans le pattern Lazy Registration :

Base de données

Vous avez clairement besoin de données persistantes pour stocker les profils des utilisateurs.

1. Attention Trust (*http://www.attentiontrust.org/about*) est une organisation qui promeut cette idée.

`XMLHttpRequest`

Passer les informations du profil en long et en large avec des appels *XMLHttpRequest* est la clé pour un mode d'interaction souple que vous cherchez à atteindre avec ce pattern.

Manipulation de cookie et suivi de session

Un cookie, associé à votre domaine et identifiant une session unique, doit résider dans le navigateur de l'utilisateur. L'ID de session peut servir de clé côté serveur pour localiser les détails d'un utilisateur chaque fois qu'il accède au site web. Dans les applications traditionnelles, le cookie est poussé depuis le navigateur vers le serveur dans un en-tête de la réponse. C'est suffisant pour une Lazy Registration lorsque l'utilisateur accède la première fois au système. Cependant, il peut être plus commode d'utiliser une approche plus orientée Ajax. Deux approches sont possibles. La première consiste à manipuler le cookie en JavaScript (*http://www.netspade.com/articles/javascript/cookies.xml*). La seconde revient à positionner le cookie en utilisant la réponse depuis un *appel XMLHttpRequest* que tous les navigateurs sont apparemment heureux de traiter de la même façon que les cookies lors des rechargements classiques de page. En pratique, vous ne serez probablement pas confrontés aux cookies. La plupart des environnements modernes contiennent des frameworks de gestion de session qui s'occupent de la manipulation de bas niveau des cookies (voir aussi *Direct Login*). Ils utilisent généralement soit la réécriture d'URL soit la manipulation de cookie, dont vous avez besoin pour faire fonctionner ce pattern de la manière la plus efficace. Comme les réponses `XMLHttpRequest` positionnent les cookies de la même façon que les rechargements de page entière, vous devriez être capable de changer les données de la session lors du traitement des appels XMLHttpRequest.

Décisions

Quels types de données seront contenues dans le profil ?

Les aspects liés à la convivialité et aux fonctionnalités influeront sur les décisions à prendre sur la nature des données à accumuler. En envisageant la façon dont les utilisateurs interagiront avec le site web, vous pouvez décider le type de données nécessaires. Par exemple :

- Vous souhaitez fournir des annonces localisées ? Vous aurez alors besoin de savoir où vit l'utilisateur.
- Vous voulez utiliser un filtrage collaboratif ? Vous aurez besoin de connaître les préférences de l'utilisateur.

De plus, il faut garder à l'esprit que certains utilisateurs, comme des employés travaillant sur un site intranet, utilisent des applications Ajax toute la journée. Pour cette raison, le profil peut aussi contenir des préférences semblables à celles des applications conventionnelles installées sur l'ordinateur. Beaucoup d'options seront spécifiques à une application, mais voici quelques exemples d'options génériques :

- Permettre ou non les effets visuels, comme le *One-Second Spotlight* (chapitre 16).

- Paramétrer des notions plus fondamentales (voir ci-dessus dans ce chapitre), c'est-à-dire fixer le délai de temporisation et le comportement du système lorsque l'utilisateur se connecte.
- Paramétrer l'affichage de la *Status Area* (chapitre 15).

L'apparition du pattern Lazy Registration pose le problème de l'effacement des données. Que faire si un utilisateur visite une seule fois le site et ne revient jamais ? Vous ne voudrez probablement pas conserver ses données à jamais. Vous aurez alors probablement un script quotidien chargé d'effacer (ou d'archiver) les enregistrements des utilisateurs qui ne se sont pas connectés dernièrement, depuis trois mois par exemple.

Comment accumuler des données dans le profil ?

Vous savez probablement quelles sont les données dont vous avez besoin, mais les utilisateurs voudront-ils vous les donner ? Nous revenons à la discussion de la carotte et du bâton : vous devez fournir un service aux utilisateurs qui le rendra suffisamment intéressant à leurs yeux pour qu'ils vous cèdent leurs données. De plus, vous aurez besoin de communiquer les avantages et vous devez être capable de leur assurer que les données seront sûres et en sécurité.

La façon la moins imaginative de récolter les données de l'utilisateur est de le payer pour, ou, de façon plus sournoise, de payer d'autres personnes dans ce but. Envoyer un T-shirt en échange de données était suffisant pendant le boom des point-com, mais vous pouvez désormais certainement faire mieux. Offrez à l'utilisateur un service dont il a vraiment besoin. Par exemple :

- Si vous voulez que l'utilisateur vous fournisse son email, offrez-lui l'envoi de notifications par ce biais.
- Si vous voulez que l'utilisateur fournisse un ID et un mot de passe, aidez-le à en comprendre les avantages : il peut se connecter de n'importe où, ses données survivront à une défaillance de son disque dur.
- Si vous voulez que l'utilisateur fournisse son adresse postale, fournissez-lui des fonctionnalités de recherche dans sa localité.
- Si vous voulez que l'utilisateur estime votre produit, fournissez-lui des recommandations qui se basent sur ses estimations.

Quelle somme d'informations doit être stockée dans les cookies ?

La taille des informations stockées dans les cookies dépend de votre approche générale vis-à-vis de la mise en œuvre d'Ajax : l'application est-elle centrée sur le navigateur ou sur le serveur ? Le premier choix serait de conserver autant de données que possible au niveau local dans le navigateur afin d'optimiser les performances, tout en exécutant une application JavaScript à part entière avec un peu de synchronisation avec le serveur. La seconde approche serait de ne compter que sur les données détenues côté serveur, avec un navigateur qui accède aux données supplémentaires à la demande en se basant sur l'utilisation d'*appels XMLHttpRequest*.

Il faut considérer la sécurité des cookies. Si les utilisateurs accèdent à l'application depuis un PC en libre service, il y a des risques d'accès non autorisés. Dans ce cas, il est particulièrement recommandé de ne pas entreposer d'informations sensibles dans le navigateur et d'offrir la possibilité d'effacer les cookies à la fin de la session (par exemple, appellons cette option « ordinateur en libre service »).

Cas concrets

Memeflow

Le site MeMeFlow, créé par Steve Lacey (*http://memeflow.com*) est un portail contenant des *Portlets* RSS. Son utilisation du pattern Lazy Registration est caractéristique de nombreux autres portails (*figure 17-3*). Vous pouvez construire immédiatement une collection contenant vos fils favoris et lorsque vous fournissez plus tard votre nom d'utilisateur et votre mot de passe, tous ces fils sont conservés.

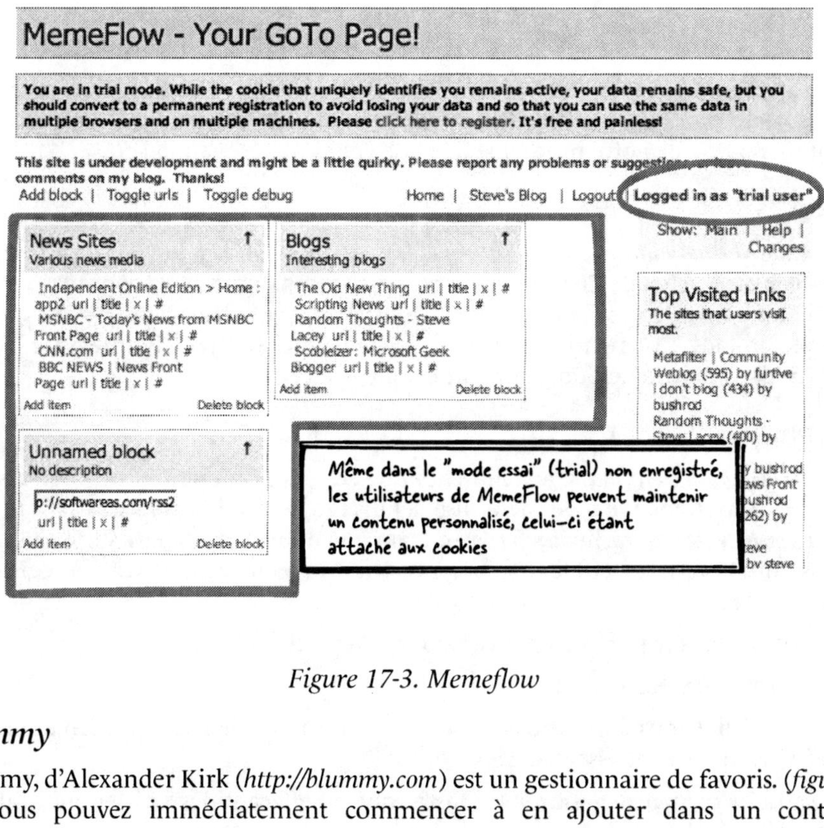

Figure 17-3. Memeflow

Blummy

Blummy, d'Alexander Kirk (*http://blummy.com*) est un gestionnaire de favoris. (*figure 17-4*). Vous pouvez immédiatement commencer à en ajouter dans un conteneur « *Blummy* » personnel (l'URL est unique). Lorsque vous vous enregistrez, vous obtenez une URL avec votre propre nom. Cependant l'ancienne URL reste valide, vous pouvez ainsi garder le signet que vous avez créé avant de vous enregistrer.

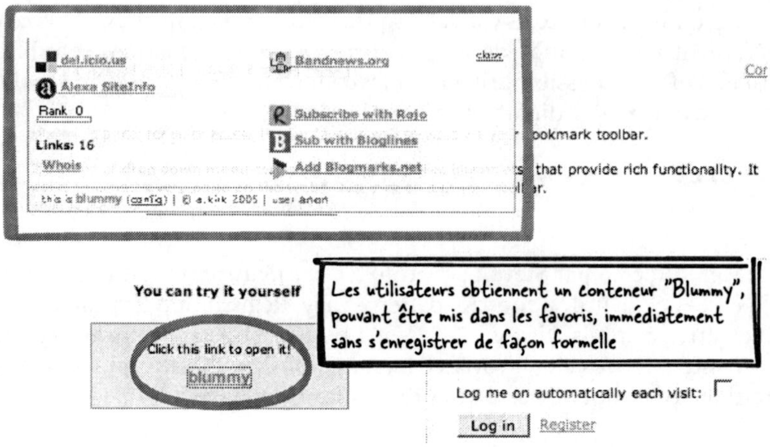

Figure 17-4. Blummy

Kayak

Kayak (*http://kayak.com*) est un moteur de recherche de voyages qui conserve vos requêtes. Un historique est disponible pour les utilisateurs non enregistrés et celui-ci devient une partie de votre profil une fois que vous vous êtes enregistré.

Palmsphere

Palmsphere (*http://palmsphere.com/store/home*) propose des applications pour Palm à télécharger et à acheter. Chaque élément possède un bouton « Favorite » – s'il est coché, il fait partie de vos favoris. La liste des favoris est résumée dans la zone qui vous est dédiée en tant que membre, même si vous ne vous êtes jamais enregistré. Elle est conservée dans un cookie pour votre prochaine visite.

Amazon.com

Amazon (*http://amazon.com*) n'a commencé que très récemment à incorporer des fonctionnalités Ajax. Cependant, le site utilise depuis longtemps la Lazy Registration. Faites un tour sur Amazon (*http://amazon.com*) en tant que nouvel utilisateur, surfez juste quelques instants. Vous pourrez alors observer ce qui suit, bien avant de vous enregistrer ou de vous connecter :

- Un panier dans lequel vous pouvez ajouter des articles.
- Les articles vus récemment.
- Une page que vous faites vous-même – qui montre les articles vus dernièrement et les favoris qui y sont associés.
- La capacité de mettre à jour votre historique en effaçant des articles que vous avez regardés.
- La capacité de désactiver votre page personnalisée.
- La capacité de rechercher la liste publique des éléments qu'un ami souhaiterait posséder.

Exemple de code : La démonstration de la boutique d'AjaxPatterns

La démonstration de la boutique Ajax (*http://ajaxify.com/shop*) illustre le type d'interface utilisateur décrit dans ce pattern (*figure 17-5*).

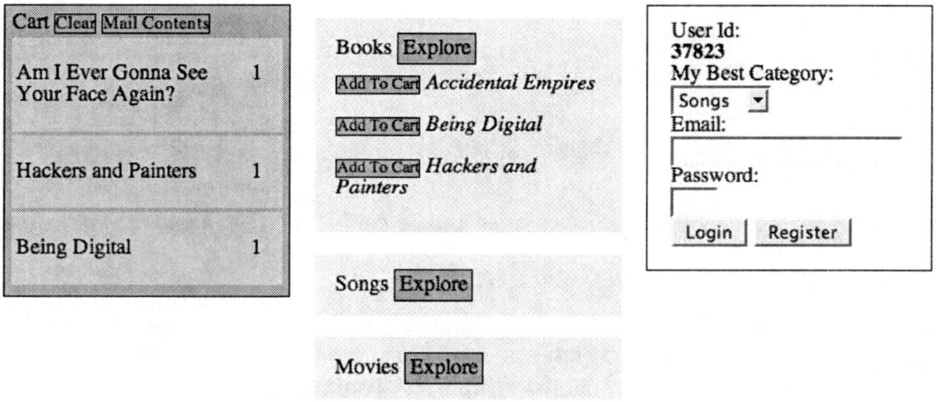

Figure 17-5. Démonstration de la boutique Ajax

Lorsque vous exécutez la démonstration, vous observez plusieurs choses :

- Vous pouvez ajouter immédiatement des articles à votre panier.
- L'application déduit votre catégorie favorite en observant ce que vous regardez. Si vous préférez, vous pouvez modifier cette estimation et l'application s'y conformera.
- En vous offrant la capacité d'envoyer le contenu du panier à votre adresse d'email, l'application vous fournit une motivation pour l'ajouter au profil sans pour autant vous enregistrer formellement.
- Le processus de vérification du mot de passe et de l'email est lui-même non intrusif – la navigation principale du site n'est pas interrompue. Même pendant que vous attendez le courrier de vérification, vous pouvez continuer à jouer avec le contenu principal. La *figure 17-6* montre l'application lorsque l'utilisateur a saisi une adresse de courrier électronique et un mot de passe.

Pour rester simple, il n'utilise pas réellement de stockage persistant des données ; toute l'information est contenue dans la session. Il n'est évidemment pas recommandé d'agir ainsi pour un système réel, car nous ne voulons pas y entreposer des mots de passe et d'autres données sensibles. Cela signifie également que l'utilisateur, en théorie, pourrait contourner la vérification de l'email en regardant le contenu du cookie. Néanmoins, l'application aborde la Lazy Registration du point de vue de l'utilisateur et le code sous-jacent fournit une illustration de ce que demande le développement d'une telle application. Voici quelques-unes des fonctionnalités et la façon d'y parvenir.

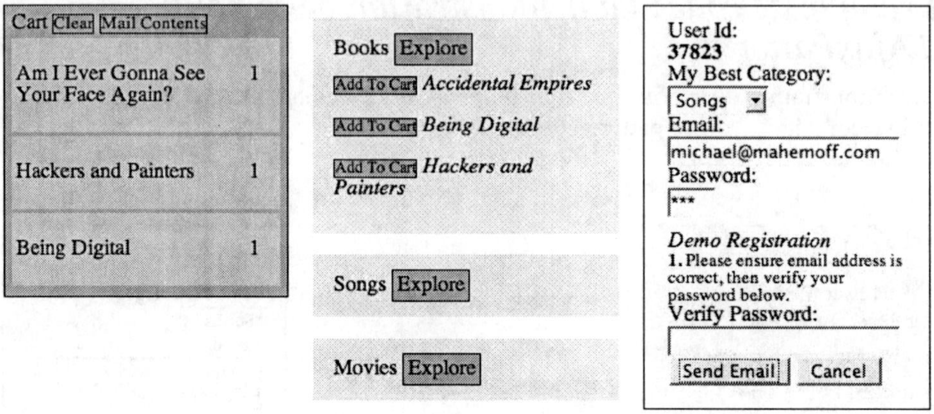

Figure 17-6. Démonstration de la boutique Ajax une fois l'email et le mot de passe saisis

Récupération de catégories et d'articles

L'application maintient le contexte en évitant tout rechargement de page lorsque l'on accède aux catégories et aux articles. Aucune information au sujet des catégories ou des articles n'est codée en dur ; des services REST génériques sont utilisés pour extraire les données et les afficher localement avec JavaScript.

Gestion du panier

Encore une fois, la seule véritable pertinence de cette gestion de panier consiste à éviter tout rechargement de la page. Le contenu du panier est conservé dans la session, donc il devrait être présent lorsque l'utilisateur revient utiliser le site web. Lorsque l'utilisateur ajoute quelque chose au panier, le panier JavaScript n'est pas changé directement. Au lieu de cela, le nouvel article est envoyé au serveur via XML :

```
function onAddItemClicked(item) {
  var vars = {
    command: 'add',
    item: item
  }
  ajaxCaller.postForXML("cart.phtml", vars, onCartResponse);
}
```

Et également lorsque le panier est vidé :

```
function onCartClearClicked( ) {
  var vars = {
    command: 'clear'
  }
  ajaxCaller.postForXML("cart.phtml", vars, onCartResponse);
}
```

Pour les deux opérations, le serveur retrouve le panier dans la session et change son état :

```
$cart = $_SESSION['cart'];
if (isset($_POST["command"]) && $_POST["command"]=="add") {
  $item = $_POST["item"];
```

```
    $cart->add($item);
  } else if (isset($_POST["command"]) && $_POST["command"]=="clear") {
    $cart->clear( );
  }
```

Puis, le serveur fournit l'état final dans une réponse XML :

```
header("Content-type: text/xml");
echo "<cart>";
$contents = $cart->getContents( );
foreach (array_keys($contents) as $itemName) {
  echo "<item>";
  echo "<name>$itemName</name>";
  echo "<amount>".$contents[$itemName]."</amount>";
  echo "</item>";
}
echo "</cart>";
```

Dans le navigateur, onCartResponse est enregistré pour afficher le panier en se basant sur le XML résultant.

Envoi par email du contenu du panier

Le bloc du profil contient, en plus d'autres champs, l'email de l'utilisateur. Il y a aussi un champ email cliquable sur le panier :

```
<div>
  <div class="userLabel">Email:</div>
  <input type="text" id="email" name="email" />
</div>
...
<span id="cartMail">Mail Contents</span>
....
$("cartMail").onclick = onCartMailClicked;
```

Lorsque l'utilisateur clique sur cartMail, le serveur vérifie que l'email a été rempli et il télécharge simplement un message POST pour faire partir le mail. Dans ce cas, il n'y a aucun retour pour l'utilisateur et par conséquent aucune fonction n'est passée en argument :

```
vars = {
  command: "mailCart",
  email: email
}
ajaxCaller.postForPlainText("cart.phtml", vars, function( ) {});
```

Le serveur ne reçoit pas que la commande, l'adresse de courrier électronique lui est également fournie, même si cette information n'est pas encore dans le profil de l'utilisateur. Juste avant d'envoyer le courrier, le serveur retient l'adresse comme faisant partie de la session de l'utilisateur :[2]

```
function mailCart( ) {
  ...
```

2. Une fois de plus, il s'agit d'une simplification, car retenir l'adresse ne serait pas nécessaire – ni même souhaitable – si l'utilisateur était déjà connecté.

```
  $email = $_POST["email"];
  // Ajout du mail au profil - cela fait partie de la Lazy Registration
  $_SESSION['email'] = $email;
  ...
}
```

Puis, il suffit de construire côté serveur un message à partir de l'état du panier et de l'envoyer par mail à l'adresse spécifiée par le biais des bibliothèques standard côté serveur.

Suivre les catégories préférées

Il y a un sélecteur fixe « favoriteCategory » (catégories favorites) dans le HTML. Au départ, Il est vide, puis il se remplit lorsque les catégories sont chargées :

```
<div id="favoriteCategoryInfo">
  My Best Category: <select id="favoriteCategory"></select>
</div>
function onAllCategoriesResponse(xml, ignoredHeaders, ignoredContext) {
  ...
  categoryExplores[category] = 0;
  favoriteCategoryOption = document.createElement("option");
  ...
}
```

Il existe aussi une variable pour indiquer si la sélection de la catégorie favorite doit être automatisée. On commence dans le mode automatisé :

```
var isFavoriteCategoryAutomated = true;
```

Si nous sommes dans le mode automatisé, le script surveille l'exploration des éléments de l'utilisateur. Chaque catégorie est conservée en fonction du nombre de visualisations de l'élément. Le sélecteur est modifié si un nouveau maximum est atteint :

```
var categoryExplores = new Array( );
...

function onExploreClicked(category) {
  ...
  if (isFavoriteCategoryAutomated) {
    categoryExplores[category]++;
    favoriteCategory = $("favoriteCategory").value;
    favoriteCategoryExplores = categoryExplores[favoriteCategory];
    if (categoryExplores[category] > favoriteCategoryExplores) {
      $("favoriteCategory").value = category;
    }
  }
}
```

Si l'utilisateur décide de changer le comportement du pattern *Guesstimate* en modifiant manuellement les préférences, l'option manuelle perdurera :

```
$("favoriteCategory").onclick = function( ) {
  isFavoriteCategoryAutomated = false;
}
```

Pour plus de simplicité, ce champ n'est pas conservé réellement au niveau du serveur, mais il pourrait être facilement ajouté au profil de l'utilisateur.

Vérifier les mot de passe et email

Maintenant voici la partie la plus importante. L'utilisateur est finalement disposé à vérifier son mot de passe et son email. Cela pourrait être potentiellement réparti en deux activités de vérification séparées, mais comme elles constituent ensemble une étape de l'enregistrement, elles sont regroupées dans la démonstration.

L'astuce consiste à gérer le processus avec une petite logique de transition d'états. L'enregistrement est décomposé en quelques états avec des transitions. Chaque état demande de manipuler les événements de façon légèrement différente. Chaque transition implique de changer un peu l'interface utilisateur afin de refléter ce que l'utilisateur peut faire.

`registerState` maintient l'état courant :

```
/*
  "start": Lorsque la page est chargée
  "mustSendMail": Lorsque les champs instruction et vérification
       du mot de passe sont affichés
  "mustVerifySecretNumber": Lorsque l'email a été envoyé et
       que l'utilisateur doit entrer le nombre secret contenu dans le mail
  "verified": Lorsque l'utilisateur s'est connecté avec succès
*/
var registerState = "start";
```

Le HTML pour cette démonstration contient tous les champs et les boutons nécessaires. Leur visibilité est dépendante de l'état courant. Par exemple, le cas suivant montre les champs du mot de passe et de sa vérification. Le champ du mot de passe est toujours affiché jusqu'à ce que l'utilisateur soit à l'étape « verified », alors que le champ « vérification du mot de passe » n'est montré qu'une fois le processus d'enregistrement initié par l'utilisateur :

```
<div id="passwordInfo">
  <div class="userLabel">Password:</div>
  <input type="password" id="password" name="password"/>
</div>

<div id="verifyPasswordInfo">
  <div id="regHeader">Demo Registration</div>
  <div class="regInstructions">
    <strong>1.</strong> Please ensure email address is correct and
    password is <strong>not</strong> confidential, then verify your
    password below.
  </div>
  <div class="userLabel">Verify Password:</div>
  <input id="verifyPassword" type="password" name="verifyPassword" />
</div>
```

Les trois boutons sont déclarés et, une fois de plus, leur visibilité changera selon l'état courant :

```
<input type="button" id="login" value="Login"></button>
<input type="button" id="register" value="Register"></button>
<input type="button" id="cancel" value="Cancel"></button>
```

Le plus important ici est le bouton Register qui pilote le processus à travers chaque état. Le bouton Cancel positionne l'état à celui de départ, ce qui implique le retour à l'affichage initial. Le bouton Login n'est là qu'à dessein de démonstration. Le bouton Register est présent jusqu'à ce que l'utilisateur soit vérifié et son libellé change à chaque étape du processus d'enregistrement. Son gestionnaire d'événements reste le même partout ; c'est lui qui décide que faire en se basant sur l'état courant :

```
function onRegisterClicked( ) {
  if (registerState=="start") {
    registerState = "mustSendMail";
  } else if (registerState=="mustSendMail") {
    var submissionOK = sendMail( );
    if (submissionOK) {
      registerState = "mustVerifySecretNumber";
    } else {
      return;
    }
  } else if (registerState=="mustVerifySecretNumber") {
    verifySecretNumber( );
  }
  onRegistrationStateChanged( );
}
```

La fonction `onRegistrationStateChanged( )` n'existe que pour montrer ou cacher les champs et pour changer le libellé du bouton selon l'état courant :

```
function onRegistrationStateChanged( ) {
  if (registerState=="start") {
    $("userForm").reset( );
    $("login").style.display = "inline";
    $("verifyPasswordInfo").style.display = "none";
    $("secretNumberInfo").style.display = "none";
    $("verifiedInfo").style.display="none";
    $("cancel").style.display = "none";
    $("register").value="Register";
  } else if (registerState=="mustSendMail") {
    ...
  } else if (registerState=="mustVerifySecretNumber") {
    ...
  } else if (registerState=="verified") {
    ...
}
```

Patterns associés

Direct Login

Direct Login (voir le pattern suivant) est un pattern complémentaire à partir du moment où certains comportements dynamiques peuvent permettre de se connecter et de s'enregistrer via le même formulaire.

Live Form

Maintenir les détails du profil dans un *Live Form* (chapitre 14) peut être utile, afin que l'utilisateur puisse en ajouter facilement et que le serveur puisse synchroniser son état et fournir des possibilités complémentaires d'amélioration du profil.

Timeout

Lorsque les données sont détenues dans des cookies, il est important de les faire expirer s'il y a un risque que d'autres personnes puissent accéder au navigateur. *Timeout* (voir ci-après) aide le serveur à décider si le client est toujours actif. Dans le cas contraire, il peut être sage de s'assurer que toutes les données sensibles sont supprimées des cookies contenus dans le navigateur.

Guesstimate

Le pattern Lazy Registration peut parfois impliquer une déduction d'informations au sujet du profil de l'utilisateur en observant son comportement. Il embrasse ainsi les mêmes principes nébuleux que *Guesstimate* (chapitre 13), où une estimation est reconnue pour être imprécise mais meilleure qu'aucune estimation du tout.

Métaphore

Un bon vendeur fonctionne de la même façon. Pendant qu'il fait des suppositions en se basant sur le comportement d'un prospect, il écoute toujours ; ses suppositions sont constamment mises en question. (Malcolm Gladwell a décrit ce modèle de vendeurs à succès dans le livre *Blink* [Little, Brown, 2005]).

Pour aller plus loin

- Lignes directrices régissant la protection de la vie privée de l'OCDE (*http://www.oecd.org/document/18/0,2340,fr_2649_201185_1815225_1_1_1_1,00.html*)
- Personnalisation versus Fabrication à façon (*http://www.clickz.com/experts/archives/mkt/precis_mkt/article.php/814811*)

Remerciements

L'idée de traiter la Lazy Registration à la sauce Ajax fut proposée au départ par Chris Were (dit « Tahpot ») (*http://tahpot.blogspot.com/2005/06/lazy-registration-with-ajax.html*).

Direct Login (ouverture de session directe)

◉◉○

Access, Account, Authentication, Login

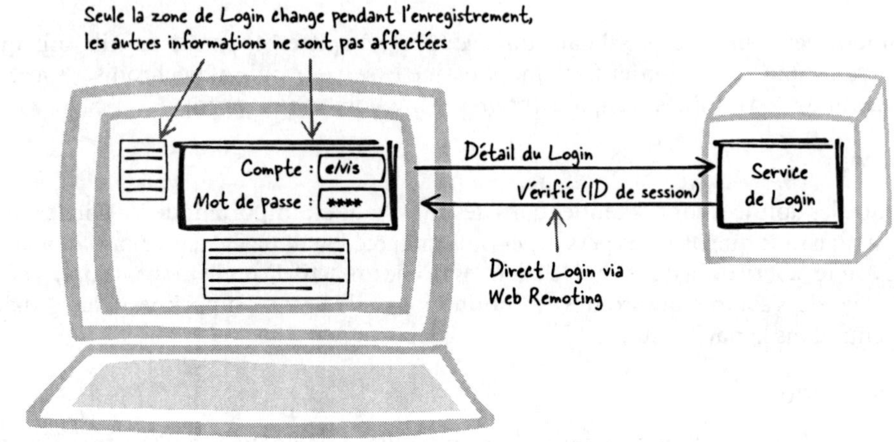

Figure 17-7. Direct Login

Anecdote

Lorsque Théo se connecte pour passer un examen en ligne, il est face à un formulaire classique demandant le nom d'utilisateur et le mot de passe. Il saisit ces informations, mais quelques secondes plus tard, le formulaire devient rouge et lui montre un message d'erreur. Il déverrouille la touche Caps Lock, puis entre de nouveau ses informations. Cette fois-ci, elles sont acceptées. Le formulaire se transforme afin d'afficher son nom et son compte et un nouveau menu apparaît.

Problème

Comment les utilisateurs peuvent-ils présenter leurs références (credentials) au serveur ?

Contraintes

- L'ouverture de session est un mal nécessaire – elle devrait être aussi transparente que possible.
- Les utilisateurs de passage ne se donneront pas la peine d'ouvrir une session si ce processus interrompt leur navigation.
- L'ouverture de session demande au navigateur d'interagir avec le serveur afin de valider le nom d'utilisateur et son mot de passe.
- Le mot de passe ne devrait pas transiter sous forme de texte en clair, il pourrait être intercepté pendant son trajet vers le serveur.

Solution

Authentifiez l'utilisateur avec un appel XMLHttpRequest au lieu d'une soumission de formulaire, en utilisant une fonction de hachage dans le navigateur pour améliorer la sécurité. L'essence de ce pattern est une transformation classique d'une approche basée sur la soumission de formulaire vers un nouveau style d'interaction à la mode Ajax (chapitre 6). Dans ce pattern, j'aborderai également une technique très utile, et pourtant optionnelle, qui implique un hachage basé sur JavaScript spécifique au processus d'ouverture de session.

L'authentification conventionnelle exige habituellement que le nom de l'utilisateur et son mot de passe soient téléchargés de façon identique dans un formulaire standard. Le serveur convertit classiquement le mot de passe en une valeur de hachage (ou « validateur ») et le contrôle avec une autre valeur de hachage stockée dans la base de données. S'il y a égalité, l'utilisateur est connecté.

Il y a deux problèmes avec cette approche. Premièrement, l'envoi de la page peut engendrer une distraction. Cela ne prend pas forcement longtemps, mais habituellement l'utilisateur se trouvera dans un contexte différent qui le découragera à se connecter. L'enchaînement des pages qui s'ensuit lorsqu'un mot de passe doit être retrouvé (par exemple, lorsque l'on doit fournir son nom de jeune fille, la date du dernier achat au Monoprix et le petit nom de son canari) est encore plus gênant, surtout dans cette époque de conscience vis-à-vis de la sécurité. L'autre problème concerne la sécurité de la transmission ; si le mot de passe est téléchargé comme du texte simple, il y a un risque d'interception.

Le pattern *Direct Login* résout le rafraîchissement de la page et aussi, optionnellement, le problème de la transmission. Dans l'approche la plus simple, vous pouvez mettre en œuvre le *Direct Login* en envoyant simplement le nom de l'utilisateur et son mot de passe, sous forme de textes bruts au service de la validation qui utilise un `POST XMLHttpRequest`. Le serveur se comporte alors de la même façon qu'un serveur conventionnel : il vérifie si le mot de passe fonctionne en utilisant une fonction de hachage et se prépare pour la gestion de la session. `XMLHttpRequest` utilise les cookies comme pour tout formulaire. Cela permet à la session d'être établie de la même façon qu'une soumission classique de formulaire. La seule différence est le contenu de la réponse : au lieu d'afficher en retour une nouvelle page HTML, le serveur produit un accusé de réception XML ou texte comme tout contenu personnalisé.

Passer les références avec `XMLHttpRequest` améliorera la convivialité, mais tant que le mot de passe est transféré dans du texte brut, il y a encore une menace de sécurité. Assurer la transaction entière en utilisant HTTPS est toujours la meilleure solution, puisque cela sécurise généralement la transaction du point de vue des interceptions. Cependant, de nombreux sites web ne fournissent pas cette facilité. Heureusement, un compromis existe. La technique est orthogonale à l'approche au Direct Login. Vous pourriez ainsi l'appliquer à l'authentification conventionnelle basée sur la soumission. Mais comme elle fait un usage massif du traitement côté navigateur, elle se marie bien avec le Direct Login.

La subtilité est d'exécuter le hachage dans le navigateur. JavaScript est assez rapide pour transformer le mot de passe en une valeur de hachage (sans bien évidemment mentionner qu'il est capable de le faire) et il y a des bibliothèques disponibles pour mettre en œuvre des algorithmes classiques.

La façon naïve de faire du hachage est de simplement appliquer une fonction de hachage sur le mot de passe pour le faire correspondre à quelque chose dans la base de données. Mais n'importe quelle personne interceptant le message serait alors capable de faire une *attaque par retransmission* (*replay attack*) – elle pourrait se connecter en utilisant les mêmes informations. Nous avons donc besoin d'une approche plus sophistiquée, comme l'algorithme suivant de *double hachage*.

Avec un double hachage, le serveur produit une graine aléatoire instantanée (S). Le navigateur applique alors deux fois la fonction de hachage : d'abord, il fait le hachage du mot de passe (P), pour trouver une correspondance avec ce qui est entreposé dans la base de données (Ha ; Tentative de hachage). Mais au lieu de l'envoyer, le navigateur le combine avec autre une graine aléatoire pour former une nouvelle valeur (Da ; tentative de double hachage). Cette dernière est envoyée au serveur. Le serveur retrouve alors la valeur stockée (H) dans la base de données et la combine avec la graine originale (S) pour former une nouvelle valeur qui doit être égale à la valeur (Da) qui a été téléchargée. Cela fonctionne car, dans les deux cas, le mot de passe initial (P) est été passé à travers les mêmes fonctions de hachage. Au niveau du navigateur, la tentative de l'utilisateur est passée à travers une fonction du hachage fixe et le résultat est passé immédiatement à une nouvelle fonction du hachage avec une graine aléatoire. Dans le serveur, la base de données contient déjà le résultat du hachage du vrai mot de passe qui utilise la fonction du hachage fixe. Tant que le serveur utilise les mêmes graines et algorithme que le navigateur a utilisé pour le second hachage, les deux résultats devraient correspondre. Le serveur est aussi responsable de la suppression de la graine aléatoire. S'il ne le fait pas, une personne peut intercepter et se connecter plus tard en téléchargeant les mêmes données. Voici un résumé de l'algorithme :

1. L'utilisateur visite le site web
2. Le serveur affiche la page initiale.
   - Le serveur génère la graine aléatoire (S) et la conserve.
   - Le serveur affiche la page contenant le formulaire d'ouverture de session, avec la graine aléatoire embarquée quelque part dans la page (c'est-à-dire dans une variable JavaScript).
   - L'utilisateur saisit son nom d'utilisateur (U) et son mot de passe (P).
3. Le navigateur gère la soumission.
   - La navigateur applique la fonction de hachage sur le mot de passe (P) en utilisant une fonction de hachage permanente afin d'arriver à la valeur attendue (Ha), qui devrait être présente dans la base de données.
   - Le navigateur combine la valeur de la tentative avec la graine aléatoire (S) pour créer une valeur aléatoire de double hachage (Da).
   - Le navigateur télécharge sur le serveur le nom d'utilisateur (U), la valeur résultant du double hachage (Da) et la graine aléatoire (S).
4. Le server authentifie.
   - Vérifie que la graine aléatoire (S) est valide.
   - Le serveur extrait la valeur issue du hachage pour cet utilisateur (H) et la combine avec la graine aléatoire (S) afin d'obtenir la valeur instantanée issue du double hachage (D).
   - Le serveur compare les valeurs issues du double hachage (D et Da). S'il y a concordance, l'utilisateur se connecte (par exemple, il crée une nouvelle session et produit un code de réponse positif) et efface la graine aléatoire (S). En cas d'échec, soit il produit une nouvelle graine, soit il décrémente un compteur d'utilisation dans le graine existante.

Décisions

Quel algorithme de hachage utiliser ?

La fonction de hachage servira aussi bien dans le navigateur que sur le serveur, l'algorithme doit donc être portable. Il existe deux standard populaires : MD5 et SHA-1. Les deux possèdent des mises en œuvre en JavaScript et sont disponibles avec pratiquement tous les langages côté serveur que vous êtes susceptible d'utiliser.

Comment gérer la graine aléatoire ?

L'algorithme de double-hachage s'appuie sur la graine aléatoire, utilisée seulement une fois, et sur la garantie que l'utilisateur s'authentifie avec la graine fournie par le serveur. À cet égard, vous devez prendre certaines décisions :

Comment expire la graine ?

En théorie, la durée de vie de la graine ne devrait pas avoir d'importance puisqu'elle ne sera utilisée qu'une seule fois – il n'y a aucun risque que quelqu'un intercepte un téléchargement réussi et réutilise ces données pour s'authentifier. Cependant, vous voudrez probablement effacer périodiquement toutes les graines inutilisées, par exemple, une fois par jour. Par contre, le nombre de tentatives de la validation est plus important que la durée de vie – vous voulez peut-être autoriser seulement trois tentatives d'ouverture de session avec la même graine. Dans ce cas, un compteur doit être associé à la graine.

La graine est-elle téléchargée de nouveau sur le serveur ?

L'algorithme ci-dessus exige que la graine soit téléchargée, mais le serveur pourrait à la place suivre la session avec un ID de session unique et l'utiliser pour rechercher la graine la plus récente qui a été envoyée. Il est sans doute préférable de télécharger la graine dans la plupart des cas. La conversation reste ainsi le plus possible sans état. Une fois la graine déjà téléchargée sous format texte, un nouveau téléchargement sur le serveur ne constitue pas de menace significative.

Cas concrets

NetVibes

Le portail NetVibes (*http://netvibes.com*) gère le processus complet d'ouverture de session sans aucun rechargement de page.

Protopage

Le portail Protopage (*http://protopage.com*) affiche une fenêtre d'ouverture de session sans ouvrir de nouvelle page, cependant il vous envoie une nouvelle page une fois les références soumises.

Treehouse

Le magazine Treehouse affiche une colonne comportant un *Microlink* d'ouverture de session. Une fois cliqué, il s'étend pour former une zone d'ouverture de session, qui peut se transformer en une zone gérant l'enregistrement. Il est également capable de fonctionner en mode dégradé pour utiliser la soumission de formulaire standard si le JavaScript est désactivé.

Exemple de code : démonstration d'ouverture de session avec Ajax

L'ouverture de session de James Dam utilise Ajax et (*http://www.jamesdam.com/ajax_login/login.html*) présente un formulaire HTML des plus classiques (*figure 17-8*). La soumission est désactivée. Elle est prise en charge par des méthodes callback enregistrées sur un événement d'initialisation :

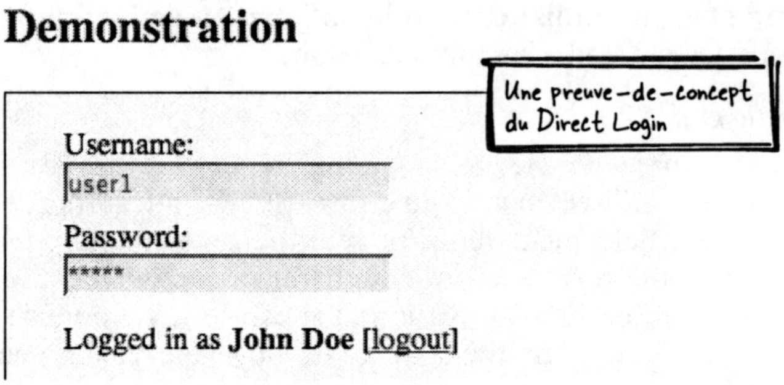

Figure 17-8. Démonstration du Direct Login

```
<form action="post" onsubmit="return false">
  <div id="login" class="login">
    <label for="username">Username: </label>
    <input name="username" id="username" size="20" type="text">
    <label for="password">Password: </label>
    <input name="password" id="password" size="20" type="password">
    <p id="message">Enter your username and password to log in.</p>
  </div>
  <label for="comments">Comments:</label>
  <textarea rows="6" cols="80" id="comments"></textarea>
</form>
```

Dès que l'utilisateur signale son intention de s'authentifier, ce qui est souligné par la prise du focus par un champ du formulaire, une graine aléatoire est récupérée du serveur si aucune n'est déjà présente. La réponse se compose de deux parties : un ID pour la graine et la graine elle-même, les deux sont alors sauvegardés dans des variables JavaScript. Par la suite, le serveur peut utiliser l'ID pour récupérer la graine qu'il a envoyée :

```
function getSeed( ) {
  ...
  if (!loggedIn && !hasSeed) {
    http.open('GET', LOGIN_PREFIX + 'task=getseed', true);
    http.onreadystatechange = handleHttpGetSeed;
    http.send(null);
  }
```

```
    ...
  }
  function handleHttpGetSeed( ) {
    ...
    if (http.readyState == NORMAL_STATE) {
      results = http.responseText.split('|');
      // id est le premier élément
      seed_id = results[0];
      // seed (la graine) est le second élément
      seed = results[1];
    }
    ...
  }
```

La graine est alors utilisée pour le hachage du mot de passe pour la soumission. Notez que hex_md5( ), l'opération de double-hachage, est utilisée deux fois.

```
  // méthode validateLogin : valider la requête d'ouverture de session
  function validateLogin( ) {
    ...
    // calcul du hash du mot de passe avec la graine
    hash = hex_md5(hex_md5(password) + seed);

      // ouverture de la connexion http
      http.open('GET',
        LOGIN_PREFIX +
       'task=checklogin&username='+username+'&id='+seed_id+'&hash= '+hash, true);
      ...
  }
```

Puis le serveur valide en localisant la graine qu'il a envoyée précédemment. Il vérifie que la valeur issue de la fonction de hachage est bien identique à la valeur aussi issue de la fonction de hachage appliquée à la graine. Il fait de même avec le mot de passe. Dans le cas positif, le serveur efface la graine pour assurer qu'elle n'est utilisée qu'une seule fois :

```
  sql = 'SELECT * FROM seeds WHERE id=' . (int)$_GET['id'];
  ...
  if (md5($user_row['password'] . $seed_row['seed']) == $_GET['hash']) {
    echo('true|' . $user_row['fullname'']);
    ...
    mysql_query('DELETE FROM s WHERE id=' . (int)$_GET['id']);
  }
```

Après la demande de validation, le navigateur reçoit une réponse et le formulaire se transforme pour montrer si l'ouverture de session a fonctionné.

Patterns associés

Lazy Registration

Le pattern *Lazy Registration* (voir ci-dessus) est conçu pour une première inscription mais aussi pour une ouverture de session différée. Il fait appel à Direct Login.

Host-Proof Hosting

Host-Proof Hosting (voir le pattern suivant), comme pour Direct Login, il utilise JavaScript pour exécuter des services de chiffrement.

Timeout

Utilisez un *Timeout* (voir plus loin) pour déconnecter les utilisateurs.

Remerciements

- L'idée de ce pattern vient de la démonstration de James Dam (*http://www.jamesdam.com/ajax_login/login.html*).
- Peter Curran de Close Consultants (*http://closeconsultants.com*) m'a fourni des remarques très intéressantes qui m'ont aidé à clarifier mon explication de l'algorithme.

Host-Proof Hosting (stockage sécurisé côté serveur)

○○○

ASP, Base de donnés, Clé, Sécurisé, Défiance

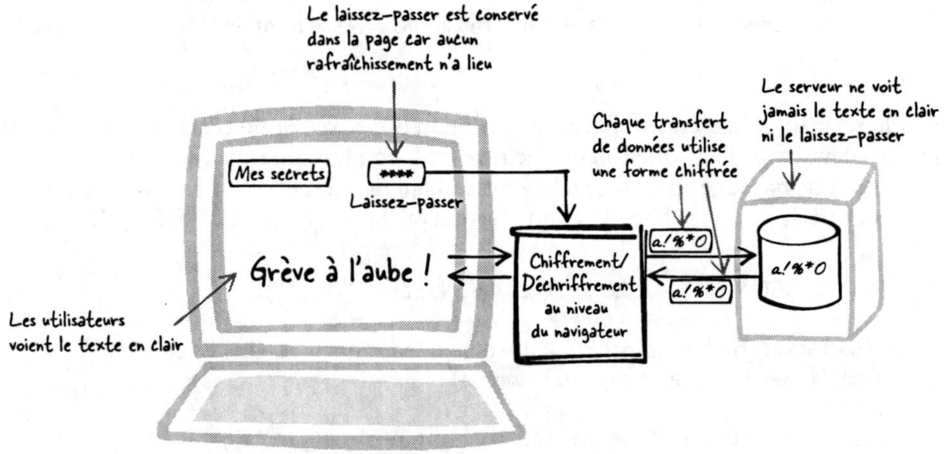

Figure 17-9. Host-Proof Hosting

Anecdote

Sophie est consternée d'apprendre qu'un méchant pirate a réussi à télécharger un morceau de la base de données de la société qui contient des détails personnels au sujet de tous les clients de son magasin. Heureusement, elle se rend également compte que le laissez-passer qu'elle a toujours saisi est réellement utilisé pour chiffrer toutes ces données. Le pirate ne sera donc pas capable de donner du sens à ce contenu.

Problème

Comment atténuer les effets d'un accès non autorisé aux données de votre application ?

Contraintes

- Les applications web exigent que certains formulaires de données persistantes gèrent des informations concernant les utilisateurs, l'état de leurs affaires, des événements passés et ainsi de suite.
- Les restrictions en matière de sécurité – dans l'utilisation des technologies standard du Web – interdisent aux utilisateurs le stockage d'applications web sur le disque dur de l'utilisateur. Même en considérant les *Richer Plugins* qui le permettent, de nombreux avantages, résultant de l'utilisation d'une application web résidant sur le serveur, sont alors perdus. Ainsi les données persistantes sont habituellement conservées côté serveur.
- Les cookies autorisent un stockage de données dans le navigateur, mais les données du cookie sont aussi transmises au point de vulnérabilité qu'est le serveur.
- Le stockage côté serveur est ouvert aux abus : les administrateurs, ainsi que toute personne capable d'acquérir ce statut, sont capables d'extraire des informations sensibles en lisant les données. Il peuvent aussi opérer des changements pernicieux en les altérant. Ces abus peuvent se produire au sein même d'un département informatique ou peuvent résulter de pratiques d'une société tierce à laquelle sont confiées les données.

Solution

Stockez les données sensibles dans un format codé afin que les clients ne puissent y accéder et les manipuler qu'en fournissant un laissez-passer qui n'est jamais transmis au serveur. Le serveur se limite à conserver et à restituer toutes données chiffrées que le navigateur lui envoie et ne voit jamais réellement les données sensibles dans sa forme originelle. Toutes les phases de chiffrement et de déchiffrement ont lieu à l'intérieur même du navigateur.

Très bien. Mais quel est le rapport avec Ajax ? Ajax intervient dans la conservation du laissez-passer. Vous pourriez utiliser le chiffrement à l'intérieur du navigateur avec une application conventionnelle, mais le laissez-passer devrait être saisi à chaque rechargement de page, puisqu'aucun état JavaScript ne survit à un rechargement. Avec des rafraîchissements de page ayant lieu chaque seconde, le laissez-passer devient tout à fait inutilisable. Cependant, l'utilisation d'Ajax, pour éviter que les pages ne soient rafraîchies, permet de garder l'état de la session dans le navigateur. Le laissez-passer n'a donc besoin d'être saisi qu'au départ. Une fois entré, il peut être conservé comme une chaîne de caractères JavaScript standard et disparaîtra du navigateur lorsque l'utilisateur le quittera ou visitera un autre site. Soudainement, le *Stockage Sécurisé Côté Serveur* devient utilisable.

Ne considérez pas pour autant ce pattern comme un nouveau protocole « Ajax-HTTPS ». La question soulève ici la façon dont les données sont réellement entreposées, non comment elles sont transmises. En théorie, les données n'ont pas besoin de voyager dans un canal sécurisé puisqu'elles le sont déjà. En pratique, une connexion sûre peut valoir la peine afin de réduire certaines vulnérabilités décrites plus tard dans ce chapitre.

Avant de vous ruer vers le dépôt de tous vos secrets professionnels sur le serveur de Stockez Malin & cie, vous devrez prendre conscience que ce n'est pas sans risque. D'un côté, l'hôte est supposé être fondamentalement indigne de confiance. En revanche, le script destiné au navigateur est conservé sur le serveur et le navigateur exécute tout script accompagnant une URL. Cela laisse la possibilité à l'hôte d'altérer – à des fins malicieuses – soit le code lui-même soit le HTML et le JavaScript.

Que se passerait-il si un administrateur peu scrupuleux de la compagnie chargée du stockage avait décidé d'ajouter tranquillement une petite fonction espionne à un fichier JavaScript et de déclencher son exécution via la fonction `window.onload`. Cette fonction malicieuse pourrait être faite pour être lancée une fois par minute dans le navigateur. Elle pourrait, par exemple, sérialiser le DOM entier et en télécharger un résumé sur le serveur par le biais du pattern Web Remoting (chapitre 6). Puis du code, plus méchant encore, pourrait le tracer et le stocker dans un endroit approprié. Un pirate agissant entre le navigateur et le serveur pourrait également injecter un script et pourrait télécharger les données vers un site distant avec l'une des nombreuses techniques courantes – par exemple, en exportant les données du navigateur comme des variables CGI dans l'URL de la source d'une image externe sous le contrôle du pirate. Dans les deux scénarios, l'application peut continuer de façon normale et le pauvre utilisateur ne se rendrait compte de rien.

La menace d'injection de script affaiblit certainement l'utilisation de ce pattern sans pour autant l'invalider. Même si l'injection de script est théoriquement possible, elle demande des compétences sur la partie hôte. Elle est aussi détectable si vous savez ce que le code doit faire et ce qu'il ne devrait pas. Si vous découvrez que votre application télécharge des détails du DOM toutes les soixante secondes (en utilisant un outil semblable à ceux décrits dans le pattern *Traffic Sniffing* [chapitre 18]), il y a de bonnes chances pour que quelque chose ne tourne pas rond.

De façon pratique, considérons ce qui se passe si un pirate obtient un accès non autorisé pour une courte période de temps. Il peut se saisir d'autant de données que possible, mais les données resteront codées, sans risque. Et si par hasard, le pirate est assez doué pour utiliser l'injection de script, il serait seulement capable d'obtenir des laissez-passer d'utilisateurs s'étant connectés pendant la période de temps durant laquelle le serveur est sous son contrôle.

Ces considérations pragmatiques suggèrent que la technique est plus sûre que le stockage des données en clair. Cependant, ce système n'est pas parfait en tout point. Mais avez-vous besoin d'autant de sûreté en regard du surcoût vis-à-vis de la garantie de performance, du surplus de code et de la contrainte ne pas avoir de rafraîchissement de page ? Vous aurez à prendre cette décision au cas-par-cas, en ayant à l'esprit la nature critique des données – et la probabilité des différents types d'attaque.

En théorie, il y a même une demande plus forte en faveur de cette approche. Il doit être possible de développer un plugin générique pour détecter l'injection de script. Pour une application donnée, un tel plugin aurait l'accès à une copie certifiée du code source. Il pourrait alors surveiller le trafic et vous avertir au sujet de toute activité inattendue. Si un tel plugin pouvait être développé, le seul moyen de réussir une injection de script serait de monter une conspiration impliquant l'hôte, le certificateur du code et le fabricant du plugin.

Décisions

Quel algorithme de chiffrement et framework utiliser ?

Vous aurez besoin d'un algorithme disponible en JavaScript mais également dans votre environnement côté serveur. Si les données sont accédées par d'autres clients, ils doivent bien évidemment avoir aussi l'accès à l'algorithme. Une recherche révèle que plusieurs mises en œuvre de l'algorithme sont disponibles, chacun avec ses propres forces et faiblesses. Ceux qui suivent sont open source.

- RC4, AES, Serpent, Twofish, Caesar et RSA sont fournis par le paquetage open source de Michiel Van Everdigen (*http://home.zonnet.nl/MAvanEverdingen/Code/*).
- TEA (Tiny Encryption Algorithm) est fourni par Moveable Type UK (*http://www.movable-type.co.uk/scripts/TEAblock.html*).
- Blowfish est quant à lui mis à disposition par farfarfar.com (*http://www.farfarfar.com/scripts/encrypt/encrypt.js*).

Quand demander le laissez-passer ?

Le navigateur aura besoin de demander le laissez-passer dès qu'il devra afficher des données. Cependant, ce peut être dans un second temps. Pour rendre le cryptage moins intrusif, nous pouvons considérer l'utilisation du pattern *Lazy Registration*, où les données normales sont affichées dès que l'utilisateur accède à l'application et où les données chiffrées ne le sont qu'une fois le laissez-passer saisi.

Cas concrets

À ma connaissance, il n'existe pas d'exemples réels. Hushmail (*http://hushmail.com*) a créé un précédent. Il utilise une applet Java pour permettre l'accès à des emails qui sont chiffrés sur le serveur.

Exemple de code : « preuve-de-concept » du Host-Proof Hosting

Richard Schwartz a développé une démonstration « preuve-de-concept » (*http://smokey.rhs.com/web/test/AjaxCryptoConceptProof.nsf/blowfish?OpenPage*) (*figure 17-10*). Pour le chiffrement, il délègue à une bibliothèque JavaScript faisant du Blowfish. L'application accepte un laissez-passer, une clé du message et un contenu de message. Il chiffre le message et le télécharge. Il télécharge aussi la clé, avec une version cryptée de celle-ci qui peut être utilisée plus tard pour vérifier que l'utilisateur possède le laissez-passer correct. L'application montre alors que le serveur ne détient que le contenu chiffré ainsi que la clé. Vous pouvez alors récupérer le contenu crypté et le déchiffrer avec le laissez-passer original.

L'application en elle-même est assez simple : elle manipule les paramètres « display » du style d'une série de formulaires afin de les montrer ou de les cacher. Le laissez-passer de l'utilisateur reste ainsi dans un champ à chaque instant. C'est le point important de la démonstration ; il n'y a aucune soumission de formulaire. Le laissez-passer ne doit donc être saisi qu'une seule fois.

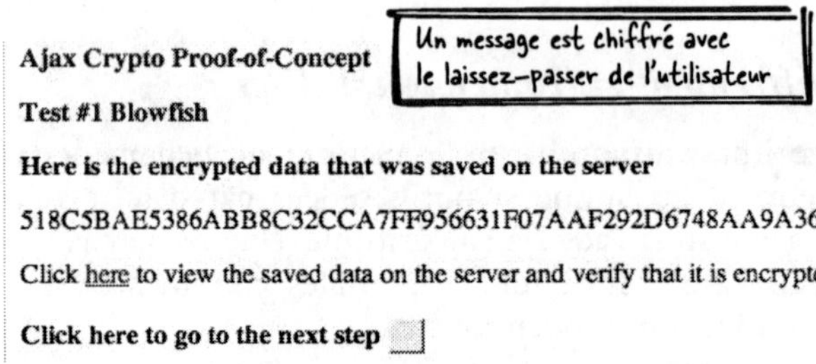

Figure 17-10. Host-Proof Hosting

Lorsque l'application est prête à télécharger les données chiffrées, elle positionne les variables globales demandées par la bibliothèque Blowfish (idéalement, la bibliothèque pourrait les accepter comme paramètres). La fonction `encodetext( )` est appelée (avec le paramètre « 2 » pour spécifier l'algorithme Blowfish) et elle produit la version chiffrée sous forme de variable globale :

```
saveCryptoText( ) {
  ...
  inpdata=window.document.inputForm.plaintextInput.value;
  passwd=window.document.inputForm.password.value;
  // invocation de blowfish
  encodetext(2);
  data = data + "&check=" + outdata ;
  ...
}
```

La clé chiffrée est également ajoutée :

```
inpdata=window.document.inputForm.check.value;
encodetext(2);
data = data + "&check=" + outdata ;
```

Les données peuvent désormais être envoyées au serveur :[3]

```
url = "http://smokey.rhs.com/web/test/AjaxCryptoConceptProof.nsf/
              SaveBlowfishDoc ?OpenAgent"
+ data
httpPost(url)
```

Plus tard, l'application fournit une liste de clés de message qui ont été envoyées au serveur. Lorsque l'utilisateur en choisit une, l'application demande un document XML au serveur qui contient le message et les détails au sujet de la clé (en pratique, la clé du message pourrait être vérifiée avant que le corps de la trame ne soit téléchargé). Il exécute tout d'abord un contrôle pour déterminer si la clé est valide pour ce laissez-passer, puis le message est déchiffré. Finalement, un objet DOM est transformé pour l'affichage du texte décrypté :

```
inpdata = "";
```

3. Les principes REST suggèrent que, en pratique, les données devraient être téléchargées à l'aide d'un POST, car les données affecteront l'état du serveur. Une autre raison en faveur de l'utilisation d'un POST est qu'il n'est pas pratique de chiffrer un message entier dans l'URL. Cependant, cette application est une preuve-de-concept, ce qui explique l'utilisation de GET.

```
inpdata = getElementText(valuenode);
outdata = ""
decodetext(2);
...
window.document.all.decryptedText.innerHTML = stripNulls(outdata);
```

Alternatives

Richer Plugin

Vous pouvez prendre en considération l'exploitation des autorisations accrues du pattern *Richer Plugin* (chapitre 8) afin d'accéder au stockage local des données. Cependant, il existe encore un risque d'injection de script malicieux depuis le serveur. Par ailleurs, plusieurs avantages clés relatifs à la conservation des données côté serveur seront perdus :

- Les utilisateurs ne seront pas capables d'accéder aux données depuis des emplacements distants.
- Chaque entrepôt local de données aura besoin de son propre processus de sauvegarde. Le téléchargement vers un serveur de sauvegarde irait alors à l'encontre du stockage local.
- Chaque entrepôt local de données doit être protégé contre les accès non autorisés.
- Les entrepôts de données auront parfois besoin d'être migrés lors de changement du système.

Une autre application du *Richer Plugin* serait de garder les données côté serveur mais d'utiliser le Richer Plugin à la place du code JavaScript pour gérer les chiffrement et déchiffrement locaux. Un tel plugin pourrait aussi retenir le laissez-passer.

Patterns associés

Direct Login

Direct Login, comme *Host-Proof Hosting*, utilise également JavaScript pour les activités de chiffrement.

Timeout

Appliquer un *Timeout* pour effacer la clé de l'état du navigateur après une période d'inactivité. Cela permet d'empêcher des utilisateurs non autorisés d'accéder aux données chiffrées.

Métaphore

César se demande s'il peut confier à son assistant la recette top secrète du vin de la victoire. Heureusement, il est un pionnier de la cryptographie, il lui remet donc la recette sous une forme codée.

Pour aller plus loin

Lisez les billets du weblog de Richard Schwartz :

- Vue d'ensemble de l'idée et conversation pertinente dans la section des commentaires (*http://smokey.rhs.com/web/blog/PowerOfTheSchwartz.nsf/d6plinks/RSCZ-6C5G54*)

- Problèmes pratiques de mise en œuvre (*http://smokey.rhs.com/web/blog/PowerOfTheSchwartz.nsf/plinks/RSCZ-6CCMCD*)
- Introduction à l'application preuve-de-concept (*http://smokey.rhs.com/web/blog/PowerOfTheSchwartz.nsf/plinks/RSCZ-6CATX6*)
- Un scénario hypothétique qui élabore l'idée (*http://smokey.rhs.com/web/blog/PowerOfTheSchwartz.nsf/plinks/RSCZ-6CHL5J*)
- Mon billet du blog qui résume l'idée (*http://www.softwareas.com/ajax-and-the-great-data-cloud-in-the-sky*)
- Chris Hammond-Thrasher fait des remarques sur Ajax comme une solution générale au problème de chiffrement, par exemple, pour les signatures numériques et les estampilles sûres. (*http://thrashor.blogspot.com/2005/05/more-on-ajax-and-secure-web.html*)

Remerciements

Les billets du blog de Richard Schwartz sont la base de l'idée de ce pattern et son nom est attribué à Richard Schwartz, Michael Griffes et leurs collègues de eVelocity. Je suis aussi reconnaissant à ceux qui ont fait des remarques sur l'approche, en particulier Alex Russell qui m'a averti sur les vulnérabilités comme l'injection de script.

Timeout (expiration)

◉◉○

Déconnexion, Économiseur d'écran, Session, Suspension, Timeout

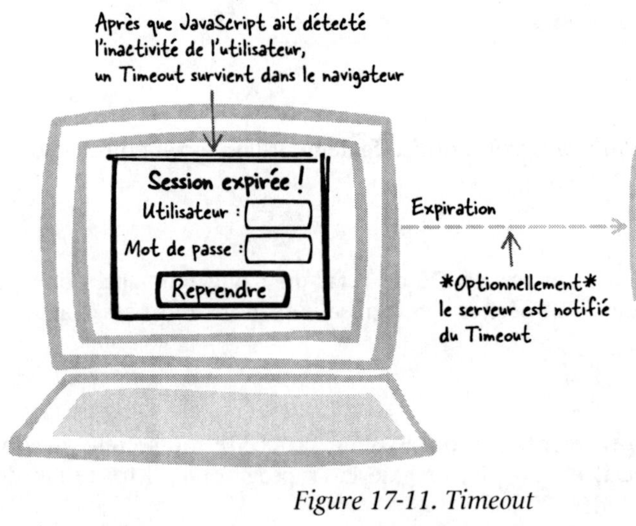

Figure 17-11. Timeout

Anecdote

Gaëlle était si excitée en partant du bureau vendredi après-midi qu'elle a oublié de fermer le site web affichant les tendances du marché. Heureusement, le site web contrôle les mouvements de souris, ce qui signifie que si aucune interaction n'a lieu sur la page pendant une heure, il se suspendra lui-même, économisant ainsi beaucoup de rafraîchissements. Le lundi matin en arrivant, Gaëlle voit une animation, une sorte d'économiseur d'écran, dans le navigateur, avec un message lui indiquant que les mises à jour ont été suspendues. Elle clique sur un bouton de la souris et voit l'écran se mettre à jour avec les derniers chiffres.

Problème

Comment savoir si l'utilisateur est toujours en train de travailler avec l'application ?

Contraintes

- Les utilisateurs laissent souvent une application dans une fenêtre du navigateur pendant des heures ou des jours sans interagir avec elle. Souvent, ils l'abandonnent même complètement. Cette pratique se répand d'autant plus que les principaux navigateurs fournissent plusieurs onglets pour la navigation.
- Les applications Ajax utilisent les patterns *Periodic Refresh* ou *HTTP Streaming* afin de garder l'utilisateur informé de l'état du serveur. L'utilisateur peut ne plus se soucier du tout de l'application, mais s'il agit encore dans le navigateur, une mise en œuvre naïve continuera à aller quérir le serveur indéfiniment, ce qui conduit à un gaspillage massif de la bande passante et des ressources.
- Les applications Ajax contiennent souvent des données sensibles qui constituent un risque si l'utilisateur oublie de se déconnecter lorsqu'il quitte un ordinateur en libre service.
- Les applications Ajax impliquent souvent une collaboration et une communication entre utilisateurs. Afin de cultiver la conscience de l'existence d'autres utilisateurs et de leurs activités, le serveur doit suivre l'état de chaque navigateur.

Solution

Déclenchez un arrêt programmé du navigateur de l'utilisateur après une période d'inactivité. Vous pouvez aussi informer le serveur. Après une période d'inactivité, l'application est soit suspendue, exigeant de l'utilisateur une reprise manuelle, soit fermée, ce qui demande à l'utilisateur de recommencer.

Ce pattern soulève la question des sessions en Ajax. Les applications conventionnelles manipulent habituellement des objets de session côté serveur qui représentent la session courante de l'utilisateur. Cela concerne typiquement de l'information éphémère telle que le contenu d'un panier ou des éléments récemment consultés.

Avec Ajax, les sessions côté serveur ne sont pas si utiles. En fait, en vous appuyant uniquement sur les *RESTful Services*, vous pouvez totalement vous passer de ces objets de session. Dans les applications Ajax centrées sur le navigateur, ce dernier est une application à part entière qui contient tous les états de la session nécessaires. Ainsi l'état du navigateur *est* la session. La session côté serveur, si elle est utilisée malgré tout, est seulement pertinente pour l'authentification et n'a aucun impact sur les réponses aux requêtes. Voir *RESTful Service* (chapitre 9) pour plus de détails.

Quel est le rapport avec le pattern *Timeout* ? Eh bien, lisez ce scénario familier et néanmoins cauchemardesque :

L'utilisateur ouvre un formulaire, passe deux heures à le remplir en faisant des recherches sur les réponses à fournir puis clique sur le bouton de soumission. Le navigateur répond alors

« Votre session a expiré » et se permet de pousser l'insulte jusqu'à lui présenter un nouveau formulaire vierge.

Ce genre d'histoire est trop courant car les Timeouts de session côté serveur ignorent ce qui se passe dans le navigateur. Si l'utilisateur n'a pas soumis son formulaire dans les 30 minutes par exemple, la session expirera et toutes les données seront perdues. C'est un problème si l'utilisateur a beaucoup travaillé au niveau du navigateur. Avec une application Ajax, le serveur a une meilleure chance de rester bien synchronisé avec le navigateur grâce aux appels *XMLHttpRequest* (chapitre 6). Dans la plupart des environnements, la session côté serveur sera rafraîchie automatiquement lorsqu'un appel *XMLHttpRequest* arrive. Cependant, ce n'est pas optimal car le serveur ne sait toujours pas pourquoi les appels du navigateur se produisent. Pour les applications utilisant le *Periodic Refresh* (chapitre 10), une session côté serveur restera indéfiniment active, même si l'utilisateur a quitté le bâtiment.

En s'appuyant plutôt sur la détection de l'expiration du côté du navigateur, vous pouvez être plus fin sur la façon dont les Timeouts se produiront. Cette détection est basée sur le pattern *Scheduling* (chapitre 7). Un temporisateur est défini pour compter à rebours jusqu'à l'état d'expiration (Timeout). Chaque activité significative annule ce temporisateur et en démarre un nouveau à la place.

Quelles activités sont assez importantes pour redémarrer le temporisateur ? Le mouvement de la souris est candidat. Vous pouvez surveiller chaque mouvement de la souris sur la page. Un des paragraphes « refonte de code » qui suit se penchera d'ailleurs dessus. Les mouvements de la souris sont un indicateur très général et vous pouvez être confronté aux mouvements « faussement positifs ». Ils peuvent suggérer qu'un utilisateur travaille encore sur une application alors qu'il n'en est rien. Par exemple, ce peut être un mouvement à l'intérieur de la fenêtre du navigateur pendant que l'utilisateur passe d'une fenêtre ouverte à une autre. A contrario, vous pouvez aussi obtenir des mouvements « faussement négatifs ». Un utilisateur ne se servant que de son clavier peut subir une expiration. Si vous préférerez conserver la session seulement si l'utilisateur est en train de modifier activement des données, vous pouvez capter à la place des événements comme les clics de bouton et les appuis de touches dans les champs à saisir.

Les Timeouts soudains peuvent être frustrants, aussi envisagez ces possibilités d'offrir un retour à l'utilisateur :

- Montrez discrètement le statut du Timeout, en affichant par exemple le nombre de minutes restantes. Vous pouvez mettre en valeur le statut lorsque le Timeout est imminent et offrir quelques instructions pour l'éviter.
- Lorsque le Timeout approche, fournissez un avertissement et une occasion de recommencer le temporisateur explicitement.

Une fois que vous avez détecté l'inactivité de l'utilisateur, que faire ? Timeout peut être utilisé de plusieurs façons :

Arrêter les Periodic Refresh

Les applications conventionnelles ont tendance à ne faire rien lorsque l'utilisateur est inactif, mais beaucoup d'applications Ajax continuent de solliciter le serveur. Donc, le Timeout devrait déclencher l'annulation de tous les mécanismes de *Periodic Refresh*.

Effacer les données

Quelquefois une application inactive laisse supposer que l'utilisateur peut ne plus être devant son terminal. Il y a alors un risque que quelqu'un d'autre puisse accéder aux données de l'utilisateur et à ses autorisations. Après un Timeout, `document.url` peut pointer sur l'URL principale de l'application afin de rafraîchir la page. De plus, vous pouvez décider d'effacer les cookies qui contiennent ses données sensibles.

Sauvegarder les données

Si vous effacez les données, vous pouvez vouloir les sauver auparavant sur le serveur. Il y a rien de plus ennuyeux que de revenir de son déjeuner et de trouver qu'une partie d'un formulaire précédemment remplie a été effacée pour des raisons de sécurité. Avec un *appel XMLHttpRequest*, vous avez l'option de sauver les informations de l'utilisateur sous forme de « document de travail. »

Informer l'utilisateur

Si vous utilisez les mécanismes de Timeout, vous aurez besoin de fournir des informations à l'utilisateur au sujet de ce qui se passe et de ce qu'il devrait faire.

Informer le serveur

Même si le navigateur contrôle les *Timeouts* de session, le serveur peut néanmoins rester informé et il peut utiliser les sessions côté serveur dans ce but. Il existe de nombreuses applications de suivi de session côté serveur :

Invalidation des sessions côté serveur

Le serveur peut invalider toutes les données de la session du côté serveur pour des raisons de sécurité.

Historique des enregistrements

Le serveur peut conserver les données de Timeout pour aider à personnaliser le site web, pour fournir des informations aux utilisateurs et également pour informer le gestionnaire du site.

Systèmes multi-utilisateurs

Dans les systèmes multi-utilisateurs et surtout dans les sites qui espèrent stimuler une communauté, les utilisateurs devraient être informés de l'activité des autres protagonistes. En effet, le « Web en direct » (ou comme Technorati le dit si bien « quoi de neuf sur le Web à en ce moment ? ») devient un phénomène clé sur le Web. Si le serveur est capable de suivre ce sur quoi les utilisateurs travaillent et combien de temps ils ont été inactifs, cette information, qui est sujette aux considérations de la vie privée, peut être fournie aux autres utilisateurs. C'est un point particulièrement important lorsque les utilisateurs collaborent sur le même espace de travail – comme par exemple, dans un environnement Wiki à la mode Ajax.

Verrouillage pessimiste

Le verrouillage pessimiste est une technique utilisée pour prévenir l'utilisation d'une même ressource par deux utilisateurs simultanés. Dans un Wiki, par exemple, un utilisateur peut poser un verrou sur un article et ainsi avoir tous les accès jusqu'à ce qu'il sauve son travail ou qu'il soit inactif pendant un certain temps. Si cela peut laisser la place aux abus sur le Web, c'est réellement un vrai bon modèle pour beaucoup d'applications intranet. Cependant, il n'a pas été mis en pratique à cause du risque que l'utilisateur puisse partir et laisser le verrou dans le même état. Les Timeouts de session côté serveur n'aident pas beaucoup car l'utilisateur peut travailler de façon active dans le navigateur mais cependant ne pas être prêt à soumettre le contenu. Mais une fois que le serveur est informé de l'activité de l'utilisateur dans le navigateur, le verrouillage pessimiste commence à devenir pratique. Par exemple, si l'utilisateur n'a rien fait depuis les trente dernières minutes, il perd le verrou. Une fois de plus, Ajax aide à y parvenir. En effet, le *Periodic Refresh* (chapitre 10) permet d'informer immédiatement l'utilisateur qu'il a perdu son verrou.

Activités programmées

Avec cette variante du pattern *Predictive Fetch* (chapitre 13), le serveur a la possibilité d'anticiper les futures actions. En suivant les utilisateurs actifs, le processus devient plus ciblé. Par exemple, un agrégateur de blogs pourrait exécuter un processus périodique en tâche de fond pour construire une liste d'articles non lus pour chaque utilisateur actif désirant la consulter.

Ainsi, informer le serveur d'un Timeout est une bonne chose. Mais cette approche comporte encore un petit problème : que se passe-t-il si l'utilisateur quitte le navigateur ou va voir un autre site ? Le Timeout ne se produira alors jamais et le serveur continuera de supposer que l'utilisateur est resté connecté indéfiniment. Pour résoudre en partie ce problème, le serveur doit rafraîchir le dossier de l'utilisateur à chaque nouvelle demande suggérant une activité de l'utilisateur. Il reste cependant le risque d'interrompre par inadvertance un utilisateur qui ne fait qu'une consultation passive dans son navigateur. Nous avons donc besoin d'une façon pour le navigateur de continuer à dire au serveur que l'utilisateur est encore actif, en notant explicitement qu'un Timeout ne s'est pas réellement produit. C'est exactement le sujet du pattern *Heartbeat*, que nous allons aborder en détails par la suite.

Décisions

Quelle doit être la durée du Timeout ?

La durée du Timeout dépendra de sa raison d'être. Par exemple, si le but est d'arrêter le pattern *Periodic Refresh* (chapitre 10), vous devez mettre en balance les avantages d'économie de bande passante et de coût du serveur avec la frustration des utilisateurs causée par la nécessité de réactiver la page et d'attendre les données à jour quelques secondes. En pratique, il y a probablement plusieurs bonnes raisons d'utiliser le Timeout et dans chaque situation les besoins doivent être pris en considération.

Comment le Timeout doit-il affecter l'interface utilisateur ?

Un Timeout peut avoir un impact sur l'interface de différentes façons. Vous pouvez choisir d'utiliser l'une des suivantes :

- Vider entièrement l'écran puis afficher un message indiquant que la session de l'utilisateur a été suspendue suite à un Timeout. C'est particulièrement intéressant si les données sont sensibles.

- Une variante de l'option précédente, recharger la page d'accueil de l'application (comme si l'utilisateur avait saisi l'URL principale).
- Faire un *Page Rearrangement* afin d'insérer un message à propos du Timeout dans la page.

Enfin, si vous voulez être vraiment sûr que les utilisateurs savent qu'ils ont été déconnectés suite à un Timeout, vous pouvez émettre une alerte. Il faut cependant les utiliser avec prudence : une alerte se fait remarquer et vous pouvez probablement rendre le Timeout tout aussi évident avec un élément de page bien pensé. Par ailleurs, un *Popup* (chapitre 15) est un autre mécanisme plus discret.

Cas concrets

De nombreux sites web traditionnels possèdent cette fonctionnalité de Timeout, même si elle est mise en œuvre côté serveur et non comme je l'ai décrite dans cette section.

Application de Chat, Lace

Elle demande l'utilisation du pattern *Periodic Refresh* afin de montrer les nouveaux messages, ce qui peut représenter une certaine dépense de bande passante si l'utilisateur ne s'intéresse plus à la conversation. Donc après quelques instants d'inactivité, une boîte de dialogue apparaît et indique que Lace a été arrêtée. Cette fenêtre contient un bouton permettant à l'utilisateur de reprendre la discussion (*figure 17-12*). Lace possède aussi une *Status Area* (chapitre 15) montrant constamment que l'application est en train de fonctionner, c'est-à-dire tant que le serveur est sollicité. En fait, vous pouvez aussi faire une pause et continuer manuellement. Le mécanisme de Timeout force l'application à faire une pause au niveau du Timeout.

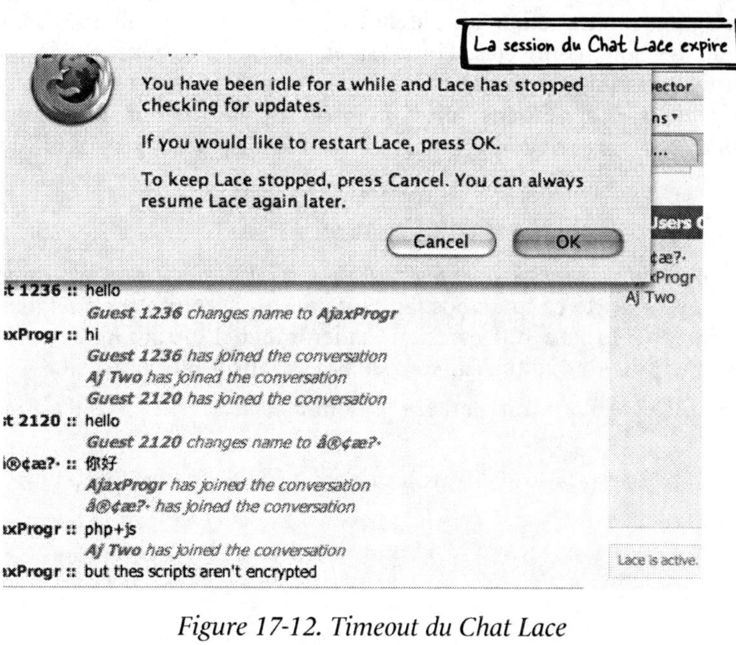

Figure 17-12. Timeout du Chat Lace

Pandora

Pandora utilise Flash pour jouer un flux de musique dans le navigateur. Après une longue période d'inactivité, elle cesse de jouer et affiche une boîte de dialogue pour confirmer que l'utilisateur écoute toujours.

Démonstration d'avertissement de fin de session

Éric Pascarello a expliqué un système qui possède un mécanisme standard côté serveur de Timeout de session mais qui affiche également un Popup d'avertissement peu avant le Timeout permettant à l'utilisateur de le réinitialiser (*http://radio.javaranch.com/pascarello/2005/07/05/1120592884938.html*). Il existe des mises en œuvre en VB.net et en JSP.

Timeout des systèmes d'exploitation

Les systèmes d'exploitation sont des précurseurs évidents du Timeout Ajax. Ainsi, Mac OS X affiche un avertissement lorsque le système va entrer en mode hibernation. Une boîte de dialogue affiche quelque chose comme « Vous n'avez pas utilisé la souris ou le clavier depuis 15 minutes. Le mode hibernation débutera dans 30 secondes ». Le compte à rebours s'affiche et l'utilisateur peut annuler l'arrêt avec une action du clavier ou de la souris ou en cliquant explicitement sur le bouton « Annuler ». Un précurseur similaire est présent dans les terminaux systèmes distants qui génère un avertissement d'inactivité dans la console.

Refonte de code : Timeout du Wiki AjaxPatterns

Introduction du Timeout pour le Wiki

Timeout est un pattern vraiment utile pour un Wiki pour plusieurs raisons. Premièrement, il met fin au gaspis du *Periodic Refresh* (chapitre 10). Deuxièmement, il aide les utilisateurs à comprendre ce que font les autres. Troisièmement, il améliore la sécurité si les utilisateurs sont connectés. Pour toutes ces raisons, nous allons maintenant ajouter la fonctionnalité de Timeout à notre Démonstration de Wiki basique (*http://ajaxify.com/run/wiki*). La démonstration pouvant positionner la durée du Periodic Refresh [*http://ajaxify.com/run/time/periodicRefresh*] possède quelques similitudes avec le Timeout.

Refonte initiale : Timeout inconditionnel

Cette version initiale (*http://ajaxify.com/run/wiki/timeout*) est sans pitié. Connectez-vous au Wiki et, peu importe ce que vous faites, vous êtes déconnectés quelques secondes plus tard (*figure 17-13*). Le but est bien évidemment d'introduire le concept et de prouver les fonctionnalités d'un Timeout de base, avant d'aller plus loin.

Un message de Timeout est initialement présent dans le HTML mais il est caché :

```
<div id="timeoutMessage">
  Timed out. Please <a href=".">reload the page</a> to continue.<br/>
</div>
```

Le script commence par cacher le message et lancer le temporisateur servant au Timeout :

```
window.onload = function( ) {
  ...
```

```
    $("timeoutMessage").style.display = "none";
    timeoutTimer = setTimeout(onTimeout, TIMEOUT_TIME);
  }
```

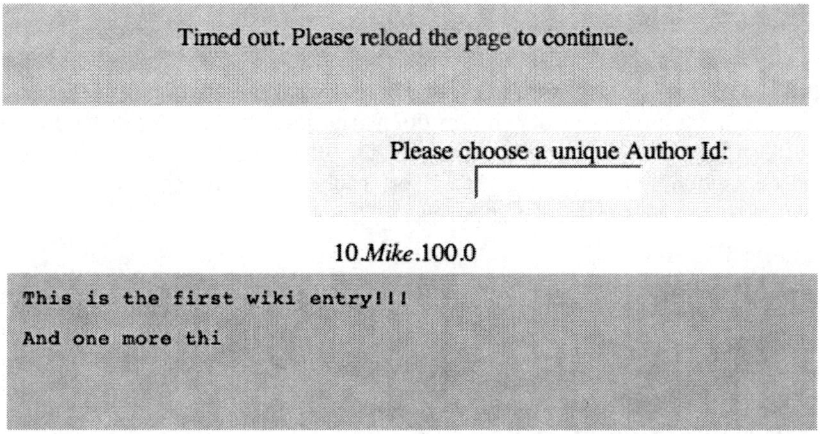

Figure 17-13. Un Wiki avec Timeout

Lorsque le Timeout survient, le message est rendu visible (en fanfare, grâce à une effet Scriptaculous [*http://script.aculo.us*]). Le plus important est que la synchronisation périodique est arrêtée, ainsi le serveur n'est plus sollicité. Tous les messages sont également supprimés de la page :

```
  function onTimeout( ) {
    new Effect.BlindDown($("timeoutMessage"));
    stopPeriodicSync( );
    removeMessages( );
  }
  ...
  function removeMessages( ) {
    while ($("messages").hasChildNodes( )) {
      $("messages").removeChild($("messages").firstChild);
    }
  }
```

Avertissement de l'arrivée iminente du Timeout

Si vous ne voulez pas être gentiment rabroué par l'utilisateur, il serait sans doute opportun de le prévenir qu'une suspension de session va avoir lieu. Et, il serait encore plus agréable de lui laisser la possibilité de l'empêcher. Cette démonstration (*http://ajaxify.com/run/wiki/timeout/warning*) introduit donc un mécanisme d'avertissement.

Nous ajoutons au précédent message de Timeout, un message d'avertissement. Les deux sont initialement invisibles. L'avertissement inclut un bouton « renew » qui invoquera la fonction `renewSession( )`.

```
  <div id="warningMessage">
    Near timeout. Please <button id="renew">Renew</button> your session now.
  </div>
```

```
window.onload = function( ) {
  ...
  $("renew").onclick=renewSession;
  ...
}
```

La fonction `renewSession( )` n'est pas simplement utilisée pour réinitialiser mais également pour le démarrage. Elle remet à zéro `timeoutTimer` et `warningTimer`. Notez que ces temporisateurs ont été introduits en tant que variables dans le script de façon à précisément pouvoir les annuler dans cette méthode. De plus, `renewSession( )` lance le temporisateur de synchronisation du Wiki et cache les messages de Timeout et d'avertissement, au cas où ils sont apparus :

```
var timeoutTimer = null;
var warningTimer = null;
...
function renewSession( ) {
  $("warningMessage").style.display = "none";
  $("timeoutMessage").style.display = "none";
  clearInterval(warningTimer);
  clearInterval(timeoutTimer);
  warningTimer = setTimeout(onWarning, WARNING_TIME);
  timeoutTimer = setTimeout(onTimeout, TIMEOUT_TIME);
  startPeriodicSync( );
}
```

Si l'utilisateur clique sur le bouton « renew » lorsqu'il est visible, il peut forcer le redémarrage de tous les temporisateurs. S'il ne clique pas, le Timeout entre en jeu. Nous devons simplement nous assurer que le message d'avertissement s'affiche avant le message de Timeout, `WARNING_TIME` doit par exemple expirer avant `TIMEOUT_TIME`. Lorsque le Timeout survient, nous pouvons faire l'hypothèse que l'avertissement est déjà visible, aussi nous le remplaçons par le message de Timeout. Et comme précédemment, nous stoppons la synchronisation et supprimons tous les messages :

```
function onTimeout( ) {
  new Effect.BlindUp($("warningMessage"));
  new Effect.Appear($("timeoutMessage"));
  stopPeriodicSync( );
  removeMessages( );
}
```

Surveiller les mouvements de souris

Un avertissement est mieux que rien, mais il reste très tourné vers la technique. Du point de vue de l'utilisateur, pourquoi doit-il explicitement renouveler sa session. Et puis quel est l'intérêt de ce Timeout ? Pour la plupart des utilisateurs, il est préférable de gérer le Timeout en fonction de leur comportement. Cette démonstration (*http://ajaxify.com/run/wiki/timeout/monitoring/*), construite sur la base de la première, suspend l'activité lorsque l'utilisateur est inactif.

Nous faisons ici la supposition que l'utilisateur travaille avec la souris. Ainsi, nous pouvons partir du principe que l'utilisateur est inactif si (et seulement si) il n'a pas utilisé la souris pendant un instant donné. Comme auparavant, nous avons seulement un message de Timeout que nous avons changé afin d'aider l'utilisateur à comprendre comment s'y retrouver dans tous ces messages :

```
<div id="timeoutMessage">
  Timed out. Please wiggle your mouse to continue.<br/>
</div>
```

La clé dans ce pattern est de regarder les mouvements de la souris sur la page et renouveler la session lorsqu'il y en a un. C'est vraiment assez facile à accomplir :

```
window.onload = function( ) {
  ...
  document.getElementsByTagName("body")[0].onmouseover = function(event) {
    renewSession( );
  }
  ...
}
```

Appeler une fonction à chaque mouvement de la souris pourrait devenir extrêmement inefficace. En réalité, nous voulons être juste un peu plus intelligent que cela. Par exemple, nous pouvons utiliser un algorithme assurant que `renewSession( )` n'est pas appelé systématiquement.

La fonction `renewSession( )` fonctionne de façon similaire à la précédente démonstration d'avertissement : elle cache le message de Timeout et lance les temporisateurs de synchronisation et de Timeout.

```
function renewSession( ) {
  if ($("timeoutMessage").style.display!="none") {
    new Effect.BlindUp($("timeoutMessage"));
  }
  clearInterval(timeoutTimer);
  if (!syncTimer) {
    startPeriodicSync( );
  }
  timeoutTimer = setTimeout(onTimeout, TIMEOUT_TIME);
}
```

Patterns associés

Heartbeat

Heartbeat (voir le prochain pattern) est un compagnon de route qui aide le serveur à savoir si l'utilisateur est toujours en train de travailler avec le navigateur.

Periodic Refresh

Pour les applications Ajax, la perspective de réduction de l'utilisation des *Periodic Refreshes* (chapitre 10) est une grosse motivation.

Progress Indicator

Progress Indicator (chapitre 14) est normalement utilisé pour donner un retour à l'utilisateur pendant un *appel XMLHttpRequest*. Cependant, une autre application de ce pattern pourrait être de décompter le temps jusqu'au Timeout. L'affichage pourrait être présent de façon permanente, ou vous pourriez l'introduire à un faible intervalle du Timeout.

Direct Login

Si le Timeout demande un nouvelle authentification pour les utilisateurs, afin qu'ils puissent continuer à travailler avec le système, vous pourrez probablement offrir la fonctionnalité du *Direct Login* (voir plus haut).

Status Area

Vous pouvez afficher des messages relatifs au Timeout et des informations sur l'expiration des temporisateurs dans la *Status Area* (chapitre 15).

Popup

Vous pouvez faire la même chose que précédemment dans des *Popups* (chapitre 15).

Métaphore

Si un moteur de voiture reste inactif pendant un certain moment, vous allez probablement supposer qu'il est en panne et renoncer à essayer de le démarrer. Continuer ne serait qu'un gaspillage d'énergie.

Heartbeat (battement de cœur)

○○○

ACK, Annonce, Flash, Heartbeat, Monitorage, Signal

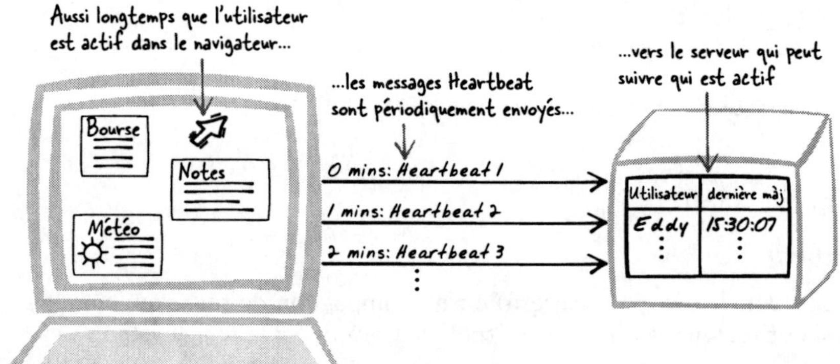

Figure 17-14. Heartbeat

Anecdote

Pour des besoins d'audit, Frank doit exécuter le système de décision de l'usine toute la journée. Le serveur doit donc s'assurer qu'il est toujours présent via le navigateur. Mais les demandes n'arriveront pas très souvent car il utilise un client riche avec une logique métier en JavaScript. Pour être sûr que le serveur continue à recevoir des requêtes, le navigateur télécharge explicitement un message Heartbeat (battement de cœur) toutes les 10 minutes.

Problème

Comment savoir que l'utilisateur a toujours une application dans son navigateur et qu'il travaille toujours activement ?

Contraintes

- Pour le serveur, il est utile de savoir dans la durée si l'utilisateur est actif, notamment si l'on considère plusieurs applications mises en valeur dans la solution *Timeout*.
- En raison de la nature sans état de HTTP, le serveur ne sait pas lorsque l'utilisateur a quitté le navigateur, lorsqu'il a eu un plantage du navigateur ou qu'il surfe sur une URL différente. Vous pouvez certes utiliser l'événement JavaScript `onunload` pour détecter le dernier cas, mais cela ne marchera pas pour les deux premiers. En suivant l'activité de l'utilisateur, le serveur peut supposer que l'utilisateur est encore actif alors qu'il a en fait quitté l'application.
- L'utilisateur travaille parfois de longs moments avec le navigateur sans pour autant générer des appels au serveur, par exemple en remplissant un long formulaire ou en jouant à un jeu. Le serveur n'a aucune façon de savoir que l'utilisateur est toujours présent si aucun appel n'est fait.

Solution

Faites périodiquement télécharger des messages Heartbeat (battement de cœur) par le navigateur pour indiquer que l'application est encore chargée dans le navigateur et que l'utilisateur est encore actif. Le serveur maintient le « dernier battement de cœur » de chaque utilisateur. Si l'intervalle du Heartbeat est de dix minutes et que le dernier Heartbeat de l'utilisateur était plus long que dix minutes, le serveur sait que l'utilisateur n'est plus actif. L'objectif est d'aider le serveur à traquer les utilisateurs inactifs. Le suivi des sessions n'est pas essentiel pour les applications Ajax s'il est possible de garder toutes les données de la session dans un état JavaScript. Cependant, comme nous l'avons décrit dans la solution *Timeout*, il y a encore des raisons pour le faire.

Les messages Heartbeat sont téléchargés vers un « service *Heartbeat* » spécial par le biais d'appels *XMLHttpRequest*. Comme ils affectent l'état du serveur, ils devraient être envoyés via un POST. Le service Heartbeat mettra à jour le dernier enregistrement concernant l'utilisateur, mais comment associer un message *Heartbeat* à un utilisateur ? Ce mécanisme repose sur une forme de gestion de session. Une approche possible est d'utiliser des cookies, soit directement soit par l'intermédiaire d'un framework de gestion de session s'appuyant sur les cookies. Cependant, si vous procédez ainsi, la conversation sera avec état, allant ainsi à l'encontre du principe fondamental du *Service RESTfull*. Une autre approche, plus propre, consiste à inclure explicitement l'ID de la session dans le corps du Heartbeat. Vous ne devrez pas vous contenter de télécharger simplement l'ID de l'utilisateur, puisqu'il serait possible de l'usurper facilement.

Heartbeat est proche du pattern *Timeout*, mais il fonctionne de façon différente. Vous pouvez les utiliser indépendamment, mais *Heartbeat* est plus efficace s'il s'ajoute à

Timeout. Le but du Timeout est d'arrêter l'application du navigateur après une période d'inactivité par mesure de sécurité et pour réduire la bande passante. Notifier le serveur des événements de Timeout apporte des avantages supplémentaires, mais cela ne fonctionne que si l'application se trouve encore dans le navigateur et qu'elle fonctionne bien. C'est la raison pour laquelle nous utilisons des messages Heartbeat qui sont, dans un sens, l'inverse du Timeout et qui constitue par conséquent un bon supplément. Alors qu'un message Timeout annonce au navigateur qu'une expiration a eu lieu (*figure 17-15*), un message Heartbeat communique de façon continue qu'aucun Timeout ne s'est produit (*figure 17-16*). Dès que le serveur détecte l'absence d'un message Heartbeat, il peut supposer que l'application n'est plus utilisée.

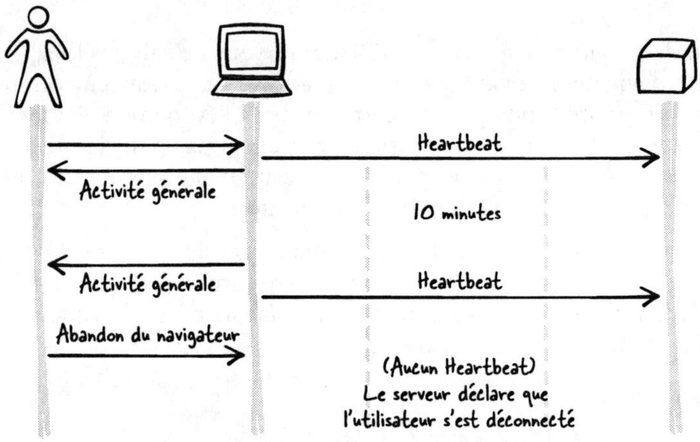

Figure 17-15. Séquence Heartbeat

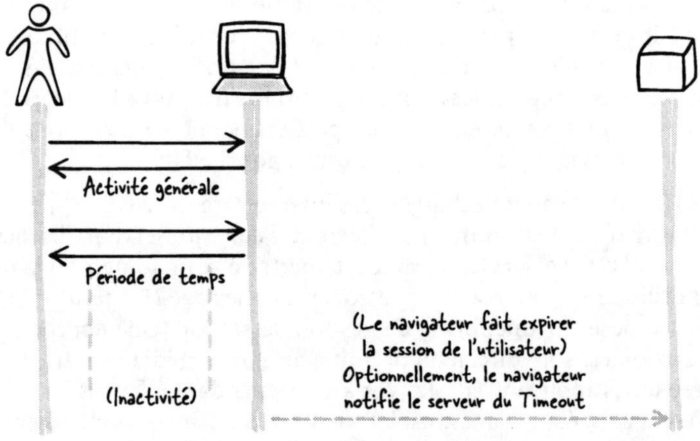

Figure 17-16. Séquence Timeout

Comme une alternative à Heartbeat, vous pouvez maintenir un champ « dernier vu » ou « dernière requête » pour suivre le dernier instant où l'utilisateur a publié une requête. Ainsi non seulement les messages Heartbeat mais également tous les autres messages rafraîchiront l'enregistrement de l'utilisateur. Le Heartbeat n'est qu'un simple backup. L'utilisation de ces champs permettra de peindre une image plus significative si vous montrez l'estampille aux autres utilisateurs ou si vous les conservez pour une analyse.

Ce pattern est purement spéculatif dans le contexte d'une application Ajax. Cependant, le mécanisme Heartbeat est banal dans les systèmes d'entreprises où ils sont utilisés pour surveiller le statut des composants un peu partout dans le réseau.

Décisions

Comment maintenir les enregistrements des utilisateurs ?

Il y a deux façons classiques de maintenir les données des utilisateurs :

En mémoire

Les données ne sont pas maintenues et sont perdues une fois l'utilisateur déconnecté. Dans la plupart des environnements, c'est ce qui se passera si vous vous appuyez sur les objets standard de session.

Directement dans la base de données

Les enregistrements sont persistants. Cela nécessite du stockage supplémentaire et de la gestion des données, mais l'avantage est que vous savez toujours quand l'utilisateur a été vu pour la dernière fois.

Qu'est-ce qui provoque l'envoi de Heartbeats par le navigateur ?

Le navigateur peut envoyer *systématiquement* des Heartbeats. Cela permet au serveur de suivre si l'application se trouve toujours dans le navigateur, ce qui peut être utile à des fins d'analyse. Cependant, vous voudrez vraisemblablement envoyer des Heartbeats uniquement si l'utilisateur travaille de façon active avec le navigateur. Donc, comme cela fut mentionné dans la solution précédente, le pattern Heartbeat envoie effectivement un message qui dit « la session de l'utilisateur n'a pas encore expiré. »

Combien de temps entre les Heartbeats ? Quel délai avant de déclarer un utilisateur inactif ?

Il faut décider de la période de temps entre les Heartbeats. Si c'est trop long, l'information ne sera pas très utile. Si c'est trop court, vous introduirez une pression sur le réseau et impacterez les performances du serveur et du navigateur.

Le chiffre approprié pourrait varier de quelques centièmes de secondes jusqu'à 30 minutes ou plus selon les facteurs suivants :

Application

Dans certaines applications, l'information à la seconde est des plus critique. Dans un système multi-utilisateurs, par exemple, le travail des utilisateurs peut être dicté par la présence des autres participants. Si vous attendez 10 minutes pour dire à Alice que Paul a quitté le jeu d'échecs, elle peut être ennuyée d'avoir gaspillé les dix dernières minutes en pensant au prochain coup.

Ressources disponibles

Idéalement, la période devrait être aussi courte que possible. Pourtant elle ne se justifie pas toujours. Pour une application intranet, vous utiliserez probablement une période plus courte dans la reconnaissance de meilleures ressources par utilisateur.

Cas concrets

Comme nous avons affaire à des spéculations pour ce pattern, il n'y a pas de réel cas concret pour l'instant.

Refonte de code : Wiki d'AjaxPatterns avec Heartbeat

Le pattern *Timeout* (voir précédemment dans ce chapitre) a permis de refondre le Wiki afin de produire la démonstration du Timeout Wiki (*http://ajaxify.com/run/wiki/timeout*). La refonte suivante (*http://ajaxify.com/run/wiki/timeout/heartbeat*), présentée dans la *figure 17-17*, créé une troisième version de la démonstration basique du Timeout. Elle introduit le Heartbeat, qui peut marcher de façon indépendante du *Timeout* mais qui fonctionne mieux en tandem, comme ce pattern le démontre.

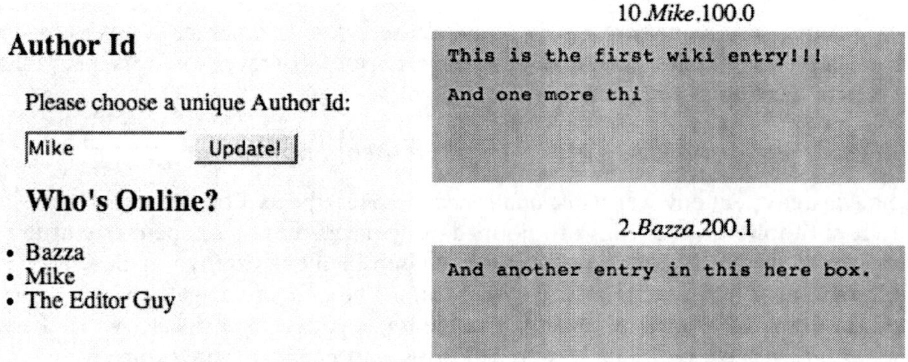

Figure 17-17. Affichage du statut de l'utilisateur via le Heartbeat

Pour illustrer le Heartbeat, je montrerai une de ses principales applications. Il s'agit d'une application qui permet aux utilisateurs de voir qui d'autre est « en ligne actuellement », c'est-à-dire, qui d'autre a un Heartbeat récent enregistré. Un ID aléatoire est assigné à chaque utilisateur et un mécanisme de Heartbeat est utilisé pour maintenir la liste des « actuellement en ligne. »

Tout d'abord, examinons le mécanisme de Heartbeat. Côté serveur, la classe `Author` contient la propriété `lastRequest` :

```
class Author {
  private $id;
  ...
  private $lastRequest;
  ...
}
```

Le service accepte un message accompagné d'un ID d'auteur et met à jour la valeur `lastRequest` de l'utilisateur. En fait, un système en production acceptera plutôt un ID de session qu'un ID d'utilisateur. Le service extrait l'auteur de la base de données et met à jour sa propriété `lastRequest`. S'il n'existe pas encore, un nouvel enregistrement est créé et la valeur de `lastRequest` est positionnée à « maintenant ». Finalement, l'enregistrement devient persistant :

```
if (isset($_POST['renew']) && $_POST['renew']=="true") {
  $authorId = $_POST['author'];
  $now = time( );
  $author = $authorDAO->fetch($authorId);
  logInfo("Got author record for $authorId");
  if ($author) {
    logInfo("Updating timestamp for user $authorId");
    $author->setLastRequest($now);
  } else {
    logInfo("Adding author $authorId");
    $author = new Author($authorId, $now, $now);
  }
  $authorDAO->persist($author);
}
```

Une boucle périodique est initialisée afin d'accéder au service Heartbeat. Comme le Heartbeat est un appel « *fire-and-forget*, » une fonction callback vide est utilisée :

```
window.onload = function( ) {
  ...
  heartbeatTimer = setInterval(sendHeartbeat, HEARTBEAT_PERIOD);
  ...
}
function sendHeartbeat( ) {
  vars = {
    renew: true,
    author: authorId
  };
  ajaxCaller.postForPlainText("session.phtml", vars, function( ) {});
}
```

Et voilà le pattern Heartbeat de base. En réalité, il y a un peu plus de choses à faire, car nous l'intégrons dans le pattern *Timeout*. Nous voulons arrêter d'envoyer des Heartbeats lorsque un Timeout est survenu dans le navigateur. Dans le code précédent, nous avons créé une variable, `heartbeatTimer`, pour suivre les appels périodiques des Heartbeats. Comme nous avons un gestionnaire attaché au processus périodique, nous sommes en mesure de l'annuler suite à un Timeout :

```
function onTimeout( ) {
  ...
  clearInterval(heartbeatTimer);
  ...
}
```

La liste des utilisateurs en ligne est une autre fonctionnalité qui illustre une façon d'utiliser les données du heartbeat. `session.phtml` expose une liste XML des utilisateurs courants en ligne. (*http://ajaxify.com/run/wiki/timeout/heartbeat/session.phtml?current*). La méthode fetchRecentlyActive accepte un paramètre indiquant simplement la fraîcheur que doivent avoir les enregistrements. Dans ce cas, nous demandons aux utilisateurs d'avoir émis une requête dans les 10 dernières secondes.

```
if ($_GET="current") {
  header("Content-type: text/xml");
  echo "<authors>";
  foreach ($authorDAO->fetchRecentlyActive(10) as $author) {
    echo "<author>{$author->getId( )}</author>";
  }
echo "</authors>";
```

Dans le navigateur une balise div contient la liste :

```
<h1>Who's Online?</h1>
<div id="currentlyOnline"></div>
```

Un temporisateur est positionné pour exécuter un *Periodic Refresh* sur les données courantes. Toutes les n secondes, le XML fait l'objet d'une requête et la fonction callback le transforme en HTML afin de l'afficher :

```
currentlyOnlineTimer = setInterval(updateCurrentlyOnline,
CURRENTLY_ONLINE_PERIOD);

function updateCurrentlyOnline( ) {
  ajaxCaller.getXML("session.phtml?current", function(xml) {
    $("currentlyOnline").innerHTML = "<ul>";
    var authors = xml.getElementsByTagName("author");
    for (var i=0; i<authors.length; i++) {
      var authorName = authors[i].firstChild.nodeValue;
      $("currentlyOnline").innerHTML += "<li> " + authorName + "</li>";
    }
    $("currentlyOnline").innerHTML += "</ul>";
  });
}
```

Avec la mise en place du temporisateur Heartbeat, celui gérant les utilisateurs « en ligne actuellement » est annulé sur un Timeout. Ainsi, plus aucun *Periodic Refreshes* n'est exécuté :

```
function onTimeout( ) {
  ...
  clearInterval(currentlyOnlineTimer);
  ...
}
```

Patterns associés

Timeout

Timeout (voir plus haut) est un compagnon de route, comme nous l'avons abordé dans le paragraphe précédent « *Solution* ».

Submission Throttling

Heartbeat ressemble aux patterns *Submission Throttling* et *Periodic Refresh* (chapitre 6) dans la mesure où ils utilisent tous un cycle continu d'*appels XMLHttpRequest*. Cependant, Heartbeat a un but plus spécifique â à savoir informer le serveur au sujet de l'état du navigateur.

Métaphore

Le nom « *Heartbeat* » est, bien évidemment, une métaphore du cœur biologique.

Pour aller plus loin.

Allez voir *http://www.mindspring.com/~mgrand/pattern_synopses3.htm#Heartbeat* pour un bref résumé sur le pattern Enterprise Java Heartbeat. Voir le livre de Mark Grand, « Java Enterprise Design Patterns », pour plus d'informations sur le pattern.

Unique URLs (URL uniques)

◉○○

Adresse, Favoris, Copier-Coller, Distinct, Signets, Hyperlien, Emplacement, Lien, Mail, Partager, Unique, URL

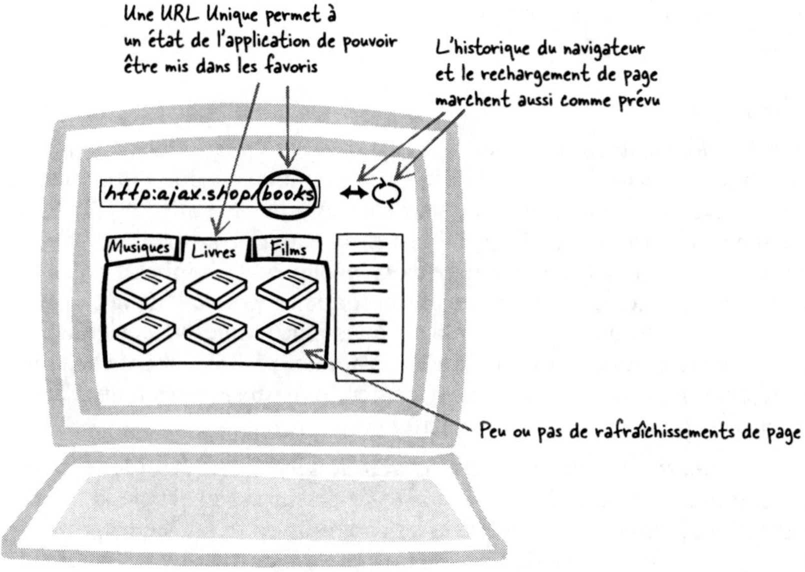

Figure 17-18. URL uniques

Anecdote

Bénédicte consulte un événement précis parmi les dernières actualités locales en naviguant sur une carte de la région. Chaque localisation possède une URL unique, donc elle est capable d'en faire un lien sur son blog et de l'ajouter à son réseau social.

Problème

Comment assigner des URL distinctes à des parties différentes de votre application ?

Contraintes

- Les URL expressives sont vitales. La capacité de lier un site à un autre est incontestablement ce qui a fait le succès du Web. En outre, les surfeurs du Web aiment mettre des pages dans leurs favoris pour les consulter plus tard. Et ces signets deviennent maintenant un phénomène social, avec la venue de « linkblogs » et les applications de bookmarking social tel que del.icio.us (*http://del.icio.us*).
- Les navigateurs conservent les URL dans leur historique et le bouton Précédent fonctionne seulement si les URL varient. Ce bouton fait partie des grandes habitudes pour beaucoup d'utilisateurs. Il peut signifier « revient là où j'étais il y a une minute ». Pour de nombreux utilisateurs, il peut signifier aussi « annule ma dernière action ». Ce schéma mental, bien que jugé techniquement incorrect par certains experts, doit être respecté.
- Une seule adresse pour la totalité de votre site n'est pas suffisante. Vous devez appliquer le pattern *deep linking* pour être efficace. Chaque composant distinct d'un site web devrait avoir sa propre URL.
- Dans les sites web traditionnels, l'URL change lorsque la page est rafraîchie, par exemple, lorsque l'utilisateur soumet un formulaire ou suit un lien. Mais dans les applications Ajax, la page n'est jamais rafraîchie, ainsi le navigateur ne changera pas d'URL.

Solution

Fournissez des URL uniques pour chaque état significatif de l'application. Chaque fois qu'un changement significatif d'état se produit – par exemple, lorsque l'utilisateur ouvre la fiche d'un nouveau produit dans un système de commerce en ligne – l'URL de l'application change en conséquence. L'objectif est simple, mais comme nous le verrons plus tard dans cette section, la mise en œuvre exige quelques ruses inhabituelles. Cette solution est assez complexe, car elle explore en profondeur les détails de la construction des URL uniques. De plus en plus, les bibliothèques réutilisables vous viendront en aide. Vérifier donc bien ce qui est disponible avant d'appliquer directement chacune des techniques présentées ici. Les cas concrets identifient deux ressources mais d'autres seront apparus sans aucun doute lorsque vous lirez ceci.

En Ajax, la plupart des communications avec le serveur se déroulent avec `XMLHttpRequest`. Comme les *appels XMLHttpRequest* n'affectent pas l'URL de la page, elle reste figée, par défaut, à celle utilisée pour lancer l'application Ajax. Peu importe le nombre de transferts. La seule marche de manœuvre pour manipuler l'URL est d'utiliser JavaScript. En fait, il est vraiment aisé d'y parvenir en utilisant la propriété `window.location.href` :

```
window.location.href = newURL;
         // Attention - documentez-vous avant d'utiliser ceci.
```

Très simple, n'est-ce pas. Il y a pourtant un gros problème : dans certaines circonstances tout à fait normales, le navigateur effacera la page automatiquement et chargera la nouvelle URL, ce qui va à l'encontre de la raison pour laquelle nous utilisons Ajax. Heureusement, il existe un contournement ingénieux que nous pouvons utiliser. À l'origine, Il a été conçu dans le monde Flash et a été récemment adapté au contexte Ajax. La démonstration et l'article de Mike Stenhouse (*http://www.contentwithstyle.co.uk/Articles/38/fixing-the-back-button-and-enabling-bookmarking-for-ajax-apps*) fournissent un bon résumé de cette approche et notre solution est largement basée sur son travail.

Cet astucieux contournement se base sur les identifiants de fragment – ces composants facultatifs des URL qui suivent le caractère dièse (#). Par exemple, dans *http://ajaxpatterns.org/Main_Page#Background*, l'identifiant de fragment est **Background**. Traditionnellement, ils servent à faire défiler le navigateur à différents points d'une page. C'est la raison pour laquelle ils sont appelés quelquefois « liens internes » ou « liens nommés ». Si vous regardez la table des matières sur le site AjaxPatterns.org (*http://ajaxpatterns.org#toc*) et que vous cliquez sur le lien Background – *http://ajaxpatterns.org/#Background* – la barre de l'adresse s'actualisera et le navigateur ira jusqu'à la section Background. Et maintenant, voici l'astuce : aucun rafraîchissement ne se produit réellement. Une fois de plus, le navigateur se comporte comme si vous aviez cliqué sur une lien classique : l'URL dans la barre d'adresse change et le bouton Back vous renvoie là où vous étiez auparavant (au moins pour certains navigateurs. Voir plus loin les questions de portabilité).

Vous voyez probablement où nous voulons en venir. Nous voulons que l'application Ajax change l'URL de la page sans forcer un rafraîchissement et il s'avère que la modification des identifiants de fragment le fait exactement. Ainsi, la solution consiste, pour notre script, à changer seulement la composante du fragment. Nous pourrions le faire en triturant `window.location.href`, mais il existe une façon plus directe d'y parvenir : `window.location.hash`. Donc, lorsqu'un changement d'état est assez significatif, ajustez juste la propriété de l'URL :

```
window.location.hash = summary;
```

Partout dans ce pattern, *summary* fait référence à une représentation sous forme de chaîne de caractères de l'état courant du navigateur – au moins cette portion d'état qu'il est préférable de garder. Par exemple, imaginons que nous avons une interface Ajax qui contient plusieurs onglets : Books, Songs et Movies. Nous voulons assigner une URL unique à chaque onglet. *summary* sera donc le nom de chacun de ces onglets. S'il y avait d'autres variables significatives, elles seraient intégrées dans la chaîne de caractères *summary*. Pour assurer la synchronisation du fragment avec l'état courant, il faut identifier les changements d'état et actualiser conformément le fragment. Dans l'exemple d'onglet suivant, nous pouvons le faire via le gestionnaire `onclick` en modifiant la propriété `hash` en plus du changement réel du contenu :

```
songTab.onclick = function( ) {
  window.location.hash = "songs".
  // ... et maintenant ouvrons l'onglet
}
```

Admettons que l'URL change de *http://ajax.shop/* pour valoir *http://ajax.shop/#songs*. Ce n'est pas compliqué, mais qu'arrive-t-il lorsque vous envoyez l'URL à un ami ? Son navigateur ouvrira l'URL *http://ajax.shop* et supposera que *songs* est un de ces vieux liens internes, un peu démodés. Il essaiera de dérouler la page pour atteindre un élément *songs* et n'en trouvera pas. Il ne s'en plaindra pas pour autant, il affichera simplement la page principale comme auparavant. Nous avons fait le changement d'URL *après* le changement d'état, mais nous n'avons pas mis en place de logique pour que l'état change *après* un changement d'URL.

L'état et l'URL ont besoin d'être bien synchronisés. Si l'un des deux change, l'autre doit changer également. Pour être efficace, il y a un mini-protocole spécifique à l'application qui définit la correspondance entre une URL et un état. Dans l'exemple précédent, le protocole dit « le fragment représente toujours l'onglet actuellement ouvert ». Positionner le fragment ne constitue qu'une phase du protocole, l'autre consiste à le lire. Après que cet ami ouvre `http://ajax.shop/#songs` et que son navigateur essaie sans succès de défiler jusqu'à l'élément *songs* qui n'existe pas, nous avons besoin de lire le fragment et d'actualiser l'interface utilisateur en conséquence :

```
window.onload = function( ) {
  initializeStateFromURL( );
}
initializeStateFromURL( ) {
  var initialTab = window.location.hash;
  openTab(initialTab);
}
```

Bien. Maintenant vous pouvez poster le lien, le ranger dans vos favoris et faire un lien dans une autre page. Au moins dans certains navigateurs, il ira dans l'historique, ce qui signifie que le bouton Précédent fonctionnera comme il le doit. Pour une mise en œuvre simple, c'est suffisant.

Cependant, la solution n'est pas encore idéale. En effet, que se passera-t-il si l'application est déjà chargée ? Cette situation se présentera très probablement en cliquant sur le bouton Précédent pour revenir à un état préalable ou en revenant sur un signet alors que l'on est déjà sur cette application. Dans les deux cas, l'URL changera dans la barre d'adresse, mais l'application ne fera absolument rien !

Souvenez-vous, nous faisons en sorte que l'application manipule des fragments précisément parce que le navigateur ne recharge pas la page lorsqu'ils changent. Lorsque nous sommes face à un appui sur le bouton Précédent, à une utilisation des favoris ou tout autre action similaire, nous parlons de changements initiés par l'utilisateur. Cependant, le navigateur les traite exactement avec la même inaction que s'il s'agit de nos scripts. Donc, notre `onload` ne sera pas appelé et l'application n'en sera pas affectée.

Pour faire marcher correctement les URL uniques, nous devons avoir recours à une ruse courante : scruter continuellement la propriété du fragment. Toutes les fois que le fragment change, le script du navigateur notifiera peu de temps après et mettra à jour l'état en conséquence. Dans cet exemple, nous pourrions planifier un contrôle toutes les secondes en utilisant `setInterval( )` :

```
window.onload = function( ) {
  initializeStateFromURL( );
  setInterval(initializeStateFromURL, 1000);
}
```

En fait, nous devrions simplement faire une action si la valeur de `hash` a changé récemment. Nous la testons donc dans `initializeStateFromURL( )` :

```
var recentHash = "";
```

```
function pollHash( ) {
  if (window.location.hash==recentHash) {
    return; // Rien n'a changé depuis la dernière fois
  }
  recentHash = window.location.hash;
  // L'URL a changé. Mise à jour de l'interface en conséquence.
  openTab(initialTab);
}
```

Cette technique ajoute certes un surcoût en terme de performance, mais nous avons maintenant une affectation de l'URL qui ressemble à quelque chose.

Une dernière chose. J'ai mentionné plus tôt que nous pouvons changer `window.location.hash` manuellement après le changement d'état. Maintenant que nous avons abordé la technique qui consiste à scruter, vous pouvez imaginer qu'il est également possible de faire le contraire : changer l'URL en réponse à des événements utilisateur. Laissons donc ce mécanisme les détecter et changer l'état en conséquence. Cela ajoute un délai, mais le grand bénéfice est que vous pouvez ajouter facilement un lien hypertexte sur la page pour affecter l'état du système.

Voici un résumé rapide de la technique qui vient d'être décrite, que je nomme la technique de la « page-URL » :

1. S'assurer que `window.location.hash` reflète toujours l'état de l'application.
2. Créer une fonction, par exemple `initializeStateFromURL( )` pour positionner l'état de l'application à partir de `window.location.hash`.
3. Exécuter `initializeStateFromURL` au démarrage et périodiquement.

Mais attendez, ce n'est pas tout ! J'ai mentionné plus tôt que chaque URL était stockée dans l'historique, mais seulement « pour certains navigateurs ». IE se démarque ici. La technique précitée échouera avec le mécanisme d'historique de IE et le bouton Précédent ne fonctionnera pas comme prévu. La bonne nouvelle est qu'il existe un contournement. La mauvaise nouvelle est que c'est une technique différente et qu'elle ne fonctionnera pas correctement avec Firefox. Donc si vous pouvez vous passer de l'historique de IE, continuez avec cette technique. Autrement, lisez ce qui suit…

La solution spécifique à IE s'appuie sur les IFrame et sur leur URL source. Je l'appellerai donc la technique « IFrame-URL ». Tandis que IE ne considère pas le changement du fragment comme étant significatif pour l'historique, il *reconnaîtra* un changement de l'URL source d'une IFrame embarquée. Chaque fois que vous changez l'URL source d'une IFrame, la page entière sera ajoutée à l'historique. N'envisagez plus chaque page dans l'historique comme étant simplement l'URL principale mais plutôt comme la combinaison de l'URL principale et des URL de toutes les IFrames. C'est cette combinaison qui doit varier afin de créer une nouvelle entrée dans l'historique.

Donc pour obtenir d'IE le bon fonctionnement de l'historique, nous pouvons inclure une IFrame factice et faire en sorte de changer son URL source pour refléter l'état actuel. Lorsque l'utilisateur clique sur Précédent, la source changera et reviendra à son état préalable. En théorie, le navigateur pourrait continuer à scruter l'URL source de l'IFrame pour détecter une mise à jour, mais pour certaines raisons, les IFrames restaurées ne paraîssent pas fournir une URL source correcte. Le contournement consiste donc à faire gérer le résumé de l'état du navigateur (la chaîne de caractères qui était dans l'identifiant de fragment pour l'algorithme précédent) par le corps de l'IFrame. Ainsi le mécanisme de scrutation se base sur le corps de l'IFrame plutôt que sur l'URL source.

Par exemple, si l'utilisateur clique sur l'onglet Songs, la source de l'IFrame changera pour devenir `dummy.phtml?summary=Songs`. Le corps de `dummy.phtml` sera construit (par le serveur) pour contenir cet argument exactement, c'est-à-dire que le corps de l'IFrame vaudra « Songs ». Lorsque l'utilisateur clique plus tard ailleurs puis sur le bouton Précédent, le navigateur initialisera l'URL de l'IFrame avec la valeur **`dummy.phtml?summary=Songs`** et le corps contiendra de nouveau « Songs ». Le mécanisme de scrutation détectera alors le changement et ouvrira l'onglet Songs.

Maintenant nous avons l'historique, mais nous n'avons rien fait concernant les URL. Ainsi, si l'utilisateur clique sur l'onglet Songs, nous changeons non seulement la source de l'IFrame mais aussi l'URL principale du document qui utilise un identifiant de fragment comme auparavant. Nous devons aussi nous assurer que le mécanisme de scrutation consulte l'URL ainsi que la source de l'IFrame. Si l'un d'eux a changé depuis la dernière interrogation, l'état de l'application doit être actualisé. De plus, celui qui n'a pas changé doit aussi être actualisé, c'est-à-dire, si la source de l'IFrame a changé, l'URL doit également être actualisée et vice versa.

Voici un résumé rapide de la technique de l'IFrame-URL.

- Embarquez une IFrame dans votre document.
- À chaque changement d'état significatif, mettez à jour l'URL source de l'IFrame en utilisant une chaîne de requête (*`dummy.phtml?summary=Songs`*) et mettez à jour l'URL de la page principale en utilisant un identifiant de fragment (*http://ajax.shop/#Songs*).
- Scrutez continuellement l'URL source de l'IFrame et l'URL de la page principale. Si l'une ou l'autre change, actualisez l'autre et l'état de l'application en conséquence.

Notez que cela ne fonctionnera pas avec Firefox, car il inclura dans son historique aussi bien le changement d'URL que le changement relatif à l'IFrame. Chaque changement d'état ajoutera donc réellement deux entrées dans l'historique de Firefox. Comme ce fut mentionné plus tôt, vous aurez probablement besoin de mettre en œuvre les deux algorithmes afin de supporter les deux navigateurs. Une version modifiée de la deuxième technique le fera aussi. Soyez donc prudent lors de l'utilisation des deux approches car il y a un risque que votre mécanisme de scrutation change les états trop rapidement. Si l'utilisateur a commencé à changer une valeur et que le mécanisme le détecte, il est possible que la valeur soit modifiée et remplacée par l'ancienne. Si vous séparez avec assez de soin l'entrée et la sortie, il est possible de l'éviter. Un contournement possible consiste à suspendre le mécanisme de scrutation à certains instants. Rien de tout ceci n'est idéal, mais un mécanisme d'URL unique vaut la peine d'y prêter attention.

En cherchant une variante au changement de la source de l'IFrame, Brad Neuberg – en se basant sur un bidouillage de Danny Goodman – a signalé que les navigateurs gardent en mémoire les données des champs du formulaire (`http://codinginparadise.org/weblog/2005/08/ajax-tutoriel-économe-séance-across.html`). Au lieu de changer la source de l'IFrame, vous positionnez la valeur d'un champ texte caché dans l'IFrame, ce qui résout le problème de l'historique. Cependant, vous aurez encore besoin de faire quelque chose au niveau de l'URL de la page principale pour lui donner une URL unique.

Pour résumer, voici tout ce que nous souhaitons pour les URL uniques ainsi qu'une explication sur la façon d'y parvenir en Ajax.

Ajout dans les favoris, possibilité de faire un lien et de saisir l'URL

: `window.location.hash` rend l'URL unique. Un utilisateur peut donc la mettre dans ses favoris, faire un lien dessus et la saisir directement dans son navigateur. `window.onload` assure que le signet est utilisé pour positionner l'état. La scrutation ou l'IFrame permet de s'assurer que cela fonctionnera même lorsque l'URL de base (avant hash) est identique.

Historique et bouton Précédent

: `window.location.hash` changera et scruter cette propriété vous permettra de détecter les changements relatifs à l'URL dans la plupart des navigateurs. Une IFrame cachée est aussi indispensable pour la portabilité. Elle aussi peut être scrutée.

Retour à l'application Ajax

: Après avoir quitté une application Ajax, l'utilisateur devrait être capable de cliquer sur le bouton Précédent et revenir au dernier état juste avant sa déconnexion. Les techniques *Heartbeat* permettront de fournir ce comportement.

La gestion des URL est une des principales plaintes au sujet d'Ajax. Les mythes abondent : « Ajax casse le fonctionnement du bouton Précédent » ou « il n'est pas possible de mettre dans les favoris une application Ajax ». Le fait qu'une application Ajax puissent inclure des rafraîchissements de la page entière est suffisant pour discréditer ces mythes. Mais ce pattern démontre que même sans rafraîchissement de page, les URL uniques sont encore utilisables même si c'est un peu compliqué. Ce pattern aborde certaines réflexions en cours sur les URL uniques. Cependant, le problème n'a pas encore été résolu de manière satisfaisante. Le meilleur conseil est de rester informé sur les nouvelles idées et de déléguer à une bonne bibliothèque quand c'est possible.

Décisions

Comment supporter l'indexation des moteurs de recherche ?

Les moteurs de recherche dirigent des scripts « robot » sur les sites web pour accumuler une collection de pages. Le robot fonctionne en parcourant le site web, en trouvant des liens standard vers des URL standard puis en les suivant. Il ne cliquera pas sur des boutons ni ne saisira de valeurs comme un utilisateur pourrait le faire. Il ne distinguera probablement pas les identifiants de fragment non plus. Ainsi, s'il est face à des liens du type *http://ajax.shop/#Songs* et *http://ajax.shop/#Movies*, il en suivra un mais pas le suivant. C'est un gros problème car cela signifie que seul un lien unique sera associé à l'application Ajax. Vous manquerez alors de nombreuses visites potentielles.

L'approche la plus simple est de faire avec cette page unique et autant que possible avec le HTML initial. Assurez-vous qu'elle contient toutes les informations requises pour être indexée en vous concentrant sur les balises `meta`, les titres et le contenu initial.

Une technique plus sophistiquée consiste à fournir une page présentant le plan du site dont un lien est fait depuis la page principale et qui lie toutes les URL, avec le texte du lien contenant une description appropriée, que vous voulez indexer. Il y a tout de même un petit souci : vous ne pouvez pas faire de lien vers les URL qui ont un identifiant de fragment. Il faudra donc trouver un moyen de présenter aux moteurs de recherche des URL standard même si votre application a habituellement des identifiants de fragment. Par exemple, positionnez un lien sur le plan du site vers *http://ajax.shop/Movies* et configurez votre serveur pour qu'il redirige vers *http://ajax.shop/#Movies*. Il est raisonnable de penser à vérifier explicitement si un robot procède à une analyse du site et, dans ce cas, de conserver l'URL – par exemple lorsque le robot fait une requête à *http://ajax.shop/Movies*, il suffit de présenter le même résultat que lorsque l'utilisateur est sur *http://ajax.shop/#Movies*. Le moteur de recherche indexera alors *http://ajax.shop/Movies* avec le contenu correct et lorsque l'utilisateur cliquera sur le résultat de la recherche, le serveur saura (parce que le client n'est pas un robot) qu'il faut le rediriger vers *http://ajax.shop/#Movies*.

Les stratégies des moteurs de recherche pour les applications Ajax ont été abordées dans un document détaillé de Jeremy Hartlet de Backbase, *http://www.backbase.com/#dev/tech/001_designing_rias_for_sea.xml*. Lisez-le en détails même si certains conseils sont spécifiques à Backbase.

Quel intervalle pour la scrutation ?

Les solutions décrites ici impliquent la scrutation de l'URL de la page principale, de l'URL de l'IFrame voire des deux. Quel intervalle entre deux appels est le plus approprié ? Plus de quelques centaines de millisecondes causeront un délai notable (même si ce n'est pas rédhibitoire car les utilisateurs se sont habitués aux délais du rechargement de page). Du point de vue de la sensation de réactivité, le délai devrait idéalement être aussi court que possible, mais deux aspects l'allongeront

Surcoût en terme de performance

La scrutation continue aura un impact sur les performances de l'application de façon globale. Donc 10 millisecondes peuvent être considérées comme le minimum. Un chiffre entre 10 et 100 millisecondes est probablement le meilleur compromis.

Synchronisation trop rapide

Ce problème ne concerne que l'approche IFrame-URL et non Page-URL. La première, comme décrite dans la solution ci-dessus, conserve la synchronisation entre l'URL de la page, l'URL de l'IFrame et l'état de l'application. Il existe donc une possibilité que vous commenciez à changer une de ces données et un problème surviendra pendant un point de contrôle de la synchronisation. Par exemple, vous pouvez commencer à changer l'état de l'application et soudainement être confronté à un souci car cet état diffère de l'état de l'URL. Pour éviter ce genre de désagrément, plusieurs solutions pragmatiques sont possibles, mais tant que vous devez vous baser sur la scutation, le problème peut toujours survenir à cause de certaines combinaisons d'événements. Même si c'est loin d'être l'idéal, une période de scrutation plus longue réduira au moins le problème.

Quelles différences dans l'état garantit des URL uniques ?

Dans ce pattern, j'aborde les « changements d'état » d'un point de vue abstrait. Lorsque je dis qu'un « changement d'état » devrait résulter en une nouvelle URL et un nouvel enregistrement dans l'historique du navigateur, de quelles modifications suis-je en train de parler ? Dans une application Ajax, certains changements seront assez significatifs pour aboutir à une nouvelle URL, d'autres ne le seront pas. Voici quelques principes :

- Les préférences de l'utilisateur ne devraient pas changer l'URL – c'est-à-dire que si utilisateur choisit le jaune comme couleur de fond, cela ne devrait pas apparaître dans l'URL
- Lorsque l'utilisateur consulte des éléments particuliers – par exemple, un produit dans un catalogue de commerce électronique ou une catégorie – cet élément est généralement un candidat logique pour une URL unique.
- Lorsque il est possible d'ouvrir plusieurs choses à la fois, vous aurez probablement besoin de capturer la collection entière.

À quoi vont ressembler les URL ?

Les URL uniques vous demandent d'agir comme un architecte de l'information et de faire un peu travail de conception d'URL. Vous ne contrôlerez peut-être que l'identifiant de fragment et non l'URL entière. Cependant même cet identifiant a des implications sur la facilité d'utilisation. Voici quelques principes :

- Les utilisateurs manipulent quelquefois les URL. Ainsi, dans certains cas, vous pouvez vouloir rendre la variable explicite. Donc au lieu de fournir */#Movies*, pensez plutôt à *#category=Movies* si vous voulez rendre les URL plus sympathiques. Ce format est aussi plus proche d'une URL style CGI, qui peut être plus familière aux utilisateurs. L'inconvénient est que vous aurez besoin d'un peu plus de code pour analyser ces URL.
- Comme nous l'avons vu plus tôt, il ne faut pas oublier l'indexation faite par les moteurs de recherche. L'identifiant de fragment correspondra parfois à une URL destinée au moteur de recherche. Par conséquent, assurez-vous qu'il est aussi descriptif que possible afin d'attirer les outils faisant la recherche. Par exemple, favorisez le nom d'un produit plutôt que son ID, car le nom est certainement ce que les utilisateurs rechercheront.

Cas concrets

PairStairs

PairStairs, de Nat Pryce (*http://nat.truemesh.com/stairmaster.html*) est un outil d'Extreme Programming qui accepte une liste d'initiales de développeurs et fournit la matrice correspondante (*figure 17-19*). L'URL reste synchronisée avec les initiales saisies – par exemple, en entrant « ap ek kc mm, » l'URL sera mise à jour et elle finira avec `#ap_ek_kc_mm`.

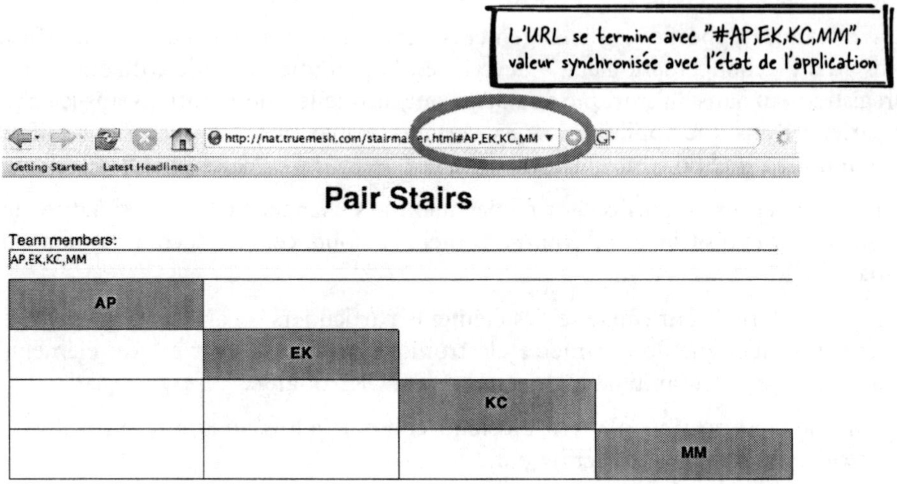

Figure 17-19. PairStairs

Bibliothèque Dojo

La boîte à outils Dojo dojo.io.bind (*http://dojotoolkit.org/docs/intro_to_dojo_io.html*) vous laisse spécifier (ou autogénérer) une URL basée sur les fragments comme une partie d'un appel web à distance. Après l'arrivée de la réponse, l'URL de l'application changera en conséquence.

Bibliothèque Really Simple History

Really Simple History (historique vraiment simple) (*http://codinginparadise.org/weblog/2005_09_20_archive.html*) est un framework qui vous permet de gérer de façon explicite l'historique du navigateur (*figure 17-20*). Un appel à `dhtmlHistory.add(fragment, state)` affectera `fragment` à l'identifiant de fragment de l'URL et modifiera l'état avec `state`. Une fonction callback peut être enregistrée pour déterminer tout changement de l'historique (par exemple, lorsque le bouton Précédent a été actionné). Elle recevra les informations de localisation et d'état correspondantes. La bibliothèque a récemment été incorporée dans le projet Dojo.

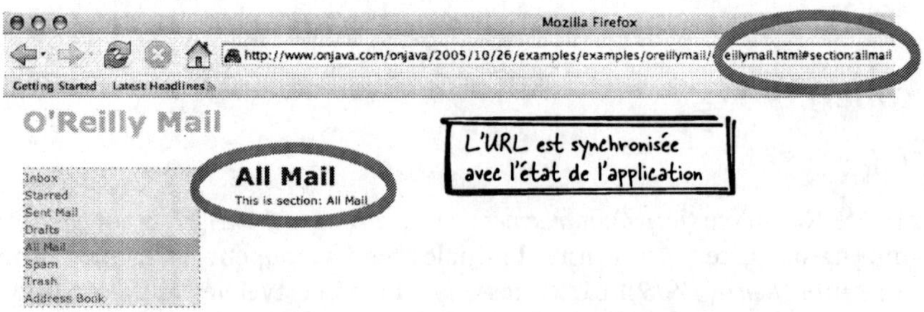

Figure 17-20. Démonstration de Really simple history

Refonte de Code : Application Somme d'AjaxPatterns avec URL unique

Cet exemple modifie la démonstration de la somme basique (*http://ajaxify.com/run/sum*) en utilisant les techniques de la Page-URL et de l'IFrame-URL. Il y a actuellement quatre mises en œuvre :

- La démonstration de la somme générant une URL unique (*http://ajaxify.com/run/sum/uniqueURL*) utilise la technique de la Page-URL, ainsi lorsque l'état change, l'URL changera.
- La démonstration de la somme avec scrutation d'URL (*http://ajaxify.com/run/sum/uniqueURL/pollURL*) améliore la démonstration précédente en ajoutant un mécanisme du scrutation. Ainsi lorsque l'URL change, l'état change aussi. Donc, la synchronisation de l'URL et de l'état se produit dans les deux directions.
- La démonstration de la somme avec IFrame (*http://ajaxify.com/run/sum/uniqueURL/iFrame*) modifie la première version pour utiliser la technique de l'IFrame-URL. Dans cette version, l'historique fonctionnera car la source de l'IFrame est changée, mais l'URL de la page principale n'est pas encore mise à jour.
- La démonstration de la somme avec technique d'IFrame complète (*http://ajaxify.com/run/sum/uniqueURL/iFrame/updateURL/*) complète la mise en œuvre précédente en rendant unique l'URL de la page principale.

Démonstration de la somme générant une URL unique

Cette première refonte change l'identifiant de fragment (`hash`) lorsqu'une somme (sum) est soumise. L'identifiant contient toujours l'état de la page principale, qui ici, est une liste de trois nombres séparés par une virgule (par exemple, `#3,5,10`) :

```
function submitSum( ) {
  definedFigures = {
    figure1: $("figure1").value,
    figure2: $("figure2").value,
    figure3: $("figure3").value
  }
  hash = "#" + definedFigures.figure1 + "," + definedFigures.figure2
            + "," +definedFigures.figure3;
  window.location.hash = hash;
  ajaxCaller.get("sum.phtml", definedFigures, onSumResponse, false, null);
}
```

C'est seulement utile si la procédure de démarrage prend réellement l'identifiant de fragment en considération. Une nouvelle fonction `setInitialFigures( )` est ainsi appelé à l'initialisation. Elle contrôle l'identifiant de fragment et positionne les paramètres. Puis elle appelle `submitSum( )`pour actualiser le résultat de la somme :

```
function setInitialFigures( ) {
  figuresRE = /#([-]*[0-9]*),([-]*[0-9]*),([-]*[0-9]*)/;
  figuresSpec = window.location.hash;
  if (!figuresRE.test(figuresSpec)) {
    return; // ignorer l'URL si elle est invalide
  }
```

```
    $("figure1").value = figuresSpec.replace(figuresRE, "$1");
    $("figure2").value = figuresSpec.replace(figuresRE, "$2");
    $("figure3").value = figuresSpec.replace(figuresRE, "$3");
    submitSum( );
  }
```

Démonstration de la somme avec scrutation d'URL

La version précédente actualisera l'URL à partir du changement de l'état, mais l'inverse n'est pas vrai. Cette démonstration rectifie le problème en scrutant l'URL et en actualisant l'état si l'URL évolue. La fonctionnalité permettant d'actualiser l'état à partir de l'URL est déjà présente dans la fonction `setInitialFigures( )` de la version précédente. Nous avons simplement besoin de continuer à l'exécuter au lieu de simplement faire une appel au démarrage. La fonction `setInitialFigures( )` a donc été renommée `pollHash( )`et est appelée périodiquement :

```
window.onload = function( ) {
  ...
  setInterval(pollHash, 1000);
}
```

La fonction est la même qu'auparavant mis à part un petit changement : une variable `recentHash` est maintenue pour assurer que nous changeons seulement l'état si hash est en train de changer. Nous ne voulons pas changer l'état plus que nécessaire :

```
var recentHash = "";
function pollHash( ) {
  if (window.location.hash==recentHash) {
    return; // Rien n'a changé depuis la dernière fois.
  }
  recentHash = window.location.hash;
  // ... Même code que dans la fonction setInitialFigures( ) précédente...
}
```

Démonstration de la somme avec IFrame

Les versions précédentes ne fonctionnent pas avec IE car un changement de l'identifiant de fragment n'est pas assez significatif pour IE pour provoquer une entrée dans son historique. Nous introduisons donc une IFrame et changeons la source de son URL chaque fois que le document change.

Le HTML initial inclut une IFrame. Elle sera utilisée par la source de l'URL pour ajouter des entrées dans l'historique du navigateur. Un fichier PHP conservent les traces en se limitant aux arguments. Le corps de l'IFrame correspond toujours à la source de l'URL, nous pouvons donc trouver le résumé dans le corps. En fait, nous devrions être capable de contrôler directement la source de l'URL, mais il semblerait qu'un bogue dans IE empêche la mise à jour de le propriété « source » lorsque l'on revient sur l'IFrame précédente (même si le contenu est rempli en fonction de cette URL). Classiquement, l'IFrame sera cachée par le biais d'une propriété CSS mais elle reste visible ici pour les besoins de la démonstration.

```
<iframe id='iFrame' name='iFrame' src='summary.phtml?summary='></iframe>
```

Chaque fois qu'une somme (sum) est soumise, la source de l'IFrame est mise à jour :

```
function submitSum( ) {
  ...
  $("iFrame").src = "summary.phtml?summary=" + summary;
}
```

Au lieu de scruter l'URL, nous regardons régulièrement le corps de l'IFrame qui contient le résumé de l'état. Souvenez-vous que dans cette version, l'URL de la page principale est fixe – nous faisons seulement en sorte de faire marcher l'historique de IE sans rendre pour l'instant l'application capable d'être mise dans les favoris. Toutes les fois que nous remarquons que la source de l'IFrame a été changée, nous supposons que c'est dû à un clic sur le bouton Précédent. Nous ressortons alors le résumé du corps de l'IFrame et ajustons l'état de l'application en conséquence :

```
window.onload = function( ) {
  ...
  setInterval(pollSummary, 1000);
}
function pollSummary( ) {
  summary = window["iFrame"].document.body.innerHTML;
  if (summary==recentSummary) {
    return; // Rien n'a changé depuis la dernière fois.
  }
  recentSummary = summary;
  // Affecter figures en conformité avec summary et appeler submitSum( )
  // pour positionner le résultat...
}
```

Le bouton Précédent fonctionnera maintenant comme prévu dans Firefox et IE.

Démonstration de la somme avec technique d'IFrame complète

Cette dernière version s'appuie sur la précédente en incluant des URL uniques pour la principale page afin de pouvoir mettre dans les favoris toute combinaison de valeurs. Notez qu'il s'agit d'une démonstration « IFrame-URL » et qu'elle ne fonctionnera pas correctement sur Firefox pour les raisons citées dans la solution précédente.

La page contient aussi une IFrame et comme nous synchronisons maintenant aussi l'URL, il y a réellement trois choses à garder synchronisées :

- L'état de l'application state, c'est-à-dire les trois éléments de la somme
- L'URL de la page
- L'URL de l'IFrame

L'algorithme est celui-ci : quand l'un des trois change, il faut modifier les deux autres et actualiser le résultat de la somme. Certaines fonctions utilitaires lisant et écrivant ces propriétés permettent de faciliter la manœuvre :

```
function getURLSummary( ) {
  var url = window.location.href;
  return URL_RE.test(url) ? url.replace(/.*#(.*)/, "$1") : "";
}
function getIFrameSummary( ) {
```

```
    return util.trim(window["iFrame"].document.body.innerHTML);
  }
  function getInputsSummary( ) {
    return $("figure1").value +","+ $("figure2").value +","+ $("figure3").value;
  }
  function setURL(summaryString) {
    window.location.hash = "#" + summaryString;
    document.title = "Unique URL Sum: " + summaryString;
  }
  function setIFrame(summaryString) {
    $("iFrame").src = "summary.phtml?summary=" + summaryString;
  }
```

La fonction updateSumResult( ) est aussi très simple :

```
  function updateSumResult( ) {
    definedFigures = {
      figure1: $("figure1").value,
      figure2: $("figure2").value,
      figure3: $("figure3").value
    }
    ajaxCaller.get("sum.phtml", definedFigures, onSumResponse, false, null);

  }

  function onSumResponse(text, headers, callingContext) {
    self.$("sum").innerHTML = text;
  }
```

Maintenant, voici la logique de synchronisation. La première chose qui peut changer est l'état de la l'application. Cela se produit lorsque le bouton « Submit » est cliqué. Les URL de la page et l'IFrame seront alors actualisées :

```
  window.onload = function( ) {
    self.$("addButton").onclick = function( ) {
      onSubmitted( );
    }
    ...
  }
  function onSubmitted( ) {
    var inputsSummary = getInputsSummary( );
    setIFrame(inputsSummary);
    setURL(inputsSummary);
    updateSumResult( );
  }
```

Les deux autres choses qui peuvent changer sont la source de l'IFrame (par exemple, quand on clique sur le bouton Précédent) ou l'URL (par exemple, si un signet est sélectionné). Il n'y a aucune façon de le savoir directement. Nous devons ainsi constamment contrôler leur valeur. Une fonction de scrutation unique suffit pour les deux :

```
  window.onload = function( ) {
    ...
```

```
    pollTimer = setInterval(pollSummary, POLL_INTERVAL);
  }
  function pollSummary( ) {
    var iframeSummary = getIFrameSummary( );
    var urlSummary = getURLSummary( );
    var inputsSummary = getInputsSummary( );
    if (urlSummary != inputsSummary) {
                        // URL a changé, par exemple depuis un   signet
      setInputs(urlSummary);
      setIFrame(urlSummary);
      updateSumResult( );
    } else if (iframeSummary != inputsSummary) {
                        //IFrame a changé, bouton Précédent par exemple
      setInputs(iframeSummary);
      setURL(iframeSummary);
      updateSumResult( );
    }
  }
```

Un dernier point : le temporisateur est suspendu pendant que l'utilisateur modifie un champ afin d'empêcher l'URL ou la source de l'IFrame d'être modifiée avec un état de l'application antérieur :[4]

```
  window.onload = function( ) {
    ...
    // Empêcher l'iframe d'être modifiée pendant son édition. Le changement d'URL
    // mettrait en oeuvre un déclencheur (trigger) qui changerait les valeurs
    // en train d'être modifiées, c'est pourquoi il a besoin d'être arrêté.
    for (var i=1; i<=3; i++) {
      $("figure"+i).onfocus = function( ) {
        clearInterval(pollTimer);
      }
      $("figure"+i).onblur = function( ) {
        pollTimer = setInterval(pollSummary, POLL_INTERVAL);
      }
    } ...
  }
```

L'application peut désormais être mise dans les favoris. Elle possède à présent un historique qui fonctionne. Ce n'est pas encore idéal, car si vous supprimez le focus et que vous modifiez le champ, les nombres reviendront à un état préalable. Il semble aussi qu'il y ait un problème du navigateur (dans IE et Firefox), ce qui signifie que l'URL du document n'est pas actualisée une fois qu'elle est modifiée manuellement. Vous pouvez donc changer l'URL en utilisant un signet, mais si vous la changez à la main, elle ne changera pas en réponse à une nouvelle mise à jour de l'état de l'application.

4. Il est probablement possible de faire quelque chose de plus sophistiqué en traquant l'historique de l'URL, l'IFrame et l'état de l'application indépendamment.

Alternatives

Rafraîchissement occasionnel

Certaines applications Ajax rafraîchissent la page lorsqu'un changement majeur se produit. Par exemple, A9 (*http://a9.com*) utilise beaucoup les patterns Display Morphing (chapitre 5) et Web Remoting (chapitre 6). Néanmoins, le site exécute une soumission standard pour les recherches afin de nettoyer les URL comme *http://a9.com/ajax*. Habituellement, cette granularité est suffisante et aucune manipulation spéciale d'URL n'est alors nécessaire.

« Faites un lien vers moi »

Certaines applications Ajax, comme Google Maps et MSN Earth gardent la même URL partout mais offrent un lien dynamique dans la page si l'utilisateur en a besoin. Dans certains cas, c'est un lien standard vers la « page courante » ; dans d'autres cas, le lien est généré à la demande. Plusieurs expressions sont utilisées comme « Mettre cette page dans les favoris » (« Bookmark this Page ») ou « Faire un lien vers cette page ». (« Link to this page »). C'est très facile à mettre en œuvre, malheureusement, cela casse le modèle des URL avec lequel les utilisateurs sont familiers. Les utilisateurs peuvent donc ne pas s'en servir. L'avenir dira si les utilisateurs adopteront ce nouveau style ou s'il disparaîtra au fur et à mesure que les développeurs Ajax apprendront comment s'en sortir avec les URL uniques.

Pour aller plus loin

- « Uniform Resource Identifier (URI) Generic Syntax, » par Tim Berners-Lee, Roy Fielding et Larry Masinter for the Internet Engineering Task Force (*http://www.gbiv.com/protocols/uri/rfc/rfc3986.html*)
- « Designing RIAs For Search Engine Accessibility, » par Jeremy Hartley de Backbase (*http://www.backbase.com/#dev/tech/001_designing_rias_for_sea.xml*)
- « Bookmarks and the Back Button in AJAX Applications, » par Laurens Holst de Backbase (*http://www.backbase.com/#dev/tech/002_bookmarks.xml*)
- « Ajax History Libraries, » par Brad Neuberg (*http://codinginparadise.org/weblog/2005_09_20_archive.html*)
- « Fixing the Back Button and Enabling Bookmarking for Ajax Apps, » par Mike Stenhouse (*http://www.contentwithstyle.co.uk/Articles/38/fixing-the-back-button-and-enabling-bookmarking-for-ajax-apps*)

Remerciements

Cette solution est largement inspirée de l'article de Mike Stenhouse (*http://www.contentwithstyle.co.uk/Articles/38/fixing-the-back-button-and-enabling-bookmarking-for-ajax-apps*).

Partie V

Patterns de développement

18

Diagnostics

S'il y a bien une certitude dans la vie des développeurs, c'est qu'il existe des bogues. La programmation Ajax ne fait pas exception et vous pouvez vous attendre à des moments intenses durant le développement voire même en production. Heureusement, beaucoup de techniques, d'outils et de bibliothèques sont disponibles pour vous aider à isoler les problèmes lorsqu'ils surviennent. Ce chapitre les décompose en quatre catégories.

Le *Logging* est la bonne vieille technique appliquée au navigateur. Les messages de log peuvent être affichés dans un popup, téléchargés sur le serveur ou montrés d'une façon spécifique à un navigateur. De même, la technique de *Debugging* est un débogage classique adapté au JavaScript s'exécutant dans le navigateur.

Les deux patterns suivants sont plus spécifiques à Ajax. L'*Inspection du DOM* permet d'analyser l'état dynamique du DOM. Quant au *Traffic Sniffing*, il consiste à observer le trafic entre le navigateur et le serveur.

Logging (traces)

◉○○

Capture, Log, Message, Suivi, Enregistrement

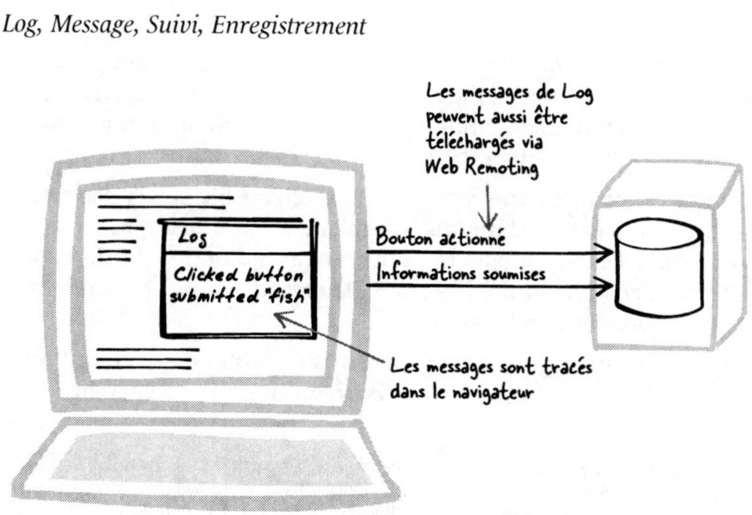

Figure 18-1. Logging

Anecdote

Le moteur de recherche de David continue à lui retourner un résultat vide pour certaines requêtes. Heureusement, avant d'en faire une nouvelle, il a ajouté des commandes de Logging (traces) pour vérifier la façon dont la requête est traitée. Il rend la console apparente et positionne le niveau de traces à « verbeux ». Après avoir entré sa requête, il voit maintenant qu'une des expressions régulières ne fonctionne pas comme prévu.

Problème

Comment tracer les processus des programmes ?

Solution

Instrumenter votre JavaScript avec des messages log (de trace). La page contiendra alors typiquement un élément div dédié au *Logging* dans lequel chaque action significative sera tracée, par exemple :

```
$("log").innerHTML += "L'utilisateur fait une recherche sur " + query + ".<br/>";
```

Même cette simple mise en œuvre offre plusieurs avantages face à l'alternative classique : le débogage dans une boîte de dialogue. Le plus important est que l'élément log peut être un *Popup* (chapitre 15) : vous pouvez facilement basculer la visibilité en changeant dynamiquement des propriétés CSS telles que display ou même la rendre en partie transparente. De plus, le Logging reste non instrusif – il n'y a en effet aucun impact sur le déroulement de l'application. L'historique que vous pouvez consulter si quelque chose tourne mal constitue un autre avantage. Il n'y a pas besoin d'essayer de reproduire le problème.

Inspiré par les bibliothèques Java telles que log4j (*http://logging.apache.org/log4j/docs/*), les bibliothèques JavaScript de Logging fournissent habituellement une sorte de filtre. En général, un message est marqué avec un niveau de priorité, par exemple « debug », « info » ou « error ». Vous pouvez alors choisir de voir seulement certains messages d'un niveau donné.

Le Logging impacte les performances, non seulement dans la manipulation du DOM mais aussi dans la production des messages eux-mêmes. Vous pouvez également être confronté à des problèmes de mémoire jusqu'à ce que certaines fonctionnalités soient déclenchées pour vider les vieux messages.

Au lieu de tracer dans une zone représentant une console sur la page, certains développeurs utilisent la barre de statut du navigateur pour afficher les messages (en utilisant window.status). Les développeurs Firefox ont aussi l'option d'utiliser la console du navigateur. Cependant, cela limite la portabilité et exige un peu de configuration (*http://www.make-believe.org/posts/05/10/24/0*).

Une autre approche, qui gagne du terrain, consiste à utiliser le pattern Web Remoting (chapitre 6) et à télécharger les données vers un service web de Logging.[1]

1. Ajax – plus précisement XMLHttpRequest – a été étiqueté comme une technique pour « espionner des utilisateurs » (*http://www.devx.com/webdev/Article/28861*). Cependant, les techniques de Logging distant sont disponibles depuis longtemps. Le principal impact d'Ajax revient à augmenter l'activité riche dans le navigateur, celle-ci pouvant créer des incitations supplémentaires à tracer l'activité de l'utilisateur. Voir *http://www.softwareas.com/spying-on-users-with-xmlhttprequest*.

Cela permet un stockage permanent des journaux et peut aussi être combiné avec les journaux du côté serveur afin de peindre une image détaillée de chaque interaction. Eric Pascarello a proposé un bon exemple avec sa technique permettant de tester l'ergonomie (*http://radio.javaranch.com/pascarello/2005/11/01/1130878004388.html*). Les traces log4j (*http://jroller.com/page/stritti?entry=logging_in_javascript_log4js*) supportent une stratégie de *Logging* s'appuyant sur `XMLHttpRequest`. Cependant, les avantages du Logging distant doivent être mis en balance avec les aspects relatifs à la vie privée des utilisateurs et à leur consentement.

Décisions

Doit-on tracer en production ?

La plupart des serveurs sont configurés pour pouvoir faire du Logging aussi bien en développement qu'en production. Mais le navigateur devrait-il en faire de même ? Dans le passé, la réponse était habituellement négative. Mais Ajax repose la question pour deux raisons. Tout d'abord, l'accroissement de la logique dans le navigateur fait que plus en plus de choses peuvent mal tourner et nécessitent d'être tracées. Deuxièmement, le pattern Web Remoting (chapitre 6) rend possible l'accumulation de traces sur le serveur de façon non intrusive. Par contre, le Logging distant consomme du temps de traitement au niveau de l'application mais aussi de la bande passante. Vous devez donc décider si cela en vaut la peine et si c'est le cas, ce qui doit être enregistré. Votre décision ne doit pas pour autant oublier le volet sur la vie privée de l'utilisateur.

Quels sont les changements de configuration entre les environnements de développement et de production ?

Dans les systèmes de *Logging* côté serveur, les paramètres sont habituellement modifiés en appliquant des filtres spécifiques aux environnements. Par exemple, durant le développement, tous les messages sont affichés, alors qu'en production, seuls les messages du niveau supérieur à « l'information » le sont. Un problème classique de performance survient alors : même si les messages de débogage ne sont pas tracés, les instructions doivent néanmoins être construites, ce qui prend du temps. Une solution courante consiste à inclure des instructions « if-then » – un idiome fâcheux qui obscurcit le code – afin de vérifier le niveau de trace. Comme le JavaScript est généré par le serveur, vous pouvez faire mieux : une configuration permettant que les commandes de trace ne soient pas produites à la source. La façon de le réaliser dépend de l'environnement côté serveur. Par exemple, un développeur JSP pourrait utiliser une balise de *Logging* JavaScript dont la mise en œuvre consulte dynamiquement la configuration de Logging.

Outils

Lumberjack

Lumberjack (*http://gleepglop.com/javascripts/logger/*), de Corey Johnson, est un framework JavaScript de Logging qui supporte différents niveaux de trace. Aucune configuration n'est nécessaire car il crée l'élément de Logging `div` lui-même. Vous pouvez donc immédiatement faire des appels tels que `Logger.info("L'utilisateur est connecté")`. Au départ, la console est masquée et vous pouvez la rendre visible avec Alt-D.

fvLogger

fvLogger (*http://www.fivevoltlogic.com/code/fvlogger/*), de David Miller, fonctionne de façon similaire à Lumberjack. Pour l'utiliser, vous devez simplement inclure un élément `div` avec un niveau de trace optionnel et faire des appels tels que `error("Aucun résultat trouvé");`.

log4js

log4js (*http://jroller.com/page/stritti?entry=logging_in_javascript_log4js*) se base plus fortement sur log4j que les autres. En plus des différents niveaux de trace, elle permet d'ajouter facilement par simple configuration des stratégies de Logging. Celles-ci correspondent aux actions : ne rien faire, tracer dans une fenêtre popup et télécharger via des *appels XMLHttpRequest.*

Mochikit

Le framework de Bob Ippolito, Mochikit (*http://mochikit.com/doc/html/MochiKit/Logging.html*), propose une API similaire à celles mentionnées précédemment et ajoute aussi des fonctionnalités comme des « auditeurs » de log (log listeners) et une zone tampon configurable pour les messages. La façon standard de lancer la console est intéressante, puisqu'elle consiste à utiliser une bookmarklet.

Exemple de code : Utiliser Lumberjack

Le Lecteur basique d'Ajax Pattern (*http://ajaxify.com/run/reader/*) est modifié afin d'ajouter le Logging avec Lumberjack (*http://gleepglop.com/javascripts/logger/*) (*figure 18-2*). Le fichier *logger.js* de Lumberjack fournit les fonctions qui permettent de compléter le code pour inclure des messages de trace :

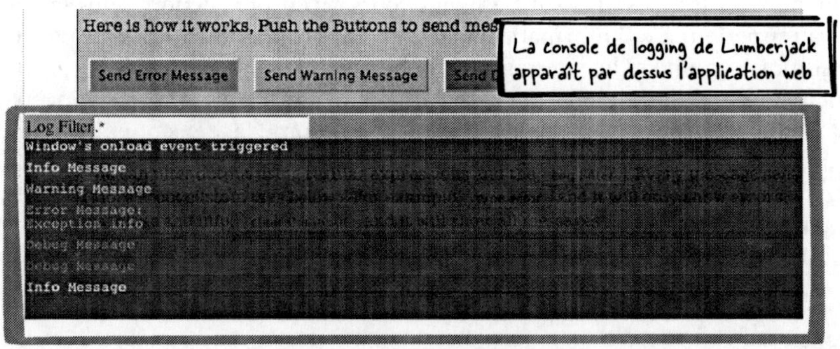

Figure 18-2. Lumberjack

```
Logger.info("Received " + patternNames.length + " pattern names.");
...
Logger.debug("Received summary: " + summaryHTML.substring(0, 100) + "...");
...
Logger.info("Adding " + patternOption.value + " to playlist");
```

Debugging (débogage)

◉○○

Point d'arrêt, Débogage, Déduction, Résoudre, Inspecter, Réparer, Étape, Test

Figure 18-3. Débogage

Anecdote

Denis se gratte la tête. Il se demande pourquoi son effet visuel est si saccadé, au lieu de grossir progressivement, les transitions de l'icône depuis sa petite taille vers sa taille normale ne sont pas normales. L'analyse du code ne le conduit nulle part. Il lance donc le débogueur JavaScript, ce qui lui permet de parcourir l'effet pas à pas. Après avoir contrôlé les dimensions de la boîte, il diagnostique rapidement la cause. Il s'agit d'une erreur d'arrondi.

Problème

Comment diagnostiquer les erreurs et les comportements étranges ?

Solution

Diagnostiquez les problèmes en utilisant un débogueur JavaScript. Le débogage JavaScript était auparavant très limité avec l'utilisation de messages d'alerte. Mais du chemin a été parcouru. Un outil comme le débogueur Venkman (*http://www.mozilla.org/projects/venkman/*), une extension Firefox populaire, en est la preuve. Venkman possède toutes les fonctionnalités basiques que vous recherchez dans un débogueur de langage classique : les points d'arrêt, les piles d'appel, les possibilités d'entrer/sortir/avancer dans les instructions, l'affichage des variables et la capture des erreurs et des exceptions. De plus, une session interactive vous laisse saisir du code pour une exécution immédiate. Enfin, il supporte aussi un profiling basique.

Déboguer ou ne pas déboguer ?

C'est la question que beaucoup de développeurs se sont posés pendant des années. Beaucoup pensent qu'il y a des choses souvent plus productives à faire. Le principal problème du débogage est que vous devez investir du temps pour configurer les listes de points d'arrêt et de contrôle des variables et pour penser aux stratégies servant à diagnostiquer. Et tout cela est jeté une fois le problème résolu. Le même problème peut survenir plus tard et vous devrez de nouveau tout reconfigurer. Même si vous pouvez sauvegarder les points d'arrêt et variables à inspecter – Venkman permet de le faire – c'est en principe trop fragile pour être utile. Si au contraire vous créez un test unitaire pour vérifier la même chose ou si vous introduisez un message pour tracer l'état, vous aurez créé quelque chose de permanent et d'utile pour vous et votre équipe.

Pour des erreurs basiques, sans recourir à un débogueur personnalisé, utilisez la console JavaScript de Firefox et sur IE invalidez l'option « Désactivez le débogage du Script ». Vous pouvez aussi définir `window.onerror` pour afficher toutes les erreurs qui surviennent, puisque le gestionnaire des événements est prévenu du message d'erreur, de l'URL et du nombre de la ligne. Vous pourriez alors faire du *Logging* ou encore créer une alerte, comme par exemple :

```
window.onerror = function(message, url, lineNum) {
  alert("Erreur: '" + message + "'. à " + url + ", Ligne " + lineNum);
}
```

Outils

Venkman

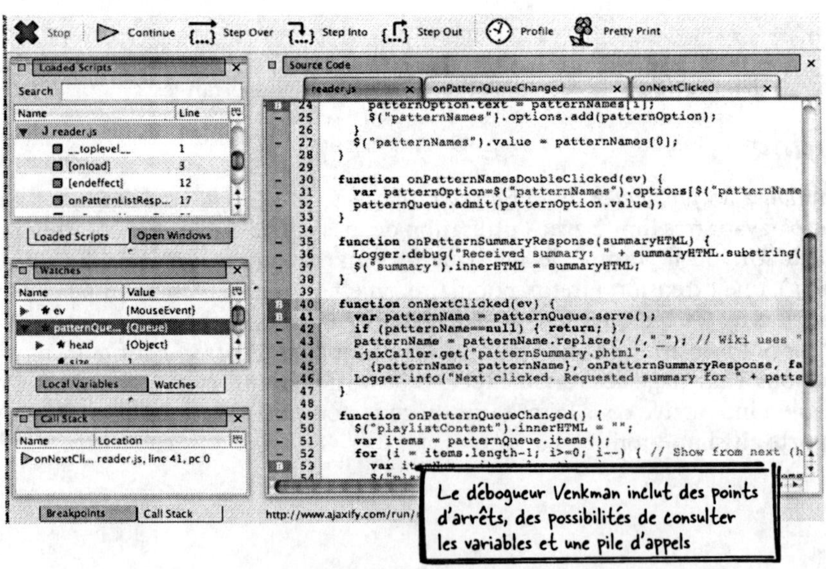

Figure 18-4. Venkman

Venkman (*http://www.mozilla.org/projects/venkman/*) est une extension Firefox open source avec un support vraiment sophistiqué du *Debugging*, comme il a été mentionné dans le paragraphe précédent (*figure 18-4*). Lorsque vous lancez le débogueur, il montre une liste de fichiers JavaScript que vous pouvez alors ouvrir pour mettre des points d'arrêt.

Débogeur de Script de Microsoft

Microsoft fournit un débogueur (*http://msdn.microsoft.com/library/default.asp?url=/library/en-us/sdbug/Html/sdbug_1.asp*) gratuit. Il offre les fonctions basiques, c'est-à-dire les points d'arrêt, une pile basique des appels, la possibilité d'entrer/sortir/sauter des instructions et la surveillance des erreurs (*figure 18-5*). Même s'il n'est pas aussi complet en terme de fonctionnalités que Venkman, il est tout à fait utile pour investiguer dans le cas de bogues spécifiques à IE. Le weblog d'IE (*http://blogs.msdn.com/ie/archive/2004/10/26/247912.aspx*) donne une liste de plusieurs options pour le débogage avec IE.

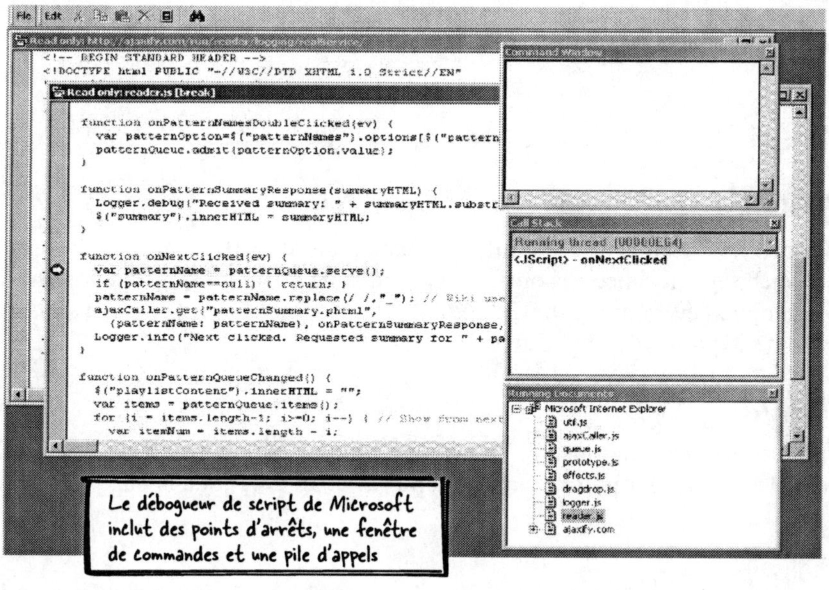

Figure 18-5. Débogueur de script de Microsoft

Débogueur JavaScript HTML

Le débogueur JavaScript HTML (*http://www.htmldebugger.com/javascript_debugger/javascript_debugger.asp*) est un produit commercial de la société SplineTech. C'est une application Windows autonome avec des fonctionnalités similaires à Venkman mais avec une facilité d'utilisation plus importante.

DOM Inspection (inspection du DOM)

◉○○

DOM, Dynamique, Explorer, Inspecter, Interroger, Investiguer, Présentation, Rendu, Capture d'écran, État, Vue, Visualiser

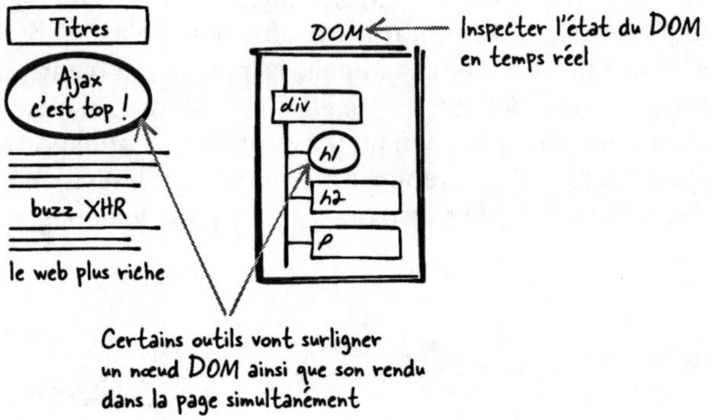

Figure 18-6. Inspection du DOM

Anecdote

Denis continue à cliquer sur le bouton Effacer, mais le texte du document reste obstinément inchangé. Il lance un outil d'inspection de l'arbre DOM et découvre que le gestionnaire de l'événement `onclick` pour ce bouton est absent, ce qui explique pourquoi rien ne se passe.

Problème

Comment contrôler à tout instant l'état du DOM, en prenant en considération les manipulations DOM qui ont pu se produire depuis le chargement de la page ?

Solution

Utilisez un outil d'inspection de l'arbre DOM pour explorer son état dynamique. Le HTML initial pour une application Ajax est souvent minimal et dans tous les cas, il est susceptible de changer avec le temps à cause de la manipulation de l'arbre DOM. Un *outil d'inspection du DOM* traverse le modèle DOM courant du navigateur, plutôt que la source de l'HTML initial afin d'en offrir une présentation à un instant t. Souvent, l'outil est interactif, ce qui vous permet de descendre dans la hiérarchie, de chercher des mots-clé, etc. Tout ceci est très utile pour vérifier certaines suppositions et diagnostiquer les problèmes. En effet de nombreux bogues Ajax surviennent parce que le programmeur a mal compris l'état du DOM à un instant donné. L'utilité de l'inspection du DOM dépasse la consultation dynamique du DOM. Même pour les applications statiques, un outil d'exploration interactif est souvent un bon complément à la somme de texte qui compose un document HTML complexe.

Outils

Inspecteur DOM de Firefox

Firefox fournit un outil d'inspection du DOM, accessible depuis le menu outils (tools pour les versions US) (*figure 18-7*).[2]

L'outil est une fenêtre popup montrant la hiérarchie DOM sur un côté et affichant un résumé concernant le nœud sélectionné. Le résumé montre les attributs du nœud tels que les gestionnaires d'événements enregistrés ainsi que les informations de style CSS.

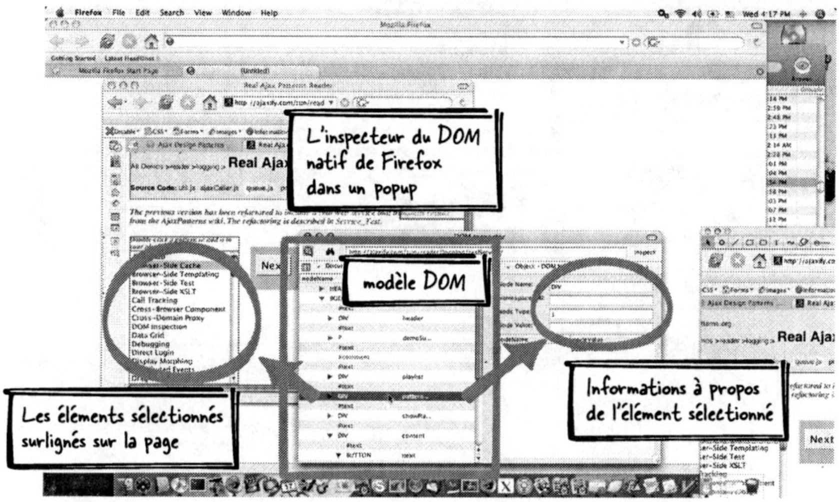

Figure 18-7. Inspecteur du DOM de Firefox

Extension Web Developper de Firefox

L'extension de Chris Pederick, Web Developer (*http://chrispederick.com/work/webdeveloper/*) est une barre d'outils pour Firefox vraiment utile pour le développement web (*figure 18-8*). Parmi ses vastes fonctionnalités, plusieurs commandes sont directement liées à l'inspection du DOM :

Display (affichage)

Ces commandes complètent la page avec des informations relatives au DOM, ce qui constitue une alternative intéressante à l'exploration du DOM dans un affichage complètement séparé. Par exemple, l'option *Display Topographic Information* altère la page pour révéler la mise en page des éléments DOM et l'option *Display ID and Class Details* ajoute à chaque élément son ID et ses attributs `class`.

2. Sous Windows, vous devez vous assurer que l'option Web Developer Tools (*http://www.clagnut.com/blog/340/*) a été sélectionnée pendant l'installation.

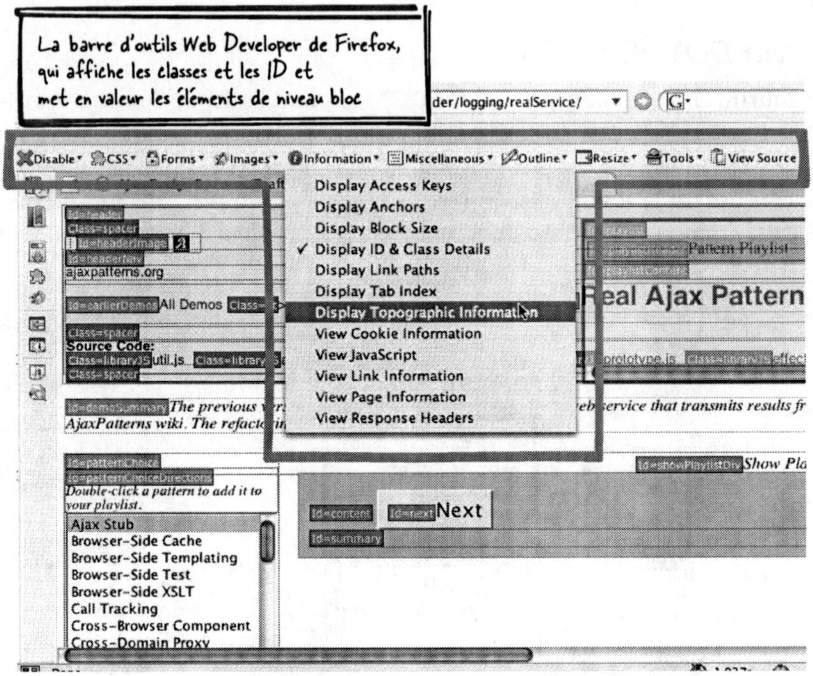

Figure 18-8. Barre d'outils Web Developer

Outline (dessiner les contours)

Ces commandes – par exemple, *Outline Block Level Elements* ou *Outline Table Cells* – dessinent les contours des éléments d'un type particulier. En fait, vous pouvez définir les contours de n'importe quel élément que vous voulez voir afficher.

Form (formulaire)

Ces commandes aident à montrer la structure du formulaire. *Display Form Details* ajoute au formulaire les informations à propos de chaque controle, tandis que *View Form Information* ouvre une page de résumé.

View Rendered Source

View Rendered Source, de Jennifer Madden (*http://jennifermadden.com/scripts/ViewRenderedSource.html*) est une extension Firefox qui montre le DOM entier sous la forme d'un document HTML (*figure 18-9*). Notez que ce n'est pas tout à fait la même chose que la traditionnelle fonctionnalité « View Source » (afficher la source) car la source affichée reflète le DOM après chaque manipulation. La source affichée est montrée dans un style qui tient compte de sa structure, avec des couleurs et des espaces pour aider à comprendre la structure DOM. C'est un outil libre et vous pouvez aussi en acheter une version légèrement améliorée pour une somme modique.

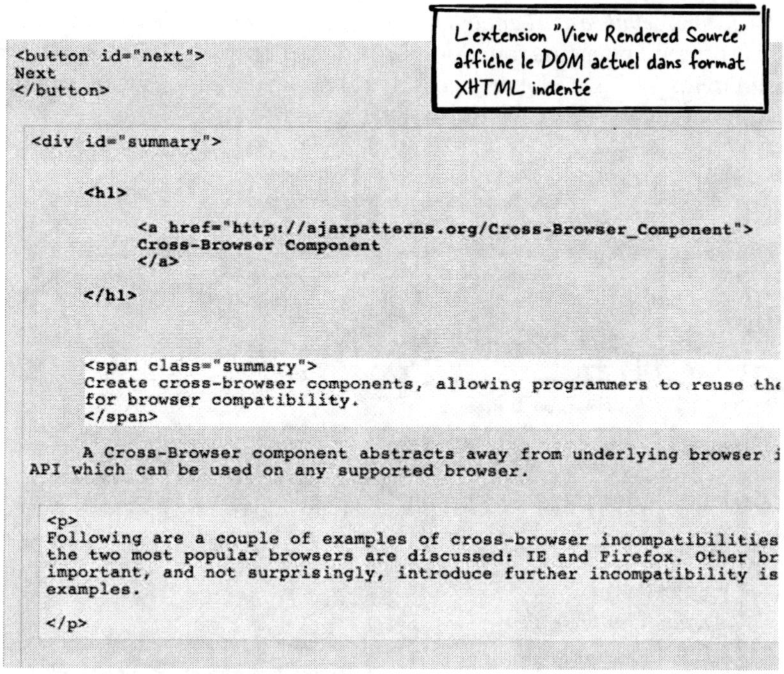

Figure 18-9. View Rendered Source

Barre d'outils Développeur IE

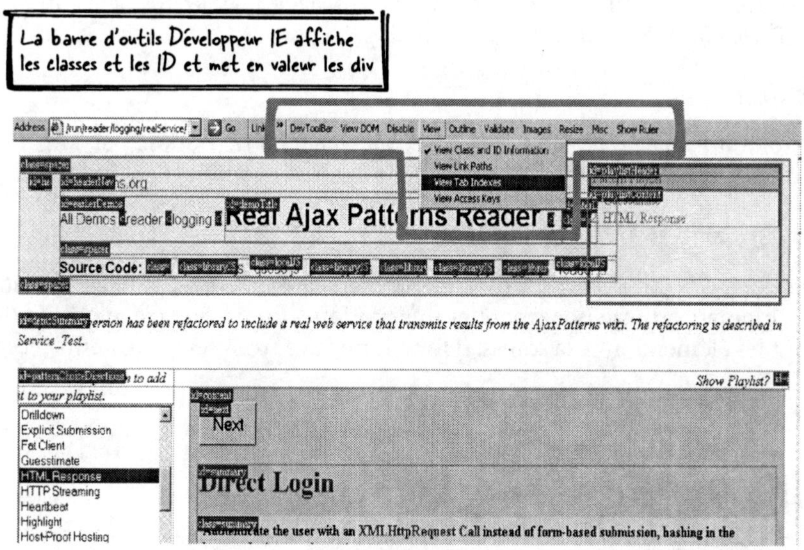

Figure 18-10. Barre d'outils Développeur IE

L'outil gratuit de Microsoft, Barre d'outils Développeur IE pour IE6+ (*http://www. microsoft.com/downloads/details.aspx?FamilyID=e59c3964-672d-4511-bb3e-2d5e1db91038&displaylang=en*) possède plusieurs fonctionnalités d'inspection du DOM et est similaire à l'extension Firefox Web Developer (*figure 18-10*). Il inclut également un explorateur de DOM quasiment identique à celui de Firefox (*figure 18-11*).

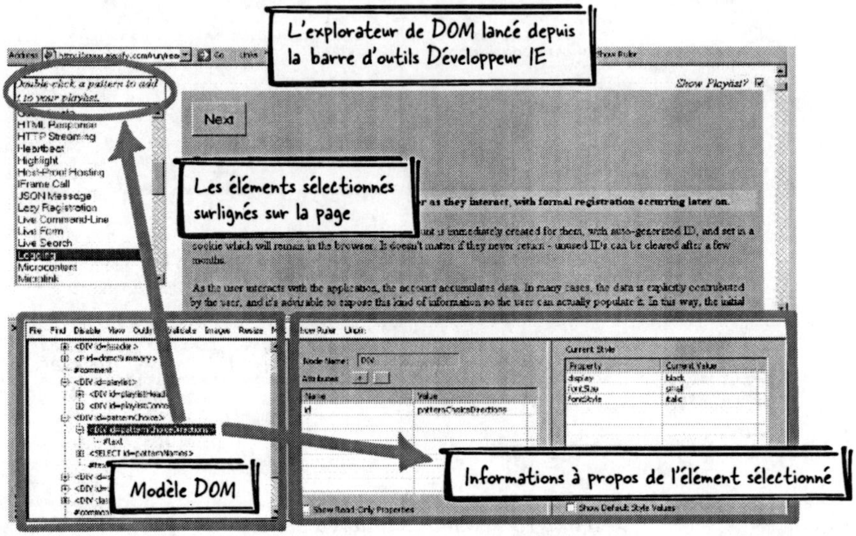

Figure 18-11. Explorateur de DOM de IE

Vous trouverez une liste des inspecteurs du DOM pour IE à l'adresse *http://blogs.msdn.com/ie/archive/2005/05/10/416156.aspx.*

IEDocMon

IEDocMon (*http://www.cheztabor.com/IEDocMon/index.htm*), proposé par Tim Tabor, est un outil open source qui étend IE afin d'inclure une vue interactive du DOM.

Mouseover DOM Inspector

Mouseover DOM Inspector (*http://slayeroffice.com/tools/modi/v2.0/modi_help.html*), de Steven Chipman, est une bookmarklet très pratique qui permet d'explorer le DOM en survolant les éléments avec la souris. Il fonctionne avec tous les navigateurs récents sauf Safari.

Traffic Sniffing (renifleur de trafic)

◉○○

Saisie, Interception, Log, Surveiller, Réseau, Enregistrement, Sniffer, Trafic

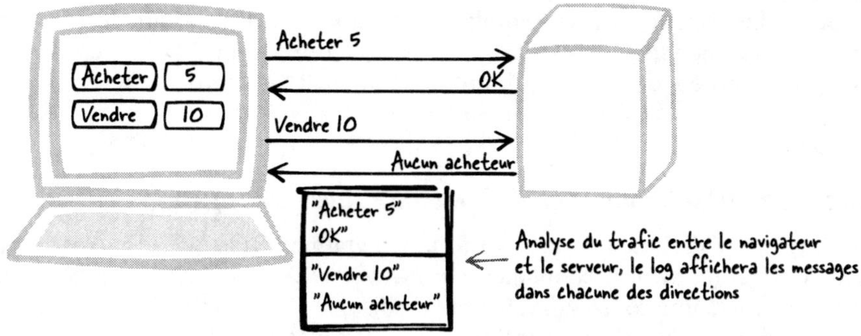

Figure 18-12. Traffic Sniffing

Anecdote

David entend un rapport indiquant que des données critiques du formulaire ne sont pas sauvegardées dans la base de données. Il lance un renifleur et essaie de télécharger lui-même des données similaires. Le renifleur lui montre un message XML qui est téléchargé par `XMLHttpRequest`. En contrôlant le message dans un éditeur XML, il découvre que le JavaScript ne l'a pas formaté correctement

Problème

Comment diagnostiquer les erreurs et les comportements étranges ?

Solution

Diagnostiquez les problèmes en « reniflant » le trafic web. De nombreux problèmes Ajax proviennent soit de messages Web Remoting (chapitre 6) erronés, soit d'une absence de ces messages. Le *Debugging* (voir ci-avant dans ce chapitre) et le *Logging* général peuvent vous aider à inférer ce qui est transmis, mais il est plus efficace de regarder directement le trafic. Il y a des plusieurs façons d'y parvenir :

- Dans le navigateur, utilisez des *appels XMLHttpRequest* (chapitre 6) dans une enveloppe qui trace la requête et la réponse (voir le paragraphe *Logging* de ce chapitre). Ce peut être la technique bien adaptée, car le programmeur regarde probablement déjà du côté du navigateur. L'inconvenient est que vous manquerez le trafic qui n'est pas Web Remoting (chapitre 6), comme par exemple les rafraîchissements de la page entière.
- Utilisez un moniteur générique de trafic réseau, en filtrant le trafic HTTP vers et depuis le serveur.
- Configurer votre navigateur pour qu'il utilise un proxy HTTP et pour avoir accès au journal du proxy dans les deux directions.
- Dans le serveur, interceptez le trafic entrant et sortant à des fins de *Logging*. Les frameworks côté serveur possèdent souvent un objet contrôleur commun qui peut être instrumenté pour capturer de l'information dans les deux sens. De plus, les fonctionnalités liées à l'interception, comme les filtres des Servlet Java, sont souvent disponibles.

Le Traffic Sniffing est une sorte de fonction de *Logging*. Ainsi vous voudrez probablement avoir des fonctionnalités semblables comme le filtrage, afin de ne voir par exemple que les messages circulant dans une seule direction ou qui ne correpondent qu'à un certain critère ou encore qui sont liés à une URL en particulier.

Outils

XMLHttpRequest Tracing et XMLHttpRequest Debugging

Julien Couvreur a écrit deux outils pour Firefox vraiment très intéressants : XMLHttpRequest Tracing (*http://blog.monstuff.com/archives/000252.html*) trace le trafic, de façon non intrusive, vers une console JavaScript , tandis que `XMLHttpRequest` *Debugging* (*http://blog.monstuff.com/archives/images/XMLHttpRequestDebugging.v1.0.user.js*) est plus puissant. Ce dernier est un outil interactif sous forme de *Popup* qui non seulement affiche les messages mais vous laisse également configurer des filtres ainsi que l'affichage (*figure 18-13*). Les deux sont en fait des scripts Greasemonkey (*http://greasemonkey.mozdev.org/*), vous devez donc installer en premier lieu l'extension Greasemonkey.

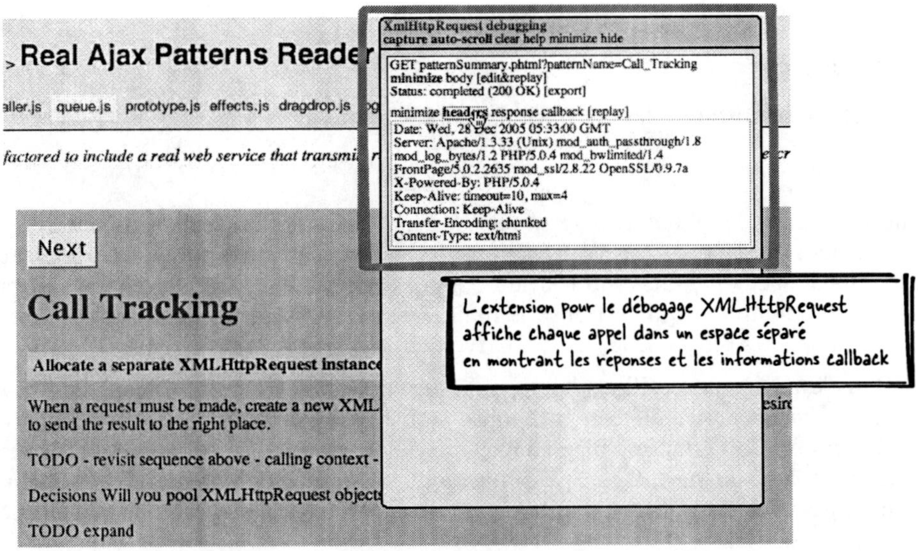

Figure 18-13. XMLHttpRequest Debugging

Fiddler

Fiddler (*http://www.fiddlertool.com/Fiddler/dev/*) est un proxy Windows spécialement étudié pour analyser et « trafiquer » les échanges entre le navigateur et le serveur (*figure 18-14*).

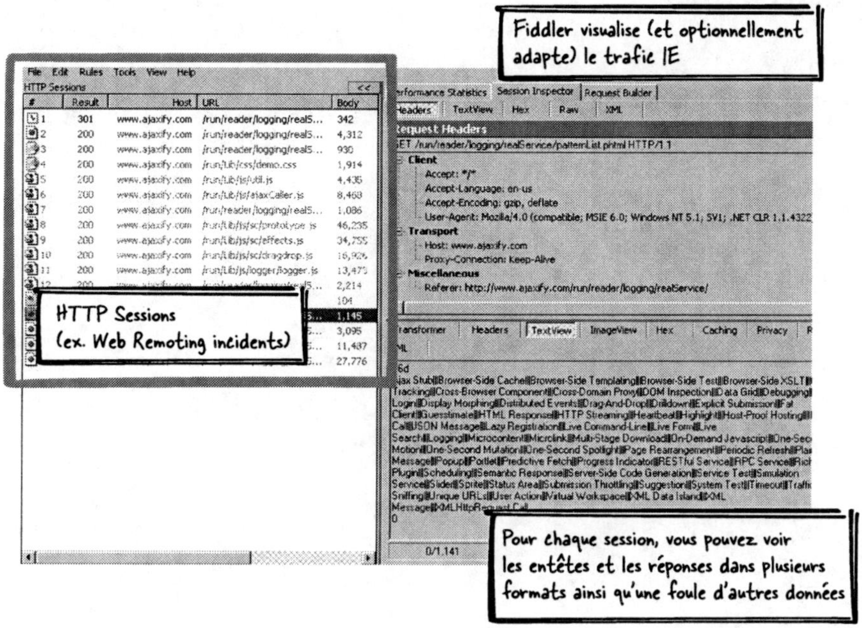

Figure 18-14. Fiddler

FlangeLib

La bibliothèque personnelle d'Adam Vandenberg, *flangelib.js*, (*http://www.livejournal.com/users/piehead/tag/javascript*) contient une enveloppe à `XMLHttpRequest` permettant de tracer le trafic. Même si vous n'utiliserez probablement pas *flangelib*, elle est mentionnée dans ce livre pour montrer que certaines bibliothèques enveloppant les `XMLHttpRequest` peuvent éventuellement mettre en œuvre la fonctionnalité de *Logging*. La principale barrière réside maintenant dans le manque de bibliothèque de Logging standard adoptée par tous.

Exemple de code : tracer les XMLHttpRequest

La texte qui suit montre ce que le script de trace pour une `XMLHttpRequest` produit pendant la séquence de chargement initial du Lecteur d'Ajax Patterns (*http://www.ajaxify.com/run/reader/logging/realService/*). Tout d'abord, la requête est tracée dans une console JavaScript de Firefox :

```
http://blog.monstuff.com/XmlHttpRequestTracing: [736] intercepted open (GET ,
    patternList.phtml , true , undefined , undefined)
http://blog.monstuff.com/XmlHttpRequestTracing: [736] intercepted send (null)
```

Puis, le résultat est affiché, montrant le code de réponse (200) et son contenu :

```
http://blog.monstuff.com/XmlHttpRequestTracing: [736] intercepted load: 2
    00 Ajax Stub|||Browser-Side Cache|||Browser-Side
    Templating|||Browser-Side XSLT||| ....
```

Patterns associés

Logging

Traffic Sniffing dans le navigateur est une forme de *Logging* (voir plus avant).

19

Tester

Grâce au mouvement agile, le test n'est plus vu comme la touche finale d'un projet lorsque l'assurance qualité donne son aval pour approbation. C'est désormais une technique au cœur du développement et si vous créez des applications web complexes, il est vraiment recommandé de tester d'abord chaque tiers puis tous ensemble.

Les scripts Ajax se basent souvent sur les services web pour effectuer des appels distants vers les fournisseurs de services. Mais il n'est pas toujours plaisant de travailler sur les deux côtés en même temps, c'est la raison pour laquelle le *service de simulation* explique comment créer un service web factice pour qu'il puisse être appelé depuis le navigateur. Vous pouvez l'utiliser pour les tests ou du prototypage. Le *Test Côté Navigateur*, quant à lui, consiste simplement à tester le code JavaScript au niveau du navigateur. Le plus dur reste de concevoir une infrastructure automatisée, le pattern aborde aussi cet aspect. Le *Test de Service* n'implique pas JavaScript, car il prend la place du navigateur, c'est un client HTTP utilisé pour tester un service web. Enfin, le *Test du Système* simule un utilisateur afin que l'application parcourt toutes les couches.

Simulation Service (service de simulation)

○○○

Faux, Double, Factice, Mascarade, Objet Fantaisie, Service, Simuler, Simulation, Ébauche

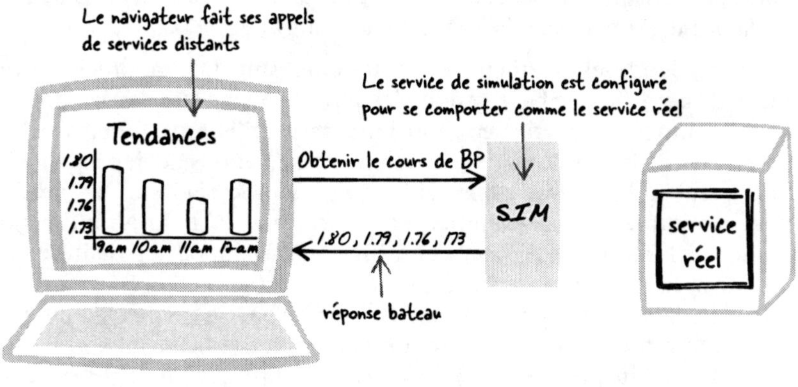

Figure 19-1. Simulation Service

Anecdote

David commence à travailler sur une nouvelle application de courrier électronique. Le serveur devra exposer une API pour le mail. Ainsi, le navigateur pourra faire une requête pour obtenir les messages récents et en télécharger de nouveaux. Cependant, cela exige une compétence en terme de courrier électronique et, pour l'instant, David veut se concentrer sur l'interface utilisateur au niveau du navigateur. Il code donc en dur les réponses qu'il aimerait avoir depuis un « faux » service géré par le serveur. Cela lui permet de procéder au développement de l'interface utilisateur pendant que son collègue s'occupe de la mise en œuvre réelle côté serveur.

Problème

Comment développer le script dans le navigateur en même temps que les services qu'il utilise ?

Solution

Développez l'application web avec des « faux » services web qui simulent les services réels utilisés en production. Un service de simulation est typiquement une réponse codée en dur qui ignore tous les paramètres entrants. Donc, au lieu d'avoir :

```
$taxRate = calculateTaxRate($userId, $year);
print $taxRate;
```

un service de simulation dira simplement :

```
print "0.1235";
```

Il est aussi possible de tout faire dans le navigateur. Si vous utilisez une bibliothèque pour exécuter des Web Remoting (chapitre 6), vous pouvez faire en sorte que la mise en œuvre produise une réponse codée en dur et ainsi ignorer complètement le serveur.

Dans certains cas, vous pouvez rendre le service plus flexible. Il peut, par exemple, exposer une opération pour laisser le navigateur lui dire ce qu'il faut produire.

Le service de simulation découple les composants serveur et navigateur de l'application. Une fois l'interface définie, chacun peut être développé en parallèle. De plus, ce pattern ouvre la voie à un processus agile pour construire l'application, qui se base vaguement sur les concepts tels que la Conception Dirigée par les Tests (TDD ou Test-Driven Design) et la production allégée (lean manufacturing).

Habituellement, le développement web classique suit une approche ascendante (bottom-up) : d'abord vient la base de données, puis la couche d'accès à ces données, puis s'ajoutent les composants métier et enfin l'interface utilisateur. Cette séquence peut paraître la démarche la plus logique, étant donné les relations de dépendance que cela implique. Cependant l'interface utilisateur est vraiment le pivot de l'application. C'est donc un bon argument pour commencer par cet aspect. Pour une fonctionnalité donnée, concevez l'interface utilisateur et utilisez ce travail pour en déduire l'interface du service. Ainsi, au lieu de concevoir d'abord le côté serveur et forcer le script du navigateur à travailler avec tout type d'interface, laissez les besoins au niveau du navigateur définir la conception de l'interface. Par conséquent, le service contiendra non seulement les fonctionnalités précises requises par le navigateur, mais il exposera par la même occasion l'interface qui convient le mieux.

Objets fantaisie (mocks), ébauches (stubs) et simulations

Un service de simulation est un genre d'« ébauche » (stub). Dans le test logiciel, les ébauches simples sont créées pour fournir des tests isolés. Au lieu de travailler avec les vrais composants, les composants testés fonctionnent avec ces simples ébauches. Comme elles sont simples et stables, tous les échecs des tests peuvent alors être attribués au composant testé. En outre, les ébauches retourneront toujours le même résultat, il est donc plus facile d'automatiser le test.

Il est important de distinguer les objets fantaisie (« mocks ») et les ébauches (stubs), car les termes sont souvent utilisés de façon interchangeable (*http://www.softwareas.com/mocks-stubs-dependency-injection-and-xmlhttprequest*). Comme une ébauche, un objet fantaisie simule un composant réel. Mais pour ce dernier, la simulation est seulement un dérivé de son véritable dessein : vérifier que le composant est utilisé correctement. Avant un test, un objet fantaisie est prévenu de l'appel que le composant fera. Dès que cette séquence ne sera plus respectée, l'objet fantaisie protestera et le test échouera. Il existe plusieurs applications potentielles pour Ajax, les « services fantaisie » par exemple. Le navigateur pourrait démarrer un test en spécifiant à une enveloppe fantaisie de `XMLHttpRequest` les appels qui vont être faits. Puis, cette enveloppe lancera une exception si l'appel n'est pas réellement fait. À ce jour, le « service fantaisie » est un concept trop immature pour en créer un pattern, mais il émerge au fur et à mesure que les développeurs Ajax se concentrent sur les techniques de test.

Démarrer le développement dans le navigateur semble être une bonne idée jusqu'à ce que vous vous rendiez compte que le navigateur dépend de services qui n'existent pas encore ! C'est là qu'intervient le *service de simulation* : il vous laisse définir ce qu'offre le service et non comment il le réalise. Pendant que vous développez le script du navigateur, vous continuerez à affiner le service – une opération supplémentaire par ici, un format de réponse différent par là. Dans tous les cas, le changement du service de simulation est aussi simple qu'une édition de la réponse codée en dur. Une fois rodé avec les besoins du Service, vous – ou quelqu'un d'autre – pouvez mettre en œuvre le véritable service.

Les tests côté navigateur (*Browser-Side Tests*, voir plus loin dans ce chapitre) en sont une autre application. Lors du test d'un composant du navigateur, il est important de ne tester que le composant lui-même et non les services dont il dépend. Imaginez que vous testez un composant qui affiche des nouvelles qui arrivent d'un service web RSS. Un test automatique pourrait alors interroger le DOM et exécuter une série d'assertions pour s'assurer qu'il a été formaté correctement. Si le composant utilise le vrai service, le DOM résultant reflétera les nouvelles du moment. Un être humain pourrait le vérifier manuellement, mais une automatisation serait impossible. Une réponse codée à la main éliminerait ce problème, en permettant aux assertions d'être cohérentes avec le RSS simulé. En outre, il n'y a aucune dépendance avec la véritable mise en œuvre – peu importe la complexité de l'algorithme réel de recherche, le composant d'affichage sera toujours testé sur ses propres capacités.

Décisions

Comment passer d'un service à l'autre ?

Il est assez simple de créer un service de simulation, mais comment commuter entre la simulation et la réalité ? Et comment faire pour changer de service de simulation puisque vous pouvez privilégier un service en fonction de la nature de la tâche. Actuellement, il n'y a aucune réponse simple car il n'existe pas de réel support en termes d'outils et de bibliothèques. La plupart de ceux qui pratiquent ce genre de service basculent probablement sur le véritable service de la façon la plus brutale possible : ils modifient le code. Cela implique donc une étape manuelle afin de tester ou de déployer. Voici quelques indications pour rendre le processus plus flexible :

- Faites pointer le JavaScript sur la même URL du service, mais déléguez à l'outil de construction côté serveur (par exemple ant) la décision quant à la véritable mise en œuvre.
- Incorporez de la configuration dans le JavaScript pour l'aider à pointer sur le service correct. Ce serait utile pour un test automatique basé sur JavaScript. Vous pourriez même créer un contrôle navigateur simple pour laisser l'utilisateur choisir quel service est exécuté, ce qui est utile pendant le développement.
- Au lieu de conserver le JavaScript dans un fichier statique, générez le dynamiquement depuis le serveur. Ainsi les URL variables peuvent être positionnées à la volée.

Exemple de code : service de simulation

Le Lecteur d'Ajax Pattern (*http://ajaxify.com/run/reader/*) fonctionne avec deux services *Cross-Domain Proxy* (chapitre 10). Ils vont chercher de l'information sur le site web AjaxPatterns.org et la retournent dans un format facilement utilisable par le navigateur. Pour faciliter le développement, la version de base utilise (*http://ajaxify.com/run/reader/*) un Service de Simulation.

Le premier service produit un message *Plain-Text* (chapitre 9) qui contient une liste des patterns séparés par des caractères pipe. Une simulation, créée à la main, (*http://ajaxify.com/run/reader/patternList.phtml*) est utilisée au lieu d'aller chercher l'information depuis la page d'AjaxPatterns.org, d'analyser le HTML et de le reformater.

```
Periodic Refresh|||One-Second Spotlight|||Slider
```

En comparaison, le vrai service produit une liste similaire, mais beaucoup plus longue et qui n'est évidemment pas codée à la main (*http://ajaxify.com/run/reader/logging/realService/patternList.phtml*).

```
Ajax Stub|||Browser-Side Cache|||Browser-Side Templating||| ... |||XML
   Message|||XMLHttpRequest Call
```

De la même façon, il y a une simulation du service gérant le sommaire (*http://ajaxify.com/run/reader/patternSummary.phtml?patternName=Slider*), dont le travail consiste à produire un *message HTML* qui résume un pattern donné. La simulation inclut une logique rudimentaire permettant de faire varier la réponse en fonction des données en entrée.

```
<? $patternName = urlDecode($_GET["patternName"]); ?>
  <h1><?= $patternName ?></h1>
<?  if ($patternName=="Periodic Refresh") { ?>
    With periodic refresh, it's all about the timer.
<?  } else if ($patternName=="Slider") { ?>
    <p>The slider slides from left to right.</p>
    ...
<?  } else {
```

```
        print ("Text goes here.");
    }
?>
```

Le format produit par le vrai service est le même (*http://ajaxify.com/run/reader/logging/realService/patternSummary.phtml?patternName=Slider*), mais comme dans le cas du service générant la liste, il va chercher l'information sur AjaxPatterns.org en temps réel.

Patterns associés

Service Test

Un service de simulation est un bon point de départ pour un véritable service. Vous pouvez commencer par développer un *test de service* (voir plus loin) en même temps qu'un service de simulation et les faire évoluer tous les deux en un véritable service.

Pour aller plus loin

- Dans la terminologie des processus légers (Lean IT Processes) , le pattern service de simulation facilite un système dit « Pull » dans lequel la conception est dirigée par les demandes du client plutôt que par les capacités techniques (*http://abc.truemesh.com/archives/000093.html*).
- La catégorisation des doubles tests fait la distinction entre objets fantaisies (mocks), les ébauches (stubs), etc. Cette catégorisation décrit ce pattern comme étant un « faux » (« Fake ») (*http://tap.testautomationpatterns.com:8080/Using%20 Test%20 Doubles.html*).

Browser-Side Test (test côté navigateur)

◉○○

Automatisé, Test d'intégration, JavaScript, Régression, Test unitaire, Conception Guidée par les Tests, Test

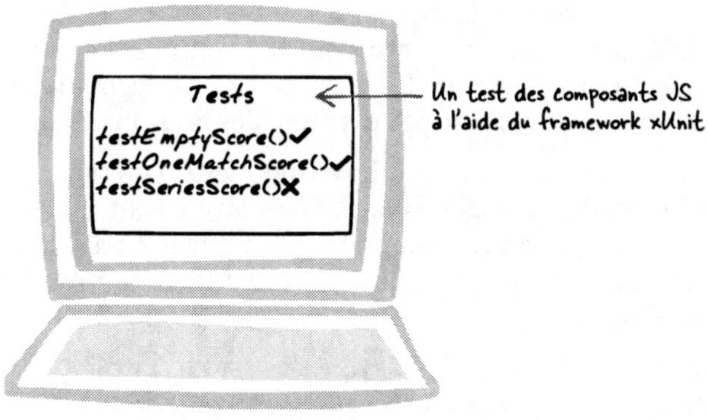

Figure 19-2. Test côté navigateur

Anecdote

Denis commence à améliorer un lecteur de weblog et se rend compte qu'il utilisera le parseur RSS JavaScript. Cet analyseur syntaxique aura besoin d'une refonte et il existe heureusement déjà un test unitaire JavaScript. Il commence à revoir l'analyseur, en s'assurant que le test réussit toujours, puis continue par l'amélioration du test puisqu'il apporte de nouvelles fonctionnalités.

Problème

Comment tester des composants JavaScript ?

Solution

Créez des tests automatiques pour les composants JavaScript côté navigateur. Ce pattern est une projection de la technique des tests automatiques utilisés dans d'autres langages. Des frameworks de la série xUnit (*http://en.wikipedia.org/wiki/XUnit*), comme par exemple JUnit (voir *http://junit.org*), sont maintenant populaires. Plusieurs frameworks fournissent le même service pour JavaScript. Comme avec les autres langages, vous pouvez tester unitairement un composant JavaScript individuel (par exemple, une fonction) que vous avez créé. Vous pouvez également exécuter des tests d'intégration et tests du système qui fonctionnent à travers plusieurs objets. Et comme dans les autres langages, vous pouvez accumuler les tests dans un objet représentant une suite de tests. Ainsi, il est possible de l'utiliser pour passer un test complet de non régression.

Les frameworks xUnit

Ce pattern est largement influencé par le framework de tests « xUnit » (*http://en.wikipedia.org/wiki/XUnit*), qui inclut des frameworks comme JUnit pour Java, PHPUnit pour PHP et NUnit pour .Net. Si vous n'avez jamais utilisé l'un d'entre eux auparavant, il est important de comprendre les principes de base qu'impliquent les tests xUnit. En effet, ils s'appliquent à l'ensemble des frameworks xUnit et donc à ceux concernant JavaScript. Le livre *Test-Driven Development By Example* (Addison Wesley) de Kent Beck constitue une excellente présentation.

Le test est habituellement constitué d'un peu de JavaScript qui exécute certaines tâches et inclut des assertions pour vérifier l'état attendu. En principe, les frameworks JavaScript incluent un moteur de tests qui peut exécuter un ensemble donné de tests et transformer le DOM pour afficher les résultats dans un tableau. Vous construisez une page HTML, le code du test y étant inclus avec quelques informations supplémentaires pour mieux contrôler le test, comme par exemple des boutons Démarrer et Arrêter.

Le test est automatisé dans la mesure où le développeur n'interagit pas manuellement avec l'application, ni ne vérifie les résultats. C'est intéressant lors du développement mais les demandes d'intégration continue suggèrent que nous avons besoin d'aller bien au-delà. Comment alors autoriser les outils comme Make, Ant ou Rake à démarrer et arrêter un test JavaScript ?

Une façon de coordonner un test côté navigateur est de simuler le comportement du navigateur. En utilisant un moteur JavaScript, vous pouvez exécuter du code JavaScript par programmation. Par exemple, les programmeurs Java peuvent utiliser la bibliothèque Rhino (un composant standard de Java 6). Si des manipulations DOM sont nécessaires, une approche comme la *simulation de navigateur*, abordée dans le paragraphe *test du système* peut être utilisée. Une deuxième approche consiste à lancer un vrai navigateur via une ligne de commande en spécifiant la page de test comme argument. Le framework de test fonctionnera alors dans le navigateur et la page devra être configurée pour télécharger les résultats vers un service à un endroit donné qui les exposera au processus de test. Ce processus détectera de nouveaux résultats, arrêtera le navigateur avec un protocole de la communication interprocessus ou, s'il y a des erreurs, le tuera.

Outils

Framework de test de Scriptaculous

Il fonctionne de façon similaire aux frameworks JsUnit (abordé par la suite) et nUnit. Un cas de test (Test Case) est un objet qui contient une séquence de méthodes qui commencent par « test », comme par exemple `testChainesCorrespondent( )`, ainsi que les deux méthodes optionnelles `setup( )` et `teardown( )`. Le test est passé à un objet `testrunner`. Pour chaque méthode du test, il exécute la méthode `setup( )` puis la méthode test et enfin `teardown( )`. Une bibliothèque d'assertions est disponible afin de vérifier les états dans les tests. Au fur et à mesure de la progression des tests, le moteur (runner) actualise l'interface utilisateur pour faire un rapport sur les résultats.

Comme avec de nombreuses classes Scriptaculous, le `Runner` accepte un objet `options` en argument. Parmi les différentes options possibles, `resultsURL` est particulièrement intéressante. Elle indique où doivent être envoyés les résultats. C'est une facilité qui rend possible l'automatisation des tests, comme nous l'avons vu dans le paragraphe « *Solution* ».

Scriptaculous contient aussi des fonctions qui vous permettent de simuler la souris et le clavier ; voir le pattern *System Test*.

Framework JsUnit (Hieatt)

JsUnit (*http://www.edwardh.com/jsunit/*), d'Edward Hieatt, est un framework de test qui supporte les fonctionnalités standard xUnit. Chaque test correspond en réalité à une page HTML qui contient le test dans un script. La page HTML est passée en argument à un moteur de tests (runner). Allez voir la page de démonstration à l'adresse *http://www.edwardh.com/jsunit/runner/testRunner.html?testpage=www.edwardh.com/jsunit/runner/tests/jsUnitTestSuite.html*.

Framework JsUnit (Schaible)

Le framework de Jorg Schaible, JsUnit (*http://jsunit.berlios.de/index.html*), fonctionne de la même façon que les frameworks précédents.

Exemple de code : utiliser Scriptaculous pour les tests unitaires

Le Lecteur basique d'Ajax Pattern (*http://ajaxify.com/run/reader/*) utilise une file abstraite pour représenter la liste. Cette file a elle-même été développée avec un cas de test Scriptaculous (*http://script.aculo.us* ; voir la *figure 19-3*). La méthode `setup` crée une nouvelle file :

```
setup: function( ) { with(this) {
  q = new Queue( );
}},
```

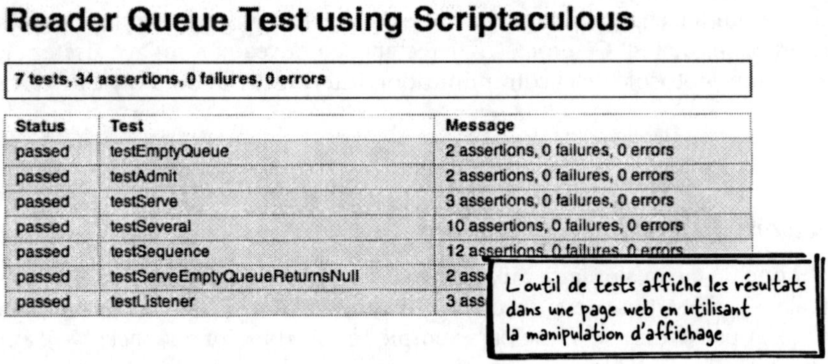

Figure 19-3. Test Unitaire avec Scriptaculous

Une première méthode de test vérifie l'état initial de la file :

```
testEmptyQueue: function( ) { with(this) {
  assertEqual(0, q.size);
  var items = q.items( );
  assertEqual(0, items.length);
}},
```

Les méthodes suivantes examinent la queue lors de sa construction :

```
testSequence: function( ) { with(this) {
  q.admit("first");
  q.admit("second");
  assertEqual(2, q.size);
  assert(util.membersEqual(["second","first"], q.items( )));
  ...
}},
```

Tout ce code est embarqué dans un fichier HTML (*http://ajaxify.com/run/reader/queueTest.html*), lequel, lors de l'affichage de la page, va exécuter le test et rapporter les résultats. Voici la structure du fichier HTML :

```
<html xmlns="http://www.w3.org/1999/xhtml" xml:lang="en" lang="en">
<head>
  <title>Queue Test</title>
  <meta http-equiv="content-type" content="text/html; charset=utf-8" />
  <script src="/run/Lib/js/util.js" type="text/javascript"></script>
  <script src="prototype.js" type="text/javascript"></script>
  <script src="unittest.js" type="text/javascript"></script>
  <script src="queue.js" type="text/javascript"></script>
  <link rel="stylesheet" href="test.css" type="text/css" />
</head>
<body>
...
<!-- Log de sortie -->
<div id="testlog"> </div>
<!-- voici le tests -->
```

```
<script type="text/javascript" language="javascript" charset="utf-8">
  new Test.Unit.Runner({
    q: null,
    setup: function( ) { with(this) {
      q = new Queue( );
    }},
    testEmptyQueue: function( ) { with(this) {
      assertEqual(0, q.size);
      var items = q.items( );
      assertEqual(0, items.length);
    }},
    ...
});
</script>
</body>
</html>
```

Patterns associés

Service Test

Un *test de service* (voir le pattern suivant) est une bonne façon de compléter les tests côté navigateur. En effet, il se focalise sur l'interface côté serveur plutôt que sur l'application dans le navigateur. Tester les deux est nécessaire pour être certain que tous les aspects du système fonctionnent.

Logging

Le *Logging* (chapitre 18) à l'intérieur d'un test peut aider à diagnostiquer les problèmes.

Service Test (test de service)

◉○○

Automatisé, JavaScript, Distant, Test Unitaire, Conception Guidée par les Tests, Test, WebService, XMLHttpRequest

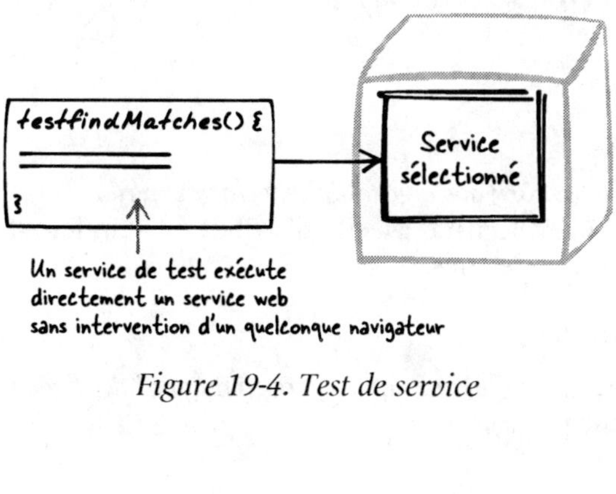

Figure 19-4. Test de service

Anecdote

David crée une application boursière. Sur le serveur, des services retournent les cotations et acceptent des ordres. Afin d'aider le développement et le test du service web, il construit un ensemble de Tests du Service. Un test, par exemple, soumet un ordre et contrôle que la base de données l'a bien enregistré. Ces tests sont automatisés et sont exécutés chaque fois qu'il y a des changements au niveau du projet.

Problème

Comment tester les services web ?

Solution

Développez des tests automatisés pour les services web, en utilisant des clients HTTP pour interagir avec le serveur de la même façon qu'un navigateur le ferait. L'interaction entre le navigateur et le serveur pour une application Ajax consiste en principe en une séquence d'*appels XMLHttpRequest* (chapitre 6). C'est une bonne nouvelle, car ainsi, tester le service est souvent aussi facile que de simuler le navigateur – c'est-à-dire passer une certaine requête et vérifier la réponse. Quelquefois, la vérification peut aussi impliquer le contrôle de ce qui est arrivé sur le serveur, comme par exemple un changement de l'état de la base de données ou un message en direction d'un système extérieur.

Le langage et le framework qui ont servi à construire le test n'ont pas d'importance, car il y a un découplage total entre le navigateur et le serveur. La seule contrainte pratique est d'être capable de l'exécuter depuis un script afin de pouvoir faire de l'intégration continue. De nombreux langages fournissent une bibliothèque HTTP cliente, il est alors facile de construire une requête pour le serveur et faire des assertions une fois la réponse reçue. Certains frameworks, tels que HTTPUnit (*http://httpunit.sourceforge.net/*), sont dédiés au test d'applications web. Ils sont typiquement utilisés pour tester des applications classiques où la réponse contient une page entière, mais ils fonctionnent également bien pour tester des réponses brutes fournies par les services web.

Enfin, un *service de type REST* (chapitre 9) devrait être particulièrement simple à tester car il produit habituellement des réponses structurées qui sont facilement analysables. De plus, il n'y a pas d'état à spécifier ou à suivre. Un service qui produit un *message HTML* (chapitre 9) rend les tests un peu plus sensibles. En effet, passer 5+5 vous permettra toujours de contrôler que 10 est la bonne réponse dans le cas d'un *message Plain-Text* (chapitre 9), mais ce sera plus ardu avec un message HTML qui ressemble à <span class="strong">réponse</class> est <span class="surprise">10<span>!!!.

Outils

Ruby Net::HTTP

Net::HTTP (*http://www.ruby-doc.org/stdlib/libdoc/net/http/rdoc/*) est une bibliothèque HTTP cliente pour Ruby, fournie avec la distribution standard. Elle est utilisée dans l'illustration de refonte ci-dessous.

Jakarta HTTPClient

Jakarta HTTPClient (*http://jakarta.apache.org/commons/httpclient/*) est un framework HTTP client très riche pour Java.

PHP HTTPClient

Le framework HTTP basique de Simon Willison, HTTPClient (*http://scripts.incutio.com/httpclient/*) s'adresse, quant à lui, au langage Perl.

Exemple de code : test de service

Le Lecteur basique d'Ajax Pattern (*http://ajaxify.com/run/reader/*) utilise certains *services de simulation* pour obtenir des informations du serveur. Un test de service a été créé en fonction du service de simulation. Une fois en phase avec le service de simulation, le test a été utilisé pour concevoir les véritables services. Nous avons indiqué plus avant, dans le paragraphe Solution, que le langage de programmation du client HTTP est complètement indépendant du serveur ou des langages utilisés dans le navigateur. Ce n'est pas simplement une belle théorie surtout depuis que certains langages (par exemple Ruby et Perl) sont particulièrement bien adaptés aux traitements des chaînes de caractères. Pour le prouver, l'exemple ici utilise la bibliothèque Net::HTTP de Ruby.

Le service testé est `patternSummary.phtml` (*http://ajaxify.com/run/reader/patternSummary.phtml*), un pattern de fournisseur de texte. Il accepte un nom de pattern et produit le résultat. Ce cas de test est très basique – il fait simplement une requête au pattern *Slider* et contrôle que le résultat correspond à une expression régulière simple :

```
require "test/unit"
require "net/http"
class PatternServiceTest < Test::Unit::TestCase
  def test_slider
    sliderResponse = grabPattern("Slider");
    regex = /^\s*<h1><a\ href=\".*?\">Slider<\/a> <\/h1>\s*\
             <span\ class=\"summary\">.+?<\/span>.+ /mx;
    assert_match(regex, sliderResponse.body);
  end
  ...
  def grabPattern(patternName)
    session = Net::HTTP.new('ajaxlocal', 80);
    response = session.get("/run/reader/logging/realService/" +
             "patternSummary.phtml?patternName=" + patternName);
    assert_equal("200", response.code);
    return response;
  end
end
```

Patterns associés

Simulation service

Vous pouvez parfois démarrer par la création d'un test en vous basant sur un *service de simulation* (voir précédemment), puis le refondre de manière progressive en un véritable service alors que le test évolue lui aussi.

Browser-Side Test

Un test côté navigateur (voir précédemment) est un bon complément au test de service. En effet, les précédents tests se concentrent sur le comportement du navigateur alors que les suivants s'assurent que le serveur supportera de façon correcte ce que le navigateur lui enverra.

System Test (test du système)

◉○○

Automatisé, Test Fonctionnel, JavaScript, Test de Performance, Régression, Robot, Test Unitaire, Conception Guidée par les Tests, Test

Figure 19-5. System Test

Anecdote

David a fini la première version de sa nouvelle application Ajax et souhaite construire un test automatisé de l'ensemble du système. Avec l'aide d'une application de test, il enregistre une utilisation typique qui peut être jouée de nouveau plus tard. Le logiciel conserve le dernier état, état qui sera utilisé pour vérification lors du nouveau passage du test automatisé.

Problème

Comment tester une application Ajax entière ?

Solution

Construisez des tests automatisés pour simuler le comportement de l'utilisateur et vérifier les résultats. Un test du système porte sur le système complet, de telle façon qu'il s'approche du comportement de l'utilisateur. La catégorie la plus courante de test du système est le test fonctionnel – vérifier les fonctionnalités – mais ce peut être également un test qualitatif pour s'assurer des performances et de la robustesse. Même s'ils sont souvent menés manuellement, à l'aide de clics souris, il est vraiment préférable de les automatiser autant que possible afin d'encourager l'intégration continue.

L'automatisation des tests du système reste un sujet difficile, mais les outils s'améliorent. Globalement, ils peuvent être répartis comme suit :

Browser Controller (figure 19-6) (contrôleur de navigateur)

Un outil spécialisé, de type « robot », lancera le navigateur, puis utilisera l'API du système d'exploitation sous-jacent pour reproduire l'interaction d'un utilisateur avec le navigateur. Plusieurs contrôleurs commerciaux sont capables d'enregistrer des actions utilisateur pour repasser le test.

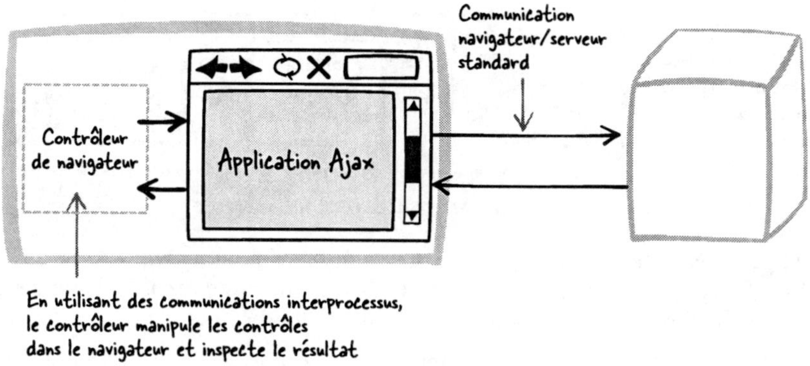

Figure 19-6. Contrôleur du navigateur

Embedded Browser Script (figure 19-7) (script embarqué au niveau du navigateur)

Exécutez l'application dans un navigateur standard et incluez un *test côté navigateur* dans la page. Le test peut utiliser quelques astuces JavaScript pour simuler l'activité de l'utilisateur. Ne vous focalisez pas uniquement sur le navigateur, un outil d'intégration continue comme Ant peut coordonner les tests côte navigateur, comme nous l'avons vu plus tôt dans ce chapitre.

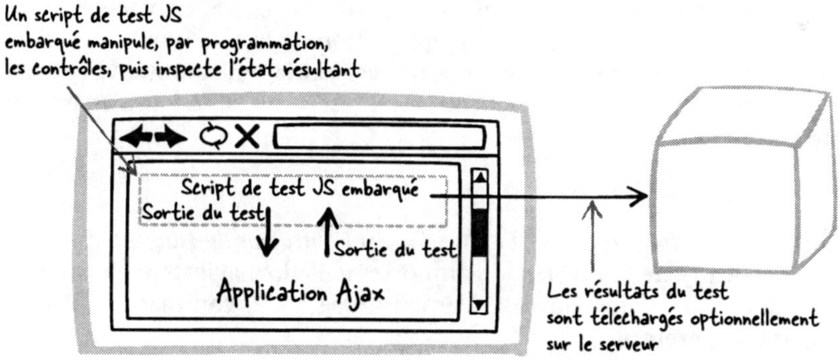

Figure 19-7. Script embarqué au niveau du navigateur

Browser Simulation (figure 19-8) (simulation du navigateur)

L'application est exécutée par un logiciel reproduisant un véritable navigateur. En général, la simulation récupère une page depuis une URL et construit un DOM qui la représente et qui peut ainsi être manipulé. La simulation permet, par exemple, de faire une opération reproduisant un clic sur un bouton ou la soumission d'un formulaire. Même si plusieurs frameworks existent, le point important pour les développeurs Ajax est de savoir comment ils simulent JavaScript. Les programmes d'interprétation JavaScript sont implémentés dans plusieurs langages, il est donc est possible pour les *simulations du navigateur* de les incorporer afin de simuler une interaction Ajax réaliste.

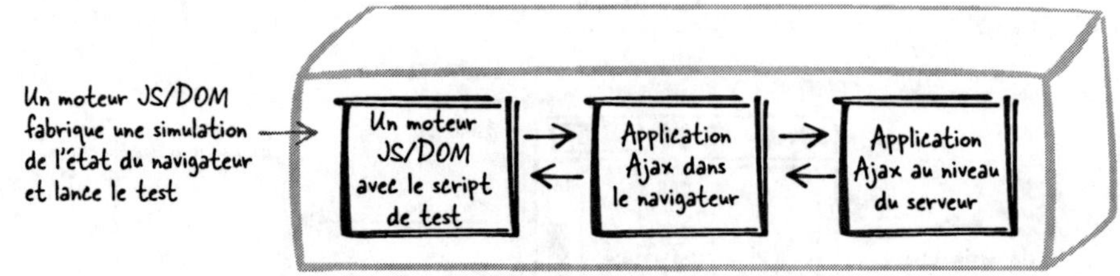

Figure 19-8. Simulation du navigateur

Les deux premières approches impliquent un réel navigateur, ce qui constitue un test plus réaliste. Elles forcent le test à s'exécuter sur une machine capable de lancer le navigateur ou d'une façon ou d'une autre de le contrôler à distance.

Les tests du système n'exigent pas seulement l'automatisation du comportement de l'utilisateur, mais aussi l'automatisation de la vérification du résultat. Comme avec les autres tests, les résultats peuvent être vérifiés avec une combinaison d'assertions sur le DOM et sur l'état du serveur.

Outils

GhostTrain

GhostTrain, de Scriptaculous (*http://wiki.script.aculo.us/scriptaculous/show/GhostTrain*) est un script embarqué au niveau du navigateur avec des capacités d'enregistrement. Lorsque vous démarrez le mode enregistrement, un cas de test Scriptaculous commence à remplir l'intérieur de la balise `div`. Chaque action de la souris ou du clavier devient une nouvelle ligne du cas de test. Puis vous pouvez par la suite ajouter vos propres assertions pour contrôler l'état de l'application. GhostTrain est un projet en cours très prometteur.

Watir

Watir (*http://wtr.rubyforge.org*) suit l'approche du *Contrôleur de Navigateur*. Il permet au programmeur Ruby de contrôler le comportement du navigateur et d'interroger le DOM à chaque étape. Vous pouvez facilement intégrer des commandes Watir dans des tests standard, par exemple :

```
ie = Watir::IE.start("http://ajaxpatterns.org")
ie.button(:name, "Search").click
```

Actuellement, Watir est spécifique à IE.

Selenium

Sélénium (*http://selenium.thoughtworks.com/*) est un outil Open Source, développé par Thoughtworks. C'est un Script embarqué au niveau du navigateur qui fonctionne dans IE, Mozilla, Firefox et Safari. Un composant JavaScript Sélénium est inclus à l'intérieur de l'application à *tester*. Il communique avec un composant côté serveur. Il est intéressant de noter que la localisation du composant côté serveur est flexible. Il peut être placé dans un serveur web, afin de fournir un résumé rapide dans la page web en train d'être développée. Il peut aussi être exécuté en tant que serveur séparé. Celui-ci contrôle le navigateur (comme un *contrôleur de navigateur* le ferait) et le composant embarqué dans le navigateur transmet simplement des commandes du serveur à l'application.

HTTPUnit

HTTPUnit (*http://httpunit.sourceforge.net/index.html*) est un framework Open Source Java de tests. Il est construit sur JUnit et a été spécialement conçu pour les applications web. Il fonctionne comme un *simulateur de navigateur*. Il convertit une page HTML en un objet Java `HTMLPage`. Celui-ci est une enveloppe du modèle DOM du HTML original. HTTPUnit simule le JavaScript en déléguant au moteur JavaScript Rhino, même si son support est incomplet.

DojoToolkit

Dojo Toolkit (*http://dojotoolkit.org/docs/compressor_system.html*) est un simulateur de navigateur, basé sur Java, qui utilise Rhino pour vous permettre d'exécuter des tests à partir d'une tâche Ant. Étant donné l'élan du projet et la popularité d'Ajax, il est promis à évoluer vers un produit très solide.

Exemple de code : utilisation de Scriptaculous GhostTrain

Le Lecteur d'Ajax Patterns (*http://ajaxify.com/run/reader/logging/realService/ghost/*) est revu pour inclure GhostTrain (*http://wiki.script.aculo.us/scriptaculous/show/GhostTrain*), que nous avons abordé précédemment. Vous pouvez appuyer sur la touche `ESC` n'importe où dans le document pour l'ouvrir. Puis les boutons servent à enregistrer un cas de test. Celui-ci pourra être joué de nouveau plus tard (*figure 19-9*).

Pour connecter GhostTrain, les fichiers de la bibliothèque Scriptaculous doivent être inclus (ils sont certes volumineux à télécharger, mais gardez à l'esprit qu'ils n'ont pas besoin d'être inclus en production) :

```
<script type="text/javascript" src="/run/Lib/js/sc/prototype.js"></script>
<script type="text/javascript" src="/run/Lib/js/sc/controls.js"></script>
<script type="text/javascript" src="/run/Lib/js/sc/effects.js"></script>
<script type="text/javascript" src="unittest.js"></script>
<script type="text/javascript" src="ghosttrain.js"></script>
```

Le seul autre besoin est d'enregistrer l'objet GhostTrain en tant que gestionnaire d'appui sur les touches du clavier. Ce gestionnaire prendra alors soin de toute initialisation complémentaire :

```
window.onload = function( ) {
  Event.observe(document, 'keypress', GhostTrain.intercept, true);
  ...
}
```

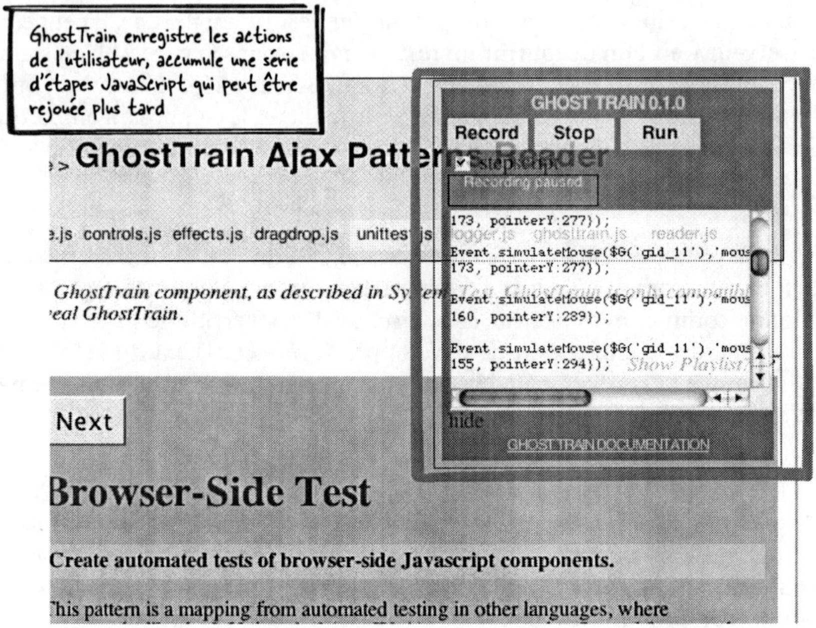

Figure 19-9. GhostTrain

Patterns associés

Browser-Side Test

Les frameworks de *test du système* qui fonctionnent comme des *scripts embarqués dans le navigateur* sont une forme de *tests côté navigateur*.

Simulation Service

Pour les tests d'intégration, vous pouvez configurer le serveur pour qu'il exécute des *services de simulation.* Ainsi, vous aurez un contrôle fin du comportement du serveur et vous vous assurez d'un état final déterministe.

Pour aller plus loin

- Un résumé sur les *frameworks de tests fonctionnels* est disponible à l'adresse *http://www.softwareqatest.com/qatweb1.html#FUNC.*

Partie VI
Annexes

A

Frameworks et bibliothèques Ajax

L'explosion du nombre de bibliothèques et de frameworks est une des conséquences heureuses du phénomène Ajax. Vous en trouverez de toutes sortes, de toutes tailles avec des modèles de licences variés. Tout au long du livre Ajax Patterns, nous avons souligné l'importance qu'il y a à utiliser des frameworks et des bibliothèques (il est parfois préférable d'en connaître tous les détails, sans pour autant avoir à les mettre en œuvre vous-même). Pour cette raison, la liste présentée ici est un bon compagnon de lecture des différents Patterns Ajax.

La liste initiale a été publiée en juin 2005, lorsque j'ai documenté ce qui semblait être les 20 produits incontournables. Maintenue dans un Wiki éditable, elle a grossi pour atteindre jusqu'à 160 produits et il est clair que beaucoup d'autres vont apparaître. Consultez régulièrement *http://ajaxpatterns.org/Ajax_Frameworks* pour rester informé et prendre connaissance des dernières mises à jour.

Certains étaient déjà présents bien avant qu'Ajax ne soit à la mode, mais tous sont ici parce qu'ils aident au développement d'Ajax. Cette section est un instantané légèrement revu et corrigé du Wiki en date de janvier 2006 – de nombreuses descriptions viennent tout droit des propriétaires des projets et des utilisateurs. La liste commence avec deux sections sur les frameworks purement JavaScript. Vous aurez alors à fournir votre propre intégration côté serveur. Puis, viennent les frameworks destinés à un grand nombre d'environnements côté serveur, beaucoup incluant par ailleurs une bibliothèque JavaScript en complément. Vous remarquerez qu'il y a une section multi-langages car certains frameworks s'adressent effectivement à de multiples environnements côté serveur. Par conséquent, pensez à consulter cette section en plus de la section relative à l'environnement côté serveur qui vous intéresse.

Les gens qui débutent avec Ajax me demandent souvent quel framework « rapide-à-utiliser » pourrait les aider. Au risque d'en offenser certains, je répondrais que chaque section met en valeur quelques frameworks qui ont fait du bruit. Il s'agit, bien évidemment, d'une approche subjective. La liste est basée davantage sur un facteur de popularité plutôt que sur la valeur intrinsèque des produits. Ainsi, pour tout développement sérieux, poussez la réflexion plus avant. Enfin, chaque pattern aborde souvent des frameworks spécifiques.

Frameworks JavaScript polyvalents

Voici des bibliothèques purement JavaScript utilisées pour un certain nombre de fonctionnalités au niveau du navigateur – habituellement de façon à vous protéger des problèmes de compatibilité des navigateurs, comme cela a été abordé dans *Cross-Browser Component* (Chapitre 12). Le framework Prototype, fournissant une infrastructure JavaScript générale, a été très populaire. D'ailleurs, de nombreux frameworks mentionnés ici se reposent sur lui. À un plus haut niveau, Dojo et Scriptaculous sont probablement les deux produits les plus connus et sont de bonnes options si vous recherchez une bibliothèque polyvalente. Mochikit et OpenRico ont aussi été populaires. Dans un environnement plus commercial, Backbase et Tibco General Interface génèrent également beaucoup d'intérêt. Les produits sont très variés, ainsi tout dépend de ce que vous recherchez.

AjaxFace (depuis 2005)

AjaxFace (*http://www.vertexlogic.com*) est un framework JavaScript Ajax pour construire des Interfaces Utilisateur.

- API JavaScript de haut niveau pour construire des Interfaces Utilisateur.
- Architecture ouverte pour mettre à jour et récupérer des données depuis le serveur.
- Synchronisation automatique entre les données et l'interface utilisateur.
- Facilement extensible.
- Hautes performances.
- Personnalisation du look-and-feel facile via des feuilles de styles bien définies.
- Démonstration en ligne (*http://www.vertexlogic.com/demo.html*).
- Licence commerciale délivrée par VertexLogic.

Backbase (depuis 2003)

Backbase (*http://www.backbase.com*) est un framework Ajax côté navigateur très complet avec un support multi-navigateurs. Il est compatible avec toutes les plates-formes serveur (par exemple, Java, .NET, PHP ou Coldfusion).

- édition communautaire libre pour un usage non commercial et non institutionnel.
- Outils avancés pour les développeurs .NET – plugin pour Visual Studio 2005.
- Outils avancés pour les développeurs Java – intégration avec éclipse, taglib JSF.
- Plus de 80 composants Ajax sur le site Backbase Explorer (*http://www.backbase.com/demos/explorer/*).
- Communauté de développeurs Ajax active sur le site Backbase DevNet (*http://www.backbase.com/#dev/home.xml*).
- Démonstrations Ajax en ligne, kits de démarrage sur *http://www.backbase.com/#home/pulldown/demos.xml*.
- License commerciale délivrée par Backbase (créée en 2003).

Bindows (depuis 2003)

Bindows (*http://www.bindows.net*) est une boîte à outils pour le développement de logiciels (Software Development Kit ou SDK) qui génère des applications Internet très interactives avec une richesse qui rivalise avec des applications modernes de bureau. Elle utilise une forte combinaison de DHTML, de JavaScript de CSS et de XML. Les applications Bindows ne demandent ni téléchargement ni installation pour l'utilisateur – seul un navigateur est requis (ni Java, ni Flash, ni ActiveX). Bindows est probablement la principale plate-forme orientée objet pour développer des applications Ajax.

Le Framework Bindows vous fournit :

- Une API orientée objet, basée sur des classes.
- Un système de fenêtrage complet avec un large panel de composants graphiques comme les menus, les formulaires, les grilles, les curseurs, les jauges, etc.
- La principale boîte à outils pour développer des applications SOA côté client.
- Un support natif de XML, SOAP et XML-RPC.
- Un support allant de l'utilisateur unique à un vaste usage d'entreprise.
- Un support intégré d'Ajax.

L'environnement de développement de Bindows inclut :

- Un support pour les gros projets d'entreprise.
- Un support multi-navigateurs, multi plate-forme.
- Une architecture indépendante du serveur.
- Une interopérabilité avec les ressources nouvelles et celles existantes.
- Une méthodologie uniforme de développement.
- License commerciale délivrée par MB Technologies (basée en Géorgie aux USA avec un centre principal de développement en Suède. Créée en 2002).

Dojo (depuis septembre 2004)

Dojo (*http://dojotoolkit.org/*) offre un support complet de composants graphiques et d'échange de messages entre le navigateur et le serveur :

- Support du déploiement massif, comme l'empaquetage basé sur les dépendances et sur la compression des bibliothèques requises dans un fichier téléchargeable (voir le pattern *On-Demand JavaScript* [Chaptire 6]).
- Framework pour la création de composants graphiques JavaScript personnalisés.
- Bibliothèques de composants prêts à l'emploi.
- Support solide du glisser/déposer, des effets et de l'animation générique.
- Support de la communication par message entre le navigateur et le serveur via les `XMLHttpRequest` et les autres mécanismes.
- Gestion des événements (voir le pattern *Distributed Events* [Chapitre 10]).
- Support des mises en favoris et de la manipulation des URL dans le navigateur.
- Licence open source (licence Academic Free 2.1); projet conduit par Alex Russell (*http://alex.dojotoolkit.org/*) de JotSpot (*http://www.jot.com/*).

Composants eBusiness Applications (EBA) Ajax (depuis 2002)

EBA (*http://www.ebusiness-apps.com/*) offre des composants Ajax qui facilitent la saisie et la recherche de données :

- Bibliothèques de composants graphiques intégrés qui supportent de nombreuses infrastructures (Java, PHP, ASP et .NET).
- Saisie sous forme de feuille Excel (voir *Data Grid* [Chapitre 14]).
- Boîte Combo multi-modes permettant une recherche configurable (recherche intelligente, complétude automatique… Voir les patterns *Live Search* et *Suggestion* [Chapitre 14]).
- Communauté d'utilisateurs active (forums des développeurs EBA à l'adresse *http://forums.ebusiness-apps.com*).
- Démonstration Ajax en ligne (grille de données EBA à l'adresse *http://developer.ebusiness-apps.com/technologies/webdevelopment/codeandcomponents/ebagrid/productdemos/griddemos.htm*).
- License commerciale pour les applications d'eBusiness.

Engine for Web Applications (depuis 2002)

Engine for Web Applications (*http://www.imnmotion.com/projects/engine/*) est un framework pour construire des composants modulaires pour les applications web et pour séparer le contenu des fonctionnalités :

- Déploiement configurable.
- Enregistrement pour stocker, récupérer et détruire des objets qui se conforment à l'interface commune.
- Service d'échange de messages pour des publications et des souscriptions d'objets.
- Service transactionnel pour une communication asynchrone multi-objets.
- Service de tâches servant au démarrage de modules côté client pour une application web et pour créer des listes basées sur les dépendances. Peut lire également des tâches qui se basent sur XML.
- Capacité à créer facilement des composants bornés et redistribuables en XML avec une gestion des événements automatique.
- Stockage et récupération de valeurs issues de champs de formulaire indépendamment de l'existence réelle de ces champs.
- Service permettant de créer facilement des solutions de supervision Ajax.
- API documentée (*http://www.imnmotion.com/projects/engine/api/engine_api.html*).
- Démonstrations avec les sources (*http://www.imnmotion.com/projects/engine/demonstrations/*).
- Licence open source (licence personnalisée) par Stephen W. Cote (*http://www.imnmotion.com/*).

Framework REST pour JavaScript (Freja) (depuis 2006)

Freja (*http://www.csscripting.com/freja*) est un framework JavaScript MVC (Modèle-Vue-Contrôleur) :

- Conçu pour les applications web à un seul écran, avec aucune latence.
- Possibilité de montée en charge excellente (optimisation des allers-retours avec le serveur).
- Séparation MVC réelle.
- Réelle séparation de code entre les côté client et serveur.
- Empreinte mémoire très faible ; peu de méthodes à apprendre (le framework pèse 25 KB *décompressé*).
- Basé sur les standard ouverts (XML/XSLT).
- Fonctionne avec tous les navigateurs web récents : IE, Firefox, Safari et Opera.
- S'intègre bien avec les autres boîtes à outils et bibliothèques JavaScript (prototype, Scriptaculous, Dojo, etc.). Freja n'est pas « juste une nouvelle bibliothèque Ajax ». C'est un framework de haut niveau, basé sur Ajax. Son but n'est pas de fournir des fonctionnalités de glisser/déposer ou des effets visuels, mais bien de vous laisser utiliser votre bibliothèque JavaScript favorite pour cela.
- Voir les tutoriels (*http://www.csscripting.com/wiki/index.php?title=Freja#Tutorials*) et la documentation (*http://www.csscripting.com/wiki/index.php?title=Freja_Documentation*).
- Licence open source (CC-GPL).

Mochikit (depuis 2005)

Mochikit (*http://mochikit.com/*) est une suite très documentée et robuste de bibliothèques JavaScript qui vous permet de faire fonctionner votre application rapidement. Les auteurs se sont nourris des bonnes idées de Python, d'Objective-C, etc. et les ont adaptées à JavaScript.

- `MochiKit.Async` : gestion des tâches asynchrones.
- `MochiKit.Base` : programmation fonctionnelle et comparaisons.
- `MochiKit.DOM` : API simple de manipulation du DOM.
- `MochiKit.Color` : abstraction de la gestion des couleurs avec un support de CSS3.
- `MochiKit.DateTime` : « Quelle heure est-il ? ».
- `MochiKit.Format` : formatage des chaînes de caractères.
- `MochiKit.Iter` : outils pour itérer en JavaScript. L'itération était complexe, elle est simple désormais.
- `MochiKit.Logging` : nous sommes tous fatigués d'utiliser `alert( )`.
- `MochiKit.LoggingPane` : un panel interactif pour `MochiKit.Logging`.
- `MochiKit.Visual` : effets visuels.
- Licence open source (licence MIT ou licence Academic Free, v2.1) par Bob Ippolito.

OpenRico (depuis mai 2005; basé sur un précédent framework propriétaire)

OpenRico (*http://openrico.org/demos.page*) est un framework polyvalent qui offre un support de l'infrastructure Ajax et de l'interaction utilisateur.

- Une réponse `XMLHttpRequest` peut être acheminée vers une ou plusieurs opérations callback, un objet DOM ou un objet JavaScript.
- Le glisser/déposer est simplifié.
- Animations Ajax graduelles et transitoires (et probablement tous les éléments qui gagnent en popularité comme les indicateurs de progression ou les techniques de fondu).
- Une bibliothèque comportemental, « Behaviors », essentielle.
- Un tutoriel externe de Yonah Russ ou de Mirimar (*http://www.mirimar.net/mail-browser/*).
- Bâti sur la bibliothèque prototype.
- Licence open source. OpenRico provient d'un produit interne de Sabre Airline Solutions, dont les auteurs sont Bill Scott, Darren James, Richard Cowin et leurs camarades (*http://looksgoodworkswell.blogspot.com*).

Boîte à outils Plex

Plex (*http://www.plextk.org*) est une boîte à outils open source offrant des fonctionnalités DHTML complètes pour les interfaces utilisateur. Elle offre également un framework Ajax. Elle est basée sur une autre boîte à outils purement JavaScript/DOM et sur un framework Ajax. Elle utilise le langage, à base de balises, PXML (Flex) qui est embarqué dans les documents HTML ordinaires afin de décrire l'interface utilisateur. Les associations avec le code sont faites en JavaScript.

Avantages :

- Un large panel de composants graphiques comme les grilles de données, les arbres, les accordéons, les menus qui se déplient, le gestionnaire de fenêtre DHTML, un outil de visualisation d'historique et bien d'autres encore (plus de 60 bibliothèques).
- Basé sur un langage à balises (facilite la construction de l'interface).
- Les composants peuvent facilement être affichés en fonction d'un thème à l'aide de CSS.
- Processeur XSLT sur le client pour IE et Mozilla.
- Bien documenté avec des exemples.
- Multiples options de transport telles que `XMLHttpRequest` et `IFrame` (une version RSLite basée sur les cookies sera bientôt disponible).
- Support du bouton Précédent (gestion complète de l'historique pour tous les composants).
- Support de la sérialisation YAML.

Inconvénients :

- Pas de framework d'animation.
- Licence open source (GPL, LGPL, ou Licence artistique à votre guise) par Richard Hundt.

Prototype

Prototype (*http://prototype.conio.net/*) facilite l'utilisation, en JavaScript, des concepts orientés objet, comme les classes et l'héritage. Elle supporte également des fonctionnalités Ajax basiques comme les appels à distance.

- Un projet mené en conjonction avec Ruby on Rails, mais qui peut être utilisé (et l'est certainement) indépendamment de Ruby ou de RoR.
- Licence open source par Sam Stephenson.

qooxdoo (depuis mai 2005)

qooxdoo (*http://qooxdoo.oss.schlund.de/*) un autre framework ambitieux avec une large gamme de fonctionnalités d'infrastructure et d'interface utilisateur en cours de développement.

Infrastructure :

- Abstraction portable de la gestion du DOM et des événements.
- Support du débogage.
- Classes permettant de faciliter la gestion du temps et la planification.
- Support des méthodes Get/Set.

Interface Utilisateur :

- Framework de composants graphiques et bibliothèques de composants déjà disponibles.
- Gestionnaire de présentation.
- Mise en cache des images et gestion portable de la transparence des images PNG.
- Licence open source (LGPL) par plusieurs contributeurs.

Script.aculo.us (depuis 2005)

Scriptaculous (*http://script.aculo.us*) se fonde sur la bibliothèque Prototype et fournit de nombreuses fonctionnalités Ajax.

- Effets visuels (voir le pattern *One-Second Spotlight* [Chapitre 16]).
- Glisser/déposer (voir *Drag-And-Drop* [Chapitre 15]).
- Test unitaire (voir *System Test* [Chapitre 19]).
- Licence open source par Thomas Fuchs et quelques autres. Ce projet est mené en conjonction avec Ruby on Rails Il peut, et l'est certainement, être utilisé sans Ruby ou RoR.

SmartClient (depuis 2000)

SmartClient (*http://www.smartclient.com*), de Isomorphic Software, est un système RIA Ajax multi-plates-formes.

Les classes et services multi-navigateurs sont :

- Programmation JSON ou XML.
- Couche d'abstraction du navigateur.
- Composants graphiques d'Interface Utilisateur.
- Service de trace et de débogage.
- Composants UI extensibles.
- Contrôles de navigation et de commande.
- Contrôles et gestionnaires de formulaire.
- Grilles plates, hiérarchiques et multidimensionnelles.
- Conteneurs et gestionnaires de présentation.

Données et pile de services :

- Cache des données du client et opérations locales.
- Gestionnaires de modèles de données au niveau du client.
- Services liés aux communications et protocoles.

Outils visuels de développement :

- Console d'exécution.
- Outil de visualisation de traces.
- Éditeur et inspecteur de composants.
- Console d'administration.
- Référence du développeur intégrée.
- Les applications Ajax SmartClient fonctionnent avec les navigateurs Internet Explorer, Mozilla, Netscape, Firefox et Safari, sur Windows, MacOS, Linux et Solaris. À l'inverse d'autres systèmes Ajax, les applications SmartClient sont tout à fait fonctionnelles même si ActiveX est désactivé.
- Pour une démonstration en ligne et un résumé du produit, allez sur *www.smartclient.com*. Un SDK est téléchargeable.
- Licence commerciale, par Isomorphic Software.

ThyAPI (depuis la fin 2004)

ThyAPI (*http://www.sf.net/projects/thyapi/*) est une bibliothèque de *composants DHTML réutilisables*. Ajax n'est qu'une fonctionnalité parmi d'autres. Son but principal est de permettre la création, dans un navigateur, d'un environnement semblable au bureau de l'utilisateur. ThyAPI est une bibliothèque basée sur DynAPI (*http://www.sf.net/projects/dynapi/*). Elle est open source (LGPL).

- Conçue entièrement en DHTML (JavaScript + CSS).
- Complètement orientée objet et extensible.

- Suit le protocole XMLRPC pour l'échange de données avec le serveur. Il est prévu une mise en œuvre de JSON-RPC.
- La définition des interfaces est entièrement faite via CSS.
- Fonctionne avec Mozilla Firefox (version 1.0+, *http://www.mozilla.org*) et Internet Explorer (version 6+).
- Un composant DataSource permet de lier simplement les composants graphiques JavaScript avec les méthodes du serveur.
- Support multi-navigateurs, multi-plates-formes (Elle hérite des caractéristiques de DynAPI).
- Conçue pour fournir un développement rapide d'applications basées sur le navigateur et pour réutiliser les composants personnalisés.
- Licence open source (LGPL).

TIBCO General Interface (depuis 2001)

TIBCO General Interface (*http://www.tibco.com/software/business_optimization/rich_internet_applications.jsp*) est un framework RIA Ajax mature qui fait fonctionner les applications depuis 2001. En fait, le framework est si mature, que les outils de développement graphiques de TIBCO General Interface fonctionnent dans le navigateur à côté des applications que vous créez avec eux.

- Des douzaines de composants d'interface utilisateur extensibles.
- Paquetage pour les graphiques vectoriels.
- Support des communications SOAP (en plus des communications HTTP et XML de base).
- Environnement visuel de développement complet.
- Gestionnaire de présentation WYSIWYG.
- Débogage par étapes.
- Aide à la saisie du code.
- Démonstration dans l'espace de Jon Udell sur le site InfoWorld (*http://weblog.infoworld.com/udell/2005/05/25.html*)
- La prochaine version du produit et beaucoup d'applications exemples sur le site de la communauté des développeurs (*https://power.tibco.com/app/um/gi/newuser.jsp*).
- Licence commerciale par Tibco. Plus d'informations sur *http://developer.tibco.com.*

Framework Interactive Website (depuis mai 2005)

Le Framework Interactive Website (*http://sourceforge.net/projects/iwf/*) est un projet dont le but est d'offrir un support des différents aspects de l'infrastructure Ajax dans le navigateur.

- Il se décrit lui-même comme un « framework pour créer des sites web très interactifs en utilisant JavaScript, CSS, XML et HTML. Il inclut un analyseur syntaxique XML maison pour une lisibilité accrue du JavaScript. En somme, il fournit toute la tuyauterie pour la fabrication de sites web se basant sur Ajax ainsi que sur d'autres scripts communs ».

- Il possède une mise en œuvre sûre vis-à-vis des thread de `XMLHttpRequest`.
- Contient une enveloppe autour du document XML. Vous pouvez ainsi écrire un code plus lisible au lieu d'utiliser une navigation classique :

```
var noeud = doc.epicerie.surgeles[0].pizza[0].taille;
var noeud = doc.documentElement.firstChild.firstChild.getAttribute("taille");
```

- Licence open source, par Brock Weaver (*http://circaware.com*).

Zimbra AjaxTK

Zimbra (*http://www.zimbra.com/*) est un système récent, open source, de gestion de courrier électronique. Ce produit fournit une excellent bibliothèque de composants Ajax (AjaxTK), écrite en JavaScript. Une démonstration avec toutes les fonctionnalités est disponible sur zimbra.com qui montre les capacités étendues par le biais de son client messagerie électronique. Une vaste bibliothèque de composants, qui était seulement disponible à l'achat, est désormais utilisable par la communauté open source. Téléchargez toutes les sources afin de trouver le répertoire concernant Ajax qui inclut des exemples d'application.

Avantages :

- Support complet du glisser/déposer dans tous les composants graphiques. Parmi ces derniers, nous retrouvons les listes de données, les assistants, les boutons, les nœuds texte, l'éditeur de texte riche, les arbres, les menus, etc.
- Système construit avec Ant. L'hébergement est basé sur Tomcat et les JSP.
- Basé sur une solide architecture MVC côté client. L'architecte est un ancien responsable du développement dans la division JavaSoft de Sun.
- Support des communications SOAP, `XmlHttpRequest` et IFrames pour le côté client.
- Support de la sérialisation des objets en JSON et des XForms basés sur JavaScript.
- Solides capacités multi-navigateurs : IE 5.5+, Firefox 1.0+ et Safari.
- Les composants graphiques sont de très bonne qualité (de produit commercial) puisque c'est un produit open source commercial.
- La bibliothèque des composants graphiques est disponible en tant que produit de compilation à part entière.
- Les capacités de débogage sont intégrées à la bibliothèque. Elle affiche les requêtes et les réponses des communications.

Inconvénients :

- Ne supporte pas actuellement les commandes du clavier dans les menus et l'édition des feuilles de données.
- Ne supporte pas une dégradation élégante pour les IFrames si les autres solutions de transport sont indisponibles.
- La documentation manque, mais un papier PDF global décrit l'ensemble des composants graphiques et le glisser/déposer.
- Licence open source, licence ZAPL (Zimbra Ajax Public License) dérivée de la licence publique de Mozilla (MPL : Mozilla Public License) fournie par Zimbra.

Frameworks JavaScript d'appels à distance

Comme de nombreux patterns l'ont montré, l'utilisation du Web Remoting (Chapitre 6) provoque facilement des erreurs. C'est une technique fastidieuse dont les fonctionnalités sont assez étendues. Cela en fait une cible idéale pour l'encapsuler dans une bibliothèque ou un framework comme ceux abordés ici. Les frameworks polyvalents que nous avons vus plus tôt seraient également utilisables, mais si vous cherchez une option simple et autonome, SACK est fait pour vous. `HTMLHttpRequest` est aussi une option intéressante en termes de compatibilité car il supporte en plus les IFrames. Enfin, ACE (Ajax Client Engine) offre une API plus riche en fonctionnalités.

AjaxCaller (depuis mai 2005)

AjaxCaller (*http://ajaxify.com/run/Lib/js/ajaxCaller.js*) est une encapsulation basique de `XMLHttpRequest`, sûre vis-à-vis des threads, qui est destinée principalement aux nouveaux venus à Ajax. Elle est fournie avec les démonstrations d'Ajax Patterns. Allez voir TestAjaxCaller (*http://ajaxify.com/run/testAjaxCaller*).

- Appels de type REST au serveur (GET/POST/PUT/DELETE) dans le format texte brut ou XML qui sont acheminés vers une opération callback.
- Destinée aux nouveaux venus à Ajax – au lieu d'optimiser les performances ou la place en mémoire, la bibliothèque met l'accent sur la lisibilité du code et fournit la possibilité de déboguer.
- Licence open source (Creative Commons) par Michael Mahemoff (*http://softwareas.com*), qui fut accompagné par certaines idées de John Wehr et de Richard Schwartz.

Ajax Client Engine (ACE) (depuis décembre 2005)

Ajax Client Engine (*http://www.lishen.name*) est une enveloppe puissante.

- API orientée objet.
- Support multi-navigateurs.
- fonctionnalités flexibles : options de requête ; validation des paramètres de requête ; argument de callback ; option de callback ; expiration de callback ; service de traces ; service de mise en cache ; service de scrutation ; callbacks communs et gestion des exceptions.
- Licence open source (MIT) par Li Shen.

AjaxGear (depuis novembre 2005)

AjaxGear (*http://www.ajaxgear.com*) est une boîte à outils Ajax simple et multi-plates-formes.

- Permet à un navigateur web de faire des appels asynchrones au serveur web sans avoir besoin de rafraîchir la page entière.
- Utilise la classe Ajax pour communiquer avec le serveur web.
- Un site web complet est disponible en téléchargement pour voir AjaxGear en action.

- Utilisez le fichier *AjaxGear.PageEngine.js* pour apprendre comment un site web peut facilement se servir de la boîte à outils.
- Trois objets, faisant partie de la boîte à outils AjaxGear, sont développés actuellement – à savoir la barre de progression, l'aide automatique à la saisie et un validateur de formulaire.
- Licence open source (MIT) par Allan Spartacus Mangune (*http://www.allanmangune.com*) de ArchCommerce (*http://www.archcommerce.com*).

AJFORM (depuis juin 2005)

AJFORM (*http://redredmusic.com/brendon/ajform/*) est un framework Ajax extrêmement facile à utiliser. Il est conçu pour les développeurs s'initiant à Ajax. Sa raison d'être est de pouvoir envoyer des données depuis n'importe quel formulaire HTML via XMLHTTP. Le framework AJFORM vous fournit :

- Une installation en trois étapes.
- Support automatique de tout formulaire HTML.
- Possibilité d'implémenter, avec peu connaissance, des techniques de codage.
- Licence open source (BSD).

HTMLHttpRequest (depuis 2005)

`HTMLHttpRequest` (*http://www.twinhelix.com/javascript/htmlhttprequest/*) utilise `XMLHttpRequest` et les IFrames pour améliorer la compatibilité.

- Testé et fonctionnant dans IE6, IE5.5, IE5 et IE4 pour Windows, Mozilla pourWindows, Opera7 pour Windows et dans Safari et IE5 dans le monde Mac.
- Non testé, mais fonctionnant probablement avec IE4 et Mozilla sur Mac, Opera dans les autres environnements et Konqueror sous Linux.
- Licence open source (LGPL) par Angus Turnbull de Twin Helix Designs (*http://www.twinhelix.com/*).

JSMX (depuis août 2005)

JSMX (*http://www.coldfusion-ajax.com*) est une mise en œuvre très simple pour les développeurs ColdFusion (ou tout autre langage pouvant construire facilement des chaînes de caractères JavaScript). Cette API ne retourne pas de XML mais des représentations sous forme de chaînes de caractères des expressions JavaScript.

- utilise WDDX et la fonction `toScript( )` de ColdFusion qui permet de convertir rapidement les objets ColdFusion en JavaScript.
- Paquets de plus petite taille sur le réseau (JavaScript versus XML).
- Latence réduite due à moins d'analyse syntaxique des réponses.
- Les paramètres peuvent être envoyés au serveur dans de multiples formats, comme les chaînes de caractères, les objets et les formulaires entiers, sans avoir à construire de logique supplémentaire pour traiter chaque type.
- L'API n'a pas de composants côté serveur, ce qui rend JSMX plus portable.

- La syntaxe extrêmement simple raccourcit la courbe d'apprentissage et accélère le développement :

```
params = document.myForm;
http( "POST" , "distant.cfc?method=fairequelquechose", mon_callback , params );
```

- Licence open source (Creative Commons Attribution-ShareAlike), par Todd Kingham.

LibXMLHttpRequest (depuis juin 2003)

`libXmlRequest` (*http://www.whitefrost.com/reference/2005/09/09/libXmlRequest.html*) est une fine enveloppe autour de `XMLHttpRequest`.

- Méthodes synchrones et asynchrones `getXML()` et `postXML()`.
- Scrutation des objets `XMLHttpRequest`.
- Mise en cache des réponses.
- Utilitaires XSL et XPath.
- Utilitaire `setInnerXHTML` pour copier les nœuds XML dans un document HTML.
- Source protégée par les droits d'auteur standard par Stephen W. Cote (*http://www.imnmotion.com/*).

MAJAX (depuis août 2005)

MAJAX (*http://unips.sourceforge.net/devblog/?p=6*) est une autre enveloppe *très* fine de `XMLHttpRequest`. L'idée est de simplement avoir une interface réellement simple pour envoyer et recevoir du contenu ASCII.

- Fournit des interfaces pratiques de callback pour exécuter les actions – c'est-à-dire sur les réponses du serveur.
- Licence open source (GPL ou LGPL) par « Peter F ».

RSLite

RSLite (*http://www.ashleyit.com/rs/main.htm*) est une mince enveloppe autour d'une couche de transport compatible avec de nombreux navigateurs. Elle comprend un objet JavaScript de requête avec un paramètre de requête et une réponse sous forme de cookie.

- Un composant simple a été réalisé par Brent Ashley lors de son travail sur le scripting distant (voir « *JavaScript Remote Scripting (JSRS) (depuis 2000)* » dans la section « *Frameworks Ajax multi-langages* »).
- Licence open source par Brent Ashley.

Sack (depuis mai 2005)

Sack (*http://twilightuniverse.com/resources/code/sack/*) est une enveloppe fine autour de `XMLHttpRequest`.

- L'appelant peut spécifier la fonction callback ou l'objet DOM callback. Avec ce dernier, le texte de la réponse est poussée directement dans le DOM.
- Licence open source (modification de la licence MIT) par Gregory Wild-Smith.

Subsys_JsHttpRequest

`Subsys_JsHttpRequest` (*http://www.dklab.ru/lib/Subsys_JsHttpRequest/*) est un framework Ajax avec un support de `XMLHttpRequest` et une génération dynamique de « script src » afin d'émuler les fonctionnalités Ajax pour les anciens navigateurs qui ne sont pas compatibles avec `XMLHttpRequest`.

- Licence open source (LGPL 2.1 ou plus récente) par Dmitry Koterov.

XHConn (depuis avril 2005)

XHConn (*http://xkr.us/code/javascript/XHConn/*) est une enveloppe fine autour de `XMLHttpRequest`.

- Exemple : `new XHConn( ).connect("mapage.php", "POST", "foo=bar&baz=qux", fnUneFoisFini) ;`
- Licence open source (Creative Commons Attribution-ShareAlike) par Brad Fults.

Frameworks JavaScript pour les effets

Fade Anything Technique (FAT)

FAT (*http://www.axentric.com/posts/default/7*) gère la Technique du « Yellow Fade » (voir le pattern *One-Second Spotlight* [Chapitre 16]).

- Licence open source (établie comme étant celle de Creative Commons dans les commentaires de la page) par Adam Michela.

Moo.fx (depuis octobre 2005)

Moo.fx (*http://moofx.mad4milk.net*) est construit sur une version allégée de la bibliothèque Prototype afin de fournir un paquetage d'effets extrêmement compact.

- Effets Visuels.
- Cookie en mémoire pour les effets.
- Un fichier de 36 KB.
- Licence open source (MIT) par Volerio Proietti.

Frameworks JavaScript Flash

Le pattern *Richer Plugin* a montré comment Flash peut bénéficier des développements Ajax. Ces frameworks offrent des ponts Ajax-Flash.

AMFPHPKit

AMFPHP (*http://amfphp.sourceforge.net/*) est une mise en œuvre open source du framework Flash d'appel à distance.

- Rapide, fiable, 100% libre et open source. Avec cette nouvelle version, nous nous efforçons de faire un produit aussi stable et outillé que celui de ColdFusion (la mise en œuvre de référence) pour les appels à distance (remoting). Vous pourrez utiliser le formidable débogueur NetConnection qui vous montre exactement ce qui est envoyé entre le client et le serveur. Les appels à distance utilisent AMF, un format binaire très léger qui découpe les paquets, ce qui signifie un échange de données beaucoup plus rapide qu'avec XML.

- Licence open source (GPL), créé par Wolfgang Hamann et maintenu par plusieurs développeurs.

Kit d'intégration Flash - JavaScript

Le kit d'intégration Flash - JavaScript (*http://www.osflash.org/doku.php?id=flashjs*) permet l'intégration de contenus JavaScript et Flash.

- Rend possible l'invocation de fonctions ActionScript par JavaScript et vice versa.
- Tous les types de données majeurs peuvent être passés entre les deux environnements.
- Licence open source (modification de Apache 1.1) par de nombreux contributeurs de Flash Open Source.

Stream (depuis juillet 2005)

Stream (*http://www.stormtide.ca/Stream*) est une plate-forme Ajax bidirectionnelle qui apporte à JavaScript le support des sockets Flash XML. Elle inclut aussi un serveur extensible open source pouvant traiter les états ainsi qu'une plate-forme de gestion du client.

- API sous forme de Plugin (bibliothèques clientes C# et JavaScript).
- Plus de scrutation (événements réellement poussés depuis le serveur et non émulés via un mécanisme de scrutation) ; voir le pattern
- *HTTP Streaming* (Chapitre 6).
- Idéal pour le chat, la surveillance et les systèmes à base d'interaction du client qui demande une scrutation.
- Sessions (suivi de l'état par session et par page).
- Surveillance des événements (Interaction avec les événements souris).
- Actuellement au stade alpha, aperçu de la technologie ou preuve du concept. Téléchargeable depuis *http://beta.stormtide.ca/files/StreamReleases/StreamAlphaGPL20050709.zip?source=ajaxpatterns*.
- Licence open source duale (Licence commerciale et GPL), par StormTide Digital Studios. Toutes les sources sont disponibles.

Frameworks JavaScript XML

Ces bibliothèques supportent les patterns tels que *XML Message, Browser-Side XSLT* et *XML Data Island.*

Google AJAXSLT (depuis juin 2005)

Google AJAXSLT (*http://goog-ajaxslt.sourceforge.net/*) est un framework JavaScript permettant d'exécuter des transformations XSLT ainsi que des requêtes XPath.

- Construit sur le travail de Google Map.
- Licence open source (BSD) par Google.

Sarissa (depuis février 2003)

Sarissa (*http://sarissa.sf.net*) est une API JavaScript qui encapsule les fonctionnalités XML dans des appels indépendants des navigateurs.

- Création de `XMLHttpRequest` portable.
- Requêtes XPath portables.
- Manipulation DOM Portable.
- XSLT portable.
- Sérialisation portable en XML.
- License open source (GPL 2.0 ou LGPL 2.1 au choix), par différents contributeurs.

Frameworks JavaScript spécialisés

Voici deux bibliothèques utiles qui ne s'insèrent pas vraiment dans les autres sections.

Glisser/déposer

La bibliothèque de glisser/déposer de Walter Zorn (*http://www.walterzorn.com/dragdrop/dragdrop_e.htm*) est très riche en fonctionnalités (voir aussi *Drag-And-Drop* [Chapitre 15]).

- Licence open source (LGPL 2.1 ou plus récente) par Walter Zorn.

Giant-Ass Image Viewer (GSV)

GSV (*http://mike.teczno.com/giant/pan/*) permet à l'utilisateur de naviguer dans une image de grande taille, déposée sur le serveur, comme si elle était stockée localement (comme les déplacements sur Google Maps ; voir *Virtual Workspace* [Chapitre 15]).

- Licence Open source (personnalisée) par Michael Migurski.

Frameworks Ajax multi-langages

Ici, chaque bibliothèque intègre le JavaScript côté navigateur avec plusieurs langages côté serveur. Habituellement, un projet aurait besoin de s'intégrer avec un seul langage côté serveur, mais la bibliothèque en inclut plusieurs afin de la rendre applicable à un marché plus vaste. JSON a eu un grand impact, car c'est autant un format de données populaire qu'une collection de bibliothèques open source pour les appels à distance. SAJAX a aussi reçu une attention considérable dans ce secteur, en partie à cause de son support d'un grand nombre de langages. Enfin, CPAINT est lui-aussi populaire.

Cross-Platform Asynchronous INterface Toolkit (CPAINT) (depuis mai 2005)

CPAINT (*http://cpaint.sourceforge.net/*) est une mise en œuvre vraiment Ajax et JSRS (JavaScript Remote Scripting) qui offre un support de PHP et de ASP/VBScript. CPAINT vous fournit le code requis pour implémenter Ajax et JSRS sur le serveur, pendant que les données renvoyées sont manipulées, formatées et affichées sur le terminal via JavaScript. Cela vous permet de construire des applications web qui peuvent fournir un retour quasi temps réel à l'utilisateur. Voir *Ajax Stub* (Chapitre 9).

- Supporte PHP et ASP.
- Fichier JavaScript unifié pour toutes les fonctions.
- Supporte le scripting distant et XML.
- Supporte les fonctions locales et distantes.
- Un seul ou de multiples objets XMLHTTP.
- Retourne des données du serveur sous forme de texte ou sous forme d'un objet JavaScript XML/document DOM.
- Peut supporter les requêtes POST et GET.
- Fonctions de proxy du serveur pour accéder aux fonctions distantes et aux données.
- Testé avec tous les navigateurs principaux.
- Licence open source (GNU, GPL et LGPL), par de nombreux contributeurs.

JavaScript Object Notation (JSON) et JSON-RPC

JSON (*http://www.crockford.com/JSON/index.html*) est une « alternative à la lourdeur XML » et JSON-RPC (*http://www.json-rpc.org/*) est un protocole d'appel de procédure à distance, semblable à XML-RPC, avec un support fort des clients JavaScript. Voir *JSON Message* (Chapitre 9).

- Les mises en œuvre (*http://www.json-rpc.org/impl.xhtml*) existent pour de nombreuses plates-formes comme Java, Python, Ruby ou Perl.
- Les paquetages sont disponibles séparément et il y a une licence pour chaque plateforme. Le concept original et l'implémentation JavaScript sont de Douglas Crockford.

JavaScript Remote Scripting (JSRS) (depuis 2000)

JSRS (*http://www.ashleyit.com/rs/jsrs/test.htm*) achemine les appels directement depuis JavaScript vers votre langage côté serveur et assure aussi le sens retour.

- Initialement développé en 2000.
- Navigateurs connus: IE4+, NS4.x, NS6.x, Mozilla, Opera7 et Galeon.
- Support côté serveur de ASP, ColdFusion, PerlCGI, PHP, Python et des JSP (servlet).
- Licence open source (licence personnalisée vraiment flexible), par Brent Ashley (*http://www.ashleyit.com/*).

Rialto: Rich Internet AppLication TOolkit

Rialto (*http://rialto.application-servers.com/*) est une bibliothèque JavaScript de composants graphiques multi-navigateurs.

- Comme la technologie est agnostique, elle peut être encapsulée en Java/JSP/JSF, .NET ou dans des composantes PHP graphiques.
- La bibliothèque des composants inclut des formulaires, le glisser/déposer, les arbres, les listes de données avec des en-têtes fixes et des colonnes retaillables, les popup et les diviseurs.

- Rend possible le développement des applications sur une seule page.
- Démonstration disponible (*http://rialto.application-servers.com/demoRialto.jsp*).
- Licence open source (Apache) par de nombreux contributeurs.

SAJAX (depuis mars 2005)

SAJAX (*http://www.modernmethod.com/sajax/*) achemine les appels directement depuis JavaScript vers votre langage côté serveur et se charge aussi du retour. Par exemple, l'appel d'une méthode JavaScript « x_calculerBudget () » déclenchera sur le serveur un appel à une méthode `calculerBudget()` écrite en ASP/ColdFusion/Io/Lua/Perl/PHP/Python/Ruby, puis retournera la valeur à la méthode JavaScript `x_calculerBudget_cb( )`.

- Comme nous l'avons décrit dans *Ajax Stub* (Chapitre 9), la correspondance entre la fonction JavaScript et l'opération sur le serveur est simplifiée.
- Allez voir la démonstration dans la section « Cas concrets » de Ajax Stub.
- Peut générer des appels vers de nombreuses plates-formes côté serveur : ASP, ColdFusion, Io, Lua, Perl, PHP, Python ou Ruby.
- Licence Open source (BSD), par de nombreux contributeurs.

Framework ZK – Ajax/XUL Web

ZK (*http://zk1.sourceforge.net/*) un framework basé sur Ajax et XUL et construit sur la notion d'événements. Il sied à tous les framework Java et est conçu pour permettre aux applications web d'avoir une interface utilisateur riche et un modèle de programmation simple.

- Avec ZK, représentez et manipuler des RIA avec des composants XUL/HTML qui s'exécutent tous sur le serveur, comme ce fut le cas pendant des années avec les applications lancées sur le bureau.
- Aucun JavaScript. Aucune copie de la logique métier au niveau du client. Aucun composant propriétaire. Aucune compilation. ZK fonctionne avec les frameworks existants et les technologies telles que JSF et les portails. La rapidité d'adaptation de ZK est sous votre contrôle total.
- Composants basés sur XUL.
- Modèle basé sur les événements.
- Exécution centrée sur le serveur.
- Script en Java et avec les expressions EL (Expression Language).
- Démonstration disponible (*http://www.potix.com/zkdemo/userguide*).
- Licence open source (GPL) par Potix Corporation.

Frameworks Ajax C++

Wt

Wt (*http://witty.sourceforge.net/*) est une bibliothèque de composants graphiques en C++, qui utilise Ajax pour afficher les changements à l'arbre des composants lorsqu'ils sont disponibles.

- API inspirée des bibliothèques existantes. Elle s'adresse aux développeurs d'applications C++.
- La bibliothèque de composants fait une abstraction totale de la technologie sous-jacente (JavaScript, HTML, Forms, CGI, Ajax).
- La documentation est disponible à l'adresse *http://jose.med.kuleuven.ac.be/wt/doc/index.html*.
- Licence open source (Licence Affero General Public), par Koen Deforche.

Frameworks Ajax ColdFusion

AjaxCFC

AjaxCFC (*http://www.robgonda.com/blog/projects/ajaxcfc/*) est un framework ColdFusion destiné à accélérer le développement des applications Ajax et le déploiement en fournissant aux développeurs une intégration sans heurt entre JavaScript et ColdFusion. Il fournit aussi des fonctions intrinsèques qui s'adaptent rapidement à tout type d'environnement et de sécurité et aide à dépasser les problèmes de compatibilité des différents navigateurs.

- Les composants ColdFusion suivent les meilleures pratiques de la programmation orientée objet et les design patterns. Programmer avec AjaxCFC implique d'étendre les composants et de créer vos propres façades Ajax.
- Licence open source restreinte (libre d'utilisation dans tout contexte mais non redistribuable), par Rob Gonda.

JSMX (depuis août 2005)

JSMX (*http://www.coldfusion-ajax.com*) est une mise en œuvre très simple d'Ajax pour les développeurs ColdFusion (ou pour tout langage qui peut facilement construire des chaînes de caractères JavaScript). Cette API ne retourne pas du XML mais des représentations, sous forme de chaînes de caractères, d'expressions JavaScript.

- Paquets de plus petite taille sur le réseau (JavaScript versus XML).
- Latence réduite due à une analyse syntaxique restreinte des réponses.
- Les paramètres peuvent être envoyés au serveur dans ce multiples formats, comme les chaînes de caractères, les objets et les formulaires entiers, sans avoir à construire de logique supplémentaire pour traiter chaque type.
- L'API n'a pas de composants côté serveur, ce qui rend JSMX plus portable (planifié).
- La syntaxe extrêmement simple raccourcit la courbe d'apprentissage et accélère le développement :

```
params = document.myForm;
http( "POST" , "distant.cfc?method=fairequelquechose", mon_callback, params );
```

- Licence open source (Creative Commons Attribution-ShareAlike), par Todd Kingham.

Frameworks Ajax .NET

Dans le monde .NET, tous les yeux sont tournés vers Microsoft et sur leur travail en cours à propos du framework Atlas. Sa couverture, sa portabilité et la façon dont il va impacter les frameworks abordés ici ne sont pas très claires. En tout état de cause, Ajax.NET, de Michael Schwartz, est actuellement une solution populaire. En ce qui concerne les frameworks plus généraux, le projet Monorail – similaire à Ruby on Rails – présente également beaucoup d'intérêt.

Ajax.NET pour ASP.NET 1.x/2.0

Ajax.NET (*http://ajax.schwarz-interactive.de/csharpsample/default.aspx*) est un framework Ajax pour ASP.NET 1.x/2.0.

- Une bibliothèque Ajax pour ASP.NET qui fournit les fonctionnalités de base pour gérer des callback XMLHTTP. Elle ne possède pas encore de contrôle Ajax, ni les autres composants classiques.
- Licence open source par Michael Schwartz.

Anthem.NET pour ASP.NET 1.x/2.0

Anthem.NET (*http://anthem-dot-net.sourceforge.net/*) est la nouvelle version d'une bibliothèque Ajax disponible depuis longtemps, créée par Jason Diamond. C'est désormais un projet open source sur SourceForge.

- Athem.NET fournit un ensemble de contrôles Ajax hérités de ceux du serveur ASP.NET, avec la plupart des comportements Ajax intégrés, évitant ainsi beaucoup JavaScript côte client. Il supporte le « Viewstate ». Vous pouvez ainsi modifier sans problème les contrôles du serveur (soit des contrôles Anthem, soit des contrôles ASP.NET à l'intérieur d'un contrôle Anthem – par exemple un panel) dans votre code côté serveur, en C# ou en VB sans avoir à vous préoccuper du JavaScript. La bibliothèque est encore balbutiante (décembre 2005) mais prometteuse !
- Licence open source par Jason Diamonds.

AjaxAspects

AjaxAspects (*http://www.mathertel.de/AJAXEngine/*) est un moteur qui utilise des proxy JavaScript pour appeler des méthodes sur le serveur via des services web.

- Utilise Ajax avec des services web.
- Construit sur des méthodes JavaScript proxy pour les services web standard (appelez simplement une méthode JavaScript classique pour déclencher une méthode sur le serveur).
- Les standard SOAP et WSDL sont utilisés pour la communication entre le client et le serveur.
- Pas besoin de mise en œuvre spéciale au niveau des services web.
- De nombreux types sont supportés ainsi que les tableaux et les objets XML, comme paramètres et valeurs de retour.

- Mise en cache sur le client et le serveur.
- Actions mises en file.
- Actions mises en attente.
- De nombreux contrôles Ajax disponibles qui s'intègrent dans les formulaires web ASP.NET standard.
- Support de ASP.NET 2.0.
- Tout le code source est disponible.
- Démonstration disponible par le biais d'un site web (*http://www.mathertel.de/AjaxEngine/*).
- Supporté par un weblog en anglais (*http://ajaxaspects.blogspot.com/*) et en allemand (*http://ajaxaspekte.blogspot.com/*).
- Licence open source (Creative Commons) par Matthias Hertel (*http://www.mathertel.de*).

Atlas (depuis la fin 2005)

Atlas (*http://www.asp.net/default.aspx?tabindex=7&tabid=47*) est le projet Ajax en cours de Microsoft. ASP.NET Atlas est un paquetage de nouvelles technologies de développement web qui intègre un vaste ensemble de bibliothèques de script pour le client avec une plate-forme de développement riche, basée sur le serveur ASP.NET 2.0.

- Commerciale (les termes de la licence se sont pas clairs au moment de l'écriture de ce livre) par Microsoft.

Bitkraft pour ASP.NET

Bitkraft (*http://www.tiggrbitz.com*) est un framework web basé sur CLR (.NET) qui autorise la création de contenus web distribués ainsi que leur distribution depuis le serveur. Il est écrit en C# et compile avec le Framework .NET 1.1 de Microsoft ou le Framework Mono. Il est ainsi portable sous n'importe quelle plate-forme.

Le framework Bitkraft étend l'architecture ASP.NET pour supporter totalement les callbacks JavaScript en utilisant l'objet `XmlHttpRequest` comme un élément de la couche transport dans Ajax.

- Navigateurs connus : IE5+, Firefox1+ et Netscape 6.
- Support côté serveur de ASP.NET, Mono XSP, Cassini et du Framework .NET 1.1+ pour Apache (modMono).
- Orienté attribut.
- Correspondance des méthodes asynchrones et synchrones directement depuis les objets JavaScript proxy (service côté serveur).
- Supporte tous les types .NET et les classes personnalisées dont la correspondance est faite avec des objet JSON sur le client.
- Utilise JSON au lieu de XML.
- Bibliothèque open source par Wayne Lee-Archer.

ComfortASP.NET pour ASP.NET 1.1/2.0

ComfortASP.NET (*http://www.comfortasp.de*) est une approche qui laisse les développeurs s'appuyer sur la programmation ASP.NET tout en offrant des fonctionnalités Ajax. En interne, ComfortASP.NET utilise Ajax (DHTML, JavaScript, XMLHTTP) pour mettre en œuvre ces fonctionnalités – mais le développeur web implémente seulement du code ASP.NET côte serveur.

- Transfert automatiquement seulement les changements entre les postbacks ASP.NET, ce qui conduit à des temps de réponse considérablement plus courts pour les connexions n'ayant pas beaucoup de bande passante. Il en résulte aussi un trafic global HTML plus restreint (jusqu'à 90%, selon les nouvelles données du postback).
- Réduit les rafraîchissements de page et utilise des postbacks cachés à la place.
- Impression pour l'utilisateur d'utiliser Ajax/DHTML (mais sans avoir à programmer directement du Ajax/DHTML).
- Ne pollue pas l'historique du navigateur avec des entrées liées au postback (le bouton Précédent n'irrite plus vos utilisateurs).
- Les formulaires se désactivent automatiquement et préviennent l'utilisateur pendant l'utilisation d'un postback ou de multiples postbacks de formulaire.
- Contrôle de la position de la barre de défilement du client et de la zone active depuis le code côté serveur.
- Retour à tout instant à l'ASP.NET original lorsque vous le souhaitez – même de façon dynamique lors de l'exécution.
- licence open source par Daniel Zei.

MagicAjax.NET (depuis septembre 2005)

MagicAjax.NET (*http://www.magicajax.net/*) est un framework open source conçu pour rendre plus facile et plus intuitive l'intégration, par les développeurs, des technologies Ajax dans leurs pages web, sans avoir à remplacer les contrôles ASP.NET et/ou à écrire le code JavaScript.

- Une fois l'initialisation du système faite, mettez simplement les contrôles que vous voulez cuisiner à la sauce Ajax à l'intérieur d'un AjaxPanel et c'est fini !
- Beaucoup d'autres fonctionnalités avancées sont aussi disponibles.
- Licence open source (LGPL) par divers contributeurs.

MonoRail (depuis mai 2005)

MonoRail (*http://www.castleproject.org/index.php/MonoRail*) est une plate-forme pour développer des applications web C# en utilisant des modèles au lieu de l'approche basée sur les WebForms (Microsoft).

- Fonctionnellement identique à Ruby on Rails.
- Génère la plupart voire tout le JavaScript pour les composants graphiques et l'animation dans le navigateur.
- Fournit des classes utilitaires qui fonctionnent avec la bibliothèque JavaScript Prototype (*http://prototype.conio.net/*).

- Fonctionne sur les plates-formes .NET et .Mono sur Windows et Linux.
- Licence open source, par de multiples développeurs.

WebORB pour .NET (depuis août 2005)

WebORB pour .NET (*http://www.themidnightcoders.com/weborb/aboutWeborb.htm*) est une plate-forme pour développer des applications clientes riches Ajax ou Flash et pour les connecter avec des objets .NET et des services web XML (voir les exemples en ligne sur *http://www.themidnightcoders.com/examples*).

- WebORB inclut une bibliothèque côté client nommée « Rich Client System » (*http://www.themidnightcoders.com/rcs/index.htm*). Elle fournit une API simple pour se calquer et invoquer toute méthode de tout objet .NET ou service web XML.
- Supporte l'invocation de méthodes synchrones et asynchrones.
- Ne requiert pas de changement sur le code côté serveur. Il n'y a pas besoin d'attributs de méthode, personnalisés, de signatures spéciales ou de types d'argument. Ne requiert pas la génération d'ébauches au moment de la conception.
- Les invocations synchrones retournent des données de la même invocation (aucun callback nécessaire). Par contre, les invocations asynchrones se basent sur les callbacks.
- Chaque méthode côté serveur peut être invoquée de façon synchrone ou asynchrone.
- L'application cliente peut demander des modes spéciaux d'activation pour les objets du serveur. En conséquence, les objets peuvent devenir facilement « avec état » sans programmation spéciale.
- Fournit une API spéciale pour gérer les résultats de requête à la base de données – le code du serveur peut retourner un `DataSets` ou un `DataTables`. Le client l'affichera comme un objet JavaScript `RecordSet` spécial. Cet objet fournit un moyen de récupérer les noms de colonne en même temps que les données.
- Affichage des données sous forme de pages. Les applications clientes peuvent récupérer les données et les formater dans des pages, simplifiant ainsi l'utilisation.
- Supporte tous les types d'argument côté serveur ainsi que les valeurs de retour – types primitifs, chaînes de caractères, types complexes, tableaux, collections .NET natives et références distantes.
- Licence duale (l'édition standard est libre, la professionnelle est commercialisée) par Midnight Coders.

zumiPage

Avec zumiPage (*http://www.zumipage.com*), les postbacks au serveur sont automatiquement capturés côté client et envoyés via un mécanisme XMLHTTP.

- zumiPage ne demande pas de changements de code pour les projets existants. Vous pouvez ainsi écrire le code ASP.NET comme d'habitude, en utilisant les contrôles web et la méthodologie standard. zumiPage se chargera du reste. Votre application web devrait être plus agréable, plus rapide et plus interactive.
- Fonctionne avec ASP.NET 2.0 et 1.1.

- Compatibilité totale avec Internet Explorer et Mozilla Firefox.
- Economise jusqu'à 90% du trafic.
- S'intègre facilement avec des projets existants.
- Ne demande aucune utilisation de JavaScript.
- Postbacks XMLHTTP rapides et invisibles.
- Maîtrise complète sur les contrôles retournés pour chaque postback.
- Fonctionnalité d'attente (pour les traitements longs du serveur).
- Licence commerciale par Amir Leshem.

Frameworks Java Ajax

Java a toujours bénéficié de nombreux frameworks vastes et variés. Avec Ajax, de nouveaux ont émergé et des ajouts aux anciens projets sont également apparus. Deux bibliothèques se sont révélées populaires, à savoir Ajax JSP Tag et Direct Web Remoting.

AjaxAnywhere (depuis septembre 2005)

AjaxAnywhere (*http://ajaxanywhere.sourceforge.net*) retourne tout un ensemble de composants existants : JSP, JSF, Struts, Spring, etc. en des composants version Ajax sans codage JavaScript supplémentaire. (Voir la Démonstration rapide sur *http://ajaxanywhere.sourceforge.net/quickStart.html*).

- Ne casse pas l'architecture MVC existante côté serveur.
- Moins de JavaScript à développer et à maintenir. L'absence de conventions courantes de nommage, de règles de formatage et de patterns rendent le code JavaScript plus laid que celui de Java/JSP. C'est extrêmement difficile à déboguer et à tester unitairement dans des environnements multi-navigateurs. AjaxAnywhere permet de s'affranchir de tous ces problèmes.
- Facile à intégrer. AjaxAnywhere n'exige pas changer le code de l'application sous-jacent.
- Dégradation grâcieuse. Basculement simple et à tout moment entre Ajax et le comportement classique (rafraîchissement de toute la page) de votre application web. Votre application peut aussi supporter les deux comportements.
- Licence open source (Apache 2).

Bibliothèque AJAX JSP Tag

La bibliothèque AJAX JSP Tag (*http://ajaxtags.sourceforge.net/*) est un ensemble de balises JSP qui simplifient l'utilisation des technologies JavaScript et XML (Ajax) asynchrones dans les JSP (JavaServer Pages). Cette bibliothèque facilite le développement en ne forçant pas les concepteurs J2EE à écrire le JavaScript nécessaire à la mise en œuvre d'un formulaire web Ajax. Les balises sont les suivantes :

Autocomplete (aide à la saisie)

Retrouve une liste de valeurs qui correspondent à la chaîne de caractères entrée dans un champ texte d'un formulaire, saisi par l'utilisateur.

Callout (affichage d'informations)

Affiche une référence et une bulle sous forme de popup, ancrée à un élément HTML avec un événement onclick.

Select (sélection)

En se basant sur une sélection dans un champ déroulant, un second champ de sélection sera renseigné.

Toggle (élément coché ou non)

Change la valeur (vrai/faux) d'un champ caché de formulaire et change dans le même temps la source d'une image.

Update Field (mise à jour de champ)

Met à jour un ou plusieurs champs de formulaire en se basant sur la réponse contenue dans un autre champ texte.

Licence open source, par de nombreux contributeurs.

Framework AJAX Java Server Faces

AJAX-JSF (*http://smirnov.org.ru/en/ajax-jsf.html*) va permettre à n'importe quelle application Java Server Faces existante d'utiliser les fonctionnalités Ajax. La plupart des composants existants peuvent être utilisés tels que ou bien être convertis pour supporter Ajax.

- Allez voir un exemple qui se nomme « MyFaces JSF Tree » avec des composants Ajax de défilement de tableau et d'onglets (*http://smirnov.org.ru/myfaces-ajax/ajax.jsf*).
- Des différences minimes par rapport aux spécifications JSF. Proposé au projet MyFaces.
- Licence open source (Apache Software 2.0) par Alexander Smirnov.

Direct Web Remoting (DWR) (depuis 2005)

Direct Web Remoting (DWR)(*http://www.getahead.ltd.uk/dwr/*) est un framework pour appeler directement des méthodes Java depuis le code JavaScript.

- Comme SAJAX, il peut passer des appels depuis JavaScript vers des méthodes Java et obtenir un callback en JavaScript.
- Peut être utilisé avec n'importe quel framework web : Struts, Tapestry, etc.
- Suit la philosophie Spring KISS/POJO/orthogonalité.
- En cours d'intégration dans la prochaine version de WebWork (*http://www.opensymphony.com/webwork/*).
- Licence open source (Apache voir *http://www.apache.org/LICENSE.txt*) par Joe Walker (*http://www.getahead.ltd.uk/sg/space/joe/*).

Echo 2 (depuis mars 2005)

Echo 2 (*http://www.nextapp.com/products/echo2/*) vous permet de coder les applications Ajax en pur Java (voir la démonstration sur *http://demo.nextapp.com/InteractiveTest/ia*).

- Génération automatique du HTML et du JavaScript.

- Coordonne les messages entre le navigateur et le serveur. Fournit des messages XML.
- Support les composants JavaScript personnalisés.
- Licence open source (Mozilla Public ou GNU LGPL) par Next App, Inc. (*http://www.nextapp.com/*).

Guise

Guise (*http://www.guiseframework.com/*) propose une architecture élégante à base de composants qui ne requiert pas l'écriture de HTML ou de JavaScript (voir la démonstration sur *http://www.guiseframework.com/demonstration*).

- Un vrai framework d'applications, écrit complètement en Java.
- Permet aux développeurs de penser en termes de composants et d'événements au lieu de penser à la génération du HTML et à la programmation DOM.
- Fournit des contrôles, des boîtes de dialogues modales, du texte en surimpression et beaucoup plus.
- Compatible XHTML.
- Licence commerciale flexible, avec une version de développement gratuite, complète en termes de fonctionnalités, disponible au téléchargement. Par Global Mentor Inc.

ICEfaces

ICEfaces (*http://www.icesoft.com/products/icefaces.html*) est une extension standard compatible avec JavaServer Faces (JSF) permettant de construire et de déployer des applications riches Ajax.

- Mises à jour de la page incrémentales et lissées avec une édition directe et sans rafraîchissement total de la page.
- Conservation du contexte de l'utilisateur pendant la mise à jour de la page, y compris la position de la barre de défilement et la zone ayant le focus.
- Mises à jour asynchrones de la page basées sur l'application, en temps réel.
- Interaction fine avec l'utilisateur pendant la saisie dans le formulaire qui augmente l'aller-retour standard.
- Licence commerciale par IceSoft.

JSON-RPC-Java (depuis avril 2004)

JSON-RPC-Java (*http://oss.metaparadigm.com/jsonrpc/*) est un intergiciel Ajax RPC qui permet aux applications JavaScript DHTML de faire des appels à des méthodes distantes sur un serveur d'applications J2EE.

- Fait la correspondance de façon transparente entre les objets Java et les objets JavaScript en utilisant la réflexion.
- Gère la sauvegarde/relecture de toute structure de données complexe et imbriquée.
- Protocole léger ressemblant à XML-RPC.

- Influence et améliore le modèle de sécurité J2EE avec l'export spécifique d'objet de session.
- Licence open source (LGPL) par Michael Clark et ses camarades.

JSP Controls Tag Library (depuis décembre 2005)

La bibliothèque JSP Controls Tag (*http://jspcontrols.sourceforge.net/*) fournit un cycle de vie pour des composants JSP à la mode portlet. Elle ne requiert pas de moteur de portail ou tout autre contrôleur central. Les composants construits avec la bibliothèque peuvent être utilisés dans toute application JSP.

- Supporte les composants duals (non-Ajax et Ajax). Elle fonctionne même avec Netscape 4.
- Dans le mode non-Ajax, les composants utilisent des cycles requête/réponse HTTP synchrones via le pattern Redirection-Après-Post.
- Dans le mode Ajax, les composants sont mis à jour directement « sur place ».
- Le rechargement des composants dans le mode non-Ajax est complètement automatique et transparent.
- Les transitions entre les modes Ajax et non-Ajax est indétectable lorsque JavaScript est activé ou désactivé.
- Voir la démonstration sur *http://www.superinterface.com/jspcontrols/index.html*.
- Licence open source (Apache 2.0) par Michael Jouravlev.

jWic

jWic (*http://www.jwic.de*) est un framework Java pour développer des applications web dynamiques offrant la commodité et les habitudes de la programmation du client riche.

- Basé sur les composants, sur un modèle de programmation piloté par les événements.
- Les contrôles sont construits et affichés en utilisant des modèles (Velocity par exemple).
- Mise à jour dynamique des contrôles par l'utilisation des mécanismes Ajax.
- Licence open source (Apache, Version 2.0) par Florian Lippisch et Jens Bornemann.

Struts-Layout

Struts-Layout (*http://struts.application-servers.com*) est une bibliothèque de balises (tag) pour Struts qui permet la création d'interfaces faciles et rapides. Elle fournit des balises puissantes qui affichent des panels, des champs de saisie, des tableaux, des arbres, des listes triables, des grilles de données, des menus contextuels, des calendriers, etc. Avec ces balises personnalisées à votre convenance, certains développeurs de votre équipe n'auront pas à écrire ni même connaître le HTML.

- La bibliothèque Struts-Layout tag permet désormais de mettre des champs à suggestion sur vos pages web (*http://struts.application-servers.com/suggest/index.html*).
- Licence open source (Apache 2) par Jean-Noël Ribette et consorts.

SWATO (depuis 2005)

SWATO (Shift Web Application TO...) (*http://swato.dev.java.net/*) est un ensemble de bibliothèques réutilisables. Il offre une bonne intégration Java/JavaScript qui vous facilite le déplacement de l'interaction de vos applications web vers Ajax.

- La bibliothèque Java peut être facilement déployée, côté serveur, sur tous les conteneurs de Servlets à partir de la version 2.3.
- La bibliothèque JavaScript, côté client, est basée sur prototype qui peut vous aider à réaliser du code JavaScript orienté objet.
- JSON est utilisé, côté serveur, pour l'exportation dans un format texte (marshal) des données de vos objets POJO (Plain Old Java Objects).
- Une interface simplifie le code JavaScript pour le dialogue avec des POJO distants et invocables par le côté client via RPC par exemple.
- Configuration aisée et flexible via l'utilisation des balises `<servlet>` et `<filter>` du fichier *web.xml*. Fourni avec une intégration Spring.
- Plusieurs composants réutilisables sont disponibles (zone de test avec auto-suggestion, gabarit JS, traces JS, etc.) qui vous aident à développer plus facilement vos applications web.
- Une démonstration en ligne est disponible à l'adresse *http://swato.throughworks.com*.
- Licence open source (Apache) par Zhijie Chen.

Composants Tacos pour Tapestry (depuis décembre 2005)

Tacos (*http://tacos.sourceforge.net*) est une bibliothèque Ajax fournissant un moteur et des composants pour les applications Ajax/DHTML écrites en Java pour le framework Tapestry (*http://jakarta.apache.org/tapestry*).

- Écrit pour être complètement intégré avec la bibliothèque JavaScript Dojo (*http://dojotoolkit.org*). Elle fournit un ensemble complet de composants graphiques et de fonctionnalités.
- Demande peu ou pas de connaissances JavaScript pour l'utiliser, même si toute partie du processus peut être personnalisée à votre goût.
- Fournit des outils de développement comme la console de traces/débogage pour les requêtes initiées par Ajax ou d'autre JavaScript, ce qui facilite l'écriture des applications Ajax.
- La bibliothèque de composants met à disposition un vaste ensemble de code de qualité, avec des fonctionnalités intrinsèques comme les dialogues, les fenêtres flottantes, de très nombreux effets, des arbres, la complétude automatique des mots, des éditeurs en-ligne, etc.
- Support complet des formulaires Ajax avec une validation côté client, l'observation des champs, la soumission partielle du formulaire, etc.
- Licence open source (Apache) par de nombreux contributeurs.

ThinkCAP JX

ThinkCAP JX (*http://www.clearnova.com*) est conçu pour construire des applications métier transactionnelles de qualité industrielle.

- Contient un outil de développement graphique.
- Basé sur plus de 20 projets open source comme Struts, Hibernate, JFreeChart et bien d'autres.
- Utilise le développement trois tiers client/serveur, ce qui minimise le JavaScript via l'utilisation d'une bibliothèque de génération, côte serveur, de plus de 150 méthodes.
- Gère de complexes mises à jour Ajax grâce à TransactionSafe. Cela garantit qu'aucune connexion n'est perdue et les mises à jour complexes sont automatisées.
- Contrôles riches pour les données, comme une grille de données pouvant être parcourue et mise à jour, le tri côté client, la barre Outlook, les onglets, les arbres et la complétude automatique des mots.
- Correspondances déclaratives entre les données et les paramètres de requête HTTP et session simplifiées.
- Le système de gestion des fenêtres redirige automatiquement les appels Ajax de composants vers la zone appropriée de la page (par défaut ou zone nommée).
- Licence duale (GPL ou commerciale) par ClearNova.

WebORB pour Java (depuis août 2005)

WebORB pour Java (*http://www.themidnightcoders.com/weborb/aboutWeborb.htm*) est une plate-forme pour le développement d'applications clientes riches basées sur Ajax ou Flash qui les connecte à des objets Java et des web services XML. (Voir les exemples en ligne sur *http://www.themidnightcoders.com/examples.*)

- Voir le paragraphe précédent « *WebORB pour .NET (depuis août 2005)* » pour plus d'informations.
- Licence duale (l'édition standard est libre, une version professionnelle est commercialisée) par Midnight Coders.

WidgetServer (depuis 2004)

WidgetServer (*https://wiser.dev.java.net*) vous permet de coder des applications Ajax en pur Java.

- Génère automatiquement le HTML et le JavaScript.
- Coordonne les messages entre le navigateur et le serveur.
- Offre la possibilité de coder à la main des composants HTML/CSS en JavaScript si nécessaire.
- Les applications fonctionnent comme des applications web, Swing et Swing client/serveur.
- License duale (version haute-performance commerciale et version libre mettant moins l'accent sur les performances) par Dirk von der Weiden.

Frameworks Ajax Lisp

CL-Ajax

CL-Ajax (*http://cliki.net/cl-ajax*) redirige les appels JavaScript directement vers des fonctions Lisp côté serveur.

- Le script de la fonction export ressemble à :

```
(export-function #'ma-fonction)
```

- Génère une ébauche JavaScript avec les arguments.
- Peut faire un callback vers une fonction JavaScript ou un objet DOM.
- Peut être intégré au framework SAJAX.
- Licence open source (personnalisée, très flexible) par Richard Newman (*http://www.holygoat.co.uk/*).

Frameworks Ajax Perl

CGI::Ajax – Exporter des méthodes Perl vers JavaScript

CGI::Ajax (*http://pjax.sourceforge.net/*) est un module Perl permettant de simplifier l'écriture des scripts Ajax utilisant Perl. Le module est orienté objet. La création d'un lien entre un événement JavaScript et votre code Perl n'est pas plus difficile que de définir une simple correspondance entre le nom de fonction JavaScript et le nom du sous-programme Perl.

- Peut être utilisé pour lier tout code Perl à un événement HTML, y compris le « fetching » d'autres URL (en utilisant LWP par exemple).
- Facilité d'inclusion, ainsi un événement HTML peut démarrer une chaîne d'événements Ajax (par exemple `onClick= "faire_ceci( ); puis_cela(); enfin_cela( )"`).
- Peut traiter des requêtes GET ou POST.
- Les fonctions exportées ne doivent pas être forcement nommées d'une façon spécifique (nommez-les comme vous l'entendez).
- Très peu de surcoût – vous permet de continuer à penser Perl sans vous en préoccuper.
- Communauté de développement active.
- Bibliothèques open source (Perl et licence artistique) par Brian Thomas.

HTML::Prototype – Generate HTML et le JavaScript pour la bibliothèque Prototype

HTML::Prototype (*http://search.cpan.org/dist/HTML-Prototype/*) contient certains générateurs de code pour Prototype, la fameuse bibliothèque orientée objet JavaScript, ainsi que les extensions *script.aculous*.

- En fait, elle est similaire aux utilitaires Prototype de Ruby on Rails.
- Licence open source (GPL et Artistique), par de nombreux contributeurs.

Frameworks Ajax PHP

Les frameworks PHP ont tendance à se focaliser plus sur les fonctionnalités d'appel à distance plutôt que sur la génération de HTML. XOAD est l'une de ces bibliothèques populaires, tout comme CPAINT et SAJAX (abordée plus tôt dans le paragraphe « *Frameworks JavaScript polyvalents* »).

AJASON

AJASON (*http://ajason.sourceforge.net/*) est un framework basé sur PHP.

- Utilise JSON (JavaScript Object Notation) pour encoder/décoder les données entre le serveur et le navigateur.
- Licence open source, par de nombreux contributeurs.

AjaxAC (depuis avril 2005)

AjaxAC (*http://ajax.zervaas.com.au/*) encapsule l'application entière dans une seule classe PHP.

- Tout le code de l'application est contenu dans une seule classe (plus certaines bibliothèques JavaScript additionnelles).
- L'appel d'un fichier PHP ou d'une page HTML est vraiment propre. Seule la création de la classe de l'application est requise. Par la suite, il est aisé de référencer le JavaScript de l'application et d'attacher tout type d'élément HTML à l'application.
- Fonctionnalités natives pour une gestion aisée des événements JavaScript .
- Fonctionnalités natives pour créer des sous-requêtes et pour les traiter.
- Autorise des valeurs de configuration personnalisée, certains éléments peuvent alors être positionnés pendant l'exécution.
- Plus de code JavaScript encombrant qui surcharge le code du HTML appelant – tous les événements sont attachés dynamiquement.
- Facile à intégrer avec un moteur de gabarits.
- Modifications simples des classes PHP ou du MySQL existant pour obtenir les données depuis les sous-requêtes.
- Structure des composants graphiques extensible permettant de créer facilement par la suite des objets JavaScript (ce qui demande un peu de travail).
- Licence open source (Apache 2.0) par Zervaas Enterprises (*http://ajax.zervaas.com.au/*).

Cajax

Cajax (*http://sourceforge.net/projects/cajax*) est un framework PHP orienté objet qui crée et gère les sollicitations côté serveur des appels distants depuis JavaScript. Voici quelques fonctionnalités :

- Programmation côté serveur simple.
- Pratiquement pas de programmation côté client (un peu de JavaScript est tout de même possible).
- Gestionnaires pour les événements côté serveur.

- Un gestionnaire de suggestions ressemblant à celui de Google.
- Plugin pour les champs de sélection multiples (comme pays/état/ville).
- Appel distant sur le serveur directement depuis JavaScript via l'utilisation d'une couche d'abstraction.
- Plugin pour soumettre des formulaires via `XMLHTTPRequest`.
- Mise en cache JavaScript.
- Bibliothèque open source (LGPL) par Thiago Pappacena.

Framework HTS Web Application

HTSWaf (*http://www.htsdesign.com/index.php?&section=htswaf&page=index*) fournit un gestion souple des événements client-vers-serveur.

- HTS Web Application est un framework basé sur PHP et JavaScript destiné à faciliter la conception et la mise en œuvre des applications web. Il implémente un moteur de balises personnalisées avec un modèle d'événements JavaScript et/ou PHP automatisé. Il automatise aussi le transfert de données depuis et vers le serveur.
- Visitez le site web pour plus d'informations et d'exemples (*http://www.htsdesign.com/index.php?&section=htswaf&page=index*).
- Actuellement dans l'état de démonstration, par Bert Rosell.

JPSpan

JPSPAN (*http://jpspan.sourceforge.net/wiki/doku.php*) passe les appels JavaScript directement aux fonctions PHP.

- Largement testé unitairement.
- Licence open source.

PEAR::HTML::Ajax

PEAR::HTML:Ajax (*http://pear.php.net/package/HTML_AJAX*) est une bibliothèque Ajax PHP et JavaScript.

- Fournit des composantes PHP et JavaScript pour faire de l'Ajax (communiquer depuis JavaScript vers le navigateur sans provoquer de rechargement de page).
- Offre des proxy OO (Orienté Objet) en JavaScript des opérations PHP enregistrées.
- La sérialisation des données envoyées entre PHP et JavaScript est fournie par le modèle. Actuellement les encodages JSON et Null sont disponibles.
- Licence open source (LGPL) de nombreux contributeurs.

Pipeline

Le framework Pipeline (*http://livepipe.net*) consiste en une bibliothèque simple côté client. Elle offre une intégration directe avec le contrôleur. L'accent est mis sur la simplicité. Elle n'est pas riche en fonctionnalités et n'utilise pas XML. Elle favorise le renvoi de HTML ou de chaînes de caractères depuis le contrôleur, ou encore de tableaux d'association qui sont traduits depuis PHP en JavaScript.

- Licence open source avec des ajouts commerciaux possibles, en développement. Par Picora Pipeworks.

Symfony

Symfony (*http://www.symfony-project.com*) intègre une couche Ajax côté serveur et des fonctions utilitaires « à la » *script.aculo.us*, afin de fournir une façon simple de construire des applications en PHP.

- Un tutoriel étape-par-étape est disponible (*http://www.symfony-project.com/tutorial/symfony_ajax.html*). Il décrit la création d'un panier électronique interactif. Il démontre l'intégration forte de prototype, *script.aculo.us* et du modèle MVC.
- Le calendrier de l'avent (*http://www.symfony-project.com/askeet*) illustre la façon de construire une application Ajax réelle en 24 tutoriels brefs. Le code peut être téléchargé. La soumission de formulaire, les « Folksonomy » et les effets visuels sont quelques fonctionnalités Ajax du site web askeet (*http://www.askeet.com*) qui est construit en direct. À voir absolument.
- Licence open source (MIT), projet sponsorisé par Sensio.

XAJAX

XAJAX (*http://www.xajaxproject.org*) passe les appels JavaScript directement aux fonctions PHP.

- Utilisation d'ébauches JavaScript pour appeler les fonctions, les méthodes des objets et les méthodes de classe dans un script PHP.
- La réponse est créée à partir de l'objet de réponse XAJAX qui fournit de nombreuses commandes, comme l'affectation de HTML à un élément, l'affichage d'une alerte et plus encore. La production de script personnalisé est aussi supportée.
- Tout le code spécifique au navigateur (typiquement l'utilisation de `XMLHttpRequest`) est abstrait et l'envoi de différents types de données vers le serveur (comme la soumission de formulaire via Ajax) est réellement aisé.
- Il supporte de nombreuses options de configuration pour faciliter l'intégration avec les applications web existantes et les frameworks.
- Le noyau JavaScript est facile à comprendre et peut être surchargé pour supporter des fonctionnalités JavaScript plus avancées.
- Il est bien supporté par le biais de forums et d'un nouveau Wiki avec de la documentation et des tutoriels.
- Licence open source (LGPL) par J. Max Wilson et Jared White.

XOAD (autrefois NAJAX)

XOAD (*http://www.xoad.org*) un framework Ajax/XAP orienté objet basé sur PHP.

- Il utilise des *Messages JSON* et des objets PHP natifs sérialisés pour communiquer.
- Une attention spéciale a été apportée à la sécurité.
- Supporte les événements côté serveur (voir *Distributed Events* [Chapitre 10]).

- Supporte les événements côté client (événements XOAD).
- Supporte les extensions serveur et client.
- Supporte la manipulation de HTML (extension).
- Supporte la mise en cache (extension).
- Chaque classe, méthode et variable est documentée.
- Fournit des tutoriels faciles pour démarrer avec l'utilisation de XOAD.
- Fournit des exemple démontrant les diverses fonctionnalités.
- À gagné le prix « PHP Programming Innovation Award » en août 2005 (*http://www.phpclasses.org/winners.html*).
- Licence open source (licence PHP 3.0) par Stanimir Angeloff.

Frameworks Ajax Python

CrackAJAX

CrackAJAX est un framework Python (*http://www.aminus.org/blogs/index.php/phunt/2005/10/06/subway_s_new_ajax_framework*) qui ne demande pas de connaissances JavaScript.

- Licence open source par Peter Hunt.

Turbo Gears

Turbo Gears (*http://turbogears.org*) est un « méga-framework » qui combine plusieurs bibliothèques et frameworks.

- Licence open source (MIT) et de nombreuses licences relatives aux frameworks incorporés. Constitué par de nombreux développeurs.

Frameworks Ruby Ajax

Ruby On Rails

Ruby On Rails (*http://www.rubyonrails.org/*) est un framework web général avec un support important d'Ajax.

- Rails était encore jeune lorsque la folie Ajax a débuté. Ainsi, Ajax va accroître de façon importante sa place dans le framework Rails.
- Génère la plupart, voire la totalité, du JavaScript pour les composants graphiques et l'animation au niveau du navigateur.
- Supporte les appels côté serveur.
- Fournit un support de la planification (scheduling)
- Licence open source [MIT ou similaire] (*http://wiki.rubyonrails.com/rails/show/License*) par David Heinemeier Hansson et d'autres contributeurs (*http://www.loudthinking.com/*).

B

Configuration du code des exemples

Un paquetage simple contenant tout le code du chapitre 2 et les démonstrations des patterns AJAX sont disponibles sur *http://ajaxify.com/run*. À l'intérieur, vous trouverez un fichier *INSTALL.txt* contenant des instructions d'installation (en anglais). Ces instructions sont reprises et traduites ci-dessous. Pensez cependant à consulter la version électronique car elle peut contenir des mises à jour.

```
INSTALLER PHP
==============
* Si vous ne l'avez pas déjà fait, installez PHP5 et intégrez-le à Apache
  (ou à un server web différent). Les démonstrations se fondent sur les
  fonctionnalités OO de PHP5 et ne fonctionneront pas avec PHP4 ou avec
  des versions antérieures.

  De nombreux programmes d'installation disponibles créeront un environnement
  "AMP" (Apache, PHP et MySQL) pour vous (vous aurez besoin de MySQL pour la
  démonstration du Wiki - voir plus loin). XAMPP, par exemple, est disponible
  pour toutes les plates-formes classiques (http://www.apachefriends.org/en/
  xampp.html). Pour Apple, consultez http://www.entropy.ch/software/macosx/php/.
  Pour Linux, vous pouvez essayer les paquetages appropriés de Redhat ou
  Debian. Jetez un œil également sur les instructions de compilation sur
  http://dan.drydog.com/apache2php.html.


CONFIGURER LES DEMONSTRATIONS AJAX
==================================
* Décompressez le paquetage dans un emplacement temporaire et copier les
  répertoires run/, tutorial/ et /records dans le répertoire racine des documents.
  En prenant l'hypothèse que ce répertoire est /apache/document/root :

      cp run tutorial records /apache/document/root.

  (Vous pouvez aussi, si vous avez suffisamment de droits d'accès, mettre en
  place un nouvel hôte virtuel dans le fichier https.conf d'apache. Faites le
  pointer vers la racine du répertoire décompressé, ajaxdemos/).
```

```
* Assurez-vous que le serveur peut écrire vers le répertoire (initialement vide)
  records/. La façon la plus simple(même si ce n'est pas la plus sécurisée) de
  l'autoriser est :

      chmod 777 apache/document/root/records

* Ouvrez run/.htaccess et suivez les instructions pour positionner le chemin
  vers la bibliothèque.
* C'est fini ! Lancez un navigateur à l'adresse http://localhost/run/ et http://
  localhost/tutorial. Si vous pouvez accéder à http://localhost/run/index.phtml
  mais pas à http://localhost/run/, lisez la note qui suit.

NOTE SUR LA CONFIGURATION : Normalement, vous n'aurez pas besoin de configurer
quoi que ce soit car les fichiers run/.htaccess et tutorial/.htaccess
contiennent tous les paramètres nécessaires. Cependant, certaines installations
d'apache ignoreront ces paramètres (en fonction de la directive AllowOverride).
Soyez donc prêt à déplacer certaines instructions du fichier run/.htaccess vers
httpd.conf (run/.htaccess est un sur-ensemble de tutorial/.htaccess). Modifiez,
en particulier, les directives existantes DirectoryIndex pour qu'elles incluent
index.phtml et ajoutez un nouveau type pour phtml dans le fichier .htaccess. Si
l'instruction include_path de PHP ne fonctionne pas, vous devrez probablement la
modifier dans le fichier php.ini en fonction du paramétrage du .htaccess.

CONFIGURATION DE LA BASE DE DONNEES DU WIKI
==============================================
NOTE: La démonstration du Wiki et ses refontes sont les seules qui demandent une
base de données. L'initialisation n'est pas particulièrement difficile, mais si
vous ne voulez pas vous embêter avec MySQL, vous pouvez toujours exécuter les
autres démonstrations.

* Installez MySQL si nécessaire
* Préparez l'accès à la base de données.
  * Entrez mysql en tant que super utilisateur, par exemple :
      mysql -u root
  * Créez le super utilisateur "ajaxify_wiki" avec le mot de passe
    "ajaxify_wiki", par exemple :
      GRANT ALL PRIVILEGES ON *.* TO 'ajaxify_wiki'@''localhost'
          IDENTIFIED BY 'ajaxify_wiki';
  * Si vous préférez utiliser un compte existant à la place, modifiez le fichier
    Model/DAO.php pour toutes les démonstrations que vous voulez exécuter.
* Lancez run/wiki/Model/freshDB.sh. Vous n'avez besoin de le faire qu'une seule
  fois. En effet, les tables peuvent être partagées par toutes les versions du
  Wiki. NOTE: Assurez-vous que le chemin de vos lignes de commande est
  positionné de telle sorte que "php" désignera php5.
* Faites pointer le navigateur sur le Wiki, http://localhost/run/wiki/ et vous
  devriez voir apparaître trois messages.

EN CAS DE PROBLEME
==================
Si vous rencontrez des problèmes :
* Consultez la section ci-dessous, car certaines démonstrations exigent une
  configuration complémentaire.
```

```
* Essayez la démonstration du tutoriel en premier. Elle est moins sujette aux
  erreurs car il n'y pas de chemin vers une quelconque bibliothèque.
* Vérifiez que les permissions sur les fichiers sont corrects. La façon la plus
  simple est d'exécuter "chmod 755 document/root". Assurez-vous également que
  le répertoire records/ est accessible en écriture.
* Pour le Wiki, contrôlez manuellement que la base de données est prête et peut
  être accédée avec les paramètres présents dans le fichier DAO.php
* Vérifiez la configuration PHP - créez un fichier contenant "<? php_info ?>"
  et assurez-vous que vous pouvez y accéder depuis le navigateur.
* Assurez-vous que vous utilisez bien PHP 5 (ou postérieure).
* Contrôlez que vous pouvez exécuter un fichier de test, avec les suffixes .php
  et .phtml.
* Contrôlez que index.phtml est reconnu comme étant un index de répertoire
  valide (en saisissant chemin/index.phtml au lieu de simplement chemin/ dans la
  barre d'adresses)
* Contrôlez que vous avez positionné la bibliothèque dans le fichier .htaccess.
* Contrôlez que l'appel à distance fonctionne comme prévu, avec un outil de
  reniflage du trafic. (voir ceux qui sont identifiés dans le pattern Traffic
  Sniffing)
* Consultez les fichiers log. Les fichiers de log PHP peuvent être différents de
  ceux d'apache, en fonction de votre configuration
* Si les problèmes subsistent, envoyez un message à michael@mahemoff.com.

DEMONSTRATIONS DEMANDANT UNE CONFIGURATION COMPLEMENTAIRE
=========================================================
Ces démonstrations ne fonctionneront pas si vous ne réglez pas quelques points
d'installation supplémentaires.

* Comme nous l'avons dit précédemment, tous les démonstrations liées au Wiki
  (/wiki/..) (et uniquement celles-là) exige une base de données MySQL.
* Pour les démonstrations du portail (/portal/..) et du lecteur (/reader/..),
  vous aurez besoin de l'accès à internet. Pour la démonstration de
  synchronisation des liens, (/run/portal/drilldown/syncLinks/), vous devez
  aussi exécuter prepareDrilldown.php d'abord.
* Pour la démonstration du panier électronique, si vous souhaitez exécuter le
  processus entier d'enregistrement paresseux, vous aurez besoin de certains
  formulaires
* Pour l'indicateur de progression dans le tutoriel Ajaxagram (/tutorial/
  ajaxagram/..), vous aurez besoin soit d'un accès internet soit de changer
  la source de l'image dans le fichier index.html pour qu'elle pointe sur
  "/resources/progress.gif".
```

C

Patterns et langage de Patterns

Un bénéfice secondaire de ce projet a été l'occasion de vérifier comment les « patterns » sont acceptés par la communauté des développeurs. Depuis le début d'Ajax Patterns, l'accent a toujours été mis sur « ajax » et non sur les « patterns. » Pour les patterns, c'est une bonne chose. C'est aussi un changement qui est le bienvenu par rapport à la fin des années 90, lorsque vous deviez non seulement expliquer le concept mais aussi justifier son existence. « Ajax » en lui-même est un pattern – un de ceux dont la popularité est une preuve tangible qu'il ne s'agit pas « simplement d'un nom ». Pour toutes ces raisons, cette discussion sur les patterns et sur leur relation avec les patterns Ajax restera brève.

Les patterns sont apparus à la fin des années 1970, après que Christopher Alexander et ses collègues ont passé des années à étudier les villes et immeubles de nombreuses cultures diverses. Les conclusions ont été résumées par 253 patterns distincts, dérivés d'un pattern global qui décrit la division des nations en villes. Chaque pattern est souvent une « chose » que vous voyez dans les bonnes conceptions. Elle est accompagnée de directives afin de construire cette « chose ».

Les patterns sont principalement restés confinés au monde universitaire dans leur champ d'origine. Ils ont cependant vraiment percés dans le monde de la conception logicielle. Leur montée en puissance sur la décennie passée a été très favorable pour cette industrie, nous permettant d'apprendre à propos de la conception en se basant sur des exemples réels et non sur de simples commentaires vagues au sujet de cohésion, de couplage et d'encapsulation. Le jeu des exemples réels a lui-même augmenté exponentiellement, grâce au Web et au mouvement open source.

Les patterns les plus connus sont les patterns de conception logicielle comme ceux de Gamma et al.: *Design Patterns* (1995). Mais ce n'est pas le seul domaine dans lequel interviennent les patterns logiciels. Ils ont été appliqués aux processus de développement, aux pratiques de déploiement et – plus important ici – à l'ergonomie. De la même façon que les patterns d'architecture originaux étaient fondamentalement destinés à l'amélioration de la vie des habitants, les patterns liés à l'ergonomie se concentrent sur les personnes qui utilisent – plutôt que ceux qui développent – les systèmes logiciels. Ils ont été particulièrement populaires pour la conception de site web (*The Design of Sites* (Duyne et al., 2003), *A Pattern Language for Web Usability* (Graham, 2003),

Martijn van Welie's « Web Design Patterns » à l'adresse *http://www.welie.com/patterns/*). Le Web est idéal pour les patterns de conception car les exemples sont aisément disponibles pour que les auteurs puissent s'en inspirer et pour que les lecteurs puissent les essayer.

Les patterns Ajax perpétuent la tradition de l'ergonomie du Web, même s'ils se penchent aussi bien sur la conception technique que sur la facilité d'utilisation. Comme le travail d'Alexander et al. le montre, il est parfaitement possible (et même souhaitable) pour un langage unique d'adresser plusieurs niveaux d'abstraction. Les trois premières sections du travail en cours d'Alexander abordent les opérations de bas niveau jusqu'aux fonctionnalités de haut niveau, ainsi que les concepts de facilité d'utilisation. La quatrième section est un peu séparée, puisqu'elle s'adresse à des pratiques en lien avec toutes les premières sections. De ce point de vue, elle est semblable à certains langages de patterns orientés processus.

La question qui s'est posée à nous était celle-ci : est-ce que nous avons affaire à des patterns ? D'après la plupart des définitions, ils le sont en effet. Chaque pattern Ajax montre comment de réels projets ont résolu un problème récurrent. Dans certains cas, il y a un peu de spéculation. Mais jusqu'à preuve du contraire et dans la mesure où l'idée est utile, je crois qu'il vaut mieux documenter sous la forme d'un pattern. Une autre question ici : est-ce là un langage de patterns ou simplement une collection de patterns ? Je penche pour la première solution, étant donné qu'ils sont tous étroitement liés, regroupés en un ensemble cohérent de principes et génératif dans le sens où ils se construisent les uns en fonction des autres. En tout état de cause, la question la plus importante ici n'est pas relative aux définitions, mais bien au sujet de l'utilité : Dans quelle mesure les patterns Ajax sont-ils utiles ? J'espère vraiment qu'ils sont utiles et pratiques et je vous laisserai juger par vous-même.

D

Références

Voici des références citées tout au long du livre :

- Buschmann, F., Meunier, R., Rohnert, H., Sommerlad, P., Stal, M. (1996). *Pattern-Oriented Software Architecture.* John Wiley & Sons. Voir *http://c2.com/cgi/wiki?PatternOrientedSoftwareArchitectureOne.*
- Cooper, A. (1999). *The Inmates are Running the Asylum.* Sams. Voir *http://www.uidesign.net/1999/books/oct_books1.html.*
- Duyne, D.K., Landay, J.A., Hong, J.I. (2002). *The Design of Sites.* Addison-Wesley Professional. Voir *http://www.designofsites.com/.*
- Gamma, E., Helm, R., Johnson, R., Vlissides, J. (1995). *Design Patterns.* Addison-Wesley Professional. Voir *http://c2.com/cgi/wiki?DesignPatternsBook.*
- Graham, I. (2003). *A Pattern Language for Web Usability.* Pearson Education. Voir *http://www.wupatterns.com/.*
- Norman, D. (2003). *Emotional Design: Why We Love (Or Hate) Everyday Things.* Livres basiques. Voir *http://www.jnd.org/dn.mss/emotional_desig.html.*

Index

A

B

D

E

F

G

H

I

L

M

N

O

P

Q

R

U

V

W

X

Y

Z

Au catalogue O'Reilly

Web et XML (suite)

CSS en action

Christopher Schmitt
ISBN 2-84177-365-5
1re édition, octobre 2005
288 pages

> *Solutions adaptables pour tous niveaux*

CSS en action laisse de côté la théorie pour vous fournir des recettes directement utilisables pour mettre en forme vos pages web. Prenant appui sur CSS2, le livre explore des sujets aussi divers que la typographie et la mise en page ou encore le formatage des listes, des formulaires et des tableaux. Un ouvrage indispensable si vous voulez que, quel que soit le navigateur utilisé, on s'extasie sur vos pages web.

Introduction à HTML et CSS

Éric Sarrion
ISBN 2-84177-400-7
1re édition, février 2006
244 pages

> *Guide d'apprentissage et référence pour débutants*

Introduction à HTML et CSS se propose de vous apprendre comment écrire vos premières pages web. Il vous guide pas à pas dans l'écriture de pages HTML. A l'aide de très nombreux exemples vous apprendrez très vite à écrire une page web.
Une fois la connaissance de HTML acquise, il vous faudra maîtriser la présentation des pages à l'aide de CSS. Placer correctement le texte, choisir la bonne typographie, orner les tables de bordures esthétiques, sont autant de moyen de rendre vos pages attractives.

Les briques du Web en concentré

Jennifer Niederst
ISBN 2-84177-416-3
3e édition, novembre 2006
806 pages

> *Manuel de référence pour tous niveaux*

Tout ce qu'il faut savoir pour réaliser des pages web attrayantes, mais également compatibles avec les navigateurs existants et conformes avec les standards en vigueur. Les outils essentiels sont traités dans cet ouvrage dont vous ne pourrez plus vous passer : HTML 4.01 (tables, cadres, formulaires, polices, couleurs et feuilles de style), DHTML, JavaScript, XML, XHTML, WML et SMIL.

Pratique de CSS et JavaScript

Éric Sarrion
ISBN 2-84177-381-7
1re édition, novembre 2005
320 pages

> *Guide d'apprentissage pour débutants et expérimentés*

Aujourd'hui, les principaux navigateurs Web savent à la fois interpréter JavaScript et comprendre les *Cascading Style Sheets*. Même si vous n'avez que quelques notions de HTML, ce livre vous expliquera tout ce qu'il est possible de faire dans une simple page Web grâce aux CSS 2.0 et à JavaScript, et même à maîtriser les fonctions AJAX, qui permettent une communication client-serveur ultra-rapide.

HTML avec CSS et XHTML — Tête la première

Elisabeth & Eric Freeman
ISBN 2-84177-413-9
1re édition, septembre 2006
720 pages

> *Guide d'apprentissage pour débutants et expérimentés*

Vous aimeriez apprendre HTML, mais sans devoir ingurgiter un ouvrage entier avant de créer vos premières pages ? C'est parti avec ce nouvel ouvrage de la collection *Tête la première*. Vous allez enfin pouvoir communiquer de façon efficace avec vos amis, votre famille ou vos clients. Fini les pages qui ne s'affichent correctement que dans un seul navigateur. Vous allez faire des jaloux !

Le meilleur d'ActionScript 2.0

Colin Moock
ISBN 2-84177-313-2
1re édition, décembre 2004
560 pages

> *Guide d'apprentissage pour tous niveaux*

Colin Moock aborde dans cet ouvrage tout ce qu'il faut connaître sur la nouvelle version du langage ActionScript 2.0. Les programmeurs nouvellement venus à Flash ainsi que les développeurs le pratiquant déjà trouveront ici les meilleures solutions et techniques pour créer des applications Flash stables, des films et des animations pour le Web.

Au catalogue O'Reilly

Web et XML (suite)

XML en concentré

W. Scott Means & Elliotte Rusty Harold
ISBN 2-84177-353-1
3e édition, avril 2005
782 pages

> Manuel de référence pour tous niveaux

Cette troisième édition constitue une référence complète pour qui travaille avec des documents XML. Le webmaster tout comme le développeur y trouveront une explication sur la manière dont ces technologies fonctionnent, ainsi qu'une référence sur leur syntaxe. De nouveaux chapitres sur XInclude, la grammaire de XML 1.1, CSS, les derniers jeux de caractères Unicode, etc., complètent cette mise à jour.

XML précis et concis

ISBN 2-84177-401-5
3e édition, février 2006
200 pages

> Référence de poche pour tous

Ce petit ouvrage décrit toutes les instructions XML, depuis les attributs réservés jusqu'aux différents types d'entités et de données en passant par les déclarations IGNORE et INCLUDE. On y trouvera en outre une référence complète du langage XSLT, dont la puissance permet de manipuler et transformer les documents XML à volonté.

Design

PDF à 200 %

Sid Steward
ISBN 2-84177-314-0
1re édition, avril 2005
304 pages

> 100 techniques inédites pour tous

PDF à 200% devrait combler tous ceux qui travaillent régulièrement avec le format PDF. Les 100 astuces livrées dans cet ouvrage vous permettront d'exploiter toutes les possibilités de ce format, depuis la lecture, à la création, en passant par l'annotation, la transformation et l'automatisation de PDF, et tout cela avec, et même sans, les produits Adobe !

Dreamweaver 8

Marc Campbell
ISBN 2-84177-422-8
1re édition, juin 2006
312 pages

> Guide d'apprentissage pour débutants

Savoir se servir d'un logiciel ne suffit pas si l'on a l'ambition de construire un site web. De multiples connaissances sont nécessaires : choix de l'hébergeur, du type d'images, des polices de caractères, etc. Grâce à cet ouvrage, vous apprendrez à la fois à vous servir de Dreamweaver, mais vous découvrirez également tous les ingrédients d'un site réussi.

Flash sur un plateau

Robert Hoekman
ISBN 2-84177-370-1
1re édition, novembre 2005
256 pages

> Guide d'apprentissage pour débutants et expérimentés

Le meilleur moyen d'apprendre Macromedia Flash est de se jeter à l'eau et de créer sans tarder une animation. Cet ouvrage vous offre sur un plateau tous les ingrédients d'une présentation graphique réussie. À vous d'y piocher au fil des exercices, selon vos besoins et le temps dont vous disposez, jusqu'à devenir un vrai pro de Flash.

Flash à 200 %

Sham Bhangal
ISBN 2-84177-301-9
1re édition, novembre 2004
488 pages

> 100 techniques inédites pour tous

Cet ouvrage offre 100 solutions inattendues et amusantes sur différents aspects de Flash, ainsi que sur son langage de scripts ActionScript. L'optimisation, la création d'effets, la 3D, le son et la vidéo, l'augmentation de la performance et la sécurité sont quelques-uns des nombreux thèmes abordés. Couvre Flash MX, Flash MX 2004 et MX Professional 2004.

Design (suite)

iPhoto 4

iPhoto 4 — Maîtrise complète

David Pogue & Derrick Story
ISBN 2-84177-268-3
3e édition, novembre 2004
380 pages

> Guide d'apprentissage pour débutants et expérimentés

La photographie numérique offre des possibilités étonnantes, mais encore faut-il savoir comment prendre de bons clichés, importer ses photos sur son ordinateur, les retoucher et les présenter de manière attrayante. Si vous voulez que l'on vous complimente sur vos photos de vacances ou sur la bouille de votre petit dernier, ce livre est fait pour vous.

Fontes et codages

Yannis Haralambous
ISBN 2-84177-273-X
1re édition, avril 2004
1012 pages

> Guide d'apprentissage pour tous niveaux

Si vous avez déjà rêvé de manipuler des polices de caractères, de modifier une ligature ou d'adapter l'espacement naturel entre les mots, que ce soit sous Mac OS, sous Unix avec X Window, ou sous MS-Windows, ce livre vous comblera. Du réencodage des fontes PostScript ou OpenType à l'installation de fontes virtuelles TeX/Omega, en passant par la création de fontes avec Fontlab, FontForge, et même Metafont, laissez-vous guider par l'un des grands spécialistes mondiaux de la typographie numérique.

MySQL et PHP

Pratique de MySQL et PHP

Philippe Rigaux
ISBN 2-84177-338-8
3e édition, janvier 2005
624 pages

> Guide d'apprentissage pour débutants et expérimentés

Plébiscité depuis 5 ans comme le meilleur ouvrage sur le tandem de choc MySQL et PHP, ce livre inégalé profite de sa 3*e* édition pour renforcer les chapitres de formation, en particulier sur la programmation orientée objet et la gestion des erreurs, mais aussi sur XML et RSS. De plus, tous les exemples ont été entièrement révisés pour pouvoir s'appliquer à d'autres bases de données, comme SQLite, PosgreSQL, DB2 ou même Oracle.

Maîtriser MySQL 5

Philippe Rigaux & Yves Darmaillac
ISBN 2-84177-340-X
1re édition, décembre 2005
400 pages

> Guide d'apprentissage pour tous niveaux

Cet ouvrage s'adresse à la fois aux administrateurs et aux développeurs. L'objectif est de leur montrer comment utiliser MySQL 5 de manière optimale, par une approche raisonnée des problèmes à résoudre, mais aussi par une connaissance intime du fonctionnement du système.
Il couvre la mise en œuvre d'une base MySQL, le langage SQL et le développement d'applications côté client et côté serveur.

MySQL — précis & concis

George Reese
ISBN 2-84177-261-6
1re édition, mars 2004
96 pages

> Référence de poche pour tous

Dans la mesure où il est impossible de mémoriser la cascade d'options offertes par MySQL, un aide-mémoire s'impose pour trouver la commande adéquate ou se rappeler la syntaxe adaptée. On trouvera dans cet ouvrage toute l'information nécessaire sur le lancement d'utilitaires depuis la ligne de commande, les structures de données, les instructions SQL, les opérateurs et les fonctions disponibles.

PHP à 200%

Jack Herrington
ISBN 2-84177-396-5
1re édition, octobre 2006
480 pages

> 100 techniques inédites pour tous

Pionnier du développement web, Jack Herrington a plus d'un tour dans son sac dès lors qu'il s'agit de développer des applications PHP robustes mais néanmoins sophistiquées. Toutes les facettes du développement PHP sont traitées : utilisation de DHTML, insertion de graphiques, accès aux bases de données, recours aux modèles de conception, etc. Du code clé en main pour réaliser les applications dont vous rêviez.

Au catalogue O'Reilly

MySQL et PHP (suite)

Introduction à PHP 5

David Sklar
ISBN 2-84177-266-7
1re édition, octobre 2004
368 pages

> *Guide d'apprentissage pour débutants*

Cet ouvrage s'adresse plus particulièrement à des non programmeurs, qu'ils soient graphistes, spécialisés dans la conception de sites web, bloggers ou webmaster. Il présente à l'aide d'exemples es notions élémentaires du langage ainsi que ses fonctionnalités plus avancées (formulaires web, connexions à des bases de données, etc.), et permettra aux débutants de créer rapidement un site dynamique.

Collection à 200%

Firefox à 200%

Nigel McFarlane
ISBN 2-84177-377-9
1re édition, juillet 2005
416 pages

> *Solutions adaptables pour tous niveaux*

Cet ouvrage vous donnera toutes les clés pour optimiser et personnaliser Firefox, et exploiter à fond les multiples extensions disponibles. Vous apprendrez par exemple comment paramétrer le niveau de sécurité des transactions en ligne, choisir une méthode d'installation appropriée, écrire du code CSS compatible ou bien encore générer des contenus XUL au moyen de bibliothèques PHP.

Google à 200%

ISBN 2-84177-345-0
2e édition, septembre 2005
470 pages

> *100 techniques inédites pour tous*

Google, connu comme le moteur de recherche le plus performant du Web, comprend tellement d'applications que seuls les spécialistes peuvent prétendre le connaître et le maîtriser. C'est ce que cette seconde édition propose avec une centaine de fiches : utiliser des raccourcis pour vos recherches, explorer les arcanes de Gmail, automatiser des tâches dans Google, accroître la visibilité de votre site, etc.

Le WiFi à 200 %

Rob Flickenger
ISBN 2-84177-282-9
1re édition, février 2004
320 pages

> *100 techniques inédites pour tous*

Le matériel sans fil est en train de se démocratiser, ainsi de plus en plus d'utilisateurs profitent de connexions WiFi. Vous trouverez dans cet ouvrage, 100 astuces et solutions pour développer des services WiFi, construire votre antenne, intégrer les dernières normes (802.11g, Bluetooth, GPRS) dans votre réseau.

VoIP à 200 %

Theodore Wallingford
ISBN 2-84177-408-2
1re édition, mai 2006
340 pages

> *100 techniques inédites pour tous*

La voix sur IP séduit un nombre croissant de particuliers et d'entreprises, et pas uniquement pour des raisons budgétaires. Pour tous ceux qui s'interrogent sur cette nouvelle technologie, voici des dizaines d'astuces pour mettre en place un réseau VoIP, tout savoir sur les protocoles SIP et H.323, créer un PABX avec Asterisk, utiliser Skype, etc.

Achevé d'imprimer par Corlet Numérique - 14110 Condé-sur-Noireau
N° d'Imprimeur : 47990 - Dépôt légal : mars 2008 - *Imprimé en France*